Das REXX Lexikon

Begriffe, Anweisungen, Funktionen

von
Gerhard Leibrock

R. Oldenbourg Verlag München Wien 1997

Für G., H. und S.

Die Deutsche Bibliothek - CIP-Einheitsaufnahme

Leibrock, Gerhard:
Das REXX-Lexikon : Begriffe, Anweisungen, Funktionen / von Gerhard Leibrock. - München ; Wien : Oldenbourg, 1996
ISBN 3-486-23672-5
NE: HST

Rosenheimer Straße 145, D-81671 München
Telefon: (089) 45051-0, Internet: http://www.oldenbourg.de

Lektorat: Margarete Metzger
Herstellung: Rainer Hartl
Umschlagkonzeption: Mendell & Oberer, München
Gedruckt auf säure- und chlorfreiem Papier
Gesamtherstellung: R. Oldenbourg Graphische Betriebe GmbH, München

Vorwort

Lieben Sie REXX? Fehlt Ihnen ein umfassendes Nachschlagewerk, in dem Sie alles über REXX konzentriert und wohlgeordnet vorfinden? Möchten Sie aus einem Fundus von 200 handfesten und kommentierten Praxisbeispielen (und 1000 Syntaxbeispielen) schöpfen? Wenn Sie diese Fragen mit Ja beantworten, ist dieses Buch für Sie richtig.

Das REXX-Lexikon behandelt sämtliche Begriffe, Anweisungen und Funktionen, die für die Betriebssysteme PC-DOS, OS/2 und MVS/TSO von Bedeutung sind. Die Stichworte, die sich auf den "Grundwortschatz" von REXX beziehen, sind darüberhinaus auch für alle anderen Betriebssysteme geeignet (OS/400, UNIX, VM/CMS, VSE/ESA, Windows),

Seit ich REXX kenne, ist es eine Fron für mich, wenn ich in C oder PL/I programmieren muß, von anderen Programmiersprachen nicht zu reden. REXX ist die erste Programmiersprache, die sich nicht vor dem Entwerfer der Sprache und ihren Implementierern verbeugt, sondern vor ihrem Anwender. *Mike F. Cowlishaw*, der Erfinder der Sprache REXX, hat seine Philosophie in einem bezeichnenden Kernsatz formuliert: *"Der Benutzer der Sprache hat üblicherweise recht."*. Wer will, kann Cowlishaws Entwurfsmotive in seinem Buch *"Die Programmiersprache REXX"* nachlesen.

Wenn Sie sich für dieses Nachschlagewerk entscheiden, gehe ich davon aus, daß Sie ein "working knowledge" der REXX-Sprache besitzen. Vielleicht geht es Ihnen genauso wie mir: Das Benutzerhandbuch legt man schnell zur Seite, wenn man seine ersten Gehversuche mit einer Sprache gemacht hat. Dann kommt das Referenzbuch (papieren oder elektronisch) zum Tragen. Aber leider sind diese Werke meist systematisch aufgebaut, und oft findet man die Informationen zu einem Stichwort über das ganze Buch verstreut, so daß man zum Suchen verdammt ist. Und die Beispiele erst! Sie sind, falls vorhanden, häufig mehr als dünn und nehmen auf die praktische Anwendung kaum Rücksicht.

Dieses Buch, das wir REXX-Lexikon getauft haben, ist eigentlich ein Referenzhandbuch, so wie es der Anwender in der täglichen Praxis benötigt. Unter jedem der einigen hundert Stichwörter wird - wie in einer Enzyklopädie - alles Wissenswerte zu einem Begriff, einer Anweisung oder Funktion versammelt. Die ausführliche Beschreibung von Syntax und Wirkung wird ergänzt um Tips zur praktischen Anwendung und durch Hinweise auf Zusammenhänge mit anderen Themen. Neben reichhaltigen Syntaxbeispielen werden über 100 ausführlich kommentierte Anwendungsbeispielen geboten, die den Reichtum und die Praxisnähe der Sprache erst richtig zur Geltung bringen. Alle Anwendungsbeispiele und die im Text erwähnten externen REXX-Programme finden Sie auf der beiliegenden CD-ROM. Ein herkömmliches Stichwortverzeichnis erschließt die Begriffe, die nicht in eigenen Stichwortartikeln beschrieben werden können.

REXX ist auch für die Zukunft bestens gerüstet:

- Das Programmieren der OS/2-Arbeitsoberfläche ist mit VxRexx von Watcom und anderen Produkten von Drittherstellern ein Kinderspiel und in dieser Form in kaum einer der bekannten Programmiersprachen oder Programmierumgebungen auch nur annähernd so elegant gelöst.
- Für OS/2 Warp 3 liegt bereits eine objektorientierte Fassung von REXX vor (OREXX), die einfacher als andere OOP-Implementierungen den Umstieg in eine neue Welt ermöglicht. Für Windows 95, Windows NT und Linux wird OREXX im Laufe des Jahres 1996 verfügbar. Die verschiedenen OREXX-Versionen finden Sie im Internet unter:
  http://www2.hursley.ibm.com./rexx bzw. orexx
- Im Laufe des Jahres 1996 wird NETREXX entwickelt, eine REXX-Version, mit der auf einfache Weise Java-Programme mit den hochentwickelten Möglichkeiten von OREXX erzeugt werden können. NETREXX finden Sie im Internet unter:
  http://www2.hursley.ibm.com./netrexx

Der Autor nimmt gerne Kritik, Verbesserungsvorschläge, Tips und Ergänzungen entgegen.

Gerd Leibrock
Reinsburgstr. 99
70197 Stuttgart

Danksagung

Eine Reihe von Leuten hatten Anteil an dem Zustandekommen dieses Buches:

Manfred Blaschke hat wie kein anderer in Hunderten von Programmen REXX nicht nur als Prozedursprache, sondern als Programmiersprache eingesetzt, wodurch mir zum ersten Mal die Mächtigkeit dieser Sprache klar geworden ist.

Jürgen Klaiber, Thilo Matthies und *Rudi Dettling* haben mir durch Probelesen und durch ihre kritischen Anmerkungen Mut zum Weitermachen gemacht.

Angelika Michaelis, Walter Pachl, Dr. Robert Spencer, Dietmar Stroh und den anderen Mitgliedern der *REXX-Arbeitsgruppe im GSE* (GUIDE/SHARE Europa) verdanke ich viele Detail-Informationen, Walter Pachl insbesondere einen reichhaltigen Beispielfundus.

Den Mitarbeitern der REXX-Gruppe im *IBM-Labor Böblingen* unter der Leitung von *Christoph Dibon*, in deren Händen die Weiterentwicklung von REXX liegt, danke ich für Hintergrundinformationen und für Einblicke in die zukünftige Entwicklung von REXX.

Dem Chefredakteur *Frank-Martin Binder* von *Inside OS/2* danke ich für die Genehmigung, die Artikel zum *REXX Award* auszuwerten.

Meinem Freund *Klaus-Waldemar Hennig* danke ich für viele anregende Gespräche, auch wenn er sich bisher zu meinem Kummer beharrlich geweigert hat, REXX zu erlernen.

Meiner erfrischend unkonventionellen Lektorin *Margarete Metzger* danke ich für ihre nette Unterstützung und ihr freundliches Verständnis.

Schließlich danke ich all den ungenannten REXX-Programmautoren, bei denen ich abgeschrieben oder von denen ich gelernt habe.

Inhaltsverzeichnis

CD-ROM

Die beiliegende CD-Rom enthält sämtliche Anwendungsbeispiele, die Sie in diesem Buch unter der Überschrift *Anwendung* zu einem Stichwort finden.

Installation unter DOS und OS/2

Zum Installieren rufen Sie in dem Verzeichnis *\lex\dos* bzw. *\lex\os2* das REXX-Programm *install* auf der CD-ROM auf. Sie werden nacheinander nach den folgenden Angaben gefragt:

- Zielsystem (DOS, OS/2)
- Ziellaufwerk
- Name eines existierenden, leeren Zielverzeichnisses

Anschließend werden die Beispielprogramme und -dateien auf das Ziellaufwerk kopiert. Damit die Installation beendet.

Installation unter TSO

Auf der CD-ROM finden Sie die folgenden Stapeldateien zum Senden der Beispielprogramme und -dateien an den Hostrechner:

- **\lex\tso\tsosend.bat:** für DOS-Recchner, wenn die REXX-Zeichen | und \ auch auf dem Hostrechner gelten.
- **\lex\tso\tsosend.cmd:** für OS/2-Recchner, wenn die REXX-Zeichen | und \ auch auf dem Hostrechner gelten.
- **\lex\tso\tsoconv.bat:** für DOS-Recchner, wenn die REXX-Zeichen | und \ auf dem Hostrechner durch ! bzw. ^ ersetzt werden sollen.
- **\lex\tso\tsoconv.cmd:** für OS/2-Recchner, wenn die REXX-Zeichen | und \ auf dem Hostrechner durch ! bzw. ^ ersetzt werden sollen.

Die Stapeldateien bestehen aus *send*-Befehlen, mit denen die Beispielprogramme und -dateien zum Hostrechner gesendet werden können. Zum Aufruf der Stapeldatei müssen Sie den Namen des Ziel-PDS als Parameter übergeben, z. B.

```
tsosend sptgl01.t.ispf
```

oder:

```
tsoconv sptgl01.t.ispf
```

Ausführung der Beispiele

Unter DOS und OS/2 müssen Sie sich in dem von Ihnen bei der Installation angegebenen Zielverzeichnis befinden und das Programm *bsp* aufrufen.

Unter TSO müssen Sie zuerst das Ziel-PDS mit dem TSO-Befehl *altlib* als EXEC-Datei anmelden. Wenn Ihr Ziel-PDS z. B. *"sptgl01.t.ispf"* heißt, geben Sie im TSO-Eingabemodus den folgenden Befehl ein:

```
altlib act application(exec) dataset('sptgl01.t.ispf')
```

Anschließend rufen Sie das Programm *bsp* im TSO-Eingabemodus durch Eingabe von *bsp* auf. Nach dem Start des Programms *bsp* geben Sie zuerst ein Stichwort aus dem Lexikon ein:

```
Stichwort eingeben, z. B. "abbrev"
letztes Stichwort kopieren = Enter, Ende = X):
schlüsselwortparameter
```

und anschließend die Nummer des Beispiels, das zu einem Stichwort unter der Überschrift *Anwendung* im Lexikon abgedruckt ist. Falls nur ein Beispiel vorhanden ist, geben Sie als Nummer *1* ein:

```
Nummer des Anwendungsbeispiels eingeben, z. B. 2:
1
```

Das Beispielprogramm wird ausgeführt. Anschließend können Sie ein neues Stichwort eingeben oder das Programm *anw* mit einer leeren Eingabe beenden.

Benutzungshinweise

Typographische Konventionen

Leerstellen

Wenn es darauf ankommt, daß Leerstellen eindeutig als solche erkannt werden können, werden sie durch ein Kästchen (□) dargestellt:

```
dateibez2 = translate(dateibez1, "□□□", ":\.")
```

Anführungszeichen und Hochkommas

Doppelte Anführungszeichen, doppelte Hochkommas und Kombinationen von Anführungszeichen und Hochkommas werden zur besseren Lesbarkeit durch eine scheinbare Leerstelle getrennt und unterstrichen:

```
" ", ' ', " ' ", ' " '
```

Wenn zwischen diesen Zeichen eine wirkliche Leerstelle dargestellt werden soll, wird ein Kästchen (□) verwendet:

```
"□", '□', "□'□", '□"□'
```

Zeilenumbrüche in REXX-Anweisungen

Wenn eine REXX-Anweisung nicht in eine Zeile paßt, wird die Zeile umbrochen und die nächste Zeile durch Auslassungspunkte (...) eingeleitet:

```
translate("45.12.78", datum,
..."12345678")
```

Das Komma in der ersten Zeile ist kein Fortsetzungskennzeichen, sondern ein Argumenttrennzeichen: es trennt die Argumente datum und "12345678" voneinander. Die Auslassungspunkte in der zweiten Zeile kennzeichnen den technischen Zeilenumbruch im Unterschied zu einer Fortsetzungszeile:

```
translate("45.12.78", datum,,
  "12345678")
```

In diesem Fall wird die erste Zeile mit zwei Kommas beendet: dem Argumenttrennzeichen und dem Fortsetzungskennzeichen. Da die erste Zeile in der nächsten Zeile (im Sinne von REXX) fortgesetzt wird, wird sie nicht durch Auslassungspunkte eingeleitet.

Zeilen mit mehreren REXX-Anweisungen

In den Beispielen werden bisweilen mehrere REXX-Anweisungen (durch Semikolon getrennt) in einer Zeile zusammengefaßt. Dies hat rein technische Gründe. Wir tun dies aus Gründen der Platzersparnis, um Ihnen mehr Beispiele bieten zu können. In der Praxis sollte man in der Regel darauf verzichten, mehrere Anweisungen in einer Zeile zusammenzufassen, weil dadurch die Lesbarkeit und die Änderbarkeit eines Programms beeinträchtigt werden.

Schriftart von REXX-Anweisungen

Programmbeispiele werden in einer serifenlosen Schriftart dargestellt:

```
name = "Gisela"
say left (name, 4)
```

Einzelne Bestandteile von REXX-Anweisungen (z. B. Zeichenfolgen, Variablennamen, Schlüsselwörter, Funktionsnamen), Parameter, Syntaxdiagramme und formale Darstellungen von Anweisungen und Aufrufen werden ebenfalls in einer serifenlosen Schriftart dargestellt:

> die verschachtelte endgültige Lösung *(Kurzform)* besser verständlich wird. Mit bitxor (text1, text2) wird auf text1 und text2 die Operation des logischen Exklusiv-Oder angewandt, d. h. zwei gleiche Quellbits führen...

Syntaxdiagramme

Die Beschreibung von Anweisungen, Befehlen und Funktionen wird durch Syntaxdiagramme eingeleitet. Diese sind nach folgenden Regeln aufgebaut:

- Syntaxdiagramme werden von links nach rechts und von oben nach unten gelesen.

  ▸▸— kennzeichnet den Anfang eines Diagramms (Startpfeil).

  —▸ bedeutet, daß das Diagramm in der Folgezeile fortgesetzt wird.

  ▸— setzt die vorige Zeile fort.

  —▸◂ beendet ein Diagramm (Endepfeil).

- *Obligatorische Einträge* sind immer erforderlich und erscheinen im Hauptpfad des Diagramms (auf der waagerechten Linie zwischen Start- und Endepfeil):

```
▸▸—COPIES(zeichenfolge, anzahl)—▸◂
```

- *Optionale Einträge* können wahlweise angegeben werden und erscheinen unterhalb des Hauptpfads (im Beispiel: , länge):

```
▸▸—D2C(ganzzahl ┬─────────────┬)—▸◂
                └─, länge─────┘
```

- Eine *obligatorische Auswahl* besteht aus mehreren Einträgen, von denen einer ausgewählt werden *muß*. Ein Eintrag erscheint im Hauptpfad und die übrigen Einträge erscheinen in Nebenpfaden (im Beispiel: ARG, LINEIN und PULL):

```
▸▸—PARSE─┬──ARG────┬─▸◂
         ├──LINEIN─┤
         └──PULL───┘
```

- Eine *optionale Auswahl* besteht aus mehreren Einträgen, von denen einer ausgewählt werden *kann*. Die wählbaren Einträge erscheinen in Nebenpfaden (im Beispiel: SCIENTIFIC und ENGINEERING):

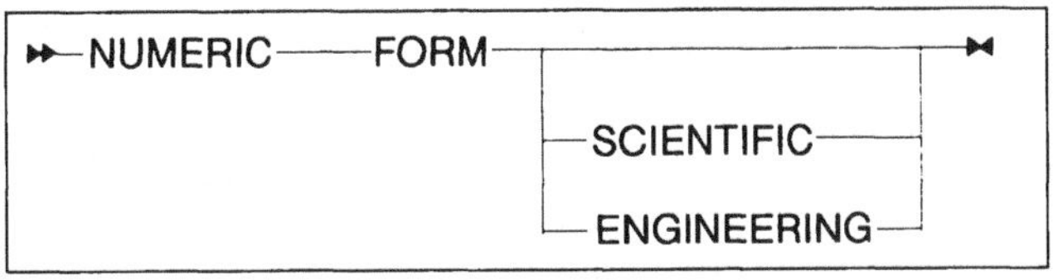

- Ein *wiederholbarer Eintrag* wird durch einen rückläufigen Pfeil gekennzeichnet:

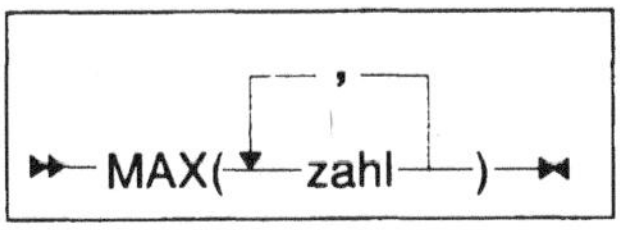

- *Schlüsselwörter* erscheinen in Großbuchstaben, können aber in Groß-/Kleinschreibung angegeben werden. *Variable Einträge* werden in Kleinbuchstaben dargestellt und müssen durch entsprechende Variablennamen oder Werte ersetzt werden.
- *Sonderzeichen* wie Satzzeichen, Klammern und Operatoren sind Bestandteil der Syntax und müssen angegeben werden.

Syntaxmodelle

Der formale Aufbau von Anweisungen, Befehlen und Funktionen wird in Übersichtstabellen und im Text durch Syntaxmodelle dargestellt. Diese sind nach folgenden Regeln aufgebaut:

- Einträge, die nicht in eckigen oder geschweiften Klammern stehen, müssen angegeben werden:
  `LENGTH(zeichenfolge)`
- Einträge in eckigen Klammern [] sind optional und können weggelassen werden.
  `LINES([datei])`
- Mehrere durch | getrennte Einträge in geschweiften Klammern {} stellen eine Auswahl dar. Einer der Einträge muß ausgewählt werden:
  `CALL {ON | OFF}`
- Ein Eintrag, dem Auslassungspunkte folgen, kann wiederholt werden:
  `CALL name [ausdruck,...]`
- *Schlüsselwörter* erscheinen in Großbuchstaben, können aber in Groß-/Kleinschreibung angegeben werden. *Variable Einträge* werden in Kleinbuchstaben dargestellt und müssen durch entsprechende Variablennamen oder Werte ersetzt werden.
- *Sonderzeichen* wie Satzzeichen, Klammern und Operatoren sind Bestandteil der Syntax und müssen angegeben werden.

LEXIKON

abbrev

```
▸▸─ABBREV(prüffolge, zeichenfolge──┬─────────┬─) ▸◂
                                   └─, länge─┘
```

Die eingebaute SAA-Funktion abbrev (abbreviation = Abkürzung) liefert den logischen Wert 1 (wahr) zurück, wenn zeichenfolge mit den ersten n (n = länge) Zeichen der Zeichenfolge prüffolge übereinstimmt, andernfalls wird der logische Wert 0 (falsch) zurückgeliefert.

prüffolge und zeichenfolge sind beliebige Zeichenfolgen. Wenn länge fehlt, gilt die Länge von zeichenfolge, andernfalls die angegebene Länge länge. Die Funktion liefert 1 zurück,

- wenn länge gleich 0 ist,
- oder wenn länge fehlt und zeichenfolge die Nullzeichenfolge ist.

Die Funktion liefert 0 zurück,

- wenn länge größer als die Länge von zeichenfolge ist,
- wenn länge fehlt und die Länge von prüffolge größer als die Länge von zeichenfolge ist,
- wenn prüffolge die Nullzeichenfolge ist, es sei denn, zeichenfolge ist ebenfalls die Nullzeichenfolge.

länge	Nichtnegative Ganzzahl. Anzahl der Zeichen von prüffolge, die linksbündig mit zeichenfolge übereinstimmen sollen.
prüffolge	Beliebige Zeichenfolge, die zur Prüfung verwendet werden soll.
zeichenfolge	Beliebige Zeichenfolge, die geprüft werden soll.

Beispiele

REXX-Anweisungen	Erläuterung
befehl = "edit" eingabe = "ed" ok1 = abbrev(befehl, eingabe) ok2 = abbrev(befehl, eingabe, 3)	Abkürzung prüfen: Da bei ok1 die Länge fehlt, ist eingabe in der Länge von eingabe (2) mit befehl identisch, daher wird ok1 der Wert 1 zugewiesen. Bei ok2 werden 3 Zeichen verglichen. Da eingabe aber nur aus zwei Zeichen besteht, ergibt der Vergleich von "ed" mit "edi" ungleich und ok2 wird 0 zugewiesen.
befehl = "edit" eingabe = "" ok1 = abbrev(befehl, eingabe) ok2 = abbrev(befehl, eingabe, 1)	Zeichenfolge = Nullzeichenfolge: Da bei ok1 die Länge fehlt, ist die Nullzeichenfolge in eingabe in der Länge von eingabe (0) mit befehl identisch, daher wird ok1 der Wert 1 zugewiesen. Bei ok2 wird 1 Zeichen verglichen. Da eingabe aber nur aus der Nullzeichenfolge besteht, ergibt der Vergleich von "" mit "e" ungleich und ok2 wird 0 zugewiesen.

Anwendung

1	Abkürzungen tabellarisch auf Eindeutigkeit überprüfen
2	Abkürzungen selektiv auf Eindeutigkeit überprüfen
3	Hilfeoption abfragen

1. Abkürzungen tabellarisch auf Eindeutigkeit überprüfen

Aufgabe: Ein auf den Wortanfang verkürztes Wort, z. B. ein Befehl, ein Parameter, eine Funktion oder eine Option, soll in einer Wortliste identifiziert und durch das vollständige Wort ersetzt werden.

```
  tab = "move copy browse move edit compare"
  tab = preptab(tab)
  lgtab = getlgtab(tab)
  fun = "com"
  name = checkfun(tab, lgtab, fun, "edit")
  if name = "_" then say "Funktion "fun" ist falsch"
  exit
preptab: procedure
  parse arg tab
  tab = wordsort(tab)
  do i = 1 to words(tab) - 1
    do while word(tab, i) = word(tab, i + 1) & i < words(tab)
      tab = delword(tab, i, 1)
    end
  end i
  return tab
```

➔ name: "COMPARE"

Die Wortliste tab definiert die Wörter, mit deren Hilfe die Prüfung vorgenommen werden soll. Mit der internen Funktion preptab bereiten wir diese Wortliste so vor, daß die Erstellung der Längentabelle mit der internen Funktion getlgtab einwandfrei möglich ist. Da es bei längeren Wortlisten mühselig und fehleranfällig wäre, die Wörter von Hand zu sortieren, sortieren wir zuerst tab mit der externen Funktion wordsort. Mehrfach vorkommende Wörter würden in getlgtab eine Sonderbehandlung erfordern, deswegen merzen wir evtl. Doubletten in der folgenden do-Schleife aus und geben die bereinigte Wortliste mit return tab an den Aufrufer zurück.

```
getlgtab: procedure
  parse arg tab
  lgtab = "_"
  lastpos = 0
  do i = 1 to words(tab)
    pos = compare(word(tab, i), word(tab, i + 1))
    if pos < lastpos then min = lastpos; else min = pos
    lgtab = lgtab min
    lastpos = pos
  end i
  return lgtab
```

Die interne Funktion getlgtab wird (sinngemäß) unter *compare, Anwendung,* beschrieben. Der Aufruf lgtab = getlgtab(tab) erstellt die Tabelle "1 3 3 1 1". Die i-te Zahl in lgtab bezeichnet die Anzahl der Zeichen, die mindestens angegeben werden müssen, damit das i-te Wort in tab eindeutig identifiziert werden kann.

```
checkfun: procedure
  parse upper arg tab, lgtab, fun, standard
  if fun = "" then fun = standard
  do i = 1 to words(tab)
    name = word(tab, i)
    lg = word(lgtab, i)
    if abbrev(name, fun, lg) then do
      fun = name; leave i
    end
  end i
  if i > words(tab) then fun = ""
  return fun
```

Der zu prüfende Wortanfang (die Abkürzung) ist in der Variablen fun enthalten ("com"). Mit dem Funktionsaufruf checkfun(tab, lgtab, fun, "edit") übergeben wir an die interne Funktion checkfun die Wortliste tab, die Längentabelle lgtab, die zu prüfende Abkürzung fun und den Standardwert "edit", der verwendet werden soll, wenn fun die Nullzeichenfolge ist.

Die interne Funktion checkfun beginnt mit dem Einlesen der Parameter mit parse upper arg. Sie werden in Großbuchstaben (upper) eingelesen, so daß unterschiedliche Schreibweisen keinen Einfluß auf die Prüfung haben. Die Parameter sollten allerdings keine Umlaute und ß enthalten, da diese nicht in Großbuchstaben umgewandelt werden. Auch das anstelle der Abkürzung zurückzuliefernde vollständige Wort wird daher immer in Großbuchstaben geliefert, so daß im weiteren Verlauf des Hauptprogramms das Wort name nur in Großbuchstaben abgefragt werden muß. Wenn fun die Nullzeichenfolge ist, wird fun der Standardwert standard zugewiesen.

In der do-Schleife weisen wir der Variablen name zuerst das i-te Wort aus tab zu. lg = word(lgtab, i) liefert die Mindestlänge, die erforderlich ist, um das i-te Wort in tab eindeutig zu identifizieren. Mit abbrev(name, fun, lg) prüfen wir, ob der Wortanfang fun mit mindestens lg Zeichen linksbündig mit name übereinstimmt. Wenn ja, wird die Abkürzung fun durch das vollständige Wort name ersetzt und die Schleife verlassen. Nach dem Verlassen der Schleife muß noch geprüft werden, ob überhaupt eine Übereinstimmung gefunden wurde. Wenn i größer als words(tab) ist, wurden alle Wörter von tab geprüft. Dann wurde noch einmal der Schleifenkopf ausgeführt, d. h. i wurde um 1 auf words(tab) + 1 erhöht und die Prüfung der to-Klausel to words(tab) führte zum Abbruch der Schleife. Wir geben daher mit say eine Fehlermeldung aus, wenn i größer als words(tab) ist. In unserem Beispiel enthält fun nach dem Verlassen der Schleife das komplette Fundwort "COMPARE". Dieses liefern wir mit return fun an das Hauptprogramm zurück, wo es dann der Variablen name zugewiesen wird.

2. Abkürzungen selektiv auf Eindeutigkeit überprüfen

Aufgabe: Es soll geprüft werden, ob ein eingegebenes Befehlskürzel eindeutig einem der Befehle browse, compare, copy, edit oder move zuzuordnen ist. Wenn nichts, also die Nullzeichenfolge eingegeben wurde, soll standardmäßig der Befehl "edit" angenommen werden.

```
kuerzel = "com"
kuerzel = translate(kuerzel)
select
  when abbrev("EDIT", kuerzel) then ok = 1
```

```
    when abbrev("BROWSE", kuerzel) then ok = 1
    when abbrev("COMPARE", kuerzel, 3) then ok = 1
    when abbrev("COPY", kuerzel, 3) then ok = 1
    when abbrev("MOVE", kuerzel) then ok = 1
    otherwise ok = 0
  end
```

➔ ok: 1

Das Befehlskuerzel kuerzel wird zuerst mit translate in Großbuchstaben umgewandelt, damit unterschiedliche Schreibweisen keinen Einfluß auf die Prüfung haben. Die erste when-Klause in der select-Auswahl fragt den Standardbefehl "EDIT" ab. Wenn eine beliebige linksbündige Teilfolge von "EDIT" eingegeben wurde, liefert abbrev 1 (wahr). Dies trifft auch dann zu, wenn die Nullzeichenfolge eingegeben wurde. Da der Längenparameter in dem abbrev-Aufruf ausgelassen wurde, wird in der Länge des Prüflings kuerzel geprüft, und da dieser 0 Zeichen lang ist, wird immer Übereinstimmung festgestellt. Wir haben also mit der ersten when-Klausel gleichzeitig das Problem der Standardzuweisung gelöst. Dies funktioniert aber nur dann so, wenn der Standardbefehl in der *ersten* when-Klausel abgefragt wird und wenn keine Längenangabe notwendig ist, um Eindeutigkeit zu erzielen.

Die übrigen when-Klauseln fragen analog ab, außer daß die Nullzeichenfolge nicht mehr in Frage kommt. Bei den beiden mit "C" beginnenden Befehlen wird die Länge 3 im abbrev-Aufruf mit angegeben, weil diese beiden Befehle sich erst im dritten Zeichen eindeutig unterscheiden. Wenn eine der when-Klauseln zutrifft, wird ok auf 1 (wahr) gesetzt und die Auswahl verlassen, andernfalls wird ok im otherwise-Zweig der Wert 0 (falsch) zugewiesen.

3. Hilfeoption abfragen

Aufgabe: In vielen Programmen wird die Übergabe *keines* Parameters oder eines Fragezeichens als Hilfeoption interpretiert, d. h. in diesem Fall zeigt das Programm eine Hilfe an.

```
parse arg parms
if abbrev('?', parms) then do...
```

Wenn beim Aufruf des Programms keine Parameter angegeben wurden, enthält parms nach parse arg die Nullzeichenfolge. In diesem Fall wird mit abbrev parms in der Länge 0 mit "?" verglichen. Dies ergibt 1 (wahr), wird also als Hilfeanforderung interpretiert. Wenn parms aus dem Fragezeichen besteht (und zwar nur aus dem Fragezeichen) ergibt der Vergleich von parms mit "?" Gleichheit und abbrev liefert ebenfalls 1. In allen anderen Fällen liefert abbrev 0 (falsch), d. h. es wurde keine Hilfe angefordert.

abs

```
▸▸—ABS(zahl)—▸◂
```

Die eingebaute SAA-Funktion abs (Absolutwert) liefert den absoluten Wert von zahl zurück. Die zurückgelieferte Zahl hat kein Vorzeichen und wird entsprechend dem aktuellen Wert von numeric digits formatiert.

zahl Beliebige Zahl.

Beispiele

REXX-Anweisungen	Erläuterung
abs1 = abs(100.25) abs2 = abs(-100.25)	Absolutwert: abs1: 100.25, abs2: 100.25.
REXX-Anweisungen	**Erläuterung**
numeric digits 3 z1 = 1234 z2 = "□□-□1234□□" abs1 = abs(z1) abs2 = abs(z2)	numeric digits wird berücksichtigt: Der Absolutwert von z1 und z2 ist in beiden Fällen 1234. Dieser Wert wird nach numeric digits formatiert, d. h. auf 3 Stellen gerundet. Die Funktion liefert daher für abs1 und abs2 jeweils 1.23E+3 zurück.

Anwendung

1	Uhrzeitdifferenz in Sekunden berechnen
2	Dezimalformat in gepacktes Dezimalformat umwandeln

1. Uhrzeitdifferenz in Sekunden berechnen

Aufgabe: Es soll die Differenz in Sekunden zwischen zwei Uhrzeiten, die in der Form hh:mm:ss vorliegen, berechnet werden. Dabei soll es keine Rolle spielen, in welcher Reihenfolge die beiden Uhrzeiten angegeben werden. Die Differenz zwischen 08:00:00 und 16:00:00 soll also z. B. die gleiche sein wie zwischen 16:00:00 und 08:00:00.

```
zeit1 = "12:24:36"
zeit2 = "08:07:55"
diff1 = timediff(zeit1, zeit2)
diff2 = timediff(zeit2, zeit1)
exit

timediff: procedure
  parse arg h1 ":" m1 ":" s1, h2 ":" m2 ":"  s2
  zeit1 = ((h1 * 60) + m1) * 60 + s1
  zeit2 = ((h2 * 60) + m2) * 60 + s2
  return abs(zeit1 - zeit2)
```

➔ diff1: 15401, diff2: 15401

Die procedure-Anweisung der Funktion timediff schirmt die Variablen des Aufrufers und der Funktion gegeneinander ab. Mit parse arg werden die beiden durch Komma getrennten Argumentfolgen (die beiden Uhrzeiten) eingelesen. Dabei werden sie anhand des Trennzeichens ":" bereits in ihre Bestandteile, nämlich Stunden (h1, h2), Minuten (m1, m2) und Sekunden (s1, s2) zerlegt. Die beiden Uhrzeiten werden in Sekunden umgerechnet. Die absolute Differenz der beiden Sekundendifferenzen wird mit abs(zeit1 - zeit2) berechnet und an den Aufrufer zurückgegeben.

2. Dezimalformat in gepacktes Dezimalformat umwandeln

Aufgabe: Ganzzahlige Dezimalzahlen sollen in gepackte Dezimalzahlen umgewandelt werden, ein Datenformat, das z. B. auf Großrechnern benutzt wird. Eine Dezimalzahl ist gepackt, wenn die einzelnen Dezimalziffern in je einem Halbbyte gespeichert sind, und wenn das rechteste Halbbyte das Vorzeichen enthält. Dabei entspricht "c"x einem Plus, einem Minus entsprechen "b"x oder "d"x (beide Vorzeichendarstellungen sind gleichwertig).

```
    dezimalzahl = -1234
    packzahl = d2p(dezimalzahl)
    exit
  d2p: procedure
    parse arg zahl
    if zahl < 0 then vorzeichen = "D"; else vorzeichen = "C"
    numeric digits length(zahl)
    pos = pos(".", reverse(zahl))
    if pos > 0 then zahl = zahl * (10 ** (pos - 1)) + 0
    zahl = zahl / 1
    return x2c(abs(zahl + 0) || vorzeichen)
```

➔ packzahl: "01234D"x

Die interne Funktion d2p wandelt dezimalzahl in eine gepackte Dezimalzahl um. d2p beginnt mit einer procedure-Anweisung, so daß die Variablen des aufrufenden Programms und der Funktion verschiedenen Geltungsbereichen angehören. Mit parse arg wird die umzuwandelnde Zahl in die Variable zahl eingelesen.

Wenn zahl negativ ist, wird das Vorzeichen mit "D", andernfalls mit "C" besetzt. Die Anzahl der maximalen Ziffernstellen wird vorsichtshalber auf die Länge von zahl gesetzt für den Fall, daß diese länger ist als der aktuelle Wert von numeric digits. Mit reverse(zahl) kehren wir zahl um und suchen mit pos(".", ...) die Position des Dezimalpunktes. Wenn pos größer als 0 ist, repräsentiert die um 1 verminderte Position pos - 1 die Anzahl der Nachkommastellen. Wir multiplizieren in diesem Fall zahl mit der Zehnerpotenz 10 ** (pos - 1), so daß zahl zu einer Ganzzahl wird. Die scheinbar überflüssige Division von zahl durch 1 (zahl/1) löscht die Nachkommastellen, wenn diese 0 sind.

Bei der Berechnung der gepackten Zahl werden zuerst durch die Addition zahl + 0 führende Nullen von zahl abgestrippt. Die Funktion abs entfernt ggf. das Vorzeichen von der Zahl. Der so entstandenen Dezimalzahl 4567 wird noch das Vorzeichen angehängt, das bereits vorher zugewiesen wurde. Die sich ergebende Zeichenfolge 4567D wird mit der Funktion x2c in eine Bytezeichenfolge mit einer geraden Anzahl von Stellen umgewandelt ("04567D") und mit return an den Aufrufer zurückgegeben.

Hinweis: Wir haben hier aus Gründen der Übersichtlichkeit nicht den Fall berücksichtigt, daß eine Zahl in exponentieller Schreibweise vorliegen kann.

address (Anweisung)

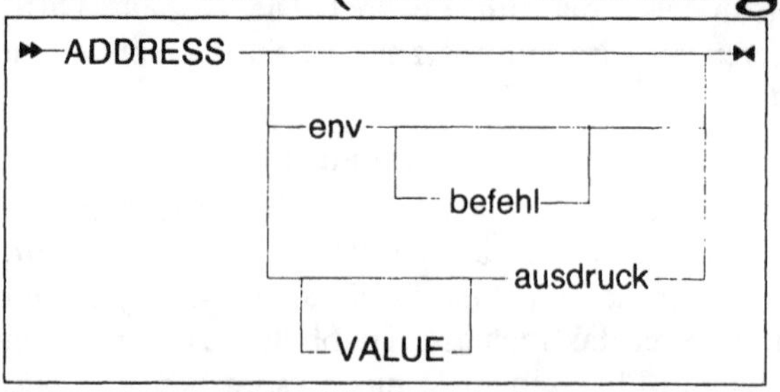

Siehe auch: address (Funktion); Adreßumgebung; Befehl.

Die Anweisung address (Adresse) stellt die aktuelle Adreßumgebung temporär oder dauerhaft ein oder schaltet zwischen zwei Adreßumgebungen um.

Standardadreßumgebung. Beim Eintritt in ein Programm oder ein internes oder externes Unterprogramm gilt automatisch die Standardadreßumgebung. Mit

```
ADDRESS ""
```

kann diese Adreßumgebung nach einer Änderung wieder eingestellt werden.

Temporäre Adreßumgebung. Wenn die Adreßumgebung vorübergehend, d. h. nur für die Ausführung eines Befehls, geändert werden soll, muß die address-Anweisung in der folgenden Variante verwendet werden:

```
ADDRESS env befehl
```

Dabei muß env eine Zeichenfolge sein, die eine gültige Adreßumgebung darstellt, befehl ein Ausdruck, der nach der Auswertung einen gültigen Befehl für die angegebene Adreßumgebung ergibt. Nach der Ausführung des Befehls wird wieder zur vorherigen Adreßumgebung zurückgeschaltet.

Permanente Adreßumgebung. Wenn die Adreßumgebung permanent umgestellt wird, werden alle folgenden Befehle an diese Adreßumgebung gesendet, bis die Adreßumgebung wieder umgestellt wird. Der Name der vorhergehenden Adreßumgebung wird gesichert. Zur permanenten Umstellung der Adreßumgebung gibt es drei Möglichkeiten:

- Die Schlüsselwort address steht zusammen mit dem Namen der Adreßumgebung env allein in einer Zeile:

  ```
  ADDRESS env
  ```

- Die Schlüsselwort address steht zusammen mit dem Unterschlüsselwort value und ausdruck in einer Zeile:

  ```
  ADDRESS VALUE ausdruck
  ```

  ausdruck kann eine Variable oder ein zusammengesetzter Ausdruck sein und muß nach seiner Auswertung den Namen einer gültigen Adreßumgebung ergeben.

- Wenn ausdruck nicht mit einem Symbol oder einer literalen Zeichenfolge beginnt, d. h. wenn ausdruck mit einem speziellen Zeichen wie einem Operator oder einer Klammer beginnt, kann das Unterschlüsselwort value weggelassen werden:

  ```
  ADDRESS ausdruck
  ```

Umschaltung. Wenn address ohne Argumente angegeben wird, wird die letzte gesicherte, permanente Adreßumgebung wieder als permanente Adreßumgebung hergestellt. Dabei wird wiederum die aktuelle Adreßumgebung gesichert. Die mehrfache Anwendung der address-Anweisung ohne Argumente bewirkt daher das Umschalten zwischen zwei Adreßumgebungen.

Geltungsbereich. Die aktuelle Adreßumgebung gilt lokal für ein Programm oder ein internes oder externes Unterprogramm, d. h. beim Eintritt in ein Programm gilt die Standardadreßumgebung und beim Verlassen eines Programms wird die vorherige aktuelle Adreßumgebung des Aufrufers wiederhergestellt.

Hinweis: Die eingebaute SAA-Funktion address liefert den Namen der aktuellen Adreßumgebung.

ausdruck	Ausdruck, der den Namen einer Adreßumgebung ergibt. • Wenn ausdruck das Unterschlüsselwort VALUE vorausgeht, ist jeder beliebige Ausdruck erlaubt. • Andernfalls darf ausdruck nicht mit einem Symbol oder einer konstanten Zeichenfolge beginnen, d. h. ausdruck muß mit einem speziellen Zeichen wie einem Operator oder einer Klammer beginnen.
befehl	*Siehe* Befehl.
env	Zeichenfolge, die den Namen einer gültigen Adreßumgebung ergibt.
VALUE	Es folgt ein Ausdruck, dessen Auswertung den Namen einer Adreßumgebung ergibt.

Beispiele

REXX-Anweisungen	Erläuterung
	Aktuelle Adreßumgebung: "tso".
address isredit "macro"	Der Befehl "macro" wird an die temporäre Adreßumgebung "isredit" gesendet, anschließend gilt wieder die aktuelle Adreßumgebung "tso".
address isredit "macro" "(dsn) = dataset"	Die aktuelle Adreßumgebung "tso" wird verlassen und dauerhaft auf die Adreßumgebung "isredit" umgeschaltet. Die folgenden Befehle "macro" und "(dsn) = dataset" (und alle weiteren) werden daher an die Adreßumgebung "isredit" übergeben.
parse source system if system = "OS/2" ...then env = "cmd"; ...else env = "command" address value env address (env)	Je nach zugrundeliegendem Betriebssystem wird der Variablen env der Name der Adreßumgebung der OS/2-Befehlsschnittstelle oder der DOS-Befehlsschnittstelle zugewiesen. Das Unterschlüsselwort value substituiert für die Variable env den Namen der jeweiligen Adreßumgebung. Auf diese Adreßumgebung wird permanent umgeschaltet. address (env) bewirkt das gleiche, ohne daß das Unterschlüsselwort value verwendet werden muß, weil die einleitende Klammer klarmacht, daß es sich nicht um den literalen Namen einer Adreßumgebung handelt.
address isredit address address address "_"	Die erste address-Anweisung schaltet dauerhaft auf die Adreßumgebung "isredit" um. Die zweite schaltet zur vorherigen Adreßumgebung, das ist in diesem Fall die Standardadreßumgebung "tso" zurück. Die dritte address-Anweisung wiederum schaltet zu der vorherigen Adreßumgebung "isredit" zurück. Schließlich schaltet address "_" auf die Standardadreßumgebung "tso" zurück, gleichgültig welche Adreßumgebung vorher aktiv war.

Anwendung

Datei mit APPC senden

Aufgabe: Mit APPC können Daten zwischen verschiedenen Plattformen, z. B. OS/2, OS/400 und MVS/TSO, gesendet und empfangen werden. Die auf den genannten drei Plattformen verfügbare Adreßumgebung CPICOMM unterstützt die CPI-Schnittstelle, eine Sammlung von einheitlichen Befehlen zur Ausführung von APPC-Operationen. Dies bedeutet, daß ein einziges REXX-Programm auf allen drei Plattformen zum Einsatz kommen kann, da die REXX-Sprache und die CPI-Befehle auf allen Plattformen gleich sind. Allerdings müssen dabei Betriebssystemeigenarten berücksichtigt werden, insbesondere solche, die sich auf die Ein-/Ausgabe beziehen.

Es soll ein Programm erstellt werden, das eine beliebige Datei unter OS/2 oder TSO einliest und diese Datei an einen beliebigen Empfänger sendet.

APPC: Advanced Program to Program Communication = Erweiterte Kommunikation zwischen Programmen. CPI: Common Programming Interface = Allgemeine Programmierschnittstelle.

```
parse arg destname, datei
parse source system
address cpicomm
if system = "OS/2" then do
  address cmd "@cpicrexx 1>nul 2>nul"
  if rc <> 30 then call fehler "Fehler "rc" beim Laden von CPICREXX"
end
```

Zuerst werden die übergebenen Parameter mit parse arg eingelesen: der *destination name* (Name des Ziels) destname, der einen Eintrag in einer Datei mit Angaben über den Empfänger bezeichnet, und datei, der Name der zu sendenden Datei. Mit parse source verschaffen wir uns den Namen des Betriebssystems, den wir benötigen, um die betriebssystembedingten Unterschiede zwischen OS/2 und TSO berücksichtigen zu können. Mit address cpicomm stellen wir die Adreßumgebung permanent auf die CPI-Schnittstelle ein.

Wenn wir unter OS/2 arbeiten, müssen wir noch eine Besonderheit beachten: Das CPI-Schnittstellenprogramm für REXX, CPICREXX, muß geladen werden. Die Anweisung address cmd mit folgendem OS/2-Befehl bewirkt die temporäre Umschaltung der aktuellen Adreßumgebung CPICOMM auf CMD, so daß der Befehl "@cpicrexx 1>nul 2>nul" der OS/2-Befehlszeile zur Ausführung übergeben wird. "@" bewirkt, daß keine Bildschirmausgaben erfolgen, und die Umleitungen "1>nul 2>nul" bewirken, daß die Zugriffsnummern (filehandles) 1 und 2 für die Standardausgabe und die Standardfehlerausgabe auf das Nullgerät umgelenkt werden, so daß auch hier keine Ausgaben auf den Bildschirm erfolgen. Den Rückkehrcode rc = 30 ignorieren wir, da er bedeutet, daß CPICREXX schon geladen ist. Alle anderen Rückkehrcodes (auch 0) werden in dem internen Unterprogramm fehler abgehandelt, das wir weiter unten besprechen.

```
"cminit convid destname cpirc"; call fehler
"cmallc convid cpirc"; call fehler
```

Die beiden Befehle richten sich an die aktuelle Adreßumgebung, die nach wie vor CPICOMM heißt, da sie (unter OS/2) nur temporär geändert wurde. Der CPI-Befehl cminit dient der Initialisierung der Konversation und übergibt als Parameter die beiden Ausgabeparameter convid und cpirc sowie den Eingabeparameter destname, den wir bereits am Anfang des Programms mit dem übergebenen Argument bestückt haben. convid wird von der CPI-Schnittstelle mit der zugewiesenen KonversationsID versorgt und cpirc enthält nach Abarbeitung des Befehls den CPI-Rückkehrcode, den wir mit call fehler auswerten. Der Befehl cmallc dient zur Allokierung der Konversation und hat convid als Eingabeparameter und, wie alle CPI-Befehle, cpirc als Ausgabeparameter.

```
select
  when system = "OS/2" then do
    do while lines(datei) > 0; queue linein(datei); end
  end
  when system = "TSO" then do
    address tso
    "alloc dd(eingabe) da('"datei"') shr"; call fehler
    "execio * diskr eingabe (finis)"; call fehler
    "free dd(eingabe) da('"datei"') shr"; call fehler
    address
 end
 otherwise call fehler "Betriebssystem "system" nicht vorgesehen"
end
```

In der select-Auswahl lesen wir die Sendedatei ein. Diesen Vorgang selektieren wir je nach Betriebssystem. Unter OS/2 verwenden wir die Funktion lines, um abzufragen, ob noch Eingabesätze vorhanden sind, wenn nicht, wird die do-Schleife beendet. Der eingelesenen Sätze linein(datei) werden mit queue nacheinander in die Warteschlange gestellt. Die Fehlerbehandlung der linein-Funktion vernachlässigen wir hier, weil sie die Systematik unserer einfachen Fehlerroutine sprengen würde.

Unter TSO stellen wir die Adreßumgebung permanent auf TSO um, da wir drei Befehle an TSO übergeben wollen. Der TSO-Befehl alloc allokiert die Eingabedatei. Beachten Sie, daß datei außerhalb der Anführungszeichen steht, weil wir dem TSO-Befehl den Inhalt der Variablen datei übergeben wollen und nicht den Namen. Dies ist bei den CPI-Befehlen grundsätzlich anders. Dort werden immer nur die Namen von Variablen übergeben. Mit execio lesen wir die komplette Eingabedatei auf einmal in die Warteschlange ein und mit free geben wir die allokierte Datei wieder frei. Die folgende address-Anweisung ohne Argumente stellt wieder die zuvor gesicherte, vorhergehende Adreßumgebung her, so daß sich die Folgebefehle wieder an CPICOMM richten.

```
do queued()
  parse pull satz
  laenge = length(satz)
  "cmsend convid satz laenge request_to_send_received cpirc"
  call fehler
end
"cmdeal convid cpirc"; call fehler
exit
```

Die do-Schleife führt den Schleifenkörper so oft aus, wie die Funktion queued angibt, also entsprechend der Anzahl der in die Warteschlange eingelesenen Sätze. Neben dem bereits gefüllten Eingabeparameter convid sind noch die beiden Eingabeparameter satz und laenge zu versorgen. Wir tun das, indem wir mit parse pull einen Satz aus der Warteschlange entnehmen und der Variablen laenge die Länge length(satz) von satz zuweisen. Im nachfolgenden Aufruf von cmsend können wir nämlich length(satz) nicht direkt angeben, da die CPI-Schnittstelle in einem Befehl nur Variablennamen zuläßt. Nach diesen Vorarbeiten wird satz mit dem CPI-Befehl cmsend an den Partner gesendet. Die Bedeutung des Ausgabeparameters request_to_send_received behandeln wir hier nicht. Wenn alle Sätze gesendet sind, beenden wir die Konversation mit dem CPI-Befehl cmdeal.

```
fehler:
  parse arg msg
  if msg = "" then do
    if rc <> 0 then msg = "RC "rc" bei dem Befehl: "cmd
    if cpirc <> 0 then msg = "CPI-RC "cpirc" bei dem Befehl: "cmd
  end
  if msg = "" then return
  say msg
  exit
```

Zu Beginn der einfachen Fehlerroutine lesen wir mit parse arg die optionale Fehlermeldung msg ein. Wenn msg nicht die Nullzeichenfolge ist, ist ein spezieller Fehler aufgetreten. Andernfalls fragen wir, ob der Rückkehrcode rc ungleich 0 ist. Wenn ja, konnte der Befehl wegen formaler Mängel nicht an die CPI-Schnittstelle übergeben werden und wir bilden eine entsprechende Fehlernachricht, die wir msg zuweisen. Wenn der CPI-Rückkehrcode cpirc ungleich 0 ist, ist bei der Ausführung der CPI-Operation ein Fehler aufgetreten und wir definieren msg entsprechend. Wenn jetzt msg gleich der Nullzeichenfolge ist, verlassen wir das Unterprogramm mit return und kehren zum Aufrufer zurück. Andernfalls geben wir die Fehlermeldung mit say aus und brechen das Programm mit exit ab.

address (Funktion)

```
▸▸—ADDRESS()—▸◂
```

Siehe auch: address (Anweisung); Adreßumgebung; Befehl.

Die eingebaute SAA-Funktion address (Adresse) liefert den Namen der aktiven Adreßumgebung zurück, also den Namen der Adreßumgebung, an die momentan Befehle zur Ausführung übergeben werden. Leerstellen am Ende des Namens werden entfernt.

Hinweis: Mit der address-Anweisung kann eine Adreßumgebung temporär oder dauerhaft eingestellt oder zwischen zwei Adreßumgebungen umgeschaltet werden.

Beispiele

REXX-Anweisungen	Erläuterung
address cpicomm a1 = address() address command a2 = address()	a1 liefert z. B. "CPICOMM", a2 etwa "COMMAND".

Adreßumgebung

Siehe auch: Befehl.

Eine Adreßumgebung ist ein Prozeß in einem Adreßraum außerhalb des REXX-Interpreters, an die von einem REXX-Programm aus Befehle zur Ausführung gesendet werden können. Befehle unterscheiden sich von REXX-Anweisungen dadurch, daß diese vom REXX-Interpreter ausgeführt werden, während Befehle an eine Adreßumgebung zur Ausführung übergeben werden.

Nach Beendigung eines Befehls enthält die spezielle Variable rc den Rückkehrcode des Befehls.

Adreßumgebung der Befehlsschnittstelle. Jede REXX-Implementierung verfügt über mindestens eine aktive Adreßumgebung. In der Regel ist dies die Befehlsschnittstelle des zugrundeliegenden Betriebssystems. Die Befehlsschnittstelle wird auch zur Standardadreßumgebung, die beim Eintritt in ein REXX-Programm gilt, wenn ein REXX-Programm von dieser aus aufgerufen wird. Die folgende Tabelle zeigt die Adreßumgebungen, die für die Befehlsschnittstelle der unterstützten Betriebssysteme gelten.

Adreß-umgebung	System	Befehlsschnittstelle
CMD	OS/2	OS/2-Befehlszeile
COMMAND	DOS	DOS-Befehlszeile
MVS	MVS	Ausführung ausgewählter TSO/E REXX-Befehle und Aufruf von REXX-Programmen. Steht auch unter ISPF und TSO/E zur Verfügung.
TSO	TSO/E	TSO/E-READY-Modus; Ausführung der externen TSO/E-Funktionen und der TSO/E REXX-Befehle. Auch Standardadreßraum unter ISPF.

Adreßumgebungen. Die gültigen Adreßumgebungen sind unter dem zugrundeliegenden Betriebssystem definiert. REXX kann als Makro- oder Skriptsprache eines Anwendungsprogramms verwendet werden, wenn dieses von REXX übergebene Unterbefehle ausführt. Die folgende Tabelle führt die bekanntesten Adreßumgebungen auf.

Adreßraum	System	Funktion
ATTACH ATTACHMVS ATTACHPGM	ISPF, MVS, TSO/E	Aufruf von Programmen auf einem unterschiedlichen Task-Level (die Unterschiede bestehen in der Anzahl der Parameter und der Art der Parameterübergabe)
CONSOLE	ISPF, TSO/E	Ausführung von MVS-Befehlen und MVS-Unterbefehlen
CPICOMM	ISPF, MVS, OS/2, TSO/E	CPI-Schnittstelle für APPC-Befehle
EPM	OS/2	Makroschnittstelle zum Editor EPM
ISPEXEC	ISPF	Ausführung von ISPF-Befehlen und ISPF-Services
ISREDIT	ISPF	Makroschnittstelle zum Editor EDIT
LINK LINKMVS LINKPGM	ISPF, MVS, TSO/E	Aufruf von Programmen auf dem gleichen Task-Level (die Unterschiede bestehen in der Anzahl der Parameter und der Art der Parameterübergabe)
LU62	ISPF, MVS, TSO/E	Schnittstelle für APPC/MVS-Befehle

Standardadreßumgebung. Die Standardadreßumgebung, die beim Eintritt in ein REXX-Programm gilt, hängt vom Aufrufer ab. Wenn ein Programm von der Befehlsschnittstelle des Betriebssystems aus aufgerufen wird, ist die Befehlsschnittstelle die Standardadreßumgebung. Wenn ein Programm von einem

Editor aus aufgerufen wird, der Unterbefehle vom REXX-Interpreter akzeptiert, ist der Editor die Standardadreßumgebung.

Anweisungen und Funktionen. Mit der address-Anweisung kann eine Adreßumgebung temporär oder dauerhaft eingestellt oder zwischen zwei Adreßumgebungen umgeschaltet werden. Die eingebaute SAA-Funktion address liefert den Namen der aktuellen Adreßumgebung. Der TSO/E REXX-Befehl subcom prüft, ob eine Adreßumgebung verfügbar ist.

Anweisung

Siehe auch: Anweisungen - Übersicht; Klausel; Zuweisung.

Anweisungen bestehen aus ein oder mehreren Klauseln und bezeichnen eine Operation, die vom REXX-Interpreter ausgeführt wird. Wir unterscheiden zwischen Zuweisungen und Anweisungen im engeren Sinn, den Schlüsselwortanweisungen. Hier werden nur Schlüsselwortanweisungen behandelt.

Schlüsselwörter. Anweisungen sind Klauseln, die mit einem Schlüsselwort beginnen, das die Anweisung identifiziert. Die Anweisung parse arg parms beginnt z. B. mit dem Schlüsselwort parse. Das Schlüsselwort wird aber nur erkannt, wenn ihm nicht ein Gleichheitszeichen (Zuweisung) oder ein Doppelpunkt (Marke) folgt. Die beiden folgenden Klauseln werden daher nicht als die Schlüsselwortanweisungen parse bzw. drop erkannt, sondern als Zuweisung bzw. als Marke:

```
parse = 12
drop:
```

Eine Anweisung, die mit einem Schlüsselwort beginnt, kann nicht als Befehl erkannt werden, auch wenn dies wie in dem folgenden Fall so gewollt ist:

```
   call upro "e", "tel.lst"
   ...
upro: arg(1) arg(2)
```

Offenbar soll in dem internen Unterprogramm ein Befehl zusammengesetzt werden, der aus der ersten und zweiten Argumentfolge besteht, die an das Unterprogramm übergeben wurden: "e tel.lst" (die Datei tel.lst soll editiert werden). Da der REXX-Interpreter jedoch arg als Schlüsselwort der Anweisung arg und nicht als Aufruf der Funktion arg erkennt, wird (1) für ein variables Zeichenmuster angesehen, und da in diesem Fall in den Klammern ein Symbol stehen müßte, meldet REXX einen Fehler.

Unterschlüsselwörter. Eine Anweisung kann weitere Schlüsselwörter enthalten, die die Anweisung näher qualifizieren. Die Anweisung do i = 1 to 15 by 2... enthält z. B. die beiden Unterschlüsselwörter to und by, die den Endwert bzw. die Schrittweite der Kontrollvariablen i definieren. Die Unterschlüsselwörter else, end, otherwise, then und when haben faktisch die gleiche Funktion wie Klauseln und werden daher wie Schlüsselwörter behandelt, obwohl sie keine Anweisungen oder Klauseln einleiten.

Reservierte Symbole. Schlüsselwörter und Unterschlüsselwörter gelten innerhalb eines Programms bzw. einer Anweisung als reservierte Symbole, wenn sie an einer bestimmten Stelle erwartet werden oder vorkommen können. Ansonsten können Schlüsselwörter auch als Symbole verwendet werden. Es empfiehlt sich jedoch, Schlüsselwörter grundsätzlich als reservierte Symbole zu betrachten, um Mißverständnissen und Fehlern vorzubeugen.

Groß-/Kleinschreibung. Schlüsselwörter und Unterschlüsselwörter können in Groß-/Kleinschreibung angegeben werden. In den Syntaxdiagrammen und in anderen formalen Darstellungen werden Schlüsselwörter zur Unterscheidung von anderen Elementen einer Anweisung jedoch immer in Großbuchstaben gezeigt.

Arten von Anweisungen. Wir unterscheiden die folgenden Arten von Anweisungen:

- **Steueranweisungen.** Sie beeinflussen durch logische Entscheidungen oder Verzweigungen den Kontrollfluß in einem Programm. Es gibt die folgenden Steueranweisungen:

  call, do, exit, if, iterate, leave, return, select, signal.

  Die Anweisungen do, if und select enthalten selbst wiederum Klauseln und werden daher als *komplexe Anweisungen* bezeichnet.

- **Operative Anweisungen.** Sie führen bestimmte Operationen aus. Darunter fällt z. B. die Einstellung der Adreßumgebung mit address, die Zerlegung von Eingabezeichenfolgen mit parse, die Manipulation von Warteschlangen mit parse, pull, push und queue usw. Es gibt die folgenden operativen Anweisungen:

  address, arg, drop, interpret, nop, numeric, options, parse, procedure, pull, push, queue, say, trace, upper (nur unter REXX TSO/E Level 1).

Anweisungen - Übersicht

Aufruf	**Wirkung**
ADDRESS {env [befehl] I [VALUE] ausdruck}	stellt die aktuelle Adreßumgebung dauerhaft oder temporär ein
ARG schablone	wandelt die übergebenen Argumente in Großbuchstaben um und zerlegt sie
CALL name [ausdruck,...]	ruft ein Unterprogramm auf und übergibt an dieses ggf. ein oder mehrere Argumentfolgen
CALL {ON I OFF} bedingung [NAME trapname]	setzt eine Fehlerbedingung oder setzt sie zurück und verzweigt im Fehlerfall mit call zur Fehlerroutine
DO [*wiederholung*] [{WHILE I UNTIL} bedingung] [anweisung...] END [name] *wiederholung:* {name = start [TO ende] [BY diff] [FOR anzahl] I FOREVER I anzahl}	gruppiert Anweisungen und führt diese einmal, wiederholt und/oder bedingungsabhängig aus
DROP {name I liste}...	hebt die Definition von Variablen auf
EXIT [ausdruck]	beendet ein Programm (Unterprogramm, Funktion) und gibt ggf. eine Zeichenfolge zurück

Aufruf	Wirkung
IF bedingung [;] THEN [;] anweisung [ELSE anweisung]	führt Anweisungen bedingungsabhängig aus
INTERPRET [ausdruck]	Zeichenfolge als Programmzeile interpretieren und ausführen
ITERATE [name]	do-Schleife mit der nächsten Wiederholung fortsetzen
LEAVE [name]	do-Schleife sofort beenden
NOP	Pseudo-Anweisung ohne Wirkung
NUMERIC DIGITS [ausdruck]	definiert die maximale Anzahl Ziffernstellen
NUMERIC FORM {SCIENTIFIC | ENGINEERING | [VALUE] ausdruck}	definiert das Format der exponentiellen Schreibweise
NUMERIC FUZZ [ausdruck]	definiert die numerische Unschärfe
OPTIONS...	setzt Optionen für DBCS-Zeichenfolgen
PARSE [UPPER] ARG [schablone]	zerlegt die übergebenen Argumente
PARSE [UPPER] LINEIN [schablone]	zerlegt die nächste Zeile des Standardeingabestroms (1)
PARSE [UPPER] PULL [schablone]	zerlegt die nächste Zeile der externen Warteschlange bzw. des Standardeingabestroms
PARSE [UPPER] SOURCE [schablone]	liefert Angaben über das ausgeführte Programm
PARSE [UPPER] VALUE [ausdruck] WITH [schablone]	zerlegt einen Ausdruck
PARSE [UPPER] VAR variable [schablone]	zerlegt eine Variable
PARSE [UPPER] VERSION [schablone]	liefert Angaben über die REXX-Version
PROCEDURE [EXPOSE {name | liste}...]	schützt die Variablen des Aufrufers und eines Unterprogramms gegeneinander und exponiert ggf. bestimmte Variablen
PULL [schablone]	liefert die nächste Zeile der externen Warteschlange bzw. des Standardeingabestroms in Großbuchstaben
PUSH [ausdruck]	fügt eine Zeile am Anfang der externen Warteschlange ein
QUEUE [ausdruck]	fügt eine Zeile am Ende der externen Warteschlange ein
RETURN [ausdruck]	beendet ein Programm (Unterprogramm, Funktion) und gibt ggf. eine Zeichenfolge zurück
SAY [ausdruck]	gibt eine Zeile in den Standardausgabestrom aus
SELECT {WHEN bedingung [;] THEN [;] anweisung}... [OTHERWISE [;] [anweisung...]] END	führt bedingungsabhängig eine von mehreren alternativen Anweisungen aus

Aufruf	Wirkung
SIGNAL {marke I [VALUE] ausdruck}	verzweigt zu einer Marke
SIGNAL {ON I OFF} bedingung [NAME trapname]	setzt eine Fehlerbedingung oder setzt sie zurück und verzweigt zur Fehlerroutine mit signal
TRACE {[präfix] [option] I zahl I zeichenfolge I [VALUE] ausdruck}	schaltet den Trace ein oder aus und bestimmt den Umfang der Trace-Ausgabe
UPPER name...	wandelt ein oder mehrere Variablen in Großbuchstaben um (2)

(1) erst ab REXX Level 2

(2) nur unter REXX TSO/E Level 1

arg (Anweisung)

Die arg-Anweisung ist identisch mit der Anweisung parse upper arg. *Siehe:* parse arg.

arg (Funktion)

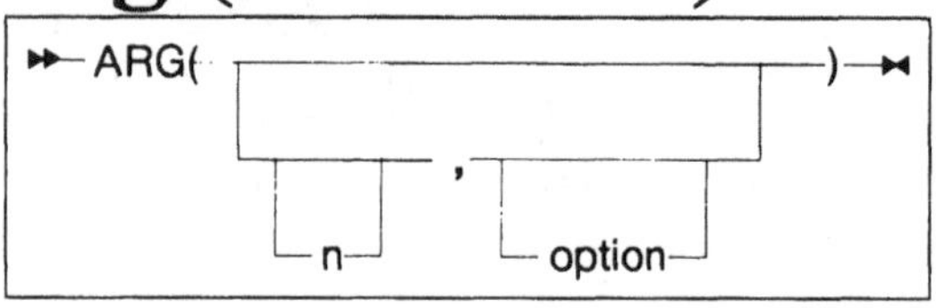

Siehe: Argumentfolge.

Die eingebaute SAA-Funktion arg (Argument) liefert eine Argumentzeichenfolge (kurz: Argumentfolge) oder Angaben über die Argumentfolgen zurück.

Wenn n fehlt, wird die Anzahl der übergebenen Argumentfolgen zurückgeliefert. Die Anzahl der übergebenen Argumentfolgen ist mit der Nummer der letzten ausdrücklich übergebenen Argumentfolge identisch, stimmt also mit der letzten Argumentfolge überein, die für arg(n, "exists") den Wert 1 zurückliefert (*siehe* unten). Wenn keine Argumentfolgen übergeben werden, liefert arg() den Wert 0.

Wenn nur n angegeben wird, wird die n-te Argumentfolge zurückgeliefert. Wenn die n-te Argumentfolge nicht vorhanden ist, wird die Nullzeichenfolge zurückgeliefert. n muß eine positive Ganzzahl sein.

option ist ein beliebiger Ausdruck, der eine der nachstehenden Optionen ergeben muß. Von der Option wird nur das erste Zeichen ausgewertet, Groß- und Kleinbuchstaben sind gleichwertig.

- E (exists = vorhanden). Liefert 1 (wahr), wenn die n-te Argumentfolge beim Aufruf des Programms ausdrücklich angegeben wurde, andernfalls 0 (falsch).
- O (omitted = weggelassen). Liefert 1 (wahr) wenn die n-te Argumentfolge beim Aufruf des Programms *nicht* ausdrücklich angegeben wurde, andernfalls 0 (falsch).

Hinweise:

- Mit der Anweisung parse arg wird die übergebene Zeichenfolge eines Programms in Argumentfolgen zerlegt. parse upper arg und die Anweisung arg leisten das gleiche, wandeln aber die Argumentfolgen in Großbuchstaben um.
- Obwohl das Implementierungslimit die Anzahl der Argumentfolgen in Programmaufrufen auf 20 beschränkt, können die Anweisungen parse arg bzw. arg beliebige Argumentfolgen zerlegen, d. h. diese können beliebig lang sein und aus beliebig vielen kommabegrenzten Argumenten bestehen.

n — Positive Ganzzahl. Nummer der Argumentfolge, die zurückgeliefert werden soll.

option — Nur das erste Zeichen wird ausgewertet, Groß- und Kleinbuchstaben sind gleichwertig.
Mögliche Optionen: *siehe oben.*

Beispiele

REXX-Anweisungen	Erläuterung

parm1 = "dies"
parm3 = "jenes"
rc = upro(parm1,, parm3)
call upro parm1,, parm3
 	
upro:
  a1 = arg()
  a2 = arg(1)
  a3 = arg(2)
  a4 = arg(1, "e")
  a5 = arg(2, "o")
  a6 = arg(2, "e")
  return ""
	Programmaufruf:
	Die beiden Aufrufe des internen Unterprogramms upro übergeben die gleichen Argumentfolgen: "dies",, "jenes". Die Zuweisungen a1-a6 erfolgen im aufgerufenen Programm upro.
	a1 liefert die Anzahl der übergebenen Argumentfolgen: 3. a2 liefert die erste Argumentfolge: "dies". a3 liefert die zweite Argumentfolge. Da diese im Aufruf aber ausgelassen wurde, wird die Nullzeichenfolge zurückgeliefert: "". a4 liefert 1, da die erste Argumentfolge vorhanden ist. a5 liefert 1, da die zweite Argumentfolge ausgelassen wurde, und a6 liefert aus dem gleichen Grund 0.

parm1 = "dies"
parm3 = "jenes"
address cmd "upro□"
...parm1",,"parm3
 	
upro:
  a1 = arg()
  a2 = arg(1)
  a3 = arg(2)
  a4 = arg(1, "e")
  a5 = arg(2, "o")
  a6 = arg(2, "e")
  return ""
	Befehlsaufruf:
	Das externe Unterprogramm upro wird unter OS/2 mit address cmd als Befehl aufgerufen. Dazu gleichwertig wäre der Aufruf von upro aus der OS/2-Befehlszeile: "upro dies,, jenes". Da es sich um einen Befehlsaufruf handelt, wird nur *eine* Argumentfolge übergeben: "dies,,jenes". Die Zuweisungen a1-a6 erfolgen im aufgerufenen Programm upro.
	a1 liefert daher als Anzahl der übergebenen Argumentfolgen 1. a2 liefert die erste und einzige Argumentfolge: "dies,,jenes". a3 liefert die zweite, nicht vorhandene Argumentfolge, also die Nullzeichenfolge: "". a4 liefert 1, da die erste Argumentfolge vorhanden ist. a5 liefert 1, da keine zweite Argumentfolge vorhanden ist, und a6 liefert aus dem gleichen Grund 0.

Anwendung

1	Parameter in eine Meldung einsetzen
2	Hexadezimal konvertieren und rechnen
3	Weitere Anwendungen

1. **Parameter in eine Meldung einsetzen**

Aufgabe: In einer Fehlermeldungsroutine sollen in die angegebene Fehlermeldung statt &1, &2 usw. bis zu 9 variable Parameter eingesetzt werden.

```
msg1 = "Die Zahl &1 ist kleiner &2 oder größer &3."
zahl = 4711
say getmsg(msg1, zahl, 0, 1000)
exit

getmsg: procedure
  parse arg msg
  do argno = 1 to 9 until pos = 0
    pos = pos("&", msg)
    if pos > 0 then msg = left(msg, pos - 1) ||,
      arg(substr(msg, pos + 1, 1) + 1) || substr(msg, pos + 2)
  end argno
  return msg
```

Im Hauptprogramm werden die benötigten Meldungen definiert, hier stellvertretend msg1. zahl definieren wir hier direkt, in der Praxis kommt zahl z. B. als Eingabe, Parameter oder Element einer Datei herein. say gibt die von getmsg ergänzte Fehlermeldung am Bildschirm aus.

Das interne Unterprogramm schottet seine Variablen durch procedure gegen den Aufrufer ab. Die erste Argumentfolge, die Fehlermeldung msg, übernehmen wir mit parse arg. Die do-Schleife wird so oft durchlaufen, wie msg Parameter der Art &n (n = 1-9) enthält, jedoch maximal neunmal. Mit pos wird nach einem "&" in msg gesucht. Wenn pos größer als 0 ist, wurde "&" gefunden und msg wird um den entsprechenden Parameter ergänzt. Die aktualisierte Meldung setzt sich folgendermaßen zusammen:

- Aus dem linken Teil von msg bis vor das gefundene "&": left(msg, pos - 1).
- Aus dem Wert des n-ten Parameter &n. n wird mit substr(msg, pos + 1, 1) in msg ermittelt. Der Wert des Parameters &n ergibt sich als das (n + 1)te an getmsg übergebene Argument, also als arg(n + 1).
- Aus dem rechten Teil von msg nach dem gefundenen Platzhalter &n: substr(msg, pos + 2).

Nach dem Verlassen der do-Schleife wird mit return msg die aktualisierte Meldung

```
"Die Zahl 4711 ist kleiner 0 oder größer 1000."
```

an den Aufrufer zurückgegeben.

2. **Hexadezimal konvertieren und rechnen**

Aufgabe: Es sollen zwei Funktionen erstellt werden, mit denen eine Dezimalzahl in eine Hexadezimalzahl konvertiert werden kann und umgekehrt, und zwei weitere Funktionen, mit denen hexadezimal addiert und subtrahiert werden kann.

```
h1 = hex(367)
h2 = dec("16f")
h3 = hexadd("16f", "85")
h4 = hexsub("1f4", "85")
exit

hex: return d2x(arg(1))
dec: return x2d(arg(1))
```

```
hexadd: return d2x(x2d(arg(1)) + x2d(arg(2)))
hexsub: return d2x(x2d(arg(1)) - x2d(arg(2)))
```

➔ h1: "16F", h2: 367, h3: 1F4, h4: 16F.

Um die Funktion möglichst kompakt zu halten, übernehmen wir die übergebenen Parameter direkt mit arg(1) bzw. arg(2). d2x wandelt eine Dezimalzahl in eine hexadezimale Zahl um und x2d bewirkt das Gegenteil. Mit return wird der jeweils ermittelte Wert an den Aufrufer zurückgegeben.

3. **Weitere Anwendungen**

Weitere Anwendungsmöglichkeiten:

- Standardwert vorgeben:

  ```
  parse upper value arg(1)"N" with option 2
  ```

  Mit parse upper value wird das Ergebnis der Verkettung arg(1)"N" in Großbuchstaben umgesetzt. arg(1) bezeichnet das erste kommagetrennte Argument, das übergeben wird. Wenn arg(1) die Nullzeichenfolge ist, d. h. wenn keine Parameter übergeben werden, ergibt arg(1)"N" die Zeichenfolge "N", in allen anderen Fällen spielt das angekettete Zeichen "N" keine Rolle, weil nur das erste Zeichen des Ausdrucks ausgewertet wird. Auf diese Weise haben wir Vorsorge getroffen, daß der Standardwert "N" richtig behandelt wird. Die Positionsangabe 2 in der parse-Schablone bewirkt, daß nur das erste Zeichen von arg(1)"N" der Variablen option zugewiesen wird.

- Ausgelassene Parameter durch Standardwerte ersetzen:

  ```
  parse arg str, anz, füll
  if arg(2, "omitted") then anz = 1
  if arg(3, "omitted") then füll = "."
  ```

  arg mit der Option "omitted" prüft, ob der Parameter im Funktionsaufruf ausdrücklich angegeben wurde, wenn nein, wird er mit dem Standardwert besetzt. Natürlich kann man das gleiche auch mit den beiden folgenden Anweisungen erreichen:

  ```
  if anz = "" then anz = 1
  if füll = "" then füll = "."
  ```

  Beachten Sie aber, daß if füll = "" besser durch if füll == "" ersetzt würde. Denn füll = "" (Nullzeichenfolge) gilt auch dann als wahr, wenn nur Leerstellen übergeben wurden. Wenn für füll eine Leerstelle übergeben wird, würde also das beabsichtigte Füllzeichen "□" fälschlicherweise durch einen Punkt ersetzt. füll == "" hingegen fragt exakt ab, ob füll die Nullzeichenfolge ist.

Argumentfolge

Die Zeichenfolge, die an ein Programm bzw. an ein externes oder internes Unterprogramm übergeben wird, besteht aus einer einzigen Zeichenfolge oder aus mehreren kommagetrennten Zeichenfolgen, die Argumente (Parameter) darstellen. Wir bezeichnen diese Zeichenfolgen als Argumentzeichenfolgen oder kurz als Argumentfolgen.

Programmaufruf. Kommagetrennte Argumentfolgen kann nur der REXX-Interpreter identifizieren. Dies trifft dann zu, wenn ein Programm als internes oder externes Unterprogramm aufgerufen wird.

Befehlsaufruf. Argumentfolgen, die über die Befehlsschnittstelle des Betriebssystems (z. B. TSO, OS/2- oder DOS-Befehlszeile) übergeben werden, können nicht in einzelne, kommagetrennte Argumentfolgen zerlegt werden, da die jeweiligen Befehlsprozessoren diese Art der Parameterübergabe nicht unterstützen. Das gleiche gilt für Programmaufrufe, die über die address-Anweisung an eine Befehlsschnittstelle übergeben werden (z. B. address tso, address command). In diesen Fällen wird die übergebene Zeichenfolge als *eine* Argumentfolge gewertet. Wenn kein Argumente (auch keine Leerstellen) übergeben werden, ist keine Argumentfolge vorhanden.

Aufrufart. Nach welchem Verfahren ein externes Programm aufgerufen wurde, kann mit der Anweisung parse source ermittelt werden, so daß ein Programm die Argumentzerlegung bei Bedarf der Aufrufart des Programms dynamisch anpassen kann. Der zweiten Variablen in der Schablone dieser Anweisung wird einer der Werte COMMAND (Befehlsaufruf), FUNCTION (Aufruf als externe Funktion) oder SUBROUTINE (Aufruf als externes Unterprogramm) zugewiesen.

Anweisungen und Funktionen. Mit der Anweisung parse arg wird die übergebene Zeichenfolge eines Programms in Argumentfolgen zerlegt. parse upper arg und die Anweisung arg leisten das gleiche, wandeln aber die Argumentfolgen in Großbuchstaben um.

Mit dem Funktionsaufruf arg() kann die Anzahl der übergebenen kommabegrenzten Argumentfolgen abgefragt werden, der Funktionsaufruf arg(n) liefert den Inhalt der n-ten Argumentfolge zurück. Mit arg(n, "exists") kann abgefragt werden, ob das n-te Argument angegeben wurde, mit arg(n, "omitted"), ob das n-te Argument weggelassen wurde.

Implementierungslimit. In call- und Funktionsaufrufen sind höchstens 20 Argumentfolgen erlaubt. Die Anweisungen parse arg bzw. arg und die Funktion arg können allerdings theoretisch beliebig viele Argumentfolgen zerlegen.

arithmetische Funktionen

Übersicht

Arithmetische Funktionen sind Funktionen zur Bearbeitung von Zahlen. Syntax und Anwendungsmöglichkeiten der arithmetischen Funktionen können Sie der folgenden Tabelle entnehmen. Legende: *siehe* Funktionen - Übersicht.

*	Aufruf	Wirkung
s	ABS(zahl)	liefert den Absolutwert einer Zahl
s	DIGITS()	liefert die maximale Anzahl Ziffernstellen
s	FORM()	liefert das Format der exponentiellen Schreibweise
s	FORMAT([vk], [nk], [explg], [kipp])	rundet und formatiert eine Zahl
s	FUZZ()	liefert die numerische Unschärfe
s	MAX(zahl, [zahl,...])	liefert die größte von mehreren Zahlen
s	MIN(zahl, [zahl,...])	liefert die kleinste von mehreren Zahlen

*	Aufruf	Wirkung
s	SIGN(zahl)	liefert einen Wert für das Vorzeichen einer Zahl
s	TRUNC(zahl, [anzahl])	liefert eine Zahl mit anzahl Nachkommastellen

asc2ebc

```
▸▸–ASC2EBC()–▸◂
```

Siehe auch: ebc2asc.

Die externe Funktion asc2ebc (ASCII t[w]o EBCDIC) gibt eine 256stellige Zeichenfolge zurück. Diese enthält die EBCDIC-Codes für die ASCII-Codes von 0-255, und zwar in der gleichen Reihenfolge. Die Funktion benötigt keine Parameter.

Anwendung

Zeichenfolgen vom ASCII-Code in den EBCDIC-Code übersetzen

Die Funktion asc2ebc wird dazu verwendet, um Zeichenfolgen im ASCII-Code in den EBCDIC-Code zu übersetzen. Im folgenden Beispiel wird die Zeichenfolge text1 zuerst aus dem ASCII-Code in den EBCDIC-Code übersetzt und dann mit Hilfe der Zwillingsfunktion ebc2asc wieder in den ASCII-Code zurückübertragen, so daß text2 den gleichen Inhalt hat wie text1.

```
text1 = "Ich weiß nicht, wie mir geschieht"
text2 = translate(text1, asc2ebc())
text2 = translate(text2, ebc2asc())
```

➔ text2: "Ich weiß nicht, wie mir geschieht"

Der erste Parameter im Aufruf der translate-Funktion bezeichnet die Zeichenfolge, die übersetzt werden soll, text1 bzw. text2. Der zweite Parameter gibt die Ausgabetabelle an. Dies sind hier die Übersetzungstabellen, die von asc2ebc() bzw. ebc2asc() geliefert werden. Wenn der dritte Parameter für die Eingabetabelle weggelassen wird, gelten standardmäßig alle Zeichen von "00"x bis "ff"x als Eingabetabelle.

Die translate-Funktion sucht jedes Zeichen aus text1 bzw. text2 in der Eingabetabelle. Anhand der gefundenen Positionsnummer wird dann das entsprechende Zeichen aus der Ausgabetabelle abgegriffen.

Ausdruck

Siehe: Klausel; Operator, Rangfolge; Term.

In Klauseln, d. h. Anweisungen, Zuweisungen und Befehlen, können Ausdrükke vorkommen. Ausdrücke bestehen aus Termen (Gliedern), Operatoren und runden Klammern.

Datentyp. Die Terme eines Ausdrucks werden als Zeichenfolgen interpretiert und haben keinen bestimmten Datentyp. Der Datentyp eines Terms wird vielmehr dynamisch anhand des Operators bestimmt, durch den er mit einem anderen Term verbunden ist. Der Wert, also das Ergebnis der Auswertung eines

Ausdrucks ist wieder eine Zeichenfolge. Da Zeichenfolgen in REXX beliebig lang sein dürfen (soweit es der verfügbare Speicher erlaubt), kann auch das Ergebnis eines Ausdrucks beliebig lang sein.

Auswertungsreihenfolge. Ausdrücke werden von links nach rechts ausgewertet. Klammern und die Rangfolge der Operatoren können jedoch die Reihenfolge der Auswertung ändern:

- Ein Teilausdruck in runden Klammern wird zuerst ausgewertet. Die Klammern in einem Funktionsaufruf haben eine besondere Bedeutung und verändern daher nicht die Reihenfolge der Auswertung.
- Wenn die Reihenfolge der Auswertung nicht durch Klammern verändert wird, werden in einem Ausdruck zuerst die Teilausdrücke ausgewertet, die durch die höchstrangigen Operatoren miteinander verbunden sind. Wenn mehrere gleichrangige Operatoren vorhanden sind, erfolgt die Auswertung der gleichrangigen Operatoren von links nach rechts.

Klammern und die Rangfolge der Operatoren haben allerdings keinen Einfluß auf die Reihenfolge, in der einzelne Terme ausgewertet werden: diese werden immer von links nach rechts ausgewertet.

Die Auswertung eines Ausdrucks erfolgt immer vollständig, außer wenn ein Fehler während der Auswertung auftritt.

Nullzeichenfolgen. Die Nullzeichenfolge, also eine Zeichenfolge der Länge 0, kann als Term und als Ergebnis eines Ausdrucks auftreten. Dies gilt nicht für arithmetische und logische Operationen, bei denen die beteiligten Terme und das Auswertungsergebnis eine Zahl oder ein logischer Wert sein müssen bzw. sind.

Beispiele

REXX-Anweisungen	Erläuterung
a = 3; b = 10 s = (a + b) * 3	Die rechte Seite der Zuweisung s = (a + b) * 3 besteht aus den Termen a, b und 3, den Operatoren + und * sowie aus einem Paar von runden Klammern. Da der Ausdruck a + b in Klammern gesetzt ist, wird zuerst der Wert dieses Ausdrucks ermittelt. Da die Variablen a und b durch den Operator + verbunden sind, versucht der REXX-Interpreter, diese Variablen als Zahlen zu interpretieren. Beide Variablen enthalten eine Zahl, daher werden die beiden Zahlen 3 und 10 addiert und liefern als Ergebnis die Zeichenfolge "13". Der soweit aufgelöste Ausdruck lautet jetzt: 13 * 3. Er besteht aus den beiden Termen 13 und 3 und dem arithmetischen Operator *. Die beiden verbleibenden Terme werden nun miteinander multipliziert. Das Ergebnis ist die Zeichenfolge 39.
ort = "Stuttgart" z = ort", den "date("e")	Die rechte Seite der Zuweisung z = ort", den "date("e") besteht aus den Termen ort, ", den " und date("e"), die jeweils durch den Grenzoperator miteinander verbunden sind, d. h. ohne dazwischentretende Leerstellen oder den eigentlichen Verkettungsoperator ||. An den Inhalt der Variablen ort ("Stuttgart") wird die Zeichenfolge ", den " angehängt und an diese wiederum das Ergebnis, das der Funktionsaufruf date("e") zurückliefert, z. B. "25/05/96", so daß sich als Wert des Ausdrucks die Zeichenfolge "Stuttgart, den 25/05/96" ergibt.

b2x

```
▸▸─B2X(binärfolge)─▸◂
```

Siehe auch: Konvertierfunktionen.

Die eingebaute SAA-Funktion b2x (binary t[w]o hexadecimal = binäres in hexadezimales Format umwandeln) wandelt die Binärfolge binärfolge in eine Hexfolge um und liefert diese als Funktionsergebnis zurück.

binärfolge wird ggf. durch führende Nullen auf volle Halbbytes ergänzt, so daß die Anzahl der Binärziffern ein Vielfaches von vier ist. Die Ausgabezeichenfolge umfaßt soviele Zeichen, wie binärfolge Halbbytes enthält.

Die Ausgabezeichenfolge wird *ohne* die Kennung X/x zurückgeliefert und enthält keine Leerstellen. Die Hexadezimalziffern A-F werden immer in Großbuchstaben ausgegeben.

Wenn binärfolge aus der Nullzeichenfolge besteht, wird eine Nullzeichenfolge zurückgeliefert.

Hinweis: Die fehlenden Konvertierfunktionen b2c und b2d können Sie durch Kombination von b2x mit x2c bzw. x2d simulieren.

binärfolge — Binärfolge von beliebiger Länge *ohne* die Kennung B/b. *Siehe:* Binärfolge.

Beispiele

REXX-Anweisungen	Erläuterung
hex1 = b2x("0") hex2 = b2x("11") hex3 = b2x("1000□1110")	Binärzahl umwandeln: hex1: "0", hex2: "3", hex3: "8E"
hex = b2x("_")	Nullzeichenfolge umwandeln: hex: "_"

Häufige Fehler

Keine Binärfolge. Die folgenden Funktionsaufrufe werden mit REXX-Fehler 40 quittiert:

```
b2x("0100 0010"b)
b2x("41"x)
b2x("AB")
b2x(1500)
```

Die obigen Aufrufe liefern als Eingabeparameter (im ASCII-Code) die Zeichenfolgen "B", "A", "AB" und "1500". Diese Zeichenfolgen bestehen nicht oder nicht nur aus den Binärziffern 0 und 1 und sind daher keine gültigen Binärfolgen. Die folgenden Aufrufe führen hingegen zum Erfolg:

```
b2x("0011 0001"b)
b2x("31 30"x)
b2x(1100)
```

Die Argumente liefern nämlich (im ASCII-Code) zufällig die gültigen Zeichenfolgen "31"x = "1", "10" und "1100". Es ist aber zu vermuten, daß hier ein Versehen vorliegt und etwas ganz anderes gewollt wurde.

beep

```
▸▸─BEEP(frequenz, dauer)─▸◂
```

Die eingebaute OS/2-Funktion beep (Ton) gibt über den Lautsprecher einen Ton mit der Hertz-Frequenz frequenz für die Dauer von dauer Millisekunden aus und liefert die Nullzeichenfolge zurück.

frequenz kann eine beliebige Ganzzahl im Bereich 37-32767 Hertz sein. dauer kann eine beliebige Ganzzahl im Bereich 1-60000 Millisekunden sein.

dauer — Ganzzahl im Bereich 1-60000. Dauer des Tons in Millisekunden.

frequenz — Ganzzahl im Bereich 37-32767. Frequenz des Tons in Hertz.

Beispiele

REXX-Anweisungen	Erläuterung
c_ = 262 sekunde = 1000 call beep(c_, sekunde/ 4)	c_ wird die Frequenz 262 Hertz, das ist die Frequenz des eingestrichenen c (c'), zugewiesen. Die Variable sekunde wird mit 1000 Millisekunden besetzt. beep gibt den Ton c' für sekunde / 4 Millisekunden, also für eine viertel Sekunde lang aus.

Anwendung

1	Akustischen Alarm ausgeben
2	Melodien abspielen

1. **Akustischen Alarm ausgeben**

Aufgabe: In einer Fehlerroutine soll ein akustischer Alarm ausgegeben werden.

```
alarm: call beep 512,300; call beep 256,500; call beep 200,400; return
```

Es werden (ungefähr) die Töne c', c'' und g ausgegeben und zwar für 300, 500 bzw. 400 Millisekunden.

2. **Melodien abspielen**

Aufgabe: Ein Unterprogramm soll beliebige Melodien anhand vorgegebener Töne und ihrer Notenwerte abspielen. Der Grundalgorithmus für die nachfolgende Lösung stammt von *F. J. Schubert* (nomen est omen?) aus Kirchheim und wurde mit dem *OS/2 Inside Rexx-Award 5/95* ausgezeichnet.

```
tempo = 200 /* 1/4 Noten pro Minute (30-300) */
thema = "f a f a f a f a p "
zeit = 1/8 1/8 1/8 1/8 1/8 1/8 1/8 1/8 1/2" "
melodie = copies(thema" ", 3)
zeiten = copies(zeit" ", 3)
oktaven = copies("2 ", words(melodie))
call play melodie, oktaven, zeiten, tempo
```

Wir zeigen als Beispiel, wie das Klingeln eines Telefons simuliert werden kann. Das weiter unten erläuterte Unterprogramm play besorgt das Abspielen der Melodie. Wir definieren hier die Parameter, die wir für den Aufruf des Unterprogramms benötigen. Mit tempo geben wir an, wieviele Viertelnoten in einer Minute abgespielt werden sollen, hier z. B. 200. Mit tempo = 10 könnten wir dagegen die Sirene eines Feuerwehrautos nachahmen. Die Variable thema definiert ein Thema aus den Werten f und a (sie stellen die Töne f'' und a'' dar, die Oktaven werden jedoch durch den Parameter oktaven angegeben), die sich viermal wiederholen, und einer Pause p. Insgesamt soll thema dreimal abgespielt werden, wir definieren daher melodie als dreifache Kopie von thema: copies(thema" ", 3). Die Notenwerte für thema definieren wir in der Variablen zeit und kopieren auch diese dreifach in die Variable zeiten. Schließlich müssen wir noch für jede Note angeben, welcher Oktave sie angehört. Da die beiden Töne f'' und a'' beide der zweigestrichenen Oktave angehören, definieren wir oktaven als Wortliste aus so vielen Kopien der Oktavennummer 2, wie Töne in melodie enthalten sind. Anschließend spielen wir die Melodie ab, indem wir die Funktion play mit den definierten Parametern aufrufen.

```
play: procedure
  parse upper arg melodie, oktave, dauer, tempo
  intvl = 196 / 185; a_ = 110
  tontab = ""; lentab = ""
  noten = "AIS_ H_ C CIS D DIS E F FIS G GIS A AIS H"
  do i = 1 to words(melodie)
    num = wordpos(word(melodie, i), noten)
    if num > 0 then do
      ton = (a_ * intvl ** num) * 2 ** word(oktave, i)
      tontab = tontab format(ton, 5, 0)
    end
    else tontab = tontab 30000
    len = 60 / tempo * 1000 * word(dauer, i)
    lentab = lentab format(len, 5, 0)
  end
  do i = 1 to words(tontab)
    call beep word(tontab, i), word(lentab, i)
  end
  return
```

In dem internen Unterprogramm, das durch procedure gegen den Aufrufer abgeschottet wird, lesen wir zuerst die Parameter mit parse upper arg in Großbuchstaben ein. Wir definieren die Intervallänge intvl und die Hertzfrequenz a_ des Grundtons a'. tontab und lentab, die Wortlisten für die abzuspielenden Töne und die zugehörigen Notenwerte, werden mit der Nullzeichenfolge initialisiert. Die Noten, die wir interpretieren wollen, werden in der Wortliste noten definiert.

In der folgenden do-Schleife werden die Parameter Ton für Ton abgearbeitet. Zuerst wird die Nummer num des Tones in der Wortliste noten festgestellt. Wenn der Ton in noten enthalten ist, wird intvl zur num-ten Potenz intvl ** num erhoben und mit der Frequenz des Grundtons a', nämlich mit a_, multipliziert. Das Ergebnis wiederum wird mit 2^n (n = Nummer der Oktave) multipliziert und mit format auf 5 Vor- und 0 Nachkommastellen formatiert an die Wortliste tontab angehängt. Wenn num 0 ist, gibt es diesen Ton nicht. Dies trifft z. B. bei der Pause p zu. In diesem Fall wird ein Ton von 30 kHz der Wortliste tontab angefügt. Die Tonlänge berechnen wir mit len = 60 / tempo * 1000 * word(dauer, i). Wenn tempo kleiner als 60 ist, wird der Quotient 60 / tempo größer als 1, d. h. das Tempo wird langsamer, und umgekehrt. Der Quotient wird mit 1000 Millisekunden und dem Notenwert word(dauer, i) multipliziert und an die Wortliste lentab angehängt.

In der zweiten do-Schleife spielen wir die einzelnen Töne mit call beep word(tontab, i), word(lentab, i) ab, wobei word(tontab, i) die Tonfrequenz, word(lentab, i) die Tondauer bezeichnet.

Befehl

Siehe auch: Anweisung; Fehlerbedingungen; Fehlerroutine; Klausel.

Ein Befehl ist eine REXX-Klausel, die aus einem Ausdruck besteht. Der Unterschied zwischen Befehlen und REXX-Anweisungen besteht darin, daß REXX-Anweisungen zum Sprachschatz von REXX gehören und vom REXX-Interpreter ausgeführt werden, während Befehle an eine andere Adreßumgebung zur Ausführung übergeben werden müssen.

Syntax. Ein Befehl an die aktive Adreßumgebung ist ein Ausdruck, der entweder für sich allein in einer Zeile steht oder aber durch Semikolon von anderen Anweisungen oder Befehlen in der gleichen Zeile getrennt ist. Der Ausdruck wird wie üblich ausgewertet, insbesondere werden Variablennamen, sofern sie nicht in Anführungszeichen stehen, durch ihren Wert substituiert.

Beachten Sie, daß alle Bestandteile des Ausdrucks, die nicht ausgewertet werden sollen, in Anführungszeichen gesetzt werden müssen. Wenn in einem Befehl keine Variablen oder Ausdrücke vorkommen, setzt man am besten den ganzen Befehl in Anführungszeichen. Wenn Sie dies unterlassen, laufen Sie Gefahr, daß Bestandteile des Befehls zufällig als Variablen definiert sind und deswegen substituiert werden.

```
del y*.*
```

Dieser Befehl scheitert daran, daß REXX die Sterne (*) als Multiplikationsoperatoren auffaßt und daher REXX-Fehler 41 zurückmeldet.

```
del y"*"."*"
```

Auch diese halbherzige Methode führt nur zum Ziel, wenn weder del noch y als Variablen definiert sind. Wenn etwa del = 0 definiert ist, scheitert der Befehl z. B. unter DOS mit dem Fehlercode 2. Wenn y = "heute" definiert ist, würden alle Dateien, die der Schablone "heute*.*" entsprechen, gelöscht, was offensichtlich nicht gewollt ist. Wenn in einem Befehl aber Variablen auftreten, dürfen diese *nicht* in Anführungszeichen gesetzt werden, damit sie substituiert werden können:

```
schablone = "y*.*"
"dir schablone"
```

Dieser Befehl scheitert oder liefert ein falsches Ergebis, weil die Variable schablone nicht substituiert wird. Sie muß daher außerhalb der Anführungszeichen angegeben werden, z. B. so:

```
"dir" schablone
```

Befehlsausführung. Die Adreßumgebung führt den übergebenen Befehl aus, setzt einen Rückkehrcode und gibt die Steuerung wieder an den REXX-Interpreter zurück. REXX weist den Rückkehrcode der speziellen Variablen rc zu, die dann innerhalb des REXX-Programms abgefragt werden kann.

Der folgende Befehl wird zuerst ausgewertet und ergibt display panel(edbpprt). Diese Zeichenfolge wird an die Adreßumgebung ispexec (unter ISPF) übergeben.

```
maske = "edbpprt"
address ispexec "display panel("maske")"
```

Wenn rc 0 ist, wurde display ordnungsgemäß ausgeführt, andernfalls enthält rc einen Rückkehrcode ungleich 0.

Ausgabeumleitung. Unter DOS und OS/2 kann die Standardausgabe (stdout) im Befehlsaufruf mit >ausgabedatei in die Datei ausgabedatei umgeleitet werden. Unter OS/2 kann auch die Standardfehlerausgabe (stderr) im Befehlsaufruf mit 2>fehlerdatei in die Datei fehlerdatei umgeleitet werden. Wenn die Ausgabe unwerwünscht ist, kann sie mit >nul bzw. 2>nul auf das Nullgerät umgeleitet werden.

Unter TSO wird die Ausgabe von TSO-Befehlen mit der TSO/E-Funktion outtrap in einen Variablenstamm umgeleitet. Mit der TSO/E-Funktion msg kann die Ausgabe von Meldungen durch Befehle und TSO/E-Funktionen unterdrückt werden.

Fehlerbedingungen. Für Fehler, die von Befehlen zurückgemeldet werden, können zwei Arten von Fehlerbedingungen gesetzt werden. Mit call on failure oder signal on failure wird die Failure-Bedingung gesetzt, d. h. wenn der REXX-Interpreter eine Failure-Bedingung abfängt, wird der Fehler an die entsprechende Fehlerroutine zur Behandlung übergeben. Mit call on error oder signal on error hingegen wird die Error-Bedingung gesetzt. Wenn allerdings die Failure-Bedingung *nicht*, aber die Error-Bedingung gesetzt ist, fängt die Error-Bedingung auch alle Failure-Bedingungen ab.

Zum Unterschied zwischen Error- und Failure-Bedingung: *siehe* Fehlerbedingungen.

Trace. Analog dazu werden Failure-Bedingungen von trace f (oder trace failure) verfolgt, Error- und Failure-Bedingungen von trace e (oder trace error). trace n (oder trace normal) ist die Standardoption von trace und identisch mit trace f.

Befehle, TSO - Übersicht

Legende

ta TSO/E REXX-Befehl, in allen MVS-Adreßumgebungen zulässig
tt TSO/E REXX-Befehl, nur in der TSO-Adreßumgebung zulässig

*	Aufruf	Wirkung
ta	DELSTACK	löscht die aktuelle Warteschlange oder den Inhalt der Standardwarteschlange
ta	DROPBUF [nummer]	löscht den aktuellen Warteschlangenpuffer oder alle Puffer ab einem bestimmten Puffer aufwärts

*	Aufruf	Wirkung
ta	EXECIO anzahl DISKR ddname [nummer] ([FINIS] [{LIFO I FIFO I SKIP} I STEM stamm])	öffnet eine Datei zum Lesen und schließt sie, liest Sätze in einen Variablenstamm oder die Warteschlange oder überspringt sie
	EXECIO anzahl DISKRU ddname [nummer] ([FINIS] [{LIFO I FIFO I SKIP} I STEM stamm])	öffnet eine Datei zum Lesen und Ändern und schließt sie, liest Sätze in einen Variablenstamm oder die Warteschlange oder überspringt Sätze
	EXECIO anzahl DISKW ddname ([FINIS] [STEM stamm])	öffnet eine Datei zum Schreiben und schließt sie, schreibt Sätze aus einem Variablenstamm oder der Warteschlange
ta	EXECUTIL EXECDD([NO]CLOSE)	SYSEXEC nach Laden eines REXX-Programms schließen oder nicht
	EXECUTIL HI	stoppt die Ausführung von REXX-Programmen
	EXECUTIL HT	schaltet die Terminalausgabe aus
	EXECUTIL RT	schaltet die Terminalausgabe ein
	EXECUTIL RENAME	ändert Einträge in einem Funktionspaket-Directory
	EXECUTIL SEARCHDD({YES I NO})	Suchfolge für REXX-Programme ändern
	EXECUTIL TE	schaltet den interaktiven Trace aus
	EXECUTIL TS	schaltet den interaktiven Trace ein
ta	HI	stoppt die Ausführung von REXX-Programmen
ta	HT	schaltet die Terminalausgabe aus
ta	MAKEBUF	legt einen neuen Puffer in der aktuellen Warteschlange an
ta	NEWSTACK	erzeugt eine neue Warteschlange
ta	QBUF	liefert die Anzahl der angelegten Puffer in der aktuellen Warteschlange
ta	QELEM	liefert die Anzahl der Elemente des aktuellen Warteschlangenpuffers
ta	QSTACK	liefert die Anzahl der vorhandenen Warteschlangen
ta	RT	schaltet die Terminalausgabe ein
ta	SUBCOM env	prüft, ob eine Adreßumgebung verfügbar ist
ta	TE	schaltet den interaktiven Trace aus
ta	TS	schaltet den interaktiven Trace ein

Bildschirmverarbeitung

Allgemein. Alle REXX-Implementierungen verfügen über einfache Anweisungen zur Bildschirmmanipulation: Mit der Anweisung say können Zeichenfolgen zeilenweise auf dem Bildschirm ausgegeben werden und mit parse pull bzw. pull können über die Tastatur eingegebene Zeichenfolgen eingelesen werden.

DOS und OS/2. Darüberhinaus stehen ab REXX Level 2, das unter DOS und OS/2 implementiert ist, die folgenden Funktionen zur Bildschirmmanipulation zur Verfügung:

- charin() und linein() lesen über die Tastatur eingegebene Zeichenfolgen ein.
- charout(, *zeichenfolge*) und lineout(, *zeichenfolge*) geben Zeichenfolgen auf dem Bildschirm aus.

DOS. Unter OS/2 kommen die folgenden DOS-Dienstprogrammfunktionen hinzu:

- rxscrsiz liefert die Bildschirmgröße
- rxgetpos, rxsetpos und rxcrstat zum Manipulieren des Cursors
- rxcls zum Löschen des Bildschirms
- rxwrscr zur Ausgabe von Zeichenfolgen auf dem Bildschirm
- rxgetkey zum Einlesen von Tastatureingaben

OS/2. Unter OS/2 kommen die OS/2-Funktion beep zur Ausgabe von Tönen über den Lautsprecher sowie die folgenden OS/2-Dienstprogrammfunktionen hinzu:

- systextscreensize liefert die Bildschirmgröße
- syscurpos und syscurstate zum Manipulieren des Cursors
- syscls zum Löschen des Bildschirms
- systextscreenread zum Einlesen von Zeichenfolgen vom Bildschirm
- sysgetkey zum Einlesen von Tastatureingaben

ISPF. Unter ISPF stehen *Panels* zur maskenorientierten Bildschirmverarbeitung zur Verfügung.

Binärfolge

Binäre Zeichenfolgen, oder kurz: Binärfolgen, werden benötigt, um die Bitabfolge innerhalb einer Zeichenfolge darzustellen.

Eine Binärfolge (*binary string*) ist eine Zeichenfolge, die nur aus Binärziffern, also aus den Zeichen "0" und "1" besteht. Je acht Zeichen einer Binärfolge beschreiben ein Byte (Zeichen) einer normalen Zeichenfolge. Aus einer Binärfolge bildet REXX intern eine normale Zeichenfolge, wobei je acht Binärziffern in ein Byte umgewandelt werden.

Konstante Binärfolgen werden in Anführungszeichen oder Hochkommas eingeschlossen und mit der Kennung b oder B beendet.

Beispiel: Die konstante Binärfolge "1000 1110"b wird intern in ein Byte bzw. Zeichen mit dem Wert 142 (Dezimalzahl), 8E (Hexadezimalzahl) oder 10001110 (Binärzahl) umgewandelt.

Hinweis: Die eingebaute SAA-Funktion b2x verlangt als Argument eine Binärfolge. Wenn diese als Konstante angegeben werden soll, muß die Kennung b/B weggelassen werden. Dies ist eine etwas unglückliche Regelung, da Ausnahmen wie diese eine beliebte Fehlerquelle sind. Der Grund für diese Sonderregelung ist darin zu suchen, daß b2x ohnehin nur Binärfolgen erwartet und die Kennung b/B daher überflüssig ist.

Eine Binärfolge wird nach den folgenden Regeln aufgebaut.

Nr.	Regel
1	Eine Binärfolge besteht aus 0, ein oder mehreren *Binärziffern*. Binärziffern sind die Zeichen *0* und *1*.
2	Ein *Byte* wird durch *acht Binärziffern* dargestellt. Das erste Byte in einer Binärfolge kann auch aus *weniger* als acht Ziffern bestehen. REXX füllt in diesem Fall die Zahl mit führenden Nullen auf, so daß intern die Anzahl der Binärziffern immer ein Vielfaches von acht ist.
3	An Byte- oder Halbbytegrenzen können zur besseren Lesbarkeit ein oder mehrere *Leerstellen* eingefügt werden. Hingegen sind am Anfang und Ende einer Binärfolge keine Leerstellen zulässig. Bei der internen Umwandlung der Binärfolge in eine Binärzahl bleiben Leerstellen unberücksichtigt.
4	Eine Binärfolge muß von *Anführungszeichen* (") oder *Hochkommas*(') eingeschlossen werden.
5	Dem abschließenden Anführungszeichen bzw. Hochkomma muß der *Buchstabe B/b* (b = binär) folgen. Dieser Kennung darf nicht unmittelbar ein Symbol folgen, da sonst Kennung und Symbol zusammen als ein Symbol betrachtet werden. **Hinweis:** Die Konvertierfunktion b2x verlangt als Eingabeparameter Binärfolgen *ohne* die Kennung B/b. Die Konvertierfunktion x2b gibt eine Binärfolge *ohne* die Kennung B/b zurück.
6	**Implementierungslimit:** Die Länge einer Binärfolge ist auf *800 Binärziffern* begrenzt. Trennende Leerstellen werden dabei nicht mitgerechnet. Dies ist das SAA-Minimum, unter MVS sind bis zu 2000 Binärziffern zulässig. **Tip:** Wenn Sie plattformneutral programmieren wollen, sollten Sie Binärfolgen auf 800 Binärziffern beschränken.
7	Eine Variable mit dem Namen B/b kann nicht unmittelbar an eine Zeichenfolge angekettet werden. **Tip:** Verwenden Sie *nicht* den Variablennamen B bzw. b. Sie vermeiden dadurch unbewußte Fehlermöglichkeiten.

Die Kodierung der Bytes, die durch eine Binärfolge erzeugt werden, unterscheidet sich in nichts von der Kodierung, die durch eine gleichwertige *Hexfolge* oder eine *Textzeichenfolge* erzeugt wird:

```
"4142"x = "0100 0001 0100 0010"b = "AB"
```

Alle drei Schreibweisen, die Hexfolge, die Binärfolge und die Textzeichenfolge erzeugen die gleiche Kodierung, d. h. die gleiche Bitabfolge im Speicher.

Beispiele

In der folgenden Tabelle finden Sie einige *richtige* Beispiele für Binärfolgen. Die Beschreibung der Regeln finden Sie in in der obenstehenden Regel-Tabelle.

Beispiele	Erläuterung	Regeln
""B "0"b '10001110'B "11"b	Die Zeichenfolgen sind in Anführungszeichen eingeschlossen und enden mit einem B/b. Das erste Beispiel zeigt eine binäre Nullzeichenfolge. Die übrigen Zeichenfolgen bestehen aus den Ziffern 0 und 1.	1-2, 4-5

Beispiele	**Erläuterung**	**Regeln**
"1000□1110"b "1□□□1110"b	Die Zeichenfolgen bestehen aus den Ziffern 0 und 1, sind in Anführungszeichen eingeschlossen und enden mit einem B/b. Halbytes sind zur besseren Lesbarkeit durch Leerstellen getrennt.	1-5
"00000000 ...01100011"b ...||"01100100"b	"0000 0000...0110 0011"b steht für eine Binärfolge aus den 100 Binärzahlen von 0-99. Da die Länge einer Binärfolge auf 800 Binärziffern begrenzt ist, müssen längere Zeichenfolgen durch Verkettung erzeugt werden. Daher wird der Binärfolge "0000 0000...0110 0011"b durch Verkettung die Binärfolge "0110 0100" angehängt, so daß eine Tabelle von 101 Binärzahlen entsteht. **Hinweis:** Beachten Sie, daß in älteren Implementierungen von REXX die Länge einer Klausel auf 500 Zeichen beschränkt ist. Dies kann dazu führen, daß eine Verkettung zwar nicht die Regel 7 verletzt, aber an dieser Begrenzung scheitert. Da die maximale Länge für Variableninhalte aber praktisch unbegrenzt ist, entsteht durch diese Einschränkung keine ernsthafte Behinderung.	6

Die folgende Tabelle enthält einige *falsche* Beispiele für Binärfolgen. Die Beschreibung der Regeln finden Sie in der obenstehenden Regel-Tabelle.

Beispiele	**Erläuterung**	**Regeln**
"1000 1112"b	Die Binärfolge enthält eine falsche Binärziffer (2). Führt zu REXX-Fehler 15.	1
"□1110"b "1110□□"b	Leerstellen am Anfang oder am Ende einer Binärfolge sind nicht erlaubt. Führt zu REXX-Fehler 15.	3
1110b 1110"b "1110b "1110'b "1110b"	Die Binärfolgen sind nicht von Anführungszeichen oder Hochkommas eingeschlossen. Sie fehlen entweder ganz, am Anfang der Zeichenfolge oder vor der Kennung b, oder es wird am Anfang ein anderes Begrenzungszeichen als vor der Kennung b verwendet. Führt zu REXX-Fehler 15.	4
"1110" "1110"x	Im ersten Fall fehlt die Kennung b. Im zweiten Fall ist die Kennung x falsch, da sie keine Binärfolge, sondern eine Hexfolge kennzeichnet.	5
b = "xyz" y = "110"b	Die Variable b, die unmittelbar an die Zeichenfolge "abc" angekettet werden soll, führt zu einem ungewollten Ergebnis. y wird in diesem Fall nicht wie erwartet die Zeichenfolge "110xyz" zugewiesen, sondern die Binärzahl "0000 0110"b oder "06"x, da REXX "110"b für eine Binärfolge hält.	7
b = "xyz" y = "320"b	Die Variable b soll unmittelbar an die Zeichenfolge "320" angekettet werden. REXX hält aber "320"b für eine Binärfolge, und da sie Zeichen enthält, die keine Binärziffern sind, wird der REXX-Fehler 15 gemeldet.	7
str = "xyz" str = "110"bstr	Da das Symbol bstr undefiniert ist, wird "BSTR" an "110" angekettet, so daß sich str = "110BSTR" ergibt. Offenbar sollte aber der Inhalt von str an die Binärfolge "110"b angehängt werden. Um dieses Ziel zu erreichen, muß "110"b durch den Verkettungsoperator || mit str verbunden werden: str = "110"x || str.	5

Beispiele	Erläuterung	Regeln
"00000000 ...11111111"b	"0000 0000...1111 1111"b steht für eine Binärfolge aus den 256 Binärzahlen von 0-255. Da die Länge einer Binärfolge auf 800 Binärziffern begrenzt ist (etwaige Leerstellen zählen nicht mit), führt diese Definition zu REXX-Fehler 30. **Hinweis:** Auch wenn Regel 7 beachtet wird, etwa indem Zeichenfolgen > 800 Binärziffern durch Verkettung kleinerer Zeichenfolgen gebildet werden, kann es in älteren REXX-Implementierungen zu REXX-Fehler 12 kommen, weil die maximale Länge von 500 Zeichen für eine Klausel überschritten wird. In diesem Fall kann man sich aber behelfen, indem man die Binärfolgen stückweise einer Variablen zuweist, da die maximale Länge für Variableninhalte praktisch unbegrenzt ist.	7

Anwendung

1	Externe kontra interne Darstellung
2	Umwandlung in und von Binärzahlen

1. Externe kontra interne Darstellung

Eine Binärfolge ist keine Binärzahl, sie stellt lediglich eine Folge von Bytes dar, die den binären Wert haben, der durch die Binärfolge ausgedrückt wird.

Die Binärfolge repräsentiert die externe Darstellung einer Binärzahl, wie sie intern von REXX realisiert wird.

```
"01000100 01000101 01010020 00100000 01010110 01000001 01010100
...01000101 01010010"b
```

Die obige Binärfolge wird von REXX intern als eine Folge von binären Bytes dargestellt. Wenn man diese binäre Bytefolge als Zeichenfolge im ASCII-Code interpretiert, bedeutet sie: "DER□VATER".

2. Umwandlung in und von Binärzahlen

Zur Umwandlung in und von Binärzahlen stehen die beiden eingebauten SAA-Funktionen b2x und x2b zur Verfügung. Damit kann nur in das hexadezimale Format umgewandelt werden und umgekehrt. Die Umwandlung in dezimales Format oder in Zeichenformat kann aber durch die Kombination mit anderen Konvertierfunktionen erfolgen. *Siehe:* Konvertierfunktionen.

```
bin1 = "1000 1110"
hex1 = b2x(bin1)
hex2 = "8e"
bin2 = x2b(hex2)
```

➔ hex1: "8E", bin2: "10001110"

Beachten Sie, daß die beiden Konvertierfunktionen eine Binär- bzw. Hexfolge ohne die Kennung B/b bzw. X/x erzeugen.

bitand

```
>>-BITAND(zeichenfolge1,-+----------------+-+----------+-)-><
                         |                | |          |
                         +-zeichenfolge2--+ +-, füll---+
```

Siehe: logische Funktionen.

Die eingebaute SAA-Funktion bitand (bit by bit AND = bitweise UND) verknüpft die beiden Zeichenfolgen zeichenfolge1 und zeichenfolge2 bitweise durch logisches UND miteinander und liefert das Ergebnis als Zeichenfolge zurück. Die Ergebniszeichenfolge ist so lang wie die längere der beiden Ausgangszeichenfolgen.

zeichenfolge1 und zeichenfolge2 sind beliebige Zeichenfolgen. Wenn zeichenfolge2 fehlt, wird zeichenfolge1 mit der Nullzeichenfolge verknüpft, oder wenn das Füllzeichen füll angegeben ist, mit einer Zeichenfolge, die in der Länge von zeichenfolge1 mit dem Füllzeichen aufgefüllt wird.

Wenn das Füllzeichen füll fehlt, endet die bitweise Verknüpfung, sobald die kürzere der beiden Ausgangszeichenfolgen erschöpft ist, und der nicht verarbeitete Rest der längeren Zeichenfolge wird an das Ergebnis angehängt. Wenn füll angegegen wird, wird vor der logischen Verknüpfung die kürzere der beiden Zeichenfolgen hinten mit dem Füllzeichen aufgefüllt.

Die logische UND-Verknüpfung bewirkt, daß nur die Verknüpfung zweier Einserbits zu einem Einserbit im Ergebnis führt: 1 & 1 ⇒ 1. Die übrigen Verknüpfungen 0 & 1, 1 & 0 und 0 & 0 ergeben ein Nullbit im Ergebnis.

Bits löschen: Zum *Löschen* von Bits in einer Zielzeichenfolge baut man eine Bitmaske auf, die an den entsprechenden Stellen ein Nullbit und an allen anderen Stellen Einserbits enthält, und verknüpft die Bitmaske mit der Zielfolge durch bitand. Eine Maske, die nur aus Nullbits besteht, löscht alle Bits in der Zielfolge.

Bits testen. Um den Wert von Bits in einer Zielzeichenfolge zu testen, baut man eine Maske auf, in der die zu testenden Bits gesetzt sind, und verknüpft die Bitmaske mit der Zielfolge durch bitand. Dann baut man eine zweite Maske auf, in der nur *die* getesteten Bits gesetzt sind, für die wir den Wert 1 erwarten. Wenn der Vergleich dieser Maske mit dem Ergebnis der bitand-Funktion übereinstimmt, haben alle getesteten Bits den erwarteten Wert (0 oder 1).

füll	Zeichen, mit dem die kürzere der beiden Ausgangszeichenfolgen hinten aufgefüllt werden soll. Die Nullzeichenfolge oder eine Zeichenfolge, die aus mehr als einem Zeichen besteht, führt zu REXX-Fehler 40.
zeichenfolge1	Beliebige Zeichenfolge.
zeichenfolge2	Beliebige Zeichenfolge. **Standard:** Nullzeichenfolge.

Beispiele

REXX-Anweisungen	Erläuterung
b1 = bitand("abc") b2 = bitand("abc", "")	keine Verknüpfung: Da zeichenfolge2 fehlt, wird die Nullzeichenfolge verwendet, und weil das Füllzeichen fehlt, wird in der Länge der Nullzeichenfolge verknüpft, also gar nicht. An das Ergebnis wird zeichenfolge1 = "abc" angehängt, so daß wir wieder zeichenfolge1 erhalten: "abc". b2 liefert natürlich das gleiche Ergebnis.

REXX-Anweisungen	Erläuterung
b3 = bitand("1010 1100"b, ..."0101 0011"b)	gleichlange Zeichenfolgen: Da bei b3 beide Binärfolgen gleich lang sind und die Bits in jeder Stelle entgegengesetzt sind, werden im Ergebnis alle Bits gelöscht: "00"x = "0000 0000"b.
b4 = bitand("ff 3e"x, "00"x)	ungleichlange Zeichenfolgen, kein Füllzeichen: Die beiden 4 Bytes "ff"x und "00"x werden durch logisches UND verknüpft. Das ergibt "00"x, weil die Bits in allen Stellen entgegengesetzt sind. Da kein Füllzeichen angegeben ist, wird das Ergebnis um das nicht verarbeitete Byte "3e"x verlängert: "00 3e"x.
b5 = bitand("ff 3e"x, "00"x, ..."ff"x)	ungleichlange Zeichenfolgen mit Füllzeichen: Die kürzere Zeichenfolge "00"x wird durch das Füllzeichen "ff"x auf die Länge der längeren Zeichenfolge "ff 3e"x aufgefüllt: "00 ff"x. Die logische Verknüpfung der beiden so erhaltenen Zeichenfolgeen durch UND ergibt "00 3e"x.

Anwendung

1	Bits testen
2	Vorzeichen einer Binärzahl abfragen
3	ASCII-Zeichen in Großbuchstaben umwandeln

1. Bits testen

Aufgabe: In der Zeichenfolge zeichenfolge = "0011 1011"b soll getestet werden, ob das dritte Bit von links gesetzt und das sechste Bit gelöscht ist.

```
zeichenfolge = "0011 1011"b
testmaske = "0010 0100"b
and = bitand(zeichenfolge, testmaske)
vergleichsmaske = "0010 0000"b
vergleich = (and = vergleichsmaske)
```

➔ and: "0010 0000"b; vergleich: 1

Dazu bauen wir die Testmaske testmaske auf, in der die zu testenden Bits gesetzt sind. Die Verknüpfung and = bitand(z, t) ergibt "0010 0000"b. Wir bauen jetzt die Vergleichsmaske vergleichsmaske auf, in der nur die zu testenden Bits gesetzt sind, die den Wert 1 haben sollen. Der Vergleich and = vergleichsmaske ergibt 1 (wahr).

```
zeichenfolge = "0011 1111"b
testmaske = "0010 0100"b
and = bitand(zeichenfolge, testmaske)
vergleichsmaske = "0010 0000"b
vergleich = (and = vergleichsmaske)
```

➔ and: "0010 0100"b; vergleich: 0

Wenn zeichenfolge hingegen den Wert "0011 1111"b hat, ergibt and den Wert "0010 0100"b und and = vergleichsmaske demzufolge den Wert 0 (falsch), da and ungleich vergleichsmaske ist. Das dritte Bit ist zwar erwartungsgemäß gesetzt, das sechste Bit ist aber nicht gelöscht.

Siehe auch: storage, Anwendung.

2. Vorzeichen einer Binärzahl abfragen

Aufgabe: Bei einer Binärzahl ist das Vorzeichen im höchstwertigen Bit gespeichert, d. h. im linkesten Bit des ersten Bytes der Zahl. Wenn das Bit 0 ist, ist die Zahl positiv, andernfalls negativ. Das Vorzeichen einer Binärzahl beliebiger Länge soll abgefragt werden, ohne die Zahl in eine Dezimalzahl umzuwandeln.

```
zahl = "80 ff"x /* -255 */
if pos("80"x, bitand(zahl, "80"x)) = 1 then say "Die Zahl ist negativ"
```

Wenn das erste Bit im ersten Byte von zahl gesetzt ist, ergibt die logische UND-Verknüpfung von zahl und "80"x im ersten Byte wiederum "80"x, wenn also pos("80"x, ...) gleich 1 ist, ist zahl negativ. Natürlich kann man diese Abfrage auch durch if left(zahl, 1) > 127 ersetzen.

3. ASCII-Zeichen in Großbuchstaben umwandeln

Aufgabe: ASCII-Zeichen sollen, sofern es sich um die Kleinbuchstaben a-z handelt, mit der bitand-Funktion in Großbuchstaben umgewandelt werden.

```
name = bitand("Sibylle",, "df"x)
➔  name: "SYBILLE"
```

Wir zeigen dieses uralte Standardbeispiel für die bitand-Funktion hier nur deswegen, weil daran deutlich wird, wie man mit Bitmasken gezielt Bits löschen kann, ohne die anderen Bits zu verändern. Wenn Sie eine Zeichenfolge in Großbuchstaben umwandeln wollen, sollten Sie dazu die codeunabhängige Funktion translate verwenden bzw. die upper-Option einiger Anweisungen. Die hier vorgestellte Lösung ist auch deswegen nicht einwandfrei, weil das bedingungslose Löschen des Bits mit der Wertigkeit "20"x dazu führt, daß auch die Zeichen mit den Codes "60"x und "7b"x - "7f"x in andere Zeichen umgewandelt würden.

Da die zweite Zeichenfolge im Aufruf von bitand fehlt, tritt die Nullzeichenfolge an ihre Stelle. Da diese kürzer als die erste Zeichenfolge ist und ein Füllzeichen angegeben wurde, wird die zweite Zeichenfolge mit dem Füllzeichen "df"x aufgefüllt, d. h. in jedem Byte der zweiten Zeichenfolge sind alle Bits außer dem Bit mit der Wertigkeit "20"x gesetzt.

Daher bleiben auch in den Ergebnisbytes alle Bits außer diesem erhalten. Das Bit mit der Wertigkeit "20"x wird in jedem Fall gelöscht, da eine UND-Verknüpfung, in der ein Nullbit enthalten ist, immer zu einem Nullbit im Ergebnis führt.

Da sich im ASCII-Code die Großbuchstaben von den Kleinbuchstaben dadurch unterscheiden, daß bei den Kleinbuchstaben das Bit mit der Wertigkeit "20" gesetzt ist, erreichen wir durch diese logische Verknüpfung, daß "Sibylle" in "SIBYLLE" umgewandelt wird.

bitor

```
>>─BITOR(zeichenfolge1,─┬───────────────┬─┬────────┬─)─><
                        └─zeichenfolge2─┘ └─, füll─┘
```

Siehe: logische Funktionen.

Die eingebaute SAA-Funktion bitor (bit by bit OR = bitweise ODER) verknüpft die beiden Zeichenfolgen zeichenfolge1 und zeichenfolge2 bitweise durch logisches ODER miteinander und liefert das Ergebnis als Zeichenfolge zurück. Die Ergebniszeichenfolge ist so lang wie die längere der beiden Ausgangszeichenfolgen.

zeichenfolge1 und zeichenfolge2 sind beliebige Zeichenfolgen. Wenn zeichenfolge2 fehlt, wird zeichenfolge1 mit der Nullzeichenfolge verknüpft, oder wenn das Füllzeichen füll angegeben ist, mit einer Zeichenfolge, die in der Länge von zeichenfolge1 mit dem Füllzeichen aufgefüllt wird.

Wenn das Füllzeichen füll fehlt, endet die bitweise Verknüpfung, sobald die kürzere der beiden Ausgangszeichenfolgen erschöpft ist, und der nicht verarbeitete Rest der längeren Zeichenfolge wird an das Ergebnis angehängt. Wenn füll angegegen wird, wird vor der logischen Verknüpfung die kürzere der beiden Zeichenfolgen hinten mit dem Füllzeichen aufgefüllt.

Die logische ODER-Verknüpfung bewirkt, daß nur die Verknüpfung zweier Nullbits zu einem Nullbit im Ergebnis führt: 0 | 0 ⇒ 0. Die übrigen Verknüpfungen 0 | 1, 1 | 0 und 1 | 1 ergeben ein Einserbit im Ergebnis.

Bits setzen: Zum *Setzen* von Bits in einer Zielzeichenfolge baut man eine Bitmaske auf, die an den entsprechenden Stellen ein Einserbit und an allen anderen Stellen Nullbits enthält, und verknüpft die Bitmaske mit der Zielfolge durch bitor. Eine Maske, die nur aus Einserbits besteht, setzt alle Bits in der Zielfolge.

füll	Zeichen, mit dem die kürzere der beiden Ausgangszeichenfolgen hinten aufgefüllt werden soll. Die Nullzeichenfolge oder eine Zeichenfolge, die aus mehr als einem Zeichen besteht, führt zu REXX-Fehler 40.
zeichenfolge1	Beliebige Zeichenfolge.
zeichenfolge2	Beliebige Zeichenfolge. **Standard:** Nullzeichenfolge.

Beispiele

REXX-Anweisungen	Erläuterung
b1 = bitor("abc") b2 = bitor("abc", "_")	keine Verknüpfung: Da zeichenfolge2 fehlt, wird die Nullzeichenfolge verwendet, und weil das Füllzeichen fehlt, wird in der Länge der Nullzeichenfolge verknüpft, also gar nicht. An das Ergebnis wird zeichenfolge1 = "abc" angehängt, so daß wir wieder zeichenfolge1 erhalten: "abc". b2 liefert natürlich das gleiche Ergebnis.
b3 = bitor("1010 1100"b, ..."1111 1111"b)	gleichlange Zeichenfolgen: Da bei b3 beide Binärfolgen gleich lang sind und die Bits in einer Zeichenfolge alle gesetzt sind, sind im Ergebnis ebenfalls alle Bits gesetzt: "ff"x = "1111 1111"b.

REXX-Anweisungen	Erläuterung
b4 = bitor("ff 3e"x, "00"x)	ungleichlange Zeichenfolgen, kein Füllzeichen: Die beiden Bytes "ff"x und "00"x werden durch logisches ODER verknüpft. Das ergibt "ff"x, weil die Bits des einen Bytes alle gesetzt sind. Da kein Füllzeichen angegeben ist, wird das Ergebnis um das nicht verarbeitete Byte "3e"x verlängert: "ff 3e"x.
b5 = bitor("ff 3e"x, "00"x, ..."7c"x)	ungleichlange Zeichenfolgen mit Füllzeichen: Die kürzere Zeichenfolge "00"x wird durch das Füllzeichen "7c"x auf die Länge der längeren Zeichenfolge "ff 3e"x aufgefüllt: "00 7c"x. Die logische Verknüpfung der beiden so erhaltenen Zeichenfolgen durch ODER ergibt "ff 7e"x.

bitxor

```
>>—BITXOR(zeichenfolge1,—┬——————————————————┬┬——————————┬—)—><
                         └— zeichenfolge2 ——┘└—, füll ——┘
```

Siehe: logische Funktionen.

Die eingebaute SAA-Funktion bitxor (bit by bit eXclusive OR = bitweise Exklusiv-ODER) verknüpft die beiden Zeichenfolgen zeichenfolge1 und zeichenfolge2 bitweise durch logisches Exklusiv-ODER miteinander und liefert das Ergebnis als Zeichenfolge zurück. Die Ergebniszeichenfolge ist so lang wie die längere der beiden Ausgangszeichenfolgen.

zeichenfolge1 und zeichenfolge2 sind beliebige Zeichenfolgen. Wenn zeichenfolge2 fehlt, wird zeichenfolge1 mit der Nullzeichenfolge verknüpft, oder wenn das Füllzeichen füll angegeben ist, mit einer Zeichenfolge, die in der Länge von zeichenfolge1 mit dem Füllzeichen aufgefüllt wird.

Wenn das Füllzeichen füll fehlt, endet die bitweise Verknüpfung, sobald die kürzere der beiden Ausgangszeichenfolgen erschöpft ist, und der nicht verarbeitete Rest der längeren Zeichenfolge wird an das Ergebnis angehängt. Wenn füll angegegen wird, wird vor der logischen Verknüpfung die kürzere der beiden Zeichenfolgen hinten mit dem Füllzeichen aufgefüllt.

Die logische Exklusiv-ODER-Verknüpfung bewirkt, daß die Verknüpfung zweier ungleicher Bits zu einem Einserbit im Ergebnis führt: 0 && 1, 1 && 0 ⇒ 1. Zwei gleiche Bits führen zu einem Nullbit im Ergebnis: 0 && 0, 1 && 1 ⇒ 0.

Bits umkehren: Zum *Umkehren* von Bits einer Zielzeichenfolge baut man eine Bitmaske auf, die an den entsprechenden Stellen ein Einserbit und an allen anderen Stellen Nullbits enthält, und verknüpft die Bitmaske mit der Zielfolge durch bitxor. Eine Maske, die nur aus Einserbits besteht, kehrt alle Bits in der Zielfolge um. Dies entspricht der logischen Operation \ (NOT = NICHT).

Alle Bits löschen. Wenn die Bitmaske gleich der Zielfolge ist, werden alle Bits in der Zielfolge gelöscht.

füll	Zeichen, mit dem die kürzere der beiden Ausgangszeichenfolgen hinten aufgefüllt werden soll. Die Nullzeichenfolge oder eine Zeichenfolge, die aus mehr als einem Zeichen besteht, führt zu REXX-Fehler 40.
zeichenfolge1	Beliebige Zeichenfolge.
zeichenfolge2	Beliebige Zeichenfolge. **Standard:** Nullzeichenfolge.

Beispiele

REXX-Anweisungen	Erläuterung
b1 = bitxor("abc") b2 = bitxor("abc", "_")	keine Verknüpfung: Da zeichenfolge2 fehlt, wird die Nullzeichenfolge verwendet, und weil das Füllzeichen fehlt, wird in der Länge der Nullzeichenfolge verknüpft, also gar nicht. An das Ergebnis wird zeichenfolge1 = "abc" angehängt, so daß wir wieder zeichenfolge1 erhalten: "abc". b2 liefert natürlich das gleiche Ergebnis.
b3 = bitxor("1010 1100"b, ..."1111 1111"b)	gleichlange Zeichenfolgen: Da bei b3 beide Binärfolgen gleich lang sind und die Bits in einer Zeichenfolge alle gesetzt sind, werden im Ergebnis alle Bits umgekehrt: "53"x = "0101 0011"b.
b4 = bitxor("ff 3e"x, "00"x)	ungleichlange Zeichenfolgen, kein Füllzeichen: Die beiden Bytes "ff"x und "00"x werden durch logisches Exklusiv-ODER verknüpft. Das ergibt "ff"x, weil die Bits des einen Bytes alle 1 und die des anderen alle 0 sind. Da kein Füllzeichen angegeben ist, wird das Ergebnis um das nicht verarbeitete Byte "3e"x verlängert: "ff 3e"x.
b5 = bitxor("ff 3e"x, "00"x, ..."f0"x)	ungleichlange Zeichenfolgen mit Füllzeichen: Die kürzere Zeichenfolge "00"x wird durch das Füllzeichen "f0"x auf die Länge der längeren Zeichenfolge "ff 3e"x aufgefüllt: "00 f0"x. Die logische Verknüpfung der beiden so erhaltenen Zeichenfolgeen durch Exklusiv-ODER ergibt "ff ce"x.

Anwendung

1	Unterschiede in zwei Zeichenfolgen ermitteln
2	Unterschiede zweier Zeichenfolgen markieren

1. Unterschiede in zwei Zeichenfolgen ermitteln

Aufgabe: Es soll die Anzahl der unterschiedlichen Zeichen in den beiden Zeichenfolgen text1 und text2 ermittelt werden.

Wir entwickeln zuerst die Problemlösung in Einzelschritten *(Langform)*, damit die verschachtelte endgültige Lösung *(Kurzform)* besser verständlich wird. Mit bitxor (text1, text2) wird die Operation des logischen Exklusiv-Oder auf text1 und text2 angewandt, d. h. zwei gleiche Quellbits führen im Ergebnis zu einem Bit mit dem Wert 0, während zwei ungleiche Quellbits ein Bit mit dem Wert 1 liefern. temp1 liefert also eine Zeichenfolge, in der alle gleichen Zeichen durch "00"x repräsentiert sind.

```
text1 = "Canetti, Elias"
text2 = "Canetti, Veza"

/* Langform: */
temp1 = bitxor (text1, text2)
temp2 = translate (temp1, "00"x|| "□", "□" || "00"x)
temp3 = space (temp2, 0)
diff = length(temp3)

/* Kurzform: */
diff = length(space(translate(bitxor(text1, text2), "00"x || "□", "□" || "00"x), 0))
```

➔ Auf einem ASCII-Rechner:
temp1: "000000000000000000001309130073"x
temp2: "202020202020202020201309132073"x
temp3: "13091373", diff: 4

➔ Auf einem EBCDIC-Rechner:
temp1: "00000000000000000000020162000e2"x
temp2: "40404040404040404040020162040e2"x
temp3: "20162040e2", diff: 4

translate (temp1, "00"x || "□", "□" || "00"x) enthält eine Eingabetabelle, die aus einer Leerstelle und einem Byte mit dem Wert 0 besteht. Da die Ausgabetabelle umgekehrt aus einem Byte mit dem Wert 0 und einer Leerstelle besteht, werden alle Leerstellen in temp1 in Nullbytes umgesetzt und alle Nullbytes in Leerstellen. temp2 enthält also anstelle gleicher Zeichen Leerstellen.

Die space-Funktion reduziert die Anzahl der Leerstellen auf die Anzahl, die durch den zweiten Parameter angegeben wird. temp3 entsteht aus temp2 dadurch, daß mit space (temp2, 0) alle Leerstellen ausgeblendet werden. temp3 besteht also nur noch aus Bytes, die unterschiedliche Zeichen in den beiden Quellzeichenfolgen repräsentieren. Die Anzahl der Unterschiede zwischen beiden Zeichenfolgen wird daher durch length(temp3) bezeichnet.

Die Langform der Problemlösung wird durch die Verschachtelung der einzelnen Schritte zur Kurzform zusammengefaßt. Dies kann man für normale Programme eigentlich nicht empfehlen, weil die Lesbarkeit dadurch stark eingeschränkt wird. In einer externen Funktion, die für den Anwender eine Blackbox darstellt, ist aber eine solche Schachtelung aus Gründen der Effektivität akzeptabel.

2. Unterschiede zweier Zeichenfolgen markieren

Aufgabe: Es soll eine Zeichenfolge ausgegeben werden, die an *den* Positionen das Markierungszeichen "^" enthält, die in den beiden Zeichenfolgen text1 und text2 unterschriedlich sind.

Wie in *Beispiel 1* wird mit bitxor (text1, text2) zuerst die Zeichenfolge temp1 gebildet, die statt gleicher Zeichen in den Quellzeichenfolgen Nullbytes enthält.

```
text1 = "Canetti, Elias"
text2 = "Canetti, Veza"

/* Langform: */
temp1 = bitxor (text1, text2)
markers = translate (temp1, "□",, "^")

/* Kurzform: */
markers = translate(bitxor(text1, text2), "□",, "^")
```

➔ temp1: "000000000000000000001309130073"x (ASCII)
temp1: "0000000000000000000020162000e2"x (EBCDIC)
text1: "Canetti, Elias", text2: "Canetti, Veza", markers: □□□□□□□□□^^^□^

Die Anweisung translate (temp1, "□",, "^") enthält keine Eingabetabelle. Dann gilt standardmäßig der ganze Zeichensatz von 0-255 als Eingabetabelle, d. h. alle Zeichen werden übersetzt. Die Ausgabetabelle besteht nur aus einer Leerstelle. Sie wird daher bis zur Länge der Eingabetabelle durch das Füllzeichen "^" aufgefüllt. Das erste Byte der Eingabetabelle, das Nullbyte, wird durch das erste Byte der Ausgabetabelle, die Leerstelle, übersetzt. Da gleiche Zeichen durch Nullbytes repräsentiert werden, werden diese also in temp1 in Leerstellen übersetzt. Alle anderen Zeichen in temp1 repräsentieren unterschiedliche Zeichen und werden in das Markierungszeichen "^" übersetzt. Wenn man diese Zeichenfolge unter den Quellzeichenfolgen ausdruckt, werden die unterschiedlichen Zeichen beider Quellzeichenfolgen markiert.

c2d

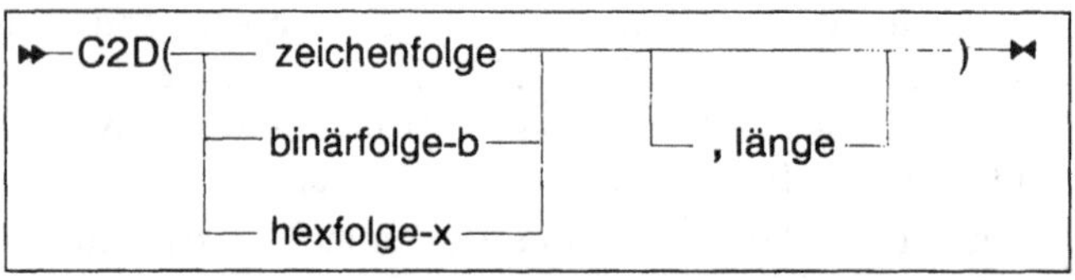

Siehe auch: Konvertierfunktionen; Zweierkomplement.

Die eingebaute SAA-Funktion c2d (character t[w]o decimal = Zeichenformat in dezimales Format umwandeln) interpretiert die Eingabezeichenfolge als Binärzahl, wandelt sie in eine Ganzzahl um und liefert diese als Funktionsergebnis zurück. Die Eingabezeichenfolge kann eine Textzeichenfolge (zeichenfolge), eine Binärfolge (binärfolge-b) oder eine Hexfolge (hexfolge-x) sein.

Die Eingabezeichenfolge wird ggf. durch führende Nullen auf volle Bytes ergänzt.

Wenn die Ausgabezahl mehr Stellen als die *maximale Anzahl Ziffernstellen* hat, wird Fehler 40 gemeldet. Die maximale Anzahl Ziffernstellen wird mit der Anweisung numeric digits definiert und hat standardmäßig den Wert 9.

länge bezeichnet die Länge der Eingabezeichenfolge in Bytes:

- Wenn länge fehlt, wird die Eingabezeichenfolge als vorzeichenlose Binärzahl interpretiert.
- Wenn länge ungleich Null ist, wird die Eingabezeichenfolge als Binärzahl mit Vorzeichen und mit länge Bytes angesehen. Je nach dem Wert von länge wird die Eingabezeichenfolge ggf. mit führenden Nullbytes ("00"x) aufgefüllt (das Vorzeichenbit wird *nicht* expandiert!) oder links abgeschnitten. Wenn das linkeste Bit 0 ist, wird eine positive Ganzzahl zurückgegeben. Andernfalls wird die Eingabezeichenfolge als Binärzahl im Zweierkomplement betrachtet, und es wird eine negative Ganzzahl zurückgeliefert.
- Wenn länge 0 ist, wird als Funktionsergebnis 0 zurückgegeben.

Wenn die Eingabezeichenfolge aus der Nullzeichenfolge besteht, wird als Funktionsergebnis 0 zurückgeliefert.

binärfolge-b — Binärfolge von beliebiger Länge *mit* der Kennung B/b.

hexfolge-x — Hexfolge von beliebiger Länge *mit* der Kennung X/x.

länge — Nichtnegative Ganzzahl. Anzahl der Bytes der Eingabezeichenfolge, die berücksichtigt werden sollen. Die Eingabezeichenfolge wird ggf. durch Auffüllen mit führenden Nullbytes ("00"x) oder durch Abschneiden führender Bytes angepaßt. Das linkeste Bit der Eingabezeichenfolge wird als Vorzeichen angesehen (0 = positiv, 1 = negativ).
Standard: Die Eingabezeichenfolge wird als vorzeichenlose Binärzahl interpretiert.

zeichenfolge — Zeichenfolge von beliebiger Länge.

Implementierungslimit: Die Eingabezeichenfolge darf aus höchstens 250 Bytes bestehen, die zur Bildung des Funktionsergebnisses herangezogen werden. Führende Vorzeichenbytes ("00"x und "ff"x) bleiben dabei unberücksichtigt. Bei Überschreitung des Implementierungslimits wird Fehler 40 gemeldet.

Wenn länge fehlt, darf also die Eingabezeichenfolge nicht länger als 250 Bytes sein. Ist länge angegeben, darf dieser Wert 250 nicht überschreiten.

Beispiele

REXX-Anweisungen	Erläuterung
zahl1 = c2d("c"x) zahl2 = c2d("0c"x) zahl3 = c2d("80"x) zahl4 = c2d("1100"b) zahl5 = c2d("a")	vorzeichenlose Binärzahl: Da die Länge fehlt, werden die Argumente als vorzeichenlose Binärzahlen interpretiert: zahl1, zahl2: 12, zahl3: 128, zahl4: 12 zahl5: 97 [ASCII]
zahl1 = c2d("c"x, 1) zahl2 = c2d("cc"x, 1) zahl3 = c2d("80"x, 1)	Binärzahl mit Vorzeichen, Länge = Argumentlänge (in Bytes): zahl1: "0c"x = "00001100"b. Linkestes Bit = 0, daher positiv. Ergebnis: 12. zahl2: "cc"x = "1100 1100"b. Linkestes Bit = 1, daher negativ. Zweierkomplement: "100"x - "cc"x = 256 - 204 = 52. Ergebnis: -52. zahl3: "80"x = "1000 0000"b. Linkestes Bit = 1, daher negativ. Zweierkomplement: "100"x - "80"x = 256 - 128 = 128. Ergebnis: -128.
zahl1 = c2d("cc"x, 2) zahl2 = c2d("80"x, 2)	Binärzahl mit Vorzeichen, Länge > Argumentlänge (in Bytes): zahl1: "00 cc"x = "0000 0000 1100 1100"b. Linkestes Bit = 0, daher positiv. Ergebnis: 204. zahl2: "00 80"x = "0000 0000 1000 0000"b. Linkestes Bit = 0, daher positiv. Ergebnis: 128.

<table>
<tr><th>REXX-Anweisungen</th><th>Erläuterung</th></tr>
<tr><td>zahl1 = c2d("c"x, 0)
zahl2 = c2d("8 0c"x, 1)
zahl3 = c2d("00 84"x, 1)</td><td>Binärzahl mit Vorzeichen, Länge < Argumentlänge (in Bytes):
zahl1: " "x = " "b. Ergebnis: 0.
zahl2: "0c"x = "0000 1100"b. Linkestes Bit = 0, daher positiv. Ergebnis: 12.
zahl3: "84"x = "1000 0100"b. Linkestes Bit = 1, daher negativ. Zweierkomplement: "100"x - "84"x = 256 - 132 = 124. Ergebnis: -124.</td></tr>
<tr><td>zahl1 = c2d(" ")
zahl2 = c2d(" "b)
zahl3 = c2d(" "x)</td><td>Nullzeichenfolge umwandeln:
zahl1, zahl2, zahl3: 0</td></tr>
<tr><td>zahl = c2d("f80"x, 0)</td><td>Länge = 0:
zahl: 0</td></tr>
<tr><td>numeric digits 2
zahl = c2d("80"x)</td><td>Ausgabelänge > maximale Anzahl Ziffernstellen:
Die Stellenzahl von zahl (= 128) überschreitet die maximale Anzahl Ziffernstellen, die mit numeric digits auf 2 festgelegt wurde. REXX meldet Fehler 40.</td></tr>
<tr><td>numeric digits 650
z = copies("7f"x, 250)
zahl1 = c2d(z)
zahl2 = c2d("f1"x || z)
zahl3 = c2d("f1" || z, 250)
zahl4 = c2d("f1" || z, 251)</td><td>Eingabelänge > Implementierungslimit:
Die maximale Anzahl Ziffernstellen wird mit numeric digits auf 650 gesetzt, da eine Binärzahl von 250 Bytes in eine Ganzzahl mit mehr als 600 Stellen umgewandelt wird. z wird mit copies eine 250 Bytes lange Zeichenfolge zugewiesen.
zahl1: Die Eingabezeichenfolge ist zulässig.
zahl2: Führt zu Fehler 40, da die Eingabezeichenfolge 251 Bytes lang ist und damit das Implementierungslimit überschreitet.
zahl3: Die Eingabezeichenfolge ist zulässig. Sie ist zwar 251 Bytes lang und liegt damit über dem Implementierungslimit, dank der Längenangabe von 250 werden aber nur 250 Bytes ausgewertet.
zahl4: Führt zu Fehler 40, da die Länge von 251 Bytes das Implementierungslimit überschreitet.</td></tr>
</table>

Häufige Fehler

Länge fehlt. Wenn der Längenparameter fehlt, wird die Zeichenfolge als vorzeichenlose Binärzahl interpretiert:

```
c2d("80"x) → 128
```

Wenn dies nicht erwünscht ist, muß die Länge mit angegeben werden:

```
c2d("80"x, 1) → -128
```

c2x

```
▸▸─ C2X(─┬── zeichenfolge ──┬─)─▸◂
         ├── binärfolge-b ──┤
         └── hexfolge-x ────┘
```

Siehe auch: Konvertierfunktionen.

Die eingebaute SAA-Funktion c2x (character t[w]o hexadecimal = Zeichenformat in hexadezimales Format umwandeln) wandelt die Eingabezeichenfolge in eine Hexfolge um und liefert diese als Funktionsergebnis zurück. Die Eingabezeichenfolge kann eine Textzeichenfolge (zeichenfolge), eine Binärfolge (binärfolge-b) oder eine Hexfolge (hexfolge-x) sein.

Die Eingabezeichenfolge wird ggf. durch eine führende Null auf volle Bytes ergänzt. Die Ausgabezeichenfolge besteht aus doppelt so vielen Bytes wie die Eingabezeichenfolge.

Die Ausgabezeichenfolge wird *ohne* die Kennung X/x zurückgeliefert und enthält keine Leerstellen. Die Hexadezimalziffern A-F werden immer in Großbuchstaben ausgegeben.

Wenn die Eingabezeichenfolge aus der Nullzeichenfolge besteht, wird eine Nullzeichenfolge zurückgeliefert.

binärfolge-b	Binärfolge von beliebiger Länge *mit* der Kennung B/b.
hexfolge-x	Hexfolge von beliebiger Länge *mit* der Kennung X/x.
zeichenfolge	Zeichenfolge von beliebiger Länge. Die zurückgelieferte Hexfolge ist von dem verwendeten Zeichensatz abhängig (ASCII oder EBCDIC).

Beispiele

REXX-Anweisungen	**Erläuterung**
text2 = "11"b text3 = "44552"x hex1 = c2x("Säge") hex2 = c2x(text2) hex3 = c2x(text3)	Zeichenfolge umwandeln: hex1: "53846765" [ASCII] hex2: "03" hex3: "044552"
hex1 = c2x(""b) hex2 = c2x(""x) hex3 = c2x("")	Nullzeichenfolge umwandeln: hex1, hex2, hex3: ""

Anwendung

Siehe: storage, Anwendung.

call

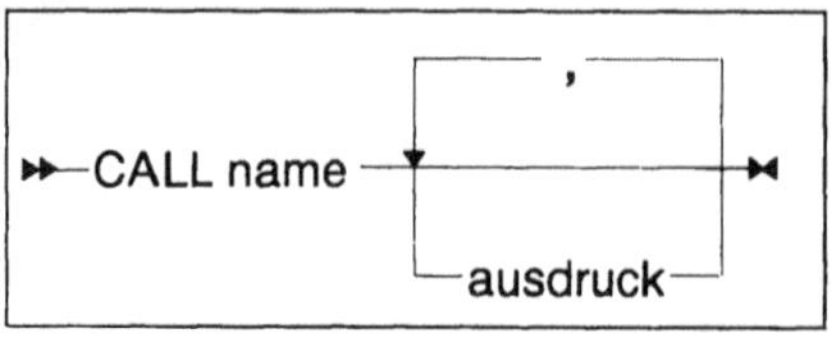

Siehe auch: call off/on; Funktion; Unterprogramm.

Die Anweisung call (aufrufen) ruft das Unterprogramm oder die Funktion name auf. name ist der Name eines internen oder externen Unterprogramms, einer internen oder externen Funktion oder einer eingebauten Funktion. Die Ausdrücke ausdruck,... sind beliebige Ausdrücke, die nach der Auswertung als Argumentfolgen von dem aufgerufenen Unterprogramm eingelesen werden können.

Unterprogramme und Funktionen werden unter den Stichwörtern *Funktion* und *Unterprogramm* ausführlich beschrieben.

Wenn das aufgerufene Unterprogramm mit return oder exit ein Ergebnis zurückgibt, wird dieses nach der Rückkehr aus dem Unterprogramm der speziellen Variablen result zugewiesen. Insofern ist ein call-Aufruf funktional identisch mit einer Zuweisung, in der der Variablen result das Ergebnis einer Funktion zugewiesen wird:

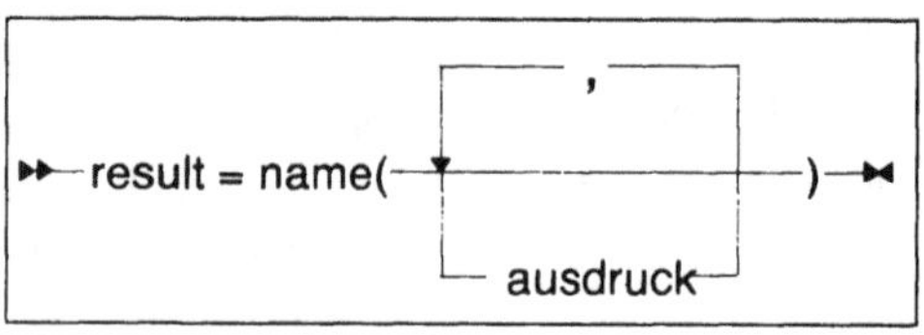

Wenn das aufgerufene Programm kein Ergebnis zurückgibt, ist die spezielle Variable result nach einem call-Aufruf undefiniert, während ein Funktionsaufruf in diesem Fall zu einem REXX-Fehler führt.

Hinweise:

- Als Verzweigungsziel sind die Markennamen ON und OFF nicht zulässig, da diese als Unterschlüsselwörter zum Ein- bzw. Ausschalten von Fehlerbedingungen reserviert sind.
- In einer interpret-Anweisung darf sich eine call-Anweisung nicht auf eine Marke in der zu interpretierenden Zeichenfolge beziehen, da Marken innerhalb einer interpret-Zeichenfolge nicht erlaubt sind. *Siehe:* interpret.

ausdruck	Beliebiger Ausdruck.
name	Symbol, das als Konstante angesehen wird und einen Markennamen darstellt, oder konstante Zeichenfolge in Großbuchstaben, die einen Markennamen darstellt.

Beispiele

REXX-Anweisungen	Erläuterung
call aus exit aus: say "Hier bin ich" return	Das interne Unterprogramm aus wird mit call aufgerufen. Da das Unterprogramm mit return keinen Wert zurückgibt, wird die Definition der speziellen Variablen result aufgehoben, d. h. sie ist nach der Rückkehr aus dem Unterprogramm undefiniert.
ausgabe = "test.dat" satz = "Dies ist ein Satz." call lineout ausgabe, satz say "zurück"	Die eingebaute Funktion lineout wird aufgerufen. Die Zeichenfolge satz wird in die Datei mit dem Namen ausgabe geschrieben. Anschließend wird das Programm mit say "zurück", der ersten Anweisung nach dem call-Aufruf, fortgesetzt.

call off/on

```
>>--CALL--+--OFF bedingung-----------------------------+-><
          |                                            |
          +--ON bedingung--+-------------------------+-+
                           |                         |
                           +--NAME--trapname---------+
```

Siehe auch: Fehlerbedingungen; Fehlerroutine; Marke; signal off/on.

Die Anweisung call on (Unterprogramm aufrufen und Bedingung einschalten) setzt die Fehlerbedingung bedingung, und die Anweisung call off setzt diese Fehlerbedingung zurück. Wenn nach dem Setzen einer Fehlerbedingung im weiteren Programmverlauf diese Fehlerbedingung festgestellt wird, ruft der REXX-Interpreter die entsprechende Fehlerroutine als Unterprogramm auf. Die spezielle Variable sigl enthält dann die Zeilennummer der fehlerhaften Anweisung.

Zu Beginn eines Programms, eines internen oder externen Unterprogramms oder einer Funktion sind alle Fehlerbedingungen zurückgesetzt. Wenn allerdings eine Fehlerbedingung festgestellt und daraufhin automatisch eine Fehlerroutine aufgerufen wird, wird die Fehlerbedingung bei signal on... auf "OFF" und bei call on... auf "DELAY" gesetzt.

Fehlerbedingungen. bedingung muß als Symbol angegeben werden, ein Ausdruck ist nicht erlaubt. Zulässige Werte für bedingung sind: error, failure, halt und notready (ab REXX Level 2). Die Fehlerbedingungen novalue und syntax können nur mit signal on... und signal off... gesetzt bzw. zurückgesetzt werden. *Siehe:* Fehlerbedingungen.

Zurücksetzen. Wenn die Fehlerbedingung mit off zurückgesetzt wird, wird beim Eintritt der Fehlerbedingung die Standardfehlerbehandlung durchgeführt. Bei den Fehlerbedingungen, die mit call off zurückgesetzt werden können, besteht die Standardfehlerbehandlung darin, daß die Fehlerbedingung ignoriert wird.

Setzen. Wenn die Fehlerbedingung mit on gesetzt wird und die name-Klausel fehlt, wird nach dem Abfangen der Fehlerbedingung zu der Marke mit dem Namen der Fehlerbedingung verzweigt, so als würde eine call-Anweisung ausgeführt, andernfalls wird zu der Marke *trapname*: verzweigt. Daher kann man am Ende der Fehlerroutine mit return wieder zur Unterbrechungsstelle zurückkehren und das Programm fortsetzen. Wenn die name-Klausel angegeben wird, muß trapname ein gültiger Markenname sein, also ein Symbol, das als Konstante angesehen wird, ein Ausdruck ist nicht erlaubt. Wenn der Markenname zwar gültig ist, die Marke aber nicht existiert, wird beim Eintritt der Fehlerbedingung die Standardfehlerbehandlung durchgeführt, so als wäre die Fehlerbedingung nicht gesetzt.

Hinweise:

- Jede Statusänderung (Setzen oder Zurücksetzen) einer Fehlerbedingung setzt den bisherigen Status dieser Fehlerbedingung außer Kraft, ebenso wird der Name der Fehlerroutine aktualisiert und zwar unabhängig davon, ob vorher der Name der Fehlerroutine mit dem Namen der Fehlerbedingung identisch war oder mit der name-Klausel ausdrücklich definiert wurde. Daher ersetzt z. B. call on halt jede vorherige Anweisung, die sich auf die Halt-Bedingung bezog, gleichgültig ob dies call off halt war, call on halt name *trapname*, signal off halt, signal on halt oder signal on halt name *trapname*.
- Alle Fehlerbedingungen einschließlich der Novalue- und der Syntax-Bedingung können auch mit signal on... und signal off... gesetzt bzw. zurückgesetzt werden. Im Unterschied zur call-Anweisung kann man aus einer Fehlerroutine, die auf Grund der Anweisung signal on... automatisch aufgerufen wurde, *nicht* wieder zur Unterbrechungsstelle zurückkehren und das Programm an dieser Stelle fortsetzen.

bedingung	error, failure, halt, notready (ab REXX Level 2).
NAME	Wenn name *trapname* fehlt, wird die Fehlerbedingung durch eine Fehlerroutine mit dem Namen der Fehlerbedingung abgehandelt, andernfalls durch eine Routine, die mit der Marke *trapname*: beginnt.
OFF	Die Fehlerbedingung bedingung wird zurückgesetzt.
ON	Die Fehlerbedingung bedingung wird gesetzt.
trapname	Symbol, das als Konstante angesehen wird und einen Markennamen darstellt.

Beispiele

REXX-Anweisungen	Erläuterung
call on notready name ...dateifehler earc = 0 satz = linein("tel.lst") if earc <> 0 then say "Fehler" exit	Mit call on notready wird die Notready-Fehlerbedingung aktiviert. Als Name der Fehlerroutine wird dateifehler festgelegt. Die Variable earc soll nach jedem Ein- oder Ausgabevorgang einen Rückkehrcode enthalten, der über den Ausgang der Operation Auskunft gibt.
dateifehler: pfad = stream(condition("d"), ..."command", "query exists") if pfad = "" then earc = 1 else earc = 2 return	Mit linein soll ein Satz aus der Datei "tel.lst" eingelesen werden. Wenn die Datei nicht vorhanden ist oder ein anderer Ein-/Ausgabefehler vorliegt, setzt der REXX-Interpreter automatisch die Anweisung call dateifehler ab. In der Fehlerroutine dateifehler wird mit der stream-Funktion zuerst geprüft, ob die manipulierte Datei, deren Namen wir durch condition("d") erhalten, existiert. Wenn nein, enthält pfad die Nullzeichenfolge und wir besetzen earc mit 1. Andernfalls liegt eine anderer Fehler vor und wir weisen earc den Wert 2 zu. Mit return kehren wir wieder in das unterbrochene Programm zurück.
	Dort prüfen wir earc. Wenn earc = 0 ist, wurde die Notready-Bedingung nicht ausgelöst und die Lese-Operation war in Ordnung. Andernfalls kann der aufgetretene Fehler entsprechend behandelt werden (Fehlermeldung, geregelter Programmabbruch usw.).

center/centre

```
>>-+-CENTER(-+-- zeichenfolge, länge --+----------+--)-><
   +-CENTRE(-+                         +-- , füll -+
```

Die eingebaute SAA-Funktion center/centre (einmitten) liefert eine Zeichenfolge mit länge Zeichen, in der zeichenfolge mittig angeordnet und ggf. mit dem Füllzeichen füll vorn und hinten aufgefüllt wird.

länge muß eine positive Ganzzahl oder 0 sein. Wenn die Länge 0 ist, wird die Nullzeichenfolge zurückgeliefert. Ist länge gleich der Länge von zeichenfolge, wird zeichenfolge in voller Länge und ohne Füllzeichen zurückgegeben.

Wenn länge kleiner als die Länge von zeichenfolge ist, werden vorn und hinten gleich viele Zeichen abgeschnitten, so daß die geforderte Länge erreicht wird. Ist die Anzahl der abzuschneidenden Stellen ungerade, wird hinten ein Zeichen mehr als vorne abgeschnitten.

Wenn länge größer als die Länge von zeichenfolge ist, werden vorn und hinten gleich viele Füllzeichen angefügt, so daß die geforderte Länge erreicht wird. Ist die Anzahl der anzufügenden Stellen ungerade, wird hinten ein Zeichen mehr als vorne angefügt.

Fehlt das Füllzeichen füll, wird mit Leerstellen aufgefüllt, andernfalls mit dem angegebenen Füllzeichen füll.

Hinweis: center ist die amerikanische, centre die britische Schreibweise. Der REXX-Interpreter bietet beide Schreibweisen, um Irrtümern vorzubeugen.

füll	Zeichen, mit dem die zurückgegebene Zeichenfolge vorn und hinten aufgefüllt werden soll, wenn länge größer als die Länge von zeichenfolge ist. Die Nullzeichenfolge oder eine Zeichenfolge, die aus mehr als einem Zeichen besteht, führt zu REXX-Fehler 40. **Standard:** Leerstelle.
länge	Nichtnegative Ganzzahl. Anzahl der Zeichen, die zurückgeliefert werden sollen.
zeichenfolge	Beliebige Zeichenfolge.

Beispiele

REXX-Anweisungen	Erläuterung
text1 = "Gisela" text2 = center(text1, length(text1))	Zeichenfolge reproduzieren: Da länge gleich der Länge von text1 ist, wird text2 die Zeichenfolge text1 in voller Länge zugewiesen. text2: "Gisela".
text1 = "Gisela" text2 = center(text1, 4)	Zeichenfolge gerade abschneiden: Da länge = 4 kleiner als die Länge von text1 (6) ist, werden text2 nur die mittleren 4 Zeichen von text1 ("isel") zugewiesen, die übrigen Zeichen von text1 ("G" und "a") werden abgeschnitten. text2: "isel".
text1 = "Gisela" text2 = center(text1, 3)	Zeichenfolge ungerade abschneiden: Da länge = 3 kleiner als die Länge von text1 (6) ist und die Anzahl der abzuschneidenden Zeichen ungerade ist, werden ein Zeichen am Anfang und zwei Zeichen am Ende von text1 abgeschnitten. text2: "ise".
text1 = "Gisela" text2 = center(text1, 10)	Zeichenfolge gerade mit Leerstellen auffüllen: Da länge = 10 größer als die Länge von text1 (6) ist, wird text2 die Zeichenfolge text1 in voller Länge zugewiesen und vorn und hinten mit je zwei Leerstellen auf 10 Stellen aufgefüllt. text2: "□□Gisela□□".
text1 = "Gisela" text2 = center(text1, 11)	Zeichenfolge ungerade mit Leerstellen auffüllen: Da länge = 11 größer als die Länge von text1 (6) ist, wird text1 vorn mit zwei und hinten mit drei Leerstellen aufgefüllt. text2: "□□Gisela□□□".
text1 = "Gisela" text2 = center(text1, 10, "-")	Zeichenfolge mit einem anderen Zeichen auffüllen: text1 wird mit Bindestrichen statt mit Leerstellen auf 10 Stellen aufgefüllt. text2: "--Gisela--".

REXX-Anweisungen	Erläuterung
text1 = center("", 5, "$") text2 = left("", 5, "$") text3 = right("", 5, "$") text4 = copies("$", 5)	ein Zeichen kopieren: center wird mit der Nullzeichenfolge "" ausgeführt, so daß das Füllzeichen "$" so oft wie angegeben miteinander verkettet wird. Es ergibt sich text1: "$$$$$". Das gleiche Ergebnis erhält man mit der left-, right- oder der copies-Funktion (letztere kann aber nicht nur einzelne Zeichen, sondern auch Zeichenfolgen kopieren).

charin

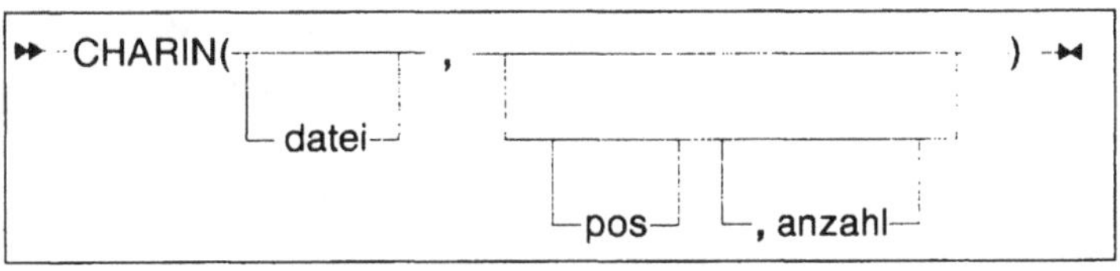

Siehe auch: charout; chars; Ein-/Ausgabe; Zeichenströme; Fehlerbedingungen; linein; lineout; lines; rxgetkey; sysgetkey.

Die ab *REXX Level 2* eingebaute SAA-Funktion charin (character input = Zeicheneingabe) liest bis zu anzahl Zeichen von dem Zeichenstrom datei und gibt diese als Zeichenfolge zurück. Wenn datei fehlt, wird vom Standardeingabestrom (stdin:) gelesen. Wenn datei angegeben wird, muß es eine Dateibezeichnung sein. Der Zeichenstrom datei wird automatisch geöffnet, falls er nicht schon geöffnet ist. Steuerzeichen für Zeilen- und Dateiende werden wie jedes andere Zeichen behandelt.

Schreib-/Leseposition. Bei permanenten Zeichenströmen merkt sich der REXX-Interpreter die aktuelle Leseposition, die unter DOS und OS/2 mit der Schreibposition übereinstimmt. Wenn pos fehlt, wird die Leseposition beim ersten charin-Aufruf standardmäßig auf das erste Zeichen des Zeichenstroms gesetzt, bei allen späteren Aufrufen gilt in diesem Fall die aktuelle Leseposition. Wenn pos angegeben ist, muß es eine positive Ganzzahl sein, die die Anzahl der Zeichen im Zeichenstrom datei nicht überschreitet (pos = 1 entspricht dem ersten Zeichen eines Zeichenstroms). Es werden dann anzahl Zeichen ab der angegebenen Leseposition pos eingelesen.

Jede Leseoperation mit charin erhöht die Leseposition um die Anzahl der gelesenen Zeichen. charin(*datei, pos,* 0), charout(*datei,, pos*) und stream(*datei,* "command", "seek") gestatten es, die Leseposition (die Nummer des nächsten zu lesenden Zeichens) zu verändern, ohne Zeichen zu lesen. Bei transienten Zeichenströmen darf pos nicht angegeben werden.

Anzahl. Wenn anzahl fehlt, wird *ein* Zeichen eingelesen. Wenn anzahl gleich 0 ist, wird die Leseposition auf pos gesetzt, es werden aber keine Zeichen eingelesen und charin gibt die Nullzeichenfolge zurück. Diese Variante des charin-Aufrufs kann auch dazu verwendet werden, um eine Datei ausdrücklich zu öffnen.

Ist die Anzahl der restlichen Zeichen in einem permanenten Zeichenstrom kleiner als anzahl, werden nur die restlichen Zeichen eingelesen. Wenn in einem transienten Zeichenstrom weniger als anzahl Zeichen zur Verfügung stehen, wird die Ausführung des Programms in der Regel solange ausgesetzt, bis genügend Zeichen verfügbar sind. Wenn jedoch aus irgendwelchen Gründen, z. B. auf Grund eines Ein-/Ausgabefehlers, die fehlenden Zeichen nicht bereitgestellt werden können, wird die Notready-Fehlerbedingung festgestellt, und es werden nur die vorhandenen Zeichen zurückgeliefert.

Hinweise:

- Mit der Funktion chars bzw. lines kann abgefragt werden, ob in einem Zeichenstrom noch mindestens ein Zeichen vorhanden ist. Die Funktion charout dient zum zeichenweisen Schreiben von Zeichenströmen, die Funktionen linein und lineout dienen zum zeilenweisen Lesen bzw. Schreiben von Zeichenströmen und die Funktionen rxgetkey bzw. sysgetkey dienen zum Einlesen eines Zeichens bzw. einer Taste vom Standardeingabestrom.
- Wenn charin zum Lesen des Standardeingabestromes verwendet wird, wird die Programmausführung solange ausgesetzt, bis die Enter-Taste gedrückt wird.
- Eine Datei kann mit einem der drei folgenden Funktionsaufrufe geschlossen werden:
  - charout(*datei*)
  - lineout(*datei*)
  - stream(*datei*, "command", "close")
- Wenn unter DOS und OS/2 ein Zeichenstrom nicht explizit geschlossen wird, kann die Verarbeitung einer größeren Anzahl von Dateien leicht zur Erschöpfung der Zugriffsnummern (filehandles) führen. Es empfiehlt sich daher, eine Datei nach der Verarbeitung grundsätzlich mit stream oder charout bzw. lineout zu schließen.

anzahl — Nichtnegative Ganzzahl. Anzahl der Zeichen, die gelesen werden sollen.
Standard: 1.

datei — *Siehe* Dateibezeichnung, DOS und OS/2.

pos — Positive Ganzzahl, die die Anzahl der Zeichen in datei nicht überschreiten darf. Position im Zeichenstrom, ab der gelesen werden soll. Die Position 1 bezeichnet das erste Zeichen eines Zeichenstroms.
Standard: aktuelle Leseposition; bei der ersten Ein-/Ausgabeoperation mit einem Zeichenstrom: 1.

Beispiele

REXX-Anweisungen	Erläuterung
s1 = charin(,, 5)	Es werden 5 Zeichen vom Standardeingabestrom gelesen.
s2 = charin("tel.lst",, 5)	Es werden 5 Zeichen ab der aktuellen Leseposition in der Datei "tel.lst" gelesen.
s3 = charin("tel.lst", 16)	Es wird 1 Zeichen ab Position 16 in der Datei "tel.lst" gelesen.

REXX-Anweisungen	Erläuterung
s4 = charin("tel.lst",, 0)	Die Datei "tel.lst" wird eröffnet und auf das erste Zeichen positioniert. Zurückgegeben wird die Nullzeichenfolge.
liste = "tel.lst" do i = 1, while chars(liste) > 0 satz.i = charin(liste,, 20) end i	Die Datei "tel.lst" enthält je 20 Bytes lange Telefoneinträge, die nicht durch Zeilenendezeichen voneinander getrennt sind. In der do-Schleife wird ein Eintrag nach dem anderen in den Variablenstamm satz. eingelesen, solange noch mindestens ein Zeichen im Zeichenstrom "tel.lst" vorhanden ist.

Anwendung

Zeichenstrom mit APPC senden

Aufgabe: Ein unstrukturierter Zeichenstrom ohne Zeilenendezeichen soll mit APPC zu einem Partner übertragen werden.

```
maxlg = 32767; ein = "monat.dat"
do while chars(ein) > 0
  satz = charin(ein,, maxlg); lg = length(satz)
  /* z. B.: address cpicomm "cmsend convid satz lg request_to_send_received cpirc" */
end
```

Die do-Schleife wird solange ausgeführt, wie chars(ein) einen Wert größer 0 zurückgibt, d. h. solange noch mindestens ein Zeichen in der Datei "monat.dat" vorhanden ist. Mit charin lesen wir jedesmal so viele Zeichen ein, wie wir maximal auf einmal übertragen können; bei der CPI-Schnittstelle liegt die Grenze bei maxlg = 32767. Wenn beim letzten charin-Aufruf weniger als maxlg Zeichen vorhanden sind, werden nur noch die restlichen Zeichen eingelesen, ohne daß dies zu einem Fehler führt. In dem charin-Aufruf lassen wir den zweiten Parameter aus, so daß immer ab der aktuellen Leseposition gelesen wird.

Da die Adreßumgebung cpicomm nur Variablennamen in CPI-Befehlen akzeptiert, können wir das Funktionsergebnis von charin nicht direkt in den Sendebefehl einbauen, sondern müssen es zuerst der Variablen satz zuweisen. Analog dazu weisen wir die Satzlänge length(satz) der Variablen lg zu. Mit address cpicomm stellen wir die aktuelle Adreßumgebung vorübergehend auf cpicomm ein und setzen den cmsend-Befehl ab, der außer satz und lg noch weitere Parameter enthält, auf die wir hier nicht eingehen wollen. Anschließend wird automatisch wieder die vorherige Adreßumgebung restauriert.

charout

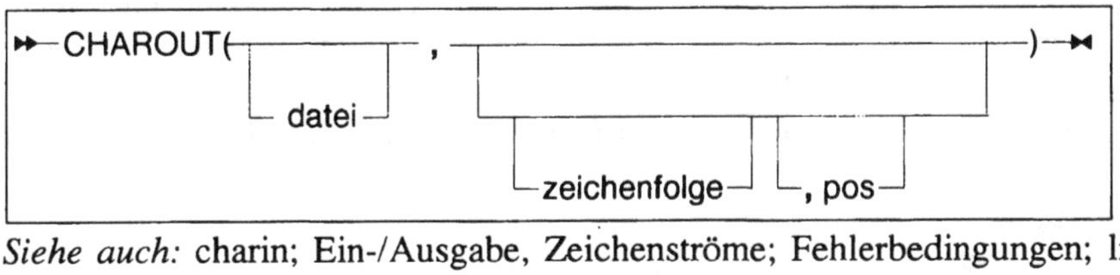

Siehe auch: charin; Ein-/Ausgabe, Zeichenströme; Fehlerbedingungen; linein; lineout.

Die ab *REXX Level 2* eingebaute SAA-Funktion charout (character output = Zeichenausgabe) schreibt zeichenfolge in den Zeichenstrom datei und gibt 0 zurück, wenn alle Zeichen geschrieben werden konnten, andernfalls die Anzahl der Zeichen, die nicht geschrieben wurden. Wenn datei fehlt, wird in den Standardausgabestrom (stdout:) geschrieben. Wenn datei angegeben wird, muß es eine Dateibezeichnung sein. Der Zeichenstrom datei wird automatisch geöffnet, falls er nicht schon geöffnet ist. Steuerzeichen für Zeilen- und Dateiende werden wie jedes andere Zeichen behandelt.

Die Ausführung des Programms wird in der Regel solange ausgesetzt, bis alle Zeichen geschrieben sind. Wenn jedoch aus irgendwelchen Gründen, z. B. auf Grund eines Ein-/Ausgabefehlers, nicht alle Zeichen geschrieben werden können, wird die Notready-Fehlerbedingung festgestellt, und es wird die Anzahl der nicht geschriebenen Zeichen zurückgeliefert.

Zeichenfolge. Wenn zeichenfolge die Nullzeichenfolge ist, wird nichts geschrieben und 0 zurückgeliefert. Wenn zeichenfolge bei permanenten Zeichenströmen fehlt und pos angegeben ist, wird nichts geschrieben, die Schreibposition auf die angegebene Position positioniert und 0 zurückgegeben. Diese Variante des charout-Aufrufs kann auch dazu verwendet werden, um eine Datei ausdrücklich zu öffnen.

Wenn zeichenfolge und pos fehlen, wird nichts geschrieben und der Zeichenstrom wird geschlossen. Diese Variante des charout-Aufrufs kann dazu verwendet werden, um eine Datei ausdrücklich zu schließen.

Schreib-/Leseposition. Bei permanenten Zeichenströmen merkt sich der REXX-Interpreter die aktuelle Schreibposition, die unter DOS und OS/2 mit der Leseposition übereinstimmt. Wenn pos fehlt, wird die Schreibposition beim ersten charout-Aufruf standardmäßig hinter das letzte Zeichen des Zeichenstroms gesetzt, so daß die zu schreibenden Zeichen an den Zeichenstrom angehängt werden. Bei allen späteren Aufrufen gilt in diesem Fall die aktuelle Schreibposition. Wenn pos angegeben ist, muß es eine positive Ganzzahl sein, die höchstens um 1 größer ist als die Anzahl der Zeichen im Zeichenstrom datei ist, wobei pos = 1 dem ersten Zeichen des Zeichenstroms entspricht. zeichenfolge wird dann ab der angegebenen Schreibposition pos geschrieben.

Jede Schreiboperation mit charout erhöht die Schreibposition um die Anzahl der geschriebenen Zeichen. charout(*datei, pos,* 0), charout(*datei,, pos*) und stream(*datei*, "command", "seek") gestatten es, die Schreibposition (die Nummer des nächsten zu schreibenden Zeichens) zu verändern, ohne Zeichen zu schreiben. Bei transienten Zeichenströmen darf pos nicht angegeben werden.

Hinweise:

- Die Funktion charin dient zum zeichenweisen Lesen von Zeichenströmen, die Funktionen linein und lineout dienen zum zeilenweisen Lesen bzw. Schreiben von Zeichenströmen.
- Eine Datei kann mit einem der drei folgenden Funktionsaufrufe geschlossen werden:
  - charout(*datei*)
  - lineout(*datei*)
  - stream(*datei*, "command", "close")
- Wenn unter DOS und OS/2 ein Zeichenstrom nicht explizit geschlossen wird, kann die Verarbeitung einer größeren Anzahl von Dateien leicht zur Erschöpfung der Zugriffsnummern (filehandles) führen. Es empfiehlt sich

daher, eine Datei nach der Verarbeitung grundsätzlich mit stream oder charout bzw. lineout zu schließen.

datei	*Siehe* Dateibezeichnung, DOS und OS/2.
pos	Positive Ganzzahl, die höchstens um 1 größer als die Anzahl der Zeichen in datei sein darf. Position im Zeichenstrom, ab der geschrieben werden soll. Die Position 1 bezeichnet das erste Zeichen eines Zeichenstroms. **Standard:** aktuelle Schreibposition; bei der ersten Ein-/Ausgabeoperation mit einem Zeichenstrom: nach dem letzten Zeichen des Zeichenstroms.
zeichenfolge	Beliebige Zeichenfolge.

Beispiele

REXX-Anweisungen	Erläuterung
call charout , "Hilfe"	Es wird die Zeichenfolge "Hilfe" in den Standardausgabestrom geschrieben. charout liefert die Zahl 0 in der speziellen Variablen result zurück, wenn alle Zeichen geschrieben werden konnten.
rc = charout("tel.lst", ..."Hilfe")	Es wird die Zeichenfolge "Hilfe" ab der aktuellen Schreibposition in die Datei "tel.lst" geschrieben. charout weist der Variablen rc die Zahl 0 zu, wenn alle Zeichen geschrieben werden konnten.
rc = charout("tel.lst", ..."Hilfe", 120)	Es wird die Zeichenfolge "Hilfe" ab Position 120 in die Datei "tel.lst" geschrieben.
rc = charout("tel.lst",, 1)	Die Datei "tel.lst" wird eröffnet und nichts geschrieben.
rc = charout("tel.lst")	Die Datei "tel.lst" wird geschlossen und nichts geschrieben..

Anwendung

Bildschirmausgabe ohne Zeilenvorschub

Aufgabe: In einer gemeinsamen Fehlerroutine für die Novalue- und die Syntax-Fehlerbedingung soll eine einzeilige Fehlermeldung ausgegeben werden, die aus einem gemeinsamen Teil und einem besonderen Teil je nach Fehlerbedingung besteht (*siehe* Fehlerbedingungen; Fehlerroutine).

```
novalue: syntax:
  call charout , "Fehler in Zeile "sigl": "
  if condition("c") = "NOVALUE"
    then say "Die Variable "condition("d")" ist undefiniert."
    else say errortext(rc)
  exit
```

Wir rufen charout mit call auf, weil wir einen evtl. Fehler bei der Bildschirmausgabe vernachlässigen wollen und daher keinen Wert auf den Rückkehrcode von charout legen. Da sich die Ausgabe an den Standardausgabestrom richtet, lassen wir den Namen des Zeichenstroms weg, setzen aber das Komma, das diesen Parameter von der Ausgabezeichenfolge trennt. charout gibt die Zeichenfolge ohne anschließenden Zeilenvorschub aus. Dies ist so gewollt, da wir in der gleichen Zeile noch weitere Erläuterungen der Fehlersituation ausgeben wollen. condition("c") liefert uns den Namen der Fehlerbedingung. Wenn die Novalue-Fehlerbedingung vorliegt, geben wir mit say zusätzlich eine Meldung mit dem Namen der undefinierten Variablen aus, den uns condition("d") liefert. Andernfalls geben wir mit say den Fehlertext errortext(rc) aus, der zu dem Fehlercode rc gehört. say macht im Gegensatz zu charout einen Zeilenvorschub. Ausgabebeispiele:

```
Fehler in Zeile 25: Die Variable VORNAME ist undefiniert.
Fehler in Zeile 139: Falscher Aufruf für Routine
```

Natürlich kann man dieses Problem auch lösen, indem man die Fehlermeldung zuerst in einer Variablen zusammensetzt und diese dann mit einer say-Anweisung ausgibt:

```
novalue: syntax:
  meldung = "Fehler in Zeile "sigl": "
  if condition("c") = "NOVALUE"
    then meldung = meldung"Die Variable "condition("d")" ist undefiniert."
    else meldung = meldung || errortext(rc)
  say meldung
  exit
```

chars

```
▸▸─CHARS(─┬───────┬─)─▸◂
          └─datei─┘
```

Siehe auch: charin; Ein-/Ausgabe, Zeichenströme; linein.

Die ab *REXX Level 2* eingebaute SAA-Funktion chars (characters remaining = verbleibende Zeichen) liefert theoretisch die Anzahl der noch verbleibenden Zeichen in dem Zeichenstrom datei, und wenn datei fehlt, die Anzahl der restlichen Zeichen im Standardeingabestrom (stdin:). Wenn datei angegeben wird, muß es eine Dateibezeichnung sein. Tatsächlich gibt chars unter DOS und OS/2 den Wert 1 zurück, wenn noch mindestens ein Zeichen ab der aktuellen Schreib-/Leseposition verfügbar ist, andernfalls den Wert 0. Steuerzeichen für Zeilen- und Dateiende werden wie jedes andere Zeichen behandelt.

Hinweise:

- Das Funktionsergebnis von chars ist kein logischer Wert, da laut Sprachdefinition chars die tatsächliche Anzahl der verbleibenden Zeichen zurückgeben kann. Wenn Sie plattformunabhängig programmieren wollen, sollten Sie daher z. B. die Abfrage if chars(*datei*) > 0 then... der Abfrage if chars(*datei*) then... vorziehen.
- Die Funktion chars liefert unter DOS und OS/2 den gleichen Wert wie lines.

datei *Siehe* Dateibezeichnung, DOS und OS/2.

Beispiele

REXX-Anweisungen	Erläuterung
anz = chars()	Wenn anz 1 zurückliefert, kann vom Standardeingabestrom mindestens noch ein Zeichen gelesen werden. Wenn 0 zurückgeliefert wird, ist der Standardeingabestrom erschöpft.

REXX-Anweisungen	Erläuterung
anz = chars("tel.lst")	Wenn anz 1 zurückliefert, kann ab der aktuellen Schreib-/Leseposition in der Datei "tel.lst" mindestens noch ein Zeichen gelesen werden. Wenn 0 zurückgeliefert wird, ist das Dateiende erreicht.
liste = "tel.lst" do i = 1, while chars(liste) > 0 satz.i = charin(liste,, 20) end i	Die Datei "tel.lst" enthält je 20 Bytes lange Telefoneinträge, die nicht durch Zeilenendezeichen voneinander getrennt sind. In der do-Schleife wird ein Eintrag nach dem anderen in den Variablenstamm satz. eingelesen, solange noch mindestens ein Zeichen im Zeichenstrom "tel.lst" vorhanden ist.

Anwendung

Siehe: charin.

cminpos

```
▸▸─CMINPOS(suchfolge, zielfolge─┬────────┬─)─▸◂
                                └─, pos──┘
```

Die externe Funktion cminpos (a character's minimal position = erste Position Zeichen: Zeichenfolge:eichenin einer Z. eines Zeichens) sucht das erste Vorkommen eines der Zeichen aus der Zeichenfolge suchfolge in der Zeichenfolge zielfolge. Die Suche beginnt ab der n-ten Position in zielfolge (n = pos), wenn pos angegeben wird, sonst ab der ersten Position.

Als Funktionsergebnis wird die Position des gefundenen Zeichens in zielfolge zurückgegeben. Wenn keines der Zeichen aus suchfolge in zielfolge gefunden wird oder wenn suchfolge aus der Nullzeichenfolge besteht, liefert die Funktion den Wert 0 zurück.

Hinweis: cminpos ist eine Kurzform für verify(zielfolge, suchfolge, [pos], "match").

pos — Positive Ganzzahl. Position in zielfolge, ab der die Suche beginnen soll.
Standard: 1.

suchfolge — Beliebige Zeichenfolge mit keinem, einem oder mehreren Zeichen, nach denen in zielfolge gesucht werden soll.

zielfolge — Beliebige Zeichenfolge, in der nach den Zeichen aus suchfolge gesucht werden soll.

Anwendung

Erstes Vorkommen eines Zeichens aus einer Zeichenfolge in einer anderen Zeichenfolge suchen

Aufgabe: Es soll die erste Position gesucht werden, in der eines der Zeichen ":", "." bzw. "," in der Zeichenfolge str vorkommt.

```
tab = ":.,"
str = "Beginn der Matinee: 11.00 Uhr"
pos1 = cminpos(tab, str, 1)
```

➔ pos1: 19

tab enthält die Zeichen ":", "." und ",", nach denen die Zeichenfolge str durchsucht werden soll. Mit cminpos(tab, str, 1) wird ab Position 1 in str nach dem ersten Vorkommen von einem der Zeichen aus tab gesucht. Als erster Parameter wird die Variable tab übergeben, die die gesuchten Zeichen enthält. Der zweite Parameter str bezeichnet die Variable, die durchsucht werden soll. Da str ab der ersten Position durchsucht werden soll, wird als Anfangsposition im dritten Parameter 1 übergeben. pos1 hat nach Abarbeitung der Funktion den Wert 19, da von den drei gesuchten Zeichen das Zeichen ":" als erstes in str vorkommt.

compare

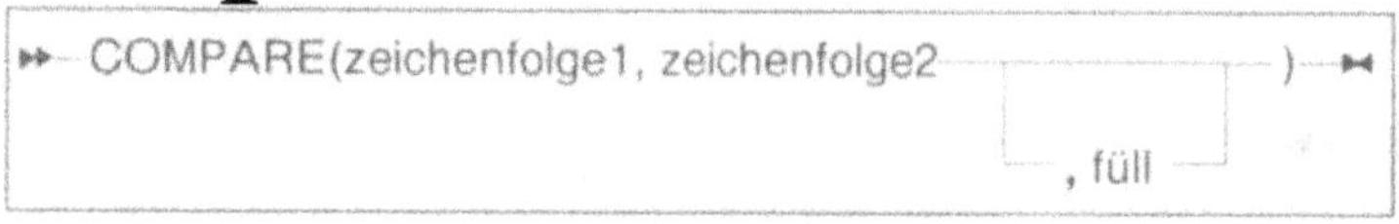

Die eingebaute SAA-Funktion compare (vergleichen) liefert die Position des ersten Zeichens, in dem sich die beiden Zeichenfolgen zeichenfolge1 und zeichenfolge2 unterscheiden. Wenn beide Zeichenfolgen gleich sind, wird 0 zurückgeliefert. Wenn eine von beiden Zeichenfolgen kürzer als die andere ist, wird sie vor dem Vergleich mit dem Füllzeichen füll aufgefüllt.

zeichenfolge1 und zeichenfolge2 sind beliebige Zeichenfolgen. Fehlt füll, wird mit Leerstellen aufgefüllt, andernfalls mit dem angegebenen Füllzeichen füll.

füll — Zeichen, mit dem bei Bedarf die kürzere der beiden Zeichenfolgen hinten aufgefüllt werden soll. Die Nullzeichenfolge oder eine Zeichenfolge, die aus mehr als einem Zeichen besteht, führt zu REXX-Fehler 40.
Standard: Leerstelle.

zeichenfolge1
zeichenfolge2 — Beliebige Zeichenfolgen.

Beispiele

REXX-Anweisungen	Erläuterung
text1 = "Gisela" text2 = "Gisele" pos1 = compare(text1, text1) pos2 = compare(text1, text2)	Vergleich gleichlanger Zeichenfolgen: Der Vergleich von text1 mit sich selbst ergibt Gleichheit, so daß pos1 den Wert 0 erhält. Bei pos2 unterscheiden sich text1 und text2 in der sechsten Position, so daß pos2 den Wert 6 erhält.
text1 = "Gisel" text2 = "Giselher" pos = compare(text1, text2)	Vergleich ungleichlanger Zeichenfolgen: Da text1 mit dem Standardfüllzeichen (Leerstelle) bis zur Länge von text2 aufgefüllt wird, unterscheiden sich text1 und text2 in Position 6 ("□" gegen "h"), so daß pos den Wert 6 erhält.
text1 = "Gisela□□□" text2 = "Gisela" pos = compare(text1, text2)	Vergleich mit Standardfüllzeichen: Da text2 mit dem Standardfüllzeichen (Leerstelle) bis zur Länge von text1 aufgefüllt wird, sind text1 und text2 gleich, so daß pos den Wert 0 erhält.

REXX-Anweisungen	Erläuterung
text1 = "f1f0f3f4"x text2 = "f1f0f3f40000"x pos = compare(text1, text2, "00"x)	Vergleich mit anderen Füllzeichen: Da text2 mit dem Füllzeichen "00"x bis zur Länge von text1 aufgefüllt wird, sind text1 und text2 gleich, so daß pos den Wert 0 erhält.

Anwendung

Länge eindeutiger Wortanfänge bestimmen

Aufgabe: Für jedes Wort einer sortierten Wortliste soll bestimmt werden, wieviele Zeichen eines Wortes mindestens erforderlich sind, damit es von allen anderen eindeutig unterschieden werden kann.

```
tab = "browse compare copy edit move"
lgtab = "_"
lastpos = 0
do i = 1 to words(tab)
  pos = compare(word(tab, i), word(tab, i + 1))
  min = max(pos, lastpos)
  lgtab = lgtab min
  lastpos = pos
end i
```

➔ lgtab: "1 3 3 1 1".

Zuerst wird die zu bildende Längentabelle lgtab mit der Nullzeichenfolge initialisiert. Die Variable lastpos wird mit 0 vorbesetzt, mit ihrer Bedeutung befassen wir uns bei der Besprechung der do-Schleife. Die do-Schleife wird vom ersten Wort der Wortliste tab mit der Nummer i = 1 bis zum letzten Wort mit der Nummer words(tab) durchgeführt. Mit compare wird das i-te Wort mit seinem Nachfolger in tab verglichen. compare liefert die Position pos des ersten Zeichens, in dem sich die beiden Wörter unterscheiden. Wir schließen hier den Fall aus, daß Wörter mehrfach vorkommen können (ggf. müssen Doubletten vorher aus der Wortliste entfernt werden).

Zur eindeutigen Unterscheidung des i-ten Wortes von seinem Nachfolger sind also pos Zeichen erforderlich. Aber wieviele Zeichen sind nötig, damit sich das i-te Wort eindeutig von seinem Vorgänger unterscheidet? Diese Angabe enthält die Variable lastpos, der wir am Ende der Schleife immer den aktuellen Wert pos zuweisen. Vor dem Betreten der do-Schleife wurde lastpos mit 0 initialisiert, d. h. das erste Wort muß sich durch 0 Zeichen von seinem (nicht vorhandenen) Vorgänger unterscheiden. Wenn pos kleiner als lastpos ist, sind lastpos Zeichen erforderlich, damit sich das i-te Wort eindeutig von seinem Vorgänger *und* seinem Nachfolger unterscheidet, andernfalls sind pos Zeichen erforderlich. Wir weisen den größeren der beiden Werte pos und lastpos mit der Funktion max der Variablen min zu und ketten diese an die Längentabelle lgtab an.

Noch ein Ausnahmefall ist zu beachten: Das letzte Wort von tab wird mit seinem nicht vorhandenen Nachfolger verglichen. word(tab, i + 1)) liefert in diesem Fall die Nullzeichenfolge und pos ergibt 0. Da lastpos in jedem Fall (außer wenn tab die Nullzeichenfolge wäre) größer als 0 ist, wird dieser Wert als signifikante Länge ausgewählt.

Hinweis: Diese Routine kann z. B. eingesetzt werden, um eine Längentabelle zu einer Wortliste zu bestimmen, deren Wörter mit der Funktion abbrev geprüft werden sollen.

condition

```
▸▸—CONDITION(─┬──────────┬─)—▸◂
              └─option───┘
```

Die eingebaute SAA-Funktion condition (Bedingung) liefert je nach option Angaben über die aktuell festgestellte Fehlerbedingung zurück. Eine aktuell festgestellte Fehlerbedingung existiert nur dann, wenn eine Fehlerbedingung festgestellt wird und die Fehlerbedingung in diesem Zeitpunkt gesetzt ist. Wenn keine Fehlerbedingung festgestellt wurde, wird die Nullzeichenfolge zurückgeliefert.

option ist ein beliebiger Ausdruck, der eine der nachstehenden Optionen ergeben muß. Von der Option wird nur das erste Zeichen ausgewertet, Groß- und Kleinbuchstaben sind dabei gleichwertig.

- C (condition name = Name der Fehlerbedingung)
  Es wird der Name der aktuellen festgestellten Fehlerbedingung zurückgeliefert. Mögliche Werte: "ERROR", "FAILURE", "HALT", "NOTREADY", "NOVALUE", "SYNTAX".
- D (description = Beschreibung)
  Es wird eine Zeichenfolge zurückgeliefert, die die aktuell festgestellte Fehlerbedingung beschreibt. Wenn keine solche Zeichenfolge verfügbar ist, wird die Nullzeichenfolge zurückgeliefert. Welche Bedeutung die zurückgegebene Zeichenfolge hat, hängt von der jeweiligen Fehlerbedingung ab. Mögliche Werte je nach Fehlerbedingung:

ERROR FAILURE	*Fehlerhafter Befehl*, wie er an die Adreßumgebung übergeben wurde.
HALT	*Zeichenfolge*, die mit der Haltanforderung verbunden ist, oder die Nullzeichenfolge, wenn keine solche Zeichenfolge verfügbar ist.
NOTREADY	*Name der Datei*, die bearbeitet werden sollte, als die Fehlerbedingung auftrat.
NOVALUE	*Abgeleiteter Name der Variablen*, deren Referenz zu der Fehlerbedingung führte. *Siehe:* Variablenname, abgeleiteter.
SYNTAX	*Zeichenfolge*, die der REXX-Interpreter der Fehlerbedingung zuordnet, oder die Nullzeichenfolge, wenn keine solche Zeichenfolge zugeordnet wurde.

- I (instruction = Anweisung) - **Standard**
  Es wird das Schlüsselwort der Anweisung zurückgeliefert, mit der die aktuell festgestellte Fehlerbedingung gesetzt wurde. Mögliche Werte:

CALL	Die Fehlerbedingung wurde mit call on... aktiviert.
SIGNAL	Die Fehlerbedingung wurde mit signal on... aktiviert.

- S (status = Status)
  Es wird der Status der aktuell festgestellten Fehlerbedingung zurückgeliefert. Der Status kann sich während der Verarbeitung innerhalb der Fehlerroutine ändern. Mögliche Werte:

ON	Die Fehlerbedingung ist gesetzt. Dieser Zustand gilt, wenn keine Fehlerbedingung festgestellt wurde bzw. wenn innerhalb einer Fehlerroutine die aktuell festgestellte Fehlerbedingung erneut gesetzt wird.
OFF	Die Fehlerbedingung ist *nicht* gesetzt. Beim Eintritt in eine Fehlerroutine, die mit signal on... gesetzt wurde, hat der Status immer den Wert "OFF". Wenn innerhalb einer Fehlerroutine die aktuell festgestellte Fehlerbedingung erneut gesetzt oder zurückgesetzt wird, erhält Status den Wert "ON" bzw. "OFF".
DELAY	Bei jedem weiteren Auftreten der gleichen Fehlerbedingung wird die Fehlerbedingung aufgeschoben oder ignoriert. Beim Eintritt in eine Fehlerroutine, die mit call on... gesetzt wurde, hat der Status immer den Wert "DELAY". Wenn innerhalb einer Fehlerroutine die aktuell festgestellte Fehlerbedingung erneut gesetzt oder zurückgesetzt wird, erhält der Status den Wert "ON" bzw. "OFF".

Zweck. Wenn REXX während der Ausführung eines Programms eine Fehlerbedingung feststellt und wenn diese mit signal on... oder call on... gesetzt wurde, werden die condition-Daten der automatisch aufgerufenen Fehlerroutine zur Verfügung gestellt.

- Wenn die Fehlerroutine mehrere oder alle Fehlerbedingungen zentral abhandelt, um eine gewisse Einheitlichkeit der Fehlerbehandlung zu gewährleisten, kann mit condition("c") abgefragt werden, um welche Fehlerbedingung es sich handelt, so daß die erforderliche Sonderbehandlung der jeweiligen Fehlerbedingung erfolgen kann.
- condition("d") liefert nähere Angaben zu einer Fehlerbedingung, so daß die Fehlermeldung entsprechend aussagefähig gestaltet werden kann.
- Wenn die Fehlerroutine mehrere oder alle Fehlerbedingungen zentral abhandelt, kann mit condition("i") abgefragt werden, ob die Fehlerroutine mit call oder mit signal aufgerufen wurde. Bei einem call-Aufruf kann dann mit return das Programm wieder an der Unterbrechungsstelle fortgesetzt oder mit exit beendet werden, bei einem Aufruf durch signal wird man das Programm meist mit exit beenden.
- Mit condition("s") kann der aktuelle Status der aktuellen Fehlerbedingung abgefragt und ggf. entsprechend reagiert werden.

Geltungsbereich. Die Angaben zur aktuell festgestellten Fehlerbedingung haben einen lokalen Geltungsbereich. Allerdings stehen in internen Unterprogrammen solange die Angaben des Aufrufers zur Verfügung, bis sie durch die erneute Feststellung der gleichen Fehlerbedingung geändert werden. Nach der Rückkehr aus einem internen Unterprogramm stehen wieder die ursprünglichen Angaben zur Verfügung. Diese Regel gilt auch für Unterprogramme, die selbst wieder durch die Feststellung einer Fehlerbedingung aufgerufen werden.

Externe Unterprogramme setzen ihre eigenen Fehlerbedingungen und haben keinen Zugriff auf die condition-Daten des Aufrufers.

option — Nur das erste Zeichen wird ausgewertet, Groß- und Kleinbuchstaben sind gleichwertig.
Mögliche Optionen: *siehe oben.*
Standard: "instruction".

Beispiele

REXX-Anweisungen	Erläuterung

signal on novalue
i = 3
vorname = name.i
exit
 	
novalue:
  say "Die Variable condition("d")
  ..." ist nichtdefiniert."
  exit
	Mit signal on novalue wird die Novalue-Bedingung gesetzt. Da die Variable name.i in der Zuweisung vorname = name.i nicht definiert ist, wird die Novalue-Bedingung festgestellt und die Steuerung an die Novalue-Fehlerroutine übergeben. Mit say wird eine Fehlermeldung ausgegeben, die mit condition("d") den Namen der undefinierten Variablen enthält. Der Variablenname wird allerdings in der abgeleiteten Form zurückgegeben, d. h. der Stammindex i wird durch den Wert 3 ersetzt und der Name wird in Großbuchstaben umgewandelt: NAME.3.

signal on novalue name trap
signal on syntax name trap
exit
 	
trap:
  trap = condition("c")
  say "Fehler in Zeile "sigl"."
  if trap = "NOVALUE" then
    say "Die Variable "condition("d")
    ..." ist nichtdefiniert."
  else
    say "Syntaxfehler "rc": "
    ...errortext(rc)
  exit
	Mit signal on... werden die Novalue- und die Syntax-Fehlerbedingung gesetzt, wobei als Name der Fehlerroutine in beiden Fällen trap angegeben wird. Dies tun wir, weil bei beiden Fehlerbedingungen zuerst eine gemeinsame Verarbeitung und dann erst die spezielle Behandlung der festgestellten Fehlerbedingung erfolgen soll.
	Daher wird in der Fehlerroutine trap zuerst einmal festgestellt, welche Fehlerbedingung vorliegt. Mit condition("c") wird der Name der festgestellten Fehlerbedingung in der Variablen trap gespeichert. Zuerst geben wir, egal welche Fehlerbedingung vorliegt, eine Meldung auf dem Bildschirm aus, die mit der speziellen Variablen sigl auf die Nummer der fehlerhaften Zeile hinweist.
	Dann geben wir je nach Fehlerbedingung eine Meldung aus, welche Variable undefiniert ist (NOVALUE) bzw. die Nummer rc des Syntaxfehlers und den zugehörigen Fehlertext errortext(rc) (SYNTAX).

copies

```
»—COPIES(zeichenfolge, anzahl)—«
```

Die eingebaute SAA-Funktion copies (Kopien) liefert eine Zeichenfolge von n (n = anzahl) miteinander verketteten Kopien der Zeichenfolge zeichenfolge. anzahl muß eine positive Ganzzahl sein.

Die Wirkung der copies-Funktion kann, allerdings umständlicher, auch anders erzielt werden:

- ```
  strich = "------------------------------------------------------------"
  say left(strich, 50)
  ```
- ```
  zeile = ""
  do i = 1 to 50
    zeile = zeile || "-"
  end i
  say zeile
  ```

Die copies-Funktion löst das Problem aber einfacher und eleganter:

- `say copies("-", 50)`

anzahl	Positive Ganzzahl. Anzahl der Kopien von zeichenfolge, die miteinander verkettet werden sollen.
zeichenfolge	Beliebige Zeichenfolge.

Beispiele

REXX-Anweisungen	Erläuterung
text1 = copies("-", 60)	ein Zeichen n-mal kopieren: Das Zeichen "-" wird 60 mal hintereinander gekettet, so daß sich ein Strich ergibt: "--"
text1 = copies("-.", 30)	eine Zeichenfolge n-mal kopieren: Die Zeichen "-." werden 30 mal hintereinander gekettet, so daß sich eine Strichpunktlinie ergibt: "-."

Anwendung

1	Suchwörter in einem Text markieren
2	Namen der nächsten freien Generation einer Datei ermitteln
3	Spaltenweise Strukturierung von Zeichenfolgen

1. Suchwörter in einem Text markieren

Aufgabe: In einem Text, der zeilenweise in einem Variablenstamm vorliegt, sollen alle Vorkommen eines Suchbegriffs markiert werden. Die Markierung soll so erfolgen, daß zu einer Fundzeile eine Markierungszeile erstellt wird, die den Suchbegriff unterstreicht. Um das Beispiel nicht zu überfrachten, gehen wir davon aus, daß der Suchbegriff in einer Zeile höchstens einmal vorkommt.

```
z.0 = 2
z.1 = "The specification for the REXX language can be found in:"
z.2 = "The REXX Language: A Practical Approach to Programming"
nadel = "REXX"
markierung. = ""
do index = 1 to z.0
```

```
    pos = pos(nadel, z.index)
    if pos > 0
      then markierung.index = copies(" ", pos - 1) || copies("-", length(nadel))
  end index
  do index = 1 to z.0
    say z.index
    if markierung.index <> "" then say markierung.index
  end index
```

Der zu markierende Text besteht aus zwei Zeilen, die den Stammvariablen z.1 und z.2 direkt zugewiesen werden, z.0 wird die Anzahl der Zeilen zugeordnet. Der Suchbegriff, der markiert werden soll, wird mit nadel = "REXX" definiert. Der Stamm markierung wird durch markierung. = "" mit der Nullzeichenfolge vorbesetzt. In der ersten do-Schleife wird je Zeile mit der pos-Funktion geprüft, ob die Zeile den Suchbegriff enthält. Dies ist dann der Fall, wenn pos > 0 ist. Dann wird eine Markierungszeile erstellt. Diese wird aus pos - 1 Leerstellen gebildet (copies(" ", pos - 1)) und aus einer Folge von Strichen, die so lang wie der Suchbegriff ist: copies("-", length(nadel)).

In der zweiten do-Schleife werden die Zeilen des Textes ausgegeben. Wenn die zugehörige Markierungszeile markierung.index nicht leer ist, wird auch sie ausgegeben. Im Beispiel ergibt sich folgende Anzeige:

```
The specification for the REXX language can be found in:
                          ----
The REXX Language: A Practical Approach to Programming
    ----
```

2. **Namen der nächsten freien Generation einer Datei ermitteln**

Aufgabe: Eine Logdatei wird unter OS/2 unter einem Namen abgelegt, der sich aus einer alphanumerischen Kennung, z. B. appc, und einer Generationsnummer zusammensetzt, z. B. 001, 002, 003 usw. Die ausgeschriebenen Dateinamen lauten in unserem Beispiel: appc001, appc002, appc003 usw.

Wenn eine neue Logdatei erstellt werden soll, muß zuerst die bisher höchste vergebene Generationsnummer festgestellt werden. Hat diese das Maximum erreicht, im Beispiel also 999, soll die Nummer wieder bei der ersten, also 001, beginnen.

```
neuname = nextgen("c:\cmlib\appc", "log", 3)
  exit

nextgen: procedure
  parse arg path, typ, genstellen
  rc = sysfiletree(path || copies("?", genstellen) || "."typ, "file", "fo")
  maxcount = 0
  do i = 1 to file.0
    count = substr(file.i, length(path) + 1, genstellen)
    maxcount = max(maxcount, count)
  end i
  if maxcount = copies(9, genstellen) then maxcount = 0
  maxcount = maxcount + 1
  return path || right(maxcount, 3, "0")"."typ
```

➔ neuname: " c:\cmlib\appc097.log"

Der Name der nächsten Dateigeneration wird in der ersten Anweisung mit der internen Funktion nextgen ermittelt und der Variablen neuname zugewiesen. Die Funktion nextgen beginnt mit einer procedure-Anweisung, die bewirkt, daß alle Variablen innerhalb der Funktion lokal sind, d. h. nicht den Variablen des Hauptprogramms ins Gehege kommen können. Mit parse arg werden die übergebenen Parameter übernommen.

Der sysfiletree-Aufruf bewirkt folgendes: Es wird nach allen Dateien gesucht, die einen Dateinamen à la path || copies("?", genstellen) || "."typ haben. In unserem Beispiel wird also nach allen Dateien gesucht, die der Schablone c:\cmlib\appc???.log genügen. Fragezeichen (?) werden als Platzhalterzeichen gewertet und stehen für ein beliebiges Zeichen. Da genstellen, die Anzahl der Stellen, aus der die Generationsnummer besteht, gleich 3 ist, wird der rudimentäre Dateiname um drei Fragezeichen für die Generationsnummer ergänzt.

Der zweite Parameter "file" gibt an, in welchen Variablenstamm die gefundenen Dateinamen abgelegt werden sollen. file.0 wird die Anzahl der gefundenen Dateinamen zugewiesen, die Stammvariablen file.1, file.2 usw. enthalten die vollständigen Dateinamen, d. h. einschließlich Pfad.

Vor dem Beginn der do-Schleife wird maxcount, die bisher höchste gefundene Generationsnummer mit 0 initialisiert. In der do-Schleife wird bei jedem der file.0 Durchgänge dem aktuellen Dateinamen die Generationsnummer mit Hilfe der substr-Funktion entnommen. Die max-Funktion weist den größeren der beiden Werte maxcount (bisher höchste Generationsnummer) und count (Generationsnummer der aktuellen Datei) wiederum maxcount zu, so daß maxcount nach jedem Schleifendurchgang die bisher höchste gefundene Generationsnummer enthält. Nach Abarbeitung der Schleife wird noch geprüft, ob maxcount gleich der höchsten Zahl ist, die innerhalb der Stellenzahl darstellbar ist, die durch genstellen festgelegt wurde. Die höchstmögliche Generationsnummer bilden wir mit copies(9, genstellen), wodurch die Ziffer 9 so oft miteinander verkettet wird, wie genstellen angibt. In unserem Beispiel ergibt sich also die Zahl 999. Wurde die höchstmögliche Generationsnummer erreicht, so wird sie auf 0 gesetzt. Die Funktion liefert mit return path || right(maxcount, 3, "0")"."typ den nächsten freien Dateinamen an den Aufrufer zurück. Die right-Funktion bewirkt, daß die Generationsnummer dreistellig und ggf. mit führenden Nullen bereitgestellt wird.

Hinweis: Unter TSO können Sie den absoluten GDG-Namen der nächsten GDG-Generation feststellen, indem Sie die TSO-Ausgabe mit der TSO/E-Funktion in einen Variablenstamm umlenken, die bisherigen Generationen mit dem TSO-Befehl "listcat entries('*gdgname*') name" ermitteln und im übrigen ähnlich verfahren wie im obigen Beispiel.

3. Spaltenweise Strukturierung von Zeichenfolgen

Textzeilen, die zur Ausgabe bestimmt sind, oder Sätze, die in Dateien gespeichert werden sollen, sind bisweilen spaltenweise organisiert, d. h. an bestimmten Positionen beginnen bestimmte Felder von definierter Länge.

Um ein Feld auf eine bestimmte Länge zu normieren, kann man die Funktionen left, right und center/centre verwenden. Sie gestatten es, ein Füllzeichen anzugeben, das bei der Funktion left rechts, bei der Funktion right links und bei center/centre an beiden Seiten ergänzt wird, wenn die zu manipulierende Zeichenfolge kleiner als die angegebene Länge ist.

Außerdem müssen aber auch manchmal Leerfelder definiert werden, die vor und/oder nach solchen Feldern liegen sollen. Dazu kann man die copies-Funktion verwenden. Im folgenden Beispiel werden alle Zeilen, die am Bildschirm ausgegeben werden, mit einem linken Rand versehen:

```
zeile_ausgeben: procedure
  parse arg zeile, lirand
  say copies(" ", lirand) || zeile
  return
```

Das interne Unterprogramm setzt vor jede Zeile soviele Leerstellen, wie durch lirand angegeben wird. In dem folgenden Beispiel werden zwei zusammengehörige Texte aufgebaut, die durch 15 Leerstellen voneinander getrennt werden sollen:

```
blksize = 8000
lrecl = 80
abstand = 15
satz = "Blocklänge: "right(blksize, 5) ||,
  copies(" ", abstand)"Satzlänge: "right(lrecl, 5)
```

Die Variablen blksize und lrecl werden jeweils rechtsbündig auf 5 Stellen normiert. Die beiden Zeichenfolgen "Blocklänge:□□8000" und "Satzlänge:□□□□80" werden mit copies(" ", abstand) durch 15 Leerstellen voneinander getrennt:

```
Blocklänge:□□8000□□□□□□□□□□□□□□□Satzlänge:□□□□80
```

d2c

Siehe auch: Konvertierfunktionen; Zweierkomplement.

Die eingebaute SAA-Funktion d2c (decimal t[w]o character = dezimales Format in eine Zeichenfolge umwandeln) wandelt die Ganzzahl ganzzahl in eine Binärzahl um, die als Zeichenfolge dargestellt wird, und liefert diese als Funktionsergebnis zurück.

länge bezeichnet die Länge der Ausgabezeichenfolge in Bytes:

- Wenn länge fehlt, darf ganzzahl nicht negativ sein. Die Länge der Ausgabezeichenfolge wird der Größe von ganzzahl angepaßt. Sie enthält keine führenden Nullbytes ("00"x).
- Wenn länge ungleich Null ist, wird eine Ausgabezeichenfolge mit länge Bytes zurückgeliefert. Je nach dem Wert von länge wird in der Ausgabezeichenfolge ggf. das Vorzeichenbit expandiert oder die Ausgabezeichenfolge wird links abgeschnitten.

  Wenn ganzzahl positiv ist, wird sie in eine Binärzahl umgewandelt, deren linkestes Bit 0 ist, andernfalls in eine Binärzahl im Zweierkomplement, deren linkestes Bit 1 ist.
- Wenn länge 0 ist, wird die Nullzeichenfolge zurückgegeben.

ganzzahl	Wenn länge fehlt: Nichtnegative Ganzzahl. Wenn länge angegeben ist: Beliebige Ganzzahl.

länge — Nichtnegative Ganzzahl. Anzahl der Bytes in der Ausgabezeichenfolge. In der Ausgabezeichenfolge wird ggf. das linkeste Bit, das Vorzeichenbit, expandiert, oder die Ausgabezeichenfolge wird links abgeschnitten.
Standard: Die Länge der Ausgabezeichenfolge wird der Größe von ganzzahl angepaßt.

Implementierungslimit: Die Ausgabezeichenfolge darf aus höchstens 250 signifikanten Bytes bestehen. Eventuell erforderliche führende Vorzeichenbytes ("00"x und "ff"x) bleiben dabei unberücksichtigt. Bei Überschreitung des Implementierungslimits wird Fehler 40 gemeldet.

Beispiele

REXX-Anweisungen	Erläuterung
zahl1 = d2c(0) zahl2 = d2c(65) zahl3 = d2c(128) zahl4 = d2c(32767) zahl5 = d2c(-128)	Länge fehlt: zahl1: "00"x = "0000 0000"b zahl2: "41"x = "0100 0001"b = "A" [ASCII] zahl3: "80"x = "1000 0000"b zahl4: "7f ff"x = "0111 1111 1111 1111"b zahl5: Fehler 40, da negative Argumente nicht erlaubt sind, wenn länge fehlt.
zahl1 = d2c(65, 1) zahl2 = d2c(128, 1) zahl3 = d2c(-128, 1)	Länge passend: zahl1: "41"x = "0100 0001"b = "A" [ASCII] zahl2, zahl3: "80"x = "1000 0000"b
zahl1 = d2c(65, 2) zahl2 = d2c(128, 2) zahl3 = d2c(-128, 2)	Länge größer als nötig: zahl1: "00 41"x = "0000 0000 0100 0001"b = "00"x || "A" [ASCII] zahl2: "00 80"x = "0000 0000 1000 0000"b zahl3: "ff 80"x = "1111 1111 1000 0000"b
zahl = d2c(32767, 1)	Länge kleiner als nötig: zahl: "ff"x = "1111 1111"b
zahl = d2c(128, 0)	Länge = 0: zahl: ""
numeric digits 650 z = 2 ** 2000 - 1 zahl1 = d2c(z) zahl2 = d2c(z + 1) zahl3 = d2x(128, 251)	Ausgabelänge > Implementierungslimit: Die maximale Anzahl Ziffernstellen wird mit numeric digits auf 650 gesetzt, da eine Binärzahl von 250 Bytes einer Ganzzahl mit mehr als 600 Stellen entspricht. z wird mit 2 ** 2000 - 1 die größte Ganzzahl zugewiesen, die nach der Umwandlung in eine Binärzahl in eine 250 Bytes lange Zeichenfolge paßt. zahl1: Die Eingabezeichenfolge ist zulässig. zahl2: Führt zu Fehler 40, da die Ausgabezeichenfolge 251 Bytes lang ist und damit das Implementierungslimit überschreitet. zahl3: Führt zu Fehler 40, da die Länge von 251 Bytes das Implementierungslimit überschreitet.

Häufige Fehler

Keine Ganzzahl. Nur Ganzzahlen können in Binärzahlen umgewandelt werden. Der folgende Aufruf führt daher zu REXX-Fehler 40:

```
d2c(4711.33)
```

Nachkommastellen, die den Wert 0 haben, sind hingegen erlaubt:

```
d2c(4711.00)
```

d2p

```
►►— D2P(dezimalzahl)—►◄
```

Siehe auch: Konvertierfunktionen.

Die externe Funktion d2p (decimal t[w]o packed decimal = dezimales in gepacktes dezimales Format umwandeln) wandelt die Ganzzahl dezimalzahl in eine gepackte Dezimalzahl um und liefert diese als Funktionsergebnis zurück. Die Ausgabezeichenfolge besteht aus n % 2 + 1 Bytes (n = Anzahl Stellen von dezimalzahl, % = ganzzahlige Division). Bei negativen Dezimalzahlen wird als Vorzeichenhalbbyte immer "D" generiert.

Eine gepackte Dezimalzahl, wie sie z. B. von Cobol- oder PL/I-Programm generiert wird, besteht aus den Hexadezimalziffern 0-9, die binär in je einem Halbbyte dargestellt werden. Die Zahl wird abgeschlossen durch eine Hexadezimalziffer, die das Vorzeichen der Zahl darstellt. "c"x bedeutet Plus, für Minus sind die beiden Werte "b"x und "d"x zulässig.

dezimalzahl   Beliebige Dezimalzahl.

Beispiele

REXX-Anweisungen	Erläuterung
zahl1 = d2p(0) zahl2 = d2p(65) zahl3 = d2p(-1.28)	zahl1: "0c"x zahl2: "06 5C"x zahl3: "12 8D"x

d2x

```
►►—D2X(ganzzahl—┬──────────┬—)—►◄
                └─, länge──┘
```

Siehe auch: Konvertierfunktionen; Zweierkomplement.

Die eingebaute SAA-Funktion d2x (decimal t[w]o hexadecimal = dezimales in hexadezimales Format umwandeln) wandelt die Ganzzahl ganzzahl in eine Hexfolge um und liefert diese als Funktionsergebnis zurück.

Die Ausgabezeichenfolge wird *ohne* die Kennung X/x zurückgeliefert und enthält keine Leerstellen. Die Hexadezimalziffern A-F werden immer in Großbuchstaben ausgegeben.

länge bezeichnet die Länge der Ausgabezeichenfolge in Bytes:

- Wenn länge fehlt, darf ganzzahl nicht negativ sein. Die Länge der Ausgabezeichenfolge wird der Größe von ganzzahl angepaßt. Sie enthält keine führenden Nullen.
- Wenn länge ungleich Null ist, wird eine Ausgabezeichenfolge mit länge Hexadezimalziffern zurückgeliefert. Je nach dem Wert von länge wird in der Ausgabezeichenfolge ggf. das Vorzeichenbit expandiert oder die Ausgabezeichenfolge wird links abgeschnitten.
  Wenn ganzzahl positiv ist, wird sie in eine als Hexfolge dargestellte Binärzahl umgewandelt, deren linkestes Bit 0 ist, andernfalls in eine Binärzahl im Zweierkomplement, deren linkestes Bit 1 ist.
- Wenn länge 0 ist, wird die Nullzeichenfolge zurückgegeben.

ganzzahl — Wenn länge fehlt: Nichtnegative Ganzzahl.
Wenn länge angegeben ist: Beliebige Ganzzahl.

länge — Nichtnegative Ganzzahl. Anzahl der Hexadezimalziffern in der Ausgabezeichenfolge. In der Ausgabezeichenfolge wird ggf. das linkeste Bit, das Vorzeichenbit, expandiert, oder die Ausgabezeichenfolge wird links abgeschnitten.
Standard: Die Länge der Ausgabezeichenfolge wird der Größe von ganzzahl angepaßt.

Implementierungslimit: Die Ausgabezeichenfolge darf aus höchstens 500 signifikanten Hexadezimalziffern bestehen. Eventuell erforderliche führende Vorzeichenziffern ("0"x und "f"x) bleiben dabei unberücksichtigt. Bei Überschreitung des Implementierungslimits wird Fehler 40 gemeldet.

Beispiele

REXX-Anweisungen	Erläuterung
zahl1 = d2x(0) zahl2 = d2x(65) zahl3 = d2x(128) zahl4 = d2x(32767) zahl5 = d2x(-128)	Länge fehlt: zahl1: "0" zahl2: "41" zahl3: "80" zahl4: "7FFF" zahl5: Fehler 40, da negative Argumente nicht erlaubt sind, wenn länge fehlt.
zahl1 = d2x(65, 2) zahl2 = d2x(128, 2) zahl3 = d2x(-128, 2)	Länge passend: zahl1: "41" zahl2, zahl3: "80"
zahl1 = d2x(65, 3) zahl2 = d2x(128, 3) zahl3 = d2x(-128, 3)	Länge größer als nötig: zahl1: "041" zahl2: "080" zahl3: "F80"
zahl = d2x(32767, 3)	Länge kleiner als nötig: zahl: "FFF"
zahl = d2x(128, 0)	Länge = 0: zahl: ""

REXX-Anweisungen	Erläuterung
numeric digits 650 z = 2 ** 2000 - 1 zahl1 = d2x(z) zahl2 = d2x(z + 1) zahl3 = d2x(128, 501)	Ausgabelänge > Implementierungslimit: Die maximale Anzahl Ziffernstellen wird mit numeric digits auf 650 gesetzt, da eine Hexadezimalzahl von 500 Stellen einer Ganzzahl mit mehr als 600 Stellen entspricht. z wird mit 2 ** 2000 - 1 die größte Ganzzahl zugewiesen, die nach der Umwandlung in eine Hexadezimalzahl in eine 500stellige Hexfolge paßt. zahl1: Die Eingabezeichenfolge ist zulässig. zahl2: Führt zu Fehler 40, da die Ausgabezeichenfolge 501 Hexadezimalziffern umfaßt und damit das Implementierungslimit überschreitet. zahl3: Führt zu Fehler 40, da die Länge von 501 Hexadezimalziffern das Implementierungslimit überschreitet.

Häufige Fehler

Keine Ganzzahl. Nur Ganzzahlen können in gepackte Dezimalzahlen umgewandelt werden. Der folgende Aufruf führt daher zu REXX-Fehler 40:

```
d2x(4711.33)
```

Nachkommastellen, die den Wert 0 haben, sind hingegen erlaubt:

```
d2x(4711.00)
```

Anwendung

Siehe: storage, Anwendung.

datatype

```
>>-- DATATYPE(zeichenfolge --+------------+-- ) -->|
                             |            |
                             +-- , option-+
```

Wenn option fehlt, liefert die eingebaute SAA-Funktion datatype (Datentyp) die Zeichenfolge "NUM" (number = Zahl) zurück, wenn zeichenfolge eine gültige Zahl (im Sinne von REXX) in einem beliebigen Format ist, andernfalls die Zeichenfolge "CHAR" (characters = Zeichen). Eine Zahl ist eine gültige REXX-Zahl, wenn 0 dazu addiert werden kann, ohne daß REXX einen Fehler meldet.

Wenn datatype mit der Option "number" aufgerufen wird, erfolgt die gleiche Typprüfung. Wenn zeichenfolge eine Zahl ist, wird in diesem Fall der logische Wert 1 (wahr) zurückgegeben, andernfalls 0 (falsch).

Die folgende Tabelle gibt eine kurze Übersicht über die sachlich zusammengehörenden Datentypen.

Gruppe	Option	Beispiele
Alphanumerische Zeichenfolgen	alphanumeric lowercase mixed case uppercase	"ABCxyz123", "ABC", "xyz", 123 "xyz" "ABCxyz", "ABC", "xyz" "ABC"

Gruppe	Option	Beispiele
Numerische Zeichenfolgen	number whole number	25, 123.12, -17.4, 1.34e-1 0, -12, 233, 1.2e+3
Binär- und Hexfolgen	binary hexadecimal	"11100110" "13□4f□a5"
REXX-Symbole	symbol	ABCxyz123, ABC, xyz ?abc, abc_xyz, liste.1, abc! 25, 123.12, -17.4, 1.34e-1
gemischte SBCS/DBCS- und reine DBCS-Zeichenfolgen	c dbcs	(1)

(1) Wir verzichten auf Beispiele, da DBCS-Zeichenfolgen nur in fernöstlichen Ländern von Bedeutung sind.

Codetabellenunabhängigkeit: Die Datentypprüfung erfolgt unabhängig von der verwendeten Codetabelle, d. h. es spielt keine Rolle, ob zeichenfolge im ASCII- oder im EBCDIC-Code vorliegt.

Option. option ist ein beliebiger Ausdruck, der einen der nachstehenden Datentypen ergeben muß. Von option wird nur das erste Zeichen ausgewertet, Groß- und Kleinbuchstaben sind gleichwertig. Wenn option angegeben wird, wird der logische Wert 1 (wahr) zurückgeliefert, falls zeichenfolge mit diesem Datentyp übereinstimmt, andernfalls 0 (falsch). Wenn zeichenfolge die Nullzeichenfolge ist, wird bei allen Optionen außer "hexadecimal" 0 zurückgeliefert, bei "hexadecimal" wird 1 zurückgeliefert.

- A (alphanumeric = alphanumerisch)
  Liefert 1 zurück, wenn zeichenfolge nur aus den Kleinbuchstaben a-z, den Großbuchstaben A-Z und/oder den Ziffern 0-9 besteht. Die deutschen Umlaute ÄÖÜ und äöü sowie das ß werden nicht berücksichtigt.
- B (binary oder bit = binär oder Bits)
  Liefert 1 zurück, wenn zeichenfolge nur aus den Zeichen 0 und/oder 1 besteht. Obwohl in Binärfolgen Leerstellen zur Trennung von Vierergruppen zulässig sind, werden trennende Leerstellen bei dieser Typprüfung nicht anerkannt.
- C
  Liefert 1 zurück, wenn zeichenfolge eine gemischte SBCS/DBCS-Zeichenfolge ist.
- D (DBCS)
  Liefert 1 zurück, wenn zeichenfolge eine reine DBCS-Zeichenfolge ist.
- L (lowercase = Kleinbuchstaben)
  Liefert 1 zurück, wenn zeichenfolge nur aus den Kleinbuchstaben a-z besteht. Die deutschen Umlaute äöü sowie das ß werden nicht berücksichtigt.
- M (mixed case = Groß-/Kleinbuchstaben)
  Liefert 1 zurück, wenn zeichenfolge nur aus den Kleinbuchstaben a-z und/oder den Großbuchstaben A-Z besteht. Die deutschen Umlaute ÄÖÜ und äöü sowie das ß werden nicht berücksichtigt.
- N (number = Zahl)
  Liefert 1 zurück, wenn zeichenfolge eine gültige Zahl (im Sinne von REXX) in einem beliebigen Format ist. Eine Zahl ist eine gültige REXX-

Zahl, wenn 0 dazu addiert werden kann, ohne daß REXX einen Fehler meldet.
Wenn option im Aufruf von datatype fehlt, erfolgt die gleiche Typprüfung. Wenn zeichenfolge eine Zahl ist, wird in diesem Fall die Zeichenfolge "NUM" (number = Zahl) zurückgegeben, andernfalls "CHAR".

- S (symbol)
  Liefert 1 zurück, wenn zeichenfolge ein gültiges Symbol (im Sinne von REXX) ist.
  Hinweis: Mit der SAA-Funktion symbol können Sie ebenfalls prüfen, ob ein Symbol gültig ist. Darüberhinaus können Sie mit symbol feststellen, ob ein Symbol, das einen Variablennamen darstellt, definiert ist.
- U (uppercase = Großbuchstaben)
  Liefert 1 zurück, wenn zeichenfolge nur aus den Großbuchstaben A-Z besteht. Die deutschen Umlaute ÄÖÜ werden nicht berücksichtigt.
- W (whole number = Ganzzahl)
  Liefert 1 zurück, wenn zeichenfolge eine gültige Ganzzahl (im Sinne von REXX) ist, und zwar unter Berücksichtigung der aktuellen maximalen Anzahl Ziffernstellen, die mit numeric digits festgelegt wird.
- X (hexadecimal = hexadezimal)
  Liefert 1 zurück, wenn zeichenfolge nur aus den Hexadezimalziffern a-f, A-F und/oder 0-9 besteht. Leerstellen zur Trennung von Ziffernpaaren werden anerkannt. Wenn zeichenfolge die Nullzeichenfolge ist, wird ebenfalls 1 zurückgeliefert.

option — Nur das erste Zeichen wird ausgewertet, Groß- und Kleinbuchstaben sind gleichwertig.
Mögliche Datentypen: *siehe oben.*
Standard: datatype liefert "NUM" zurück, wenn zeichenfolge eine gültige REXX-Zahl ist, andernfalls "CHAR".

zeichenfolge — Beliebige Zeichenfolge, die geprüft werden soll.

Beispiele

Typ	Ergebnis	REXX-Anweisungen
alphanumeric	1	datatype("ABCxyz123", "a")
	1	datatype("ABC", "a")
	1	datatype("xyz", "a")
	1	datatype("123", "a")
	0	datatype("ABC xyz+123", "a")
	0	datatype (" ", "a")
lowercase	1	datatype("xyz", "l")
	0	datatype("x y z", "l")
mixed case	1	datatype("ABCxyz", "m")
	1	datatype("ABC", "m")
	1	datatype("xyz", "m")
uppercase	1	datatype("ABC", "u")

Typ	Ergebnis	REXX-Anweisungen
number	1	datatype(25, "n")
	1	datatype(123.12, "n")
	1	datatype(-17.4, "n")
	1	datatype(1.34e-1, "n")
	0	datatype("abc", "n")
whole number	1	datatype(0, "w")
	1	datatype(-12.0, "w")
	1	datatype(233, "w")
	1	datatype(1.2e+3, "w")
	0	datatype(233.12, "w")
binary	1	datatype("11110000", "b")
	0	datatype("1111 0000", "b")
hexadecimal	1	datatype("13 4f a5", "x")
	1	datatype("34fa5", "x")
	1	datatype("_", "x")
	0	datatype("x34fa5", "x")
symbol	1	datatype("ABCxyz123", "s")
	1	datatype("ABC", "s")
	1	datatype("xyz", "s")
	1	datatype("?abc", "s")
	1	datatype("abc_xyz", "s")
	1	datatype("liste.1", "s")
	1	datatype("abc!", "s")
	1	datatype(25, "s")
	1	datatype(123.12, "s")
	1	datatype(1.34e-1, "s")
	0	datatype(-17.4, "s")

Anwendung

Datentypprüfung einschl. Umlaute und numerischer Prüfung

Aufgabe: Leider berücksichtigt die datatype-Funktion nur das angelsächsische Alphabet. Es soll daher eine externe Funktion erstellt werden, die das Funktionsergebnis der datatype-Funktion wenn nötig an deutsche Verhältnisse anpaßt. Außerdem soll diese Funktion den Typ "o" (digits only = nur Ziffern) prüfen.

```
dtype:
  parse arg str, type
  type = translate(left(type, 1))
  if str == "_" & pos(type, "ALMOU") > 0 then return 0
  lc = "abcdefghijklmnopqrstuvwxyzäöüß"
  uc = "ABCDEFGHIJKLMNOPQRSTUVWXYZÄÖÜ"
  numbers = "0123456789"
  select
    when type = "A" then return verify(str, lc || uc || numbers) = 0
    when type = "L" then return verify(str, lc) = 0
    when type = "M" then return verify(str, lc || uc) = 0
    when type = "O" then return datatype("+"str".", "w")
    when type = "U" then return verify(str, uc) = 0
    otherwise return datatype(str, type)
  end
```

Wir geben der externen Funktion den Namen dtype (deutsche" datatype-Funktion), da der Name einer eingebauten Funktion nicht noch einmal an eine externe Funktion vergeben werden kann (wohl aber an eine interne). Mit parse arg werden die zu prüfende Zeichenfolge str und der Prüftyp type eingelesen. type wird mit left auf das erste Zeichen reduziert und dieses mit translate in einen Großbuchstaben umgewandelt. Wenn str exakt mit der Nullzeichenfolge übereinstimmt (==) und wenn type einer der Datentypen ist, die wir gesondert behandeln wollen, wird 0 an den Aufrufer zurückgegeben. Andernfalls definieren wir mit lc die Kleinbuchstaben einschließlich der Umlaute äöü und des ß, mit uc die Großbuchstaben einschließlich der Umlaute ÄÖÜ und mit numbers die Ziffern 0-9.

In der folgenden select-Auswahl werden die in Frage kommenden Datentypen mit when-Klauseln "abgefangen", alle anderen liefern in der otherwise-Klausel das originale Funktionsergebnis datatype(str, type) zurück. Wir beschreiben hier die erste when-Klausel stellvertretend für alle. Wenn type gleich "a" (alphanumeric) ist, geben wir mit return das Ergebnis der Vergleichsbedingung verify(str, lc || uc || numbers) = 0 an den Aufrufer zurück. verify liefert 0, wenn alle Zeichen in str in der verketteten Zeichenfolge lc || uc || numbers enthalten sind. In diesem Fall trifft die Vergleichsbedingung zu, liefert also den logischen Wert 1 (wahr), andernfalls 0 (falsch).

date

```
>>-DATE(-+--------+-)-><
         |        |
         +-option-+
```

Die eingebaute SAA-Funktion date (Datum) liefert je nach option Angaben zum aktuellen Datum (Ortszeit).

Die folgende Tabelle gibt eine kurze Übersicht über die sachlich zusammengehörenden Optionen.

Gruppe	Option	Format	Beispiel
Datum aus Tag, Monat und Jahr	european usa ordered standard	tt/mm/jj mm/tt/jj jj/mm/tt jjjjmmtt	13/02/95 02/13/95 95/02/13 19950213
zum Sortieren geeignetes Datum	ordered standard	jj/mm/tt jjjjmmtt	95/02/13 19950213
Datum aus Tag, Monatsname und Jahr	normal language (1)	tt Mon jjjj tt Month jjjj	13 Feb 1995 13 February 1995
Anzahl Tage	base century (2) days julian (2)	tttttt ttttt ttt jjttt	728652 34987 312 95312
Monats- und Wochentagsname	month weekday	Month Weekday	February Monday

(1) unter TSO *nicht* verfügbar, (2) nur unter TSO verfügbar

Konsistenzregel: Wenn in einer Klausel eine der Funktionen date oder time zum ersten Mal aufgerufen wird, merkt sich REXX das ermittelte Datum und die Uhrzeit und verwendet diese in allen weiteren Aufrufen von date bzw. time in dieser Klausel. Bei date hat die Konsistenzregel allerdings eher nur theoretische Bedeutung, da sie sich nur dann auswirkt, wenn das Datum während der Abarbeitung einer Klausel umspringt.

Beispiel: Es wird die folgende Klausel abgearbeitet:

```
say date("european") date("weekday")
```

Wenn zu Beginn der Abarbeitung Montag ("Monday"), der 13.02.95, ist und das Datum nach Ausführung von date("european") umspringt auf Dienstag ("Tuesday"), den 14.03.95, wird *nicht* "13/02/95 Tuesday" ausgegeben, sondern "13.02.95 Monday".

Option. option ist ein beliebiger Ausdruck, der eine der nachstehenden Optionen ergeben muß. Von der Option wird nur das erste Zeichen ausgewertet, Groß- und Kleinbuchstaben sind gleichwertig.

- B (base = Tage ab dem Basisdatum): tttttt

  Es wird die Anzahl tttttt der vollständig abgelaufenen Tage ab dem Basisdatum, dem 1. Januar des Jahres 1, ohne führende Nullen zurückgeliefert, z. B. 728652. Diese Anzahl schließt den aktuellen, noch nicht abgelaufenen Tag *nicht* mit ein.

  Tip: Die Restdivision date("base") // 7 ergibt die Wochentagsnummer 0-6, der die Wochentagsnamen Montag bis Sonntag entsprechen.

  Hinweis: Bei der Berechnung von tttttt wird von der Fiktion ausgegangen, daß der Gregorianische Kalender seit dem 01.01.0001 gilt. Dies hat keine praktische Auswirkung, solange sichergestellt ist, daß das aktuelle Datum nicht vor 1583 liegt (1582 war die Gregorianische Kalenderreform) und keine Vergleiche oder arithmetischen Operationen mit anders berechneten Daten in diesem Format erfolgen.

- C (century = Tage im Jahrhundert): ttttt

  Es wird die Anzahl ttttt der Tage ab dem 1. Januar des ersten Jahres im aktuellen Jahrhundert ohne führende Nullen zurückgeliefert, z. B. 34987. Diese Anzahl schließt den aktuellen Tag mit ein. Im 20. Jahrhundert wird die Anzahl der Tage ab dem 1. Januar des Jahres 1900 zurückgeliefert.

  Achtung: Diese Option ist *nur* unter TSO verfügbar.

- D (days = Tage im Jahr): ttt

  Es wird die Anzahl ttt der Tage ab dem 1. Januar des aktuellen Jahres ohne führende Nullen zurückgeliefert, z. B. 312. Diese Anzahl schließt den aktuellen Tag mit ein.

- E (european = europäisch): tt/mm/jj

  Es wird das aktuelle Datum in der Form tt/mm/jj zurückgeliefert, z. B. 13/02/95. tt ist die zweistellige Nummer des Tages im Monat, mm die zweistellige Nummer des Monats und jj das zweistellige Jahr.

- J (julian = julianisch): jjttt

  Es wird das aktuelle Datum in der Form jjttt zurückgeliefert, z. B. 95312. Dabei bezeichnet ttt die dreistellige Anzahl der Tage ab dem 1. Januar des aktuellen Jahres und jj das zweistellige aktuelle Jahr. ttt schließt den aktuellen Tag mit ein.

  Achtung: Diese Option ist *nur* unter TSO verfügbar.

- L (language = sprachabhängig): tt Month jjjj
  Es wird das aktuelle Datum in einer Form zurückgeliefert, die von der im Betriebssystem installierten Landessprache und der REXX-Implementierung abhängt. Standardmäßig wird das aktuelle Datum in der Form tt Month jjjj zurückgeliefert, z. B. 13 February 1995. tt ist die ein- oder zweistellige Nummer des Tages im Monat, Month der englische Monatsname (mit großem Anfangsbuchstaben) und jjjj das vierstellige Jahr.
  Achtung: Diese Option ist unter TSO *nicht* verfügbar.
- M (month = Monat): Month
  Es wird der englische Monatsname des aktuellen Datums mit großem Anfangsbuchstaben zurückgeliefert, z. B. February.
- N (normal = normal): tt Mon jjjj - **Standard**
  Es wird das aktuelle Datum in der Form tt Mon jjjj zurückgeliefert, z. B. 13 Feb 95. tt ist die ein- oder zweistellige Nummer des Tages im Monat, Mon sind die ersten drei Buchstaben des englischen Monatsnamens (mit großem Anfangsbuchstaben) und jjjj ist das vierstelligeJahr.
- O (ordered = geordnet): jj/mm/tt
  Es wird das aktuelle Datum in der Form jj/mm/tt zurückgeliefert, z. B. 95/02/13. jj ist das zweistellige Jahr, mm die zweistellige Nummer des Monats und tt die zweistellige Nummer des Tages im Monat. Diese Form des Datums ist z. B. zum Sortieren geeignet.
- S (standard, auch sorted = Standard bzw. sortiert): jjjjmmtt
  Es wird das aktuelle Datum in der Form jjjjmmtt zurückgeliefert, z. B. 19950213. jjjj ist das vierstellige Jahr, mm die zweistellige Nummer des Monats und tt die zweistellige Nummer des Tages im Monat. Diese Form des Datums ist z. B. zum Sortieren geeignet.
- U (USA): mm/tt/jj
  Es wird das aktuelle Datum in der Form mm/tt/jj zurückgeliefert, z. B. 02/13/95. mm ist die zweistellige Nummer des Monats, tt die zweistellige Nummer des Tages im Monat und jj das zweistellige Jahr.
- W (weekday = Wochentag): Weekday
  Es wird der englische Wochentagsname des aktuellen Datums mit großem Anfangsbuchstaben zurückgeliefert, z. B. Monday.

option — Nur das erste Zeichen wird ausgewertet, Groß- und Kleinbuchstaben sind gleichwertig.
Mögliche Optionen: *siehe oben.*
Standard: "normal".

Beispiele

Siehe oben.

Anwendung

1	Zusatzfunktionen zum aktuellen Datum
2	Deutsche Datumsfunktion
3	Datumsprüfung

1. Zusatzfunktionen zum aktuellen Datum

Aufgabe: Es sollen einige häufig benötigte Zusatzfunktionen zum aktuellen Datum erstellt werden.

```
    datum = ttmmjjjj()
    parse var datum tag "." monat "." jahr
    exit

ttmmjjjj: return translate("78.56.1234", date("standard"), "12345678")
tttjjjj: return date("days")"."left(date("standard"), 4)
schaltjahr: jahr = left(date("standard"), 4)
    return ((jahr // 4 = 0) & (jahr // 100 <> 0)) | jahr // 400 = 0
quartal: return (substr(date("standard"), 5, 2) - 1) % 3 + 1
trimester: return (substr(date("standard"), 5, 2) - 1) % 4 + 1
halbjahr: return (substr(date("standard"), 5, 2) - 1) % 6 + 1
resttage: return 365 + schaltjahr() - date("days")
zinstage: tag = right(date("standard"), 2); if tag > 30 then tag = 30
    return (substr(date("standard"), 5, 2) - 1) * 30 + tag
restzinstage: return 360 - zinstage()
wochentagsnummer: return date("base") // 7 + 1
wochentagsname:
    return word("Montag Dienstag ... Samstag Sonntag", wochentagsnummer())
monatsname:
    return word("Januar Februar ... November Dezember", substr(date("standard"), 5, 2))
```

➔ ttmmjjjj: "31.12.1995", tttjjjj: "365.1995", schaltjahr: 0, quartal: 4, halbjahr: 2, resttage: 0, zinstage: 360, restzinstage: 0, wochentagsnummer: 7 wochentagsname: "Sonntag", monatsname: "Dezember"

ttmmjjjj: liefert das übliche deutsche Datum tt.mm.jjjj mit vierstelliger Jahreszahl. Das Standarddatum (hier: "19951231") wird durch translate umgeordnet und mit Trennpunkten versehen (*siehe* translate).

ttjjj: liefert das Industriedatum ttt.jjjj, wobei date("days") die Nummer des Tages im Jahr beisteuert und left(date("standard"), 4) die vierstellige Jahreszahl.

schaltjahr: liefert den logischen Wert 1 (wahr), wenn das aktuelle Jahr left(date("standard"), 4) ein Schaltjahr ist, andernfalls 0 (falsch). Das Jahr ist ein Schaltjahr,

- wenn die Restdivision jahr // 4 den Wert 0 ergibt und wenn die Restdivision jahr // 100 einen Wert ungleich 0 ergibt
- oder wenn die Restdivision jahr // 400 den Wert 0 ergibt.

Schaltjahre sind also alle Jahre, die durch 4 teilbar, aber keine vollen Jahrhunderte sind, es sei denn, sie sind durch 400 teilbar.

quartal, trimester, halbjahr: liefert die Nummer der Periode (Quartal, Trimester oder Halbjahr), in dem das aktuelle Datum liegt. Dazu wird vom aktuellen Monat substr(date("standard"), 5, 2) die Zahl 1 abgezogen, das Ergebnis durch die Anzahl der Monate, aus denen die Periode besteht (3, 4 bzw. 6) ganzzahlig dividiert (%) und auf das Ergebnis noch einmal 1 addiert.

resttage: liefert die Anzahl der noch verbleibenden Tage im Jahr. Dazu wird auf die Anzahl der Tage im Normaljahr 365 das Funktionsergebnis 0 oder 1 von schaltjahr() addiert und die Nummer des aktuellen Tages im Jahr date("days") subtrahiert.

zinstage: liefert die Anzahl der Zinstage bis zum aktuellen Datum. Mit right(date("standard"), 2) ermitteln wir die Nummer des Tages tag im Monat und mit substr(date("standard"), 5, 2) die Nummer des Monats. Wenn die Tagesnummer tag größer 30 ist, wird sie auf 30 gesetzt. Die Anzahl der Zinstage ergibt sich als Summe aus der um 1 verminderten, mit 30 multiplizierten Monatszahl und der Tagesnummer tag.

restzinstage: liefert die Anzahl der noch verbleibenden Zinstage im Jahr. Dazu subtrahieren wir die Anzahl der Zinstage zinstage() bis zum aktuellen Datum von 360.

wochentagsnummer: liefert die Nummer des Wochentags in der aktuellen Woche. Dazu wird das Basisdatum date("base") mit der Restdivision (//) durch 7 geteilt und 1 addiert. Der erste Tag der Woche (Montag) hat die Nummer 1, der letzte (Sonntag) die Nummer 7.

wochentagsname: liefert den Namen des aktuellen Wochentags. Dazu wird aus der Wortliste der Wochentagsnamen mit der Wortnummer, die mit der aktuellen Wochentagsnummer wochentagsnummer() ermittelt wird, der Wochentagsname entnommen.

monatsname: liefert den Namen des aktuellen Monats. Dazu wird aus der Wortliste der Monatsnamen mit der Wortnummer, die mit der aktuellen Monatsnummer substr(date("standard"), 5, 2) ermittelt wird, der Monatsname entnommen.

2. Deutsche Datumsfunktion

Aufgabe: Leider berücksichtigt die date-Funktion nur angelsächsische Verhältnisse. Dies betrifft die Trennzeichen und die Monats- und Wochentagsnamen. Es soll daher eine externe Funktion erstellt werden, die das Funktionsergebnis der date-Funktion wenn nötig an deutsche Verhältnisse anpaßt.

```
ddate:
  parse upper value arg(1)"N" with option 2
  monnam = "Januar Februar März April Mai Juni Juli",
    "August September Oktober November Dezember"
  tagnam = "Montag Dienstag Mittwoch Donnerstag Freitag Samstag Sonntag"
  monat = left(date("usa"), 2)
  datum = date(option)
  select
    when pos(option, "EO") > 0 then return translate(datum, ".", "/")
    when option = "L" then return word(datum, 1)". "word(monnam, monat),
      word(datum, 3)
    when option = "M" then return word(monnam, monat)
    when option = "N" then return word(datum, 1) left(word(monnam, monat), 3),
      word(datum, 3)
    when option = "W" then return word(tagnam, date("b") // 7 + 1)
    otherwise return datum
  end
```

Wir geben der externen Funktion den Namen ddate (deutsche" date-Funktion), da der Name einer eingebauten Funktion nicht noch einmal an eine externe Funktion vergeben werden kann (wohl aber an eine interne). Mit parse upper value wird das Ergebnis der Verkettung arg(1)"N" in Großbuchstaben umgesetzt. arg(1) bezeichnet das erste kommagetrennte Argument, das an ddate übergeben wird. Wenn arg(1) die Nullzeichenfolge ist, d. h. wenn keine Parameter übergeben werden, ergibt arg(1)"N" die Zeichenfolge "N", in allen anderen Fällen spielt das angekettete Zeichen "N" keine Rolle, weil nur das erste Zeichen des Ausdrucks ausgewertet wird. Auf diese Weise haben wir Vorsorge getroffen, daß der Standardfall der date-Funktion richtig behandelt wird. Die Positionsangabe 2 in der parse-Schablone bewirkt, daß nur das erste Zeichen von arg(1)"N" der Variablen option zugewiesen wird.

Mit monnam und tagnam werden die Wortlisten der deutschen Monats- und Wochentagsnamen aufgestellt und mit left(date("usa"), 2) wird die Monatsnummer linksbündig aus dem amerikanischen Datum mm/tt/jj entnommen. datum wird das Ergebnis von date(option) zugewiesen.

In der folgenden select-Auswahl werden die in Frage kommenden Optionen mit when-Klauseln "abgefangen", alle anderen liefern in der otherwise-Klausel das Funktionsergebnis datum zurück.

"european" Das Trennzeichen "/" wird mit translate durch "." ersetzt, z. B. 13.02.95.

"ordered" Das Trennzeichen "/" wird mit translate durch "." ersetzt, z. B. 95.02.13.

"language" Das Datum wird als tt. Monat jjjj zurückgeliefert, z. B. 13. Februar 1995.

"month" Anhand der Monatsnummer monat wird aus der Monatstabelle monnam der Monatsname abgegriffen, z. B. Februar.

"normal" Das Datum wird als tt Mon jjjj zurückgeliefert, z. B. 13 Feb 1995.

"weekday" Anhand der Wochentagsnummer date("base") // 7 + 1 wird aus der Wochentagstabelle tagnam der Wochentagsname abgegriffen, z. B. Montag.

3. Datumsprüfung

Aufgabe: Es soll ein Datum in der Form tt.mm.jjjj auf Plausibilität geprüft werden.

```
datumok:
  parse arg tag "." monat "." jahr
  ziffern = "0123456789"
  if verify(tag, ziffern) > 0 | verify(monat, ziffern) > 0,
    | verify(jahr, ziffern) > 0 then return 0
  if monat < 1 | monat > 12 then return 0
  if tag < 1 | tag > word(tagtab(jahr), monat) then return 0
  return 1
tagtab: return "31 "28 + schaltjahr()" 31 30 31 30 31 31 30 31 30 31"
schaltjahr: return ((jahr // 4 = 0) & (jahr // 100 <> 0)) | jahr // 400 = 0
```

In der internen Funktion datumok wird zuerst das Datum mit parse in seine Bestandteile tag, monat und jahr zerlegt. verify(*variable*, ziffern) liefert die Position des ersten Zeichens in *variable*, das nicht in ziffern enthalten ist. Wir prüfen mit verify, ob einer der Datumsbestandteile nicht numerisch ist, wenn ja liefern wir 0 (falsch) an den Aufrufer zurück, desgleichen, wenn der Monat kleiner als 1 oder größer als 12 ist.

Die interne Funktion tagtab liefert eine Wortliste mit der Anzahl der Tage in den Monaten des Jahres. Die Tageszahl je Monat ist konstant, außer im Februar. Im Februar addieren wir auf die Tageszahl des Normaljahres das Ergebnis 0 (kein Schaltjahr) oder 1 (= Schaltjahr) von schaltjahr(). Diese Funktion wird in

Beispiel 2 beschrieben. Wenn tag kleiner 1 ist oder größer als die größte Tageszahl im Monat word(tagtab(jahr), monat) ist, wird 0 (falsch) an den Aufrufer zurückgeliefert, andernfalls 1 (wahr).

Dateibezeichnung, DOS und OS/2

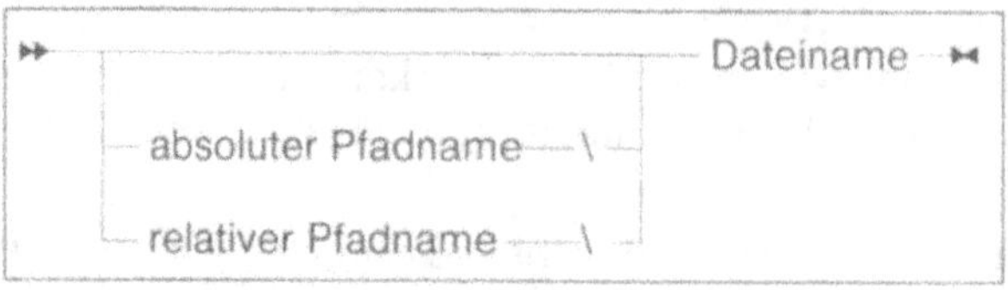

Eine Dateibezeichnung kann in drei Varianten vorkommen:

- Die Dateibezeichnung besteht nur aus dem Dateinamen.
- Die Dateibezeichnung besteht aus einem absoluten Pfadnamen, der durch "\" von dem Dateinamen getrennt ist.
- Die Dateibezeichnung besteht aus einem relativen Pfadnamen, der durch "\" von dem Dateinamen getrennt ist.

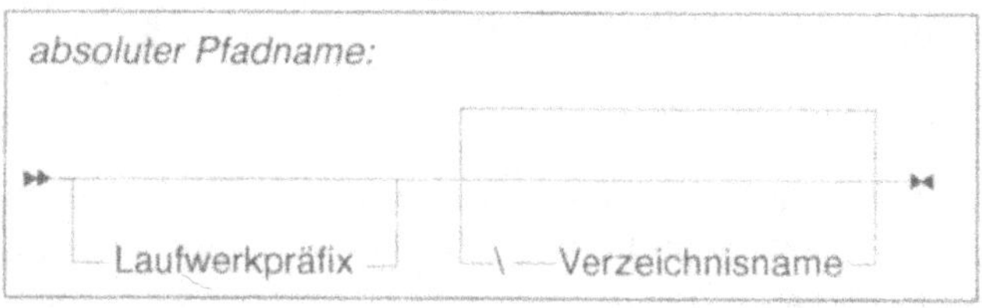

Ein absoluter Pfadname bezeichnet einen vollständigen Pfad und ist eine Verkettung aus einem optionalen Laufwerkpräfix und ein oder mehreren Verzeichnisnamen, die jeweils mit "\" eingeleitet werden.

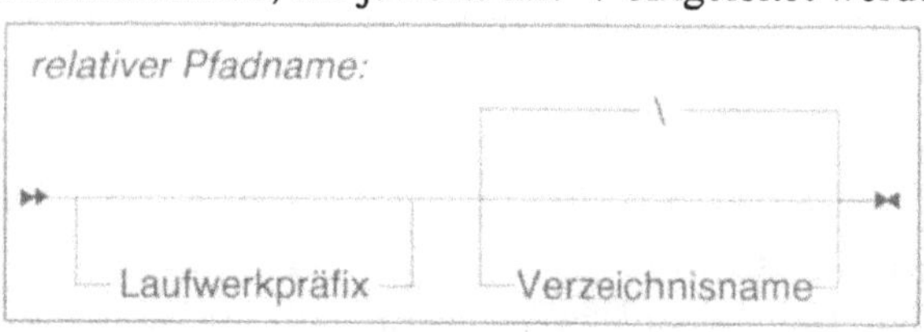

Ein relativer Pfadname ist relativ zum Pfad des aktuellen Verzeichnisses. Er ist eine Verkettung aus einem optionalen Laufwerkpräfix, einem Verzeichnisnamen ohne einleitendes "\" und keinem, einem oder mehreren Verzeichnisnamen, die jeweils mit "\" eingeleitet werden.

Der *Laufwerkpräfix* besteht aus dem *Laufwerkbuchstaben* und einem Doppelpunkt. Wenn der Laufwerkpräfix fehlt, gilt das aktuelle Laufwerk.

Unter dem Dateisystem FAT, das sowohl unter DOS als auch unter OS/2 vorhanden ist, besteht der *Dateiname* aus dem eigentlichen, bis zu 8stelligen Dateinamen, der durch einen Punkt von der bis zu 3stelligen *Dateinamenerweiterung* (auch *Dateityp*) getrennt ist. Unter dem OS/2-Dateisystem HPFS gibt es keine strenge Vorschrift für den Aufbau der Dateinamen.

Beispiele

REXX-Anweisungen	Erläuterung
	Aktuelles Laufwerk: "c:". Aktuelles Verzeichnis auf Laufwerk c: "\rexx". Aktuelles Verzeichnis auf Laufwerk d: "\util".
d1 = "wordsort.bat"	d1 besteht nur aus dem Dateinamen. Die vollständige Dateibezeichnung "c:\rexx\wordsort.bat" enthält zusätzlich den Präfix des aktuellen Laufwerks "c:" und den Namen des aktuellen Verzeichnisses "\rexx" auf dem aktuellen Laufwerk "c:".
d2 = "d:wordsort.bat"	d2 besteht aus dem Laufwerkpräfix "d:" und dem Dateinamen "wordsort.bat". Die vollständige Dateibezeichnung "d:\util\wordsort.bat" enthält zusätzlich den Namen des aktuellen Verzeichnisses "\util" auf dem Laufwerk "d:".
d3 = "\dosrx\wordsort.bat"	d3 besteht aus dem Verzeichnisnamen "\dosrx" und dem Dateinamen. Die vollständige Dateibezeichnung "c:\dosrx\wordsort.bat" enthält zusätzlich den Präfix des aktuellen Laufwerks "c:" .
d4 = "ext\wordsort.bat"	d4 besteht aus dem Verzeichnisnamen "ext" und dem Dateinamen. Die vollständige Dateibezeichnung "c:\rexx\ext\wordsort.bat" enthält zusätzlich den Präfix des aktuellen Laufwerks "c:" und den Namen des aktuellen Verzeichnisses "\rexx" auf dem aktuellen Laufwerk "c:".
d5 = "d:\dosrx\wordsort.bat"	d5 besteht aus dem vollständigen Pfadnamen mit dem Laufwerkpräfix "d:" und dem Verzeichnisnamen "\dosrx" sowie aus dem Dateinamen "wordsort.bat".
d6 = "d:ext\wordsort.bat"	d6 besteht aus aus dem Laufwerkpräfix "d:", dem Verzeichnisnamen "ext" und dem Dateinamen "wordsort.bat". Die vollständige Dateibezeichnung "d:\util\ext\wordsort.bat" enthält zusätzlich den Namen des aktuellen Verzeichnisses "\util" auf dem Laufwerk "d:".

Dateibezeichnung, TSO

In TSO-Befehlen wie alloc oder listcat und in Aufrufen der TSO/E-Funktionen listdsi und sysdsn müssen Dateibezeichnungen im TSO-Format eingegeben werden. Das TSO-Format unterscheidet im Gegensatz zum allgemeinen MVS-Format, das wir hier voraussetzen, zwischen qualifizierten und nicht qualifizierten Dateibezeichnungen.

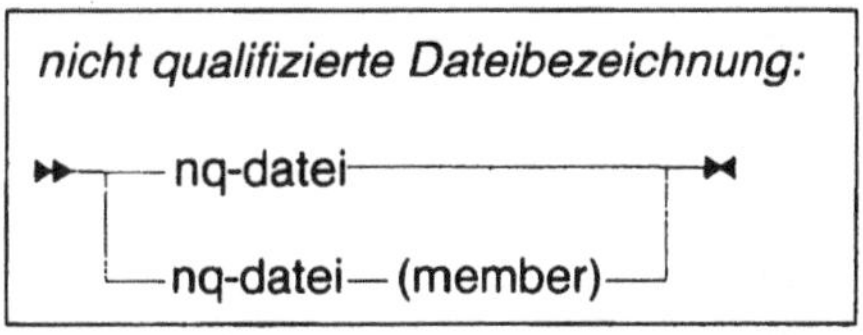

Nicht qualifizierte Dateibezeichnungen. Eine nicht qualifizierte Dateibezeichnung besteht aus einem Dateinamen nq-datei ohne den ersten Qualifier und bei einem PDS ggf. zusätzlich aus einem in Klammern gesetzten Membernamen member, z. B.:

```
t.ispf
t.ispf(edbcausw)
```

Der fehlende erste Qualifier wird von TSO durch den TSO-Benutzerpräfix ergänzt, so daß bei dem obigen Beispiel die folgenden Dateibezeichnungen entstehen:

```
sptgl01.t.ispf
sptgl01.t.ispf(edbcausw)
```

qualifizierte Dateibezeichnung:

```
▶▶─ ' ─ qual1 ─ . ─ nq-datei ─┬──────────────┬─ ' ─▶◀
                              └─ (member) ───┘
```

Qualifizierte Dateibezeichnungen. Eine qualifizierte Dateibezeichnung muß in Hochkommas (') gesetzt werden. Die Dateibezeichnung selbst besteht aus dem vollständigen Dateinamen, der sich aus dem ersten Qualifier qual1 und dem nicht qualifizierten Dateinamen nq-datei zusammensetzt, und bei einem PDS ggf. zusätzlich aus einem in Klammern gesetzten Membernamen member, z. B.:

```
'sptgl01.t.ispf'
'sptgl01.t.ispf(edbcausw)'
```

Literale Dateibezeichnungen. Literale Dateibezeichnungen müssen in Anführungszeichen eingeschlossen werden wie in den folgenden Funktionsaufrufen:

```
sysdsn("'sptgl01.t.ispf(edbcausw)'")
listdsi("t.ispf")
```

Variable Dateibezeichnungen. Variable Dateibezeichnungen dürfen nicht in Anführungszeichen eingeschlossen werden. Bei nicht qualifizierten Dateibezeichnungen wird nur der Variablenname in den Funktionsaufruf bzw. den Befehl eingesetzt, z. B.:

```
dateimember = "t.ispf(edbcausw)"
sysdsn(dateimember)
"alloc dd(eingabe) da(dateimember) shr"
```

Bei qualifizierten Dateibezeichnungen wird ebenfalls nur der Variablenname in den Funktionsaufruf bzw. den Befehl eingesetzt, wenn die Variable die einschließenden Hochkommas enthält, z. B.:

```
dateimember = "'sptgl01.t.ispf(edbcausw)'"
sysdsn(dateimember)
"alloc dd(eingabe) da(dateimember) shr"
```

Wenn die Variablen ohne die einschließenden Hochkommas definiert werden, müssen die Hochkommas als Literale in den Funktionsaufruf bzw. in den Befehl eingefügt werden, z. B.:

```
dateimember = "sptgl01.t.ispf(edbcausw)"
sysdsn("'"dateimember"'")
"alloc dd(eingabe) da('dateimember') shr"
```

Wenn die Dateibezeichnung dynamisch aus Variablen und Literalen zusammengesetzt wird, müssen die Hochkommas für qualifizierte Dateibezeichnungen in jedem Fall mit angegeben werden:

```
datei = "sptgl01.t.ispf"
member = "edbcausw"
sysdsn("'"datei"("member")'")
"alloc dd(eingabe) da('"datei"("member"') shr"
```

DBCS-Funktionen

Wir verzichten auf die Darstellung der DBCS-Funktionen, deren Namen alle mit DB... anfangen, da sie nur zur Manipulation von Zeichenfolgen dienen, die in fernöstlichen Sprachen mit dem Doppelbyte-Zeichensatz (DBCS = Double Byte Character Set) codiert sind.

delstack

```
►►—DELSTACK—►◄
```

Siehe: Warteschlange, TSO. *Geltung:* Alle MVS-Adreßumgebungen.

Der TSO/E REXX-Befehl delstack (delete stack = Warteschlange löschen) löscht die zuletzt mit newstack erzeugte Warteschlange oder, wenn keine Warteschlange mit newstack erzeugt wurde, den Inhalt der Standardwarteschlange. Zukünftige Warteschlangenmanipulationen mit den Anweisungen parse pull, pull, push und queue beziehen sich auf den Vorgänger der gelöschten Warteschlange bzw. auf die Standardwarteschlange.

Geltungsbereich. Die mit newstack angelegten Warteschlangen gelten in dem REXX-Programm oberster Stufe und in allen seinen Unterprogrammen. Dabei spielt es keine Rolle, auf welcher Programmebene eine Warteschlange angelegt wurde. In gleicher Weise kann eine Warteschlange mit delstack auf allen Programmebenen gelöscht werden.

Hinweis: Die TSO/E REXX-Befehl newstack erzeugt eine neue Warteschlange und qstack liefert die Anzahl der mit newstack erzeugten Warteschlangen.

Beispiele

Siehe: newstack.

delstem

```
►►—INTERPRET DELSTEM(stamm, index,—————————, max)—►◄
                                   |         |
                                   └—anzahl——┘
```

Die externe Funktion delstem (delete stem = Stamm löschen) löscht, beginnend mit stamm.index, soviele Stammvariablen mit fortlaufendem Index, wie anzahl angibt. Die Indizes aller Stammvariablen, die der letzten gelöschten Stammvariablen folgen, werden bis zum höchsten Index max um anzahl vermindert. Die Definition der Stammvariablen mit den dadurch freiwerdenden Indizes wird (mit der Anweisung drop) aufgehoben. Die Stammvariable stamm.0 erhält den Wert max - anzahl.

stamm muß ein Literal mit dem Namen des Variablenstamms mit oder ohne Punkt ergeben. max muß eine positive Ganzzahl oder 0 sein. Wenn max 0 oder kleiner als index ist, erfolgt keine Löschung. index muß 0 oder eine positive Ganzzahl sein. Ist index 0 oder größer als max, erfolgt keine Löschung. Wenn anzahl fehlt, werden alle Stammvariablen ab dem Index index bis zum Index max gelöscht. Wird anzahl angegegeben, muß sie 0 oder eine positive Ganzzahl sein. Wenn anzahl 0 ist, erfolgt keine Löschung. Wenn (index + anzahl - 1) größer als max ist, werden alle Stammvariablen ab dem Index index bis zum Index max gelöscht.

Diese Funktion kann nur auf einen einen numerisch fortlaufend indizierten Variablenstamm angewendet werden, d. h. die Indizes müssen von 1 an fortlaufend durchnumeriert sein und die Variable mit dem Index 0 muß den höchsten Index des Variablenstamms enthalten.

Hinweis: Wenn nur *eine* Stammvariable gelöscht werden soll, *muß* als anzahl 1 angegeben werden, andernfalls alle Stammvariablen ab dem Index index bis zum Index max gelöscht.

anzahl — Nichtnegative Ganzzahl. Anzahl der Stammvariablen, die ab stamm.index gelöscht werden sollen. Wenn anzahl 0 ist, erfolgt keine Löschung.
Standard: alle Stammvariablen ab dem Index index bis zum Index max.

index — Nichtnegative Ganzzahl. Index der ersten zu löschenden Stammvariablen. Wenn index 0 ist, erfolgt keine Löschung.

max — Nichtnegative Ganzzahl. Höchster Index des Variablenstamms stamm. Wenn max 0 oder kleiner als index ist, erfolgt keine Löschung.

stamm — Name eines Variablenstamms mit oder ohne Punkt.

Beispiele

REXX-Anweisungen	Erläuterung
text.1 = "Satz 1" text.2 = "Satz 2" text.3 = "Satz 3" text.4 = "Satz 4" text.5 = "Satz 5" text.0 = 5 interpret delstem("text.", 3,, 5)	Rest eines Variablenstamms löschen: Es werden die Stammvariablen text.3 bis text.5 gelöscht. text.0-2: 2, "Satz 1", "Satz 2".
interpret delstem("text.", 3, 1, 5)	eine Stammvariable löschen: Es wird die Stammvariable text.3 gelöscht. text.0-4: 4, "Satz 1", "Satz 2", "Satz 4", "Satz 5".
interpret delstem("text.", 3, 7, 5)	Anzahl zu groß: Die Anzahl 7 ist zu groß. Daher werden alle Stammvariablen ab text.3 gelöscht. text.0-2: 2, "Satz 1", "Satz 2".
interpret delstem("text.", 0,, 5) interpret delstem("text.", 3, 0, 5) interpret delstem("text.", 3, 1, 0) interpret delstem("text.", 3, 1, 2)	Keine Löschung: Der Variablenstamm bleibt in allen Fällen unverändert, und zwar weil index, anzahl oder max gleich 0 ist bzw. weil max < index ist.

Häufige Fehler

Eine Stammvariable löschen. interpret delstem("text.", 3,, 5) löscht nicht die dritte Stammvariable in text, sondern *alle* Stammvariablen ab der dritten. Wenn nur die dritte Stammvariable gelöscht werden soll, muß die Anzahl der zu löschenden Stammvariablen mit 1 angegeben werden: interpret delstem(zeichenfolge, 3, 1, 5).

Anwendung

Doppelte Sätze aus einer Datei entfernen

Aufgabe: Eine sortierte Datei soll in eine andere Datei kopiert werden, wobei doppelte Sätze nicht mit ausgegeben sollen.

```
ein = "namen1.dat"
aus = "namen2.dat"
do i = 1 while lines(ein) > 0
  satz.i = linein(ein)
end i
satz.0 = i - 1
do i = 1 whil i < satz.0
  next = i + 1
  if satz.i = satz.next
    then interpret delstem("satz.", i, 1, satz.0)
end i
do i = 1 to satz.0
  rc = lineout(aus, satz.i)
end i
```

In der ersten do-Schleife werden die Sätze der Eingabedatei ein (namen1.dat) in den Variablenstamm satz. eingelesen. Die Schleife wird beendet, wenn keine Sätze mehr vorhanden sind, also wenn lines(ein) 0 ist. Wenn der Schleifenkopf zum letzten Mal angesteuert wird, wird die Kontrollvariable i noch einmal erhöht, obwohl anschließend die Schleife nicht mehr durchlaufen wird. i ist daher nach dem Verlassen der Schleife um 1 größer als die Anzahl der gelesenen Sätze, daher wird satz.0 der um 1 verminderte Wert von i zugewiesen.

Da in der folgenden do-Schleife jeweils ein Satz mit dem nachfolgenden verglichen wird, müssen alle Sätze bis zum vorletzten Satz mit ihrem Nachfolger verglichen werden. Die Kontrollvariable i durchläuft daher wegen der while-Klausel die Werte i = 1 bis satz.0 - 1. In der Schleife wird zuerst der Index des nächsten Satzes gebildet, da als Index einer Stammvariablen keine Ausdrücke wie i + 1 erlaubt sind. Dann wird der aktuelle Satz mit seinem Nachfolger verglichen. Bei Gleichheit wird der aktuelle Satz mit dem Index i aus dem Variablenstamm satz. gelöscht. In diesem Fall berichtigt delstem auch satz.0 entsprechend, so daß die while-Klausel im Schleifenkopf sich beim nächsten Durchgang auf den aktuellen Wert von satz.0 beziehen kann.

In der letzten do-Schleife werden die verbliebenen Sätze des Variablenstamms schließlich in die Ausgabedatei aus (namen2.dat) ausgegeben.

delstr

```
►►─DELSTR(zeichenfolge, pos─┬──────────┬─)──►◄
                            │          │
                            └─, anzahl─┘
```

Die eingebaute SAA-Funktion delstr (delete string = Zeichenfolge löschen) löscht in zeichenfolge n Zeichen (n = anzahl) ab der Position pos und liefert diese Zeichenfolge zurück. Fehlt anzahl, werden ab der Position pos alle restlichen Zeichen gelöscht. Wenn anzahl gleich 0 ist, wird der unveränderte Inhalt von zeichenfolge zurückgegeben.

Wenn pos größer als die Länge von zeichenfolge ist, wird zeichenfolge unverändert zurückgegeben. Dies trifft auch zu, wenn zeichenfolge aus der Nullzeichenfolge besteht.

Wenn anzahl größer als die Anzahl der restlichen Zeichen ab der Position pos in zeichenfolge ist, werden alle restlichen Zeichen gelöscht.

Hinweis: Wenn nur *ein* Zeichen gelöscht werden soll, *muß* als anzahl 1 angegeben werden, andernfalls wird der Rest von zeichenfolge gelöscht.

anzahl — Nichtnegative Ganzzahl. Anzahl der Zeichen, die in zeichenfolge gelöscht werden sollen.
Standard: alle Zeichen ab der Position pos.

pos — Positive Ganzzahl. Nummer des Zeichens in zeichenfolge, ab dem gelöscht werden soll.

zeichenfolge — Beliebige Zeichenfolge.

Beispiele

REXX-Anweisungen	Erläuterung
text1 = "Heimatort" text2 = delstr(text1, 7)	<u>Rest einer Zeichenfolge löschen:</u> text2 erhält den Inhalt von text1, wobei ab der Position 7 alle restlichen Zeichen gelöscht sind: "Heimat ".
text1 = "Raster" text2 = delstr(text1, 3, 1)	<u>ein Zeichen in einer Zeichenfolge löschen:</u> text2 erhält den Inhalt von text1, wobei ein Zeichen, nämlich das dritte Zeichen "s" gelöscht ist: "Rater".
text1 = "Heimatort" text2 = delstr(text1, 7, 5)	<u>Anzahl zu groß:</u> text2 erhält den Inhalt von text1, wobei ab dem siebten Zeichen alle restlichen Zeichen gelöscht sind: "Heimat".
text1 = "Heimatort" text2 = delstr(text1, 2, 0)	<u>Anzahl = 0:</u> text2 ist eine unveränderte Kopie von text1.
text1 = " Heimatort" text2 = delstr(text1, 20)	<u>Position zu groß:</u> text2 wird der unveränderte Inhalt der Zeichenfolge text1 zugewiesen, da die Position 20 größer als die Länge von text1 (9) ist.

REXX-Anweisungen	Erläuterung
text1 = " " text2 = delstr(text1, 2)	leere Zeichenfolge: text2 ist eine unveränderte Kopie von text1, nämlich die Nullzeichenfolge.
text1 = "Heimatort" text2 = delstr(text1, 0)	Position 0 ist falsch: REXX meldet Fehler 40, da die Position 0 nicht erlaubt ist.

Häufige Fehler

- **Ein Zeichen löschen.** delstr(zeichenfolge, 5) löscht nicht das fünfte Zeichen in zeichenfolge, sondern *alle* Zeichen ab dem fünften Zeichen. Wenn nur das fünfte Zeichen gelöscht werden soll, muß die Anzahl der zu löschenden Zeichen mit 1 angegeben werden: delstr(zeichenfolge, 5, 1).
- **Position 0.** Der folgende delstr-Aufruf führt zu REXX-Fehler 40, da pos("abc", text) den Wert 0 ergibt:

  ```
  text = "Jeannette"; neu = delstr(text, pos("abc", text), 3)
  ```

  Es muß also sichergestellt werden, daß das Zeichen, ab dem gelöscht werden soll, nicht 0 ist:

  ```
  text = "Jeannette"; pos = pos("abc", text)
  if pos > 0 then neu = delstr(text, pos, 3)
  ```

Anwendung

1	Zeilenumbruch
2	Variable Parameter in Meldungstexten ersetzen

1. Zeilenumbruch

Aufgabe: Eine Zeichenfolge soll zeilenweise ausgegeben werden. Der Zeilenumbruch soll vor der letzten Leerstelle einer Zeile erfolgen. Wenn keine Leerstelle vorhanden ist, soll die Zeile am Zeilenende abgeschnitten werden.

```
lg = 10; text = "Sein Blick ist vom Vorübergehn der Stäbe so müd geworden"
do i = 1 while text <> " "
  if length(text) <= lg then do
    say text; leave i
  end
  pos = lastpos("□", text, lg)
  if pos = 0 then do
    pos = lg; zeile = left(text, pos)
  end
  else zeile = left(text, pos)
  say zeile; text = delstr(text, 1, pos)
end i
```

Zuerst werden die Zeilenlänge lg und der auszugebende Text text definiert. Die anschließende do-Schleife erledigt den Zeilenumbruch und die Ausgabe der Zeilen. Da bereits ausgegebene Teile des Textes in text gelöscht werden, muß text am Ende leer sein. Daher wird die do-Schleife solange durchlaufen, bis text nur noch aus Leerstellen oder aus der Nullzeichenfolge besteht, d. h. bis die Bedingung text <> " " nicht mehr erfüllt ist. Am Schleifenanfang wird gefragt, ob der restliche Text kleiner oder gleich der Zeilenlänge ist. Wenn ja, wird er mit say ausgegeben, und die Schleife wird mit leave i verlassen (die

Kontrollvariable i im Schleifenkopf hat hier nur den Sinn, eine Bezugnahme in den Anweisungen leave i und end i zu ermöglichen).

Wenn text noch nicht erschöpft ist, wird mit lastpos("□", text, lg) ab der Position lg rückwärts nach einer Leerstelle, also nach der letzten Leerstelle der anstehenden Zeile, gesucht. Wenn pos 0 ist, wurde keine Leerstelle gefunden. In diesem Fall wird pos mit lg gleichgesetzt und der Variablen zeile werden die linken 10 Stellen von text zugewiesen, d. h. text wird nach dem zehnten Zeichen abgeschnitten. Andernfalls werden zeile alle Zeichen von text bis zur Position pos zugewiesen. Anschließend wird die aktuelle Zeile mit say zeile ausgegeben. Mit delstr(text, 1, pos) wird der Inhalt von Zeile aus text gelöscht, so daß wir für den nächsten Schleifendurchgang vorbereitet sind. Der ausgegebene Text sieht folgendermaßen aus:

```
Sein
Blick ist
vom
Vorübergeh
n der
Stäbe so
müd
geworden
```

2. Variable Parameter in Meldungstexten ersetzen

Aufgabe: Vordefinierte Fehlermeldungstexte sollen im Fehlermeldungsfall durch einen aktuellen Parameter ergänzt werden. Die Position des Parameters im Fehlermeldungstext wird durch den Platzhalter & bezeichnet.

```
   call fehler 2, "appc0003.log"
   exit

fehler: procedure
   parse arg fehlernummer, parm
   text.1 = "Das Datum & ist ungültig."
   text.2 = "Die Datei & ist nicht vorhanden."
   text = text.fehlernummer; pos = pos("&", text)
   if pos > 0 then do
      text = delstr(text, pos, 1); text = insert(parm, text, pos - 1)
   end
   return text

➔    text: " Die Datei appc0003.log ist nicht vorhanden."
```

Die interne Funktion fehler wird mit call aufgerufen. Dabei werden zwei kommagetrennte Parameter übergeben: die Fehlermeldungsnummer 2 und der Parameter "appc0003.log", der in die Fehlermeldung eingesetzt werden soll. Die Funktion fehler schottet ihre eigenen Variablen und die des Aufrufers durch die procedure-Anweisung gegenseitig voneinander ab. Mit parse arg werden die übergebenen Parameter, die Fehlernummer fehlernummer und der einzusetzende Parameter parm, eingelesen. Im Variablenstamm text. sind die möglichen Fehlermeldungen definiert (aus Platzgründen geben wir hier nur zwei an). Die Stellen, an denen ein aktueller Parameter eingesetzt werden soll, sind durch das Zeichen & gekennzeichnet.

Die Fehlermeldung text.fehlernummer wird zuerst in die Variable text übernommen, damit die folgenden Bezüge auf text.fehlernummer leichter zu lesen sind. Dann wird mit der pos-Funktion die Position des Zeichens & gesucht. Falls das Zeichen nicht gefunden wird, handelt es sich um eine unveränderliche

Fehlermeldung und text bleibt unverändert. Andernfalls wird das Zeichen & mit delstr aus text gelöscht. Stattdessen wird der Parameter parm mit insert hinter der Position pos - 1 eingefügt. Schließlich wird mit return text die geänderte Fehlermeldung an den Aufrufer zurückgegeben.

delword

```
>>─DELWORD(wortliste, wortnummer─┬────────────┬─)─><
                                 └─, anzahl───┘
```

Die eingebaute SAA-Funktion delword (delete word = Wort löschen) löscht n Wörter (n = anzahl) ab dem Wort mit der Wortnummer wortnummer in der Wortliste wortliste und liefert diese zurück. Fehlt anzahl, werden ab dem Wort mit der Wortnummer wortnummer alle restlichen Wörter in wortliste gelöscht. Wenn anzahl 0 ist, wird wortliste unverändert zurückgegeben.

Die trennenden Leerstellen zwischen den gelöschten Wörtern werden ebenso gelöscht wie die Leerstellen, die dem letzten Wort folgen.

Wenn wortnummer größer als die Anzahl der Wörter in wortliste ist, wird wortliste unverändert zurückgegeben. Dies trifft auch zu, wenn wortliste aus der Nullzeichenfolge oder nur aus Leerstellen besteht (leere Wortliste).

Wenn anzahl größer als die Anzahl der Wörter ab wortnummer ist, werden alle restlichen Wörter gelöscht.

Hinweis: Wenn nur *ein* Wort gelöscht werden soll, *muß* als anzahl 1 angegeben werden, andernfalls wird der Rest von wortliste gelöscht.

anzahl — Nichtnegative Ganzzahl. Anzahl der Wörter, die in wortliste gelöscht werden sollen.
Standard: alle Wörter ab dem Wort mit der Wortnummer wortnummer.

wortliste — Beliebige Wortliste, aus der Wörter gelöscht werden sollen.

wortnummer — Positive Ganzzahl. Nummer eines Wortes in wortliste, ab dem Wörter gelöscht werden sollen.

Beispiele

REXX-Anweisungen	Erläuterung
text1 = "der Vater der Braut" text2 = delword(text, 2)	Rest einer Wortliste löschen: text2 erhält den Inhalt der Wortliste text1, in der ab dem zweiten Wort alle restlichen Wörter gelöscht sind: "der".
text1 = "der Vater der Braut" text2 = delword(text, 2, 1)	ein Wort in einer Wortliste löschen: text2 erhält den Inhalt der Wortliste text1, in der ein Wort, nämlich das zweite Wort gelöscht ist: "der der Braut".

REXX-Anweisungen	Erläuterung
text1 = "der Vater der Braut" text2 = delword(text, 2, 5)	Anzahl zu groß: text2 erhält den Inhalt der Wortliste text1, in der ab dem zweiten Wort alle restlichen Wörter gelöscht sind: "der".
text1 = "der Vater der Braut" text2 = delword(text, 2, 0)	Anzahl = 0: text2 ist eine unveränderte Kopie von text1.
text1 = "der Vater der Braut" text2 = delword(text, 6)	Wortnummer zu groß: text2 erhält den unveränderten Inhalt der Wortliste text1, da text1 nur aus 4 Wörtern besteht.
text1 = "" text2 = "□□□" text3 = delword(text1, 2) text4 = delword(text2, 2)	leere Wortliste: text3 und text4 sind unveränderte Kopien von text1 und text2. Sonderfall: delword(text2, 1) ergibt die Nullzeichenfolge.
text1 = "der Vater der Braut" text2 = delword(text1, 0)	Wortnummer 0 ist falsch: REXX meldet Fehler 40, da die Wortnummer 0 nicht erlaubt ist.

Häufige Fehler

- **Ein Wort löschen.** delword(wortliste, 5) löscht nicht das fünfte Wort in wortliste, sondern *alle* Wörter ab dem fünften Wort. Wenn nur das fünfte Wort gelöscht werden soll, muß die Anzahl der zu löschenden Wörter mit 1 angegeben werden: delword(wortliste, 5, 1).
- **Wortnummer 0.** Der folgende delword-Aufruf führt zu REXX-Fehler 40, da wordpos("Gisela", liste) den Wert 0 ergibt:

```
liste = "Jeannette Dorothee Brita"
text = delword(liste, wordpos("Gisela", liste), 1)
```

  Es muß also sichergestellt werden, daß die Wortnummer, ab der gelöscht werden soll, nicht 0 ist:

```
liste = "Jeannette Dorothee Brita"
pos = wordpos("Gisela", liste)
if pos > 0 then text = delword(liste, pos, 1)
```

Dienstprogrammfunktionen

Dienstprogrammfunktionen sind externe Funktionen, die unter DOS bzw. OS/2 standardmäßig in REXX zur Verfügung stehen. Sie stellen hauptsächlich die folgenden Dienste zur Verfügung:

- Bearbeitung von Dateien, Verzeichnissen und Geräten
- Bildschirmverarbeitung
- Bearbeitung von Objekten und Objektklassen der Arbeitsoberfläche (nur unter OS/2)

Die Namen der DOS-Dienstprogrammfunktionen beginnen mit rx..., die Namen der OS/2-Dienstprogrammfunktionen beginnen mit sys.... Beachten Sie aber, daß die eingebauten OS/2-Funktionen rxfuncadd, rxfuncdrop, rxfuncquery und rxqueue sowie die OS/2-Dienstprogrammfunktion rxmessagebox ebenfalls mit rx... beginnen.

Die Dienstprogrammfunktionen können als Funktion, z. B. rc = rxsetpos(10, 20), oder mit call aufgerufen werden, z. B. call rxsetpos 10, 20. Wenn sie mit call aufgerufen werden, wird das Funktionsergebnis in der speziellen Variablen result abgestellt.

Die DOS-Dienstprogrammfunktionen werden genauso wie die eingebauten Funktionen aufgerufen, während die OS/2-Dienstprogrammfunktionen registriert werden müssen, bevor sie verwendet werden können.

Registrierung der OS/2-Dienstprogrammfunktionen, OS/2. Die OS/2-Dienstprogrammfunktionen sind in einer dynamischen Bibliothek (Dynamic Link Library = DLL) gespeichert. Bevor sie in einem Programm aufgerufen werden können, muß zuerst die Verbindung zu dieser Bibliothek hergestellt werden. Diese Registrierung gilt systemweit, d. h. auch alle anderen Programme können auf die registrierten Funktionen zugreifen. Zur Registrierung der OS/2-Dienstprogrammfunktionen stehen die folgenden Möglichkeiten zur Verfügung:

- Eine einzelne Funktion registriert man, indem man die Funktion rxfuncadd aufruft und als Parameter den Namen der Funktion, den Namen bzw. Pfad der DLL und den Einsprungspunkt in der DLL angibt. Die folgende call-Anweisung registriert die Funktion syscls:

```
call rxfuncadd "syscls", "rexxutil", "syscls"
```

- Wenn man die OS/2-Dienstprogrammfunktion sysloadfuncs registriert und anschließend diese Funktion ausführt, werden alle OS/2-Dienstprogrammfunktionen auf einmal registriert:

```
call rxfuncadd "sysloadfuncs", "rexxutil", "sysloadfuncs"
call sysloadfuncs
```

Mit der Funktion rxquery kann man abfragen, ob eine Funktion registriert ist. Mit der Funktion rxfuncdrop kann man eine Funktion deregistrieren, d. h. die Registrierung der Funktion zurücknehmen, während sysdropfuncs alle OS/2-Dienstprogrammfunktionen deregistriert.

digits

```
▸▸—DIGITS()—▸◂
```

Siehe auch: numeric digits.

Die eingebaute SAA-Funktion digits (Ziffernstellen) liefert den aktuellen Wert von numeric digits zurück.

Anwendung. Die Funktion kann dazu verwendet werden, um den aktuellen Wert von numeric digits zu sichern, ihn dann mit der Anweisung numeric digits zu ändern und ihn am Schluß wieder auf den ursprünglichen Wert zurückzusetzen.

Hinweis: Der Wert von numeric digits wird mit der Anweisung numeric digits gesetzt.

Beispiele

REXX-Anweisungen	Erläuterung
vorher = digits() numeric digits 3 nachher = digits()	Vor der Ausführung der Anweisung numeric digits 3 liefert digits() den Standardwert 9: vorher = 9. Danach liefert digits() den Wert 3: nachher = 3.
maxst = digits() numeric digits 150 numeric digits maxst	numeric digits temporär ändern Vor der Ausführung von Anweisungen, die den Wert 150 für numeric digits benötigen, wird der aktuelle Wert von numeric digits mit digits() der Variablen maxst zugewiesen. Anschließend wird der Wert von numeric digits auf 150 geändert. Nach Ausführung der Anweisungen wird numeric digits wieder auf den ursprünglichen Wert, der in maxst enthalten ist, zurückgesetzt.

directory

```
>>--DIRECTORY(-+---------+-)--><
               |         |
               +--pfad---+
```

Siehe auch: Pfadname.

Die eingebaute OS/2-Funktion directory ("Verzeichnis") ändert ggf. das aktuelle Laufwerk und/oder Verzeichnis und liefert das dann aktuelle Laufwerk und Verzeichnis zurück. Es sind drei Fälle zu unterscheiden:

- Wenn pfad fehlt, wird der absolute Pfadname des aktuellen Verzeichnisses zurückgeliefert.
- Wenn pfad angegeben wird, muß es ein Pfadname sei. Wenn pfad keinen Laufwerkpräfix enthält und existiert, wird pfad zum aktuellen Verzeichnis gemacht und dieses zurückgeliefert. Das aktuelle Laufwerk bleibt unverändert. Insofern hat directory die gleiche Wirkung wie der OS/2-Befehl cd bzw. chdir.
- Wenn pfad einen Laufwerkpräfix und einen Pfadnamen enthält und existiert, wird das angegebene Laufwerk zum aktuellen Laufwerk und das angegebene Verzeichnis zum aktuellen Verzeichnis gemacht und zurückgeliefert. Insofern hat directory die gleiche Wirkung wie der OS/2-Befehl cd bzw. chdir. Wenn pfad nur einen Laufwerkpräfix enthält und existiert, wird das angegebene Laufwerk zum aktuellen Laufwerk, und das aktuelle Verzeichnis dieses Laufwerks bleibt unverändert. Insofern hat directory die gleiche Wirkung wie die Eingabe eines Laufwerkbuchstabens mit Doppelpunkt in der OS/2-Befehlszeile.
- Wenn pfad angegeben ist und *nicht* existiert, wird die Nullzeichenfolge zurückgeliefert und das aktuelle Laufwerk und Verzeichnis bleiben unverändert.

Hinweis: SysMkDir und SysRmDir legen ein Verzeichnis an bzw. löschen es. setlocal sichert das aktuelle Laufwerk und die aktuellen Verzeichnisse (u. a.) und endlocal restauriert diese Daten.

pfad — *Siehe* Pfadname.
Standard: aktuelles Laufwerk und Verzeichnis.

Beispiele

REXX-Anweisungen	Erläuterung
d1 = directory() d2 = directory("\win") d3 = directory("c:\win") d4 = directory("\abc") d5 = directory("temp") call directory "d:\rexx"	Aktuelles Laufwerk und Verzeichnis: c:\rexx. d1 und d2 ändern das aktuelle Verzeichnis in "c:\win". d3 führt zu einem Fehler und liefert den OS/2-Fehlercode 3, da das Verzeichnis "\abc" auf a: nicht vorhanden ist. d4 liefert die Nullzeichenfolge, da das Verzeichnis "\abc" nicht auf dem aktuellen Laufwerk vorhanden ist. temp ist ein relativer Pfadname; d5 wechselt daher im aktuellen Verzeichnis auf das Unterverzeichnis "\temp" und gibt als aktuelles Verzeichnis "c:\rexx\temp" zurück. call bewirkt, daß das aktuelle Laufwerk in "d:" und das aktuelle Verzeichnis in "\rexx" geändert wird. Das Funktionsergebnis wird in der speziellen Variablen result gespeichert, da directory nicht als Funktion aufgerufen wurde.

Anwendung

Aktuelles Laufwerk und/oder Verzeichnis temporär ändern

Aufgabe: Das aktuelle Verzeichnis soll geändert und später wieder restauriert werden.

```
rc = setlocal()
if \rc then... [Fehler]
dir = directory("\rexx")
...
rc = endlocal()
if \rc then... [Fehler]
```

Zu Beginn werden mit setlocal() die Umgebungsdaten gesichert. Dazu gehören das aktuelle Laufwerk, das aktuelle Verzeichnis und die Variablen der aktuellen Variablenumgebung. Wenn rc nicht 0 ist, wenn also \rc gilt, ist ein Fehler aufgetreten, der entsprechend behandelt werden muß. Mit directory wird das Verzeichnis auf dem aktuellen Laufwerk in "c:\rexx" geändert und der Variablen dir wird "c:\rexx" zugewiesen. Wenn die alten Verhältnisse wiederhergestellt werden sollen, restaurieren wir mit endlocal() die ursprünglichen Umgebungsdaten, also auch den alten Wert von Laufwerk und Verzeichnis. Die Fehlerbehandlung erfolgt analog zu setlocal.

do

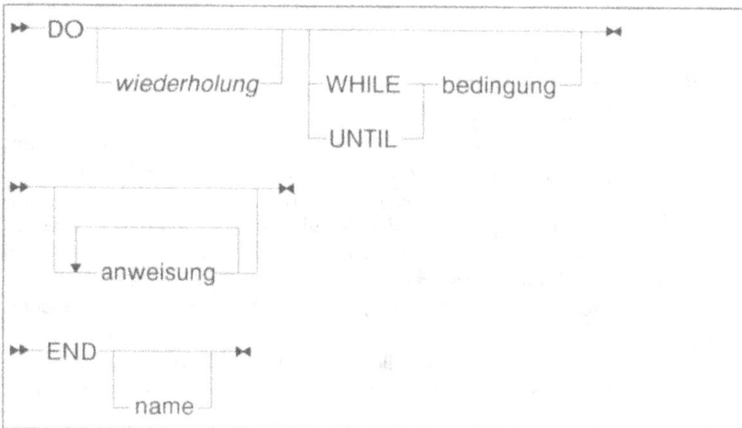

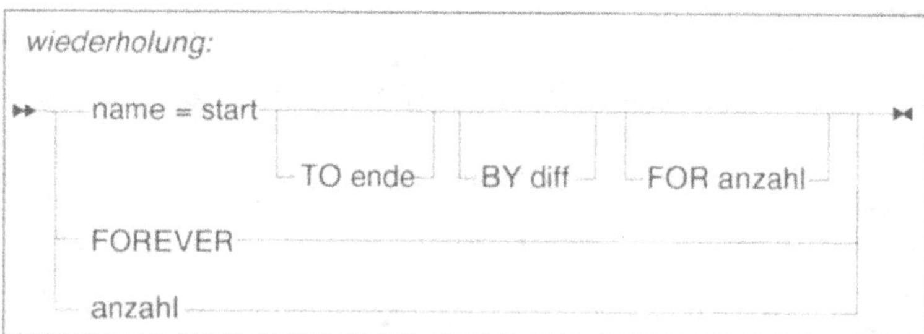

Siehe auch: exit; iterate; leave; return.

Die Anweisung do (tun) gruppiert keine, eine oder mehrere Anweisungen und führt diese einmal oder wiederholt aus. Die Ausführung kann durch eine Bedingung gesteuert werden und/oder durch eine Kontrollvariable, die sich schrittweise innerhalb eines Intervalls ändert.

Die do-Anweisung gehört wie if und select zu den komplexen Anweisungen, weil sie wiederum andere Anweisungen enthält. Nach der do-Anweisung können keine, eine oder mehrere Anweisungen anweisung folgen. Eine do-Anweisung muß mit einer end-Anweisung abgeschlossen werden. anweisung kann eine beliebige einfache Anweisung, Zuweisung oder ein Befehl, aber auch eine komplexe Anweisung, d. h. eine if-, select- oder eine weitere do-Anweisung sein.

Wir unterscheiden folgende Varianten der do-Anweisung:

- **Einfache do-Gruppe.** Die Anweisungen zwischen do und end werden *einmal* ausgeführt. Die do-Anweisung enthält weder eine Wiederholungsklausel noch eine while- oder until-Bedingung.
- **Einfache do-Schleife.** Die Anweisungen zwischen do und end werden so oft ausgeführt, wie anzahl angibt.
- **Endlosschleife.** Die Anweisungen zwischen do und end werden *ewig* wiederholt, falls die Schleife nicht durch eine while- oder until-Bedingung be-

endet oder durch eine leave-, return- oder exit-Anweisung abgebrochen wird.

- **Kontrollierte do-Schleife.** Wie oft die Anweisungen zwischen do und end ausgeführt werden, wird durch eine Kontrollvariable gesteuert, die sich schrittweise innerhalb eines Intervalls ändert. Wenn diese Variable einen festgelegten Wert über- bzw. unterschreitet oder wenn eine vorgegebene Anzahl von Durchgängen erreicht ist, wird die do-Schleife beendet.
- **Bedingungsschleife.** Einfache Bedingungsschleifen enthalten nur eine der beiden Bedingungsklauseln while oder until. Wenn die Bedingung erfüllt ist, wird die Schleife beendet.
  Auch die übrigen do-Schleifen können von einer der Bedingungsklauseln while oder until abhängig gemacht werden. Wenn die Bedingung erfüllt ist, wird die Schleife in diesem Fall ohne Rücksicht auf andere Schleifenende-bedingungen beendet.

Eine do-Gruppe bzw. eine do-Schleife gilt syntaktisch als *eine* Anweisung. Man verwendet sie in den komplexen Anweisungen if und select, wenn syntaktisch *eine* Anweisung gefordert wird, tatsächlich aber mehrere Anweisungen ausgeführt werden sollen. Dies trifft für den then- und den else-Zweig der if-Anweisung zu und für den then-Zweig der when-Klausel in einer select-Anweisung.

Einfache do-Gruppe

Eine einfache do-Gruppe hat folgenden Aufbau:

```
do
  [anweisung]...
end
```

Wenn eine do-Anweisung weder eine Wiederholungsklausel wiederholung noch eine while- oder until-Klausel enthält, bewirkt die do-Anweisung lediglich, daß die Anweisungen zwischen do und end zu einer Gruppe zusammengefaßt und *einmal* ausgeführt werden.

Einfache do-Schleife

Eine einfache do-Schleife hat folgenden Aufbau:

```
do anzahl [{WHILE | UNTIL} bedingung]
  [anweisung]...
end
```

In einer einfachen do-Schleife besteht die Wiederholungsklausel wiederholung nur aus dem Ausdruck anzahl, der eine nichtnegative Ganzzahl ergeben muß. Die Anweisungen in einer einfachen do-Schleife werden so oft ausgeführt, wie anzahl angibt. Die do-Anweisung kann um eine while- oder until-Klausel ergänzt werden. In diesem Fall wird die do-Schleife vorzeitig beendet, wenn die while- oder until-Bedingung erfüllt ist, bevor anzahl Durchgänge erreicht sind. anzahl wird nur einmal, und zwar vor dem ersten Durchgang der do-Schleife berechnet.

Endlosschleife

Eine Endlosschleife hat folgenden Aufbau:

```
do FOREVER [{WHILE | UNTIL} bedingung]
  [anweisung]...
end
```

In einer Endlosschleife besteht die Wiederholungsklausel wiederholung nur aus dem Symbol forever ("ewig"). Die Anweisungen in einer Endlosschleife werden theoretisch ewig wiederholt, wenn die Schleife nicht durch eine leave-, return- oder exit-Anweisung abgebrochen wird. Die do-Anweisung kann um eine while- oder until-Klausel ergänzt werden. In diesem Fall wird die do-Schleife beendet, wenn die while- oder until-Bedingung erfüllt ist.

Kontrollierte do-Schleife

Eine kontrollierte do-Schleife hat folgenden Aufbau:

```
do name = start [BY diff] [TO ende] [FOR anzahl] [{WHILE | UNTIL} bedingung]
  [anweisung]...
end [name]
```

Startwert. In einer kontrollierten do-Schleife beginnt die Wiederholungsklausel wiederholung mit einer Zuweisung name = start. name wird als Kontrollvariable bezeichnet. Ihr wird vor dem Eintritt in die do-Schleife ein Startwert, d. h. der Wert des Ausdrucks start zugewiesen, der eine Zahl (keine Ganzzahl) ergeben muß. Der Startwert wird nur einmal berechnet, und zwar bevor er vor dem ersten Durchgang der Kontrollvariablen zugewiesen wird.

Schrittwert. Die by-Klausel ("um [...erhöhen]") enthält den Schrittwert diff. Zur Kontrollvariablen name wird nach jedem Durchgang, d. h. beim Erreichen der end-Anweisung, der Wert des Ausdrucks diff, der eine Zahl (keine Ganzzahl) ergeben muß, addiert. Wenn die by-Klausel fehlt, wird 1 addiert. Der Schrittwert wird nur einmal berechnet, und zwar bevor vor dem ersten Durchgang der Startwert zugewiesen wird.

Endwert. Die to-Klausel ("bis") enthält den Endwert ende, den die Kontrollvariable name nicht über- bzw. unterschreiten darf. Vor jedem Durchgang wird der Inhalt von name mit dem Wert des Ausdrucks ende, der eine Zahl (keine Ganzzahl) ergeben muß, verglichen. Die do-Schleife wird in folgenden Fällen beendet:

- wenn diff positiv und name größer ende ist,
- oder wenn diff negativ und name kleiner ende ist.

Wenn die to-Klausel fehlt, wird die do-Schleife wie eine Endlosschleife gehandhabt, mit dem Unterschied, daß die Kontrollvariable nach jedem Durchgang erhöht wird. Der Endwert wird nur einmal berechnet, und zwar bevor vor dem ersten Durchgang der Startwert zugewiesen wird.

Wiederholungen. Die Ausführung der Anweisungen in einer kontrollierten do-Schleife kann mit der for-Klausel ("für") auf anzahl Wiederholungen begrenzt werden. Der Ausdruck anzahl muß eine nichtnegative Ganzzahl ergeben. Eine kontrollierte do-Schleife mit for-Klausel verhält sich wie eine einfache do-Schleife, wenn die do-Schleife nicht vorher wegen Über-/Unterschreitung des Endwerts beendet wird. In diesem Fall werden die Anweisungen der do-Schleife anzahl mal ausgeführt, wobei die Kontrollvariable nach jedem Durchgang erhöht wird. Die Anzahl der Wiederholungen wird nur einmal berechnet, und zwar bevor vor dem ersten Durchgang der Startwert zugewiesen wird.

while-/until-Klausel. Die do-Anweisung kann um eine while- oder until-Klausel ergänzt werden. In diesem Fall wird die do-Schleife vorzeitig beendet, wenn die while- oder until-Bedingung erfüllt ist, bevor eine andere Endebedingung greift.

Kontrollierte end-Klausel. Wenn die end-Klausel name als Operand enthält, prüft der REXX-Interpreter, ob name mit der Kontrollvariablen in der do-Anweisung literal übereinstimmt, wobei jedoch Groß-/Kleinschreibung keine Rolle spielt. Beachten Sie, daß insbesondere bei Verbundvariablen keine Substitution stattfindet. Kontrollierte end-Klauseln gestatten es dem REXX-Interpreter, geschachtelte kontrollierte do-Schleifen automatisch zu überprüfen.

Hinweise:

- Die Reihenfolge der by-, to- und for-Klauseln ist beliebig. Sie werden in der angegebenen Reihenfolge ausgewertet.
- Die Ausdrücke start, diff, ende und anzahl werden nach den REXX-Standardregeln entsprechend der maximalen Anzahl Ziffernstellen, die mit numeric digits festgelegt werden, gerundet, so als würde die Zahl 0 auf das Ergebnis des Ausdrucks addiert.
- Die Kontrollvariable wird über den Namen referenziert. Wenn die Kontrollvariable eine Stammvariable ist, z. B. nummer.i, bewirkt die Änderung des Stammindexes, daß die Kontrollvariable durch eine andere Stammvariable ersetzt wird.
- Die aktuellen Einstellungen der numeric-Anweisung beeinflussen die Berechnung der Kontrollvariablen, die nach jedem Schleifendurchgang stattfindet.
- Innerhalb einer kontrollierten do-Schleife kann die Kontrollvariable geändert und dadurch die Anzahl der restlichen Wiederholungen der do-Schleife beeinflußt werden. Die Transparenz einer kontrollierten do-Schleife wird durch derartige Manipulationen negativ beeinflußt, weil man nicht mehr aus dem Schleifenkopf ersehen kann, wie oft der Schleifenkörper ausgeführt wird. Es gilt daher als guter Programmierstil, wenn man auf solche Manipulationen (in der Regel) verzichtet.

Bedingungsschleife

Eine Bedingungsschleife hat folgenden Aufbau:

```
do [wiederholung] [{WHILE | UNTIL} bedingung]
  [anweisung]...
end [name]
```

Eine der Bedingungsklauseln while ("solange") oder until ("bis") kann nach der Wiederholungsklausel wiederholung oder auch direkt nach dem Schlüsselwort do für sich allein stehen. Für die Auswertung der Bedingung bedingung in einer Bedingungsklausel gelten folgende Regeln:

- Bei einer while-Klausel wird bedingung nach der Auswertung der Wiederholungsklausel, aber vor dem Eintritt in den Schleifenkörper berechnet.
- Bei einer until-Klausel wird bedingung am Ende der Schleife, aber vor der Neuberechnung der Kontrollvariablen berechnet.

Die Berechnung von bedingung erfolgt mit den jeweils aktuellen Werten der Variablen, die in bedingung vorkommen. Das Ergebnis der Berechnung muß den logischen Wert 1 (wahr) oder 0 (falsch) ergeben, andere Werte führen zu REXX-Fehler 34. Die do-Schleife wird beendet,

- bei einer while-Klausel, wenn bedingung 0 (falsch) ergibt,
- bei einer until-Klausel, wenn bedingung 1 (wahr) ergibt.

Oder andersherum:

- Eine do-Schleife mit while-Klausel wird wiederholt, *solange* die while-Bedingung den Wert 1 (wahr) hat.
- Eine do-Schleife mit until-Klausel wird solange wiederholt, *bis* die until-Bedingung den Wert 1 (wahr) hat.

Schleifenkontrolle mit leave und iterate

Schleifenabbruch mit leave. Eine do-Schleife, aber nicht eine einfache do-Gruppe, kann mit der Anweisung leave unmittelbar beendet werden. Wenn kein Operand angegeben wird, wird die innerste do-Schleife beendet. Wenn als Operand der Name einer Kontrollvariablen angegeben wird, wird die zugehörige do-Schleife beendet und mit ihr alle inneren do-Schleifen.

Schleifenwiederholung mit iterate. In einer do-Schleife, jedoch nicht in einer einfachen do-Gruppe, kann mit der Anweisung iterate die Ausführung der Anweisungen im Schleifenkörper unmittelbar abgebrochen und dadurch der nächste Schleifendurchgang provoziert werden, so als wäre der Schleifenkörper bis zur end-Klausel durchlaufen worden.

Wenn kein Operand angegeben wird, wird der nächste Schleifendurchgang der innersten do-Schleife provoziert. Wenn als Operand der Name einer Kontrollvariablen angegeben wird, wird der nächste Schleifendurchgang der zugehörigen do-Schleife provoziert, alle inneren do-Schleifen werden beendet, so als ob eine entsprechende leave-Anweisung ausgeführt würde.

Hinweise

- In einer do-Anweisung sind in den Ausdrücken start, diff, ende, anzahl und bedingung die *Symbole* by, to, for, while und until verboten, weil sie sonst mit den gleichnamigen *Unterschlüsselwörtern* verwechselt werden könnten. Das Symbol forever ist nur direkt nach dem Schlüsselwort do verboten, da es sonst mit dem Unterschlüsselwort forever verwechselt werden könnte.
- Eine komplexe Anweisung wie do wird durch die Anweisungen return oder exit unbedingt abgebrochen. Außerdem werden alle anderen komplexen Anweisungen unterhalb der do-Anweisung abgebrochen.

anweisung	Beliebige Anweisung, Zuweisung oder beliebiger Befehl. Auch die komplexen Anweisungen if, select und weitere do-Anweisungen sind erlaubt.
anzahl	Nichtnegative Ganzzahl. Anzahl der Schleifendurchgänge.
bedingung	Beliebiger Ausdruck, der 0 oder 1 ergeben muß.
BY	Die Kontrollvariable name wird bei jedem Durchgang um diff erhöht.

diff	Beliebige Zahl. Wert, um den die Kontrollvariable name bei jedem Durchgang erhöht wird.
ende	Beliebige Zahl. Wenn die Kontrollvariable name diesen Wert überschreitet (diff positiv) bzw. unterschreitet (diff negativ), wird die Schleife beendet.
FOR	Der Schleifenkörper wird anzahl mal ausgeführt.
FOREVER	Der Schleifenkörper wird ewig ausgeführt.
name	Name der Kontrollvariablen.
start	Beliebige Zahl. Dieser Wert wird der Kontrollvariablen name vor dem ersten Schleifendurchgang zugewiesen.
TO	Der Schleifenkörper wird solange ausgeführt, bis die Kontrollvariable name den Wert ende überschreitet (diff positiv) bzw. unterschreitet (diff negativ).
UNTIL	Der Schleifenkörper wird solange ausgeführt, *bis* bedingung den Wert 1 (wahr) hat.
WHILE	Der Schleifenkörper wird ausgeführt, *solange* bedingung den Wert 1 (wahr) hat.

Beispiele

REXX-Anweisungen	**Erläuterung**

do; end
do; say "Hallo!"; end
 	
do
  name = "Justus"
  say "Hallo, "name
end
	<u>einfache do-Gruppe</u>:
	Die erste do-Gruppe ist leer und bewirkt gar nichts. Die zweite do-Gruppe führt eine Anweisung aus, so daß auf do...end auch verzichtet werden könnte. Die dritte do-Gruppe führt zwei Anweisungen aus, eine Zuweisung und eine Schlüsselwort-Anweisung.

do 0; say "Hallo!"; end
do 5; say "Hallo!"; end
 	
anzahl = 10
do anzahl
  name = "Justus"
  say "Hallo, "name
end
	<u>einfache do-Schleife</u>:
	Die erste do-Schleife führt die say-Anweisung gar nicht aus, die zweite do-Schleife führt die say-Anweisung fünfmal hintereinander aus. Die dritte do-Schleife führt die zwei Anweisungen im Schleifenkörper so oft aus, wie die Variable anzahl angibt, nämlich zehnmal.

do forever
  satz = linein(datei)
  if pos("$$$", satz) > 0
    then leave
end
 	
do forever,
until pos("$$$", satz) > 0
  satz = linein(datei)
end
	<u>Endlosschleife</u>:
	Die erste do-Schleife liest einen Satz aus einer Datei ein. Wenn der Satz die Zeichenfolge "$$$" enthält, wird die Schleife mit leave abgebrochen. Die Schleife wird also nur beendet, wenn sichergestellt ist, daß die Datei einen Satz mit "$$$" enthält.
	Die zweite do-Schleife hat die gleiche Wirkung wie die erste, der Abbruch wird allerdings durch eine until-Klausel gesteuert, die erst nach dem ersten Durchgang zum ersten Mal abgefragt wird. Dies ist wichtig, weil die Variable satz vor dem ersten Durchgang undefiniert ist. Dies ist auch der Grund, warum die while-Bedingung while pos("$$$", satz) = 0 nicht verwendet werden kann.

REXX-Anweisungen	Erläuterung
do i = 1; ... ; end i do i = -3 to 3; ... ; end i do i = -3 for 7; ... ; end i min = -3; max = 3; anzahl = 7 do i = min to max; ... ; end i do i = min for anzahl; ... ; end i	kontrollierte do-Schleife: Die erste do-Schleife bewirkt, daß der Schleifenkörper endlos ausgeführt wird, wenn die Schleife nicht durch leave, return oder exit beendet wird. Die beiden folgenden Schleifen werden siebenmal durchlaufen und zwar für i = -3, -2, -1, 0, 1, 2, 3. Dies wird einmal durch den Startwert -3 und die to-Klausel mit dem Endwert 3 bewirkt, das andere Mal durch den Startwert -3 und die for-Klausel mit 7 Wiederholungen. Die beiden letzten do-Anweisungen haben die gleiche Wirkung wie die zweite und dritte. Startwert, Endwert sowie die Anzahl der Wiederholungen werden jedoch durch die Variablen min, max bzw. anzahl angegeben.

do k = 2.5 by 0.5 for 10
  a = b * k
end k
 	
max = 5
do zahl = max by -1 to 0
  quadrat = zahl * zahl
  say zahl" ** 2 = "quadrat
end zahl
 	
do i = 1 while lines(datei) > 0
  satz.i = linein(datei)
end i
	kontrollierte do-Schleife:
	
	Die erste do-Schleife wird im ersten Durchgang mit k = 2.5 ausgeführt. Nach jedem Durchgang wird k um 0.5 (by 0.5) erhöht, bis 10 Durchgänge (for 10) erreicht sind.
	
	Die Kontrollvariable zahl der folgende Schleife wird mit dem Startwert max = 5 besetzt und in jedem Durchgang um 1 (by -1) vermindert, bis zahl kleiner als 0 (to 0) ist.
	
	Die dritte Schleife beginnt mit dem Startwert 1 für die Kontrollvariable i und erhöht diese nach jedem Durchgang um 1. i zählt also die Anzahl der mit linein(datei) im Schleifenkörper eingelesenen Sätze. Jeder eingelesene Satz wird einer Variablen des Variablenstamm satz. mit dem jeweiligen Index i zugewiesen. Wenn lines(datei) gleich 0 ist, d. h. wenn die Datei keine Sätze mehr enthält, greift die while-Klausel und die do-Schleife wird beendet.

Häufige Fehler

- Fehler in der logischen Struktur eines Programms, die durch falsch angeordnete end-Klauseln entstehen, lassen sich zumindest teilweise vermeiden, wenn die end-Klausel in kontrollierten do-Schleifen den Namen der Kontrollvariablen wiederholt.
- Komplizierte und vielfach geschachtelte do-Abfragen sind unübersichtlich und fehleranfällig. Eine verschachtelte do-Struktur sollte in der Regel auf *eine Bildschirmseite* passen, damit man sie noch halbwegs überschauen kann. Zur Entwirrung unübersichtlicher Strukturen, die sich häufig erst durch das Wachstum einer ursprünglich klaren und knappen Struktur ergeben, empfiehlt es sich, längere Anweisungsfolgen in *Unterprogramme* auszulagern.
- Die Ausdrücke anzahl, start, diff und ende werden nur *einmal* und zwar *vor* der Zuweisung des Startwertes an die Kontrollvariable berechnet. Daher entstehen Fehler, wenn durch Operationen im Schleifenkörper der Wert eines bereits ermittelten Ausdrucks im nachhinein "falsch" wird. Das folgende Beispiel zeigt einen solchen Fall:

```
do i = 1 to words(liste)
  if left(word(liste, i), 3) = "ins" then do
    liste = delword(liste, i, 1)
    i = i - 1
  end
end i
```

Wenn der then-Zweig der if-Abfrage ausgeführt wird, wird mit delstr ein Wort aus liste gelöscht. Der Ausdruck words(liste) nach der to-Klausel wurde aber vor dem ersten Eintritt in die do-Schleife berechnet und enthält daher die Anzahl der Wörter in liste, bevor ein Wort daraus gelöscht wurde. Der Schleifenkopf muß daher mit Hilfe einer while-Klausel umformuliert werden, da die Ausdrücke in while-Klauseln vor jedem Durchgang mit den aktuellen Variablenwerten berechnet werden:

```
do i = 1 to while i <= words(liste)...
```

Beachten Sie, daß die Kontrollvariable i um 1 vermindert werden muß, wenn ein Wort aus liste gelöscht wird, weil sonst im nächsten Durchgang nicht das nächste, sondern das übernächste Wort verarbeitet würde.

Anwendung

1	Zeichenfolgen, Wortlisten und Variablenstämme scannen
2	Stammvariablen in einen Variablenstamm einfügen
3	do-Schleifen mit optionalen Kontrollvariablen
4	Weitere Anwendungen

1. Zeichenfolgen, Wortlisten und Variablenstämme scannen

Wenn jedes einzelne Element einer Zeichenfolge, einer Wortliste oder eines Variablenstamms bearbeitet werden soll, kann man die folgenden Prototypen von kontrollierten do-Schleifen verwenden.

Zeichenfolge scannen (Beispiel):

```
do i = 1 to length(zeichenfolge)
  say substr(zeichenfolge, i, 1)
end i
```

Wortliste scannen (Beispiel):

```
do i = 1 to words(liste)
  say word(liste, i)
end i
```

Variablenstamm scannen (Beispiel):

```
do i = 1 to satz.0
  say satz.i
end i
```

Wir gehen in dem Beispiel davon aus, daß der Variablenstamm numerisch fortlaufend indiziert ist und satz.0 daher den größten Stammindex enthält.

2. Stammvariablen in einen Variablenstamm einfügen

Aufgabe: In einen Variablenstamm sollen ein oder mehrere Stammvariablen eingefügt werden. Die einzufügenden Stammvariablen werden in einer Zeichenfolge bereitgestellt, in der die Stammvariablen untereinander durch "00"x miteinander verkettet sind.

```
parse arg string, index
do i = 1 while string <> ""
  parse var string string.i "00"x string
```

```
end i
string.0 = i - 1
```

Mit parse arg werden die Zeichenfolge string mit den einzufügenden Stammvariablen und der Stammindex index eingelesen, nach dem die neuen Stammvariablen eingefügt werden sollen. In einer kontrollierten do-Schleife wird die übergebene Zeichenfolge string abgearbeitet, solange string ungleich der Nullzeichenfolge ist. Es wird dabei der Variablenstamm string. gebildet, der die einzufügenden Stammvariablen enthält. Nach Beendigung der do-Schleife wird die Anzahl der einzufügenden Stammvariablen in string.0 abgelegt.

```
do i = satz.0 to index + 1 by -1
  ziel = i + string.0
  satz.ziel = satz.i
end i
```

Bevor die neuen Stammvariablen in den Variablenstamm satz. eingefügt werden können, müssen zuerst die Stammvariablen nach oben verschoben werden, die dem Stammindex index folgen. Dies kann nur so vonstatten gehen, daß zuerst die Stammvariable mit dem höchsten Index verschoben wird und dann nacheinander die Stammvariablen mit den nächstniederen Indizes. Im Schleifenkopf wird daher die Kontrollvariable i mit dem Startwert satz.0, dem höchsten Index des Variablenstamms satz. geladen und bei jedem Durchgang um 1 vermindert. Die Schleife wird beendet, wenn i den Wert index + 1 erreicht hat, denn die Stammvariable mit diesem Index ist die letzte, die verschoben werden muß. Innerhalb der do-Schleife wird zuerst der Zielindex der Verschiebung errechnet, weil als Stammindex kein Ausdruck erlaubt ist. Anschließend wird die Stammvariable satz.i um string.0 Indexeinheiten nach oben verschoben.

```
do i = 1 to string.0
  index = index + 1
  satz.index = string.i
end i
satz.0 = satz.0 + string.0
```

In der letzten do-Schleife werden die einzufügenden Stammvariablen in den Variablenstamm satz. eingefügt. Die Schleife wird string.0 mal durchlaufen, also entsprechend der Anzahl der einzufügenden Stammvariablen. Der Stammindex, nach dem die jeweils neue Stammvariable string.i eingefügt werden soll, wird jedesmal um 1 erhöht. Dann wird der jeweiligen Stammvariablen satz.index die jeweilig aktuelle neue Stammvariable string.i zugewiesen. Am Ende wird der höchste Stammindex des Variablenstamms satz. in satz.0 um die Anzahl string.0 der einzufügenden Stammvariablen erhöht.

3. **do-Schleifen mit optionalen Kontrollvariablen**

Leider kann die kontrollierte end-Klausel, also eine end-Klausel, die die Kontrollvariable einer kontrollierten do-Schleife referenziert, naturgemäß nur dann verwendet werden, wenn die do-Schleife eine Kontrollvariable enthält. Bei allen anderen Schleifen kann man daher die kontrollierte end-Klausel nicht anwenden. Bei *while- oder until-Schleifen* kann man sich behelfen, indem man eine Pseudovariable einführt:

```
do i = 0 while lines(datei) > 0
  say linein(datei)
end i
```

Die Pseudovariable i wird im Schleifenkörper nicht verwendet. Sie wird auch nicht dazu benutzt, um im Schleifenkopf mit einer to-Klausel den Endwert der Variablen zu begrenzen. Daher dient die Kontrollvariable i nur dazu, in der end-Klausel die Zugehörigkeit von do und end zu kontrollieren. *Einfache do-Schleifen*, z. B.

```
do 12; ...; end
```

können leicht in kontrollierte do-Schleifen umgewandelt werden, indem man eine Pseudovariable einführt und die Anzahl der Wiederholungen in der for-Klausel angibt, z. B.

```
do i = 0 for 12; ...; end i
```

Natürlich kann man stattdessen auch die folgende do-Anweisung hinschreiben:

```
do i = 1 to 12; ...; end i
```

In ähnlicher Weise kann eine Endlosschleife, z. B.

```
do forever; ...; end
```

durch eine kontrollierte do-Schleife mit einer Pseudovariablen ersetzt werden, z. B.

```
do i = 0; ...; end i
```

Lediglich für einfache do-Gruppen gibt es keinen Trick, um die Kontrolle der end-Klausel zu erzwingen.

4. Weitere Anwendungen

Die folgenden Programmfragmente wurden realen Programmen entnommen. Es ist nicht wichtig, zu verstehen, was diese Anweisungssequenzen tun, Sie sollten lediglich die logische Struktur beachten.

- Die externe Warteschlange wird zeilenweise ausgelesen und auf dem Bildschirm angezeigt. queued() wird nur einmal vor dem ersten Eintritt in die do-Schleife berechnet, so daß die Schleife so oft durchlaufen wird, wie die Warteschlange Zeilen enthält.

```
do queued()
  parse pull satz
  call lineout datei, satz
end
```

- Das interne Unterprogramm edbcxhlp_disp wird so lange aufgerufen, wie die doppelt ge-undete Bedingung den Wert 1 (wahr) ergibt.

```
do while zcont <> "_" & zcont <> lzcont & disp_rc = 0
  call edbcxhlp_disp
end
```

- Der to-Wert der äußeren do-Schleife ist ein Ausdruck, der aus einer Stammvariablen besteht, die ganzzahlig durch 220 dividiert wird. Die Kontrollvariable k der inneren do-Schleife erhält den Startwert g + 1. Wenn k den Wert des Ausdrucks g + 110 überschreitet, wird die Schleife beendet.

```
do i = 0 to liste.0 % 220
  g = i * 220
  do k = g + 1 to g + 110
    ...
  end k
end i
```

- Die Wortliste tab besteht aus paarweise zueinander gehörenden Wörtern. Bei jedem Schleifendurchgang wird ein Wortpaar verarbeitet. Daher ist die Anzahl der Durchgänge auf die halbe Anzahl der Wörter in tab begrenzt.

```
do i = 1 to words(tab) / 2
  num = num word(tab, i * 2) word(tab, i * 2 - 1)
end i
```

- Der Startwert der do-Schleife wird durch die interne Funktion datum_tagnummer berechnet. Der Endwert wird über drei verschachtelte Funktionsaufrufe ermittelt.

```
do daynr = datum_tagnummer("1."mper),
to datum_tagnummer(word(daymontab(jahr), monat)"."mper)
  ...
end daynr
```

- Die Zeichenfolge string besteht aus keiner oder beliebig vielen Zeichenfolgen, die jeweils durch "00"x abgeschlossen sind. Solange string ungleich der Nullzeichenfolge ist, wird mit parse eine Teilfolge abgetrennt und in der i-ten Stammvariablen des Variablenstamms string. gespeichert. Gleichzeitig wird der Rest der ursprünglichen Zeichenfolge string dieser wieder zugewiesen.

```
do i = 1 while string <> ""
  parse var string string.i "00"x string
  if length(string.i) > 250 then string.i = left(string.i, 250)
end i
```

drop

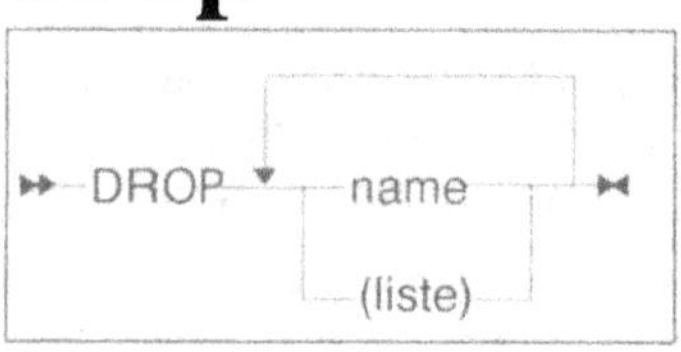

Siehe auch: Fehlerbedingungen; symbol; Variablenname, abgeleiteter.

Die Anweisung drop (aufheben) hebt die Definition von Variablen auf, d. h. die Variablen werden wieder in den nicht initialisierten Zustand versetzt. Wenn eine aufgehobene Variable wieder referenziert wird, wird der abgeleitete Variablenname substituiert. Die eingebaute SAA-Funktion symbol liefert für eine aufgehobene Variable den Wert "LIT", während eine initialisierte Variable den Wert "VAR" liefert. Wenn eine aufgehobene Variable referenziert wird, wird wie bei einer nicht initialisierten Variablen die Novalue-Fehlerbedingung festgestellt.

Hauptliste. Die Namen der aufzuhebenden Variablen werden in einer leerstellengetrennten Liste, der Hauptliste, angegeben. An die Stelle eines Variablennamens kann in dieser Liste auch ein Aufruf der value-Funktion, der einen Variablennamen ergibt, oder der eingeklammerte Name einer Hilfsliste treten, die wie die Hauptliste aufgebaut ist. Die Hilfsliste darf jedoch nicht selbst weitere Hilfslisten referenzieren.

name ist ein Symbol, das einen gültigen Variablennamen bezeichnet. Wenn der Name eines Variablenstamms, z. B. satz. angegeben wird, wird die Definition aller Variablen des Variablenstamms aufgehoben, z. B. sind nach drop satz. die Stammvariablen satz.0, satz.1327.neu und satz.min aufgehoben, aber auch alle anderen Variablen, die mit satz. beginnen.

Hilfsliste. liste ist der Name einer Hilfsliste, die im Prinzip wie die Hauptliste aufgebaut sein muß. Sie darf jedoch nicht selbst weitere Hilfslisten referenzieren. Eine Hilfsliste kann aus keinem, einem oder mehreren Symbolen bestehen, die gültige Variablennamen bezeichnen. Der Name der Hilfsliste muß in runde Klammern eingeschlossen sein. Leerstellen nach der öffnenden und vor der schließenden Klammer sind erlaubt.

Eine Hilfsliste kann vor der Ausführung der drop-Anweisung beliebig manipuliert werden; die drop-Anweisung selbst kann zur Ausführungszeit nur manipuliert werden, wenn sie unter der Kontrolle der iterate-Anweisung ausgeführt wird.

Besonderheiten. Die Variablen werden in der angegebenen Reihenfolge von links nach rechts aufgehoben. Die Abarbeitungsreihenfolge ist in den folgenden Fällen von Bedeutung:

- Wenn in einer Liste eine Variable aufgehoben wird, die in dem Namen einer anderen aufzuhebenden Variablen vorkommt.

  Falsch: drop i name.i

  Richtig: drop name.i i

- Wenn Variablen einer Namensliste und die Namensliste selbst aufgehoben werden sollen. In diesem Fall darf der Name der Namensliste natürlich erst nach dem eingeklammerten Namen der Namensliste in der drop-Anweisung erscheinen oder in der Namensliste selbst.

  Falsch: liste = "a b c"; drop liste (liste)

  Richtig: liste = "a b c"; drop (liste) liste

  Oder: liste = "liste a b c"; drop (liste)

Das mehrfache Vorkommen einer Variablen in einer drop-Anweisung führt nicht zum Fehler. Variablen, die in einem Unterprogramm mit der expose-Klausel exponiert wurden, werden auch mit Wirkung für den Aufrufer aufgehoben, andernfalls hat die Aufhebung nur lokale Wirkung für das Unterprogramm und die von diesem aufgerufenen Unterprogramme.

liste — Name einer Wortliste mit Symbolen, die gültige Variablennamen bezeichnen. liste muß in runde Klammern eingeschlossen werden.

name — Name eines Symbols, das einen gültigen Variablennamen bezeichnet.

Beispiele

REXX-Anweisungen	Erläuterung
drop drop anzahl drop anzahl□laenge.3 drop anzahl□□□satz.□ ...laenge	Die erste drop-Anweisung führt zu REXX-Fehler 20, da mindestens ein Variablen- oder ein Listenname erwartet wird. Die zweite drop-Anweisung hebt die Variable anzahl auf, die dritte hebt die Variablen anzahl und laenge.3 auf und die vierte die Variable anzahl, alle Variablen des Variablenstamms satz. und die Variable laenge.

REXX-Anweisungen	Erläuterung
liste1 = "" liste2 = "□anzahl□" liste3 = "□anzahl□satz. ...□laenge□" drop (liste1) drop (liste2)□laenge drop anzahl□(□liste3□)	Die erste drop-Anweisung ist zwar erlaubt, bewirkt aber gar nichts, da liste1 die Nullzeichenfolge enthält. Die zweite drop-Anweisung hebt die Variablen anzahl und laenge auf, die dritte hebt die Variable anzahl, alle Variablen des Variablenstamms satz. und die Variable laenge auf. Das doppelte Vorkommen der Variablen anzahl als selbständiger Variablenname und in liste3 ist unschädlich.
vorname = "Lion" var = "vorname" drop value(var)	value(var) ergibt den Inhalt von var, nämlich vorname. Daher wird die Variable vorname aufgehoben (die Variable var bleibt bestehen).

Anwendung

Stammvariable in einem Variablenstamm löschen

Aufgabe: In dem numerisch fortlaufend indizierten Variablenstamm satz. soll die Variable satz.3 gelöscht werden. satz.0 enthält den höchsten bisherigen Stammindex.

```
satz.0 = satz.0 - 1
do i = 3 to satz.0
  next = i + 1
  satz.i = satz.next
end i
drop satz.i
```

Zunächst vermindern wir den bisherigen höchsten Stammindex satz.0 um 1. In der do-Schleife verschieben wir alle Stammvariablen ab dem Index 4 um 1 nach unten. Dadurch wird die bisherige Stammvariable satz.3 mit dem Inhalt von satz.4 überschrieben usw. Die Definition der letzten bisherigen Stammvariablen wird mit drop satz.i aufgehoben (i enthält nach Verlassen der do-Schleife den um 1 erhöhten to-Wert, nämlich satz.0). *Siehe auch:* delstem.

dropbuf

```
▸▸–DROPBUF─┬──────────┬─▸◂
           │          │
           └─nummer───┘
```

Siehe: Warteschlange, TSO. *Geltung:* Alle MVS-Adreßumgebungen.

Der TSO/E REXX-Befehl dropbuf (drop buffer = Puffer entfernen) löscht ein oder mehrere mit makebuf angelegte, aufeinanderfolgende Warteschlangenpuffer und gibt in der speziellen Variablen rc einen Rückkehrcode zurück:

- Wenn nummer fehlt, wird der zuletzt angelegte Warteschlangenpuffer mit allen seinen Elementen gelöscht. Falls kein Puffer angelegt wurde, wird der Inhalt des Standardpuffers (Puffer 0) gelöscht.
- Wenn nummer angegeben wird, muß nummer gleich 0 oder eine positive Ganzzahl sein und einen existierenden Warteschlangenpuffer bezeichnen.
  - Wenn nummer größer 0 ist, werden der Puffer mit der Nummer nummer sowie alle Puffer mit einer höheren Nummer (sofern vorhanden) gelöscht.

- Wenn nummer gleich 0 ist, werden alle angelegten Puffer und der Inhalt des Standardpuffers (Puffer 0) gelöscht, d. h. es wird die gesamte Warteschlange gelöscht.

Zukünftige Warteschlangenmanipulationen mit den Anweisungen parse pull, pull, push und queue beziehen sich auf den Vorgänger des gelöschten Puffers mit der niedrigsten Nummer bzw. auf den Standardpuffer (Puffer 0).

Die mit makebuf angelegten Puffer gelten in dem REXX-Programm oberster Stufe und in allen seinen Unterprogrammen. Dabei spielt es keine Rolle, auf welcher Programmebene ein Puffer angelegt wurde. In gleicher Weise können daher auch ein oder mehrere Puffer mit dropbuf auf allen Programmebenen gelöscht werden.

Rückkehrcodes

dropbuf liefert die folgenden Rückkehrcodes in der speziellen Variablen rc.

rc	Bedeutung
0	Normales Ende.
1	Die Puffernummer nummer ist keine gültige Zahl, z. B. "ABC".
2	Es existiert kein Puffer mit der Nummer nummer.

Hinweis: Die TSO/E REXX-Befehl makebuf legt einen neuen Warteschlangenpuffer an und qbuf liefert die Anzahl der mit makebuf angelegten Puffer in der aktuellen Warteschlange.

nummer — Nichtnegative Ganzzahl. Nummer eines existierenden Warteschlangenpuffers, der zusammen mit seinen Nachfolgern gelöscht werden soll.

Beispiele

Siehe: makebuf.

ebc2asc

```
▸▸ EBC2ASC() ▸◂
```

Siehe auch: asc2ebc.

Die externe Funktion ebc2asc ("EBCDIC t[w]o ASCII") gibt eine 256stellige Zeichenfolge zurück. Sie enthält die ASCII-Codes für die EBCDIC-Codes von 0-255, und zwar in der gleichen Reihenfolge. Die Funktion benötigt keine Parameter.

Anwendung

Zeichenfolgen vom EBCDIC-Code in den ASCII-Code übersetzen

Die Funktion ebc2asc wird dazu verwendet, um Zeichenfolgen im EBCDIC-Code in den ASCII-Code zu übersetzen. Im folgenden Beispiel wird die Zeichenfolge in text1 zuerst aus dem EBCDIC-Code in den ASCII-Code übersetzt und dann mit Hilfe der Zwillingsfunktion asc2ebc wieder in den EBCDIC-Code zurückübertragen, so daß text2 den gleichen Inhalt hat wie text1.

```
text1 = "Sein Blick ist vom Vorübergehn der Stäbe so müd geworden"
text2 = translate(text1, ebc2asc())
text2 = translate(text2, asc2ebc())
```

➔ text2: "Sein Blick ist vom Vorübergehn der Stäbe so müd geworden"

Der erste Parameter im Aufruf der translate-Funktion bezeichnet die Zeichenfolge, die übersetzt werden soll, text1 bzw. text2. Der zweite Parameter gibt die Ausgabetabelle an. Dies sind hier die Übersetzungstabellen, die von ebc2asc() bzw. asc2ebc() geliefert werden. Wenn der dritte Parameter für die Eingabetabelle weggelassen wird, gelten standardmäßig alle Zeichen von "00"x bis "ff"x als Eingabetabelle.

Die translate-Funktion sucht jedes Zeichen aus text1 bzw. text2 in der Eingabetabelle. Anhand der gefundenen Positionsnummer wird dann das entsprechende Zeichen aus der Ausgabetabelle abgegriffen.

Ein-/Ausgabe, TSO

Siehe: Dateibezeichnung, TSO; Ein-/Ausgabe, Zeichenströme; Warteschlange.

Das Ein-/Ausgabemodell von REXX ist ab *REXX Level 2* (verfügbar unter OS/2 und PC-DOS) zeichenorientiert.

Unter *REXX TSO/E Level 1* werden sequentielle Dateien einschließlich GDGsund PDS-Dateien sowie die Zeichenströme Standardeingabe und Standardausgabe unterstützt. VSAM-Dateien werden nicht unterstützt.

Außerdem stellt REXX die externe REXX-Warteschlange zur Verfügung, die zur Kommunikation zwischen Programmen, aber auch zur Ein-/Ausgabe von Dateien verwendet wird. Warteschlangen werden hier nur hinsichtlich der Ein-/Ausgabe von Dateien behandelt.

Anmerkungen:

- PDS: Partitioned Data Set, VSAM: Virtual Storage Access Method, GDG: Generation Data Group
- Im folgenden sprechen wir allgemein von Dateien, wenn sequentielle Dateien oder PDS-Member gemeint sind. Wenn der Unterschied von Bedeutung ist, weisen wir ausdrücklich darauf hin.

Dateien lesen

Lesen. Zum Lesen von Dateien steht der TSO/E REXX-Befehl execio zur Verfügung:

```
EXECIO anzahl DISKR[U] ddname [nummer]
([FINIS] [{LIFO I FIFO I SKIP} I STEM stamm])
```

Mit dem Operanden diskr wird in einer Datei ab der aktuellen Leseposition ein Satz, eine bestimmte Anzahl von Sätzen oder der Rest der Datei gelesen. Mit dem Operanden diskru kann eine Datei genauso wie mit diskr gelesen werden. Der jeweils zuletzt mit diskr oder diskru gelesene Satz einer mit diskru geöffneten Datei kann jedoch geändert und satzweise mit diskw zurückgeschrieben werden.

diskr: disk read = von Platte lesen, diskru: disk read and update = von Platte lesen und auf Platte ändern

Anzahl Sätze. Der Parameter anzahl muß entweder eine nichtnegative Ganzzahl sein oder ein Stern (*) als Platzhalterzeichen in der Bedeutung *alle restli-*

chen Sätze. Wenn anzahl gleich 0 ist, wird nichts gelesen, wenn die Datei jedoch eröffnet und die Option finis angegeben ist, wird die Datei geschlossen. Wenn anzahl größer als die Anzahl der restlichen Sätze in der Datei ist, werden nur die restlichen Sätze zurückgegeben und der Rückkehrcode wird auf 2 (Dateiende erreicht) gesetzt.

Schreib-/Leseposition. diskr und diskru merken sich die aktuelle Leseposition, die bei einer mit diskru eröffneten Datei mit der Schreibposition für diskw übereinstimmt. Die Leseposition wird beim ersten execio-Befehl für eine Datei standardmäßig auf den ersten Satz gesetzt, wenn nicht ausdrücklich mit nummer die Nummer eines Satzes angegeben wird, auf den die Datei positioniert werden soll. Auch bei allen folgenden execio-Befehlen kann angegeben werden, ab welchem Satz gelesen werden soll, jedoch muß nummer größer oder gleich der aktuellen Leseposition sein.

Jede Leseoperation mit execio erhöht die Leseposition um die Anzahl der gelesenen Sätze. Wenn anzahl 0 ist, wird nichts gelesen, wenn die Datei jedoch eröffnet und die Option finis angegeben ist, wird die Datei geschlossen. Die Option skip gestattet es, die Leseposition um anzahl Sätze zu erhöhen, ohne Sätze zu lesen.

Dateiende. Wenn für anzahl ein Stern angegeben wird, wird die Leseposition auf das Dateiende gesetzt und als Rückkehrcode 0 zurückgeliefert. Wenn die Anzahl der gewünschten Sätze nicht eingelesen werden kann, weil vorher das Dateiende erreicht wird, werden zwar die restlichen Sätze der Datei gelesen, aber es wird der Rückkehrcode 2 (Dateiende erreicht) zurückgeliefert.

Standardeingabestrom. Der Standardeingabestrom kann zeilenweise mit den Anweisungen pull und parse pull eingelesen werden, wenn die externe Warteschlange leer ist, andernfalls wird die externe Warteschlange gelesen. pull ist identisch mit parse upper pull, d. h. die eingelesenen Zeichen werden in Großbuchstaben umgewandelt, parse pull hingegen läßt die eingelesenen Zeichen unverändert.

Der Standardeingabestrom ist unter TSO/E im Vordergrund das Terminal, im Hintergrund der Eingabestrom mit dem DD-Namen SYSTSIN. Letzteres trifft standardmäßig auch in Nicht-TSO/E-Adreßumgebungen zu, sofern der DD-Name SYSTSIN nicht umdefiniert wurde. Wenn die Datei mit dem DD-Namen SYSTSIN leer ist, wird die Nullzeichenfolge zurückgeliefert.

Dateien schreiben

Schreiben. Zum Schreiben von Dateien steht der TSO/E REXX-Befehl execio zur Verfügung:

```
EXECIO anzahl DISKW ddname ([STEM stamm] [FINIS])
```

Mit dem Operanden diskw wird ab der aktuellen Schreibposition eine bestimmte Anzahl von Sätzen aus dem Variablenstamm stamm oder aus der externe Warteschlange in eine Datei geschrieben. Der jeweils zuletzt mit diskr oder diskru gelesene Satz einer mit diskru geöffneten Datei kann geändert und satzweise mit diskw zurückgeschrieben werden.

diskw: disk write = auf Platte schreiben

Anzahl Sätze. Der Parameter anzahl muß entweder eine nichtnegative Ganzzahl sein oder ein Stern (*) als Platzhalterzeichen in der Bedeutung *alle Sätze des Variablenstamms* stamm oder *die vollständige Warteschlange*. Wenn anzahl gleich 0 ist, wird nichts geschrieben, wenn die Datei jedoch eröffnet und die Option finis angegeben ist, wird die Datei geschlossen. Wenn anzahl größer als die Anzahl der Sätze des Variablenstamms stamm bzw. der Warteschlange ist, werden nur die vorhandenen Sätze geschrieben.

Schreib-/Leseposition. diskr und diskru merken sich die aktuelle Schreibposition, die bei einer mit diskru eröffneten Datei mit der Leseposition übereinstimmt. Die Schreibposition wird beim ersten execio-Befehl für ein PDS-Member, das mit der Disposition SHR allokiert werden muß, standardmäßig auf den ersten Satz gesetzt. Bei einer sequentiellen Datei, die mit der Disposition OLD oder NEW allokiert wurde, wird ebenfalls auf den ersten Satz positioniert. Wenn eine sequentielle Datei mit der Disposition MOD allokiert wurde, wird die Datei auf das Dateiende positioniert.

Jede Schreiboperation mit execio erhöht die Schreibposition um die Anzahl der geschriebenen Sätze. Wenn anzahl 0 ist, wird nichts geschrieben, wenn die Datei jedoch eröffnet und die Option finis angegeben ist, wird die Datei geschlossen.

Erweitern. Wenn eine sequentielle Datei mit MOD allokiert wird, werden die geschriebenen Sätze an das Ende der Datei angehängt. Ein PDS-Member kann auf diese Art nicht erweitert werden. Es muß zuerst eingelesen und dann erweitert zurückgeschrieben werden.

Überschreiben. Wenn eine sequentielle Datei überschrieben werden soll, muß sie mit der Disposition OLD allokiert werden. Wenn ein PDS-Member überschrieben werden soll, genügt es, das Member zu schreiben, da es dann in jedem Fall gelöscht und neu geschrieben wird.

Standardausgabestrom. Der Standardausgabestrom kann zeilenweise mit der Anweisung say geschrieben werden. Der Standardausgabestrom ist unter TSO/E im Vordergrund das Terminal, im Hintergrund der Ausgabestrom mit dem DD-Namen SYSTSPRT. Letzteres trifft standardmäßig auch in Nicht-TSO/E-Adreßumgebungen zu, sofern der DD-Name SYSTSPRT nicht umdefiniert wurde.

Dateien ändern

Da Lese- und Schreibposition identisch sind, können Lese- und Schreibvorgänge beliebig miteinander vermischt werden, wenn eine Datei mit dem Operanden diskru eröffnet wurde. Nur der jeweils zuletzt mit diskr oder diskru gelesene Satz einer mit diskru geöffneten Datei kann geändert und satzweise mit diskw zurückgeschrieben werden.

Wenn der geänderte Satz größer als der ursprüngliche Satz ist, wird er trotzdem nur in der ursprünglichen Länge zurückgeschrieben. Ist der geänderte Satz kürzer als der ursprüngliche Satz, wird er mit Leerstellen bis zur ursprünglichen Länge aufgefüllt.

Öffnen und Schließen von Dateien

Das Öffnen und Schließen von Dateien erfolgt weitgehend automatisch. Durch den ersten Aufruf einer Lese- oder Schreiboperation wird eine Datei eröffnet, auch wenn anzahl = 0 ist, und bei Programmende automatisch wieder geschlossen. Wenn eine Datei nach der Verarbeitung z. B. mit TSO-Befehlen oder ISPF-Services weiterverarbeitet werden soll, muß sie vorher geschlossen werden, weil sonst ein Zugriffskonflikt entstehen kann. Zum expliziten Schließen einer Datei muß execio mit der Option finis aufgerufen werden, dabei kann anzahl auch gleich 0 sein.

Anweisungen

Die folgende Tabelle gibt eine Übersicht über die Anweisungen, die die Ein-/Ausgabe von Zeichenströmen unterstützen.

Aufruf	Wirkung
PARSE [UPPER] PULL schablone	zerlegt die nächste Zeile der externen Warteschlange bzw. des Standardeingabestroms
PULL [schablone]	liefert die nächste Zeile der externen Warteschlange bzw. des Standardeingabestroms in Großbuchstaben
SAY zeichenfolge	gibt eine Zeichenfolge in den Standardausgabestrom aus

TSO/E REXX-Befehle

Die folgende Tabelle gibt eine Übersicht über die TSO/E REXX-Befehle, die die Ein-/Ausgabe von Dateien unterstützen. Legende: *siehe* Befehle - Übersicht.

*	Aufruf	Wirkung
t	EXECIO anzahl DISKR ddname [nummer] ([FINIS] [{LIFO I FIFO I SKIP} I STEM stamm])	öffnet eine Datei zum Lesen und schließt sie, liest Sätze in einen Variablenstamm oder die Warteschlange oder überspringt sie
t	EXECIO anzahl DISKRU ddname [nummer] ([FINIS] [{LIFO I FIFO I SKIP} I STEM stamm])	öffnet eine Datei zum Lesen und Ändern und schließt sie, liest Sätze in einen Variablenstamm oder die Warteschlange oder überspringt Sätze
t	EXECIO anzahl DISKW ddname ([FINIS] [STEM stamm])	öffnet eine Datei zum Schreiben und schließt sie, schreibt Sätze aus einem Variablenstamm oder der Warteschlange

Hilfsfunktionen

Allokieren und Freigeben. Bevor Dateien mit execio bearbeitet werden können, müssen sie allokiert werden. Die Allokierung erfolgt unter TSO/E im Vordergrund mit dem TSO-Befehl allocate. GDG-Generationen können mit allocate ebenfalls verarbeitet werden, wenn keine relativen Dateinamen, z. B. pvw.dumps.save(-3), verwendet werden, sondern absolute Dateinamen, z. B. pvw.dumps.save.g00025v00. Im Hintergrund und in Nicht-TSO/E-Adreßumgebungen erfolgt die Allokierung durch eine DD-Anweisung. Unter TSO/E muß eine Datei im Vordergrund nach dem Schließen mit dem TSO-Befehl free wieder freigegeben werden.

TSO-Befehle. Andere TSO-Befehle, z. B. der Befehl listcat, stellen weitere Hilfsfunktionen für die Dateiverarbeitung bereit. Mit der TSO/E REXX-Funktion outtrap wird die Ausgabe von TSO-Befehlen in einen Variablenstamm umgelenkt.

TSO/E-Funktionen. Mit der TSO/E-Funktion sysdsn kann die Existenz einer Datei oder eines PDS-Members getestet bzw. der Status einer Datei oder eines PDS-Members ermittelt werden. Die TSO/E-Funktion listdsi liefert ausführliche Angaben über eine sequentielle Datei oder ein PDS.

ISPF-Services. Die ISPF-Services stellen eine Vielzahl von Befehlen zur Verfügung, mit denen Dateien manipuliert werden können. Dazu gehören die befehle browse, edit und die lm...-Befehle. Da execio beim Schreiben eines Members keine ISPF-Statistik ausgibt, kann man lmmstats zur nachträglichen Generierung der ISPF-Statistik verwenden.

Editmakros. Mit Editbefehlen können Dateien in Editmakros verarbeitet werden. Editmakros sind besonders hilfreich, um komplexe Aufgaben wie Suchen, Ersetzen und Sortieren einfach zu lösen.

TSO/E-Funktionen

Die folgende Tabelle gibt eine Übersicht über die TSO/E-Funktionen, die die Ein-/Ausgabe von Dateien unterstützen. Legende: *siehe* Funktionen - Übersicht.

*	Aufruf	Wirkung
t	LISTDSI({datei [VOLUME(serial) I PREALLOC] I ddname FILE} [DIRECTORY I NODIRECTORY] [RECALL I NORECALL])	liefert Angaben über eine Datei
t	SYSDSN(datei)	prüft die Existenz oder liefert den Status einer Datei oder eines PDS-Members

Ein-/Ausgabe, Zeichenströme

Siehe auch: Dateibezeichnung, DOS und OS/2; Ein-/Ausgabe, TSO; Warteschlange.

Das Ein-/Ausgabemodell von REXX ist ab *REXX Level 2* (verfügbar unter OS/2 und PC-DOS) zeichenorientiert. Die Ein- oder Ausgabe besteht aus einer Reihe aufeinanderfolgender Zeichen, die zeichenweise eingelesen oder ausgegeben werden. Dabei können spezielle Zeichen plattformabhängig als Zeilenendezeichen interpretiert werden. In diesem Fall wird der Ein-/Ausgabestrom als eine Folge aufeinanderfolgender Sätze oder Zeilen variabler Länge betrachtet, er verliert dadurch aber nicht seinen zeichenorientierten Charakter, da der Strom nach wie vor zeichenweise manipuliert werden kann.

Zusätzlich zu den zeichenorientierten Ein-/Ausgabeströmen stellt REXX die externe REXX-Warteschlange zur Verfügung, die zur Kommunikation zwischen Programmen Verwendung findet und hier nicht behandelt wird.

Unter *REXX Level 1* stehen für TSO/E andere Modelle der Ein-und Ausgabe zur Verfügung, die die dort verfügbaren Dateitypen unterstützen.

Zeichenströme

Zeichenströme können aus verschiedenen Quellen hereinströmen oder zu verschiedenen Zielen hinausströmen. Neben Benutzerschnittstellen wie Tastatur und Bildschirm können u. a. Dateien, serielle Schnittstellen, Drucker und Netzwerke Quelle und/oder Ziel von Zeichenströmen sein. Demnach lassen sich Zeichenströme in zwei Kategorien unterteilen:

- Zeichenströme können *permanent* (statisch, dauerhaft) sein, z. B. Dateien, die auf der Platte gespeichert werden.
- Zeichenströme können *transient* (dynamisch, vorübergehend) sein, z. B. Eingaben, die über die Tastatur hereinkommen, oder Daten, die über ein serielle Schnittstelle gesendet oder empfangen werden.

Wir unterscheiden weiterhin unbenannte und benannte Zeichenströme:

- *Unbenannte* Zeichenströme sind die Standardeingabe (stdin:) und die Standardausgabe (stdout:). Normalerweise sind dies die Tastatur und der Bildschirm, aber beide Ströme können unter den unterstützten Plattformen umgelenkt werden. Die Standardzeichenströme werden verwendet, wenn in den entsprechenden Ein-/Ausgabefunktionen der Name des Zeichenstroms ausgelassen wird.
- *Benannte* Zeichenströme sind Dateien, unter OS/2 auch benannte Pipes und Geräte. Dateien werden durch ihre Dateibezeichnung benannt und benannte Pipes nach den OS/2-Namenskonventionen. Unter OS/2 sind u. a. die folgenden Gerätenamen zulässig:

COM1:, COM2:	Serielle Schnittstellen
CON:	Bildschirm, Ein-/Ausgabe
KBD:	Tastatur
LPT1:, LPT2:	Drucker
PRN:	Aktueller Standarddrucker
STDERR:	Standardfehlerausgabe
STDIN:	Standardeingabe
STDOUT:	Standardausgabe
QUEUE:	externe REXX-Warteschlange

Zeichenströme lesen

Lesen. Zum Lesen von Zeichenströmen stehen die folgenden Anweisungen bzw. Funktionen zur Verfügung:

- Benannte Eingabeströme und der Standardeingabestrom können mit der Funktion charin zeichenweise oder mit der Funktion linein zeilenweise gelesen werden. Mit den Funktionen rxgetkey bzw. sysgetkey kann ein Zeichen bzw. eine Taste eingelesen werden.

- Der Standardeingabestrom kann zeilenweise mit den Anweisungen pull und parse pull eingelesen werden, wenn die externe Warteschlange leer ist, andernfalls wird die externe Warteschlange gelesen. pull ist identisch mit parse upper pull, d. h. die eingelesenen Zeichen werden in Großbuchstaben umgewandelt, parse pull hingegen läßt die eingelesenen Zeichen unverändert.
- Die Anweisung parse linein kann dazu verwendet werden, um Zeilen unbedingt vom Standardeingabestrom einzulesen, ohne Rücksicht darauf, ob die externe Warteschlange gefüllt ist oder nicht.
  Hinweis: pull und parse pull haben vor parse linein den Vorzug, daß die manuelle Eingabe über den Standardeingabestrom leicht durch die automatische Eingabe aus der externen Warteschlange ersetzt werden kann.
- Unter OS/2 können Erweiterte Attribute einer Datei mit der Dienstprogrammfunktion sysgetea eingelesen werden.

Schreib-/Leseposition. Bei transienten Zeichenströmen wird keine Schreib-/Leseposition geführt. Bei permanenten Zeichenströmen merkt sich der REXX-Interpreter die aktuelle Leseposition, die unter DOS und OS/2 mit der Schreibposition übereinstimmt. Die Leseposition wird beim ersten charin-Aufruf standardmäßig auf das erste Zeichen gesetzt, wenn nicht ausdrücklich eine andere Leseposition angegeben wird. Auch bei allen folgenden charin-Aufrufen kann angegeben werden, ab welcher Position gelesen werden soll.

Jede Leseoperation mit charin erhöht die Leseposition um die Anzahl der gelesenen Zeichen. charin(*datei, pos,* 0), charout(*datei,, pos*) und stream(*datei,* "command", "seek") gestatten es, die Leseposition, also die Nummer des nächsten zu lesenden Zeichens, zu verändern ohne Zeichen zu lesen.

Die Leseposition wird beim ersten linein-Aufruf standardmäßig auf die erste Zeile gesetzt. Bei späteren Aufrufen der linein-Funktion kann lediglich angegeben werden, daß wieder ab Zeile 1 gelesen werden soll, eine beliebige Startzeilennummer kann nicht vorgegeben werden, jedoch kann die Leseposition jederzeit mit charin oder charout verändert werden. Die stream-Funktion bietet keine Möglichkeit, die Leseposition auf eine bestimmte Zeile zu positionieren, die Positionierung auf ein bestrimmtes Zeichen ist jedoch jederzeit möglich (*siehe* oben). Jede Leseoperation mit linein erhöht die Leseposition um die Anzahl der gelesenen Zeichen.

Zeichenstromende. Zur Erkennung des Zeichenstromendes stehen die Funktionen chars und lines zur Verfügung, die sich in den derzeit verfügbaren Implementierungen DOS und OS/2 gleich verhalten, unabhängig davon, ob es sich um permanente oder transiente Zeichenströme handelt. Beide Funktionen liefern den Wert 1, wenn noch mindestens ein Zeichen im Zeichenstrom vorhanden ist, und den Wert 0, wenn das Ende des Zeichenstroms erreicht ist.

Hinweis: Das Funktionsergebnis von chars und linein ist kein logischer Wert, da laut Sprachdefinition chars bzw. linein die tatsächliche Anzahl der verbleibenden Zeichen bzw. Zeilen zurückgeben kann. Wenn Sie plattformunabhängig programmieren wollen, sollten Sie daher z. B. die Abfrage if chars(*datei*) > 0 then... der Abfrage if chars(*datei*) then... vorziehen.

Zeichenströme schreiben

Schreiben. Zum Schreiben von Zeichenströmen stehen die folgenden Anweisungen bzw. Funktionen zur Verfügung:

- Benannte Ausgabeströme und der Standardausgabestrom können mit der Funktion charout zeichenweise oder mit der Funktion lineout zeilenweise geschrieben werden.
- Der Standardausgabestrom kann zeilenweise mit der Anweisung say geschrieben werden.
- Unter OS/2 können Erweiterte Attribute einer Datei mit der Dienstprogrammfunktion sysputea ausgegeben werden.

lineout und say hängen an jede ausgegebene Zeile die plattformabhängigen Zeilenendezeichen an.

Schreib-/Leseposition. Bei transienten Zeichenströmen wird keine Schreib-/Leseposition geführt. Bei permanenten Zeichenströmen merkt sich der REXX-Interpreter die aktuelle Schreibposition, die unter DOS und OS/2 mit der Leseposition übereinstimmt. Die Schreibposition wird beim ersten charout-Aufruf standardmäßig hinter das letzte Zeichen des Stroms gesetzt, so daß die zu schreibenden Zeichen an den Zeichenstrom angehängt werden, wenn nicht ausdrücklich eine andere Schreibposition angegeben wird. Auch bei allen folgenden charout-Aufrufen kann angegeben werden, ab welchem Zeichen geschrieben werden soll.

Jede Schreiboperation mit charout erhöht die Schreibposition um die Anzahl der gelesenen Zeichen. charin(*datei*, *pos*, 0), charout(*datei*,, *pos*) und stream(*datei*, "command", "seek") gestatten es, die Schreibposition, also die Nummer des nächsten zu schreibenden Zeichens, zu verändern ohne Zeichen zu schreiben.

Die Schreibposition wird beim ersten lineout-Aufruf standardmäßig hinter die letzte Zeile des Stroms gesetzt. Bei späteren Aufrufen der lineout-Funktion kann lediglich angegeben werden, daß wieder ab Zeile 1 geschrieben werden soll, eine beliebige Startzeilennummer kann nicht vorgegeben werden, jedoch kann die Schreibposition jederzeit mit charin oder charout verändert werden Die stream-Funktion bietet keine Möglichkeit, die Schreibposition auf eine bestimmte Zeile zu positionieren, die Positionierung auf ein bestrimmtes Zeichen ist jedoch jederzeit möglich (*siehe* oben). Jede Schreiboperation mit lineout erhöht die Schreibposition um die Anzahl der geschriebenen Zeichen.

Erweitern. Da die erste Schreiboperation in einem Zeichenstrom standardmäßig nach dem letzten Zeichen bzw. der letzten Zeile des Stromes beginnt, kann auf diese Weise ein bestehender Zeichenstrom erweitert werden.

Überschreiben. Wenn ein Zeichenstrom nicht erweitert werden soll, kann man sich nicht damit behelfen, daß man den Strom ab dem ersten Zeichen oder ab der ersten Zeile überschreibt. Wenn die Anzahl der geschriebenen Zeichen in diesem Fall kleiner als die Länge des bestehenden Zeichenstroms ist, verbleibt ungewollt ein Rest des alten Zeichenstromes. Es ist daher am besten, einen

Zeichenstrom, der neu geschrieben werden soll, vor der ersten Schreiboperation zu löschen. Dazu stehen die Dienstprogrammfunktionen rxcreate bzw. rxdelete (DOS) und sysfiledelete (OS/2) zur Verfügung.

Zeichenströme ändern

Da Lese- und Schreibposition identisch sind, können Lese- und Schreibvorgänge bei permanenten Zeichenströmen beliebig miteinander vermischt werden. Dadurch ist es auch in beschränktem Maß möglich, einen bestehenden Zeichenstrom zu verändern. Wenn allerdings einzelne Sätze in einem Zeichenstrom geändert werden, sollte die Satzlänge in der Regel unverändert bleiben. Andernfalls können die folgenden Sätze ganz oder teilweise überschrieben werden, oder der geänderte Satz wird nur teilweise überschrieben, so daß ein Bruchstück des ursprünglichen Satzes zurückbleibt.

Öffnen und Schließen von Zeichenströmen

Das Öffnen und Schließen von permanenten Zeichenströmen erfolgt weitgehend automatisch. Durch den ersten Aufruf einer Lese- oder Schreibfunktion wird ein Zeichenstrom eröffnet und bei Programmende automatisch wieder geschlossen. Wenn ein Zeichenstrom nach der Verarbeitung z. B. mit DOS- oder OS/2-Befehlen oder mit Dienstprogrammfunktionen weiterverarbeitet werden soll, muß er vorher geschlossen werden, weil sonst ein Zugriffskonflikt entstehen kann.

Transiente Zeichenströme müssen ggf. ausdrücklich eröffnet und geschlossen werden. Aber auch permanente Zeichenströme können explizit eröffnet und geschlossen werden.

Öffnen. Die folgenden Funktionsaufrufe eröffnen benannte Zeichenströme zum Lesen und Schreiben:

- charin(*datei*,, 0)
- charout(*datei*,, pos)
- linein(*datei*,, 0)
- lineout(*datei*,, 1)

Bei der stream-Funktion kann die Art der Eröffnung angegeben werden:

- stream(*datei*, "command", "open") eröffnet einen Zeichenstrom zum Lesen und Schreiben.
- stream(*datei*, "command", "open read") eröffnet einen Zeichenstrom nur zum Lesen.
- stream(*datei*, "command", "open write") eröffnet einen Zeichenstrom nur zum Schreiben.

Schließen. Die folgenden Funktionsaufrufe schließen benannte Zeichenströme:

- charout(*datei*)
- lineout(*datei*)
- stream(*datei*, "command", "close")

Hinweise:

- Wenn ein Programmautor das ganze Repertoire dieser Möglichkeiten ausnutzt, gewinnen seine Programme dadurch nicht gerade an Übersicht. Zur Eröffnung eines Zeichenstromes ist sicher die stream-Funktion am klarsten, zumal sie auch die Möglichkeit bietet, einen Zeichenstrom nur zum Lesen oder zum Schreiben zu eröffnen. Zum Schließen hat die stream-Funktion wiederum den Vorzug der Klarheit, man kann sich aber auch mit den einfachen charout- oder lineout-Aufrufen anfreunden.

- Wenn unter DOS und OS/2 ein Zeichenstrom nicht explizit geschlossen wird, kann die Verarbeitung vieler Dateien leicht zur Erschöpfung der Zugriffsnummern (filehandles) führen. Es empfiehlt sich daher, eine Datei nach der Verarbeitung grundsätzlich mit stream oder charout bzw. lineout zu schließen.

Anweisungen

Die folgende Tabelle gibt eine Übersicht über die Anweisungen, die die Ein-/Ausgabe von Zeichenströmen unterstützen.

Aufruf	Wirkung
PARSE [UPPER] LINEIN schablone	zerlegt die nächste Zeile des Standardeingabestroms (1)
PARSE [UPPER] PULL schablone	zerlegt die nächste Zeile der externen Warteschlange bzw. des Standardeingabestroms
PULL [schablone]	liefert die nächste Zeile der externen Warteschlange bzw. des Standardeingabestroms in Großbuchstaben
SAY zeichenfolge	gibt eine Zeichenfolge in den Standardausgabestrom aus

(1) erst ab REXX Level 2

Funktionen

Die folgende Tabelle gibt eine Übersicht über die Funktionen, die die Ein-/Ausgabe von Zeichenströmen unterstützen. Legende: *siehe* Funktionen - Übersicht.

*	Aufruf	Wirkung
s2	CHARIN([datei], [pos], [anzahl])	Zeichen aus einem Zeichenstrom einlesen
s2	CHAROUT([datei], [zeichenfolge], [pos])	Zeichen in einen Zeichenstrom schreiben
s2	CHARS([datei])	liefert 1, wenn der Zeichenstrom noch Zeichen enthält, andernfalls 0
s2	LINEIN([datei], [zeile], [anzahl])	Zeilen aus einem Zeichenstrom einlesen
s2	LINEOUT([datei], [zeichenfolge], [zeile])	Zeilen in einen Zeichenstrom schreiben
s2	LINES([datei])	liefert 1, wenn der Zeichenstrom noch Zeilen enthält, andernfalls 0
s2	STREAM(datei, [option], [befehl])	öffnet, schließt und positioniert Zeichenströme oder liefert Angaben über Zustand, Existenz, Größe und Datumsstempel von Zeichenströmen
od	SYSGETEA(datei, attr, variable)	liest ein Erweitertes Attribut ein
od	SYSPUTEA(datei, attr, wert)	gibt ein Erweitertes Attribut aus

Hilfsfunktionen

stream. Neben den bereits erwähnten Optionen Eröffnen, Schließen und Positionieren verfügt die stream-Funktion über eine Option, mit der der Status eines Zeichenstroms (bereit, nicht bereit, unbekannt, fehlerhaft) ermittelt werden kann, sowie über Optionen, die die Existenz eines Stroms prüfen oder Länge bzw. Datumsstempel eines Stroms zurückliefern.

Dienstprogrammfunktionen. Die DOS-Dienstprogrammfunktionen rx... und die OS/2-Dienstprogrammfunktionen sys... stellen Möglichkeiten zur Verfügung, um Laufwerke, Verzeichnisse und Dateien zu manipulieren oder geben Auskunft über deren Zustand. Die folgende Tabelle gibt eine Übersicht über die DOS-Dienstprogrammfunktionen, soweit sie sich auf Laufwerke, Verzeichnisse und Dateien beziehen. Legende: *siehe* Funktionen - Übersicht.

*	Aufruf	Wirkung
dd	RXCHDIR(pfad)	ändert das aktuelle Verzeichnis
dd	RXCHDRV(laufwerk)	ändert das aktuelle Laufwerk
dd	RXCREATE(datei, [option])	legt eine Datei neu an oder löscht den Inhalt einer bestehenden Datei
dd	RXDELETE(datei)	löscht eine Datei
dd	RXDINFO(laufwerk)	liefert Angaben über ein Laufwerk
dd	RXFINFO([datei])	liefert Angaben über eine Datei
dd	RXGETDIR([laufwerk])	liefert das aktuelle Verzeichnis
dd	RXGETDRV()	liefert das aktuelle Laufwerk
dd	RXISDIR(name)	prüft die Existenz von name und meldet, ob name eine Datei oder ein Verzeichnis ist
dd	RXMKDIR(pfad)	legt ein Verzeichnis an
dd	RXNETDRV(laufwerk)	meldet, ob laufwerk ein lokales, fernes oder ein anderes Laufwerk ist
dd	RXQSYS(option)	liefert Angaben über die Hardware des Systems
dd	RXRMDIR(pfad)	löscht ein Verzeichnis

Die folgende Tabelle gibt eine Übersicht über die OS/2-Dienstprogrammfunktionen, soweit sie sich auf Laufwerke, Verzeichnisse und Dateien beziehen. Legende: *siehe* Funktionen - Übersicht.

*	Aufruf	Wirkung
od	SYSDRIVEINFO(laufwerk)	liefert Angaben über ein Laufwerk
od	SYSDRIVEMAP([laufwerk], [option])	liefert eine Liste der zugänglichen Laufwerke
od	SYSFILEDELETE(datei)	löscht eine Datei
od	SYSFILETREE(datei, stamm, [optionen], [suchattr], [zielattr])	liefert Datei- und Verzeichniseinträge zur Schablone datei und ändert ggf. Attribute
od	SYSMKDIR(pfad)	legt ein Verzeichnis an
od	SYSRMDIR([laufwerk]pfad)	löscht ein Verzeichnis

*	Aufruf	Wirkung
od	SYSSEARCHPATH(name, dateiname)	sucht eine Datei im Pfad der Umgebungsvariablen name und liefert die vollständige Dateibezeichnung zurück
od	SYSTEMPFILENAME(datei, [platzhalter])	liefert einen eindeutigen Namen für eine Datei oder ein Verzeichnis

endlocal

```
►►─ENDLOCAL()─►◄
```

Die eingebaute OS/2-Funktion endlocal (lokale Umgebung beenden) restauriert das aktuelle Laufwerk, den aktuellen Pfad und die aktuellen Werte der Umgebungsvariablen, die zuletzt mit der Funktion setlocal gesichert wurden. Wenn dem Aufruf von setlocal bis zum Ende des Programms nicht ein Aufruf der Funktion endlocal folgt, werden die Umgebungsdaten beim Verlassen des Programms automatisch restauriert.

Im Gegensatz zu den gleichnamigen OS/2-Befehlen können die Funktionen setlocal und endlocal ineinander geschachtelt werden, d. h. es sind beliebig viele Sicherungsebenen möglich.

endlocal liefert den Wert 1 (wahr) zurück, wenn die Restaurierung der Umgebungsdaten erfolgreich war, andernfalls 0 (falsch).

Anwendung

Siehe: setlocal.

errortext

```
►►─ERRORTEXT(n)─►◄
```

Siehe auch: Fehlerbedingungen; Fehlercodes, REXX; Fehlerroutine; signal off/on syntax.

Die eingebaute SAA-Funktion errortext (Fehlertext) liefert den Fehlertext zurück, der zu dem Fehlercode n gehört. Der Fehlercode n stellt die Nummer eines Syntaxfehlers dar und muß eine Zahl von 0-99 sein. Tatsächlich liegen zur Zeit die Fehlercodes im Bereich 3-49. Es müssen aber nicht alle Fehlercodes auf allen Plattformen vorhanden sein. Wenn der Fehlercode zwar erlaubt ist, sich aber nicht auf einen definierten Fehlertext bezieht, wird die Nullzeichenfolge zurückgeliefert.

Zweck. Wenn REXX während der Ausführung eines Programms einen Syntaxfehler feststellt und wenn die Syntax-Fehlerbedingung mit signal on syntax gesetzt wurde, wird der Fehlercode in die spezielle Variable rc gestellt. Anhand des Wertes von rc kann dann in der Syntax-Fehlerroutine mit errortext der Fehlertext ermittelt und z. B. in einer Fehlermeldung auf den Bildschirm ausgegeben werden. errortext liefert selbstverständlich auch außerhalb der Syntax-Fehlerroutine den Fehlertext eines Fehlercodes zurück.

n — Ganzzahl 0-99. Nummer des Fehlercodes.

Beispiele

REXX-Anweisungen	Erläuterung

signal on syntax
say date("z")
exit
 	
syntax:
  say "Syntaxfehler "rc":",
    "errortext(rc)
  exit
	Mit signal on syntax wird die Syntax-Fehlerbedingung gesetzt. Der Funktionsaufruf date("z") enthält das unzulässige Argument "z" und führt daher zu REXX-Fehler 40 ("Falscher Aufruf für Routine"). Da die Syntax-Fehlerbedingung gesetzt ist, gibt REXX keine Fehlermeldung am Bildschirm aus, sondern stellt den Fehlercode 40 in die spezielle Variable rc und übergibt die Steuerung an die Syntax-Fehlerroutine syntax. Diese gibt eine Fehlermeldung aus, die den Fehlercode rc enthält und den zugehörigen Fehlertext errortext(rc): "Syntaxfehler 40: Falscher Aufruf für Routine". Anschließend wird das Programm mit exit abgebrochen.

errortext(50)	Es wird die Nullzeichenfolge "_" zurückgeliefert, da zu dem Fehlercode 50 kein Fehlertext definiert ist.

Erweiterte Attribute

Geltung: OS/2.

Die Erweiterten Attribute (EA) sind Merkmale einer Datei, die nicht in der Datei selbst, aber zusammen mit der Datei gespeichert werden. Ein Erweitertes Attribut besteht aus einem eindeutigen Namen, bei dem es auf Groß-/Kleinschreibung ankommt, z. B. .ICON, und einem Datenteil, der aus lesbaren Zeichen, aber auch aus binären Daten bestehen kann. Die Größe der Erweiterten Attribute ist auf maximal 64 KB beschränkt.

OS/2 sieht eine Reihe von Standardattributen vor (*siehe* unten). Daneben kann man aber auch eigene Attribute zusammen mit einer Datei speichern. Von dieser Möglichkeit machen auch Dritthersteller Gebrauch und - der REXX-Interpreter. Beim Einlesen eines REXX-Programms wird aus dem Programm ein Zwischencode gebildet und als Erweiterte Attribute gespeichert, wenn der Zwischencode nicht größer als 64 KB ist. Da der Zwischencode bereits vorverarbeitet ist, kann ein REXX-Programm beim wiederholten Aufruf schneller geladen werden.

Bearbeitung. Zur Bearbeitung von Erweiterten Attributen stehen zwei OS/2-Dienstprogrammfunktionen zur Verfügung:

- sysgetea dient zum Einlesen eines Erweiterten Attributs.
- sysputea dient zum Ausgeben eines Erweiterten Attributs.

Standardattribute. Die nachstehende Tabelle erläutert die Bedeutung der Standardattribute:

Attributname	Bedeutung
.ASSOCTABLE	Angaben über die Dateien, mit denen ein Programm verknüpft ist.
.CODEPAGE	Nummer der Codepage für die Datei.
.COMMENTS	Kommentar zu der Datei.
.HISTORY	Dateihistorie (Erstellung, Änderungen).

Attributname	Bedeutung
.ICON	Bitmap des Symbols, das der Datei zugeordnet ist.
.KEYPHRASES	Schlüsselwörter, die die Datei klassifizieren (zum Suchen).
.LONGNAME	Langer Name einer HPFS-Datei, wenn sie auf einen FAT-Datenträger übertragen wird.
.SUBJECT	Dateibeschreibung bzw. Zweck der Datei.
.TYPE	Datentyp, über den die Datei mit einem Programm verknüpft werden kann.
.VERSION	Version der Datei.

execio

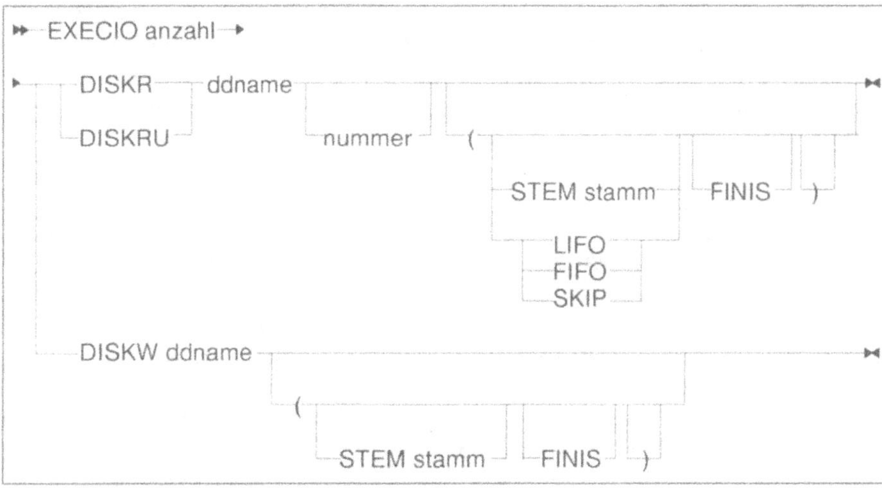

Siehe auch: Befehl; Ein-/Ausgabe, TSO.
Geltung: Alle MVS-Adreßumgebungen.

Mit dem TSO/E REXX-Befehl execio (execute input/output = Ein-/Ausgabe-operationen ausführen) können sequentielle Dateien einschließlich GDG-Generationen und PDS-Dateien gelesen (diskr), geschrieben (diskw) und in beschränktem Umfang geändert werden (diskru). VSAM-Dateien werden nicht unterstützt.

Die gelesenen Sätze werden in der externen Warteschlange gespeichert (Standard), aus der sie nur sequentiell wieder entnommen werden können, oder in einem Variablenstamm (stem *stamm*), auf dessen Variablen über den Stammindex direkt oder sequentiell zugegriffen werden kann. Desgleichen können die zu schreibenden Sätze in der externe Warteschlange (Standard) oder in einem Variablenstamm (stem *stamm*) bereitgestellt werden. Anstelle eines Variablenstamms können auch numerierte Variablen treten. Diese bieten keinen erkennbaren Vorteil und haben darüberhinaus den Nachteil, daß sie in do-Schleifen nur mir Hilfe der interpret-Anweisung verarbeitet werden können.

Dateien allokieren und freigeben

Bevor Dateien mit execio bearbeitet werden können, müssen sie allokiert werden. Die Allokierung erfolgt unter TSO/E im Vordergrund mit dem TSO-

Befehl allocate. GDG-Generationen können mit allocate ebenfalls verarbeitet werden, wenn keine relativen Dateinamen, z. B. pvw.dumps.save(-3), sondern nur absolute Dateinamen, z. B. pvw.dumps.save.g00025v00, verwendet werden. Im Hintergrund und in Nicht-TSO/E-Adreßumgebungen erfolgt die Allokierung durch eine DD-Anweisung. Unter TSO/E muß eine Datei im Vordergrund nach dem Schließen mit dem TSO-Befehl free wieder freigegeben werden.

Dateien öffnen und schließen

Das Öffnen und Schließen von Dateien erfolgt weitgehend automatisch. Durch den ersten Aufruf einer Lese- oder Schreiboperation wird eine Datei eröffnet, auch wenn anzahl = 0 ist, und bei Programmende automatisch wieder geschlossen. Wenn eine Datei nach der Verarbeitung z. B. mit TSO-Befehlen oder ISPF-Services weiterverarbeitet werden soll, muß sie vorher geschlossen werden, weil sonst ein Zugriffskonflikt entstehen kann. Zum expliziten Schließen einer Datei muß execio mit der Option finis aufgerufen werden, dabei kann anzahl auch gleich 0 sein.

Dateien lesen

Lesen. Zum Lesen von Dateien steht der TSO/E REXX-Befehl execio mit dem Operanden diskr zur Verfügung. Ab der aktuellen Leseposition wird eine bestimmte Anzahl von Sätzen oder der Rest der Datei gelesen. Mit dem Operanden diskru kann eine Datei genauso wie mit diskr gelesen werden. Der jeweils zuletzt mit diskr oder diskru gelesene Satz einer mit diskru geöffneten Datei kann jedoch geändert und satzweise mit diskw zurückgeschrieben werden. Wenn die gelesenen Sätze in einem Variablenstamm gespeichert werden, enthält die Variable mit dem Stammindex 0 die Anzahl der gelesenen Sätze.

Anzahl Sätze. Der Parameter anzahl muß entweder eine nichtnegative Ganzzahl sein oder ein Stern (*) als Platzhalterzeichen in der Bedeutung *alle restlichen Sätze*. Wenn anzahl gleich 0 ist, wird nichts gelesen, wenn die Datei jedoch eröffnet und die Option finis angegeben ist, wird die Datei geschlossen. Wenn anzahl größer als die Anzahl der restlichen Sätze in der Datei ist, werden nur die restlichen Sätze zurückgegeben und der Rückkehrcode wird auf 2 (Dateiende erreicht) gesetzt.

Schreib-/Leseposition. diskr und diskru merken sich die aktuelle Leseposition, die bei einer mit diskru eröffneten Datei mit der Schreibposition für diskw übereinstimmt. Die Leseposition wird beim ersten execio-Befehl für eine Datei standardmäßig auf den ersten Satz gesetzt, wenn nicht ausdrücklich mit nummer die Nummer eines Satzes angegeben wird, auf den die Datei positioniert werden soll. Auch bei allen folgenden execio-Befehlen kann angegeben werden, ab welchem Satz gelesen werden soll, jedoch muß nummer größer oder gleich der aktuellen Leseposition sein.

Jede Leseoperation mit execio erhöht die Leseposition um die Anzahl der gelesenen Sätze. Wenn anzahl 0 ist, wird nichts gelesen, wenn die Datei jedoch eröffnet und die Option finis angegeben ist, wird die Datei geschlossen. Die Option skip gestattet es, die Leseposition um anzahl Sätze zu erhöhen, ohne Sätze zu lesen.

Dateiende. Wenn für anzahl ein Stern angegeben wird, wird die Leseposition auf das Dateiende gesetzt und in der speziellen Variablen rc als Rückkehrcode 0 zurückgeliefert. Ist anzahl eine Ganzzahl und die Anzahl der gewünschten Sätze kann nicht eingelesen werden, weil vorher das Dateiende erreicht wird, werden zwar die restlichen Sätze der Datei gelesen, aber es wird in rc der Rückkehrcode 2 (Dateiende erreicht) zurückgeliefert.

Fehler. Wenn eine Datei, die unter dem DD-Namen ddname konkateniert ist, kein Dateiendezeichen enthält, kann ddname nicht eröffnet werden und rc liefert den Rückkehrcode 4. Wenn ein schwerer Fehler auftritt, liefert rc den Rückkehrcode 20 und es wird eine Fehlermeldung ausgegeben.

Dateien schreiben

Schreiben. Zum Schreiben von Dateien steht der TSO/E REXX-Befehl execio mit dem Operanden diskw zur Verfügung. Ab der aktuellen Schreibposition wird eine bestimmte Anzahl von Sätzen aus dem Variablenstamm stamm oder aus der externen Warteschlange in eine Datei geschrieben. Der jeweils zuletzt mit diskr oder diskru gelesene Satz einer mit diskru geöffneten Datei kann geändert und satzweise mit diskw zurückgeschrieben werden.

Anzahl Sätze. Der Parameter anzahl muß entweder eine nichtnegative Ganzzahl sein oder ein Stern (*) als Platzhalterzeichen in der Bedeutung *alle Sätze des Variablenstamms* stamm oder *die vollständige Warteschlange.* Wenn anzahl gleich 0 ist, wird nichts geschrieben, wenn die Datei jedoch eröffnet und die Option finis angegeben ist, wird die Datei geschlossen. Wenn anzahl größer als die Anzahl der Sätze des Variablenstamms stamm bzw. der Warteschlange ist, werden nur die vorhandenen Sätze geschrieben. Wenn ein Stern für anzahl angegeben wird, endet das Schreiben unter folgenden Bedingungen:

- Wenn aus einer Warteschlange geschrieben wird, endet das Schreiben, wenn eine Nullzeichenfolge aus der Warteschlange gelesen wird.

  Hinweise:

  - Wenn die Warteschlange erschöpft ist, ohne daß eine Nullzeichenfolge gefunden wurde, wartet der REXX-Interpreter im TSO-Vordergrund solange auf Eingaben und schreibt diese in die Datei, bis eine Nullzeichenfolge eingegeben wird.

    Im TSO-Hintergrund und in Nicht-TSO-Adreßumgebungen werden die Sätze der Datei mit dem DD-Namen SYSTSIN eingelesen und an die Ausgabedatei angehängt, solange bis das Ende der Eingabedatei erreicht ist.
  - Für einen leeren Satz muß eine Zeile mit mindestens einer Leerstelle in die Warteschlange eingefügt werden, weil die Nullzeichenfolge den vorzeitigen Abbruch des Schreibvorgangs verursachen würde.
- Wenn aus einem Variablenstamm geschrieben wird, endet das Schreiben, wenn eine Variable aus der Nullzeichenfolge besteht oder wenn sie undefiniert ist.

  Hinweis: Die Variable mit dem Stammindex 0 hat keine Bedeutung beim Schreiben einer Datei.

Schreib-/Leseposition. diskw merkt sich die aktuelle Schreibposition, die bei einer mit diskru eröffneten Datei mit der Leseposition übereinstimmt. Die Schreibposition wird beim ersten execio-Befehl für ein PDS-Member, das mit der Disposition SHR allokiert werden muß, standardmäßig auf den ersten Satz gesetzt. Bei einer sequentiellen Datei, die mit der Disposition OLD oder NEW allokiert wurde, wird ebenfalls auf den ersten Satz positioniert. Wenn eine sequentielle Datei mit der Disposition MOD allokiert wurde, wird die Datei auf das Dateiende positioniert.

Jede Schreiboperation mit execio erhöht die Schreibposition um die Anzahl der geschriebenen Sätze. Wenn anzahl 0 ist, wird nichts geschrieben, wenn die Datei jedoch eröffnet und die Option finis angegeben ist, wird die Datei geschlossen.

Erweitern. Wenn eine sequentielle Datei mit MOD allokiert wird, werden die geschriebenen Sätze an das Ende der Datei angehängt. Ein PDS-Member kann auf diese Art nicht erweitert werden. Es muß zuerst eingelesen und dann erweitert zurückgeschrieben werden.

Überschreiben. Wenn eine sequentielle Datei überschrieben werden soll, muß sie mit der Disposition OLD allokiert werden. Wenn ein PDS-Member überschrieben werden soll, genügt es, das Member zu schreiben, da es dann in jedem Fall gelöscht und neu geschrieben wird.

Fehler. Wenn ein Satz zu lang ist, wird er hinten abgeschnitten und nur in der verkürzten Länge geschrieben. Außerdem liefert rc den Rückkehrcode 1 zurück. Wenn ein schwerer Fehler auftritt, liefert rc den Rückkehrcode 20 und es wird eine Fehlermeldung ausgegeben.

Dateien ändern

Da Lese- und Schreibposition identisch sind, können Lese- und Schreibvorgänge beliebig miteinander vermischt werden, wenn eine Datei mit dem Operanden diskru eröffnet wurde. Nur der jeweils zuletzt mit diskr oder diskru gelesene Satz einer mit diskru geöffneten Datei kann geändert und satzweise mit diskw zurückgeschrieben werden. Der Operand anzahl muß in diesem Fall immer 1 sein. Wenn der geänderte Satz größer als der ursprüngliche Satz ist, wird er trotzdem nur in der ursprünglichen Länge zurückgeschrieben. Ist der geänderte Satz kürzer als der ursprüngliche Satz, wird er mit Leerstellen bis zur ursprünglichen Länge aufgefüllt.

Geltungsbereich

Der Status einer Datei gilt global, d. h. wenn eine Datei in einem beliebigen Programm oder einem externen oder internen Unterprogramm eröffnet wurde, kann sie auf jeder beliebigen Stufe weiterbearbeitet oder wieder geschlossen werden. Allerdings muß das Öffnen und Schließen auf dem gleichen Task-Level erfolgen.

Rückkehrcodes

execio liefert die folgenden Rückkehrcodes in der speziellen Variablen rc.

rc	Bedeutung
0	Normales Ende.
1	Satz beim Schreiben mit diskw abgeschnitten.
2	Beim Lesen mit diskr oder diskru wurde vorzeitig das Dateiende erreicht, d. h. bevor anzahl Sätze gelesen werden konnten. Dieser Fehler kann nicht auftreten, wenn für anzahl ein Stern (*) angegeben wird, weil dann alle restlichen Sätze einer Datei gelesen werden.
4	Eine Datei, die unter dem DD-Namen ddname konkateniert ist, enthält kein Dateiendezeichen. Daher kann ddname nicht eröffnet werden, und es werden keine Daten eingelesen.
20	Schwerer Fehler. Die angegebene Operation konnte nicht erfolgreich beendet werden. Es wird eine Fehlermeldung ausgegeben.

anzahl
- Nichtnegative Ganzzahl. Anzahl der Sätze, die gelesen oder geschrieben werden sollen.
- *: Es werden die restlichen Sätze gelesen oder geschrieben.

ddname
DD-Name einer allokierten Datei, die gelesen oder geschrieben werden soll.

DISKR
(disk read = von Platte lesen). Datei lesen.

DISKRU
(disk read/update = von Platte lesen/auf Platte ändern). Datei lesen und ändern.

DISKW
(disk write = auf Platte schreiben). Datei schreiben.

FIFO
(first in first out = zuerst rein, zuerst raus). Die eingelesenen Sätze werden in der gleichen Reihenfolge aus der Warteschlange entnommen, in der sie gespeichert werden.
Standard: fifo.

FINIS
(Ende). Datei schließen.

LIFO
(last in first out = zuletzt rein, zuerst raus). Die eingelesenen Sätze werden in der umgekehrten Reihenfolge aus der Warteschlange entnommen, in der sie gespeichert werden.
Standard: fifo.

nummer
Nummer des Satzes, ab dem gelesen werden soll. Muß größer oder gleich der aktuellen Schreib-/Leseposition sein. Andernfalls muß die Datei zuerst geschlossen und der Befehl dann wiederholt werden.
Standard: aktuelle Schreib-/Leseposition.

SKIP
(überspringen). Die eingelesenen Sätze werden nicht gespeichert, d. h. sie werden übersprungen.
Standard: fifo.

stamm — Zeichenfolge, die den Namen eines Variablenstamms mit Punkt ergibt oder den Präfix einer Folge von numerierten Variablen ohne Punkt. Bei numerierten Variablen wird der Variablenname durch Verkettung von stamm mit dem jeweiligen Stammindex gebildet, ohne daß ein Punkt dazwischentritt, z. B. stamm1.

STEM — (Stamm). Der nächste Operand ist der Name eines Variablenstamms, in den die gelesenen Sätze gespeichert oder aus dem die zu schreibenden Sätze geschrieben werden sollen.

Standard:

- diskr/diskru: Die eingelesenen Sätze werden mit fifo in der Warteschlange gespeichert, wenn nicht stem *stamm*, bzw. lifo oder skip angegeben ist.
- diskw: Es wird aus der Warteschlange geschrieben.

Beispiele

REXX-Anweisungen	Erläuterung
	Aktuelle Adreßumgebung: "TSO".
"execio 0 diskr ein (stem satz. finis)"	Es wird nichts eingelesen, und die Datei ein wird nicht geschlossen, da sie nicht geöffnet ist. satz.0: 0, satz.1ff.: undefiniert.
"execio 0 diskr ein (stem satz.)"	Es wird nichts eingelesen, und die Datei ein wird auch nicht geöffnet. satz.0: 0, satz.1ff.: undefiniert.
"execio 0 diskr ein (finis)"	Es wird nichts eingelesen, und die Datei ein wird nicht geschlossen, da sie nicht geöffnet ist. Die Warteschlange bleibt unverändert.
"execio 0 diskr ein"	Es wird nichts eingelesen, und die Datei ein wird auch nicht geöffnet. Die Warteschlange bleibt unverändert.
"execio * diskr ein (stem satz. finis)"	Es werden z. B. 177 Sätze der Datei mit dem DD-Namen ein in den Variablenstamm satz. eingelesen, und die Datei wird anschließend geschlossen. satz.0: 177, satz.1-satz.177: Inhalt der Sätze.
"execio * diskr ein (finis)"	Es werden z. B. 177 Sätze der Datei mit dem DD-Namen ein in die Warteschlange eingelesen, und die Datei wird anschließend geschlossen. Wenn die Warteschlange vorher leer war, liefert queued() die Zahl 177, die Anzahl der eingelesenen Sätze.

do i = 1
  "execio 1 diskru ein (stem satz.)"
  if rc > 0 then leave i
  satz.1 = right(i, 5, "0") satz.1
  "execio 1 diskw ein (stem satz.)"
end i
"execio 0 diskr ein (finis)"
	Die Datei mit dem DD-Namen ein wird mit diskru zum Ändern geöffnet und ein Satz in den Variablenstamm satz., d. h. in die Variable satz.1, eingelesen. Wenn rc größer 0 ist, ist entweder ein Fehler aufgetreten, oder das Dateiende wurde erreicht (rc = 2). In diesem Fall verlassen wir die do-Schleife.
	Dem eingelesenen Satz satz.1 wird eine 5stellige

REXX-Anweisungen	Erläuterung
	Folgenummer vorangestellt und dieser Satz mit diskw wieder zurückgeschrieben. Wir gehen davon aus, daß es sich um eine Datei mit fester Satzlänge handelt und in allen Sätzen "genug Luft" ist, so daß die Satzlänge nicht überschritten wird. Am Ende der do-Schleife wird die Datei mit finis geschlossen, und zwar ohne daß etwas gelesen oder geschrieben wird, da die Anzahl 0 ist.
"execio 10 diskr ein" "execio 5 diskr ein (skip)" "execio * diskr ein (finis)"	Es werden 10 Sätze der Datei mit dem DD-Namen ein in die Warteschlange eingelesen. Anschließend werden 5 Sätze mit skip übersprungen. Zuletzt werden die restlichen Sätze der Datei, z. B. 162, in die Warteschlange eingelesen, und die Datei wird mit finis geschlossen. Wenn die Warteschlange vorher leer war, liefert queued() die Zahl 172, die Anzahl der eingelesenen Sätze (10 + 162).
"execio 0 diskw aus (stem satz. finis)"	Es wird nichts geschrieben, und die Datei wird nicht geschlossen, da sie nicht geöffnet ist.
"execio 0 diskw aus (stem satz.)"	Es wird nichts geschrieben, und die Datei wird auch nicht geöffnet.
"execio 0 diskw aus (finis)"	Es wird nichts geschrieben, und die Datei wird nicht geschlossen, da sie nicht geöffnet ist.
"execio 0 diskw aus"	Es wird nichts geschrieben, und die Datei wird auch nicht geöffnet.
"execio * diskw aus (finis)"	Die Datei mit dem DD-Namen aus wird geschrieben. Die Sätze werden solange aus der Warteschlange entnommen, bis ein Nullsatz angetroffen wird. Anschließend wird die Datei geschlossen.
"execio * diskw aus (stem satz. finis)"	Die Datei mit dem DD-Namen aus wird geschrieben. Die Sätze werden solange aus dem Variablenstamm satz. entnommen, bis ein Nullsatz oder eine undefinierte Variable angetroffen wird. Anschließend wird die Datei geschlossen.
"execio 10 diskw aus" "execio 25 diskw aus" "execio * diskw aus (finis)"	Aus der Warteschlange werden 10, dann 25 Sätze und schließlich der Rest der Warteschlange in die Datei mit dem DD-Namen aus geschrieben. *Vorsicht:* Wenn die Warteschlange keinen Nullsatz enthält, wird nach dem Schreiben des letzten Satzes aus der Warteschlange auf manuelle Eingabe umgeschaltet! Mit dem letzten execio-Befehl wird die Datei wegen finis auch geschlossen.

Anwendung

1	PDS-Member in einen Variablenstamm einlesen und ändern
2	PDS-Member im Hintergrund ändern
3	PDS-Member in die Warteschlange einlesen und ändern
4	PDS-Member einlesen und als sequentielle Datei ausgeben

1. **PDS-Member in einen Variablenstamm einlesen und ändern**

Aufgabe: Ein PDS-Member soll (im Vordergrund) in einen Variablenstamm eingelesen, in Großbuchstaben umgewandelt und wieder zurückgeschrieben werden.

```
dsn = "sysprog.doku"; mbr = "dokulit"
address tso
"alloc dd(eingabe) da('"dsn"("mbr")') shr"
"execio * diskr eingabe (stem satz. finis)"
do i = 1 to satz.0
  satz.i = translate(satz.i)
end i
satz.i = ""
"execio * diskw eingabe (stem satz. finis)"
"free dd(eingabe)"
```

Mit address tso wird die aktuelle Adreßumgebung dauerhaft auf TSO eingestellt, da die folgenden Befehle alle an TSO gerichtet werden sollen. Die Datei dsn mit dem Member mbr wird mit dem TSO-Befehl alloc allokiert. execio mit diskr liest wegen * und stem satz. alle Sätze des Members in den Variablenstamm satz. ein. Anschließend wird die Datei auf Grund der Option finis geschlossen. satz.0 enthält nun die Anzahl der eingelesenen Sätze. In der do-Schleife wird der jeweilige Satz satz.i in Großbuchstaben umgewandelt.

Da ein Member nicht mit diskru geändert werden kann, schreiben wir das Member mit dem zweiten execio-Befehl vollständig zurück. Wegen * und stem satz. werden alle Sätze des Variablenstamms satz. geschrieben, solange bis eine Variable undefiniert ist oder die Nullzeichenfolge enthält. Da auf Grund vorheriger Verarbeitungen unter Umständen nicht sicher ist, daß die Variable, die dem Satz mit dem höchsten Stammindex folgt, undefiniert ist, befinden wir uns auf der sicheren Seite, wenn wir dieser Variablen die Nullzeichenfolge zuweisen. Am Ende der do-Schleife enthält i die Nummer dieser Stopvariablen, so daß wir ihr mit satz.i = "" die Nullzeichenfolge zuweisen können. Mit execio wird das Member zurückgeschrieben und die Datei wegen finis gleichzeitig wieder geschlossen. Mit free wird schließlich die Allokierung wieder freigegeben.

2. **PDS-Member im Hintergrund ändern**

Aufgabe: Ein PDS-Member soll im Hintergrund in einen Variablenstamm eingelesen, in Großbuchstaben umgewandelt und wieder zurückgeschrieben werden.

```
//ISPF      EXEC PGM=IKJEFT01
//EINGABE   DD   DSN=SYSPROG.DOKU(DOKULIT),DISP=SHR
//SYSTSPRT DD   SYSOUT=*
//SYSTSIN   DD   *
EXEC 'SYSPROG.REXX(CHANGE)'
```

Wir zeigen hier nur die EXEC-Anweisung und die DD-Anweisungen der JCL. Unter dem DD-Namen EINGABE definieren wir die Datei und das Member, das wir einlesen und ändern wollen. SYSTSPRT definiert die Terminalausgabe und SYSTSIN liefert den TSO-Befehl exec zum Aufruf des REXX-Programms change.

```
change:
  address tso
  "execio * diskr eingabe (stem satz. finis)"
```

```
do i = 1 to satz.0
  satz.i = translate(satz.i)
end i
satz.i = "_"
"execio * diskw eingabe (stem satz. finis)"
```

Die einzige Änderung zu Vordergrundlösung besteht darin, daß alloc und free entfallen, weil Allokierung und Freigabe der Datei durch das Jobeingabesystem erfolgen.

3. **PDS-Member in die Warteschlange einlesen und ändern**

Aufgabe: Ein PDS-Member soll in die Warteschlange eingelesen, in Großbuchstaben umgewandelt und wieder zurückgeschrieben werden.

```
dsn = "sysprog.doku"; mbr = "dokulit"
address tso
"delstack"
"alloc dd(eingabe) da('"dsn"("mbr")') shr"
"execio * diskr eingabe (finis)"
do i = 1 to queued()
  parse upper pull satz.1
  "execio 1 diskw eingabe (stem satz.)"
end i
"execio 0 diskw eingabe (finis)"
"free dd(eingabe)"
```

Um sicherzustellen, daß die Warteschlange leer ist, löschen wir sie prophylaktisch mit dem TSO/E REXX-Befehl delstack. Da im execio-Befehl die Option stem fehlt und auch keine der Optionen fifo, lifo oder skip angegeben wurde, gilt standardmäßig fifo, d. h. das Member wird in die Warteschlange eingelesen. queued() liefert die Anzahl der Sätze in der Warteschlange. Da der Bis-Wert der Kontrollvariablen i nur einmal, nämlich vor dem ersten Durchgang durch die do-Schleife berechnet wird, ist sichergestellt, daß nicht jedesmal mit dem aktuellen Wert von queued() verglichen wird, der sich ja bei jedem Durchgang um 1 vermindert.

In der do-Schleife entnehmen wir bei jedem Durchgang mit parse upper pull einen Satz satz.1 aus der Warteschlange. Weil der execio-Befehl mit der Standardoption fifo abgesetzt wurde, werden die Sätze in der gleichen Reihenfolge aus der Warteschlange entnommen, in der sie eingelesen wurden. Dabei wird satz.1 wegen upper automatisch in Großbuchstaben umgewandelt. Da gleichzeitig nur eine Warteschlange bzw. ein Warteschlangenpuffer zur Verfügung steht, müssen wir einen Variablenstamm zum Zurückschreiben des Members benutzen. Dieser Stamm besteht nur aus der Variablen satz.1, die den Satz enthält, den wir zurückschreiben wollen. Weil anzahl 1 ist, müssen wir keine Stopvariable zur Verfügung stellen. Der dritte execio-Befehl mit der finis-Option dient nur zum Schließen der Datei. Daher wird die Anzahl der zu schreibenden Sätze mit 0 gleichgesetzt. Mit free wird die Allokierung wieder freigegeben.

4. **PDS-Member einlesen und als sequentielle Datei ausgeben**

Aufgabe: Ein PDS-Member soll in die Warteschlange eingelesen und als sequentielle Datei wieder ausgegeben werden.

```
ein = "sysprog.doku"; mbr = "dokulit"; aus = "sptgl01.t.dokulit"
address tso
```

```
"delstack"
"alloc dd(eingabe) da('"ein"("mbr")' shr"
"execio * diskr eingabe (finis)"
"free dd(eingabe)"
queue ""
if sysdsn("'"aus"'") = "OK" then disp = "old"; else disp = "new..."
"alloc dd(ausgabe) da('"aus"') "disp
"execio" queued() "diskw ausgabe (finis)"
"free dd(ausgabe)"
```

Um sicherzustellen, daß die Warteschlange leer ist, löschen wir sie prophylaktisch mit dem TSO/E REXX-Befehl delstack. Die Eingabedatei ein mit dem Member mbr wird allokiert, mit execio in die Warteschlange eingelesen und wieder geschlossen und anschließend mit free wieder freigegeben. Durch queue "" setzen wir eine Nullzeichenfolge als Stopper in die Warteschlange, damit das Schreiben der Ausgabedatei an dieser Stelle beendet wird.

Die TSO/E-Funktion sysdsn gibt "OK" zurück, wenn die Ausgabedatei aus existiert. Wenn dies der Fall ist, besetzen wir die Variable disp mit "old", andernfalls mit "new" und den übrigen erforderlichen Parametern, die wir hier nur durch ... andeuten. In dem folgenden alloc-Befehl setzen wir die Variable disp ein, so daß eine bereits bestehende Datei überschrieben, andernfalls eine neue Datei angelegt wird. Der execio-Befehl mit dem Operanden diskw schreibt alle Sätze der Warteschlange, nämlich soviele Sätze, wie queued() angibt, in die Ausgabedatei und schließt diese dann. Die Warteschlange muß nicht mit einem Nullsatz, d. h. einem Satz mit der Nullzeichenfolge abgeschlossen werden, da die Anzahl nicht unbestimmt mit einem Stern (*), sondern konkret mit queued() angegeben ist. Mit free wird die Ausgabedatei wieder freigegeben.

executil

Siehe auch: hi; ht; rt; te; trace (Anweisung); trace (Funktion); ts.

Geltung: TSO-Adreßumgebung.

Der TSO/E REXX-Befehl executil (exec utility = Dienstprogramm ausführen) liefert nach der Ausführung in der speziellen Variablen rc den Rückkehrcode 0, wenn der Befehl erfolgreich ausgeführt wurde, andernfalls den Rückkehrcode 12.

executil kennt verschiedene Optionen mit unterschiedlichen Aufrufen. Daher wird hier kein allgemeines Syntaxdiagramm gezeigt. Stattdessen werden die speziellen Syntaxdiagramme der Beschreibung der einzelnen Optionen vorangestellt.

Optionen. executil kennt die folgenden Optionen:

hi	Ausführung von REXX-Programmen stoppen.
ht, rt	Terminalausgabe aus- bzw. einschalten.
ts, te	Globalen interaktiven Trace ein- bzw. ausschalten.
execdd	System Exec Library nach dem Laden eines REXX-Programms schließen oder nicht.

searchdd	System Exec Library und SYSPROC oder nur SYSPROC nach REXX-Programmen durchsuchen.
rename	Änderung von Einträgen in einem Funktionspaket-Directory.

Die einzelnen Optionen werden weiter unten in alphabetischer Reihenfolge beschrieben.

Einsatzbereiche. executil kann in folgenden Umgebungen eingesetzt werden:

- In REXX-Programmen.
- Im TSO-READY-Modus.
- In ISPF in der Kommandozeile oder unter Menüoption 6 (TSO/E-Befehl ausführen).
- In Clists. executil hat allerdings nur Auswirkung auf REXX-Programme und nicht auf Clists.

Hinweise:

- hi, ht, rt, te und ts stehen auch als Sofortbefehle zur Verfügung. Sie sind funktionsgleich zu den entsprechenden executil-Befehlen.
- Die Geltung der executil-Befehle ist im allgemeinen auf die aktuelle Sprachprozessorumgebung (z. B. TSO, ISPF-Bildschirm) begrenzt.

executil execdd

```
>>--EXECUTIL EXECDD(-+-CLOSE---+-)--><
                     |         |
                     +-NOCLOSE-+
```

Der TSO/E REXX-Befehl executil execdd (Exec-DD = DD-Name für Prozeduren) legt dynamisch fest, ob die System Exec Library (Standard: SYSEXEC) nach dem Laden eines REXX-Programms geschlossen werden soll:

- execdd(close): Die System Exec Library wird nach dem Laden eines REXX-Programms, aber vor der Ausführung des Programms geschlossen.
- execdd(noclose): Die System Exec Library bleibt nach dem Laden eines REXX-Programms geöffnet (Standard).

Die neue Festlegung verliert ihre Gültigkeit, wenn sie erneut mit execdd geändert wird oder wenn die Sprachprozessorumgebung endet. execdd hat keinen Einfluß auf SYSPROC und auf Bibliotheken, die mit dem TSO-Befehl altlib definiert wurden.

executil hi

```
>>--EXECUTIL HI--><
```

Der TSO/E REXX-Befehl executil hi (halt interpretation = Interpretation anhalten) stoppt die Ausführung aller momentan laufenden REXX-Programme oder Clists, wenn keine Haltbedingung in dem gerade ausgeführten Programm oder Unterprogramm definiert ist. Wenn mit signal on halt oder call on halt eine Halt-Bedingung definiert wurde, wird das angehaltene Programm mit der entsprechenden Fehlerroutine fortgesetzt.

executil hi kann nicht vom TSO READY-Modus oder von ISPF aus aufgerufen werden, weil in diesem Zeitpunkt kein REXX-Programm und keine Clist aktiv ist.

executil ht

```
►►—EXECUTIL HT—►◄
```

Der TSO/E REXX-Befehl ht (halt typing = Terminalausgabe: anhalten) schaltet die Terminalausgabe aller momentan laufenden REXX-Programme aus. REXX-Fehlermeldungen sowie die Ausgabe von Clists, Befehlen oder anderen Programmen werden jedoch nicht unterdrückt. Das REXX-Programm wird fortgesetzt. Die Terminalausgabe wird wieder eingeschaltet, wenn alle momentan laufenden REXX-Programme beendet sind bzw. wenn der Sofortbefehl rt oder der TSO/E REXX-Befehl executil rt abgesetzt wird.

executil ht kann nicht vom TSO READY-Modus oder von ISPF aus aufgerufen werden, weil in diesem Zeitpunkt kein REXX-Programm und keine Clist aktiv ist.

executil rename

Wir verzichten auf die Darstellung dieses Befehls, der zur dynamischen Änderung von Einträgen in einem Funktionspaket-Directory dient, weil er in der Alltagspraxis ohne Bedeutung ist.

executil rt

```
►►—EXECUTIL RT—►◄
```

Der TSO/E REXX-Befehl executil rt (resume typing = Terminalausgabe fortsetzen) schaltet die Terminalausgabe aller momentan laufenden REXX-Programme wieder ein, wenn sie zuvor mit ht oder executil ht ausgeschaltet wurde.

executil rt kann nicht vom TSO READY-Modus oder von ISPF aus aufgerufen werden, weil in diesem Zeitpunkt kein REXX-Programm und keine Clist aktiv ist.

executil searchdd

```
►►—EXECUTIL EXECDD(—┬—YES—┬—)—►◄
                    │     │
                    └—NO——┘
```

Der TSO/E REXX-Befehl executil searchdd (Search-DD = DD-Name für die Suchfolge) legt dynamisch die Suchfolge für implizit aufgerufene REXX-Programme in der aktuellen Sprachprozessorumgebung (z. B. TSO, ISPF-Bildschirm) fest:

- searchdd(yes): Die Library (Standard: SYSEXEC) wird durchsucht und dann SYSPROC.
- searchdd(no): Es wird nur SYSPROC durchsucht.

Die neue Suchfolge verliert ihre Gültigkeit, wenn sie mit dem TSO-Befehl altlib oder erneut mit searchdd geändert wird oder wenn die Sprachprozessorumgebung endet.

executil te

```
»—EXECUTIL TE —»◂
```

Der TSO/E REXX-Befehl executil te (trace end = Trace beenden) schaltet den globalen interaktiven Trace für alle Teile eines Programms, also auch für interne und externe Unterprogramme aus, so als würde in jedem Programmteil die Anweisung trace off ausgeführt.

Hinweise:

- Der globale Trace kann mit den TSO/E REXX-Befehlen ts oder executil ts eingeschaltet werden.
- Die TSO/E REXX-Befehle executil te und executil ts sind funktionsgleich mit te bzw. ts, können aber nur in der TSO-Adreßumgebung ausgeführt werden.
- Im Unterschied zur trace-Anweisung und zur trace-Funktion haben executil ts/te und ts/te globale Wirkung. *Siehe:* trace (Anweisung), Geltungsbereich.

executil ts

```
»—EXECUTIL TS —»◂
```

Der TSO/E REXX-Befehl executil ts (trace start = Trace einschalten) schaltet den globalen interaktiven Trace für alle Teile eines Programms, also auch für interne und externe Unterprogramme ein, so als würde die Anweisung trace ?results am Anfang eines jeden Programmteils ausgeführt.

Im TSO-Vordergrund wird die Trace-Ausgabe auf dem Bildschirm ausgegeben, im TSO-Hintergrund in die Datei mit dem DD-Namen SYSTSPRT.

Der globale Trace kann mit den TSO/E REXX-Befehlen te oder executil te wieder ausgeschaltet werden. Beim Verlassen des Hauptprogramms wird der globale Trace automatisch ausgeschaltet.

Hinweise:

- Die TSO/E REXX-Befehle executil te und executil ts sind funktionsgleich mit te bzw. ts, können aber nur in der TSO-Adreßumgebung ausgeführt werden.
- Im Unterschied zur trace-Anweisung und zur trace-Funktion haben executil ts/te und ts/te globale Wirkung. *Siehe:* trace (Anweisung), Geltungsbereich.

Beispiele

REXX-Anweisungen	Erläuterung

upro:
  if rc <> 0 then
  address tso "executil hi"
	Wenn ein nicht behebbarer Fehler auftritt (hier: wenn rc ungleich 0 ist), werden das laufende Unterprogramm upro und alle anderen Programme in der Programmhierarchie, der das Unterprogramm angehört, abgebrochen.

REXX-Anweisungen	Erläuterung

upro:
  parse upper arg print
  if print = "N" then
    address tso "executil ht"
  say "Dies und das"
  address tso "executil rt"
	In dem Unterprogramm upro wird mit parse der Parameter print eingelesen. Wenn print = "N" (Nein) ist, wird die folgende Anzeige mit executil ht unterdrückt. Nach Beendigung des Ausdrucks wird die Anzeige mit executil rt wieder freigegeben.

exit

Siehe auch: call; Funktion; return.

Die Anweisung exit (verlassen) beendet ein Programm sofort und unbedingt, d. h. auch wenn sich das Programm mitten in einer do-Schleife, einer if-Abfrage, einer select-Auswahl oder einem internen Unterprogramm befindet, wird die Steuerung sofort an den Aufrufer zurückgegeben. Wenn sich das Programm nicht in einem internen Unterprogramm befindet, hat die Anweisung return die gleiche Wirkung wie exit.

Programmende mit Ergebnisrückgabe. Wenn ausdruck angegeben ist, wird der ermittelte Wert von ausdruck als Zeichenfolge an den Aufrufer zurückgegeben. Die Art der Rückgabe hängt vom Aufruf des Programms ab:

- Wenn das Programm als externe Funktion aufgerufen wurde, wird der Wert von ausdruck als Funktionsergebnis zurückgeliefert.
- Wenn das Programm mit call als externes Unterprogramm aufgerufen wurde, steht der Wert von ausdruck dem aufrufenden Programm in der speziellen Variablen result zur Verfügung.
- Wenn das Programm über eine Befehlsschnittstelle aufgerufen wurde, versucht diese, die zurückgegebene Zeichenfolge in einen Rückkehrcode umzuwandeln, der vom jeweiligen Betriebssystem akzeptiert wird. Daher muß ausdruck in diesem Fall einen Wert im Intervall -2^{15} bis $2^{15}-1$ (DOS, OS/2) bzw. -2^{31} bis $2^{31}-1$ (MVS, TSO) ergeben, Grenzen eingeschlossen. Falls die Umwandlung der zurückgegebenen Zeichenfolge fehlschlägt, wird *nicht* die Syntax-Fehlerbedingung festgestellt. Unter DOS und OS/2 wird dann der Rückkehrcode 0 zurückgegeben, unter MVS bzw. TSO meldet die Befehlsschnittstelle einen Fehler.

Programmende ohne Ergebnisrückgabe. Wenn ausdruck nicht angegeben ist, wird nichts an den Aufrufer zurückgegeben. Die Behandlung dieses Falles hängt vom Aufruf des Programms ab:

- Wenn das Programm als externe Funktion aufgerufen wurde, wird der Fehler erst nach der Rückkehr in das aufrufende Programm festgestellt (bei return wird der Fehler sofort festgestellt).
- Wenn das Programm mit call als externes Unterprogramm aufgerufen wurde, wird die Definition der speziellen Variablen result aufgehoben.
- Wenn das Programm über eine Befehlsschnittstelle aufgerufen wurde, wird der Rückkehrcode auf 0 gesetzt.

Implizites Programmende. Wenn ein Programm das Programmende erreicht, ohne eine exit- oder return-Anweisung anzutreffen, wird es genauso beendet, als würde die Anweisung exit oder return (ohne ausdruck) ausgeführt, d. h. es wird keine Zeichenfolge an den Aufrufer zurückgegeben.

Hinweis: Es ist ein Unterschied, ob die Nullzeichenfolge oder nichts zurückgegeben wird. Wenn als ausdruck die Nullzeichenfolge angegeben wird, wird diese an den Aufrufer zurückgegeben, so daß eine externe Funktion ordnungsgemäß beendet wird. Wenn nichts zurückgegeben wird, führt dies bei einer externen Funktion zu einem Fehler.

ausdruck — Beliebiger Ausdruck. Beim Aufruf des Programms über eine Befehlsschnittstelle muß ausdruck einen Wert ergeben, der in dem folgenden Intervall liegt, Grenzen eingeschlossen:

- DOS, OS/2: -2^{15} bis $2^{15}-1$.
- MVS, TSO: -2^{31} bis $2^{31}-1$.

Beispiele

REXX-Anweisungen	Erläuterung
anzahl = 13 laenge = 80 exit exit "" exit "OK" exit -3 exit anzahl * laenge	Die erste exit-Anweisung gibt keinen Wert an den Aufrufer zurück. Die folgenden exit-Anweisungen geben die Nullzeichenfolge "", die Zeichenfolge "OK", die Zahl -3 bzw. die Zahl 1040 zurück.

Anwendung

Programm vorzeitig verlassen

Das folgende Programm zeigt, wie die exit-Anweisung dazu benutzt werden kann, ein Programm an beliebigen Stellen vorzeitig zu verlassen. Beachten Sie aber, daß es aus Gründen der Klarheit oft besser ist, ein Programm höchstens über zwei Ausgänge zu verlassen: den normalen Ausgang und den Fehlerausgang.

```
  parse arg zahl max
  if zahl = "" | max = "" then exit 1 /* oder return 1 */
  call pruefen
  do i = 1 for 10
    potenz = zahl ** i
    if potenz > max then exit 0  /* oder return 0 */
    say zahl" ** "i" = "potenz
  end
  exit 0  /* oder return 0 */
pruefen:
  if verify(zahl, "0123456789") > 0 then exit 1
  if verify(max, "0123456789") > 0 then exit 1
  if max = 0 | max > 1000 then exit 1
  return
```

Wenn in dem obigen Programm ein Parameterfehler festgestellt wird, wird das Programm mit exit 1 verlassen, und das sowohl innerhalb von if-Abfragen als auch aus dem internen Unterprogramm pruefen heraus. Das Programm wird an zwei Stellen ordnungsgemäß mit exit 0 beendet, und zwar innerhalb der do-

Schleife, wenn potenz größer als max ist, oder wegen for 10 nach 10 Durchgängen. An den drei entsprechend kommentierten Stellen im Hauptprogramm kann statt exit auch return verwendet werden, da wir uns dort nicht in einem Unterprogramm befinden.

Wenn das Programm als Funktion aufgerufen wurde, wird als Funktionsergebnis die Zahl 0 bzw. 1 zurückgeliefert, wenn das Programm mit call als Unterprogramm aufgerufen wurde, enthält die spezielle Variable result nach der Rückkehr den Wert 0 bzw. 1, und wenn das Programm über die Befehlsschnittstelle aufgerufen wurde, liefert diese den Rückkehrcode 0 bzw. 1 zurück.

externals

```
▸▸–EXTERNALS()––▸◂
```

Die eingebaute TSO-Funktion externals liefert unter TSO immer 0. Unter VM/CMS liefert diese Funktion die Anzahl der Elemente im Terminaleingabepuffer (system external event queue), zu dem es unter TSO keine Entsprechung gibt.

Farbattribute

Geltung: DOS.

Die Nummern der Vorder- und Hintergrundfarben werden unter DOS zum Löschen von Bildschirmbereichen mit rxcls und zum Schreiben auf den Bildschirm mit rxwrscr benötigt. Das Argument attrib in den Aufrufen dieser Funktionen muß eine Ganzzahl sein, die sich aus der Summe

Nummer der Vordergrundfarbe + Nummer der Hintergrundfarbe

ergibt.

Vordergrundfarben

0	schwarz	4	rot	8	grau	12	hellrot
1	blau	5	magenta	9	hellblau	13	hellmagenta
2	grün	6	braun	10	hellgrün	14	gelb
3	zyan	7	weiß	11	hellzyan	15	weiß hochintensiv

Hintergrundfarben

0	schwarz	32	grün	64	rot	96	braun
16	blau	48	zyan	80	magenta	112	weiß

Fehlerbedingungen

Siehe auch: call off/on; Fehlerroutine; signal off/on.

Fehlerbedingungen (kurz: Bedingungen) definieren, was getan werden soll, wenn bestimmte Fehler auftreten. Die Syntax-Fehlerbedingung kann z. B. mit signal on syntax gesetzt werden. Wenn in einem REXX-Programm ein Syntaxfehler auftritt, wird dann automatisch zu der Marke mit dem Namen der Fehlerbedingung, also zu der Marke syntax: verzweigt, unter der der Fehler behandelt werden kann. Wenn die Syntax-Fehlerbedingung mit signal off syntax zurückgesetzt wird, erfolgt im Fehlerfall die Standardfehlerbehandlung, d. h. das Programm wird abgebrochen und der Fehler wird am Bildschirm gemeldet.

Anweisungen. Die folgende Tabelle zeigt die Anweisungen, die zum Setzen oder Zurücksetzen von Fehlerbedingungen verwendet werden können.

Aufruf	Wirkung
CALL {ON I OFF} bedingung [NAME trapname]	setzt eine Fehlerbedingung oder setzt sie zurück und verzweigt zur Fehlerroutine mit call
SIGNAL {ON I OFF} bedingung [NAME trapname]	setzt eine Fehlerbedingung oder setzt sie zurück und verzweigt zur Fehlerroutine mit signal

Funktionen. Die folgende Tabelle zeigt die Funktionen, die in Fehlerroutinen zur Behandlung einer Fehlerbedingung verwendet werden können. Legende: *siehe* Funktionen - Übersicht.

*	Aufruf	Wirkung
s	CONDITION([option])	liefert Angaben zur aktuell festgestellten Fehlerbedingung
s	ERRORTEXT(n)	liefert den Fehlertext mit dem Fehlercode n
s	SOURCELINE([n])	liefert die Anzahl Zeilen oder die n-te Zeile des ausgeführten Programms

Setzen/Zurücksetzen. Beim Eintritt in ein Programm und ein internes oder externes Unterprogramm sind alle Fehlerbedingungen zurückgesetzt. Alle Fehlerbedingungen, außer die Novalue- und die Syntax-Fehlerbedingung, können mit call on... gesetzt und mit call off... zurückgesetzt werden. Mit signal on... und signal off... können alle Fehlerbedingungen, einschließlich der Novalue- und der Syntax-Bedingung, gesetzt bzw. zurückgesetzt werden. Im Unterschied zu signal on... kann man aus einer Fehlerroutine, die auf Grund der Anweisung call on... automatisch aufgerufen wurde, wieder zur Unterbrechungsstelle zurückkehren und das Programm fortsetzen.

Jede Statusänderung (Setzen oder Zurücksetzen) einer Fehlerbedingung setzt den bisherigen Status dieser Fehlerbedingung außer Kraft, ebenso wird ggf. der Name der Fehlerroutine aktualisiert und zwar unabhängig davon, ob vorher der Name der Fehlerroutine mit dem Namen der Fehlerbedingung identisch war oder mit der name-Klausel ausdrücklich definiert wurde. Daher ersetzt z. B. call on halt jede vorherige Anweisung, die sich auf die Halt-Bedingung bezog, gleichgültig ob dies call off halt war, call on halt name *trapname*, signal off halt, signal on halt oder signal on halt name *trapname*.

Nach der Rückkehr aus einem internen oder externen Unterprogramm gelten wieder die Fehlerbedingungen des Aufrufers.

Behandlung *nicht* gesetzter Fehlerbedingungen. Wenn eine Fehlerbedingung nicht gesetzt ist, wie dies standardmäßig am Anfang eines Programms und eines internen oder externen Unterprogramms der Fall ist, oder wenn eine Fehlerbedingung mit call off... oder signal off... zurückgesetzt wurde, erfolgt die Standardfehlerbehandlung. Diese hängt von der Art der Fehlerbedingung ab:

- Wenn die Halt- oder Syntax-Fehlerbedingung eintritt, wird das Programm abgebrochen und eine Fehlermeldung am Bildschirm ausgegeben.
- Wenn eine andere Fehlerbedingung eintritt, wird sie ignoriert und der Status der Fehlerbedingung bleibt auf "OFF".

Behandlung gesetzter Fehlerbedingungen. Wenn eine Fehlerbedingung festgestellt wird und sie ist gesetzt, wird automatisch zur definierten Fehlerroutine verzweigt.

Arten von Fehlerbedingungen. REXX unterstützt die folgenden Fehlerbedingungen:

ERROR
FAILURE

Die Error- oder die Failure-Bedingung (error = Fehler, failure = Fehlschlag) wird ausgelöst, wenn nach der Ausführung von Befehlen an andere Adreßumgebungen ein Fehler festgestellt wird. Die Bedingungen werden mit call on/off error oder signal on/off error bzw. mit call on/off failure oder signal on/off failure gesetzt bzw. zurückgesetzt.

Wenn der REXX-Interpreter eine Error- oder Failure-Bedingung feststellt und die Bedingung gesetzt ist, wird der Fehler an die entsprechende Fehlerroutine zur Behandlung übergeben, andernfalls wird die Standardfehlerbehandlung durchgeführt, d. h. der Fehler wird ignoriert. Die Fehlerbedingung wird am Ende der Klausel festgestellt, die den fehlerhaften Befehl aufgerufen hat. Wenn die Fehlerroutine sich bereits in dem Status "DELAY" (Aufschub) befindet, wird die Fehlerbedingung ignoriert.

Wenn die Failure-Bedingung *nicht*, aber die Error-Bedingung gesetzt ist, fängt die Error-Bedingung auch alle Failure-Bedingungen ab. Die folgende Tabelle zeigt, welche Rückkehrcodes die Failure-Bedingung auslösen, alle übrigen Rückkehrcodes lösen die Error-Bedingung aus.

Betriebs-system	**Adreß-umgebung**	**Rückkehrcodes, die eine Failure-Bedingung auslösen**
OS/2, TSO/E	CPICOMM	rc < 0: Fehler im Aufruf (1)
DOS	COMMAND	rc = 2: unbekannter Befehl rc = 30: unbekannte Adreßumgebung
OS/2	CMD	rc = 1041: unbekannter Befehl rc = 30: unbekannte Adreßumgebung
MVS, TSO/E	TSO	rc < 0

(1) CPICOMM kennt keine Error-Bedingung, da bei funktionalen Fehlern der Rückkehrcode nicht in der speziellen Variablen rc, sondern in einer frei wählbaren Variablen abgestellt wird.

HALT Die Halt-Bedingung wird ausgelöst, wenn ein externer Versuch unternommen wird, die Ausführung des Programms zu unterbrechen und zu beenden. Die Bedingung wird mit call on halt oder signal on halt gesetzt.

Wenn der REXX-Interpreter die Halt-Bedingung feststellt und die Bedingung gesetzt ist, wird der Fehler an die entsprechende Fehlerroutine zur Behandlung übergeben, andernfalls wird die Standardfehlerbehandlung durchgeführt, d. h. das Programm wird abgebrochen und die Halt-Bedingung am Bildschirm gemeldet. Die Bedingung wird in der Regel am Ende der Klausel festgestellt, die zum Zeitpunkt der Unterbrechungsanforderung ausgeführt wird.

Wodurch externe Unterbrechungen ausgelöst werden, ist plattformabhängig. *Siehe:* Unterbrechung, externe.

NOTREADY Die Notready-Bedingung (not ready = nicht bereit) ist erst ab *REXX Level 2* verfügbar. Sie wird ausgelöst, wenn bei der Ausführung von Ein-/Ausgabeoperationen ein Fehler festgestellt wird. Die Bedingung wird mit call on notready oder signal on notready gesetzt.

Wenn der REXX-Interpreter die Notready-Bedingung feststellt und die Bedingung gesetzt ist, wird der Fehler an die entsprechende Fehlerroutine zur Behandlung übergeben, andernfalls wird die Standardfehlerbehandlung durchgeführt, d. h. der Fehler wird ignoriert. Wenn die Fehlerroutine sich bereits in dem Status "DELAY" (Aufschub) befindet, wird die Fehlerbedingung ignoriert.

NOVALUE Die Novalue-Bedingung (no value = ohne Wert) wird in den folgenden Fällen festgestellt:

- wenn eine nicht initialisierte Variable als Term in einem Ausdruck verwendet wird,
- wenn der Name einer nicht initialisierten Variablen in der parse-Anweisung nach dem Unterschlüsselwort var angegeben wird
- oder wenn in einer parse-Schablone, in der expose-Klausel der procedure-Anweisung oder in einer drop-Anweisung der Name einer nicht initialisierten Variablen aufgeführt ist.

Referenzen auf nicht initialisierte Variablen in Aufrufen der value-Funktion führen *nicht* zur Feststellung der Novalue-Bedingung. Die Bedingung wird mit signal on novalue gesetzt (call on novalue ist nicht erlaubt).

Wenn der REXX-Interpreter die Novalue-Bedingung feststellt und die Bedingung gesetzt ist, wird der Fehler an die entsprechende Fehlerroutine zur Behandlung übergeben, andernfalls wird die Standardfehlerbehandlung durchgeführt, d. h. anstelle der nicht initialisierten Variablen wird der abgeleitete Name der Variablen substituiert. *Siehe:* Variablenname, abgeleiteter.

SYNTAX Die Syntax-Bedingung wird festgestellt, wenn der REXX-Interpreter bei der Ausführung eines Programms einen Fehler erkennt, der nicht einer anderen Fehlerbedingung entspricht. Syntaxfehler sind alle Verarbeitungsfehler, dazu gehören echte Syntaxfehler und Laufzeitfehler, z. B. der Versuch, eine arithmetische Operation mit nichtnumerischen Termen durchzuführen. Die Bedingung wird mit signal on syntax gesetzt (call on syntax ist nicht erlaubt).

Wenn der REXX-Interpreter die Syntax-Bedingung feststellt und die Bedingung gesetzt ist, wird der Fehler an die entsprechende Fehlerroutine zur Behandlung übergeben, andernfalls wird die Standardfehlerbehandlung durchgeführt, d. h. das Programm wird abgebrochen und der Fehler am Bildschirm gemeldet.

Ausführungsfehler, die der REXX-Interpreter vor dem Start des Programms oder nach Programmende feststellt, werden nicht durch die Syntax-Fehlerbedingung erfaßt. In diesem Fall erfolgt die Standardfehlerbehandlung. Zu diesen Fehlern zählen die Fehler mit den Fehlercodes 3 und 5 sowie 6 und 30. Die Fehler 6 und 30 werden aber durch die Syntax-Bedingung erfaßt, wenn sie bei der Ausführung einer interpret-Anweisung auftreten. *Siehe auch:* Fehlercodes, REXX.

Geltungsbereich. Die Angaben zur aktuell festgestellten Fehlerbedingung haben einen lokalen Geltungsbereich. Allerdings stehen in internen Unterprogrammen solange die Angaben des Aufrufers zur Verfügung, bis sie durch die erneute Feststellung der gleichen Fehlerbedingung geändert werden. Nach der Rückkehr aus einem internen Unterprogramm stehen wieder die ursprünglichen Angaben zur Verfügung. Diese Regel gilt auch für Unterprogramme, die selbst wieder durch die Feststellung einer Fehlerbedingung aufgerufen werden.

Externe Unterprogramme setzen ihre eigenen Fehlerbedingungen und haben keinen Zugriff auf die entsprechenden Daten des Aufrufers.

Trace. Solange während des interaktiven Trace Benutzereingaben erfolgen, sind alle Fehlerbedingungen zurückgesetzt. Dadurch wird verhindert, daß versehentliche Falscheingaben zur Feststellung einer Fehlerbedingung führen. Daher führt z. B. die versehentliche Eingabe des Namens einer nicht initialisierten Variablen nicht zur Feststellung der Novalue-Bedingung, vielmehr erfolgt die Standardfehlerbehandlung, d. h. die Fehlerbedingung wird ignoriert. Wenn auf Grund eines Eingabefehlers ein Syntaxfehler festgestellt wird, wird der Fehler zwar gemeldet, das Programm aber fortgesetzt.

Befehle, die im interaktiven Trace von Hand eingegeben werden, verändern *nicht* den Wert der speziellen Variablen rc.

Fehlercodes, DOS

Die DOS-REXX-Dienstprogrammfunktionen und die stream-Funktion können einen der folgenden Fehlercodes zurückgeben.

1 Ungültige Funktion
2 Datei nicht gefunden
3 Pfad nicht gefunden
4 Zu viele Dateien geöffnet
5 Zugriff verweigert
6 Ungültige Zugriffsnummer
7 Speichersteuerblöcke zerstört
8 Zu wenig Speicher
9 Ungültige Speicherblockadresse
10 Ungültige Umgebung
11 Ungültiges Format
12 Ungültiger Zugriffscode
13 Ungültige Daten
15 Ungültige Laufwerksangabe
16 Versuch, aktuelles Verzeichnis zu löschen
17 Nicht dasselbe Gerät
18 Keine weiteren Dateien
19 Schreibschutzfehler
20 Unbekannte Einheit
21 Laufwerk nicht bereit
22 Unbekannter Befehl
23 CRC-Fehler - Teil der Diskette defekt
24 Ungültige Länge
25 Positionierungsfehler
26 Unbekannter Datenträgertyp
27 Sektor nicht gefunden
28 Kein Papier im Drucker
29 Schreibfehler
30 Lesefehler
31 Allgemeiner Fehler
32 Unzulässige Share-Operation
33 Unzulässige Lock-Operation
34 Unzulässiger Diskettenwechsel
35 Dateisteuerblock (FCB) nicht verfügbar
36 Überlauf des Share-Puffers
38 Dateioperation kann nicht beendet werden
50 Netzwerkanforderung nicht unterstützt
51 Ferner Rechner meldet sich nicht
52 Doppelter Name im Netzwerk
53 Netzwerkpfad nicht gefunden
54 Netzwerk beschäftigt
55 Netzwerk nicht mehr vorhanden
56 NETBIOS Befehlslimit überschritten
57 Systemfehler; NETBIOS-Fehler
58 Unrichtige Antwort vom Netzwerk
59 Unerwarteter Netzwerkfehler
60 Nicht kompatibler ferner Adapter
61 Druckerwarteschalnge voll
62 Nicht genug Platz für Druckdatei
63 Druckdatei storniert
64 Netzwerkname wurde gelöscht
65 Zugriff verweigert
66 Netzwerk-Gerätetyp unrichtig
67 Netzwerkname nicht gefunden
68 Netzwerknamenlimit überschritten
69 NETBIOS-Sitzungslimit überschritten
70 gemeinsamer Zugriff vorübergehend unterbrochen
71 Netzwerkanforderung nicht akzeptiert
72 Drucker- oder Plattenumleitung unterbrochen
80 Datei bereits vorhanden
81 Doppelter Dateisteuerblock (FCB)
82 Verzeichniseintrag kann nicht erstellt werden
83 Fehler bei INT 24
84 Zu viele Netzwerkumleitungen
85 Doppelte Netzwerkumleitung
86 Ungültiges Kennwort
87 Ungültiger Parameter
88 Netzwerkdatenfehler
89 Funktion vom Netzwerk nicht unterstützt
90 Erforderliche Systemkomponente nicht installiert

Fehlercodes, OS/2

Siehe auch: Fehlercodes, DOS.

Die OS/2 REXX-Dienstprogrammfunktionen und die stream -Funktion können einen der DOS-Fehlercodes oder spezielle OS/2-Fehlercodes zurückgeben. Wegen der großen Anzahl der OS/2-Fehlercodes verzichten wir hier auf den Abdruck der gesamten Liste und führen nur die Fehlercodes auf, die bei den OS/2 REXX-Dienstprogrammfunktionen vorkommen können. Die Bedeutung eines OS/2-Fehlercodes können Sie aber jederzeit ermitteln, indem Sie in der OS/2-Befehlszeile den Befehl help sysxxxx eingeben (xxxx = vierstelliger Fehlercode, ggf. mit führenden Nullen).

Code	Bedeutung
2	allgemein: Datei nicht gefunden sysfiletree, sysfilesearch: zu wenig Speicher syswaitnamedpipe: benannte Pipe nicht gefunden
3	allgemein: Pfad nicht gefunden sysfilesearch: Fehler beim Öffnen einer Datei
5	Zugriff verweigert rxqueue("delete", ...): Warteschlangenname ungültig
9	rxqueue("delete", ...): Warteschlange nicht vorhanden
10	rxqueue("delete", ...): Warteschlange wird benutzt; Wartestatus aktiv
12	rxqueue("delete", ...): Speicherfehler
26	keine DOS-Platte
32	Konflikt beim gemeinsamen Zugriff
36	Puffer für gemeinsamen Zugriff übergelaufen
87	Ungültiger Parameter
108	Laufwerk gesperrt
206	Dateiname überschreitet Bereich
231	Zeitüberschreitung bevor die Pipe freigegeben wurde
1000	rxqueue("delete", ...): Initialisierungsfehler; Datei OS2.INI überprüfen

Fehlercodes, REXX

Siehe auch: signal on syntax.

Zu jedem Syntaxfehler, den REXX feststellt, gehört ein Fehlercode (die Nummer des Syntaxfehlers) und ein Fehlertext. Wenn REXX während der Ausführung eines Programms einen Syntaxfehler feststellt und wenn die Syntax-Fehlerbedingung mit signal on syntax aktiviert wurde, wird der Fehlercode in die spezielle Variable rc gestellt. Der Fehlertext kann anhand des Fehlercodes mit der eingebauten SAA-Funktion errortext ermittelt werden. Wenn die Syntax-Fehlerbedingung Fehlerbedingung: nicht aktiviert ist, wird der Fehlercode zusammen mit dem Fehlertext am Bildschirm angezeigt.

Die Fehlercodes liegen im Bereich 3-49, müssen aber nicht alle auf allen Plattformen vorhanden sein. Die Fehlercodes mit den zugehörigen Fehlertexten werden in den REXX-Referenzhandbüchern (online oder in Buchform) ausführlich und mit Beispielen beschrieben, so daß wir hier auf die Wiedergabe verzichten.

Fehlerroutine

Siehe auch: call off/on; condition; Fehlerbedingungen; signal off/on.

Wenn der REXX-Interpreter eine Fehlerbedingung feststellt und diese Fehlerbedingung gesetzt ist, verzweigt REXX automatisch zu der Fehlerroutine, die für diese Fehlerbedingung definiert wurde. Eine Fehlerbedingung wird durch call on ... [name *trapname*] oder signal on ... [name *trapname*] gesetzt. Wenn die name-Klausel in diesen Anweisungen ausgelassen wird, wird zu der Marke mit dem Namen der Fehlerbedingung verzweigt, z. B. syntax:. Andernfalls wird zu der Marke verzweigt, die in der name-Klausel durch *trapname* angegeben wird, also zu der Marke *trapname*:.

Fehlerroutine undefiniert. Wenn die Marke der Fehlerroutine nicht existiert, wird die Standardfehlerbehandlung durchgeführt, so als wäre die Fehlerbedingung nicht gesetzt. In diesem Fall wird bei der Halt- und der Syntax-Bedingung das Programm abgebrochen und der Fehler am Bildschirm gemeldet, in allen anderen Fällen wird der Fehler ignoriert.

Verfügbare Informationen. Am Eingang einer Fehlerroutine stehen die folgenden Informationen zur Verfügung:

- condition: Die eingebaute Funktion condition liefert folgende Angaben:
  - Name der Fehlerbedingung ("ERROR", "FAILURE", "HALT", "NOTREADY", "NOVALUE" oder "SYNTAX").
  - Beschreibung je nach Fehlerbedingung:

ERROR FAILURE	fehlerhafter Befehl
HALT	mit der Haltanforderung verbundene Zeichenfolge
NOTREADY	Name der Datei
NOVALUE	Name der undefinierten Variablen
SYNTAX	der Fehlerbedingung zugeordnete Zeichenfolge

  - Schlüsselwort der Anweisung, mit der die Fehlerbedingung gesetzt wurde (CALL oder SIGNAL).
  - Status der Fehlerbedingung ("ON", "OFF" oder "DELAY").
- sigl: In der speziellen Variablen sigl ist die Nummer der Programmzeile gespeichert, in der sich die fehlerhafte Klausel befindet.
- sourceline(sigl): liefert den Inhalt der fehlerhaften Programmzeile.
- rc: Bei einer Syntax-Bedingung ist in der speziellen Variablen rc die Nummer des Fehlercodes gespeichert. Bei einer Error- oder Failure-Bedingung ist in der speziellen Variablen rc der Rückkehrcode gespeichert, mit dem der anstehende Befehl quittiert wurde.
- errortext(rc): liefert den Fehlertext zu einem Fehlercode, der durch eine Syntax-Bedingung in der speziellen Variablen rc gespeichert wurde.

signal-Fehlerroutine. Wenn eine Fehlerroutine mit signal aufgerufen wird, wird die Ausführung der anstehenden Anweisung sofort unterbrochen, die Fehlerbedingung wird zurückgesetzt (der Status hat den Wert "OFF") und REXX verzweigt zu der definierten Marke.

Da die Ausführung der fehlerhaften Anweisung abgebrochen wird, ist das Ergebnis der Anweisung unbestimmt. Wenn z. B. die Syntax-Fehlerbedingung in einer Zuweisung auftritt, wird die Zuweisung nicht durchgeführt.

Wenn die gleiche Fehlerbedingung erneut auftritt, wird daher die Standardfehlerbehandlung durchgeführt, da der Status der Fehlerbedingung auf "OFF" steht. Wenn dies nicht gewünscht ist, muß die aktuelle Fehlerbedingung erneut mit call on... oder signal on... gesetzt werden.

call-Fehlerroutine. Wenn eine Fehlerroutine mit call aufgerufen wird, erfolgt die Unterbrechung immer am Ende einer Klausel, die Fehlerbedingung wird in den aufgeschobenen Zustand versetzt (der Status hat den Wert "DELAY") und REXX verzweigt zu der definierten Marke. Die Fehlerroutine kann ein internes oder externes Unterprogramm oder eine interne, externe oder eingebaute Funktion sein. Die spezielle Variable result wird aber durch die Fehlerroutine nicht verändert, auch wenn das Unterprogramm mit return eine Zeichenfolge zurückgibt. Da die Fehlerroutine mit call aufgerufen wird, kann das Programm mit return an der Unterbrechungsstelle wieder aufgenommen oder mit exit abgebrochen werden.

Da die Unterbrechung am Ende einer Klausel stattfindet, kann die Verarbeitung nach dem Verlassen der Fehlerroutine mit return normal fortgesetzt werden, auch wenn die Unterbrechung innerhalb einer interpret-Anweisung, in einer do-Schleife oder einer select-Auswahl erfolgt.

Da die aktuelle Fehlerbedingung beim Eintritt in die Fehlerroutine im aufgeschobenen Zustand ist, führt die Feststellung der gleichen Fehlerbedingung vorerst nicht zum erneuten Aufruf der Fehlerroutine. Etwa auftretende gleiche Fehlerbedingungen werden zwar festgestellt, die Fehlerbehandlung wird aber aufgeschoben. Dies ist auch gut so, weil es sonst zu einem rekursiven Aufruf der Fehlerroutine kommen könnte, der schließlich mit der Erschöpfung der Speicherressourcen enden würde.

Wenn eine aufgeschobene Fehlerbedingung ansteht, kann der aufgeschobene Zustand der Fehlerbedingung durch eine der folgenden Aktionen wieder aufgehoben werden:

- Es wird die Anweisung call on oder signal on für die aufgeschobene Fehlerbedingung ausgeführt. In diesem Fall wird sofort nach Ausführung dieser Anweisung zur Fehlerroutine verzweigt.
- Es wird die Anweisung call off oder signal off für die aufgeschobene Fehlerbedingung ausgeführt. In diesem Fall wird die Fehlerbedingung zurückgesetzt und sofort nach Ausführung der Anweisung die Standardfehlerbehandlung für die aufgeschobene Fehlerbedingung durchgeführt.
- Die Fehlerroutine wird mit return beendet. Dadurch wird der aufgeschobene Zustand der Fehlerbedingung aufgehoben, d. h. die Fehlerbedingung wird wieder gesetzt, und es wird sofort wieder zur Fehlerroutine verzweigt.

Anwendung

1	Zentrale Fehlerbehandlung für Befehle
2	Behandlung von Syntaxfehlern und undefinierten Variablen
3	Behandlung von Ein-/Ausgabefehlern

1. Zentrale Fehlerbehandlung für Befehle

Nach der Ausführung eines Befehls, der an eine andere Adreßumgebung adressiert ist, muß in der Regel der Rückkehrcode rc abgefragt werden, um aufgetretene Fehler zu behandeln. Man wird versuchen, die Fehlerbehandlung in einem oder mehreren Unterprogrammen abzuwickeln, um die Fehler nicht nach jedem Befehl individuell abhandeln zu müssen. Es bietet sich daher an,

Befehle grundsätzlich über ein Unterprogramm abzusetzen und die Fehlerbehandlung einheitlich über die Error-Fehlerbedingung zu steuern.

```
maske = "edbpprt"
rc = exec(ispexec, "display panel("maske")")
```

Die interne Funktion exec soll alle Befehle an andere Adreßumgebungen ausführen. Die Funktion wird mit bis zu drei kommagetrennten Parametern aufgerufen: dem Namen der Adreßumgebung (hier: ispexec), dem Befehl (hier: "display panel("maske")") und mit einem optionalen Kennzeichen, ob bei einem Fehler das Programm abgebrochen werden soll. Wenn das Kennzeichen fehlt, wird bei einer Error- oder Failure-Bedingung das Programm nicht abgebrochen. Wenn ein Kennzeichen angegeben wird (beliebige Zeichenfolge, die ungleich der Nullzeichenfolge ist), wird das Programm bei einem Fehler auf jeden Fall abgebrochen. Der Befehl enthält die Variable maske. Das ermöglicht es uns später zu demonstrieren, daß die condition-Funktion leider mit der Option "d" den nicht substituierten Originalbefehl zurückliefert, so daß man den tatsächlich übergebenen Befehl nicht erkennen kann. Das Funktionsergebnis weisen wir der speziellen Variablen rc zu, die ja auch dann den Rückkehrcode des Befehls enthalten würde, wenn die Error-Fehlerbedingung zurückgesetzt wäre.

```
exec: procedure expose sigl
  parse arg adr, cmd, weiter
  znr = sigl
  call on error
  address value adr; cmd
  return rc
```

Die interne Funktion exec wird mit procedure gegen den Rest des Programms abgeschottet, so daß wir bedenkenlos beliebige Variablen in dieser Funktion und der davon abhängigen Fehlerroutine error verwenden können. Die spezielle Variable sigl nehmen wir aber mit expose davon aus, weil wir damit auf die Zeilennummer der Anweisung zurückgreifen wollen, die den Aufruf der exec-Funktion enthält. Mit parse arg lesen wir die übergebenen Parameter ein und sichern in znr den Wert der speziellen Variablen sigl, da diese durch den automatischen Aufruf der Fehlerroutine geändert werden kann.

Mit call on error setzen wir die Error-Fehlerbedingung. Die Failure-Bedingung setzen wir nicht, da sie in der Error-Bedingung mit eingeschlossen ist. Mit der folgenden address-Anweisung stellen wir die Adreßumgebung ein, die durch den Parameter adr gefordert wird. Die value-Klausel müssen wir verwenden, weil der Name der Adreßumgebung nicht direkt angegeben werden kann. Dann setzen wir den gewünschten Befehl ab, indem wir die Variable cmd als Anweisung hinschreiben. Wenn nun weder die Error- noch die Failure-Fehlerbedingung festgestellt wird, enthält rc den Wert 0 und return rc gibt 0 an den Aufrufer zurück. Andernfalls wird automatisch zu der definierten Fehlerroutine error verzweigt.

```
error:
  say 'Zeile 'znr': "'cmd'"'
  say adr"-Fehler "rc
  if weiter = "" then return
  address tso "free dd(eingabe)"
  exit
```

Da die Fehlerroutine von der Funktion exec aus aufgerufen wird, steht auch sie unter dem Schutz von deren procedure-Anweisung. Wir melden zuerst den Fehler in einer standardisierten Form, z. B.:

```
Zeile 127: rc = exec(ispexec, "display panel("maske")")
ispexec-Fehler 20
```

Auch dies ist ein Vorteil einer zentralen Fehlerroutine: die Fehlermeldungen sehen immer gleich aus und der Benutzer kann sich damit vertraut machen. Wenn die Variable weiter gleich der Nullzeichenfolge ist, verlassen wir die Fehlerroutine mit return. Die Funktion exec wird dann mit return rc verlassen und gibt so den Inhalt von rc an den Aufrufer zurück. Wenn weiter einen Inhalt hat, haben wir an dieser Stelle die Gelegenheit, noch irgendwelche Abschlußarbeiten vorzunehmen. Stellvertretend zeigen wir hier den TSO-Befehl free, der die Datei mit dem DD-Namen eingabe wieder freigibt. Schließlich wird das Programm mit exit abgebrochen.

Hinweis: Manche Adreßumgebungen, z. B. ispexec und isredit unter ISPF, stellen auch bei läßlichen Fehlern die Error-Bedingung fest, z. B. wenn das Dateiende erreicht wird. Da man diese "Fehler" in der Regel speziell behandeln will, muß man in der Fehlerroutine eine Ausnahmetabelle berücksichtigen, die für jeden in Frage kommenden Befehl die Rückkehrcodes enthält, die nicht als Fehler betrachtet werden sollen.

2. **Behandlung von Syntaxfehlern und undefinierten Variablen**

Aufgabe: Wenn Syntaxfehler oder undefinierte Variablen auftreten, soll eine (soweit möglich) einheitliche Fehlermeldung ausgegeben und das Programm kontrolliert beendet werden.

```
signal on novalue; signal on syntax
  monat = 1 + "c"
  name.4 = name
  exit

novalue: syntax:
  say "Zeile "sigl": "sourceline(sigl)
  if condition("c") = "NOVALUE"
    then say "Variable "condition("d")" undefiniert"
    else say "Syntaxfehler "rc": "errortext(rc)
  rc = stream("tel.lst", "command", "close")
  exit
```

Mit signal on werden die Novalue- und die Syntax-Bedingung gesetzt. Die beiden Fehlerroutinen werden zusammengefaßt, indem die beiden Marken novalue: und syntax: der gemeinsamen Fehlerroutine vorangestellt werden. Zuerst wird eine Zeile auf dem Bildschirm ausgegeben, die angibt, in welcher Programmzeile (Inhalt der speziellen Variablen sigl) der Fehler aufgetreten ist. Außerdem wird der Inhalt sourceline(sigl) dieser Programmzeile angezeigt. Die nächste auszugebende Zeile ist für die Novalue- und die Syntax-Bedingung unterschiedlich. Wir fragen daher mit condition("c") den Namen der aktiven Fehlerbedingung ab.

Wenn die Novalue-Bedingung aktuell ist, ermitteln wir mit condition("d") den abgeleiteten Namen der undefinierten Variablen, das ist hier der Variablenname in Großbuchstaben, und zeigen ihn in einer entsprechenden Meldung an, z. B.

```
Zeile 110:   name.4 = name
Variable NAME undefiniert
```

Andernfalls zeigen wir die Nummer rc des Syntaxfehlers und den zugehörigen Fehlertext errortext(rc) an, z. B.

```
Zeile 26:   monat = 1 + "c"
Syntaxfehler 41: Falsche arithmetische Umsetzung
```

Anschließend sorgen wir für einen kontrollierten Abbruch des Programms, indem wir vor der exit-Anweisung etwa noch nötige Abschlußarbeiten durchführen. Wir zeigen als Beispiel einen Aufruf der Funktion stream, wodurch eine offene Datei geschlossen wird.

3. **Behandlung von Ein-/Ausgabefehlern**

Aufgabe: Ab *REXX Level 2* steht die Notready-Fehlerbedingung zur Verfügung. Eine zentrale Fehlerroutine soll alle Notready-Bedingungen einheitlich abhandeln.

```
    call on notready name dateifehler
    earc = 0
    satz = linein("tel.lst")
    if earc <> 0 then...
    exit
dateifehler:
    if stream(condition("d"), "command", "query exists") = ""
      then earc = 1; else earc = 2
    return
```

Mit call on wird die Notready-Bedingung gesetzt und zwar mit dem Fehlerroutinennamen dateifehler. Die Fehlerroutine soll keine Fehlermeldung ausgeben, sondern den Fehlercode earc an den Aufrufer zurückliefern. Deswegen wird dieser Fehlercode vor der ersten Ein-/Ausgabeoperation mit 0 (= ok) initialisiert. Wenn beim Aufruf der linein-Funktion in der folgenden Zuweisung die Notready-Bedingung festgestellt wird, wird automatisch mit call zu der Fehlerroutine dateifehler verzweigt.

Dort wird zuerst mit stream geprüft, ob die Datei, die verarbeitet werden sollte, überhaupt existiert. Den Namen der Datei erfahren wir durch condition("d"). stream liefert die komplette Dateibezeichnung zurück, wenn die Datei existiert, andernfalls die Nullzeichenfolge. Wenn die Datei nicht existiert, setzen wir den Rückkehrcode earc auf 1, andernfalls ist ein anderer Ein- oder Ausgabefehler aufgetreten und wir weisen earc den Wert 2 zu. Mit return kehren wir zum Aufrufer zurück, der den Rückkehrcode earc abfragen und entsprechend reagieren kann.

Einen Pferdefuß hat die Fehlerroutine: wenn die Fehlerroutine einmal durchlaufen wurde, muß earc wieder zurückgesetzt werden. Wenn man das vergißt, wird die nächste Ein-/Ausgabeoperation in jedem Fall als fehlerhaft angesehen, auch wenn dies nicht zutrifft.

filespec

```
▸▸─FILESPEC(option, datei)─▸◂
```

Die eingebaute OS/2-Funktion filespec ("Dateispezifikation") liefert je nach option das Laufwerk, den Pfad oder den Dateinamen von datei zurück. Wenn das gewünschte Element in datei nicht enthalten ist, wird die Nullzeichenfolge zurückgeliefert.

filespec ist eine reine Zeichenfunktion, d. h. es wird weder geprüft, ob datei korrekt ist und existiert, noch wird datei ggf. um fehlende Elemente vervollständigt. Es wird lediglich die durch datei angegebene Zeichenfolge zerlegt und das gewünschte Element zurückgeliefert.

datei muß eine Dateibezeichnung sein. *Siehe* Dateibezeichnung, DOS und OS/2.

option ist ein beliebiger Ausdruck, der eine der nachstehenden Optionen ergeben muß. Von der Option wird nur das erste Zeichen ausgewertet, Groß- und Kleinbuchstaben sind dabei gleichwertig.

- D (drive = Laufwerk)
  Es wird der Laufwerkbuchstabe von datei in Großbuchstaben und mit Doppelpunkt zurückgeliefert.
- P (path = Pfad)
  Es wird der vollständige Pfad von datei in Großbuchstaben zurückgeliefert. Der zurückgelieferte Pfad beginnt und endet mit einem "\".
- N (name)
  Es wird der Dateiname von datei in Großbuchstaben zurückgeliefert.

datei	*Siehe* Dateibezeichnung, DOS und OS/2.
option	Nur das erste Zeichen wird ausgewertet, Groß- und Kleinbuchstaben sind gleichwertig. Mögliche Optionen: *siehe oben.*

Beispiele

REXX-Anweisungen	Erläuterung
name = "c:\rexx\p2d.cmd" d1 = filespec("d", name) d2 = filespec("p", name) d3 = filespec("n", name) file = "\rexx\p2d.cmd" d4 = filespec("d", file) d5 = filespec("p", file) d6 = filespec("n", file)	d1-d3 liefern "C:", "\REXX\" bzw. "P2D.CMD". d4 liefert die Nullzeichenfolge, da in file der Laufwerkpräfix fehlt, d5 und d6 liefern "\REXX\" bzw. "P2D.CMD".

Anwendung

1	Bootlaufwerk ermitteln
2	Analyse von unvollständigen Dateibezeichnungen

1. Bootlaufwerk ermitteln

Aufgabe: Das Bootlaufwerk soll ermittelt werden.

```
bootdrive = filespec("d", value("comspec",, env()))
```

Die Umgebungsvariable COMSPEC enthält die vollständige Dateibezeichnung des Befehlsprozessors COMMAND.COM. Da dieser in der Regel auf dem Bootlaufwerk liegt, ermitteln wir zuerst mit value den Inhalt der Umgebungsvariablen COMSPEC. Der dritte Parameter in value ruft die Funktion env auf, die die die aktuelle Variablenumgebung zurückliefert. value liefert z. B. eine Dateibezeichnung wie die folgende zurück: "C:\COMMAND.COM". filespec entnimmt mit der Option "d" daraus den Laufwerkpräfix "C:".

2. **Analyse von unvollständigen Dateibezeichnungen**
Aufgabe: Eine unvollständige Dateibezeichnung soll vervollständigt und daraus der Laufwerkpräfix ermittelt werden.

```
name = "p2d.cmd"
fullname = stream(name, "command", "query exists")
lfw = filespec("d", fullname)
```

➔ fullname: "C:\REXX\P2D.CMD", lfw: "C:"

Die Funktion stream liefert mit der Option "command" und dem Befehl "query exists" die vollständige Dateibezeichnung des Dateinamens name an die Variable fullname zurück, wenn die Datei sich auf dem aktuellen Laufwerk im aktuellen Verzeichnis befindet, andernfalls die Nullzeichenfolge. Aus fullname entnehmen wir mit der Option "d" der filespec-Funktion den Laufwerkpräfix "C:".

find

►►-FIND(zielliste, suchliste)—►◄

Die eingebaute TSO-Funktion find sollte nicht mehr verwendet werden, sondern stattdessen die SAA-Funktion wordpos, die das gleiche leistet. find und wordpos unterscheiden sich dadurch, daß die beiden Parameter zielfolge und suchfolge vertauscht sind und daß wordpos zusätzlich die Angabe einer Wortnummer erlaubt, ab der die Suche beginnen soll.

Folgezeile

Eine Klausel bzw. eine Programmzeile kann in der folgenden Zeile fortgesetzt werden, wenn sie mit dem *Fortsetzungskennzeichen*, einem *Komma*, beendet wird. Das Fortsetzungskennzeichen hat folgende Wirkung:

- Eine Zeile, die mit dem Fortsetzungskennzeichen endet, wird ausnahmsweise *nicht* implizit durch ein Klauseltrennzeichen, das Semikolon, beendet.
- Das Fortsetzungskennzeichen wird intern durch eine Leerstelle ersetzt.
- Der REXX-Interpreter verkettet die unterbrochene Klausel, die bis vor das Komma reicht, mit der Leerstelle, die das Komma ersetzt, und der folgenden Zeile.

Im folgenden Beispiel werden die beiden Zeilen in der linken Spalte vom REXX-Interpreter zu der Anweisung in der rechten Spalte zusammengesetzt:

uhrzeit =, time("e")	uhrzeit =□time("e")

Hinweise:

- Die Leerstelle, die das Fortsetzungskennzeichen ersetzt, wird als *Verkettungsoperator* interpretiert, wenn zwei Zeichenfolgen durch das Fortsetzungskennzeichen unterbrochen werden. Im folgenden Beispiel werden die ursprünglichen Programmzeilen (linke Spalte) den Anweisungen gegenübergestellt, die der REXX-Interpreter daraus erzeugt (rechte Spalte):

vorname = "Lena"	name1 = "Hindemith□Lena"
famname = "Hindemith"	name2 = "Hindemith□Lena"
name1 = "Hindemith", vorname	name3 = "Hindemith□Lena"
name2 = "Hindemith", "Lena"	
name3 = famname, vorname	

- Wenn eine Programmzeile, die in der folgenden Zeile fortgesetzt werden soll, mit dem *Argumenttrennzeichen* (dem Komma) endet, muß zusätzlich das Fortsetzungkennzeichen gesetzt werden:

parse arg fkt, empf,, logdatei	parse arg fkt, empf,□logdatei
teilfolge = substr(text,, 4, 5)	teilfolge = substr(text,□4, 5)

  Die parse-Anweisung und der Aufruf der Funktion substr in der linken Spalte enden mit einem doppelten Komma, also mit einem Argumenttrennzeichen und einem Fortsetzungkennzeichen. Die rechte Spalte zeigt, daß der REXX-Interpreter das zweite Komma durch eine Leerstelle (□) ersetzt.

- Das Unterschlüsselwort then in der if-Anweisung und der when-Klausel der select-Anweisung wird implizit von Semikolons eingeschlossen. Daher ist kein Fortsetzungkennzeichen erforderlich, wenn das Schlüsselwort then oder die Anweisung *nach* then in die nächste Zeile gesetzt wird.
  Den Unterschlüsselwörtern else in der if-Anweisung und otherwise in der select-Anweisung folgt ein implizites Semikolon. Daher ist kein Fortsetzungkennzeichen erforderlich, wenn die folgende Anweisung in die nächste Zeile gesetzt wird.

form

```
▸▸—FORM()—▸◂
```

Siehe auch: numeric form.

Die eingebaute SAA-Funktion form (exponentielles "Format") liefert den aktuellen Wert von numeric form zurück.

Anwendung. Die Funktion kann dazu verwendet werden, um den aktuellen Wert von numeric form zu sichern, ihn dann mit der Anweisung numeric form zu ändern und ihn am Schluß wieder auf den ursprünglichen Wert zurückzusetzen.

Hinweis: Der Wert von numeric form wird mit der Anweisung numeric form gesetzt.

Beispiele

REXX-Anweisungen	Erläuterung
vorher = form() numeric form engineering nachher = form()	Vor der Ausführung der Anweisung numeric form engineering liefert form() den Standardwert scientific: vorher = "scientific". Danach liefert form() den Wert engineering: nachher = "engineering".
form = form() numeric form engineering numeric form form	numeric form temporär ändern Vor der Ausführung von Anweisungen, die die Ingenieurschreibweise benötigen, wird der aktuelle Wert von numeric form mit form() der Variablen form zugewiesen. Anschließend wird der Wert von numeric form auf engineering geändert. Nach Ausführung der Anweisungen wird numeric form wieder auf den ursprünglichen Wert, der in form enthalten ist, zurückgesetzt.

format

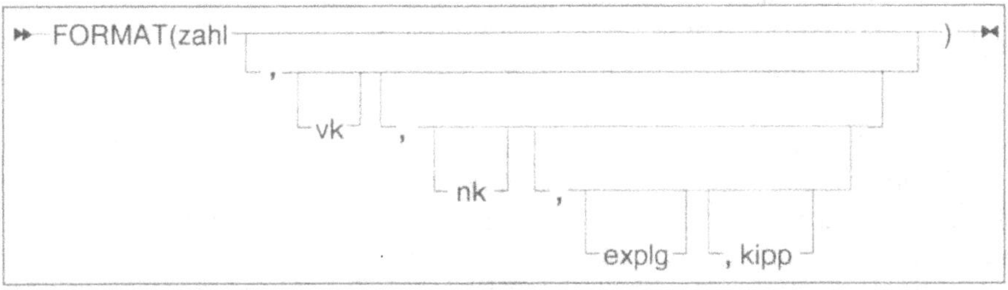

Die eingebaute SAA-Funktion format ("formatieren") liefert zahl gerundet und formatiert zurück.

zahl ist eine beliebige Zahl. Sie wird zuerst nach den REXX-Standardregeln entsprechend der maximalen Anzahl Ziffernstellen, die mit numeric digits festgelegt werden, gerundet, so als würde die Operation zahl + 0 ausgeführt. Wir bezeichnen das Ergebnis der Rundung im folgenden mit <zahl>, um Mißverständnisse zu vermeiden. Auf Grund dieser Operation ist es möglich, daß <zahl> in exponentieller Schreibweise dargestellt werden muß. In diesem Fall gilt der aktuelle Wert von numeric form. Wenn außer zahl keine weiteren Parameter angegeben werden, wird <zahl> zurückgeliefert.

Vorkommastellen. vk bezeichnet die Anzahl der Vorkommastellen einschließlich eines evtl. Vorzeichens, die vor dem Dezimalpunkt ausgegeben werden sollen. Wenn numeric form scientific gilt und <zahl> in exponentieller Schreibweise dargestellt werden muß, muß vk mindestens 1 (mit Vorzeichen 2) sein, bei numeric form engineering mindestens 1-3 (mit Vorzeichen 2-4).

Wenn vk fehlt, werden so viele Stellen vor dem Dezimalpunkt ausgegeben wie nötig. Wenn vk angegeben wird, muß es eine positive Ganzzahl sein. Wenn vk kleiner als die Anzahl der Vorkommastellen von <zahl> einschließlich eines evtl. Vorzeichens ist, wird REXX-Fehler 40 gemeldet. Wenn vk größer als die als die Anzahl der Vorkommastellen von <zahl> einschließlich eines evtl. Vorzeichens ist, wird <zahl> vorne mit Leerstellen aufgefüllt.

Nachkommastellen. nk bezeichnet die Anzahl der Nachkommastellen, die nach dem Dezimalpunkt ausgegeben werden sollen. Wenn nk fehlt, werden so viele Stellen nach dem Dezimalpunkt ausgegeben wie nötig. Wenn nk angegeben wird, muß der Wert 0 oder eine positive Ganzzahl sein. In diesem Fall wird die angegebene Anzahl Nachkommastellen ausgegeben. Wenn nk kleiner als die Anzahl der Nachkommastellen von <zahl> ist, wird <zahl> entsprechend gerundet. Wenn nk größer als die Anzahl der Nachkommastellen von <zahl> ist, wird <zahl> hinten mit Nullen aufgefüllt.

Länge des Exponenten. Die Parameter explg (Länge des Exponenten) und kipp (Kippunkt) beschreiben den Exponenten von <zahl>. explg bezeichnet die Anzahl der Stellen, die für den Exponenten ausgegeben werden sollen. Wenn explg fehlt, werden so viele Stellen ausgegeben wie nötig. Wenn explg angegeben wird, muß der Wert 0 oder eine positive Ganzzahl sein. Wenn explg kleiner als notwendig ist, wird REXX-Fehler 40 gemeldet. Wenn explg größer als notwendig ist, wird der Exponent vorn mit Nullen aufgefüllt.

Wenn explg 0 ist, wird <zahl> (auch dann wenn der Kippunkt kipp den Wert 0 hat), in konventioneller Schreibweise dargestellt. Dazu wird <zahl>, wenn es eine Ganzzahl ist, hinten mit Nullen aufgefüllt, andernfalls nach dem Dezimalpunkt. Dies gilt auch, wenn explg größer als 0 ist und sich der Exponent 0 ergeben würde. Außerdem wird <zahl> in diesem Fall zusätzlich hinten mit explg + 2 Leerstellen aufgefüllt.

Kippunkt. Der Kippunkt kipp legt fest, ab welcher Anzahl von Vor- bzw. Nachkommastellen <zahl> in exponentieller Schreibweise dargestellt wird. Wenn die Anzahl der benötigten Vorkommastellen kipp übersteigt oder wenn die Anzahl der benötigten Nachkommastellen das Doppelte von kipp übersteigt, wird die exponentielle Schreibweise gewählt. Wenn kipp fehlt, gilt der aktuelle Wert von numeric digits. Wenn kipp angegeben wird, muß der Wert 0 oder eine positive Ganzzahl sein. Wenn kipp 0 ist, wird die exponentielle Schreibweise gewählt, es sei denn explg ist 0 oder der Exponent würde 0 ergeben.

explg
: Nichtnegative Ganzzahl. Anzahl der Stellen, die für den Exponenten ausgegeben werden sollen.
Standard: so viele Stellen wie nötig.

kipp
: Nichtnegative Ganzzahl. Wenn <zahl> mehr als kipp Vorkommastellen oder mehr als kipp * 2 Nachkommastellen enthält, wird die exponentielle Schreibweise gewählt.
Standard: Aktueller Wert von numeric digits.

nk
: Nichtnegative Ganzzahl. Anzahl der Nachkommastellen, die ausgegeben werden sollen.
Standard: so viele Nachkommastellen wie nötig.

vk
: Positive Ganzzahl. Anzahl der Vorkommastellen, die ausgegeben werden sollen.
Standard: so viele Vorkommastellen wie nötig.

zahl
: Beliebige Zahl.

Beispiele

REXX-Anweisungen	Erläuterung
z1 = format(123.12) z2 = format(-123.50) z3 = format(123.12, 5) z4 = format(-123.12, 3) z5 = format(123.125,, 2) z6 = format(123.125,, 0) z7 = format(123.12,, 4)	<u>mit oder ohne Vor-/Nachkommastellen:</u> z1 und z2 liefern so viele VK- und NK-Stellen wie nötig: 123.12, -123.50. z3 füllt die VK-Stellen um Leerstellen auf: "□□123.12". z4 führt zu REXX-Fehler 40, da die Anzahl der VK-Stellen einschließlich Vorzeichen mit 4 um 1 größer als vk = 3 ist. z5 rundet die NK-Stellen: 123.13. z6 rundet zu einer Ganzzahl: 123. z7 füllt die NK-Stellen mit Nullen auf: 123.1200.
numeric digits 4 z1 = format(1234) z2 = format(123456) z3 = format(12345.12, 2) z4 = format(0.000001234)	<u>numeric digits:</u> z1 ist unter numeric digits 4 konventionell darstellbar: 1234. Da mehr als 4 VK-Stellen vorhanden sind, wird z2 gerundet und exponentiell dargestellt: 1235E+5. Bei z3 genügt vk = 2, da wegen numeric digits 4 gerundet und exponentiell dargestellt wird: -1.235E+4. z4 wird exponentiell dargestellt, da mehr als 2 * 4 = 8, nämlich 9 NK-Stellen vorhanden sind: 1.234E-6.
numeric digits 4 z1 = format(1234) z2 = format(-1234,,, 2) z3 = format(-1234,,,, 3) z4 = format(1234,,, 1, 3) z5 = format(1234,,, 2, 3) z6 = format(123456789012,,, 1) numeric form engineering z7 = format(123456,,,, 3) z8 = format(1.23456,,, 2, 0)	<u>Mit Exponentenlänge und Kippunkt:</u> Da kipp fehlt, wird bei z1 standardmäßig numeric digits 4 als Kippunkt angenommen, so daß z1 konventionell darstellbar ist: 1234. explg = 2 wird aus dem gleichen Grund in z2 ignoriert: 1234. z3 und z4 liefern wegen kipp = 3 beide -1.234E+1, z3 liefert standardmäßig so viele Stellen für den Exponenten wie nötig, nämlich eine. z4 liefert eine Stelle wie angegeben. z5 füllt den Exponenten mit einer führenden Null auf: 1.234E+03. z6 bringt REXX-Fehler 40, da der Exponent in 1.235E+11 2stellig wäre, explg aber nur 1 ist. z7 liefert im Engineering-Format 123.5E+3. z8 wird trotz kipp = 0 konventionell dargestellt, da sich 1.235E+0 mit dem Exponenten 0 ergeben würde, und das Ergebnis wird hinten mit explg + 2 = 4 Leerstellen aufgefüllt: "1.235□□□□".
numeric digits 4 z1 = format(123456,,, 0) z2 = format(0.00000123456,,, 0)	<u>Exponentenlänge = 0:</u> z1 wird zu 1.235E+5 gerundet und dann wegen explg = 0 in die konventionelle Schreibweise umgewandelt und hinten mit Nullen aufgefüllt: 123500. z2 wird zu 1.235E-6 gerundet, dann wegen explg = 0 in die konventionelle Schreibweise umgewandelt und schließlich nach dem Dezimalpunkt mit Nullen aufgefüllt: 0.000001235.
z1 = format(123456,,, 1, 0) z2 = format(123456,,, 0, 0) z3 = format(1.23456,,, 1, 0)	<u>Kippunkt = 0:</u> z1 wird wegen kipp = 0 in exponentieller Schreibweise und wegen explg = 1 mit einem einstelligen Exponenten dargestellt: 1.23456E+5. Wegen explg = 0 wird kipp = 0 ignoriert und z2 wird konventionell dargestellt: 123456. Trotz kipp = 0 wird z3 in konventioneller Schreibweise dargestellt, weil der Expo-

REXX-Anweisungen	Erläuterung
	nent in 1.23456E+0 gleich 0 wäre, und das Ergebnis wird hinten mit explg + 2 = 3 Leerstellen aufgefüllt: "1.23456□□□".

Anwendung

1	Zahl mit Tausenderpunkten und Dezimalkomma formatieren
2	Tabellarische Anzeige

1. Zahl mit Tausenderpunkten und Dezimalkomma formatieren

Aufgabe: Die format-Funktion hat zwei Mängel: sie gibt einen Dezimalpunkt statt des bei uns üblichen Dezimalkommas aus und sie ermöglicht nicht die optische Trennung von Tausendergruppen.

Eine Zahl soll mit Vorzeichen, Dezimalkomma, n Nachkommastellen sowie Tausenderpunkten formatiert werden. Die Ausgangszahl kann beliebig viele Leerstellen enthalten, die allerdings von der Funktion entfernt werden sollen.

```
  neuzahl = form1000("□□1234567.89□□")
  exit

form1000: procedure
  parse arg zahl 1 "." nk .
  nklg = length(nk); zahl = space(zahl, 0); vz = ""
  if pos(left(zahl, 1), "+-") > 0 then do
    vz = left(zahl, 1)
    zahl = substr(zahl, 2)
  end
  plus = nklg + 3 + (nklg > 0)
  parse value translate(reverse(format(zahl,, nklg)), ",", ".") with zahl +(plus) rest
  do while rest <> ""
    zahl = zahl"."
    parse var rest gruppe +3 rest
    zahl = zahl || gruppe
  end
  return vz || reverse(zahl)
```

➔ neuzahl: "1.234.567,89"

Mit parse arg zahl 1 "." nk . lesen wir die zu formatierende Zahl in die Variable zahl ein. Anschließend wird der Positionszähler wieder auf 1 zurückgestellt, so daß erneut die ganze Zahl zerlegt werden kann. Es wird *der* Teil der übergebenen Zahl hinter dem Dezimalpunkt "." abgegriffen und der Variablen nk zugewiesen. Leerstellen nach den Nachkommastellen werden dem Punkt (am Ende der Schablone) als der Dummy-Variablen übergeben, so daß mit nklg = length(nk) die Anzahl der Nachkommastellen ohne Leerstellen ermittelt wird. Mit zahl = space(zahl, 0) werden alle Leerstellen in der Ausgangszahl entfernt. Das Vorzeichen vz wird provisorisch mit der Nullzeichenfolge besetzt. Wenn das erste Zeichen von Zahl ein Plus oder Minus ist, wird dieses der Variablen vz zugewiesen und zahl um das Vorzeichen verkürzt.

Mit plus = nklg + 3 + (nklg > 0) wird die relative Position berechnet, die sich aus der Stellenzahl für die Nachkommastellen nklg, ggf. einer Stelle für das Komma (nklg > 0) und drei Stellen für die erste Tausendergruppe ergibt. Der Ausdruck (nklg > 0) ergibt den logischen Wert 1, wenn Nachkommastellen vorhanden sind, andernfalls 0. translate(reverse(format(zahl,, nklg)), ",", ".") bewirkt folgendes: Zuerst wird mit format die Zahl zahl mit nklg Nachkommastellen formatiert, das ergibt in unserem Fall 1234567.89. Das Ergebnis wird mit der Funktion reverse umgedreht, so daß wir die Zahl von hinten her aufrollen können. Die translate-Funktion schließlich ersetzt den Dezimalpunkt, den die format-Funktion erzeugt hat, durch ein Dezimalkomma.

Die Anweisung parse value zerlegt demnach die Zeichenfolge 98.7654321. Die parse-Schablone zahl +(plus) rest bewirkt folgendes:

- Der Variablen zahl werden die Nachkommastellen, das Dezimalkomma und die erste Tausendergruppe (in umgekehrter Reihenfolge) zugewiesen, also 98,765.
- Die Zuweisung endet mit der sechsten Stelle der zu zerlegenden Zeichenfolge. Dies bewirkt die relative Positionsangabe +(plus), die nach der Ersetzung von plus gleichbedeutend mit der direkten Positionsangabe +6 ist und den Positionszähler um sechs Stellen nach rechts, also auf die siebte Stelle rückt.
- Der Rest der zu zerlegenden Zeichenfolge, also 4321, wird der Variablen rest zugewiesen.

Schließlich wird solange die do-Schleife do while rest <> "_" durchlaufen, bis die Variable rest leer ist. Zuerst wird mit zahl = zahl"." ein Tausenderpunkt an die (umgekehrte) Zahl angehängt. Mit parse arg rest gruppe +3 rest werden die drei ersten Stellen der Variablen rest als nächste Tausendergruppe abgespalten und der Variablen gruppe zugewiesen. Der Positionszähler wird mit +3 um drei Stellen nach rechts gerückt. Die übrigen Stellen der Variablen rest werden ab dieser Position wiederum der Variablen rest zugewiesen. Die Tausendergruppe gruppe wird mit zahl = zahl || gruppe an die Zahl angehängt. Wenn rest leer ist, wird die do-Schleife verlassen und der umgekehrte Wert von zahl, evtl. vorne um das Vorzeichen ergänzt, mit return vz || reverse(zahl) an das aufrufende Programm zurückgegeben.

2. Tabellarische Anzeige

Aufgabe: Der Postenteil einer Rechnung soll tabellarisch aufgelistet werden.

```
tmenge = "Menge"; tbez = "Bezeichnung□□□□□□□□□□□□□□"; tpreis = "□□□Preis"
tgesamt = "□□□Gesamt"
kopfzeile = tmenge"□□□"tbez"□□□"tpreis"□□□"tgesamt
say kopfzeile; say translate(kopfzeile, " "copies("-", 256), " "xrange())
posten.1 = "3 9.95 Farbfilm 2er-Pack"
posten.2 = "12 17.95 Videocassetten 2er-Pack"
posten.0 = 2
do i = 1 to posten.0
  menge = word(posten.i, 1); preis = word(posten.i, 2); gesamt = menge * preis
  say format(menge, length(tmenge))"□□□" ||,
    left(subword(posten.i, 3), length(tbez))"□□□ " ||,
    format(preis, length(tpreis) - 3, 2)"□□□" ||,
    format(gesamt, length(tgesamt) - 3, 2)
end i
```

Wir definieren zuerst Spaltenüberschriften, die wir ggf. mit Leerstellen auffüllen, um die gewünschte Spaltenbreite zu erreichen. Diese Überschriften verketten wir durch jeweils drei Leerstellen (zur Trennung der Spalten) miteinander und geben sie mit say aus. Die Trennzeile zwischen Überschrift und Postenzeilen wird mit translate erzeugt, indem alle Zeichen außer Leerstellen durch einen Bindestrich ersetzt werden. Zur Demonstration definieren wir hier einen

Variablenstamm posten. mit den zwei Postenzeilen posten.1 und posten.2 und weisen posten.0 die Anzahl der Postenzeilen zu. Eine Postenzeile ist eine Wortliste und besteht aus der Menge, dem Einzelpreis und beliebig vielen Wörtern für die Artikelbezeichnung.

Die anschließende do-Schleife wird n-mal (n = posten.0) durchlaufen, also entsprechend der Anzahl der Postenzeilen. menge und preis werden jeweils als erstes bzw. zweites Wort mit word aus posten.i entnommen. Daraus errechnet sich der Gesamtpreis gesamt zu menge * preis. Mit say geben wir die Bestandteile einer Postenzeile, wiederum durch je drei Leerstellen getrennt, spaltengerecht aus. Zur spaltengerechten Ausgabe der drei Zahlen verwenden wir die format-Funktion. In format(menge, length(tmenge)) bezeichnet das Argument length(tmenge) die Anzahl der Vorkommastellen und gleichzeitig die Spaltenbreite. In gleicher Weise bezeichnet das Argument length(tgesamt) in format(gesamt, length(tgesamt) - 3, 2) die Spaltenbreite, die sich aus der Anzahl der Vorkommastellen length(tgesamt) - 3, einer Stelle für den Dezimalpunkt und zwei Nachkommastellen zusammensetzt. Falls sich bei der Berechnung des Gesamtpreises mehr als zwei Nachkommastellen ergeben haben, wird gesamt durch format auf zwei Nachkommastellen gerundet. Nach dem Verlassen der do-Schleife hat die "Rechnung" folgendes Aussehen:

```
Menge   Bezeichnung                    Preis      Gesamt
-----   -----------                    -----      ------
    3   Farbfilm 2er-Pack               9.95       29.85
   12   Videocassetten 2er-Pack        17.95      215.40
```

Funktion

Siehe auch: Funktion, eingebaute; Unterprogramm.

Eine Funktion unterscheidet sich von einem Unterprogramm in zwei Punkten:

- Eine Funktion kann mit einem Funktionsaufruf oder mit einer call-Anweisung aufgerufen werden.
- Eine Funktion *muß* eine Ergebniszeichenfolge, das Funktionsergebnis zurückgeben, andernfalls wird REXX-Fehler 44 oder 45 gemeldet.

Im übrigen sind Funktionen den gleichen Regeln unterworfen wie Unterprogramme.

Funktionsaufruf. Ein Funktionsaufruf hat folgenden Aufbau:

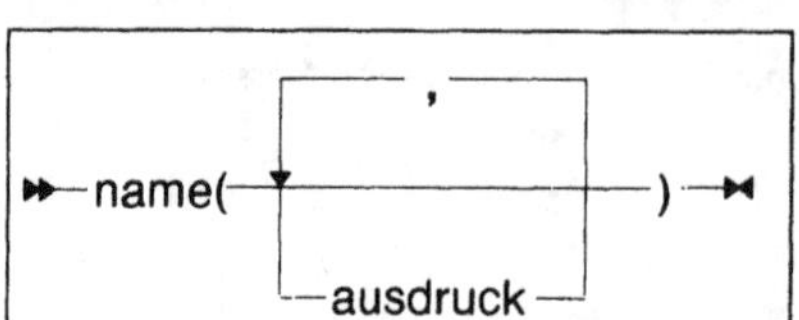

name ist der Name eines Unterprogramms, das eine Ergebniszeichenfolge zurückgibt. Dem Namen des Unterprogramms muß *ohne Zwischenraum* eine öffnende runde Klammer folgen. Nach der öffnenden Klammer kann eine Folge von bis 0-20 Ausdrücken stehen, die durch Kommas voneinander getrennt sind und durch eine schließende runde Klammer abgeschlossen werden müssen. Die Ausdrücke in runden Klammern haben die gleiche Funktion wie die kommagetrennten Argumentfolgen bei einem Unterprogramm und können wiederum Funktionsaufrufe enthalten.

Der Funktionsaufruf wird syntaktisch wie ein Ausdruck behandelt, d. h. die zurückgegebene Ergebniszeichenfolge wird anstelle des Funktionsaufrufs eingesetzt.

Hinweis: Wenn zwischen dem Namen der Funktion und der öffnenden Klammer ein oder mehrere Leerstellen stehen, wird dieser Ausdruck nicht als Funktionsaufruf erkannt, weil die Leerstellen als Verkettungsoperator interpretiert werden. name wird in diesem Fall durch die angegebenen Leerstellen mit der öffnenden Klammer und der folgenden Zeichenfolge verkettet.

Unterprogrammaufruf. Wenn eine Funktion mit der call-Anweisung aufgerufen wird, entspricht dies dem folgenden Funktionsaufruf:

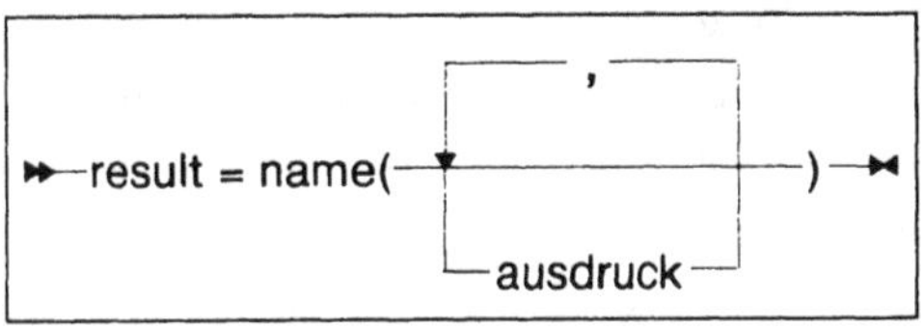

Das Funktionergebnis wird in diesem Fall der speziellen Variablen result zugewiesen.

Ergebniszeichenfolge. Eine Funktion muß mit return oder exit einen Ausdruck, das Funktionsergebnis, zurückgeben. Die sich daraus ergebende Zeichenfolge wird nach der Rückkehr aus der Funktion anstelle des Funktionsaufrufs eingesetzt. Wenn die Funktion mit der call-Anweisung als Unterprogramm aufgerufen wird, wird die Ergebniszeichenfolge der speziellen Variablen result zugewiesen.

Funktionsarten. Wir unterscheiden die folgenden Arten von Funktionen:

- interne Funktionen
- eingebaute Funktionen
- externe Funktionen

Interne und externe Funktionen unterliegen den gleichen Regeln wie die entsprechenden Unterprogramme. Eingebaute Funktionen: *siehe* Funktion, eingebaute.

Zweck. Funktionen erfüllen den gleichen Zweck wie Unterprogramme. Darüberhinaus bieten sie eine einfache Möglichkeit, einen Wert an den Aufrufer zurückzugeben, der direkt anstelle des Funktionsaufrufs in das Programm eingesetzt wird. Bei externen Funktionen ist dies sogar die einzige Möglichkeit, einen Wert an den Aufrufer zurückzugeben. Diese Regel kann allerdings mit Hilfe der externen Variablenmodifikation durchbrochen werden. *Siehe:* Variablenmodifikation, externe.

Funktion, eingebaute

Eingebaute Funktionen sind Funktionen, die in den REXX-Interpreter eingebaut sind. Sie können mit einem Funktionsaufruf name(...) oder mit der call-Anweisung aufgerufen werden. *Siehe:* Funktionen - Übersicht.

name kann ein Symbol oder eine literale Zeichenfolge sein:

- Wenn name ein Symbol ist, kann dieses in Groß-/Kleinschreibung angegeben werden.
- Wenn name eine literale Zeichenfolge ist, muß sie in Großbuchstaben angegeben werden. Diese Vorschrift beruht darauf, daß die Namen eingebauter Funktionen in Großbuchstaben definiert sind. Interne Unterprogramme werden in der Suchfolge übergangen, und es wird zuerst nach einer eingebauten Funktion, dann nach einem externen Unterprogramm gesucht.

Hinweise:

- Wenn ein internes Unterprogramm mit dem gleichen Namen wie eine eingebaute Funktion vorhanden ist, *muß* name als literale Zeichenfolge angegeben werden, damit die eingebaute Funktion aufgerufen und das interne Unterprogramm in der Suchfolge übergangen wird.
- Der Aufruf einer eingebauten Funktion als Unterprogramm ist nur dann sinnvoll, wenn die Funktion nicht nur ein Funktionsergebnis zurückgibt, sondern außerdem noch eine andere Aufgabe erfüllt.

Beispiele

REXX-Anweisungen	Erläuterung
ein = test.dat satz = linein(ein, 1) satz = LINEIN(ein, 1) satz = "LINEIN"(ein, 1)	Alle drei Funktionsaufrufe liefern das gleiche Ergebnis: Sie lesen den ersten Satz der Datei test.dat ein. Der Aufruf call linein ein, 1 wäre möglich, allerdings müßte dann der eingelesene Satz aus der speziellen Variablen result entnommen werden.
ausgabe = "test.dat" satz = "Dies ist ein Satz." call lineout ausgabe, satz say "zurück"	Die eingebaute Funktion lineout wird aufgerufen. Die Zeichenfolge satz wird in die Datei mit dem Namen ausgabe geschrieben. Anschließend wird das Programm mit say "zurück", der ersten Anweisung nach dem call-Aufruf, fortgesetzt.
zahl = 1234.56 say format(zahl) exit format: parse arg z return translate("FORMAT", ",", ..."."")	Da ein internes Unterprogrammm mit dem Namen format vorhanden ist, wird in der say-Anweisung dieses statt der eingebauten Funktion aufgerufen. In dem internen Unterprogramm wird die eingebaute format-Funktion aufgerufen, indem der Funktionsname in Großbuchstaben angegeben und in Anführungszeichen gesetzt wird. In dem Funktionsergebnis wird der Dezimalpunkt durch ein Dezimalkomma ersetzt. Dieses Ergebnis wird mit return an den Aufrufer zurückgeliefert.

Funktionen - Übersicht

Zum Lieferumfang von REXX gehören die eingebauten Funktionen und die DOS- bzw. OS/2-Dienstprogrammfunktionen sowie die externen TSO/E-Funktionen. Die untenstehende Tabelle enthält außer diesen Funktionen einige externe Funktionen, die Sie auf der beigefügten CD finden. Die Funktionen der Tabelle werden thematisch und zusammenfassend unter den folgenden Stichwörtern behandelt:

- arithmetische Funktionen
- DBCS-Funktionen
- Dienstprogrammfunktionen
- Ein-/Ausgabe-Funktionen
- Konvertierfunktionen
- logische Funktionen
- Objektfunktionen
- Wortfunktionen
- Zeichenfunktionen

Legende

dd	eingebaute DOS-Dienstprogrammfunktion
e	externe Funktion
o	eingebaute OS/2-Funktion
od	OS/2-Dienstprogrammfunktion
odw	OS/2-Dienstprogrammfunktion ab OS/2 Warp 3
s	eingebaute SAA-Funktion
s2	eingebaute SAA-Funktion ab REXX Level 2
te	eingebaute Funktion unter REXX TSO/E Level 1
ta	externe TSO/E-Funktion, in allen MVS-Adreßumgebungen zulässig
tt	externe TSO/E-Funktion, nur in der TSO-Adreßumgebung zulässig

*	Aufruf	Wirkung
s	ABBREV(prüffolge, zeichenfolge, [länge])	prüft, ob eine Zeichenfolge eine linksbündige Teilfolge einer anderen Zeichenfolge ist
s	ABS(zahl)	liefert den Absolutwert einer Zahl
s	ADDRESS()	liefert den Namen der aktuellen Adreßumgebung
s	ARG([n], [option])	liefert die n-te Argumentfolge oder Angaben zur Existenz einer Argumentfolge
e	ASC2EBC( )	liefert eine Codetabelle zur Umwandlung vom ASCII- in den EBCDIC-Code
s	B2X(binärfolge)	Binärfolge in Hexfolge umwandeln
o	BEEP(frequenz, dauer)	gibt einen Ton über den Lautsprecher aus
s	BITAND(zeichenfolge1, [zeichenfolge2], [füll])	verknüpft zwei Zeichenfolgen durch logisches UND
s	BITOR(zeichenfolge1, [zeichenfolge2], [füll])	verknüpft zwei Zeichenfolgen durch logisches ODER
s	BITXOR(zeichenfolge1, [zeichenfolge2], [füll])	verknüpft zwei Zeichenfolgen durch logisches Exklusiv-ODER
s	C2D(zeichenfolge | binärfolge-b | hexfolge-x, [länge])	Zeichenfolge in Dezimalzahl umwandeln
s	C2X(zeichenfolge | binärfolge-b | hexfolge-x)	Zeichenfolge in Hexfolge umwandeln
s	CENTER/CENTRE(zeichenfolge, länge, [füll])	Zeichenfolge einmitten
s2	CHARIN([datei], [pos], [anzahl])	Zeichen aus einem Zeichenstrom einlesen
s2	CHAROUT([datei], [zeichenfolge], [pos])	Zeichen in einen Zeichenstrom schreiben
s2	CHARS([datei])	liefert 1, wenn der Zeichenstrom noch Zeichen enthält, andernfalls 0

*	Aufruf	Wirkung
e	CMINPOS(suchfolge, zielfolge, [pos])	sucht nach den Zeichen aus suchfolge in zielfolge und liefert die Position des ersten in zielfolge gefundenen Zeichens
s	COMPARE(zeichenfolge1, zeichenfolge2, [füll])	Position des ersten ungleichen Zeichens von zwei Zeichenfolgen suchen
s	CONDITION([option])	liefert Angaben zur aktuell festgestellten Fehlerbedingung
s	COPIES(zeichenfolge, anzahl)	Zeichenfolge kopieren
s	D2C(ganzzahl, [länge])	Dezimalzahl in Zeichenfolge umwandeln
e	D2P(ganzzahl)	Dezimalzahl in gepackte Zahl umwandeln
s	D2X(ganzzahl, [länge])	Dezimalzahl in Hexfolge umwandeln
s	DATE([option])	liefert Angaben über das aktuelle Datum
s	DB...	DBCS-Funktionen; werden hier nicht dargestellt, da sie nur in fernöstlichen Ländern von Bedeutung sind
e	INTERPRET DELSTEM(stamm, index, [anzahl], max)	Stammvariablen aus einem Variablenstamm löschen
e	DBLCHAR(zeichen, zeichenfolge)	Zeichen in einer Zeichenfolge global verdoppeln
s	DELSTR(zeichenfolge, pos, [anzahl])	Zeichen aus einer Zeichenfolge löschen
s	DELWORD(wortliste, wortnummer, [anzahl])	Wörter aus einer Wortliste löschen
s	DIGITS()	liefert die maximale Anzahl Ziffernstellen
o	DIRECTORY([[laufwerk]verzeichnis])	ändert ggf. das aktuelle Laufwerk und/oder Verzeichnis und liefert diese zurück
e	EBC2ASC( )	liefert eine Codetabelle zur Umwandlung vom EBCDIC- in den ASCII-Code
o	ENDLOCAL()	restauriert das aktuelle Laufwerk, den aktuellen Pfad und die aktuellen Umgebungsvariablen
e	ENV( )	liefert die Bezeichnung der aktuellen Variablenumgebung (für die value-Funktion)
s	ERRORTEXT(n)	liefert den Fehlertext für den REXX-Fehlercode n
te	EXTERNALS()	liefert die Anzahl der Elemente im Terminaleingabepuffer; unter TSO immer 0
te	FIND(zielliste, suchliste)	liefert die Wortnummer, ab der eine Teilliste in einer Wortliste beginnt
s	FORM()	liefert das Format der exponentiellen Schreibweise
s	FORMAT([vk], [nk], [explg], [kipp])	rundet und formatiert eine Zahl
s	FUZZ()	liefert die numerische Unschärfe
te	INDEX(zielfolge, suchfolge, [pos])	liefert die Position des ersten Vorkommens einer Zeichenfolge in einer anderen Zeichenfolge

*	Aufruf	Wirkung
s	INSERT(quelle, ziel, [pos], [länge], [füll])	Zeichenfolge in eine Zeichenfolge einfügen
e	INSWORD(quelle, ziel, [wortnummer])	Wörter in eine Wortliste einfügen
e	INTERPRET INSSTEM(stammfolge, stamm, [index], max)	Stammvariablen in einen Variablenstamm einfügen
te	JUSTIFY(zeichenfolge, länge, [füll])	gleicht die Wortabstände aus (Blocksatz)
s	LASTPOS(suchfolge, zielfolge, [pos])	liefert die Position des letzen Vorkommens einer Zeichenfolge in einer anderen Zeichenfolge
s	LEFT(zeichenfolge, länge, [füll])	liefert eine linksbündige Teilfolge einer Zeichenfolge
s	LENGTH(zeichenfolge)	liefert die Länge einer Zeichenfolge
s2	LINEIN([datei], [zeile], [anzahl])	Zeilen aus einem Zeichenstrom einlesen
s2	LINEOUT([datei], [zeichenfolge], [zeile])	Zeilen in einen Zeichenstrom schreiben
s2	LINES([datei])	liefert 1, wenn der Zeichenstrom noch Zeilen enthält, andernfalls 0
te	LINESIZE()	liefert die Zeilenbreite des Terminals bzw. von SYSTSPRT
tt	LISTDSI({datei [VOLUME(serial) I PREALLOC] I ddname FILE} [DIRECTORY I NODIRECTORY] [RECALL I NORECALL])	liefert Angaben über eine Datei
s	MAX(zahl, [zahl,...])	liefert die größte von mehreren Zahlen
s	MIN(zahl, [zahl,...])	liefert die kleinste von mehreren Zahlen
tt	MSG([option])	liefert und ändert den Status des Meldungausgabe
tt	OUTTRAP(["OFF" I stamm], [max], ["CONCAT" I "NOCONCAT"])	lenkt die Ausgabe von TSO-Befehlen in einen Variablenstamm um
s	OVERLAY(quelle, ziel, [pos], [länge], [füll])	Teilfolge in einer Zeichenfolge überlagern
e	P2D(packzahl)	gepackte in Dezimalzahl umwandeln
s	POS(suchfolge, zielfolge, [pos])	liefert die Position des ersten Vorkommens einer Zeichenfolge in einer anderen Zeichenfolge
tt	PROMPT([option])	liefert und ändert den Status des Eingabemodus
s	QUEUED()	liefert die Anzahl der Zeilen in der Warteschlange
e	REPLACE(text, suchbegriff, ersatz, [anzahl])	Suchbegriff in einer Zeichenfolge ersetzen
s	RANDOM([min], [max], [start])	liefert eine Pseudozufallszahl
s	REVERSE(zeichenfolge)	Zeichenfolge umkehren
s	RIGHT(zeichenfolge, länge, [füll])	liefert eine rechtsbündige Teilfolge einer Zeichenfolge
dd	RXCHDIR(pfad)	ändert das aktuelle Verzeichnis
dd	RXCHDRV(laufwerk)	ändert das aktuelle Laufwerk

*	Aufruf	Wirkung
dd	RXCLS([attr], [ezeile], [espalte], [lzeile], [lspalte])	löscht einen rechteckigen Bildschirmbereich
dd	RXCREATE(datei, [option])	legt eine Datei neu an oder löscht den Inhalt einer bestehenden Datei
dd	RXCRSTAT(option)	zeigt den Cursor an oder verbirgt ihn
dd	RXDELETE(datei)	löscht eine Datei
dd	RXDINFO(laufwerk)	liefert Angaben über ein Laufwerk
dd	RXDOSVER()	liefert die Version von DOS
dd	RXFINFO([datei])	liefert Angaben über eine Datei
o	RXFUNCADD(name, dll, entry)	registriert Funktionen von externen Funktionspaketen
o	RXFUNCDROP(name)	hebt die Registrierung einer Funktion auf
o	RXFUNCQUERY(name)	gibt Auskunft darüber, ob eine Funktion registriert ist
dd	RXGETDIR([laufwerk])	liefert das aktuelle Verzeichnis
dd	RXGETDRV()	liefert das aktuelle Laufwerk
dd	RXGETKEY([option])	liefert das nächste Byte aus dem Tastaturpuffer
dd	RXGETMEM()	liefert die Anzahl freier Bytes im Speicher
dd	RXGETPOS()	liefert die die aktuelle Cursorposition
dd	RXISDIR(name)	prüft die Existenz von name und meldet, ob name eine Datei oder ein Verzeichnis ist
od	RXMESSAGEBOX(nachricht, [überschrift], [schaltfläche], [symbol])	zeigt ein PM-Nachrichtenfenster an
dd	RXMKDIR(pfad)	legt ein Verzeichnis an
dd	RXNETDRV(laufwerk)	meldet, ob laufwerk ein lokales, fernes oder ein anderes Laufwerk ist
o	RXQUEUE("create", [name]) RXQUEUE("delete", name) RXQUEUE("get") RXQUEUE("set", name)	benannte Warteschlange erzeugen benannte Warteschlange löschen aktuelle Warteschlange ermitteln benannte Warteschlange aktivieren
dd	RXQSYS(option)	liefert Angaben über die Hardware des Systems
dd	RXRMDIR(pfad)	löscht ein Verzeichnis
dd	RXSCRSIZ()	liefert die Anzahl der Zeilen/Spalten des Bildschirms
dd	RXSETPOS(zeile, spalte)	setzt den Cursor
dd	RXSLEEP(pause)	wartet pause Sekunden
dd	RXWRSCR(zeichenfolge, [textattr], [rollattr])	gibt eine Zeichenfolge auf dem Bildschirm aus
ta	SETLANG([code])	liefert und setzt ggf. den REXX-Sprachencode
o	SETLOCAL()	sichert das aktuelle Laufwerk, den aktuellen Pfad und die aktuellen Umgebungsvariablen

*	Aufruf	Wirkung
s	SIGN(zahl)	liefert einen Wert für das Vorzeichen einer Zahl
e	SMINPOS(stammfolge, zielfolge, [pos])	sucht nach den Zeichenfolgen aus stammfolge in zielfolge und liefert die Position der ersten in zielfolge gefundenen Zeichenfolge
s	SOURCELINE([n])	liefert die Anzahl Zeilen oder die n-te Zeile des ausgeführten Programms
s	SPACE(zeichenfolge, [anzahl], [füll])	Wortabstand normieren
e	STM2WORD(stammfolge)	Stammvariablen aus stammfolge in eine Wortliste umwandeln
ta	STORAGE(adresse, [länge], [zeichenfolge])	Hauptspeicher ab einer Adresse einlesen und/oder ändern
s2	STREAM(datei, [option], [befehl])	öffnet, schließt und positioniert Zeichenströme oder liefert Angaben über Zustand, Existenz, Größe und Datumsstempel von Zeichenströmen
s	STRIP(zeichenfolge, [option], [zeichen])	Zeichen am Anfang/Ende einer Zeichenfolge abstreifen
e	STRXCHG(stammfolge, zielfolge, [pos])	die zwei Zeichenfolgen aus stammfolge in einer Zeichenfolge global austauschen
s	SUBSTR(zeichenfolge, pos, [länge], [füll])	liefert eine Teilfolge aus einer Zeichenfolge
s	SUBWORD(wortliste, wortnummer, [anzahl])	liefert eine Teilliste aus einer Wortliste
s	SYMBOL(name)	prüft einen Namen, ob er ein Symbol ist
od	SYSCLS()	löscht den Bildschirm
odw	SYSCOPYOBJECT(objekt, ordner)	kopiert ein Objekt in einen Ordner
od	SYSCREATEOBJECT(klasse, titel, ordner, [konfig], [option])	erzeugt ein Objekt einer bestimmten Klasse in dem angegebenen Ordner
odw	SYSCREATESHADOW(objekt, ordner)	erstellt ein Referenzobjekt eines Objektes in einem Ordner
od	SYSCURPOS([zeile], [spalte])	liefert die aktuelle Cursorposition und setzt den Cursor
od	SYSCURSTATE(option)	zeigt den Cursor an oder verbirgt ihn
od	SYSDEREGISTEROBJECTCLASS (klasse)	hebt die Registrierung einer Objektklasse auf
od	SYSDESTROYOBJECT(objekt)	löscht ein Objekt
od	SYSDRIVEINFO(laufwerk)	liefert Angaben über ein Laufwerk
od	SYSDRIVEMAP([laufwerk], [option])	liefert eine Liste der zugänglichen Laufwerke
od	SYSDROPFUNCS()	hebt die Registrierung aller OS/2-Dienstprogrammfunktionen auf
tt	SYSDSN(datei)	prüft die Existenz oder liefert den Status einer Datei oder eines PDS-Members
od	SYSFILEDELETE(datei)	löscht eine Datei

*	Aufruf	Wirkung
od	SYSFILETREE(datei, stamm, [optionen], [suchattr], [zielattr])	liefert Datei- und Verzeichniseinträge zur Schablone datei und ändert ggf. Attribute
od	SYSGETEA(datei, attr, variable)	liest ein Erweitertes Attribut ein
od	SYSGETKEY([option])	liefert das nächste Byte aus dem Tastaturpuffer
od	SYSGETMESSAGE(nummer, [datei], [parms])	liefert eine mit Parametern aktualisierte Meldung aus einer OS/-Meldungsdatei
od	SYSINI([datei], anw, schlüssel [, wert]) SYSINI([datei], anw, schlüssel) SYSINI([datei], anw, schlüssel, "DELETE:") SYSINI([datei], anw, [, "DELETE:]") SYSINI([datei], anw, "ALL:", stamm) SYSINI([datei], "ALL:", stamm)	setzt einen Schlüsselwert liefert einen Schlüsselwert löscht einen Schlüssel löscht eine Anwendung und ihre Schlüssel liefert alle Schlüssel einer Anwendung liefert die Namen aller Anwendungen
od	SYSMKDIR(pfad)	legt ein Verzeichnis an
odw	SYSMOVEOBJECT(objekt, ordner)	verschiebt ein Objekt in einen Ordner
odw	SYSOPENOBJECT(objekt, anzeige, option)	öffnet ein Objekt
od	SYSOS2VER()	liefert die Version von OS/2
od	SYSPUTEA(datei, attr, wert)	gibt ein Erweitertes Attribut aus
od	SYSQUERYCLASSLIST(stamm)	gibt die Liste der Objektklassen in einen Variablenstamm aus
od	SYSREGISTEROBJECTCLASS (klasse, datei)	registriert eine Objektklasse
od	SYSRMDIR([laufwerk]pfad)	löscht ein Verzeichnis
odw	SYSSAVEOBJECT(objekt, option)	sichert ein Objekt
od	SYSSEARCHPATH(name, dateiname)	sucht eine Datei im Pfad der Umgebungsvariablen name und liefert die vollständige Dateibezeichnung zurück
od	SYSSETICON(datei, symboldatei)	ordnet einer Datei ein Symbol zu
od	SYSSETOBJECTDATA(objekt, konfig)	ändert die Einstellungen eines Objekts
od	SYSSLEEP(wartezeit)	wartet wartezeit Sekunden
od	SYSTEMPFILENAME(datei, [platzhalter])	liefert einen eindeutigen Namen für eine Datei oder ein Verzeichnis
od	SYSTEXTSCREENREAD(zeile, spalte [, anzahl])	liest eine Zeichenfolge vom Bildschirm ein
od	SYSTEXTSCREENSIZE()	liefert die Anzahl der Zeilen/Spalten des Bildschirms
tt	SYSVAR(name)	liefert eine Systemangabe zurück
od	SYSWAITNAMEDPIPE(pipe, [pause])	wartet pause Millisekunden auf eine benannte Pipe
s	TIME([option])	liefert Angaben über die aktuelle Uhrzeit oder stoppt die abgelaufene Zeit
s	TRACE([präfix][option])	Trace-Optionen zurückgeben und ggf. setzen
s	TRANSLATE(zeichenfolge, [austab], [eintab], [füll])	Zeichenfolge übersetzen oder umstellen

*	Aufruf	Wirkung
s	TRUNC(zahl, [anzahl])	liefert eine Zahl mit anzahl Nachkommastellen
te	USERID()	liefert die TSO-Benutzerkennung (den Step- oder Jobnamen) zurück
s	VALUE(name, [wert], [env])	liefert den Wert der REXX-Variablen, externen Variablen oder Umgebungsvariablen name und weist name ggf. wert zu
s	VERIFY(zielfolge, prüffolge, [option], [pos])	Zeichen einer Zeichenfolge gegen Zeichen aus einer anderen Zeichenfolge prüfen
e	WMINPOS(suchliste, zielliste, [wortnummer])	sucht nach den Wörtern aus suchliste in zielliste und liefert die Nummer des ersten in zielliste gefundenen Wortes
s	WORD(wortliste, wortnummer)	liefert ein Wort aus einer Wortliste
e	INTERPRET WORD2STM(wortliste, stamm)	Wortliste in Variablenstamm umwandeln
s	WORDINDEX(wortliste, wortnummer)	liefert die Position eines Wortes in einer Wortliste
s	WORDLENGTH(wortliste, wortnummer)	liefert die Länge eines Wortes aus einer Wortliste
s	WORDPOS(suchliste, zielliste, [wortnummer])	liefert die Wortnummer, ab der eine Teilliste in einer Wortliste beginnt
s	WORDS(wortliste)	liefert die Anzahl der Wörter in einer Wortliste
e	WORDSORT(wortliste, [sortierfolge], [sortiertyp])	Wortliste sortieren
e	WORDSWAP(wortliste, wortnummer1, wortnummer2)	tauscht zwei Wörter in einer Wortliste gegeneinander aus
e	WORDXCHG(wortliste, zeichenfolge)	zwei Wörter in einer Wortliste global austauschen
s	X2B(hexfolge)	Hexfolge in Binärfolge umwandeln
s	X2C(hexfolge)	Hexfolge in Zeichenfolge umwandeln
s	X2D(hexfolge, [länge])	Hexfolge in Dezimalzahl umwandeln
s	XRANGE([zeichen1], [zeichen2])	liefert eine fortlaufende Folge von Zeichen

fuzz

```
▸▸—FUZZ()—▸◂
```

Siehe auch: numeric fuzz.

Die eingebaute SAA-Funktion fuzz (numerische Unschärfe) liefert den aktuellen Wert von numeric fuzz zurück.

Anwendung. Die Funktion kann dazu verwendet werden, um den aktuellen Wert von numeric fuzz zu sichern, ihn dann mit der Anweisung numeric fuzz zu ändern und ihn am Schluß wieder auf den ursprünglichen Wert zurückzusetzen.

Hinweis: Der Wert von numeric fuzz wird mit der Anweisung numeric fuzz gesetzt.

Beispiele

REXX-Anweisungen	Erläuterung
vorher = fuzz() numeric fuzz 3 nachher = fuzz()	Vor der Ausführung der Anweisung numeric fuzz 3 liefert fuzz() den Standardwert 0: vorher = 0. Danach liefert fuzz() den Wert 3: nachher = 3.
fuzz = fuzz() numeric fuzz 3 numeric fuzz fuzz	numeric fuzz temporär ändern Vor der Ausführung von Anweisungen, die den Wert 3 für numeric fuzz benötigen, wird der aktuelle Wert von numeric fuzz mit fuzz() der Variablen fuzz zugewiesen. Anschließend wird der Wert von numeric fuzz auf 3 geändert. Nach Ausführung der Anweisungen wird numeric fuzz wieder auf den ursprünglichen Wert, der in fuzz enthalten ist, zurückgesetzt.

Ganzzahl

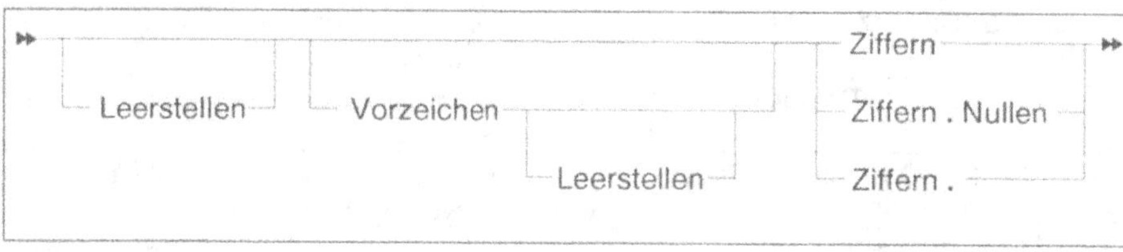

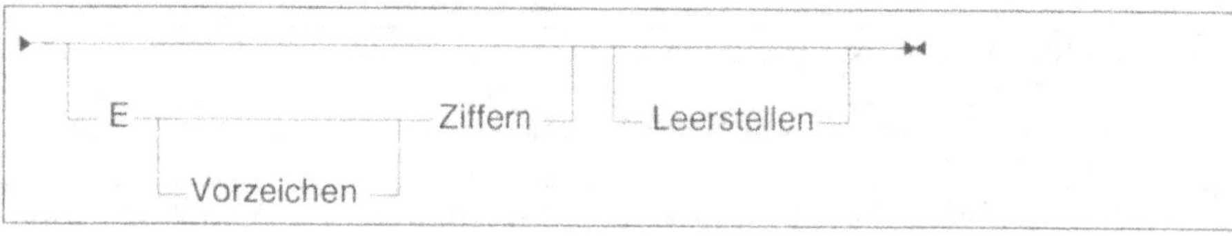

REXX schreibt die Verwendung von Ganzzahlen als Exponenten in Potenzausdrücken, als Operanden in einigen Anweisungen sowie als Argumente in bestimmten SAA-Funktionen vor.

Eine Ganzzahl (*whole number*) ist eine Zeichenfolge, die nach den folgenden Regeln aufgebaut ist.

Nr.	Regel
1	Eine Ganzzahl besteht aus den *Ziffern 0-9*.
2	Eine Ganzzahl *kann* mit dem *Vorzeichen + oder -* beginnen.
3	*Leerstellen* sind am Anfang und Ende einer Ganzzahl erlaubt, ebenso vor und nach dem Vorzeichen.
4	Eine Ganzzahl hat *keine Nachkommastellen*, es sei denn, die Nachkommastellen haben den *Wert 0*.
5	Die Anzahl der Ziffern vor dem Dezimalpunkt darf die *maximale Anzahl Ziffernstellen* nicht überschreiten. Die maximale Anzahl Ziffernstellen wird mit der Anweisung numeric digits festgelegt. Falls keine ausdrückliche Festlegung erfolgt, gilt der Vorgabewert 9.
6	Bei *exponentieller Schreibweise* kann den Ziffern der Ganzzahl ein Exponentialteil folgen. Dieser besteht aus dem Buchstaben *e* oder *E*, ggf. dem *Vorzeichen + oder -*

Nr.	Regel
	und einem *Exponenten* aus den Ziffern 0-9. Der Exponent kann höchstens so groß sein wie die größte Zahl, die in Standardpräzision (numeric digits 9) dargestellt werden kann, also maximal 999999999 (10^9 - 1). Eine Zahl in exponentieller Schreibweise ist eine Ganzzahl, wenn sie nach der Umwandlung in die konventionelle Schreibweise eine Ganzzahl ist. *Siehe auch:* Schreibweise, exponentielle.

Eine *positive Ganzzahl* ist ein Ganzzahl ohne Vorzeichen oder eine Ganzzahl mit dem Vorzeichen + (Plus).

Mit der eingebauten Funktion datatype können Sie überprüfen, ob eine Zeichenfolge eine Ganzzahl ist. Der Funktionsaufruf datatype("-4711", "whole number") liefert z. B. das Ergebnis 1 (wahr), d. h. -4711 ist eine Ganzzahl. Der Aufruf datatype("-4711.33", "whole number") hingegen liefert den Wert 0 (falsch), da die Nachkommastellen nicht den Wert 0 ergeben.

Beispiele

In der folgenden Tabelle finden Sie einige *richtige* Beispiele für Ganzzahlen. Die Beschreibung der Regeln finden Sie in der obenstehenden Regel-Tabelle.

Beispiele	Erläuterung	Regeln
0 4711 123456	Die Zahlen bestehen aus den Ziffern 0-9.	1
+4711 -123456	Die Zahlen bestehen aus den Ziffern 0-9 und dem Vorzeichen + (Plus) oder – (Minus).	1-2
"□4711" "□123456□□" "□+□□4711□□" "-□□4711□"	Die Zahlen bestehen aus den Ziffern 0-9 und dem Vorzeichen + (Plus) oder – (Minus). Außerdem enthalten sie Leerstellen vor dem Vorzeichen, zwischen dem Vorzeichen und der ersten Ziffer und/oder nach der letzten Ziffer.	1-3
-1234.000	Die Zahl besteht aus den Ziffern 0-9 und dem Vorzeichen –. Die Nachkommastellen ergeben den Wert 0.	1-2, 4
"□-□4.711e3"	Die Zahl liegt in exponentieller Schreibweise vor. Nach der Umwandlung in die konventionelle Schreibweise ergibt sich die Zahl -4711. Diese Zahl besteht aus den Ziffern 0-9 und dem Vorzeichen – (Minus), ist also eine Ganzzahl. Daher ist □-□4.711e3 auch eine Ganzzahl.	1-3, 5
-123456789 -4.711e8	Die Zahl -123456789 besteht nur aus den Ziffern 0-9 und dem Vorzeichen – (Minus). Wenn die maximale Anzahl Ziffernstellen nicht mit der Anweisung numeric digits geändert wird, gilt der Vorgabewert 9. Die maximale Anzahl Ziffernstellen von 9 wird zwar erreicht, aber nicht überschritten. Das gleiche gilt für die Zahl -4.711e8, die in konventioneller Schreibweise -471100000 ergibt, also aus 9 Stellen besteht.	1-2, 5-6

Die folgende Tabelle enthält einige *falsche* Beispiele für Ganzzahlen. Die Beschreibung der Regeln finden Sie in der obenstehenden Regel-Tabelle.

Beispiele	Erläuterung	Regeln
4711.33	Die Zahl enthält Nachkommastellen, die nicht den Wert 0 ergeben.	4
4711-	Das Vorzeichen – (Minus) geht der Zahl nicht voran.	2

Beispiele	Erläuterung	Regeln
"□4□711" "□-□123□456"	Leerstellen zwischen den Ziffern einer Zahl sind nicht zulässig, daher ist die Leerstelle zwischen 123 und 456 nicht erlaubt.	3
-4.71133e3	Die Zahl liegt in exponentieller Schreibweise vor. Nach der Umwandlung in die konventionelle Schreibweise ergibt sich die Zahl -4711.33. Diese Zahl enthält Nachkommastellen, die nicht den Wert 0 ergeben.	4-5
1234567890 -4.711e9	Die Zahl 1234567890 besteht nur aus den Ziffern 0-9. Wenn die maximale Anzahl Ziffernstellen nicht mit der Anweisung numeric digits verändert wird, gilt der Vorgabewert 9. Die maximale Anzahl Ziffernstellen von 9 wird aber um eine Stelle überschritten. Das gleiche gilt für die Zahl -4.711e9, die in konventioneller Schreibweise -4711000000 ergibt, also eine 10stellige Zahl.	6

Anwendung

1	Exponenten in Potenzausdrücken
2	Wiederholungsfaktor in do-Anweisungen
3	for-Faktor in do-Anweisungen
4	Stellenzahl in numeric digits und numeric fuzz
5	Positionen in parse-Schablonen
6	Option in trace-Anweisungen
7	Argumente in Funktionen

1. Exponenten in Potenzausdrücken

Der Exponent (Hochzahl) in Potenzausdrücken, also der Operand rechts vom Potenzoperator **, muß eine Ganzzahl ergeben.

```
zahl1 = 5 ** 0
zahl2 = 4711 ** -12
hoch = +9; zahl3 = 10 ** hoch
zahl4 = 13 ** 2.5
```

zahl1 ergibt 5^0, zahl2 ergibt 4711^{-12}, zahl3 ergibt 10^9 und zahl4 ist ungültig, da gebrochene Exponenten (2.5) nicht erlaubt sind.

2. Wiederholungsklausel in do-Anweisungen

Die Wiederholungsklausel in einer do-Anweisung muß eine Ganzzahl ergeben.

```
do 10; ...; end
wdh = 5; do wdh; ...; end
```

Die erste do-Scheife wird 10 mal durchlaufen, die zweite do-Scheife wird entsprechend dem Wert von wdh 5 mal durchlaufen.

3. for-Klausel in do-Anweisungen

Die for-Klausel in einer do-Anweisung muß eine Ganzzahl ergeben.

```
do i = 1 by 3 for 7; ...; end
```

Die do-Scheife wird 7 mal durchlaufen, wobei i im ersten Durchlauf den Wert 1 erhält und bei jedem weiteren Durchlauf um 3, den Wert der by-Klausel, erhöht wird. i nimmt daher die Werte 1, 4, 7, 10, 13, 16 und 19 an.

4. Stellenzahl in numeric digits **und** numeric fuzz

Die *maximale Anzahl Ziffernstellen* in der Anweisung numeric digits und die *maximale Anzahl Vergleichsstellen* in der Anweisung numeric fuzz müssen eine Ganzzahl ergeben.

```
numeric digits 15
maxstellen = 12; numeric digits maxstellen
numeric fuzz 3
```

Die erste Anweisung setzt die maximale Anzahl Ziffernstellen auf 15. Die zweite Anweisung setzt die maximale Anzahl Ziffernstellen auf 12, den Wert von maxstellen. Durch die dritte Anweisung wird die maximale Vergleichsstellenzahl auf 3 gesetzt.

5. Positionen parse-Schablone: in parse-Schablonen

Eine Position in einer parse-Schablone muß eine Ganzzahl sein.

```
text = "123456"; parse var text teil1 4 teil2
```

Die parse-Anweisung zerlegt die Variable text an der vierten Position und weist der Variablen teil1 den Wert "123" und der Variablen teil2 den Wert "456" zu.

Eine Position in einer parse-Schablone kann eine Variable sein, die eine Ganzzahl darstellt. Allerdings muß eine *absolute Position* parse-Schablone: mit einem Gleichheitszeichen und eine *relative Position* parse-Schablone: durch ein Plus oder Minus eingeleitet und die Variable in runde Klammern eingeschlossen werden. Innerhalb der Klammern darf nur der *Name einer Variablen* stehen, aber *kein Ausdruck*.

```
pos = 4; text = "123456"
parse var text teil1 pos teil2
parse var text teil1 =(pos) teil2
parse var text teil1 =(pos + 3) teil2
```

Die erste parse-Anweisung ist falsch, da die Variable pos, die eine absolute Position darstellt, durch =(pos) angegeben werden muß. Die zweite parse-Anweisung mit =(pos) zerlegt text an der Position 4, dem Wert von pos, und ergibt teil1 = "123" und teil2 = "456". Die dritte parse-Anweisung mit =(pos + 3) ist wiederum falsch, da nur ein *Variablenname* als Position zulässig ist, aber *kein Ausdruck*.

6. Option in trace-Anweisungen

Die Option in einer trace-Anweisung kann eine Ganzzahl sein.

```
trace 10
trace -5
```

Die erste trace-Anweisung bewirkt, daß im interaktiven Trace 10 Trace-Pausen übersprungen werden, die zweite, daß die nächsten 5 Klauseln nicht angezeigt werden.

7. Argumente in Funktionen

Bestimmte Argumente in Funktionen müssen Ganzzahlen sein.

```
name = "Gisela"
say left (name, 4)
```

Das zweite Argument der SAA-Funktion left hat den Wert 4 und bezeichnet die Länge der linksbündigen Teilfolge, die aus der Zeichenfolge name entnommen werden soll. Die say-Anweisung gibt also die 4 linken Zeichen von name, nämlich die Zeichenfolge "Gise" aus.

getmsg

Auf die Darstellung der externen TSO/E-Funktion getmsg verzichten wir aus Platzgründen, weil Konsolsitzungen in der Regel nur Systemprogrammierern möglich sind.

Hexfolge

Hexadezimale Zeichenfolgen (kurz: Hexfolgen) werden u. a. dazu benötigt, um undruckbare Zeichen darzustellen, zur Definition von Übersetzungstabellen und zur Aufbereitung von Binärdaten.

Eine Hexfolge (*hexadecimal string*) ist eine Zeichenfolge, die nur aus Hexadezimalziffern, also aus den Zeichen "0" bis "9" sowie "A" bis "F" bzw. "a" bis "f" besteht. Je zwei Zeichen einer Hexfolge beschreiben ein Byte (Zeichen) einer normalen Zeichenfolge. Aus einer Hexfolge bildet REXX intern eine normale Zeichenfolge, wobei je zwei Hexadezimalziffern in ein Byte umgewandelt werden.

Konstante Hexfolgen werden in Anführungszeichen oder Hochkommas eingeschlossen und mit der Kennung x oder X beendet.

Beispiel: Die konstante Hexfolge "8e"x wird intern in ein Byte bzw. Zeichen mit dem Wert 142 (Dezimalzahl), 8E (Hexadezimalzahl) oder 10001110 (Binärzahl) umgewandelt.

Hinweis: Die eingebauten SAA-Funktionen x2b, x2c und x2d verlangen als Argument eine Hexfolge. Wenn diese als Konstante angegeben werden soll, muß die Kennung x/X weggelassen werden. Dies ist eine etwas unglückliche Regelung, da Ausnahmen wie diese eine beliebte Fehlerquelle sind. Der Grund für diese Sonderregelung ist darin zu suchen, daß x2b, x2c und x2d ohnehin nur Hexfolgen erwarten und die Kennung x/X daher überflüssig ist.

Eine Hexfolge wird nach den folgenden Regeln aufgebaut.

Nr.	Regel
1	Eine Hexfolge besteht aus 0, ein oder mehr *Hexadezimalziffern*. Hexadezimalziffern sind die Zeichen *0-9, A-F oder a-f*. Die Ziffern A-F und a-f sind gleichwertig.
2	Ein *Byte* wird durch *zwei Hexadezimalziffern* dargestellt. Das erste Byte in einer Hexfolge kann aus nur *einer* Ziffer bestehen. REXX fügt in diesem Fall intern eine führende Null hinzu, so daß eine Hexfolge intern immer aus einer geraden Anzahl von Hexadezimalziffern besteht.
3	An Bytegrenzen können zur besseren Lesbarkeit ein oder mehrere *Leerstellen* eingefügt werden. Hingegen sind am Anfang und Ende einer Hexfolge keine Leerstellen zulässig. Bei der internen Umwandlung der Hexfolge in eine Hexadezimalzahl bleiben Leerstellen unberücksichtigt.
4	Eine Hexfolge muß von *Anführungszeichen* (") oder *Hochkommas*(') eingeschlossen werden.
5	Dem abschließenden Anführungszeichen bzw. Hochkomma muß der *Buchstabe X/x* (x = hexadezimal) folgen. Dieser Kennung darf nicht nicht unmittelbar ein Symbol

Nr.	Regel
	folgen, da sonst Kennung und Symbol zusammen als ein Symbol betrachtet werden. **Hinweis:** Die Konvertierfunktionen x2b, x2c und x2d verlangen als Eingabeparameter Hexfolgen *ohne* die Kennung X/x. Die Konvertierfunktionen b2x, c2x und d2x geben Hexfolgen *ohne* die Kennung X/x zurück.
6	Die Länge einer Hexfolge ist auf *500 Hexadezimalziffern* begrenzt. Trennende Leerstellen werden dabei nicht mitgerechnet.
7	Eine Variable mit dem Namen X/x kann nicht unmittelbar an eine Zeichenfolge angekettet werden. **Tip:** Verwenden Sie *nicht* den Variablennamen X bzw. x. Sie vermeiden dadurch unbewußte Fehlermöglichkeiten.

Die Kodierung der Bytes, die durch eine Hexfolge erzeugt werden, unterscheidet sich in nichts von der Kodierung, die durch eine gleichwertige *Binärfolge* oder eine *Textzeichenfolge* erzeugt wird:

```
"4142"x = "0100 0001 0100 0010"b = "AB"
```

Alle drei Schreibweisen, die Hexfolge, die Binärfolge und die Textzeichenfolge erzeugen die gleiche Kodierung, d. h. die gleiche Bitabfolge im Speicher.

Beispiele

Die folgende Tabelle zeigt einige *richtige* Beispiele für Hexfolgen. Die Beschreibung der Regeln finden Sie in der obenstehenden Regel-Tabelle.

<table>
<tr><th>Beispiele</th><th>Erläuterung</th><th>Regeln</th></tr>
<tr><td>""X
"0"x
'4145'X
"001f03baf"x
'001F03BAF'X
"001F03bAf"x</td><td>Die erste Hexfolge ist eine Nullzeichenfolge. Die übrigen Zahlen bestehen aus den Ziffern 0-9, a-f und A-F, sind in Anführungszeichen oder Hochkommas eingeschlossen und enden mit einem X/x.</td><td>1-2, 4-5</td></tr>
<tr><td>"41□45"x
'0□01□f0□3b'X
"001□f03b"x
'001□□□f03b'X</td><td>Die Zahlen bestehen aus den Ziffern 0-9, a-f und A-F, sind in Anführungszeichen oder Hochkommas eingeschlossen und enden mit einem X/x. Bytes oder Bytegruppen sind zur besseren Lesbarkeit durch Leerstellen getrennt.</td><td>1-5</td></tr>
<tr><td>"00...f9"x ||
..."fafbfcfdfeff"</td><td>"00...f9"x steht für eine Hexfolge aus den 250 Hexadezimalzahlen von "00"x bis "f9". Da die Länge einer Hexfolge auf 500 Hexadezimalziffern begrenzt ist, müssen längere Zeichenfolgen durch Verkettung erzeugt werden. Daher wird der Hexfolge "00...f9"x durch Verkettung an die Hexfolge "fafbfcfdfeff" angehängt, so daß eine Tabelle von 256 Hexadezimalzahlen entsteht.
Hinweis: Beachten Sie, daß in älteren REXX-Implementierungen die Länge einer Klausel auf 500 Zeichen beschränkt ist. Dies kann dazu führen, daß eine Verkettung zwar nicht die Regel 6 verletzt, aber an dieser Begrenzung scheitert. Da die maximale Länge für Variableninhalte aber praktisch unbegrenzt ist, entsteht durch diese Einschränkung keine ernsthafte Behinderung.</td><td>6</td></tr>
</table>

Die folgende Tabelle enthält einige *falsche* Beispiele für Hexfolgen. Die Beschreibung der Regeln finden Sie in der obenstehenden Regel-Tabelle.

Beispiele	Erläuterung	Regeln
"03ag"x	Die Hexfolge enthält eine falsche Hexadezimalziffer (g). Führt zu REXX-Fehler 15.	1
"□4145"x "4145□□"x	Leerstellen am Anfang oder am Ende einer Hexfolge sind nicht erlaubt. Führt zu REXX-Fehler 15.	3
4145x 4145"x "4145x "4145'x	Die Hexfolgen sind nicht von Anführungszeichen oder Hochkommas eingeschlossen. Sie fehlen entweder ganz, am Anfang der Zeichenfolge oder vor der Kennung x, oder es wird am Anfang ein anderes Begrenzungszeichen als vor der Kennung x verwendet. Führt zu REXX-Fehler 15.	4
"4145" "4145"b	Im ersten Fall fehlt die Kennung x. Im zweiten Fall ist die Kennung b falsch, da sie keine Hexfolge, sondern eine Binärfolge kennzeichnet.	5
x = "xyz" y = "abc"x	Die Variable x, die unmittelbar an die Zeichenfolge "abc" angekettet werden soll, führt zu einem ungewollten Ergebnis. y wird in diesem Fall nicht wie erwartet die Zeichenfolge "abcxyz" zugewiesen, sondern die Hexadezimalzahl "0ABC", da REXX "abc"x für eine Hexfolge hält.	7
x = "xyz" y = "akw"x	Die Variable x soll unmittelbar an die Zeichenfolge "akw" angekettet werden. REXX hält aber "akw"x für eine Hexfolge, und da die Variable x Zeichen enthält, die keine Hexadezimalziffern sind, wird der REXX-Fehler 15 gemeldet.	7
str = "xyz" str = "abc"xstr	Da das Symbol xstr undefiniert ist, wird "XSTR" an "abc" angekettet, so daß sich str = "abcXSTR" ergibt. Offenbar sollte aber der Inhalt von str an die Hexfolge "abc"x angehängt werden. Um dieses Ziel zu erreichen, muß "abc"x durch den Verkettungsoperator || mit str verbunden werden: str = "abc"x || str.	5
"00...ff"x	"00...ff"x steht für eine Hexfolge aus den 250 Hexadezimalzahlen von "00"x bis "ff". Da die Länge einer Hexfolge auf 500 Hexadezimalziffern begrenzt ist (etwaige Leerstellen zählen nicht mit), führt diese Definition zu Fehler 30. **Hinweis:** Auch wenn Regel 6 beachtet wird, etwa indem Zeichenfolgen > 500 Hexadezimalziffern durch Verkettung kleinerer Zeichenfolgen gebildet werden, kann es in älteren REXX-Implementierungen zu Fehler 12 kommen, weil die maximale Länge von 500 Zeichen für eine Klausel überschritten wird. In diesem Fall kann man sich aber behelfen, indem man die Hexfolgen stückweise einer Variable zuweist, da die maximale Länge für Variableninhalte praktisch unbegrenzt ist.	6

Anwendung

1	Externe kontra interne Darstellung
2	Darstellung undruckbarer Zeichen
3	Zeichencodetabellen zur Übersetzung von Zeichencodes definieren
4	Binärdaten aufbereiten
5	Umwandlung in und von Hexadezimalzahlen
6	Gepacktes Dezimalformat in Dezimalformat umwandeln

1. Externe kontra interne Darstellung

Eine Hexfolge ist keine Hexadezimalzahl, sie stellt lediglich eine Folge von Bytes dar, die den hexadezimalen Wert haben, der durch die Hexfolge ausgedrückt wird.

Die Hexfolge repräsentiert die externe Darstellung einer Hexadezimalzahl, wie sie intern von REXX realisiert wird.

```
"444552205641544552"x
```

Die obige Hexfolge wird von REXX intern als eine Folge von binären Bytes dargestellt. Wenn man diese binäre Bytefolge als Zeichenfolge im ASCII-Code interpretiert, bedeutet sie: "DER□VATER".

2. Darstellung undruckbarer Zeichen

Aufgabe: Ein REXX-Programm wird von einem EBCDIC-System auf ein ASCII-System übertragen. Die Umwandlung von EBCDIC- in den ASCII-Code soll auf dem Zielsystem, also dem ASCII-System erfolgen. Zur Umwandlung kann die Übersetzungstabelle verwendet werden, die von der Funktion ebc2asc geliefert wird.

Es sind allerdings zwei Ausnahmen zu beachten: Auf dem EBCDIC-System wird der Oder-Operator durch ein Ausrufezeichen (!) dargestellt, der Verkettungsoperator durch zwei Ausrufezeichen (!!) und der Nicht-Operator durch einen Zirkumflex (^). Auf dem ASCII-System werden in einem REXX-Programm aber stattdessen |, || und \ erwartet.

```
satz1 = "if ^(a = 1 ! b = 2) then c = a !! b" [in ASCII übersetzter EBCDIC-Code]
satz2 = translate(satz1, "|\" || ebc2asc(), "4f5f"x || xrange())
```

```
➔   satz2: "if \(a = 1 | b = 2) then c = a || b"
```

Die Zuweisung von satz1 wird hier aus Gründen der Anschaulichkeit bereits in ASCII-Code übersetzt dargestellt. Der erste Parameter im Aufruf der translate-Funktion bezeichnet die Zeichenfolge satz1, die übersetzt werden soll. Der dritte Parameter bezeichnet die Eingabetabelle. Jedem Zeichen in der Eingabetabelle entspricht an der gleichen Position ein Zeichen in der Ausgabetabelle, die durch den zweiten Parameter angegeben ist.

In der Eingabetabelle werden zuerst die auf einem ASCII-System undruckbaren Zeichencodes für die EBCDIC-Zeichen "!" und "^" angegeben: "4f5f"x. Ihnen entsprechen in der Ausgabetabelle die ASCII-Zeichen "|" und "\". Diese müssen wir nicht als Hexfolgen darstellen, da wir uns ja auf einem ASCII-System befinden. Wenn REXX eines der beiden ersten Zeichen der Eingabetabelle antrifft, werden sie durch die analogen Zeichen der Ausgabetabelle ersetzt.

Für alle anderen Zeichen gilt: Die Funktion xrange() in der Eingabetabelle liefert alle Hexadezimalzahlen von "00"x bis "ff"x. Ihnen entsprechen die jeweiligen Zeichen des ASCII-Codes, die durch ebc2asc() geliefert werden. Anhand der beiden Tabellen werden jetzt alle restlichen Zeichen übersetzt.

Die Zeichen "4f"x und "5f"x bzw. ihre Entsprechungen "|" und "\" treten zwar in den Tabellen noch einmal auf, kommen aber nicht mehr zum Tragen, da diese Zeichen bereits eingangs der Tabellen übersetzt werden.

Hinweis: Im allgemeinen ist es nicht empfehlenswert, den Code eines Zeichens hexadezimal anzugeben, da dieser von dem jeweiligen Zeichencode eines Systems abhängt. Der hier gezeigte Fall stellt eine Ausnahme dar, weil bewußt auf bestimmte Zeichencodes Bezug genommen wird.

3. Zeichencodetabellen zur Übersetzung von Zeichencodes definieren

Aufgabe 1: Die Buchstaben A-Z sollen vom ASCII-Code in den EBCDIC-Code übersetzt werden.

```
ascii_tab = xrange("A", "Z")
ebcdic_tab = xrange("c1"x, "c9"x) || xrange("d1"x, "d9"x) || xrange("e2"x, "e9"x)
satz1 = "FRIEDRICH"
satz2 = translate(satz1, ebcdic_tab, ascii_tab)
➔ satz2: "c6d9c9c5c4d9c9c3c8"x
```

Die folgende Tabelle stellt die Zeichen A-Z und die zugehörigen ASCII- und EBCDIC-Codes einander gegenüber.

Buchstaben	**A - I**	**J - R**	**S - Z**
ASCII-Codes	41 - 49	4a - 52	53 - 59
EBCDIC-Codes	c1 - c9	d1 - d9	e2 - e9

Die ASCII-Codes sind offenbar lückenlos von "41"x bis "59"x angeordnet, so daß wir die ASCII-Tabelle mit xrange("41"x, "59"x) definieren können. Die Funktion xrange liefert nämlich eine fortlaufende Folge von Hexadezimalzahlen, deren Anfang und Ende durch die beiden Parameter angegeben werden.

Anders der EBCDIC-Code. Aufgrund seiner historischen Abkunft vom Lochkartencode müssen wir drei Intervalle bilden, die wir ebenfalls mit Hilfe der xrange-Funktion darstellen. Die drei xrange-Intervalle werden dann noch durch || miteinander verkettet, so daß eine geschlossene Zeichenfolge entsteht.

Der translate-Befehl bewirkt nun folgendes. Jedes Zeichen der Zeichenfolge satz1, die im ASCII-Code vorliegt, wird mit der Eingabetabelle ascii_tab zeichenweise verglichen, bis eine Übereinstimmung gefunden wird. Die Position des gefundenen Zeichens in ascii_tab wird dazu benutzt, um das entsprechende Zeichen in ebcdic_tab herauszufinden, und schließlich wird in satz2 statt des ASCII-Zeichens der analoge EBCDIC-Code eingefügt.

Aufgabe 2: In einem beliebigen Text sollen alle Zeichen vom ASCII-Code in den EBCDIC-Code übersetzt werden.

Dazu bildet man eine Übersetzungstabelle, die für alle Zeichen des Ausgangscodes ASCII den entsprechenden Code des Zielcodes EBCDIC enthält. Zur Übersetzung vom ASCII- in den EBCDIC-Code wie in dem obigen Beispiel hat diese Tabelle folgenden Aufbau:

```
asc2ebc =,
    "00 01 02 03 37 2d 2e 2f 16 05 25 0b 0c 0d 0e 0f"x ||,
    "10 11 12 13 b6 7c 32 26 18 19 3f 27 1c 1d 1e 1f"x ||,
    "40 4f 7f 7b 5b 6c 50 7d 4d 5d 5c 4e 6b 60 4b 61"x ||,
    "f0 f1 f2 f3 f4 f5 f6 f7 f8 f9 7a 5e 4c 7e 6e 6f"x ||,
    "b5 c1 c2 c3 c4 c5 c6 c7 c8 c9 d1 d2 d3 d4 d5 d6"x ||,
    "d7 d8 d9 e2 e3 e4 e5 e6 e7 e8 e9 63 ec fc 5f 6d"x ||,
    "79 81 82 83 84 85 86 87 88 89 91 92 93 94 95 96"x ||,
    "97 98 99 a2 a3 a4 a5 a6 a7 a8 a9 43 bb dc 59 07"x ||,
    "68 d0 51 42 c0 44 47 48 52 53 54 57 56 58 4a 67"x ||,
    "71 9c 9e cb 6a cd db dd df e0 5a b0 b1 b2 3e b4"x ||,
    "45 55 ce de 49 69 9a 9b ab 9f ba b8 b7 aa 8a 8b"x ||,
    "3c 3d 62 cc 64 65 66 20 21 22 70 23 72 73 74 be"x ||,
    "76 77 78 80 24 15 8c 8d 8e ff 06 17 28 29 9d 2a"x ||,
```

```
"2b 2c 09 0a ac ad ae af 1b 30 31 fa 1a 33 34 35"x ||,
"36 a1 08 38 bc 39 a0 bf ca 3a fe 3b 04 cf da 14"x ||,
"ee 8f 46 75 fd eb e1 ed 90 ef b3 fb b9 ea bd 41"x
```

Jeder Position in der obigen Übersetzungstabelle entspricht der ASCII-Code, der mit der Positionsnummer übereinstimmt. Zu diesem ASCII-Code wird in der Tabelle der jeweilige EBCDIC-Code angegeben. So stehen die fettgedruckten EBCDIC-Codes "c1"x bis "c9"x, "d1"x bis "d9"x und "e2"x bis "e9"x an den Positionen "41"x bis "59"x. Das sind die ASCII-Codes für die Großbuchstaben A-Z (siehe oben).

Zur Übersetzung eines beliebigen ASCII-Textes benutzt man den folgenden translate-Aufruf:

```
translate(text, asc2ebc())
```

Da der dritte Parameter für die Eingabetabelle fehlt, werden standardmäßig alle Zeichen von "00"x bis "ff"x als Eingabetabelle verwendet, so als hätten wir translate(text, asc2ebc(), xrange()) hingeschrieben. Der Eingabetabelle steht die analoge Ausgabetabelle asc2ebc() gegenüber. Für jedes Zeichen der Variablen text sucht die translate-Funktion zuerst die Position des ASCII-Zeichens in der Eingabetabelle und greift dann an der gleichen Position in der Ausgabetabelle den entsprechenden EBCDIC-Code ab.

4. Binärdaten aufbereiten

Aufgabe: Variabel lange Sätze sollen mit einem vier Byte langen, binären Längenschlüssel eingeleitet werden,. Der Längenschlüssel enthält allerdings nur in den ersten beiden Bytes die Länge des folgenden Satzes einschließlich der Länge des Längenschlüssels. Die beiden anschließenden Bytes sollen mit binären (oder hexadezimalen) Nullen gefüllt werden.

```
satz = d2c(length(satz) + 4, 2) || "0000"x || satz
```

Die Länge von satz ohne Längenschlüssel wird mit length(satz) ermittelt. Diese Länge wird um 4, die Länge des Längenschlüssels erhöht: length(satz) + 4. Mit der Funktion d2c wird die dezimale Länge in das Zeichenformat umgewandelt. Der zweite Parameter in d2c(length(satz), 2) besagt, daß zwei Bytes generiert werden sollen. Das Zeichenformat erzeugt also statt einer dezimalen Zahl eine zwei Byte lange Binärzahl (oder Hexadezimalzahl).

Beispiel: Wenn die geänderte Satzlänge den Wert 18 hat, wird eine Binärzahl mit dem Wert "0012"x generiert. Anstatt der Satzlänge 32767 würde "7fff"x erzeugt.

Anschließend an den eigentlichen Längenschlüssel wird die zwei Byte lange Binärzahl "0000"x als Hexfolge angegeben. Der neue Satz besteht also aus dem zwei Byte langen eigentlichen Längenschlüssel, zwei Byte mit dem binären (oder hexadezimalen) Wert 0 und dem eigentlichen Satz. Alle drei Bestandteile werden durch || miteinander verkettet.

Anmerkung: Von Binärzahlen und Binärdaten spricht man ohne Rücksicht auf die Schreibweise, wenn die Daten binär, d. h. bitweise kodiert sind. Es spielt also keine Rolle, ob die Daten durch eine Hexfolge, eine Binärfolge oder eine Textzeichenfolge dargestellt werden. Allerdings können im Textformat nicht alle Bitkombinationen einer Bytefolge wiedergegeben werden.

5. Umwandlung in und von Hexadezimalzahlen

Zur Umwandlung in und von Hexadezimalzahlen stehen die eingebauten SAA-Funktionen b2x, c2x, d2x sowie x2b, x2c und x2d zur Verfügung. Damit können die beiden Standardformate, binäres Format und Zeichenformat, in das hexadezimale Format umgewandelt werden und umgekehrt.

6. Gepacktes Dezimalformat in Dezimalformat umwandeln

Aufgabe: Es ist eine Datei zu verarbeiten, die gepackte Dezimalzahlen enthält, wie sie z. B. auf Großrechnern erzeugt werden.

Eine Dezimalzahl ist gepackt, wenn die einzelnen Dezimalziffern in je einem Halbbyte gespeichert sind, und wenn das rechteste Halbbyte das Vorzeichen enthält. Dabei entspricht "c"x einem Plus, einem Minus entsprechen "b"x oder "d"x (beide Vorzeichendarstellungen sind gleichwertig).

```
  packzahl = "1234d"x
  dezimalzahl = p2d(packzahl)
  exit

p2d: procedure
  entpackt = c2x(arg(1))
  zahl = left(entpackt, length(entpackt) - 1)
  if digits() < length(zahl) then numeric digits length(zahl)
  zahl = zahl + 0
  if pos(right(entpackt, 1), "BD") > 0 then zahl = -zahl
  return zahl
```

➔ dezimalzahl: -1234

packzahl wird eine gepackte Zahl zugewiesen, die aus den Dezimalziffern 1234 und dem Vorzeichen "d"x besteht. Da die Dezimalziffern 0-9 genauso wie die entsprechenden Hexadezimalziffern in je einem Halbbyte gespeichert sind, können wir die Dezimalziffern und das Vorzeichen zu der Hexfolge "1234d"x zusammenfassen.

Die interne Funktion p2d wandelt packzahl in eine Dezimalzahl um. p2d beginnt mit einer procedure-Anweisung, so daß die Variablen des aufrufenden Programms und der Funktion verschiedenen Geltungsbereichen angehören. arg(1) bezeichnet das erste (und einzige) Argument, das an die Funktion übergeben wird, nämlich die gepackte Dezimalzahl, die umgewandeltt werden soll.

Diese wird mit c2x in eine Hexfolge *ohne* die Kennung X/x umgewandelt. Daher erhält entpackt den Wert "01234D". Da c2x immer eine gerade Anzahl von Hexadezimalziffern zurückgibt, wurde der ursprünglichen Zahl eine führende Null hinzugefügt. Hexadezimalziffern werden von c2x in Großbuchstaben zurückgegeben, daher ist das letzte Zeichen in entpackt ein "D".

Mit left(entpackt, length(entpackt) - 1) wird die linksbündige Teilfolge "01234" aus der Variablen entpackt entnommen. Die Länge length(entpackt) - 1 ist um 1 kleiner als die Länge von entpackt, weil wir nur die Dezimalziffern ohne das Vorzeichen entnehmen wollen. Mit digits() erhalten wir die aktuelle maximale Anzahl Ziffernstellen. Wenn diese kleiner als die Länge length(zahl) von Zahl ist, erhöhen wir die maximale Anzahl Ziffernstellen entsprechend mit numeric digits length(zahl). Bei einer arithmetischen Operation wird eine Zahl normiert, so daß sie keine führenden Nullen enthält. Wir addieren daher 0 zu zahl und weisen das Ergebnis wieder zahl zu. zahl wird also der Wert "1234" zugewiesen.

Verbleibt noch das Vorzeichen. Wir prüfen, ob right(entpackt, 1), das rechteste Zeichen von entpackt, ein "B" oder ein "D" ist. pos(right(entpackt, 1), "BD") prüft, ob in der Zeichenfolge "BD" ein Zeichen mit dem Vorzeichen übereinstimmt. Wenn ja, wird dessen Position zurückgeliefert, andernfalls 0. Wenn die gelieferte Position also größer als 0 ist, wird das Vorzeichen von zahl mit zahl = -zahl umgedreht. Die return-Anweisung gibt anschließend zahl als Funktionsergebnis zurück. *Siehe auch:* p2d *und* d2p.

hi

```
▸▸— HI —▸◂
```

Siehe auch: call off/on; executil; Fehlerbedingungen; Fehlerroutine; signal off/on.

Geltung: TSO-Adreßumgebung.

Der TSO/E REXX-Befehl hi (halt interpretation = Interpretation anhalten) stoppt die Ausführung aller momentan laufenden REXX-Programme oder Clists, wenn keine Haltbedingung definiert ist. Wenn mit signal on halt oder call on halt eine Halt-Bedingung definiert wurde, wird das angehaltene Programm mit der entsprechenden Fehlerroutine fortgesetzt. hi ist ein Sofortbefehl (immediate command), weil die Funktion sofort, d. h. sobald als möglich, ausgeführt wird. Zur Eingabe des hi-Befehls muß man zuerst die Unterbrechungstaste PA1 drücken. Dann wird die Eingabeaufforderung

```
ENTER HI TO END, A NULL LINE TO CONTINUE, OR AN IMMEDIATE COMMAND
```

angezeigt und man kann den Sofortbefehl "hi" eingeben.

Hinweis: Die TSO/E REXX-Befehle executil hi und hi sind funktionsgleich.

Beispiele

REXX-Anweisungen	Erläuterung

upro:
  signal on halt
  return 1
halt: return 0
	Wenn während der Ausführung des externen Unterprogramms upro der Sofortbefehl hi eingegeben wird, wird die mit signal on halt definierte Fehlerroutine halt ausgeführt, d. h. das Unterprogramm wird mit return beendet und an den Aufrufer wird der logische Wert 0 (falsch) zurückgegeben. Wenn keine Haltanforderung auftritt, wird das Unterprogramm mit return 1 beendet, d. h. es wird 1 (wahr) an den Aufrufer zurückgegeben.

ht

```
▸▸— HT —▸◂
```

Siehe auch: executil; rt. *Geltung:* TSO-Adreßumgebung.

Der TSO/E REXX-Befehl ht (halt typing = Terminalausgabe anhalten) schaltet die Terminalausgabe aller momentan laufenden REXX-Programme aus. REXX-Fehlermeldungen sowie die Ausgabe von Befehlen oder von anderen Programmen werden jedoch nicht unterdrückt. Das REXX-Programm wird fortgesetzt. Die Terminalausgabe wird wieder eingeschaltet, wenn alle momentan laufenden REXX-Programme beendet sind bzw. wenn der Sofortbefehl rt oder der TSO/E REXX-Befehl executil rt abgesetzt wird.

ht ist ein Sofortbefehl (immediate command), weil die Funktion sofort, d. h. sobald als möglich, ausgeführt wird. Zur Eingabe des ht-Befehls muß man zuerst die Unterbrechungstaste PA1 drücken. Dann wird die Eingabeaufforderung

ENTER HT TO END, A NULL LINE TO CONTINUE, OR AN IMMEDIATE COMMAND

angezeigt und man kann den Sofortbefehl "ht" eingeben.

Hinweis: Die TSO/E REXX-Befehle executil ht und ht sind funktionsgleich.

if

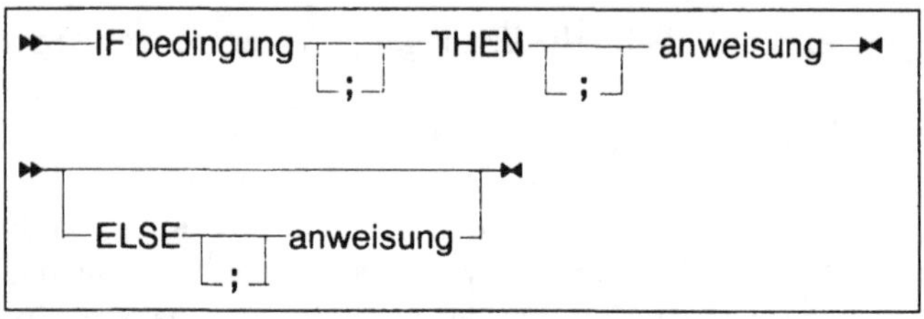

Die Anweisung if (wenn) führt die Anweisung anweisung nach dem Schlüsselwort then ("dann") aus, wenn die Auswertung von bedingung den logischen Wert 1 (wahr) ergibt. Anschließend wird die nächste Anweisung, oder wenn die else-Klausel vorhanden ist, die Anweisung nach der else-Klausel ausgeführt.

Wenn die Auswertung von bedingung den logischen Wert 0 (falsch) ergibt und die else-Klausel ("andernfalls") vorhanden ist, wird die Anweisung anweisung nach dem Schlüsselwort else ausgeführt. Anschließend wird die nächste Anweisung nach der else-Klausel ausgeführt. Eine else-Klausel bezieht sich immer auf die unmittelbar vorangehende if-Anweisung gleicher Stufe.

Die if-Anweisung gehört wie do und select zu den komplexen Anweisungen, weil sie wiederum andere Anweisungen enthält. Nach der if-Anweisung muß die then-Klausel folgen, dieser kann eine else-Klausel folgen. Die Auswertung von bedingung muß den logischen Wert 1 (wahr) oder 0 (falsch) ergeben, andere Werte führen zu REXX-Fehler 34. anweisung kann eine beliebige einfache Anweisung, Zuweisung oder ein Befehl, aber auch eine komplexe Anweisung, d. h. eine do-, select- oder eine weitere if-Anweisung sein.

Hinweise:

- Die einfache if-Abfrage

  ```
  if ... then ... else ...
  ```

  entspricht der select-Auswahl

  ```
  select
    when ... then ...
    otherwise ...
  end
  ```

  Jede select-Anweisung kann durch ein oder mehrere einfache oder geschachtelte if-Abfragen ersetzt werden und umgekehrt.
- Wenn die else-Klausel auf der gleichen Zeile stehen soll wie die then-Klausel, muß sie durch ein Semikolon (;) von dieser getrennt werden.

- In der Bedingung nach dem Schlüsselwort if ist das *Symbol* then verboten, weil es sonst mit dem *Schlüsselwort* then verwechselt werden könnte.
- Das Semikolon nach bedingung ist optional, weil das Ende von bedingung durch das Schlüsselwort then erkannt werden kann.
- Eine komplexe Anweisung wie if wird durch die Anweisungen return oder exit unbedingt abgebrochen. Außerdem werden alle anderen komplexen Anweisungen unterhalb der if-Anweisung abgebrochen.

anweisung	Beliebige Anweisung, Zuweisung oder Befehl. Auch die komplexen Anweisungen if, do und weitere if-Anweisungen sind erlaubt.
bedingung	Beliebiger Ausdruck, der 0 oder 1 ergeben muß.
ELSE	Die folgende Anweisung wird ausgeführt, wenn die then-Klausel *nicht* zutrifft.
THEN	Wenn bedingung nach der Auswertung den logischen Wert 1 (wahr) ergibt, wird die folgende Anweisung ausgeführt.

Beispiele

REXX-Anweisungen	Erläuterung

if a = 1 then say "1"
if a = 2 then
  say "2"
if a = 3
  then
    say "3"
	Die erste if-Abfrage zeigt, daß der komplette then-Zweig auf der gleichen Zeile wie die if-Klausel stehen kann. In der zweiten if-Abfrage wird die Anweisung nach then auf die nächste Zeile gesetzt und in der dritten if-Abfrage stehen sowohl then als auch die auf then folgende Anweisung jeweils auf einer Zeile.

if a = 1 then do
  say "1"
  exit
end
else if b > 3
  then say "b > 3"
  else say "b <= 2"
	Die if-Abfrage zeigt eine then-Klausel mit einer do-Anweisung, die zwei weitere Anweisungen einschließt, und eine else-Klausel, die selbst wieder eine if-Anweisung enthält.

if a = 1 then
  select
    when b = 0 then say "0"
    when b < 0 then say "-"
    otherwise say "+"
  end
else say "a <> 1"
	Die if-Abfrage zeigt eine then-Klausel mit einer select-Auswahl und einer einfachen else-Klausel.

Häufige Fehler

- Die else-Klausel bezieht sich immer auf die unmittelbar vorangehende if-Anweisung der gleichen Stufe. Zur Vermeidung von Fehlern, aber auch um in undurchsichtigen Situationen Klarheit zu schaffen, muß ggf. eine else-Klausel mit einer nachfolgenden nop-Anweisung eingefügt werden. Die folgende geschachtelte if-Anweisung funktioniert richtig, wenn fkt gleich "+" und wenn op1 eine ganze Zahl ist.

```
if fkt = "+"
  then if datatype(op1, "w") then op1 = op1 + op2
  else op1 = op1 || op2
```

Wenn fkt gleich "+" und op1 keine ganze Zahl ist, soll eigentlich gar nichts passieren, wie die strukturelle Anordnung auch vorzugeben scheint. Tatsächlich wird aber der else-Zweig ausgeführt, da er der nächststehenden if-Anweisung gleicher Stufe zugeschlagen wird. Andererseits soll eigentlich, wenn fkt ungleich "+" ist, der else-Zweig ausgeführt werden, aber aus dem erwähnten Grund passiert in diesem Fall fälschlicherweise gar nichts. Das Problem kann leicht gelöst werden, indem die innere if-Abfrage um eine else-Klausel mit der Pseudo-Anweisung nop erweitert wird:

```
if fkt = "+"
  then if datatype(op1, "w")
    then op1 = op1 + op2
    else nop
  else op1 = op1 || op2
```

- Wenn man die Anweisungen eines then- oder else-Zweiges durch do ... end einschließt, werden die Verhältnisse häufig klarer, insbesondere muß man nicht genau überprüfen ob do ... end erforderlich ist oder nicht. Auch in dem obenstehenden Beispiel wird die Struktur übersichtlicher, wenn man do ... end verwendet:

```
if fkt = "+" then do
  if datatype(op1, "w") then op1 = op1 + op2
end
else do
  op1 = op1 || op2
end
```

Bei der inneren if-Anweisung können wir auf do ... end verzichten, weil die Struktur auch optisch sehr klar ist. Der else-Zweig in der inneren if-Anweisung ist jetzt nicht mehr nötig, da die Anweisung in do ... end eingeschlossen ist, und die folgende else-Klausel daher der äußeren if-Anweisung zugeschlagen wird.

if-Abfragen mit do ... end sind auch gegen Fehler gefeit, die durch die spätere Einfügung weiterer Anweisungen in einen then- oder else-Zweig entstehen. Wenn man in dem unveränderten Beispiel kritiklos Anweisungen einfügt, ergibt sich die folgende fehlerhafte Struktur:

```
if fkt = "+" then
  if datatype(op1, "w")
    then op1 = op1 + op2
    else nop
  say "op1 + op2 = "op1
else op1 = op1 || op2; say "op1 || op2 = "op1
```

Sowohl der then- als auch der else-Zweig bestehen jetzt aus mehr als einer Anweisung, so daß ein Syntaxfehler festgestellt wird. Das wäre uns nicht passiert, wenn wir von vorneherein mit do ... end gearbeitet hätten:

```
if fkt = "+" then do
  if datatype(op1, "w")
    then op1 = op1 + op2
    else nop
  say "op1 + op2 = "op1
end
else do
  op1 = op1 || op2; say "op1 || op2 = "op1
end
```

- Komplizierte und vielfach geschachtelte if-Abfragen sind unübersichtlich und fehleranfällig. Eine verschachtelte if-Struktur sollte in der Regel auf *eine Bildschirmseite* passen, damit man sie noch halbwegs überschauen kann. Zur Entwirrung unübersichtlicher Strukturen, die sich häufig erst durch das Wachstum einer ursprünglich klaren und knappen Struktur ergeben, empfiehlt es sich, längere Anweisungsfolgen einschließlich der eingelagerten if-Abfragen in *Unterprogramme* auszulagern.
- Wenn im then- oder else-Zweig keine Anweisung ausgeführt werden soll, muß zur Erfüllung der Syntax die nop-Anweisung angegeben werden. Die nop-Anweisung kann nicht durch ein Semikolon (;) ersetzt werden. Ein Semikolon wird als Nullklausel angesehen und erfüllt daher nicht die Syntaxregel, daß eine echte Anweisung folgen muß. Daher würde die nächste Anweisung zur Erfüllung der Syntaxregel herangezogen, was dann in der Regel zu einem Syntaxfehler führt.

Anwendung

Siehe auch: select.

Weitere Anwendungen

Die folgenden Programmfragmente wurden realen Programmen entnommen. Es ist nicht wichtig, zu verstehen, was diese Anweisungssequenzen tun, Sie sollten lediglich die logische Struktur beachten.

- In der folgenden internen Prüffunktion wird eine andere interne Funktion, nämlich die Funktion ok aufgerufen, die entweder den logischen Wert 0 oder 1 zurückliefert. Ein Bedingung mit vorangestelltem \ verkehrt die Aussage in ihr Gegenteil, d. h. \ok ist wahr, wenn ok den Wert 0 zurückliefert. Die Funktion wird im then-Zweig der beiden if-Anweisungen sofort mit return 0 verlassen, wenn ein Fehler festgestellt wird.

```
if jahr = "_" then do
   if \ok("y", parm1) then return 0
end
else do
   if \ok("dmy", parm1) then return 0
   parm1 = jahr
end
return 1
```

- In der folgenden if-Abfrage wird eine eingeklammerte, ge-oderte Bedingung durch \ in ihr Gegenteil verkehrt. Die interne Funktion type liefert 0 oder 1 zurück.

```
if \(type(daynr, "o") | type(jahr, "o")) then do
   call errormsg 18, parm1
   return 0
end
```

- Die do-Anweisung im else-Zweig der folgenden if-Abfrage wird mit else in die gleiche Zeile gesetzt, damit die Korrespondenz zum then-Zweig deutlich ins Auge fällt.

```
if monat > 2
   then monat = monat - 3
   else do; monat = monat + 9; jahr = jahr - 1; end
```

- Der Ausdruck in der folgenden if-Abfrage besteht aus zwei ge-undeten Bedingungen.

```
if monat = 1 & wochennummer > 50 then jahr = jahr - 1
```

index

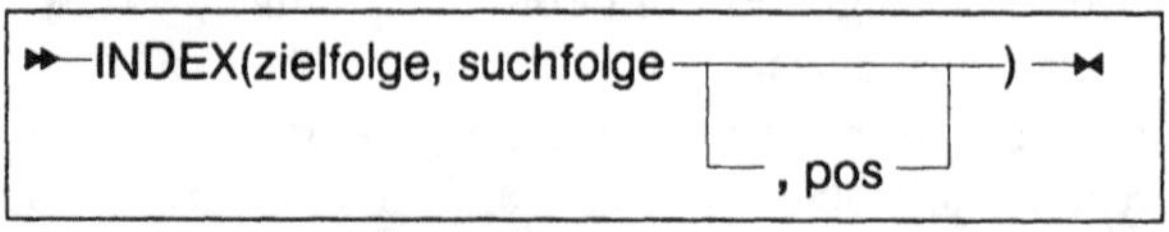

Die eingebaute TSO-Funktion index sollte nicht mehr verwendet werden, sondern stattdessen die SAA-Funktion pos, die das gleiche leistet. index und pos unterscheiden sich lediglich dadurch, daß die beiden Parameter zielfolge und suchfolge vertauscht sind.

insert

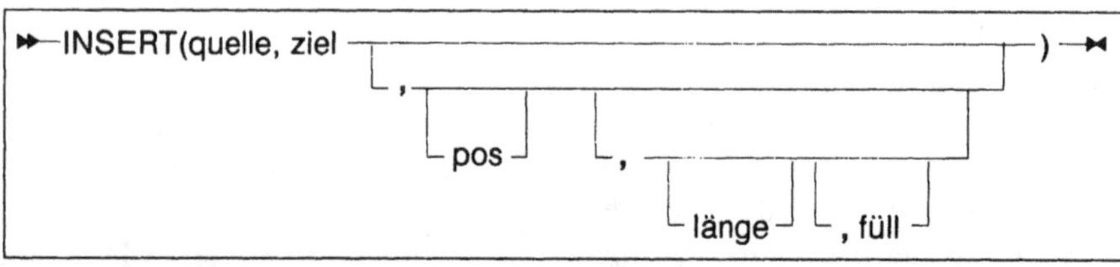

Die eingebaute SAA-Funktion insert (einfügen) liefert eine Kopie der Zeichenfolge ziel, in der nach der n-ten (n = pos) Stelle die Zeichenfolge quelle eingefügt wird. Vor der Einfügung wird die Zeichenfolge quelle je nach dem Wert von länge ggf. abgeschnitten oder mit dem Füllzeichen füll aufgefüllt.

Wenn als quelle die Nullzeichenfolge angegeben wird und wenn länge fehlt, findet keine Einfügung statt.

Wenn die Position pos fehlt, wird quelle am Anfang von ziel eingefügt. Wenn die Position pos angegeben wird, muß es eine positive Ganzzahl oder 0 sein. In diesem Fall wird quelle nach dem n-ten (n = pos) Zeichen von ziel eingefügt. Wenn pos 0 ist, wird quelle am Anfang, also vor dem ersten Zeichen von ziel, eingefügt. Ist pos größer als die Länge von quelle, wird ziel bis zur Position pos mit dem Füllzeichen füll aufgefüllt.

Wenn länge fehlt, gilt die Länge von quelle. Wird länge angegeben, so muß es eine positive Ganzzahl oder 0 sein. Wenn die Länge 0 ist, findet keine Einfügung statt. Ist länge kleiner als die Länge von quelle, dann werden die überzähligen Zeichen von quelle abgeschnitten. Ist länge größer als die Länge von quelle, dann wird quelle mit dem Füllzeichen füll aufgefüllt.

Wenn das Füllzeichen füll fehlt, wird mit Leerstellen aufgefüllt, andernfalls mit dem angegebenen Füllzeichen füll.

füll — Ein Füllzeichen. Es wird verwendet,

- wenn länge größer als die Länge von quelle ist, um quelle aufzufüllen
- oder wenn pos größer als die Länge von ziel ist, um ziel bis zur Position pos aufzufüllen.

	Die Nullzeichenfolge oder eine Zeichenfolge, die aus mehr als einem Zeichen besteht, führt zu REXX-Fehler 40. **Standard:** Leerstelle.
länge	Nichtnegative Ganzzahl. Länge, auf die quelle vor der Einfügung ggf. abgeschnitten oder aufgefüllt werden soll. **Standard:** Länge von quelle.
pos	Nichtnegative Ganzzahl. Position, nach der in ziel die Zeichenfolge quelle eingefügt werden soll. 0 bedeutet, daß quelle am Anfang von ziel eingefügt wird. **Standard:** 0.
quelle	Beliebige Zeichenfolge, die in ziel eingefügt werden soll.
ziel	Beliebige Zeichenfolge, in die quelle eingefügt werden soll.

Beispiele

REXX-Anweisungen	Erläuterung
text1 = "abc" text2 = "12345" text3 = insert(text1, text2)	ohne optionale Parameter: text1 wird standardmäßig vor der ersten Position von text2 in der Länge von text1 eingefügt. text3: "abc12345".
text1 = "abc" text2 = "12345" text3 = insert(text1, text2, 2)	ab einer bestimmten Position: text1 wird nach der zweiten Position von text2 in der Länge von text1 eingefügt. text3: "12abc345".
text1 = "abc" text2 = "12345" text3 = insert(text1, text2, 5)	Verkettung von Quell- und Zielfolge: text1 wird nach der letzten Position von text2 in der Länge von text1 eingefügt, also an text2 angekettet. text3: "12345abc ".
text1 = "abc" text2 = "12345" text3 = insert(text1, text2, 8)	Auffüllung der Zielfolge: text2 wird mit 3 Leerstellen (Standardfüllzeichen) aufgefüllt, damit nach Position 8 die Zeichenfolge text1 angekettet werden kann. text3: "12345□□□abc".
text1 = "a" text2 = "12345" text3 = insert(text1, text2, 2, 3)	Auffüllung der Quellfolge: text1 wird mit 2 Leerstellen (Standardfüllzeichen) auf die angegebene Länge von 3 Zeichen aufgefüllt, so daß sich für text1 "a□□" ergibt. text1 wird in text2 nach Position 2 eingefügt. text3: "12a□□345".
text1 = "abc" text2 = "12345" text3 = insert(text1, text2, 2, 1)	Abschneiden der Quellfolge: text1 wird auf die angegebene Länge von 1 Zeichen abgeschnitten, so daß sich für text1 "a" ergibt. text1 wird in text2 nach Position 2 eingefügt. text3: "12a345".

REXX-Anweisungen	Erläuterung
text1a = "" text1b = "abc" text2 = "12345" text3a = insert(text1a, text2, 2) text3b = insert(text1b, text2, 2, 0)	keine Einfügung: text3a und text3b wird beiden der unveränderte Inhalt von text3 zugewiesen, da text1a die Nullzeichenfolge ist bzw. weil die Länge 0 ist. text3a, text3b: "12345".
text1 = "" text2 = "12345" text3 = insert(text1, text2, 2, 3, "=")	gleichen Zeichen einfügen: Die Nullzeichenfolge text1 wird bis zur Länge 3 mit "=" aufgefüllt. text1 wird in text2 nach Position 2 eingefügt. text3: "12===345".
text1a = "abc" text1b = "" text2 = "" text3a = insert(text1a, text2) text3b = insert(text1b, text2,, 5, "x") text3c = insert(text1b, text2, 2, 5, "x")	Zielfolge = Nullzeichenfolge: Bei text3a wird in die Nullzeichenfolge text2 nach Position 0 text1a eingefügt: text3a = "abc". Bei text3b wird text1b zu "xxxxx" aufgefüllt und in die Nullzeichenfolge text2 nach Position 0 eingefügt: text3b = "xxxxx". Bei text3c wird die Nullzeichenfolge text2 mit "xx" aufgefüllt, so daß nach Position 2 die zu "xxxxx" aufgefüllte Zeichenfolge text1b angekettet werden kann: text3c = "xxxxxxx".
text1 = "abc" text2 = "12345" text3 = insert(text1, text2, 2,, "") text4 = insert(text1, text2, 2,, "==")	Füllzeichen falsch: Das Füllzeichen "" (Nullzeichenfolge) in text3 und die Füllzeichen "==" (mehr als ein Zeichen) in text4 führen zu REXX-Fehler 40.

Anwendung

1	Ein Zeichen in einer Zeichenfolge durch mehrere Zeichen ersetzen
2	Ein bestimmtes Zeichen in einer Zeichenfolge verdoppeln

1. Ein Zeichen in einer Zeichenfolge durch mehrere Zeichen ersetzen

Aufgabe: In einer Zeichenfolge sollen alle ß durch die Zeichenfolge "<217>" ersetzt werden, weil ein weiterverarbeitendes Programm die deutschen Sonderzeichen in dieser speziellen Form erwartet.

```
text = "Das Schloß muß geölt werden."
  neu = change(text, "ß", "<217>")
  exit

change: procedure
  parse arg satz, alt, neu
  pos = 1
  do until pos = 0
    pos = pos(alt, satz, pos)
    if pos > 0 then do
      satz = delstr(satz, pos, 1)
      satz = insert(neu, satz, pos - 1)
      pos = pos + length(neu)
    end
  end
return satz

➔ neu: "Das Schlo<217> mu<217> geölt werden."
```

Die Ersetzung des Zeichens ß durch "<217>" wird mit der internen Funktion change durchgeführt. Mit procedure werden die Geltungsbereiche der Variablen von Haupt- und Unterprogramm getrennt. Mit parse arg werden die kommagetrennten Parameter eingelesen: der zu ändernde Text satz, das zu ersetzende Zeichen alt und die Ersatzzeichenfolge neu.

pos bezeichnet die Position, ab der satz nach alt durchsucht werden soll. Da am Anfang ab der Position 1 gesucht werden soll, wird pos mit 1 vorbesetzt. Die do-Schleife wird mindestens einmal und zwar solange ausgeführt, bis die Position pos des gesuchten Zeichens alt gleich 0 ist, d. h. bis keine Fundstellen mehr vorhanden sind.

Nach dem Betreten der Schleife wird zuerst mit pos = pos(alt, satz, pos) ab der momentanen Position pos die Position des nächsten Vorkommens des gesuchten Zeichens alt ermittelt. Wenn alt gefunden wurde, ist pos größer 0, und es wird mit delstr das gefundene Zeichen aus satz gelöscht. Hinter die vorangehende Position pos - 1 wird mit insert die Ersatzzeichenfolge neu eingefügt und die Position um die Länge von neu erhöht. Die Schleife wird beendet, wenn pos beim nächsten Durchgang 0 ist.

2. Ein bestimmtes Zeichen in einer Zeichenfolge verdoppeln

Aufgabe: Bei externer Variablenmodifikation (*siehe* dort) wird von einer externen Funktion eine Zeichenfolge mit Variablenzuweisungen generiert, die vom Hauptprogramm mit interpret interpretiert werden muß. Wenn dabei eine Zeichenfolge zugewiesen wird, die das Begrenzungszeichen der Zeichenfolge (Hochkomma oder Anführungszeichen) enthält, muß dieses verdoppelt werden, damit es literal und nicht als Begrenzungszeichen interpretiert wird.

```
  interpret getstring(neu)
  exit

getstring: procedure
  parse arg varname
  text = "Manche mögen's heiß"
  return varname" = '"dblchar("'", text)"'"

dblchar: procedure
  parse arg zeichen, string
  pos = 1
  do i = 1
    pos = pos(zeichen, string, pos)
    if pos = 0 then leave i
    string = insert(zeichen, string, pos)
    pos = pos + 2
  end i
  return string
```

Die interne Funktion getstring liefert die interpret-Zeichenfolge neu = 'Manche mögen''s heiß' zurück. Bei der Interpretation werden die beiden begrenzenden Hochkommas als die Begrenzungszeichen der Zeichenfolge Manche mögen''s heiß erkannt, das doppelte Hochkomma wird in ein Hochkomma umgewandelt, so daß die Variable neu anschließend den Inhalt Manche mögen's heiß hat.

getstring verwendet die interne Funktion dblchar. In dieser werden alle Vorkommen des zu verdoppelnden Zeichens gesucht. Nach der gefundenen Position wird mit insert(zeichen, string, pos) das Zeichen noch einmal eingefügt.

insstem

```
►►─INTERPRET INSSTEM(stammfolge, stamm,─┬─────────┬─, max)─►◄
                                        └─ index ─┘
```

Die externe Funktion insstem (insert stem variables = Stammvariablen einfügen) fügt nach der Stammvariablen stamm.index die in stammfolge enthaltenen, hexnullbegrenzten Zeichenfolgen als Stammvariablen ab dem Index index + 1 ein. Die Indizes der bisherigen Stammvariablen mit den Indizes index + 1 bis max sowie die Stammvariable stamm.0 werden um die Anzahl der eingefügten Stammvariablen erhöht.

stammfolge ist eine beliebige Zeichenfolge von durch "00"x voneinander getrennten Zeichenfolgen. Wenn eine dieser Zeichenfolgen mehr als 250 Zeichen enthält, wird sie linksbündig auf 250 Zeichen abgeschnitten. Wenn eine in stammfolge enthaltene Zeichenfolge die Nullzeichenfolge ist, wird auch eine Nullzeichenfolge in den Variablenstamm eingefügt.

stamm muß der Name eines Variablenstamms mit oder ohne Punkt sein. max muß eine positive Ganzzahl oder 0 sein. index muß 0 oder eine positive Ganzzahl sein. Ist index 0, werden die Zeichenfolgen aus stammfolge ab dem Index 1 eingefügt. Ist index gleich oder größer als max, werden die Zeichenfolgen aus stammfolge nach stamm.max eingefügt.

Die Funktion kann nur auf einen Variablenstamm angewendet werden, dessen Indizes von 1 an fortlaufend durchnumeriert sind. Die Variable mit dem Index 0 muß den höchsten Index des Variablenstamms enthalten.

index
: Nichtnegative Ganzzahl. Index der Stammvariablen, nach der stammfolge eingefügt werden soll. Wenn index größer als max ist, wird nach stamm.max eingefügt.
Standard: 0.

max
: Nichtnegative Ganzzahl. Höchster Index des Variablenstamms stamm.

stamm
: Name eines Variablenstamms mit oder ohne Punkt.

stammfolge
: Beliebige Zeichenfolge von durch "00"x voneinander getrennten Zeichenfolgen. Wenn eine der Zeichenfolgen mehr als 250 Zeichen enthält, wird sie linksbündig auf 250 Zeichen abgeschnitten.

Beispiele

REXX-Anweisungen	Erläuterung
text.1 = "Satz 1" text.2 = "Satz 2" text.3 = "Satz 3" text.4 = "Satz 4" text.5 = "Satz 5" text.0 = 5 satz = "Neuer Satz" interpret insstem(satz, "text.",, 5)	Am Anfang eines Variablenstamms einfügen: satz wird in beiden Fällen als text.1 eingefügt. text.0-6: 6, "Neuer Satz", "Satz 1", "Satz 2", "Satz 3", "Satz 4", "Satz 5".

REXX-Anweisungen	Erläuterung
interpret insstem(satz, "text.", 0, 5)	
satz = "Neu1" || "00"x || "Neu2" interpret insstem(satz, "text.", 2, 5)	<u>Innerhalb eines Variablenstamms einfügen:</u> Die Zeichenfolgen "Neu1" und "Neu2" aus satz werden nach text.2 als text.3 und text.4 eingefügt. text.0-7: 7, "Satz 1", "Satz 2", "Neu 1", "Neu 2", "Satz 3", "Satz 4", "Satz 5".
satz = "Neuer Satz" interpret interpret insstem(satz, ..."text.", 5, 5) interpret insstem(satz, "text.", 8, 5)	<u>Am Ende eines Variablenstamms einfügen:</u> Im ersten Fall ist index (5) gleich max (5), im zweiten Fall ist index (8) größer als max (5). satz wird in beiden Fällen als text.6 eingefügt. text.0-6: 6, "Satz 1", "Satz 2", "Satz 3", "Satz 4", "Satz 5", "Neuer Satz".

Anwendung

Stammvariablen in einen sortierten Variablenstamm einsortieren

Aufgabe: In den alphabetisch aufsteigend sortierten Variablenstamm satz. soll die Zeichenfolge "Jeannette" einsortiert werden.

```
satz.1 = "Doris"; satz.2 = "Gabi"; satz.3 = "Roswitha"; satz.0 = 3
neu = "Jeannette"
do i = 1 to satz.0
  if satz.i > neu then do
    interpret insstem(neu, "satz.", i - 1, satz.0)
    leave i
  end
end i
if neu > satz.i
  then interpret insstem(neu, "satz.", satz.0, satz.0)
```

Die Zeichenfolge neu soll in den Variablenstamm satz. einsortiert werden. Dazu bilden wir eine do-Schleife mit der Kontrollvariablen i als Satzzähler. Innerhalb der Schleife prüfen wir, ob der aktuelle Satz satz.i größer als die Zeichenfolge neu ist. Wenn ja, sortieren wir neu mit insstem nach der vorhergehenden Stammvariablen mit dem Index i - 1 ein und verlassen die Schleife mit leave i. Wenn die Kontrollvariable i dann größer als satz.0 ist, wurden alle Sätze mit neu verglichen und neu muß größer als alle bisherigen Sätze sein.

Ob dieser Fall vorliegt, stellen wir nach dem Verlassen der Schleife mit if neu > satz.i fest und fügen dann neu nach der letzten Stammvariablen mit dem Index satz.0 ein.

insword

```
»—INSWORD(quelle, ziel—┬──────────────┬—)—»◄
                       └─ , wortnummer ─┘
```

Die externe Funktion insword (insert word = Wort einfügen) fügt die Wortliste quelle in eine Kopie der Wortliste ziel nach dem Wort mit der Wortnummer wortnummer ein und liefert die Kopie zurück. Synonym dazu ist die folgende Verkettung:

subword(ziel, 1, wortnummer)□quelle□ subword(ziel, wortnummer + 1).

Wenn quelle *vor dem ersten Wort* von ziel eingefügt werden soll, muß wortnummer den Wert 0 haben. Wird wortnummer weggelassen, wird ebenfalls vor dem ersten Wort eingefügt. Synonym dazu ist die Verkettung quelle□ziel (Reihenfolge!).

Wenn wortnummer gleich oder größer als die Anzahl der Wörter in ziel ist, wird quelle an ziel angehängt. Synonym dazu ist die Verkettung ziel□quelle (Reihenfolge!).

Die Anzahl der Leerstellen nach dem Wort mit der Wortnummer wortnummer in ziel bleibt unverändert. Ebenso wird quelle unverändert in ziel eingefügt; dies trifft besonders auf die Leerstellen zu (am Anfang und Ende sowie innerhalb von quelle).

Wenn quelle aus der Nullzeichenfolge besteht, wird ziel unverändert zurückgeliefert. Besteht quelle nur aus Leerstellen, wird ziel mit den eingefügten Leerstellen zurückgeliefert.

Hinweis: Wenn eine Wortliste alphabetisch in eine bereits sortierte Wortliste eingefügt werden soll, ist es einfacher, beide Wortlisten zu verketten und anschließend die entstandene Wortliste mit wordsort zu sortieren. insword ist allerdings schneller als dieses Verfahren, so daß es bei sehr großen Wortlisten vorteilhafter sein kann, mit insword zu arbeiten.

quelle	Beliebige Wortliste, die in ziel eingefügt werden soll.
wortnummer	Nichtnegative Ganzzahl. Nummer eines Wortes in ziel, hinter dem quelle eingefügt werden soll. Die Wortnummer 0 bedeutet, daß am Anfang der Wortliste eingefügt werden soll. **Standard:** 0.
ziel	Beliebige Wortliste, in die quelle eingefügt werden soll.

Beispiele

REXX-Anweisungen	Erläuterung
text1 = "von" text2 = "Johann Wolfgang Goethe" text3 = insword(text1, text2, 2))	ein Wort in eine Wortliste einfügen: text1 wird nach dem 2. Wort (Wolfgang) in die Wortliste text2 eingefügt, so daß text3 folgenden Inhalt hat: "Johann Wolfgang von Goethe".
text1 = "Wolfgang von" text2 = "Johann Goethe" text3 = insword(text1, text2, 1)	mehrere Wörter in eine Wortliste einfügen: text1 wird nach dem 1. Wort (Johann) in die Wortliste text2 eingefügt, so daß text3 folgenden Inhalt hat: "Johann Wolfgang von Goethe".
text1 = "Johann" text2 = "Wolfgang von Goethe" text3 = insword(text1, text2, 0) text4 = insword(text1, text2) text5 = text1□text2	am Anfang einer Wortliste einfügen: text1 wird nach dem 0. Wort, also am Anfang der Wortliste text2 eingefügt, so daß text3 folgenden Inhalt hat: "Johann Wolfgang von Goethe". In der Zuweisung für text4 wurde die Wortnummer ausgelassen, im Ergebnis ist text4 identisch mit text3.

REXX-Anweisungen	**Erläuterung**
	text5 entsteht durch Verkettung von text1, einer Leerstelle und text2 (in dieser Reihenfolge) und ist identisch mit text3.
text1 = "Goethe" text2 = "Johann Wolfgang von" text3 = insword(text1, text2, 3) text4 = insword(text1, text2, ...words(text2)) text5 = text2□text1	<u>am Ende einer Wortliste einfügen:</u> text1 wird nach dem letzten Wort, also am Ende der Wortliste text2 eingefügt, so daß text3 folgenden Inhalt hat: "Johann Wolfgang von Goethe". In der Zuweisung für text4 wird die Nummer des letzten Wortes durch words(text2) ausgedrückt, im Ergebnis ist text4 identisch mit text3. text5 entsteht durch Verkettung von text2, einer Leerstelle und text1 (in dieser Reihenfolge) und ist identisch mit text3.
text1 = "Goethe" text2 = "Johann Wolfgang von" text3 = insword(text1, text2, 4)	<u>Wortnummer zu groß:</u> Die Wortnummer 4 ist größer als die Anzahl der Wörter in text2. text1 wird nach dem letzten Wort, also am Ende der Wortliste text2 eingefügt, so daß text3 folgenden Inhalt hat: "Johann Wolfgang von Goethe".
text1 = "Wolfgang" text2 = "Johann□□□von□Goethe" text3 = insword(text1, text2, 1)	<u>Anzahl der Leerstellen bleibt unverändert:</u> Die drei Leerstellen nach Johann bleiben in text3 erhalten: "Johann□□□Wolfgang□von □Goethe".
text1 = "" text2 = "Johann Wolfgang von ...Goethe" text3 = insword(text1, text2, 2)	<u>Nullzeichenfolge einfügen:</u> text3 erhält den gleichen Inhalt wie text2: "Johann Wolfgang von Goethe".
text1 = "□□□" text2 = "Johann□Wolfgang□von□ ...Goethe" text3 = insword(text1, text2, 1)	<u>nur Leerstellen einfügen:</u> In text3 sind nach Johann drei zusätzliche Leerstellen eingeschoben: "Johann□□□□Wolfgang□von□Goethe".
text1 = "Johann□Wolfgang□von□ ...Goethe" text2 = "□□□" text3 = insword(text1, text2, 1)	<u>in leere Wortliste einfügen:</u> Die drei Leerstellen am Anfang von text2 bleiben in text3 erhalten: "□□□Johann□Wolfgang□von□Goethe".

interpret

```
>>--INTERPRET--+------------+--><
               |            |
               +-ausdruck---+
```

Siehe auch: value; Variablenmodifikation, externe.

Die Anweisung interpret (interpretieren) interpretiert die Zeichenfolge, die sich nach der Auswertung von ausdruck ergibt, wie eine Zeile in einem REXX-Programm. Die Zeichenfolge wird als einfache do-Gruppe interpretiert, also so, als würde der Zeichenfolge das Schlüsselwort do vorangehen und als würde die Zeichenfolge durch die end-Klausel abgeschlossen. Da die interpret-Zeichenfolge als eine Programmzeile interpretiert wird, müssen mehrere Anweisungen durch ein Semikolon voneinander getrennt werden. Wenn nach der letzten Anweisung kein Semikolon steht, wird es ergänzt.

Besonderheiten. Das Ergebnis von ausdruck kann aus beliebigen Anweisungen bestehen, auch aus interpret-Anweisungen. Allerdings sind folgende Besonderheiten zu beachten:

- Die komplexen Anweisungen do, if und select müssen vollständig in der interpret-Zeichenfolge enthalten sein.
- Die Anweisungen leave oder iterate sind nur gültig, wenn sie sich auf eine do-Schleife beziehen, die vollständig in der interpret-Zeichenfolge enthalten ist.
- Marken sind in einer interpret-Zeichenfolge nicht erlaubt. Verzweigungen mit signal, call oder mit einem Funktionsaufruf zu Marken außerhalb der interpret-Zeichenfolge sind hingegen zulässig.
- Da die procedure-Anweisung nach dem Aufruf eines Unterprogramms als erste stehen muß, kann sie nicht innerhalb interpret-Anweisung ausgeführt werden.

Die interpret-Anweisung wird dann benötigt, wenn Anweisungen erst während der Programmausführung zusammengesetzt werden können. Im folgenden werden die wichtigsten Anwendungsfälle gezeigt.

Variablennamen dynamisch erzeugen. Wenn der Name einer Variablen dynamisch erzeugt werden soll, kann man dies mit der interpret-Anweisung tun:

```
name1 = "Erika"; name2 = "Joseph"; nummer = 2

interpret "name = name"nummer          name = name2
interpret "say name"nummer             say name2
interpret "drop name"nummer            drop name2
interpret "name"nummer" = 'Irene'"     name2 = 'Irene'
```

In der rechten Spalte werden die Anweisungen gezeigt, die nach der Auswertung der Ausdrücke ausgeführt werden. In den beiden ersten Fällen kann die interpret-Anweisung vermieden werden, wenn man den Inhalt der dynamischen Variablen durch die value-Funktion ermittelt:

```
name = value("name"nummer)
say value("Name"nummer)
```

Ähnliches gilt für die Anweisungen address, numeric form, signal und trace, die eine spezielle value-Option anbieten.

Wenn hingegen der Variablenname selbst und nicht der Inhalt der Variablen benötigt wird, kann man die value-Funktion nicht verwenden, da diese den Inhalt der Variablen zurückgibt und nicht deren Namen. In den beiden letzten Fällen gibt es daher keinen Ersatz für die interpret-Anweisung.

Variablen simulieren. Wenn sich Bestandteile von Anweisungen oder Funktionsaufrufen dynamisch ergeben, syntaktisch aber keine Variablen zugelassen sind, muß die interpret-Anweisung zur Simulierung von Variablen verwendet werden. Dies trifft z. B. für die call-Anweisung zu, wenn der Name des aufzurufenden Unterprogramms dynamisch ermittelt wird:

```
funktion = "lesen"
interpret "call "funktion ➔ call lesen
```

Spaltenangaben in parse-Schablonen müssen *vor REXX Level 2* als Konstanten angegeben werden, so daß man sich der interpret-Anweisung bedienen muß, wenn man variable Spaltenangaben einsetzen will:

```
spalte = 20
interpret "parse var satz v1 "spalte" v2"  ➔ parse var satz v1 20 v2
```

Ab REXX Level 2 können variable Spaltenangaben durch =(name), +(name) und -(name) in parse-Schablonen eingesetzt werden.

Im Gegensatz zu den Anweisungen drop und procedure expose kann man bei den Funktionen min und max nicht den Namen einer Liste mit Variablennamen als Argument angeben. Wenn erst zur Ausführungszeit feststeht, aus welchen Variablen das Minimum oder das Maximum ermittelt werden soll, muß man den Funktionsaufruf dynamisch zusammensetzen:

```
liste = ""
do i = 1 to zahl.0
  liste = liste zahl; if i < zahl.0 then liste = liste","
end i
interpret "maxzahl = max("liste")"
```

Externe Variablenmodifikation. Externe Unterprogramme können die Variablen des Aufrufers nicht ändern. Wenn nur *eine* Variable des Aufrufers geändert werden soll, gibt man den Wert der zu ändernden Variablen mit return in einer Funktion zurück. Der Aufrufer kann dann das Funktionsergebnis der Variablen zuweisen:

```
  fakultaet = fak(3)
  exit

fak:
  parse arg max; fak = 1
  do i = 1 to max; fak = fak * i; end i
  return fak
```

Wenn *mehrere* Variablen des Aufrufers geändert werden sollen, verwendet man die externe Variablenmodifikation (*siehe* dort). Dabei gibt eine Funktion als Ergebnis eine Zeichenfolge an den Aufrufer zurück, die aus Zuweisungen besteht. Der Aufrufer führt dann mit interpret diese Anweisungen aus:

```
  name.0 = 2; name.1 = "Rinaldo"; name.2 = "Armida"
  interpret addstem("name", "Sibylle")
  exit

addstem:
  parse arg stamm, neu
  return stamm".0 = "stamm".0 + 1; next = "stamm".0; "stamm".next = '"neu"'"
```

Wir nehmen an, daß der Variablenstamm name. numerisch fortlaufend organisiert ist und daß name.0 den höchsten Stammindex enthält. Die return-Anweisung erzeugt die folgende Zeichenfolge:

```
return name.0 = name.0 + 1; next = name.0; name.next = 'Sibylle'
```

Diese wird vom Aufrufer als Zuweisungsfolge interpretiert, da das Funktionsergebnis an die interpret-Anweisung übergeben wird. Nach der Ausführung der interpret-Anweisung hat der Variablenstamm folgenden Inhalt:

```
name.0 = 3; name.1 = "Rinaldo"; name.2 = "Armida"; name.3 = "Sibylle"
```

Hinweise:

- In undurchsichtigen Fällen, oder wenn Sie mit der interpret-Anweisung noch nicht so vertraut sind, können Sie mit trace i oder trace r den Trace einschalten und die einzelnen Schritte bei der Ausführung der interpret-Anweisung verfolgen.

- Wenn der Wert einer Variablen benötigt wird, deren Name dynamisch erzeugt wird, verwendet man aus Gründen größerer Klarheit in der Regel besser die value-Funktion.
- Die Anweisungen address, numeric form, signal und trace verfügen über eine spezielle value-Option, so daß man auch in diesen Fällen auf die interpret-Anweisung verzichten kann.

ausdruck — Beliebiger Ausdruck, der eine Zeichenfolge ergibt, die wie eine REXX-Programmzeile interpretiert werden kann.

Beispiele

REXX-Anweisungen	Erläuterung
name = "satz" satz.0 = 2 interpret "anzahl = "name".0" anzahl = value(name".0")	Die Variable name enthält den Namen des Variablenstamms "satz". Die interpret-Anweisung erzeugt zuerst die Zeichenfolge "anzahl = satz.0" und führt diese dann aus. Das gleiche Ziel erreicht man mit der value-Funktion. Sie erzeugt zuerst dynamisch den Variablennamen satz.0 und setzt dann deren Wert in die Zuweisung ein. In beiden Fällen wird der Variablen anzahl der Wert 2 zugewiesen.
name = "satz"; satz.0 = 2 interpret name".0 = "name".0 + 1"	In der interpret-Anweisung wird name durch "satz" substituiert, so daß sich die interpret-Zeichenfolge "satz.0 = satz.0 + 1" ergibt. Nach der Interpretation dieser Zeichenfolge hat satz.0 den Wert 3. In diesem Fall kann die value-Funktion nicht angewendet werden, weil links vom Gleichheitszeichen der dynamisch gebildete Variablenname satz.0 benötigt wird und nicht der Wert der Variablen satz.0.
index = 3; satz.3 = "Melanie" interpret "zeile = satz."index zeile = value("satz."index) zeile = value("satz.index") zeile = satz.index	Da in Stammvariablen der Index automatisch substituiert wird, ist weder die interpret-Anweisung noch die value-Funktion erforderlich, um die Zuweisung darzustellen. Die einfache Zuweisung zeile = satz.index bewirkt das gleiche wie die interpret-Anweisung und die beiden Zuweisungen, die die value-Funktion verwenden.

Anwendung

Siehe: Variablenmodifikation, externe.

Include-Dateien einlesen

Aufgabe: Alle Programme eines Programmpakets sollen einheitliche Fehlermeldungen ausgeben. Die Definitionen der Fehlermeldungen werden als Zuweisungen in einer Datei abgelegt, die von jedem Programm als Include-Datei eingelesen werden soll. Dabei sollen die Zuweisungen ausgeführt werden, so daß das Programm die Fehlermeldungen über den Variablennamen abrufen kann. Die Meldungsdatei error.msg hat folgenden Inhalt (vereinfachtes Beispiel):

```
msg_kopierfehler = "Fehler beim Kopieren der Datei"
msg_loeschfehler = "Fehler beim Löschen der Datei"
msg_movefehler = "Fehler beim Verschieben der Datei"
```

Innerhalb der folgenden do-Schleife wird je ein Satz aus der Datei error.msg eingelesen, solange noch Sätze vorhanden sind. Der Funktionsaufruf linein(msg) liefert einen Satz zurück. Diese Zeichenfolge wird durch die interpret-Anweisung interpretiert, d. h. ausgeführt, so als wären die Zuweisungen in dem Programm enthalten, so daß das Programm die Fehlermeldungen über den Variablennamen abrufen kann, z. B. mit say msg_kopierfehler.

```
msg = "error.msg"
do while lines(msg) > 0
  interpret linein(msg)
end
```

Anmerkung: Die naheliegende Lösung des Problems, die Datei error.msg als externes Unterprogramm aufzurufen, ist leider unbrauchbar, weil Zuweisungen in externen Unterprogrammen nur lokale Geltung haben und sich daher nicht auf das aufrufende Programm auswirken.

iterate

```
>>--ITERATE--+--------+--><
             |        |
             +--name--+
```

Siehe auch: do; leave.

Die Anweisung iterate (wiederholen) setzt eine beliebige aktive do-Schleife, jedoch keine einfache do-Gruppe, mit der nächsten Wiederholung fort. Die Ausführung der Anweisungen in der do-Schleife wird abgebrochen und die Steuerung wird an die do-Anweisung zurückgegeben, so als wären alle Anweisungen in der do-Schleife bis zur end-Klausel ausgeführt worden. Falls eine Kontrollvariable vorhanden ist, wird diese erhöht. Anschließend wird wieder der Schleifenkopf angesteuert. Die Schleifenbedingung wird geprüft, und je nach dem Ergebnis dieser Prüfung wird die Schleife wiederholt oder beendet.

Wenn name fehlt, wird die innerste aktive do-Schleife wiederholt. Wenn name angegeben wird, muß es der Name einer Kontrollvariablen sein, die in einer der aktiven do-Schleifen vorkommt. Diese wird dann wiederholt. Aktive do-Schleifen unterhalb der zu wiederholenden Schleife werden beendet, so als ob die Anweisung leave ausgeführt würde.

Hinweise:

- Die Kontrollvariable wird über den Namen referenziert. Wenn die Kontrollvariable eine Stammvariable ist, z. B. nummer.i, bewirkt die Änderung des Stammindexes, daß die Kontrollvariable durch eine andere Stammvariable ersetzt wird.
- Die iterate-Anweisung kann nur auf eine aktive do-Schleife angewendet werden. Eine do-Schleife ist aktiv, wenn sie sich in der Ausführung befindet. Wenn innerhalb einer do-Schleife ein Unterprogramm oder eine Funktion aufgerufen wird, ist die do-Schleife solange inaktiv, bis das Unterprogramm oder die Funktion wieder an den Ausgangspunkt zurückkehrt.

Die Ausführung einer interpret-Anweisung wird genauso gewertet wie ein Unterprogramm- oder ein Funktionsaufruf, d. h. während eine interpret-Anweisung ausgeführt wird, sind die aktiven do-Schleifen vorübergehend inaktiv.

- Wenn mehrere aktive do-Schleifen die gleiche Kontrollvariable verwenden, wird die innerste do-Schleife, die die angegebene Kontrollvariable verwendet, fortgesetzt.
- Eine do-Schleife, aber nicht eine einfache do-Gruppe, kann mit der Anweisung leave unmittelbar beendet werden. Wenn kein Operand angegeben wird, wird die innerste do-Schleife beendet. Wenn als Operand der Name einer Kontrollvariablen angegeben wird, wird die zugehörige do-Schleife beendet und mit ihr alle inneren do-Schleifen.

name Name der Kontrollvariablen einer aktiven do-Schleife.

Beispiele

REXX-Anweisungen	Erläuterung

a = 0
do 4
  a = a + 3
  if a = 6 then iterate
  say a
end
	Die do-Schleife wird 4mal ausgeführt. Bei jedem Durchgang wird der Inhalt von a auf dem Bildschirm angezeigt. Ausnahme: Wenn a gleich 6 ist, wird sofort mit dem nächsten Durchgang fortgefahren, so daß die say-Anweisung in diesem Fall nicht ausgeführt wird. Anzeige auf dem Bildschirm: 3, 9, 12.

a = 0
do forever
  a = a + 3
  if a = 6 then iterate
  say a
  if a = 12 then leave
end
	Diese Endlosschleife liefert das gleiche Ergebnis wie die vorangehende einfache do-Schleife. Die Endebedingung ist hier allerdings durch a = 12 gegeben, in diesem Fall wird die Schleife durch leave beendet. Anzeige auf dem Bildschirm: 3, 9, 12.

do i = 1 to 3
  if i = 2 then iterate i
  do k = 1 to 5
    if k = 3 then iterate k
    if i = 3 & k = 4 then iterate i
    say i k
  end k
end
	Die innere do-Schleife zeigt die Variablen i und k am Bildschirm an. Wenn k gleich 3 ist, wird der Schleifenkopf wiederholt und es erfolgt keine Anzeige. Wenn i gleich 3 und k gleich 4 ist, erfolgt ebenfalls keine Anzeige. Die äußere do-Schleife wird nicht ausgeführt, wenn i gleich 2 ist. In diesem Fall wird sofort der Schleifenkopf wiederholt, so daß für i = 2 keine Anzeige erfolgt. Anzeige auf dem Bildschirm: 1 1, 1 2, 1 4, 1 5, 3 1, 3 2, 3 3, 3 5.
	Statt iterate k genügt auch iterate, weil die innerste Schleife fortgesetzt werden soll.

Anwendung

Siehe: do.

justify

```
►►─JUSTIFY(zeichenfolge, länge─┬────────┬─)─►◄
                               └─, füll─┘
```

Die eingebaute TSO-Funktion justify (ausgleichen) formatiert die durch Leerstellen getrennten Wörter von zeichenfolge im Blocksatz, und zwar in der Länge länge. Blocksatz bedeutet, daß der linke Rand (Position 1) und der rechte Rand (Position länge) ausgeglichen werden, d. h. die zurückgegebene Zeichenfolge beginnt mit einem Zeichen ungleich Leerstelle und endet mit einem Zeichen ungleich Leerstelle. Dazu werden die Leerstellen zwischen den Wörtern von links nach rechts möglichst symmetrisch und gleichmäßig durch das Füllzeichen füll ersetzt.

zeichenfolge ist eine beliebige Zeichenfolge. Sie wird zuerst normalisiert, d. h. es werden die Leerstellen am Anfang und Ende der Zeichenfolge entfernt und die Leerstellen zwischen den Wörtern werden auf eine Leerstelle reduziert, so als würde space(zeichenfolge) ausgeführt. länge muß eine positive Ganzzahl oder 0 sein. Wenn länge 0 ist, wird die Nullzeichenfolge zurückgeliefert.

Ist länge kleiner als die Länge der normalisierten Zeichenfolge, werden die überzähligen Zeichen am Ende der Zeichenfolge abgeschnitten und etwaige Leerstellen am Ende der Zeichenfolge entfernt. Die entstandene Zeichenfolge wird dann so weiter verarbeitet, als wäre länge größer oder gleich der Länge der normalisierten Zeichenfolge.

In diesem Fall also und wenn länge größer oder gleich der Länge der normalisierten Zeichenfolge ist, werden die Leerstellen zwischen den Wörtern durch das Füllzeichen füll ersetzt. Es werden möglichst gleichmäßig und symmetrisch zusätzliche Füllzeichen eingefügt, bis die Zeichenfolge die geforderte Länge erreicht.

Fehlt das Füllzeichen füll, wird mit Leerstellen aufgefüllt, andernfalls mit dem angegebenen Füllzeichen.

füll	Zeichen, mit dem der Zwischenraum zwischen je zwei Wörtern gefüllt werden soll. Die Nullzeichenfolge oder eine Zeichenfolge, die aus mehr als einem Zeichen besteht, führt zu REXX-Fehler 40. **Standard:** Leerstelle.
länge	Nichtnegative Ganzzahl. Länge, bis zu der zeichenfolge ausgeglichen werden soll.
zeichenfolge	Beliebige Zeichenfolge.

Beispiele

REXX-Anweisungen	Erläuterung
text1 = "□□Regina□□Sabine□" text2 = justify(text1, 15)	Länge ausreichend: Die Leerstellen am Anfang und Ende von text1 werden abgestrippt, und die Anzahl der Leerstellen zwischen den beiden Wörtern wird auf 3 erhöht, so daß text2 in

REXX-Anweisungen	Erläuterung
	der Länge 15 ausgeglichen ist. text2: "Regina□□□Sabine".
text1 = "□□Regina□Sabine□" text2 = justify(text1, 12, "-")	Länge zu klein: Die Leerstellen am Anfang und Ende von text1 werden abgestrippt, und die Anzahl der Leerstellen zwischen den beiden Wörtern wird auf 1 reduziert. Da die entstandene Zeichenfolge "Regina□Sabine" 13 Zeichen lang, also länger als 12 ist, wird sie nach dem zwölften Zeichen abgeschnitten. Die Leerstelle zwischen den beiden Wörtern wird durch das Füllzeichen "-" ersetzt. text2: "Regina-Sabin".
text1 = "□□Regina□Sabine□" text2 = justify(text1, 0)	Länge = 0: Es wird die Nullzeichenfolge "" zurückgeliefert.

Klausel

Eine Klausel ist eine syntaktische Einheit, die sich aus Token zusammensetzt und durch ein Klauseltrennzeichen beendet wird. Das Klauseltrennzeichen ist ein Semikolon (explizites Klauseltrennzeichen) oder das Zeilenende (implizites Klauseltrennzeichen). *Siehe:* Klauseltrennzeichen.

Hinweis: Bisweilen verwenden wir den Begriff Klausel auch für einzelne *Phrasen* einer Anweisung und sprechen z. B. von der by-Klausel in der do-Anweisung, weil sich dies im üblichen Sprachgebrauch so eingebürgert hat.

Wir unterscheiden die folgenden Klauseln:

- **Nullklauseln.** Eine Nullklausel besteht nur aus Leerstellen und/oder Kommentaren. Nullklauseln werden ignoriert und haben daher für die Programmausführung keine Bedeutung.
  Hinweis: Wenn nach then oder else in einer if-Anweisung oder in der when-Klausel der select-Anweisung keine Operation ausgeführt werden soll, muß die nop-Anweisung verwendet werden, da eine Nullklausel nicht die Syntaxregel erfüllt, daß eine echte Anweisung folgen muß. *Siehe:* nop.
- **Marken.** Marken bestehen aus einem Symbol, dem ein Doppelpunkt folgt, z. B.: wordsort:. Sie kennzeichnen Stellen im Programm, zu denen mit einem call-Aufruf, einem Funktionsaufruf oder einer signal-Anweisung verzweigt werden kann. *Siehe:* Marke.
- **Anweisungen.** Anweisungen bestehen aus ein oder mehreren Klauseln und bezeichnen eine Operation, die vom REXX-Interpreter ausgeführt wird. Wir unterscheiden zwischen Zuweisungen und Anweisungen im engeren Sinn, den Schlüsselwortanweisungen.
  - **Zuweisungen.** Zuweisungen sind Anweisungen, die aus einer Klausel in der Form symbol=ausdruck bestehen, z. B. name = "Brita". Vor und nach symbol bzw. ausdruck sind beliebig viele Leerstellen oder Kommentare erlaubt. In einer Zuweisung wird der Variablen mit dem Namen symbol der Wert des Ausdrucks ausdruck zugewiesen. *Siehe:* Zuweisung.

- **Schlüsselwortanweisungen.** Schlüsselwortanweisungen beginnen mit einem Schlüsselwort, das die Anweisung identifiziert, z. B. beginnt die Anweisung parse arg parms mit dem Schlüsselwort parse. Die Schlüsselwortanweisungen do, if und select enthalten selbst wiederum Anweisungen und werden daher als *komplexe Anweisungen* bezeichnet. *Siehe:* Anweisung.
  Hinweis: In der Regel verwenden wir den Begriff Anweisung statt des umständlicheren Begriffs Schlüsselwortanweisung.
- **Befehle.** Ein Befehl ist eine Klausel, die aus einem Ausdruck besteht, z. B. "dir c:\rexx*.cmd". Der Ausdruck wird ausgewertet und das Auswertungsergebnis an die aktuelle Adreßumgebung zur Ausführung übergeben. *Siehe:* Befehl.

Klauseltrennzeichen

Klauseln werden durch das Klauseltrennzeichen *Semikolon* voneinander getrennt. Das Klauseltrennzeichen gilt in den folgenden Fällen als *implizit* vorhanden:

- am Zeilenende,
  - wenn die Zeile nicht mitten in einem Kommentar endet
  - und wenn die Zeile nicht mit dem Fortsetzungskennzeichen endet (*siehe* Folgezeile)
- vor und nach dem Schlüsselwort then in der if- und der select-Anweisung, nach dem Schlüsselwort else in der if-Anweisung und nach dem Schlüsselwort otherwise in der select-Anweisung
- nach einem Doppelpunkt, der einem einzelnen Symbol folgt (*siehe* Marke).

In den aufgeführten Fällen ist das Klauseltrennzeichen also nicht erforderlich, es ist aber unschädlich, wenn es trotzdem gesetzt wird. Das Klauseltrennzeichen *muß* gesetzt werden,

- wenn mehrere Klauseln in einer Zeile zusammengefaßt werden
- oder wenn eine Anweisung am Zeilenende mit einem Komma endet.

Hinweise:

- Die Kommentarkennungen /* und */ dürfen nicht am Zeilenende in ihre Bestandteile getrennt werden.
- Literale Anführungszeichen bzw. Hochkommas dürfen nicht am Zeilenende getrennt werden. Ein literales Anführungszeichen oder Hochkomma wird gebildet, indem das Anführungszeichen bzw. das Hochkomma doppelt gesetzt wird: "", ''. In diesem Fall wird das doppelte Anführungszeichen bzw. Hochkomma nicht als Begrenzungszeichen einer Zeichenfolge interpretiert, sondern als *ein* Anführungszeichen bzw. Hochkomma.

Beispiele

<table>
<tr><th>REXX-Anweisungen</th><th>Erläuterung</th></tr>
<tr><td>a = 10; b = 12; say a + b</td><td>Die beiden Anweisungen a = 10 und b = 12 müssen von der jeweils folgenden Anweisung durch ein Semikolon getrennt werden. Die letzte Anweisung say a + b wird implizit durch das Zeilenende beendet.</td></tr>
<tr><td>if a < 10 then say "klein"
if a < 10
then say "klein"</td><td>Vor then steht ein implizites Semikolon, so daß beide Versionen der if-Anweisung möglich sind. Weitere Beispiele: siehe if und select.</td></tr>
<tr><td>upro: procedure</td><td>Zwischen der Marke upro: und der procedure-Anweisung muß kein Semikolon stehen, da die Marke durch ein implizites Semikolon beendet wird.</td></tr>
<tr><td>/* Dies ist Kommentar *
/</td><td>Falsch: Das Kommentarendezeichen */ darf nicht auf zwei Zeilen aufgeteilt werden. Richtig wäre:
/* Dies ist Kommentar
*/</td></tr>
<tr><td>name = "John O'" ||,
"'Neill"</td><td>Falsch: Das doppelte Hochkomma zwischen O und Neill ist ein literales Hochkomma und darf daher nicht auf zwei Zeilen aufgeteilt werden. Richtig wäre:
name = "John O" ||,
"''Neill"</td></tr>
</table>

Kommentar

Ein Kommentar ist eine Zeichenfolge aus beliebigen druckbaren Zeichen, die durch /* und */ begrenzt werden. Ein Kommentar bildet zusammen mit Leerstellen oder allein eine Nullklausel (*siehe* Klausel). Ein Kommentar ist ein Token und darf an jeder beliebigen Stelle im Programm zwischen zwei anderen Token erscheinen. Von dieser weitgehenden Freiheit sollte man aber keinen extensiven Gebrauch machen und vernünftigerweise auf exotische Konstruktionen wie

```
time/* Uhrzeit */("e")
headnum /* Anzahl Kopfsätze */ = 0
```

verzichten. Kommentare innerhalb eines Tokens führen in der Regel zu einem Fehler:

```
an/* Anzahl erhöhen */zahl = anzahl + 1
```

Diese Anweisung wird als Befehl interpretiert. Sie beginnt (für REXX) mit den beiden Symbolen an und zahl, die miteinander verkettet werden. Damit beginnt die Anweisung nicht mit einem Schlüsselwort und ist daher keine Schlüsselwortanweisung. Außerdem steht nach dem ersten Symbol kein Gleichheitszeichen, und damit ist die Anweisung auch keine Zuweisung.

Schachtelung. Kommentare können beliebig ineinander verschachtelt werden. In der Praxis verwendet man diese Möglichkeit vor allem dazu, um während des Programmtests vorübergehend eine Passage auszukommentieren. Dabei ist allerdings Vorsicht geboten. Wenn die auszukommentierende Passage in einem Literal die Zeichenfolge /* oder */ enthält, wird diese durch die Kommentierung zu einem Kommentarkennzeichen (unterstrichen):

```
/* jes3karte = "//*MAIN SYSTEM=SY1" */
```

Um solchen Eventualitäten aus dem Weg zu gehen, kann man sich behelfen, indem man Schrägstrich und Stern von vorneherein miteinander verkettet:

```
/* jes3karte = "//" || "*MAIN SYSTEM=SY1" */
```

Zweck. Kommentare werden vom REXX-Interpreter ignoriert, d. h. sie werden nicht ausgeführt. Sie dienen dazu, ein Programm zu kommentieren, d. h. einzelne Anweisungen, Teile davon oder ganze Programmbereiche zu erläutern.

Blockkommentare. Zur Dokumentation eines Programms genügen in der Regel Blockkommentare, das sind Kommentare, die ein ganzes Programm oder eine nachfolgende Anweisungssequenz beschreiben.

```
/*--------------------------- REXX -------------------------------
ISPF-Statistik eines Members bereitstellen
-----------------------------------------------------------------*/
getstat:
  /* Parameter einlesen: Dateiname, Membername. */
  parse arg dsn "(" mbr ")" dummy

  /* RC = 1008: Dateiname oder Member leer oder zu viele Parameter. */
  if dsn = ""| mbr = "" | dummy <> "" | arg() > 1 then return 1008

  /* Fehlerkontrolle übernehmen. Datei initialisieren und öffnen. Member suchen
     und Statistik einlesen. Datei schließen und freigeben. */
  address ispexec
  "control errors return"
```

Dieser Ausschnitt aus einem externen Unterprogramm beginnt mit einem Blockkommentar, der den Zweck des Programms kurz erläutert. Außerdem wird mit diesem Kommentar die Vorschrift erfüllt, daß ein REXX-Programm mit einem Kommentar beginnen muß. Die einzelnen Programmabschnitte werden ebenfalls durch Blockkommentare eingeleitet, die diese erläutern.

Zeilenkommentar. Die Kommentierung einzelner Programmzeilen empfiehlt sich normalerweise nicht, weil dadurch der Sinnzusammenhang zwischen zusammengehörigen Anweisungen verlorengehen kann und weil die Lesbarkeit des Programms darunter leiden kann. Zu dieser Regel gibt es aber (mindestens) zwei Ausnahmen:

- Anweisungen, die schwer verständlich sind oder einer besonderen Erklärung bedürfen, sollten einzeln kommentiert werden:

```
/* Ein CICS-Sendeblock besteht aus der Blocklänge (4 Bytes) und mindestens einem
   Satz mit Satzlänge (4 Bytes) und maximal 15000 Bytes Daten. */
max_sendelaenge_cics = 15008
```

- Variablendefinitionen sollten mit einem Kommentar versehen werden, wenn die Bedeutung der Variablen nicht schon aus dem Variablennamen hervorgeht.

```
headnum=0          /* Anzahl der Header-Zeilen */
pause='@PAUSE'     /* Meldungen mit Enter quittieren */
lognum=0           /* Anzahl gebildeter Logsätze */
```

Hinweis: Die folgenden Möglichkeiten zur Kennzeichnung von Zeilenkommentaren sind in REXX nicht vorgesehen:

- Der Zeilenkommentar wird durch Leerstellen getrennt direkt hinter eine Anweisung gesetzt.
- Der Zeilenkommentar wird durch besondere Zeichen (z. B. // wie in C++) eingeleitet und implizit durch das Zeilenende abgeschlossen.

Anwendung

Siehe auch: sourceline, Anwendung.

Kontextsicherung

Der aktuelle Programmkontext (oder Programmzustand) wird durch eine Reihe von Einstellungen definiert, die die Programmausführung im allgemeinen beeinflussen. Dazu gehören die aktuelle Adreßumgebung, Fehlerbedingungen, numerische Einstellungen, der Zustand von Dateien und Zeichenströmen, der Status komplexer Anweisungen, spezielle Variablen u. a.

Geltungsbereich. Vor der Ausführung von internen oder externen Unterprogrammen wird der aktuelle Programmkontext gesichert. Interne Unterprogramme erben den aktuellen Kontext des Aufrufers, während in externen Unterprogrammen der Programmkontext gilt, der beim Aufruf eines Programms standardmäßig hergestellt wird. Veränderungen des Kontexts wirken sich nicht auf den Aufrufer aus, da der ursprüngliche Kontext nach dem Verlassen des Unterprogramms wiederhergestellt wird. Im folgenden werden in alphabetischer Reihenfolge die Programmeinstellungen beschrieben, die im Rahmen der Kontextsicherung von Bedeutung sind.

Adreßumgebung. Die aktuelle Adreßumgebung gilt lokal für ein Programm, ein internes oder externes Unterprogramm, d. h. beim Eintritt in ein Programm gilt die Standardadreßumgebung und beim Verlassen eines Programms wird die vorherige aktuelle Adreßumgebung des Aufrufers wiederhergestellt.

Ausgabefang (nur unter TSO). Der Status des Ausgabefangs gilt auf allen Ebenen eines Programms, sofern es sich nicht um externe Unterprogramme handelt. Dabei spielt es keine Rolle, auf welcher Ebene der Ausgabefang ein- oder ausgeschaltet wird. *Siehe:* outtrap.

Dateien und Zeichenströme. Der Status von Dateien und Zeichenströmen hat in einem REXX-Programm globale Geltung, d. h. auch in internen und externen Unterprogrammen, also auch in Unterprogrammen, die beim Auftreten einer Fehlerbedingung automatisch mit call aufgerufen werden. Statusänderungen des Aufrufers wirken sich demzufolge auch auf aufgerufene Unterprogramme aus und umgekehrt.

Fehlerbedingungen. Beim Eintritt in ein Programm oder ein internes oder externes Unterprogramm sind alle Fehlerbedingungen zurückgesetzt. Nach der Rückkehr aus einem internen oder externen Unterprogramm gelten wieder die Fehlerbedingungen des Aufrufers, d. h. das Setzen oder Zurücksetzen von Fehlerbedingungen in Unterprogrammen wirkt sich nicht auf den Aufrufer aus.

Die Angaben zur aktuell festgestellten Fehlerbedingung haben einen lokalen Geltungsbereich. Allerdings stehen in internen Unterprogrammen solange die Angaben des Aufrufers zur Verfügung, bis sie durch die erneute Feststellung der gleichen Fehlerbedingung geändert werden. Nach der Rückkehr aus einem internen Unterprogramm stehen wieder die ursprünglichen Angaben zur Verfügung. Diese Regel gilt auch für Unterprogramme, die selbst wieder durch die Feststellung einer Fehlerbedingung aufgerufen werden.

Externe Unterprogramme setzen ihre eigenen Fehlerbedingungen und haben keinen Zugriff auf die entsprechenden Daten des Aufrufers.

Komplexe Anweisungen. Der Status der komplexen Anweisungen do, if und select wird gesichert. Eine signal-Anweisung in einem internen Unterprogramm beendet zwar die aktiven komplexen Anweisungen im Unterprogramm, nicht jedoch die des Aufrufers.

numeric-Einstellungen. Beim Start eines Programms oder eines externen Unterprogramms gilt standardmäßig die wissenschaftliche Schreibweise (numeric form scientific), eine numerische Unschärfe von 0 Stellen (numeric fuzz 0) und eine Präzision von 9 Stellen (numeric digits 9). Interne Unterprogramme übernehmen die numeric-Werte des Aufrufers. Nach der Rückkehr aus einem internen oder externen Unterprogramm gelten wieder die numeric-Einstellungen des Aufrufers.

options-Einstellungen. Die options-Einstellungen werden vor dem Aufruf eines Unterprogramms gesichert und nach der Rückkehr aus dem Unterprogramm wiederhergestellt.

Sprachencode (nur unter TSO). Die setlang-Funktion hat globale Wirkung, d. h. der festgelegte Sprachencode gilt für alle aufgerufenen und aufrufenden Programme, bis der Sprachencode durch einen anderen setlang-Aufruf geändert wird oder bis die Adreßumgebung, in der das Programm läuft, beendet wird.

Stoppuhr. Interne Unterprogramme erben die Stoppuhr des Aufrufers. Sie können die Stoppuhr lokal zurückstellen, d. h. das Zurückstellen ist nur mit Wirkung für das Unterprogramm möglich, die Stoppuhr des Aufrufers läuft unverändert weiter. Externe Unterprogramme arbeiten mit einer eigenen Stoppuhr, die keine Auswirkung auf den Aufrufer hat. *Siehe:* time.

Trace-Status. Die trace-Anweisung und die trace-Funktion haben lokale Geltung. Der Trace-Status des Aufrufers gilt für interne Unterprogramme weiter, solange sie den Trace-Status nicht verändern. Änderungen in internen Unterprogrammen haben wiederum nur lokale Geltung und wirken sich nicht auf den Aufrufer aus. Der Trace-Status von externen Unterprogrammen ist unabhängig vom Aufrufer. *Siehe:* trace, Geltungsbereich.

Variablen, spezielle. Externe Unterprogramme haben keinen Einfluß auf die Variablen rc und sigl, aber auf die Variable result (entsprechend ihrer Funktion). Interne Unterprogramme können auf die Werte der speziellen Variablen zugreifen und diese verändern, wenn keine procedure-Anweisung benutzt wird. Andernfalls arbeitet das Unterprogramm mit eigenen Werten der Variablen, es sei denn sie werden mit der expose-Klausel der procedure-Anweisung für das Unterprogramm freigegeben. Eventuelle Veränderungen der speziellen Variablen result in einem Unterprogramm wirken sich auf den Aufrufer insofern nicht aus, da in jedem Fall die return- bzw. exit-Anweisung darüber entscheidet, welchen Wert von result der Aufrufer sieht.

Konvertierfunktionen

In REXX ist ein Zeichen ein Byte. Ein Byte besteht aus 8 Bits, die den Wert 0 oder 1 haben. Da jedes Bit zwei Zustände annehmen kann - 0 oder 1 - gibt es für 8 Bits $2^8 = 256$ Kombinationsmöglichkeiten. Ein Zeichen kann also 256 verschiedene Werte annehmen. Eine Aneinanderreihung von Zeichen, eine Zeichenfolge, kann auf verschiedene Arten dargestellt werden:

- Mit druckbaren Zeichen: z. B. "Heidi". Allerdings existiert nicht für alle Bitkombinationen auch ein entsprechendes druckbares Zeichen. Eine Folge von druckbaren Zeichen, die durch Anführungszeichen oder Hochkommas begrenzt werden, ist eine konstante oder literale Zeichenfolge.
- Mit den Binärziffern 0 und 1. Eine Zeichenfolge aus Binärziffern ist eine Binärfolge.
- Mit den Hexziffern (hexadezimalen Ziffern) 0-9 und a-f. Eine Zeichenfolge aus Hexziffern ist eine Hexfolge (hexadezimale Folge).
- Mit Ziffern. Ganzzahlen sind Zeichenfolgen aus beliebigen Dezimalziffern, denen ein Vorzeichen vorangehen kann, und deren Nachkommateil den Wert 0 hat. Wenn bei Konvertierfunktionen von Dezimalzahlen oder dezimalen Zeichenfolgen die Rede ist, sind immer Ganzzahlen gemeint.

Konvertierfunktionen dienen zur Umwandlung zwischen Binärfolgen, Dezimalzahlen, Hexfolgen und Textzeichenfolgen untereinander bzw. zur Umwandlung von einem Zeichensatzin einen anderen. Die folgenden Konvertierfunktionen stehen zur Verfügung:

- Die Umwandlung von Zeichenfolgen von einem Format in ein anderes wird durch die folgenden *SAA-Konvertierfunktionen* unterstützt: b2x, c2d, c2x, d2c, d2x, x2b, x2c und x2d. Die Funktionsnamen setzen sich aus einem Buchstaben für das Quellformat und einem Buchstaben für das Zielformat der Konvertierung zusammen. Die Ziffer 2 steht für "t[w]o", also "in". Die Buchstaben haben folgende Bedeutung:
  - b: Binärfolgen
  - c: Zeichenfolgen (im Zeichenformat, c = character)
  - d: dezimale Zeichenfolgen (Ganzzahlen)
  - x: Hexfolgen

Übersicht

Syntax und Anwendungsmöglichkeiten der Konvertierfunktionen können Sie der folgenden Tabelle entnehmen. Legende: *siehe* Funktionen - Übersicht.

*	Aufruf	Wirkung
e	ASC2EBC( )	liefert eine Codetabelle zur Umwandlung vom ASCII- in den EBCDIC-Code
s	B2X(binärfolge)	Binärfolge in Hexfolge umwandeln
s	C2D(zeichenfolge I binärfolge-b I hexfolge-x, [länge])	Zeichenfolge in Dezimalzahl umwandeln
s	C2X(zeichenfolge I binärfolge-b I hexfolge-x)	Zeichenfolge in Hexfolge umwandeln

*	Aufruf	Wirkung
s	D2C(ganzzahl, [länge])	Dezimalzahl in Zeichenfolge umwandeln
e	D2P(ganzzahl)	Dezimalzahl in gepackte Zahl umwandeln
s	D2X(ganzzahl, [länge])	Dezimalzahl in Hexfolge umwandeln
e	EBC2ASC( )	liefert eine Codetabelle zur Umwandlung vom EBCDIC- in den ASCII-Code
e	P2D(packzahl)	gepackte in Dezimalzahl umwandeln
s	X2B(hexfolge)	Hexfolge in Binärfolge umwandeln
s	X2C(hexfolge)	Hexfolge in Zeichenfolge umwandeln
s	X2D(hexfolge, [länge])	Hexfolge in Dezimalzahl umwandeln

Für einige Konvertierungsarten sind keine eigenen Funktionen vorgesehen. Sie können jedoch leicht durch die Kombination von zwei anderen Funktionen die gewünschte Konvertierung vornehmen. Die folgende Tabelle zeigt die Kombinationen, die zur Simulierung der fehlenden Konvertierfunktionen verwendet werden können.

Kombination	Beschreibung
b2x(x2c(...))	binär ➔ Text
b2x(x2d(...))	binär ➔ dezimal
b2x(x2d(d2p(...)))	binär ➔ gepackt
c2x(x2b(...))	Text ➔ binär
c2d(d2p(...))	Text ➔ gepackt
d2x(x2b(...))	dezimal ➔ binär
p2d(d2x(x2b(...)))	gepackt ➔ binär
p2d(d2c(...))	gepackt ➔ Text
p2d(d2x(...))	gepackt ➔ hexadezimal

binärfolge
: Binärfolge *ohne* die Kennung B/b.
Beispiel: "1000 1110" ist eine gültige Zeichenfolge. Ungültig ist die Zeichenfolge "1000 1110"b, da sie die Kennung b enthält. Sie führt zu dem REXX-Fehler 40.

binärfolge-b
: Binärfolge *mit* der Kennung B/b.
Beispiel: "1000 1110"b ist eine gültige Zeichenfolge. Ungültig ist die Zeichenfolge "1000 1110", da ihr die Kennung b fehlt. Sie führt zu dem REXX-Fehler 40.

ganzzahl
: Ganzzahl oder Zeichenfolge, die eine Ganzzahl darstellt.
Beispiel: 0, 142, -142, 142.00, 1.42e+2, "0", "142" und "-142" sind gültige Parameter.

hexfolge
: Hexfolge *ohne* die Kennung X/x.
Beispiel: "8e" ist eine gültige Zeichenfolge. Ungültig ist die Zeichenfolge "8e"x. Sie führt zu dem REXX-Fehler 40.

hexfolge-x: Hexfolge *mit* der Kennung X/x.
Beispiel: "8e"x ist eine gültige Zeichenfolge. Ungültig ist die Zeichenfolge "8e", da ihr die Kennung x fehlt. Sie führt zu dem REXX-Fehler 40.

länge: c2d: Anzahl der Zeichen (Bytes) in der Eingabezeichenfolge, die umgewandelt werden sollen.

d2c, d2x: Anzahl der Zeichen in der Ausgabezeichenfolge.

x2d: Anzahl der Hexadezimalziffern in der Eingabezeichenfolge, die umgewandelt werden sollen.

zeichenfolge: Beliebige Zeichenfolge (Textzeichenfolge).
Beispiel: "xyz" ist eine gültige Zeichenfolge. Die Zeichenfolgen "1000 1110" und "418e" sind falsch, wenn sie eine Binärfolge bzw. Hexfolge ausdrücken sollen. Da die Kennung b bzw. x fehlt, werden sie als Textzeichenfolgen interpretiert und liefern daher falsche Ergebnisse.

lastpos

```
>>--LASTPOS(suchfolge, zielfolge--+---------+--)--><
                                  |         |
                                  +--, pos--+
```

Die eingebaute SAA-Funktion lastpos (last position = letzte Position) liefert die Anfangsposition des letzten Vorkommens der Zeichenfolge suchfolge in der Zeichenfolge zielfolge zurück. Die Position 0 wird zurückgeliefert,

- wenn suchfolge nicht in zielfolge gefunden wird,
- oder wenn suchfolge und/oder zielfolge aus der Nullzeichenfolge bestehen.

Standardmäßig und dann, wenn pos größer als die Länge von zielfolge ist, beginnt die Suche ab der letzten Position von zielfolge (das entspricht length(zielfolge)), andernfalls ab der angegebenen Position, und wird rückwärts fortgesetzt.

Hinweis: Die Funktion pos leistet das gleiche wie lastpos, durchsucht aber die Zielfolge von vorne nach hinten.

pos: Positive Ganzzahl. Position, ab der in zielfolge rückwärts nach suchfolge gesucht werden soll.
Standard: letzte Position von zielfolge.

suchfolge: Beliebige Zeichenfolge, nach der in zielfolge gesucht werden soll.

zielfolge: Beliebige Zeichenfolge, in der suchfolge gesucht werden soll.

Beispiele

REXX-Anweisungen	Erläuterung
zeichen = "e" text = "Die rote Zora" pos1 = lastpos(zeichen, text) pos2 = lastpos(zeichen, text, length(text)) pos3 = lastpos(zeichen, text, 7) pos4 = lastpos(zeichen, text, 2)	<u>ein Zeichen suchen:</u> pos1 liefert das gleiche Ergebnis, wie pos2, nämlich 8, da standardmäßig ab der letzten Position gesucht wird. pos3 sucht ab Position 7 und findet daher das zweite "e" von text in Position 3. pos4 sucht ab Position 2 und findet daher kein "e" mehr, so daß als Fundposition 0 zurückgeliefert wird.
text1 = "Hülshoff" text2 = "Droste-Hülshoff" pos1 = lastpos(text1, text2, length(text1)) pos2 = lastpos(text1, text2, pos1 - 1) pos3 = lastpos("", text2) pos4 = lastpos(text1, "")	<u>Zeichenfolge suchen:</u> pos1 findet text1 ab Position 8 in text2. pos2 findet text1 nicht in text2, da erst ab der Fundposition pos1 - 1 gesucht wird, das Ergebnis ist daher 0. pos3 und pos4 liefern beide 0, da die Suche nach der Nullzeichenfolge oder die Suche in einer Nullzeichenfolge immer erfolglos ist.
text1 = "x" text2 = "xyz" pos1 = lastpos(text1, text2, 4) pos2 = lastpos(text1, text2, 0)	<u>Position zu groß oder zu klein:</u> Da die Position 4 größer als die Länge von text2 (3) ist, wird standardmäßig ab der letzten Position gesucht, und pos1 liefert als Fundposition 1. pos2 führt zu REXX-Fehler 40, da die Position 0 nicht erlaubt ist.

Anwendung

1	Zeile splitten
2	Weitere Anwendungen

1. Zeile splitten

Aufgabe: Eine Zeile soll, wenn sie länger als 20 Zeichen ist, an der letztmöglichen Leerstelle gesplittet werden (Zeilenumbruch).

```
zeile = "Reden ist Silber, Schweigen ist Gold."
zeile2 = ""
if length(zeile) > 20 then do
  pos = lastpos("□", zeile, 20)
  if pos > 0 then do
    zeile2 = substr(zeile, pos + 1)
    zeile = left(zeile, pos)
  end
end
```

➔ zeile: "Reden ist Silber,", zeile2: "Schweigen ist Gold."

Wenn zeile länger als 20 Zeichen ist, wird mit lastpos("□", zeile, 20) die letzte Leerstelle in der Teilfolge left(zeile, 20) gesucht. Die Zeile wird dann aufgeteilt in die Teilfolge zeile2 nach der gefundenen Leerstelle und die Teilfolge zeile bis zur gefundenen Leerstelle. Wir lassen hier den Fall unberücksichtigt, daß in den ersten 20 Zeichen von zeile keine Leerstelle enthalten ist.

2. Weitere Anwendungen

Weitere Anwendungsmöglichkeiten:

- Letzen Qualifier eines MVS-Dateinamens bestimmen:

```
datasetname = "sysprog.ispmod.panels"
lastqual = substr(datasetname, lastpos(".", datasetname) + 1)
```

- Position des Dezimalpunkts in einer Zahl bestimmen:

```
zahl = 123.45
pos = lastpos(".", zahl)
```

leave

```
>>-LEAVE-+------+-><
         +-name-+
```

Siehe auch: do; iterate.

Die Anweisung leave (verlassen) beendet eine beliebige aktive do-Schleife, jedoch keine einfache do-Gruppe. Die Ausführung der Anweisungen in der do-Schleife wird abgebrochen und das Programm nach der end-Klausel fortgesetzt, so wie wenn nach dem Erreichen der end-Klausel vor dem nächsten Durchgang festgestellt wird, daß die Endebedingung zutrifft. Falls eine Kontrollvariable vorhanden ist, wird diese aber nicht wie üblich vor der end-Klausel erhöht, sie behält vielmehr ihren aktuellen Wert.

Wenn name fehlt, wird die innerste aktive do-Schleife beendet. Wenn name angegeben wird, muß es der Name einer Kontrollvariablen sein, die in einer der aktiven do-Schleifen vorkommt. Diese do-Schleife und alle aktiven do-Schleifen unterhalb dieser Schleife werden beendet.

Hinweise:

- Die Kontrollvariable wird über den Namen referenziert. Wenn die Kontrollvariable eine Stammvariable ist, z. B. nummer.i, bewirkt die Änderung des Stammindexes, daß die Kontrollvariable durch eine andere Stammvariable ersetzt wird.
- Die leave-Anweisung kann nur auf eine aktive do-Schleife angewendet werden. Eine do-Schleife ist aktiv, wenn sie sich in der Ausführung befindet. Wenn innerhalb einer do-Schleife ein Unterprogramm aufgerufen wird, ist die do-Schleife solange inaktiv, bis das Unterprogramm oder die Funktion wieder an den Ausgangspunkt zurückkehrt.
  Die Ausführung einer interpret-Anweisung wird genauso gewertet wie ein Unterprogramm- oder ein Funktionsaufruf, d. h. während eine interpret-Anweisung ausgeführt wird, sind die aktiven do-Schleifen vorübergehend inaktiv.
- Wenn mehrere aktive do-Schleifen die gleiche Kontrollvariable verwenden, wird die innerste do-Schleife, die die angegebene Kontrollvariable verwendet, beendet.
- In einer do-Schleife, jedoch nicht in einer einfachen do-Gruppe, kann mit der Anweisung iterate die Ausführung der Anweisungen im Schleifenkörper unmittelbar abgebrochen und dadurch der nächste Schleifendurchgang pro-

voziert werden, so als wäre der Schleifenkörper bis zur end-Klausel durchlaufen worden.

name Name der Kontrollvariablen einer aktiven do-Schleife.

Beispiele

REXX-Anweisungen	Erläuterung

a = 0
do 4
  a = a + 3
  if a = 6 then leave
  say a
end
	Die do-Schleife wird 2mal ausgeführt. Beim ersten Durchgang wird der Inhalt von a auf dem Bildschirm angezeigt. Beim zweiten Durchgang ist a gleich 6, daher wird mit leave sofort die do-Schleife beendet. Anzeige auf dem Bildschirm: 3.

a = 0
do forever
  a = a + 3
  if a = 6 then iterate
  say a
  if a = 12 then leave
end
	Die do-Schleife wird 4mal ausgeführt. Bei jedem Durchgang wird der Inhalt von a auf dem Bildschirm angezeigt. Ausnahme: Wenn a gleich 6 ist, wird wegen iterate sofort mit dem nächsten Durchgang fortgefahren, so daß die say-Anweisung in diesem Fall nicht ausgeführt wird. Anzeige auf dem Bildschirm: 3, 9, 12.

do i = 1 to 3
  if c = 3 then leave i
  do k = 1 to 5
    if a = 3 then leave k
    if b = 4 then leave i
    say i k
  end k
end
	Die innere do-Schleife zeigt die Variablen i und k am Bildschirm an. Wenn a gleich 3 ist, wird die innere do-Schleife mit leave k beendet und es wird mit der äußeren do-Schleife fortgefahren. Wenn b in der inneren do-Schleife gleich 4 ist, wird die äußere do-Schleife mit leave i beendet und damit auch die innere do-Schleife. Wenn c in der äußeren do-Schleife gleich 3 ist, wird die äußere do-Schleife verlassen. Die innere do-Schleife ist in diesem Fall nicht aktiv, so daß sie auch nicht verlassen werden kann.
	Statt leave k genügt auch leave, weil die innerste Schleife beendet werden soll.

Anwendung

Siehe: do.

left

```
>>--LEFT(zeichenfolge, länge --+----------+--)-->◄
                                |          |
                                +-, füll --+
```

Die eingebaute SAA-Funktion left (links) liefert den linksbündigen Teil von zeichenfolge in der Länge von länge Zeichen.

länge muß eine positive Ganzzahl oder 0 sein. Wenn die Länge 0 ist, wird die Nullzeichenfolge zurückgeliefert. Ist länge gleich der Länge von zeichenfolge, wird zeichenfolge in voller Länge und ohne Füllzeichen zurückgegeben. Wenn länge kleiner als die Länge von zeichenfolge ist, werden nur die ersten n (n = länge) Zeichen von zeichenfolge zurückgegeben, der Rest wird abgeschnitten. Wenn länge größer als die Länge von zeichenfolge ist, wird die zurückgegebene Zeichenfolge hinten solange mit dem Füllzeichen füll aufgefüllt, bis die angegebene Länge erreicht ist.

Fehlt das Füllzeichen füll, wird mit Leerstellen aufgefüllt, andernfalls mit dem angegebenen Füllzeichen füll.

Hinweis: left(*zeichenfolge, länge*[, *füll*]) ist eine Kurzform für:
substr(*zeichenfolge*, 1, *länge*[, *füll*]).

füll	Zeichen, mit dem die zurückgegebene Zeichenfolge hinten aufgefüllt werden soll, wenn länge kleiner als die Länge von zeichenfolge ist. Die Nullzeichenfolge oder eine Zeichenfolge, die aus mehr als einem Zeichen besteht, führt zu REXX-Fehler 40. **Standard:** Leerstelle.
länge	Nichtnegative Ganzzahl. Anzahl der Zeichen ab dem ersten Zeichen von zeichenfolge, die zurückgeliefert werden sollen.
zeichenfolge	Beliebige Zeichenfolge.

Beispiele

REXX-Anweisungen	Erläuterung
text1 = "Gisela" text2 = left(text1, length(text1))	Zeichenfolge reproduzieren: Da länge gleich der Länge von text1 ist, wird text2 die Zeichenfolge text1 in voller Länge zugewiesen. text2: "Gisela"
text1 = "Gisela" text2 = left(text1, 4)	Zeichenfolge abschneiden: Da länge = 4 kleiner als die Länge von text1 (6) ist, werden text2 nur die ersten 4 Zeichen von text1 ("Gise") zugewiesen, die übrigen Zeichen von text1 ("la") werden abgeschnitten. text2: "Gise".
text1 = "Gisela" text2 = left(text1, 10)	Zeichenfolge mit Leerstellen auffüllen: Da länge = 10 größer als die Länge von text1 (6) ist, wird text2 die Zeichenfolge text1 in voller Länge zugewiesen und mit vier Leerstellen auf 10 Stellen aufgefüllt. text2: "Gisela□□□□".
text1 = "Gisela" text2 = left(text1, 10, "_")	Zeichenfolge mit einem anderen Zeichen auffüllen: text1 wird mit Unterstreichstrichen statt mit Leerstellen auf 10 Stellen aufgefüllt. text2: "Gisela____".
text1 = "Gisela" text2 = left(text1, 4) text3 = substr(text1, 1, 4)	left = Kurzform für substr: left und substr liefern beide das gleiche Ergebnis: text2, text3: "Gise".
text1 = left("", 5, "$") text2 = right("", 5, "$") text3 = center("", 5, "$") text4 = copies("$", 5)	ein Zeichen kopieren: left wird mit der Nullzeichenfolge "" ausgeführt, so daß das Füllzeichen "$" so oft wie angegeben miteinander verkettet wird. Es ergibt sich text1: "$$$$$". Das gleiche Ergebnis erhält man mit der right-, center- oder der copies-Funktion (letztere kann aber nicht nur einzelne Zeichen, sondern auch Zeichenfolgen kopieren).

Anwendung

1	Tabellarische Anzeige
2	Variable Parameter in Meldungstexten ersetzen
3	Anfang einer Zeichenfolge prüfen
4	Zeilenumbruch

1. Tabellarische Anzeige

Aufgabe: Es soll eine tabellarische Liste der Feiertage einschließlich einer Überschrift ausgegeben werden.

```
jahr = 1996
lg_feiertag = 20; lg_datum = 10
tab = "Neujahr 01.01 Dreikönig 06.01"
say left("Feiertag", lg_feiertag) "Datum"
say copies("-", lg_feiertag) copies("-", lg_datum)
do i = 1 to words(tab) / 2
  say left(word(tab, i * 2 - 1), lg_feiertag) word(tab, i * 2)"."jahr
end i
```

Wir definieren zuerst das Jahr, für das die Feiertagstabelle ausgegeben wird, und lg_feiertag, die Breite der Spalte, in der die Bezeichnung des Feiertags erscheint. In der Wortliste tab führen wir paarweise die Feiertagsnamen, gefolgt vom Datum des Feiertags, auf (wir beschränken uns hier aus Platzgründen auf zwei Feiertage). Die Überschrift bilden wir aus dem Wort "Feiertag", das in der Länge lg_feiertag spaltengerecht ausgegeben wird, und aus dem Wort "Datum". Die Trennzeile zwischen Überschrift und Tabellenkörper wird aus zwei Linien erstellt, die mit der copies-Funktion jeweils in der Breite der beiden Spalten gebildet werden.

Die anschließende do-Schleife wird words(tab) / 2 mal durchlaufen, also entsprechend der Anzahl der Tabellenpaare. Für jedes der Tabellenpaare wird zuerst das erste Wort des Paares, der Feiertagsname word(tab, i * 2 - 1) ausgegeben. Mit left(..., lg_feiertag) wird er ggf. auf Spaltenbreite aufgefüllt. Das Datum wird aus dem zweiten Wort des Paares word(tab, i * 2) und "."jahr gebildet, so daß ein vollständiges Datum entsteht. Nach dem Verlassen der do-Schleife hat die Feiertagstabelle folgendes Aussehen:

```
Feiertag            Datum
--------------      ----------
Neujahr             01.01.1996
Dreikönig           06.01.1996
```

2. Variable Parameter in Meldungstexten ersetzen

Aufgabe: Vordefinierte Fehlermeldungstexte sollen im Fehlermeldungsfall durch einen aktuellen Parameter ergänzt werden. Die Position des Parameters im Fehlermeldungstext wird durch den Platzhalter & bezeichnet.

```
  call errmsg 1, "DEL"
  exit

errmsg: procedure
  parse arg errno, parm
  text.1 = "Die Funktion & in Parameter 1 ist nicht erlaubt."
  text.2 = "Das Jahr & ist nicht numerisch."
  text = text.errno
  pos = pos("&", text)
  if pos > 0 then text = left(text, pos - 1) || parm || substr(text, pos + 1)
  return text
```

→ text: "Die Funktion DEL in Parameter 1 ist nicht erlaubt."

Die interne Funktion errmsg wird mit call aufgerufen. Dabei werden zwei kommagetrennte Parameter übergeben: die Fehlermeldungsnummer 1 und der aktuelle Parameter "DEL". Die Funktion errmsg schottet ihre eigenen Variablen und die des Aufrufers durch die procedure-Anweisung gegenseitig voneinander ab. Mit parse arg werden die übergebenen Parameter eingelesen. Im Variablenstamm text. sind die möglichen Fehlermeldungen definiert (aus Platzgründen geben wir hier nur zwei an). Die Stellen, an denen ein aktueller Parameter eingesetzt werden soll, sind durch das Zeichen & gekennzeichnet.

Die Fehlermeldung text.errno wird zuerst in die Variable text übernommen, damit die folgenden Bezüge auf text.errno leichter zu lesen sind. Dann wird mit der pos-Funktion die Position des Zeichens & gesucht. Falls das Zeichen nicht gefunden wird, handelt es sich um eine unveränderliche Fehlermeldung und text bleibt unverändert. Andernfalls wird die Fehlermeldung neu zusammengesetzt:

- aus dem linken Teil vor dem Platzhaltersymbol &, den wir mit left(text, pos - 1) abgreifen,
- aus dem aktuellen Parameter parm
- und dem rechten Teil der Fehlermeldung, den wir mit substr(text, pos + 1) entnehmen.

Diese drei Teile werden durch den Verkettungsoperator || miteinander verkettet. Mit return text wird der entstandene Fehlermeldungstext in der speziellen Variablen result an den Aufrufer zurückgegeben.

3. Anfang einer Zeichenfolge prüfen

Aufgabe: Es soll geprüft werden, ob ein bestimmtes Datum auf einen festen Feiertag fällt.

```
  if fixtag("02.05.1995") then say "Der 02.05.1996 ist ein Feiertag"
  exit
fixtag: procedure
  parse arg datum
  fixtab = "01.01 01.05 03.10 25.12 26.12"
  if wordpos(left(datum, 5), fixtab) > 0 then return 1; else return 0
```

Die Prüfung erfolgt in der internen Funktion fixtag. Das Datum wird vom Aufrufer mit parse arg übernommen. Die festen Feiertage werden in der Wortliste fixtab definiert. left(datum, 5) entnimmt dem übergebenen Datum die linken fünf Zeichen, also den Teil des Datums, der Tag und Monat enthält: tt.mm. Mit wordpos(..., fixtab) wird die Wortliste fixtab auf eine Übereinstimmung abgesucht. Wenn diese gefunden wird, liefert wordpos die Nummer des gefundenen Wortes, also eine Zahl ungleich 0. In diesem Fall wird mit return 1 der Wahrheitswert "wahr" zurückgegeben, andernfalls mit return 0 der Wahrheitswert "falsch". In unserem Fall führt die Abfrage if fixtag("02.05.1995") then... nicht zum Erfolg, weil der 02.05 kein fester Feiertag ist.

4. Zeilenumbruch

Aufgabe: Eine Zeile soll auf dem Bildschirm ausgegeben werden. Wenn sie eine bestimmte Länge überschreitet, soll sie an der letzten Leerstelle vor der Maximalposition umbrochen und dann zweizeilig ausgegeben werden.

```
  zeile = "Fischers Fritze fischte frische Fische, frische Fische fischte Fischers Fritze."
  call split zeile, 40
  exit

split: procedure
  parse arg zeile, lg
  if length(zeile) <= lg then do
    say zeile
    return
  end
  pos = lastpos(" ", zeile, lg)
  say left(zeile, pos - 1)
  say substr(zeile, pos + 1)
  return
```

Die interne Funktion split übernimmt die kommagetrennten Parameter der Anweisung call zeile, 40 in die lokalen Variablen zeile und lg. Diese sind wegen der procedure-Anweisung lokal, so daß Änderungen der lokalen Variablen zeile keinen Einfluß auf die Variable zeile des Aufrufers hätten; da die Variable in der Funktion aber nicht geändert wird, spielt dies hier zufällig keine Rolle.

Zuerst wird geprüft, ob die Länge length(zeile) von zeile kleiner oder gleich der maximalen Zeilenlänge lg ist. Wenn ja, wird die Zeile sofort mit say ausgegeben und die Funktion mit return beendet.

Andernfalls wird mit pos = lastpos(" ", zeile, lg) die Position der letzten Leerstelle vor oder in der Maximalposition lg gesucht. Der Teil der Zeile, der dieser Leerstelle vorangeht, wird mit left in der Länge von pos - 1 abgegriffen und mit say ausgegeben. Der zweite Teil wird mit substr ab der Position pos + 1, die der Leerstelle folgt, aus zeile entnommen und ebenfalls mit say ausgegeben. Die Ausgabe sieht in unserem Fall folgendermaßen aus:

```
Fischers Fritze fischte frische Fische,
frische Fische fischte Fischers Fritze.
```

Wir haben hier vorausgesetzt, daß zeile sich tatsächlich in zwei Zeilen teilen läßt. Wenn zeile hingegen zu lang ist oder wenn keine passende Leerstelle gefunden wird, versagt die Funktion split.

length

```
▸▸—LENGTH(zeichenfolge)—▸◂
```

Die eingebaute SAA-Funktion length (Länge) liefert die Länge von zeichenfolge zurück. Die Nullzeichenfolge liefert die Länge 0.

zeichenfolge Beliebige Zeichenfolge.

Beispiele

REXX-Anweisungen	Erläuterung
text1 = "Doris" lg1 = length("Gisela") lg2 = length(text1)	Länge einfacher Zeichenfolgen ermitteln: lg1: 6. lg2: 5.
text1 = "Doris"	Länge verketteter Zeichenfolgen ermitteln:

REXX-Anweisungen	Erläuterung
text2 = "Bianca" lg1 = length(text1 || text2) lg2 = length(text1" und "text2)	lg1 liefert die Länge der Zeichenfolge "DorisBianca": 11, lg2 die Länge der Zeichenfolge "Doris und Bianca": 16.
text1 = "" text2 = "□" lg1 = length(text1) lg2 = length(text2)	Länge der Nullzeichenfolge: Da text1 keine Zeichen enthält, also eine Nullzeichenfolge ist, liefert lg1 den Wert 0. text2 hingegen enthält eine Leerstelle und liefert daher für lg2 den Wert 1.

Anwendung

1	Zeichenfolgen gesperrt formatieren
2	Weitere Anwendungen

1. Zeichenfolgen gesperrt formatieren

Aufgabe: Eine Zeichenfolge soll gesperrt werden, d. h. zwischen je zwei Zeichen soll ein Füllzeichen (oder eine Füllzeichenfolge) eingefügt werden.

```
  str1 = "Wer□weiß,□wo?"
  str2 = sperren(str1)
  str3 = sperren(str1, "--")
  exit
sperren: procedure
  parse arg text, fueller
  if fueller = "" then fueller = " "
  sperrtext = left(text, 1, 1)
  do i = 2 to length(text)
    sperrtext = sperrtext || fueller || substr(text, i, 1)
  end i
  return sperrtext
```

➔ `str2: "W□e□r□□w□e□i□ß□,□□w□o?"`
`str3: "W--e--r--□--w--e--i--ß--,--□--w--o?"`

Das interne Unterprogramm sperren beginnt mit procedure, um die Variablen von Haupt- und Unterprogramm voreinander zu schützen. Mit parse arg werden die kommagetrennten Parameter, die zu sperrende Zeichenfolge text und das oder die Füllzeichen fueller übernommen. Wenn keine Füllzeichen angegeben sind, wird fueller mit einer Leerstelle initialisiert.

Die Variable sperrtext soll beim Verlassen der Funktion den gesperrten Text enthalten. Wir initialisieren sperrtext vor Ausführung der do-Schleife mit dem ersten Zeichen der Originalzeichenfolge. Die folgende do-Schleife beginnt mit dem Wert i = 2 für die Kontrollvariable und endet, wenn diese größer als die Länge length(text) der Originalzeichenfolge ist. Innerhalb der do-Schleife wird für jedes Zeichen der Originalzeichenfolge außer dem ersten die bisher entstandene Zeichenfolge sperrtext mit den Füllzeichen fueller und dann dem nächsten (i-ten) Zeichen aus der Originalzeichenfolge verkettet. Die gesperrte Zeichenfolge wird schließlich mit return sperrtext an den Aufrufer zurückgegeben.

In der Zuweisung str2 = sperren(str1) ist das Füllzeichen standardmäßig eine Leerstelle. In der Zuweisung str3 = sperren(str1, "--") besteht die Füllzeichenfolge aus zwei Bindestrichen "--".

2. Weitere Anwendungen

Einige weitere Anwendungsmöglichkeiten:

- Drittletztes Zeichen einer Zeichenfolge entnehmen (zwei Varianten):
```
substr(text, length(text) - 2, 1)
substr(reverse(text), 3, 1)
```
- Zeichenfolge aus gleichen Zeichen in der Länge einer anderen Zeichenfolge erzeugen:
```
strich = copies("-", length(text))
```
- Letztes bzw. die drei letzten Zeichen in einer Zeichenfolge löschen:
```
text = delstr(text, length(text))
text = delstr(text, length(text) - 2)
```
- Abfrage auf Nullzeichenfolge (zwei Varianten):
```
if text == "_" then...
if length(text) = 0 then...
```
Beachten Sie, daß in der ersten Abfrage unbedingt das doppelte Gleichheitszeichen ("exakt gleich") verwendet werden muß, weil sonst auch eine Zeichenfolge, die nur aus Leerstellen besteht, zu einem positiven Ergebnis führen würde.

linein

```
►►─LINEIN(─┬───────┬─ , ─┬───────────────────────┬─)─►◄
           └─datei─┘     └─┬───────┬─┬─────────┬─┘
                           └─zeile─┘ └─, anzahl─┘
```

Siehe auch: charin; charout; chars; Ein-/Ausgabe, Zeichenströme; lineout; lines; rxgetkey; sysgetkey.

Die ab *REXX Level 2* eingebaute SAA-Funktion linein (line input = Zeileneingabe) liest anzahl (0 oder 1) Zeilen von dem Zeichenstrom datei und gibt diese ohne Steuerzeichen für Zeilen- und Dateiende zurück. Wenn datei fehlt, wird vom Standardeingabestrom (stdin:) gelesen. Wenn datei angegeben wird, muß es eine Dateibezeichnung sein. Der Zeichenstrom datei wird automatisch geöffnet, falls er nicht schon geöffnet ist.

Schreib-/Leseposition. Bei permanenten Zeichenströmen merkt sich der REXX-Interpreter die aktuelle Leseposition, die unter DOS und OS/2 mit der Schreibposition übereinstimmt. Wenn zeile fehlt, wird die Leseposition beim ersten linein-Aufruf standardmäßig auf das erste Zeichen des Zeichenstroms gesetzt, bei allen späteren Aufrufen gilt die aktuelle Leseposition. Wenn zeile angegeben wird, muß es die Zahl 1 sein. In diesem Fall wird die erste Zeile des Zeichenstroms eingelesen. Die eingelesene Zeile kann unvollständig sein, wenn vorher ein Teil der Zeile mit charin gelesen wurde.

Jede Leseoperation mit linein erhöht die Leseposition um die Anzahl der gelesenen Zeichen. Es gibt keine Möglichkeit, einen Zeichenstrom auf eine andere als die erste Zeile zu positionieren. Jedoch gestatten es die Funktionen linein(datei, zeile, 0) und charout(datei,, zeile) und stream(*datei*, "command", "seek") die Leseposition (die Nummer des nächsten zu lesenden Zeichens) zu verändern, ohne Zeichen zu lesen.

Anzahl. Wenn anzahl fehlt, wird *eine* Zeile eingelesen. Wenn anzahl angegeben wird, muß es die Zahl 1 oder 0 sein. Wenn anzahl gleich 1 ist, wird eine Zeile eingelesen. Wenn anzahl gleich 0 ist, wird die Leseposition auf zeile gesetzt, es werden aber keine Zeilen eingelesen und linein gibt die Nullzeichenfolge zurück. Diese Variante des linein-Aufrufs kann auch dazu verwendet werden, um eine Datei ausdrücklich zu öffnen.

Wenn in einem transienten Zeichenstrom keine vollständige Zeile zur Verfügung steht, wird die Ausführung des Programms in der Regel solange ausgesetzt, bis eine vollständige Zeile verfügbar ist. Wenn jedoch aus irgendwelchen Gründen, z. B. auf Grund eines Ein-/Ausgabefehlers, die Zeile nicht vervollständigt werden kann, wird die Notready-Fehlerbedingung festgestellt, und es werden nur die vorhandenen Zeichen zurückgeliefert.

Hinweise:

- Mit der Funktion lines bzw. chars kann abgefragt werden, ob in einem Zeichenstrom noch mindestens ein Zeichen vorhanden ist. Die Funktion lineout dient zum zeilenweisen Schreiben von Zeichenströmen, die Funktionen charin und charout dienen zum zeichenweisen Lesen bzw. Schreiben von Zeichenströmen.
- Der Standardeingabestrom kann zeilenweise einfacher mit den Anweisungen pull und parse pull oder parse linein eingelesen werden. pull und parse pull lesen aber nur dann den Standardeingabestrom, wenn die externe Warteschlange leer ist. pull ist identisch mit parse upper pull, d. h. die eingelesenen Zeichen werden in Großbuchstaben umgewandelt, parse pull hingegen läßt die eingelesenen Zeichen unverändert. Die Anweisung parse linein kann dazu verwendet werden, um Zeilen unbedingt vom Standardeingabestrom einzulesen, ohne Rücksicht darauf, ob die externe Warteschlange gefüllt ist oder nicht. Mit den Funktionen rxgetkey bzw. sysgetkey kann ein Zeichen bzw. eine Taste vom Standardeingabestrom eingelesen werden.
  Hinweis: pull und parse pull haben vor parse linein den Vorzug, daß die manuelle Eingabe über den Standardeingabestrom leicht durch die automatische Eingabe aus der externen Warteschlange ersetzt werden kann.
- Wenn linein zum Lesen des Standardeingabestromes verwendet wird, wird die Programmausführung solange ausgesetzt, bis die Enter-Taste gedrückt wird.
- Eine Datei kann mit einem der drei folgenden Funktionsaufrufe geschlossen werden:
  - charout(*datei*)
  - lineout(*datei*)
  - stream(*datei*, "command", "close")
- Wenn unter DOS und OS/2 ein Zeichenstrom nicht explizit geschlossen wird, kann die Verarbeitung vieler Dateien leicht zur Erschöpfung der Zugriffsnummern (filehandles) führen. Es empfiehlt sich daher, eine Datei nach der Verarbeitung grundsätzlich mit stream oder charout bzw. lineout zu schließen.

- linein("queue:") hat die gleiche Wirkung wie die Anweisung parse pull, d. h. es wird ein Element vom Ende der Warteschlange eingelesen.

anzahl	1 oder 0. Anzahl der Zeilen, die gelesen werden sollen. **Standard:** 1.
datei	*Siehe* Dateibezeichnung, DOS und OS/2.
zeile	Nur die Zahl 1 ist erlaubt. Nummer der Zeile, die eingelesen werden soll. **Standard:** aktuelle Leseposition; bei der ersten Ein-/Ausgabeoperation mit einem Zeichenstrom: 1.

Beispiele

REXX-Anweisungen	Erläuterung
satz = linein()	Es wird eine Zeile vom Standardeingabestrom gelesen.
satz = linein("tel.lst") satz = linein("tel.lst",, 1)	Es wird eine Zeile ab der aktuellen Leseposition in der Datei "tel.lst" gelesen.
satz = linein("tel.lst", 1) satz = linein("tel.lst", 1, 1)	Es wird die erste Zeile in der Datei "tel.lst" gelesen.
satz = linein("tel.lst",, 0)	Die Datei "tel.lst" wird eröffnet und auf das erste Zeichen positioniert. Zurückgegeben wird die Nullzeichenfolge.
liste = "tel.lst" do i = 1, while lines(liste) > 0 satz.i = linein(liste) end i	In der do-Schleife wird die Datei "tel.lst" zeilenweise in den Variablenstamm satz. eingelesen, solange noch mindestens ein Zeichen im Zeichenstrom "tel.lst" vorhanden ist.

Anwendung

Doppelte Sätze aus einer Datei entfernen

Aufgabe: In einer alphabetisch aufsteigend sortierten Datei sollen doppelte Sätze entfernt werden.

```
signal on notready
ein = "tel.lst"; aus = "tel.tmp"
call delete aus
do i = 1 while lines(ein) > 0
  satz.i = linein(ein)
end i
satz.0 = i - 1
```

Mit signal on notready wird die Notready-Fehlerbedingung gesetzt. In der Notready-Fehlerroutine am Ende des Programms werden Fehler der Funktionen lines, linein, lineout und stream behandelt, nicht aber Fehler der Funktionen rxdelete bzw. sysfiledelete, die einen eigenen Fehlercode zurückgeben, den wir hier aber nicht auswerten, da die zu löschende Datei nicht vorhanden sein muß. Nach der Definition der Dateinamen rufen wir das Unterprogramm delete auf, in dem die Ausgabedatei, falls vorhanden, erst einmal gelöscht wird (*siehe* unten). Wenn wir das nicht tun, würden die Sätze, die wir in diese Datei schreiben, standardmäßig an das Dateiende angehängt. Selbst wenn wir mit lineout vor dem ersten Schreiben auf den Dateianfang positionieren, besteht die Gefahr, daß die vorhandene Datei nicht vollständig überschrieben wird. Schließlich lesen wir die Eingabedatei zeilenweise mit linein(ein) in den Variablenstamm satz. ein, solange lines(ein) größer 0 ist, d. h. solange noch mindestens ein Zeichen vorhanden ist. Am Ende der do-Schleife weisen wir satz.0 die Anzahl der gelesenen Sätze zu. Diese ist um 1 kleiner als die Kontrollvariable i der do-Schleife, da der Schleifenkopf nach dem Einlesen aller Sätze noch einmal abgearbeitet wird, um das Dateiende festzustellen.

```
do i = 1 to satz.0 - 1
  next = i + 1
  if satz.i = satz.next then interpret delstem("satz.", i, 1, satz.0)
end i
```

In einer do-Schleife, die dank to satz.0 - 1 für alle Sätze außer dem letzten durchlaufen wird, vergleichen wir jeden Satz satz.i mit seinem Nachfolger satz.next. Zuvor müssen wir allerdings jedesmal den Index des nächsten Satzes in die Variable next stellen, da ein Ausdruck wie i + 1 als Stammindex nicht zulässig ist. Wenn ein Satz gleich seinem Nachfolger ist, handelt es sich um eine Doublette. Wir löschen daher satz.i aus dem Variablenstamm mit der externen Funktion delstem. Dazu übergeben wir als Parameter den Namen des Stamms "satz.", den Index i der zu löschenden Stammvariablen, die Anzahl 1 der zu löschenden Stammvariablen und den höchsten Index satz.0. Die Funktion delstem muß mit interpret aufgerufen werden, da delstem eine Anweisungsfolge zurückgibt, deren Zuweisungen den Variablenstamm satz. einschließlich satz.0 neu definieren.

```
do i = 1 to satz.0
  rc = lineout(aus, satz.i)
end i
rc = stream(ein, "c", "close"); rc = stream(aus, "c", "close")
call delete ein
"ren "aus ein
exit
```

In der nächsten do-Schleife wird der geänderte Variablenstamm, aus dem die Doubletten entfernt sind, mit lineout in die Ausgabedatei ausgegeben. stream mit der Option "c" (command) und dem Befehl "close" schließt die Dateien. Wir können uns hier nicht auf das automatische Schließen der Dateien bei Programmende verlassen, weil wir die Eingabedatei löschen und die Ausgabedatei umbenenen wollen. Das geht aber nur, wenn die beteiligten Dateien geschlossen sind. Mit call delete ein löschen wir die Eingabedatei. Der Befehl "ren "aus ein richtet sich an die aktuelle Adreßumgebung und ändert den Namen der Ausgabedatei in den Namen der Eingabedatei. Die aktuelle Adreßumgebung ist unter DOS und OS/2 am Programmanfang standardmäßig die Befehlsschnittstelle des Betriebssystems. Da wir die Adreßumgebung nicht geändert haben, gilt sie nach wie vor und der ren-Befehl wird an die DOS- bzw. OS/2-Befehlsschnittstelle übergeben. Anschließend verlassen wir das Programm mit exit. Nun noch zu dem Unterprogramm delete und der Notready-Fehlerroutine.

```
delete: procedure
  parse source system
  parse arg datei
  select
    when system = "DOS" then rc = rxdelete(datei)
    when system = "OS/2" then rc = sysfiledelete(datei)
    otherwise do
      "Das Betriebssystem "system" ist nicht vorgesehen"; exit
```

```
    end
  end
  return
```

Das interne Unterprogramm delete wird mit procedure gegen das Hauptprogramm geschützt. Mit parse source system . lesen wir den Namen des Betriebssystems ein, unter dem das Programm ausgeführt wird, und mit parse arg lesen wir den übergebenen Namen der zu löschenden Datei ein. In der select-Auswahl wählen wir je nach Betriebssystem die Funktion rxdelete bzw. sysfiledelete zum Löschen von datei. Im otherwise-Zweig handeln wir den Fall ab, daß unser Programm unter einem von uns nicht vorgesehenen Betriebssystem aufgerufen werden sollte. Anschließend kehren wir mit return wieder zum Aufrufer zurück.

```
notready:
  datei = condition("d")
  if stream(datei, "c", "query exists") = "" then do
    say "Datei "datei" ist nicht vorhanden."; exit
  end
  say "Fehler bei der Verarbeitung der Datei "datei
  exit
```

Die condition-Funktion mit der Option "d" (description) liefert uns den Namen der Datei, die die Notready-Bedingung ausgelöst hat. Wir prüfen zuerst mit Hilfe von stream mit der Option "c" (command) und dem Befehl "query exists", ob datei überhaupt vorhanden ist. Dies ist dann der Fall, wenn die stream-Funktion die vollständige Bezeichnung der Datei zurückgibt. Wird hingegen die Nullzeichenfolge zurückgeliefert, ist die Datei nicht vorhanden. Wir geben dann eine entsprechende Fehlermeldung aus und brechen das Programm mit exit ab. Andernfalls melden wir ganz allgemein, daß bei der Verarbeitung von datei ein Fehler aufgetreten ist. Die zusätzlichen Auskünfte, die wir durch stream mit den Optionen "state" und "description" erhalten können, sind in der Regel nicht sehr aussagefähig (z. B. "UNKNOWN"), so daß wir auf eine nähere Erläuterung des Fehlers mit diesen vagen Angaben verzichten. Schließlich brechen wir auch in diesem Fall das Programm mit exit ab.

lineout

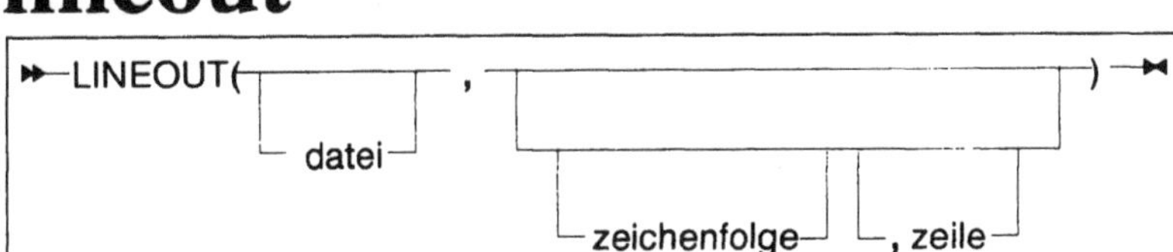

Siehe auch: charin; charout; Ein-/Ausgabe, Zeichenströme; linein.

Die ab *REXX Level 2* eingebaute SAA-Funktion lineout (line output = Zeilenausgabe) hängt an zeichenfolge ggf. Steuerzeichen für Zeilen- oder Dateiende an, schreibt diese Zeichenfolge in den Zeichenstrom datei und gibt 0 zurück, wenn zeichenfolge geschrieben werden konnte, andernfalls die Anzahl 1 der nicht geschriebenen Zeilen. Wenn datei fehlt, wird in den Standardausgabestrom (stdout:) geschrieben. Wenn datei angegeben wird, muß es eine Dateibezeichnung sein. Der Zeichenstrom datei wird automatisch geöffnet, falls er nicht schon geöffnet ist.

Die Ausführung des Programms wird in der Regel solange ausgesetzt, bis zeichenfolge vollständig geschrieben ist. Wenn jedoch aus irgendwelchen Gründen, z. B. auf Grund eines Ein-/Ausgabefehlers, zeichenfolge nicht vollständig geschrieben werden kann, wird die Notready-Fehlerbedingung festgestellt und das Funktionsergebnis 1 zurückgeliefert.

Zeichenfolge. Wenn zeichenfolge die Nullzeichenfolge ist, werden nur Steuerzeichen für Zeilen- oder Dateiende geschrieben und es wird 0 zurückgeliefert. Wenn zeichenfolge bei permanenten Zeichenströmen fehlt und zeile angegeben ist, wird nichts geschrieben, die Schreibposition auf die angegebene Zeile positioniert und 0 zurückgegeben. Diese Variante des lineout-Aufrufs kann auch dazu verwendet werden, um eine Datei ausdrücklich zu öffnen.

Wenn zeichenfolge und zeile fehlen, wird nichts geschrieben und der Zeichenstrom wird geschlossen. Diese Variante des lineout-Aufrufs kann dazu verwendet werden, um eine Datei ausdrücklich zu schließen.

Schreib-/Leseposition. Bei permanenten Zeichenströmen merkt sich der REXX-Interpreter die aktuelle Schreibposition, die unter DOS und OS/2 mit der Leseposition übereinstimmt. Wenn zeile fehlt, wird die Schreibposition beim ersten lineout-Aufruf standardmäßig hinter das letzte Zeichen des Zeichenstroms gesetzt, so daß die zu schreibenden Zeilen an den Zeichenstrom angehängt werden. Bei allen späteren Aufrufen gilt in diesem Fall die aktuelle Schreibposition. Wenn zeile angegeben ist, muß es die Zahl 1 sein. zeichenfolge wird dann ab dem Anfang des Zeichenstroms geschrieben. Die geschriebene Zeile kann eine Zeile ohne Zeilenendezeichen fortsetzen, wenn vorher mit charout geschrieben wurde.

Jede Schreiboperation mit lineout erhöht die Schreibposition um die Anzahl der geschriebenen Zeichen. lineout(datei, pos, 0), lineout(datei,, pos) und stream(*datei*, "command", "seek") gestatten es, die Schreibposition (die Nummer des nächsten zu schreibenden Zeichens) zu verändern, ohne Zeichen zu schreiben. Bei transienten Zeichenströmen darf zeile nicht angegeben werden.

Hinweise:

- Die Funktion charin und charout dienen zum zeichenweisen Lesen bzw. Schreiben von Zeichenströmen, die Funktion linein dient zum zeilenweisen Lesen von Zeichenströmen.
- Eine Datei kann mit einem der drei folgenden Funktionsaufrufe geschlossen werden:
  - charout(*datei*)
  - lineout(*datei*)
  - stream(*datei*, "command", "close")
- Wenn unter DOS und OS/2 ein Zeichenstrom nicht explizit geschlossen wird, kann die Verarbeitung vieler Dateien leicht zur Erschöpfung der Zugriffsnummern (filehandles) führen. Es empfiehlt sich daher, eine Datei nach der Verarbeitung grundsätzlich mit stream oder charout bzw. lineout zu schließen.
- lineout("queue:", *zeichenfolge*) hat die gleiche Wirkung wie die Anweisung queue, d. h. zeichenfolge wird am Ende der Warteschlange hinzugefügt.

datei — *Siehe* Dateibezeichnung, DOS und OS/2.

pos — Positive Ganzzahl, die höchstens um 1 größer als die Anzahl der Zeichen in datei sein darf. Position im Zeichenstrom, ab der geschrieben werden soll. Die Position 1 bezeichnet das erste Zeichen eines Zeichenstroms.
Standard: aktuelle Schreibposition; bei der ersten Ein-/Ausgabeoperation mit einem Zeichenstrom: nach dem letzten Zeichen des Zeichenstroms.

zeichenfolge — Beliebige Zeichenfolge.

Beispiele

REXX-Anweisungen	Erläuterung
call lineout , "Hilfe"	Es wird die Zeichenfolge "Hilfe" in den Standardausgabestrom geschrieben. Die spezielle Variable result enthält danach die Zahl 0, wenn die Operation erfolgreich war.
rc = lineout("tel.lst", "Hilfe")	Es wird die Zeichenfolge "Hilfe" ab der aktuellen Schreibposition in die Datei "tel.lst" geschrieben. rc enthält danach die Zahl 0, wenn die Operation erfolgreich war.
rc = lineout("tel.lst", "Hilfe", ...120)	Es wird die Zeichenfolge "Hilfe" ab Position 120 in die Datei "tel.lst" geschrieben.
rc = lineout("tel.lst",, 1)	Die Datei "tel.lst" wird eröffnet und nichts geschrieben.
rc = lineout("tel.lst")	Die Datei "tel.lst" wird geschlossen und nichts geschrieben.

Anwendung

Siehe: linein.

lines

```
►►─LINES(─┬───────┬─)─►◄
          └─datei─┘
```

Siehe auch: charin; Ein-/Ausgabe, Zeichenströme; linein.

Die ab *REXX Level 2* eingebaute SAA-Funktion lines (lines remaining = verbleibende Zeilen) liefert theoretisch die Anzahl der noch verbleibenden Zeilen in dem Zeichenstrom datei, und wenn datei fehlt, die Anzahl der restlichen Zeilen im Standardeingabestrom (stdin:). Wenn datei angegeben wird, muß es eine Dateibezeichnung sein. Tatsächlich gibt lines unter DOS und OS/2 den Wert 1 zurück, wenn noch mindestens ein Zeichen ab der aktuellen Schreib-/Leseposition verfügbar ist, andernfalls den Wert 0. Steuerzeichen für Zeilen- und Dateiende werden wie jedes andere Zeichen behandelt.

Hinweise:

- Das Funktionsergebnis von lines ist kein logischer Wert, da laut Sprachdefinition lines die tatsächliche Anzahl der verbleibenden Zeilen zurückgeben kann. Wenn Sie plattformunabhängig programmieren wollen, sollten Sie daher z. B. die Abfrage if lines(*datei*) > 0 then... der Abfrage if lines(*datei*) then... vorziehen.

- Die Funktion lines liefert unter DOS und OS/2 den gleichen Wert wie chars.

datei *Siehe* Dateibezeichnung, DOS und OS/2.

Beispiele

REXX-Anweisungen	Erläuterung
rest = lines()	Wenn 1 zurückgeliefert wird, kann vom Standardeingabestrom mindestens noch ein Zeichen gelesen werden. Wenn 0 zurückgeliefert wird, ist der Standardeingabestrom erschöpft.
rest = lines("tel.lst")	Wenn 1 zurückgeliefert wird, kann ab der aktuellen Schreib-/Leseposition in der Datei "tel.lst" mindestens noch ein Zeichen gelesen werden. Wenn 0 zurückgeliefert wird, ist das Dateiende erreicht.
liste = "tel.lst" do i = 1, while lines(liste) > 0 satz.i = linein(liste) end i	In der do-Schleife wird die Datei "tel.lst" zeilenweise in den Variablenstamm satz. eingelesen, solange noch mindestens ein Zeichen im Zeichenstrom "tel.lst" vorhanden ist.

Anwendung

Siehe: linein.

linesize

```
▸▸─LINESIZE()─▸◂
```

Siehe auch: sysvar, syswterm.

Die eingebaute TSO-Funktion linesize (Zeilenbreite) liefert im TSO-Vordergrund die aktuelle Breite einer Terminalzeile minus 1. Wenn eine Zeile, die mit der say-Anweisung ausgegeben werden soll, länger als linesize() ist, wird die Zeile an dieser Stelle umbrochen.

Im TSO-Hintergrund oder in Nicht-TSO-Adreßumgebungen liefert linesize die um 1 verminderte Satzlänge der Datei mit dem DD-Namen SYSTSPRT, nämlich 131.

listdsi

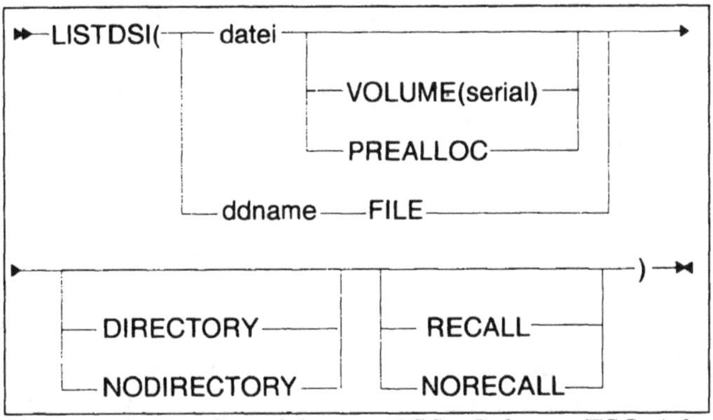

Siehe auch: Dateibezeichnung, TSO. *Geltung:* TSO-Adreßumgebung.

Die externe TSO/E-Funktion listdsi (list data set information = Dateiangaben listen) liefert Angaben über eine Datei in Ausgabevariablen, deren Namen mit sys... beginnen. Außerdem liefert listdsi als Funktionsergebnis einen der folgenden Rückkehrcodes:

Code	Erläuterung
0	Die Verarbeitung war erfolgreich und alle Ausgabevariablen sind gültig.
4	Die Verarbeitung war erfolgreich und alle Ausgabevariablen außer den Directory-Variablen sysadirblk, sysudirblk und sysmembers sind gültig.
16	Es ist ein Fehler aufgetreten und alle Ausgabevariablen außer sysreason, sysmsglvl1 und sysmsglvl2 sind ungültig.

Wenn ein Rückkehrcode ungleich 0 zurückgeliefert wird, wird *nicht* die Error-Fehlerbedingung festgestellt.

Datei. Die zu untersuchende Datei muß auf einem DASD-Gerät liegen, Band- oder Massenspeicherdateien werden nicht unterstützt. Es können sequentielle Dateien, PDS, VSAM-Dateien sowie GDG-Generationen verarbeitet werden.

Hinweis: Für Mehrvolume-Dateien (multiple volume data sets) werden nur die Dateiangaben für den ersten Volume zurückgeliefert. Wenn ddname angegeben wird oder datei und prealloc und wenn mehrere Dateien unter einem DD-Namen allokiert sind, kann nicht vorausgesagt werden, für welche Datei die Dateiangaben zurückgeliefert werden.

Eine Datei kann auf zwei Arten angegeben werden:

- Es wird die TSO-Dateibezeichnung datei angegeben, die keinen Membernamen enthalten darf. Bei GDG-Generationen sind keine relativen Dateinamen wie pvw.dumps.save(-3), sondern nur absolute Dateinamen, z. B. pvw.dumps.save.g00025v00, erlaubt
- Die Lokalisierung von datei kann folgendermaßen erfolgen:
  - Wenn keine der beiden Optionen volume(serial) bzw. prealloc angegeben sind, wird datei über den Katalog gesucht.
  - Wenn volume(serial) angegeben wird, muß serial die Datenträgerkennung (Volume serial ID) des Volumes sein, auf dem datei gesucht werden soll.

 - Wenn prealloc angegeben ist, wird datei unter den allokierten Dateien gesucht. Wenn datei nicht allokiert ist, wird mit Hilfe einer Allokierung versucht, die Datei aufzufinden. Dazu wird ggf. ein nicht montierter Volume vorher montiert.

- Es wird der DD-Name ddname einer Datei, die bereits allokiert ist, angegeben, dem das Wort file folgen muß. Fehlt file, nimmt listdsi an, daß es sich um eine TSO-Dateibezeichnung handelt. Die Allokierung einer Datei erfolgt unter TSO/E im Vordergrund mit dem TSO-Befehl allocate, im Hintergrund und in Nicht-TSO/E-Adreßumgebungen durch eine DD-Anweisung. Unter TSO/E muß eine Datei im Vordergrund mit dem TSO-Befehl free wieder freigegeben werden.

Directory-Angaben. Die Option directory wird nur bei PDS berücksichtigt, sonst ignoriert. Wenn directory angegeben wird, werden die Variablen sysadirblk, sysudirblk und sysmembers entsprechend besetzt. Wenn weder directory noch nodirectory angegeben ist oder wenn nodirectory angegeben wird, werden die o. a. Variablen nicht besetzt (Standard).

Migrierte Dateien. Wir unterscheiden drei Fälle:

- **recall.** Wenn eine Datei durch DFHSM (Data Facility Hierarchical Storage Manager) migriert wurde und recall angegeben ist, wird die Datei mit Recall zurückgeholt, ohne Rücksicht auf die Migrationsstufe oder den Typ des Gerätes, auf das die Datei migriert wurde. Auch wenn Rückkehrcode und sysreason 0 sind, werden in sysmsglvl1/2 entsprechende Meldungen gespeichert.
- **norecall.** Wenn eine Datei durch DFHSM migriert wurde und norecall angegeben ist, wird der Rückkehrcode 16 zurückgeliefert, sysreason erhält den Wert 9 und in sysmsglvl1/2 werden entsprechende Meldungen gespeichert.
- **Keine Angabe.** Wenn eine Datei durch DFHSM migriert wurde und weder recall noch norecall angegeben ist, erfolgt nur dann ein Recall, wenn die Datei auf ein DASD-Gerät migriert wurde. Andernfalls wird der Rückkehrcode 16 zurückgeliefert, sysreason erhält den Wert 25 und in sysmsglvl1/2 werden entsprechende Meldungen gespeichert.

Ausgabevariablen

Der folgenden Tabelle können Sie entnehmen, in welche Ausgabevariablen listdsi die Dateiangaben speichert.

Die folgenden Ausgabevariablen liefern Angaben über den Dateinamen, den Datenträger, auf dem die Datei gespeichert ist, und die Dateiorganisation. Sie werden für alle Dateien zurückgeliefert.

sysdsname	Vollständige Dateibezeichnung, z. B. "SPTGL01.T.ISPF".
sysvolume	Datenträgerkennung (Volume serial ID), z. B. "MVSSPC".
sysunit	Geräteeinheit, auf der sich der Volume befindet, z. B. "3380".

sysdsorg	Dateiorgansiation: PS physikalisch sequentiell PSU dto., nichtverschiebbar DA direkt DAU dto., nichtverschiebbar IS indexsequentiell ISU dto., nichtverschiebbar PO PDS POU dto., nichtverschiebbar VS VSAM

Die folgenden Ausgabevariablen dienen zur genaueren Beschreibung eines Fehlers und werden im Fehlerfall für alle Dateien zurückgeliefert.

sysreason	Ursachencode, z. B. "0005". Die Bedeutung der Ursachencodes können Sie der nachfolgenden Tabelle entnehmen.
sysmsglvl1	Erste Fehlermeldung, z. B. "IKJ58400I LISTDSI FAILED. SEE REASON CODE IN VARIABLE SYSREASON."
sysmsglvl2	Zweite Fehlermeldung, z. B. "IKJ58409I HSM MIGRATED THE DATA SET. NORECALL PREVENTS RETRIEVAL."

Alle übrigen Ausgabevariablen werden für VSAM-Dateien mit Fragezeichen besetzt. Die folgenden Ausgabevariablen liefern Satzformat, Satzlänge, Blocklänge und Schlüssellänge der Datei zurück.

sysrecfm	Satzformat, z. B. "FB" (feste Satzlänge, geblockt). Satzformat ist eine Kombination von ein oder mehreren der folgenden Kennbuchstaben: U undefinierte Satzlänge F feste Satzlänge V variable Satzlänge T Ausgabe nach dem gerätespezifischen Spurüberlaufverfahren (nicht unterstützt von den Geräten 3375, 3380 und 3390) B Sätze geblockt S standardmäßige oder blocküberspannende variable Satzlänge A Sätze mit ASCII-Steuerzeichen M Sätze mit Maschinencode-Steuerzeichen
syslrecl	Logische Satzlänge, z. B. "80".
sysblksize	Blocklänge, z. B. "3120".
syskeylen	Schlüssellänge, z. B. "0".

Die folgenden Ausgabevariablen beziehen sich auf die Allokierung der Datei.

sysalloc	Allokierte Speichereinheiten, z. B. "175".
sysused	Belegte Speichereinheiten, z. B. "155".
sysprimary	Primäre Allokierung in Speichereinheiten, z. B. "73".
sysseconds	Sekundäre Allokierung in Speichereinheiten, z. B. "30".

sysunits	Speichereinheiten: CYLINDER Zylinder TRACK Spuren BLOCK Blöcke ???????? unbekannt
systrkscyl	Spuren je Zylinder für die in der Variablen sysunit angegebene Speichereinheit, z. B. "15".
sysblkstrk	Blöcke je Spur für die in der Variablen sysunit angegebene Speichereinheit, z. B. "13".
sysextents	Anzahl der allokierten Extents, z. B. "7".

Die folgenden Ausgabevariablen liefern Erstellungs-, Änderungs- und Verfalldatum der Datei sowie das Änderungskennzeichen zurück.

syscreate	Erstellungsdatum im Format jj/ttt, z. B. 1995/127.
sysrefdate	Letztes Referenzdatum im Format jj/ttt, z. B. 1996/029. *Hinweis:* Wenn die Option directory angegeben wird, das Referenzdatum aktualisiert.
sysexdate	Verfalldatum im Format jj/ttt, z. B. 1997/365.
sysupdated	Änderungskennzeichen: YES Datei wurde geändert NO Datei wurde nicht geändert

Die folgenden Ausgabevariablen geben Auskunft über die Schutzverfahren, die für die Datei bestehen.

syspassword	Kennwort: NONE keines READ Lesekennwort erforderlich WRITE Schreibkennwort erforderlich
sysracfa	RACF-Schutz: NONE keiner GENERIC durch generisches Profil DISCRETE durch explizites Profil

Die folgenden Ausgabevariablen geben Eigenschaften von PDS an und haben daher nur dann einen Inhalt, wenn es sich um ein PDS handelt und die Option directory *angegeben wurde, andernfalls wird ihnen die Nullzeichenfolge zugewiesen.*

sysadirblk	Anzahl der allokierten Directory-Blöcke, z. B. "100".
sysudirblk	Anzahl der belegten Directory-Blöcke, z. B. "55".
sysmembers	Anzahl der Member, z. B. "328".

Ursachencodes

0 Normales Ende.	14 Gerätetyp konnte in den UCB-Tabellen nicht gefunden werden.
1 Falscher Funktionsaufruf.	17 System- oder Benutzer-Abend aufgetreten.
2 Fehler bei der dynamischen Allokierung.	18 Dateiangaben nur teilweise verfügbar.
3 Dateityp kann nicht verarbeitet werden.	19 Datei befindet sich auf mehreren Volumes.

4 Fehler bei der Bestimmung des Unit-Namens. 5 Datei nicht katalogisiert. 6 Fehler beim Abruf des Dateinamens. 7 Gerätetyp nicht gefunden. 8 Datei ist nicht auf einem DASD-Gerät gespeichert. 9 Datei durch DFHSM migriert. Recall wegen norecall nicht möglich. 11 Directory-Angaben wegen fehlender Zugriffsrechte nicht möglich. 12 VSAM-Dateien werden nicht unterstützt. 13 Datei konnte nicht geöffnet werden.	20 Gerätetyp konnte nicht in der EDT-Tabelle gefunden werden. 21 Katalogfehler beim Versuch, die Datei zu lokalisieren. 22 Volume nicht montiert. 23 Nicht behebbarer Ein-/Ausgabefehler auf dem Volume. 24 Datei nicht gefunden. 25 Datei wurde auf ein Nicht-DASD-Gerät migriert. 27 Der Datei ist keine Datenträgerkennung (Volume serial) zugeordnet. 28 Der DD-Name muß aus 1-8 Zeichen bestehen. 29 Dateiname oder DD-Name fehlt.

datei — TSO-Dateibezeichnung ohne Membernamen. *Siehe*: Dateibezeichnung, TSO.

ddname — DD-Name einer Datei, die vorher mit dem TSO-Befehl allocate oder über eine DD-Anweisung allokiert wurde.

DIRECTORY
NODIRECTORY — Bei einem PDS werden die Variablen sysadirblk, sysudirblk und sysmembers zurückgeliefert bzw. nicht zurückgeliefert.
Standard: NODIRECTORY.

FILE — Der vorangehende Name ist ein DD-Name und keine TSO-Dateibezeichnung.

RECALL
NORECALL — Migrierte Datei mit Recall zurückholen bzw. nicht zurückholen.
Standard: nur auf DASD-Geräte migrierte Dateien zurückholen.

serial — Datenträgerkennung des Volumes, auf dem datei gesucht werden soll.

VOLUME — datei soll auf dem Volume mit der Datenträgerkennung serial gesucht werden.

Beispiele

REXX-Anweisungen	Erläuterung
datei3 = "'sptgl01.t.ispf'" datei4 = "sptgl01.t.ispf" datei5 = "t.ispf" s1 = listdsi("'sptgl01.t.ispf'") s2 = listdsi("t.ispf") s3 = listdsi(datei3) s4 = listdsi("'"datei4"'") s5 = listdsi(datei5)	Dateiname: s1, s3 und s4 liefern das gleiche Ergebnis, z. B. 0. listdsi speichert die Angaben über die Datei mit dem DD-Namen eingabe in den sys-Variablen. Wir verzichten darauf, hier deren Inhalte aufzuführen. Bei s1 wird der vollqualifizierte Dateiname als Literal einschließlich der Hochkommas angegeben. Bei s3 enthält die Variable datei3 den vollqualifizierten Dateinamen einschließlich der Hochkommas. Bei s4 enthält die Variable datei4 den vollqualifizierten Dateinamen ohne Hochkommas, daher müssen diese als Literale "'" am Anfang und Ende des Arguments

REXX-Anweisungen	Erläuterung
	datei4 im listdsi-Aufruf angegeben werden. s2 und s5 liefern dasselbe Ergebnis, und wenn der Präfix "sptgl01" ist, auch das gleiche Ergebnis wie s1, s3 und s4. Bei s5 enthält die Variable datei5 den nichtvollqualifizierten Dateinamen.
address tso "alloc dd(eingabe) ...da('sptgl01.t.ispf') shr" s6 = listdsi(eingabe file directory ")	DD-Name: Mit alloc wird die Datei "sptgl01.t.ispf" allokiert. s6 bezieht sich auf den DD-Namen eingabe (die Option file kennzeichnet eingabe als DD-Namen). listdsi speichert die Angaben über die Datei mit dem DD-Namen eingabe in den sys-Variablen. Da directory angegeben ist und es sich bei "sptgl01.t.ispf" um ein PDS handelt, wird auch den Variablen sysadirblk, sysudirblk und sysmembers ein Wert zugewiesen.
s7 = listdsi("'sptgl01.t.ispf' ...prealloc directory recall")	verschiedene Optionen: s7 versucht wegen der Option prealloc eine Allokierung der Datei "sptgl01.t.ispf" aufzufinden. Wenn das nicht möglich ist, allokiert listdsi selbst die Datei. Da directory angegeben ist und es sich bei "sptgl01.t.ispf" um ein PDS handelt, wird auch den Variablen sysadirblk, sysudirblk und sysmembers ein Wert zugewiesen. Wenn die Datei migriert ist, bewirkt recall, daß sie mit Recall zurückgeholt wird.

logische Funktionen

Die eingebauten logischen SAA-Funktionen bitand, bitor und bitxor verknüpfen zwei Zeichenfolgen durch logisches UND, ODER bzw. Exklusiv-ODER bitweise miteinander und geben das Ergebnis als Zeichenfolge zurück.

Anwendung. Da man mit den logischen Funktionen einzelne Bits setzen, löschen, testen oder ihren Wert umkehren kann, eignen sie sich vorzüglich dazu, um kompakte Daten, die aus Gründen der Speichererspamis bitweise aufgebaut sind, zu untersuchen und zu manipulieren. Dies kann insbesondere für Dateien zutreffen, aber auch für Betriebssystemdaten im Hauptspeicher.

Unter TSO/E kann man mit der TSO/E-Funktion storage Daten aus dem Hauptspeicher einlesen und verändern. Die eingelesenen Daten kann man (u. a.) bitweise testen, Bits ändern und die geänderten Daten wieder zurückschreiben. *Siehe:* storage.

Hinweise: Die logischen Operatoren & (AND = UND), | (OR = ODER) und && (XOR = Exklusiv-ODER) haben die gleiche Wirkung wie die logischen Funktionen. Der Unterschied besteht darin, daß die logischen Operatoren die Wahrheitswerte von zwei oder mehreren logischen Ausdrücken miteinander verknüpfen, während die logischen Funktionen zwei Zeichenfolgen bitweise miteinander verknüpfen.

Übersicht

Syntax und Anwendungsmöglichkeiten der logischen Funktionen können Sie der folgenden Tabelle entnehmen. Die Parameter werden in in der anschließenden Übersicht beschrieben. Legende: *siehe* Funktionen - Übersicht.

*	Aufruf	Wirkung
s	BITAND(zeichenfolge1, [zeichenfolge2], [füll])	verknüpft zwei Zeichenfolgen durch logisches UND
s	BITOR(zeichenfolge1, [zeichenfolge2], [füll])	verknüpft zwei Zeichenfolgen durch logisches ODER
s	BITXOR(zeichenfolge1, [zeichenfolge2], [füll])	verknüpft zwei Zeichenfolgen durch logisches Exklusiv-ODER

füll — Zeichen, mit dem die kürzere der beiden Ausgangszeichenfolgen hinten aufgefüllt werden soll. Die Nullzeichenfolge oder eine Zeichenfolge, die aus mehr als einem Zeichen besteht, führt zu REXX-Fehler 40.

zeichenfolge1 — Beliebige Zeichenfolge.

zeichenfolge2 — Beliebige Zeichenfolge.
Standard: Nullzeichenfolge.

Beschreibung

bitand: **logische UND-Verknüpfung**

Die logische UND-Verknüpfung bewirkt, daß nur die Verknüpfung zweier Einserbits zu einem Einserbit im Ergebnis führt: 1 & 1 ⇒ 1. Die übrigen Verknüpfungen 0 & 1, 1 & 0 und 0 & 0 ergeben ein Nullbit im Ergebnis.

bitand kann man u. a. dazu verwenden, um einzelne oder alle Bits in einer Zielzeichenfolge zu löschen oder um ihren jeweiligen Wert in der Zielfolge zu testen.

bitor: **logische ODER-Verknüpfung**

Die logische ODER-Verknüpfung bewirkt, daß nur die Verknüpfung zweier Nullbits zu einem Nullbit im Ergebnis führt: 0 | 0 ⇒ 0. Die übrigen Verknüpfungen 0 | 1, 1 | 0 und 1 | 1 ergeben ein Einserbit im Ergebnis.

bitor kann man u. a. dazu verwenden, um einzelne oder alle Bits in einer Zielzeichenfolge zu setzen.

bitxor: **logische Exklusiv-ODER-Verknüpfung**

Die logische Exklusiv-ODER-Verknüpfung bewirkt, daß die Verknüpfung zweier ungleicher Bits zu einem Einserbit im Ergebnis führt: 0 && 1, 1 && 0 ⇒ 1. Zwei gleiche Bits führen zu einem Nullbit im Ergebnis: 0 && 0, 1 && 1 ⇒ 0.

bitxor kann man u. a. dazu verwenden, um einzelne oder alle Bits in einer Zielzeichenfolge umzukehren oder um die logische Operation NOT (NICHT) mit der Zielfolge auszuführen.

makebuf

```
▸▸─MAKEBUF─▸◂
```

Siehe: Warteschlange, TSO. *Geltung:* Alle MVS-Adreßumgebungen.

Der TSO/E REXX-Befehl makebuf (make buffer = Puffer anlegen) legt in der aktuellen Warteschlange einen neuen Puffer an und liefert die Nummer des Puffers in der speziellen Variablen rc zurück. Anfangs enthält eine Warteschlange nur den Standardpuffer mit der Nummer 0. Daher erhält der erste Puffer, der mit makebuf angelegt wird, die Nummer 1, der zweite Puffer die Nummer 2 usw. Zukünftige Warteschlangenmanipulationen mit den Anweisungen parse pull, pull, push und queue beziehen sich auf den neu angelegten Puffer. Der Vorgängerpuffer ist erst wieder zugänglich, wenn der aktuelle Puffer mit dropbuf gelöscht wird.

Die mit makebuf angelegten Puffer gelten in dem REXX-Programm oberster Stufe und in allen seinen Unterprogrammen. Dabei spielt es keine Rolle, auf welcher Programmebene ein Puffer angelegt wurde. In gleicher Weise kann ein Warteschlangenpuffer mit dropbuf auf allen Programmebenen gelöscht werden.

Hinweise:

- Der TSO/E REXX-Befehl dropbuf löscht den aktuellen Warteschlangenpuffer bzw. den Inhalt des Standardpuffers und qbuf liefert die Anzahl der mit makebuf angelegten Warteschlangenpuffer.
- Die Anweisungen parse pull und pull lesen solange Elemente vom aktuellen Warteschlangenpuffer ein, bis dieser leer ist. Auch wenn sich noch Elemente in anderen Warteschlangenpuffern oder in anderen Warteschlangen befinden, werden in diesem Fall weitere Eingaben von der Standardeingabe eingelesen, d. h. in der TSO-Adreßumgebung vom Terminal und in Nicht-TSO-Adreßumgebungen von der Datei mit dem DD-Namen SYSTSIN.

Beispiele

REXX-Anweisungen	Erläuterung

address tso
"makebuf"
call upro
exit
 	
upro:
  "makebuf"
  "dropbuf"
  "makebuf"
  "qbuf"
  return
	In dem nebenstehenden Hauptprogramm wird mit "makebuf" ein neuer Puffer angelegt. In dem internen Unterprogramm upro wird ein weiterer Puffer angelegt, der mit "dropbuf" wieder gelöscht wird, und schließlich wird noch ein Puffer angelegt. Wenn der Befehl "qbuf" abgesetzt wird, sind daher noch zwei mit "makebuf" angelegte Puffer vorhanden. Die Variable rc liefert daher den Wert 2.

Marke

```
▸▸─ symbol──:─▸◂
```

Eine Marke (engl. label) besteht aus einem Symbol, dem ein Doppelpunkt folgt, z. B.: wordsort:. Marken werden implizit mit dem Klauseltrennzeichen

Semikolon abgeschlossen, so daß kein Semikolon nach einer Marke erforderlich ist. Es sind beliebig viele Marken hintereinander sind zulässig.

Marken kennzeichnen Stellen in einem Programm, zu denen mit einem call-Aufruf, einem Funktionsaufruf oder einer signal-Anweisung innerhalb des gleichen Programms verzweigt werden kann. Doppelte Marken werden nicht als Fehler erkannt. Da der REXX-Interpreter Marken ab dem Programmanfang sucht, erfolgen Verzweigungen immer zum ersten Vorkommen einer Marke.

Hinweise

- In einer Anweisungsfolge, die von der interpret-Anweisung interpretiert werden soll, sind keine Marken erlaubt.
- Mit der Option label der traceOption-Anweisung und der trace-Funktion können die Marken verfolgt werden, die während des Programmablaufs angesteuert werden.

symbol Beliebiges Symbol.

Beispiele

REXX-Anweisungen	Erläuterung

call upro
exit
upro:
  procedure
  return
	Mit call upro wird das interne Unterprogramm upro aufgerufen. Das Unterprogramm beginnt mit der Marke upro: und wird auf der nächsten Zeile mit der procedure-Anweisung fortgesetzt.

rc = upro() exit upro: procedure return	Mit upro() wird die interne Funktion upro aufgerufen. Die Funktion beginnt mit der Marke upro:. Der Marke folgt auf der gleichen Zeile die procedure-Anweisung.
signal on novalue signal on syntax exit novalue: syntax: say "Fehler"	Mit den beiden signal-Anweisungen werden die Novalue- und die Syntax-Fehlerbedingung gesetzt. Wenn eine der beiden Fehlerbedingungen festgestellt wird, wird zu der entsprechenden Marke verzweigt. Da beide Fehlerbedingungen in *einer* Routine abgehandelt werden sollen, beginnt die Fehlerroutine mit den beiden Marken novalue: und syntax:.

max

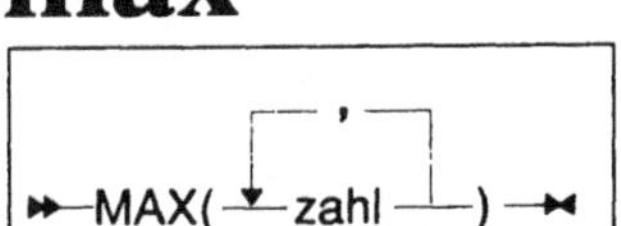

Die eingebaute SAA-Funktion max (Maximum) liefert die größte Zahl unter den angegebenen Argumenten. Die zurückgelieferte Zahl wird entsprechend dem aktuellen Wert von numeric digits formatiert.

Wenn nur eine Zahl als Argument angegeben wird, wird diese (nach numeric digits formatiert) zurückgeliefert.

Wenn nur zwei Zahlen angegeben werden, ist gross = max(zahl1, zahl2) eine Kurzform für if zahl1 > zahl2 then gross = zahl1; else gross = zahl2. In diesem Fall findet allerdings keine Formatierung der Variablen gross statt.

Die Funktion max akzeptiert auch mehrere gleiche Zahlen als Argumente.

Implementierungslimit: Die Anzahl der Argumente ist auf 20 beschränkt. Die max-Funktion kann allerdings geschachtelt werden, so daß dieses Limit nur theoretisch ist.

zahl Beliebige Zahl.

Beispiele

REXX-Anweisungen	Erläuterung
gross = max(255, 13, 1024, ...13, 987.33, -468, 255)	Maximum aus mehreren Zahlen (einschließlich Doubletten): Es spielt keine Rolle, daß die Zahlen 13 und 255 doppelt vorkommen. gross wird die größte der angegebenen Zahlen, nämlich 1024 zugewiesen.
gross = max(255)	Maximum aus einer Zahl: gross: 255
numeric digits 3 z1 = 1234 z2 = 1235 gross = max(z1, z2)	numeric digits wird berücksichtigt: Die größere der beiden Zahlen z2 = 1235 wird nach numeric digits formatiert. Die Funktion liefert daher 1.23E+3 zurück.
gross = max(255, 13331, ...max(1024, 3333), 237)	Schachtelung möglich: Zuerst wird das Maximum aus dem inneren Aufruf der Funktion max(1024, 3333) ermittelt: 3333. Dieser Wert wird in den äußeren Aufruf eingesetzt: max(255, 13331, 3333, 237). Aus diesem Aufruf wird wiederum das Maximum ermittelt: 13331.

Anwendung

1	Iterative Ermittlung des Maximums
2	Ermittlung des Maximums aus einer Wortliste

1. Iterative Ermittlung des Maximums

Aufgabe: Eine Wortliste besteht aus beliebig vielen Zahlen. Es soll die größte dieser Zahlen festgestellt werden.

```
liste = "123 4096 3331 79654 13 10245"
max = 0
do i = 1 to words(liste)
  max = max(max, word(liste, i))
end i
```

➔ max: 79654

Da die Funktion max auf 20 Argumente beschränkt ist, wählen wir diese Form zur Ermittlung des Maximums, um das Maximum aus beliebig vielen Zahlen ermitteln zu können. Zuerst wird das bisherige Maximum auf den niedrigstmöglichen Wert, also auf 0 gesetzt. In der do-Schleife wird für jede Zahl der Wortliste liste das Maximum aus max, der bisher höchsten Zahl, und word(liste, i), der aktuellen Zahl aus der Wortliste, ermittelt, so daß max am Ende der do-Schleife die größte von allen Zahlen aus der Wortliste liste enthält.

2. Ermittlung des Maximums aus einer Wortliste

Aufgabe: Eine Wortliste besteht aus maximal 20 Zahlen. Es soll die größte dieser Zahlen festgestellt werden.

```
liste = "123 4096 3331 79654 13 10245"
liste = space(liste, 1, ",")
interpret "max = max("liste")"
```

➔ max: 79654

Da die Argumentliste für die Funktion max durch Kommas getrennt sein muß, wird mit space(liste, 1, ",") zuerst die Anzahl der Leerstellen zwischen zwei Zahlen auf eine reduziert, und die Leerstellen werden durch ein Komma ersetzt. Da die Funktion max keine Variable als Argumentliste erlaubt, wird die Zeichenfolge "max = max("liste")" aufgebaut. Sie ergibt in unserem Fall "max = max(123,4096,3331,79654,13,10245)". Die interpret-Anweisung interpretiert diese Zeichenfolge als REXX-Anweisung, so daß max der Wert 79654 zugewiesen wird.

min

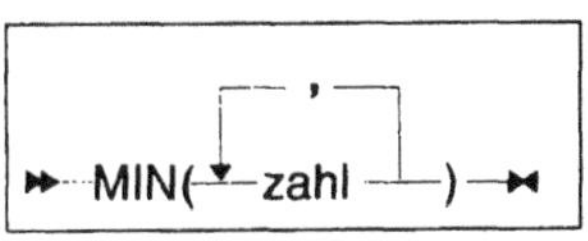

Die eingebaute SAA-Funktion min (Minimum) liefert die kleinste Zahl unter den angegebenen Argumenten. Die zurückgelieferte Zahl wird entsprechend dem aktuellen Wert von numeric digits formatiert.

Wenn nur eine Zahl als Argument angegeben wird, wird diese (nach numeric digits formatiert) zurückgeliefert.

Wenn nur zwei Zahlen angegeben werden, ist klein = min(zahl1, zahl2) eine Kurzform für if zahl1 < zahl2 then klein = zahl1; else klein = zahl2. In diesem Fall findet allerdings keine Formatierung der Variablen klein statt.

Die Funktion min akzeptiert auch mehrere gleiche Zahlen als Argumente.

Implementierungslimit: Die Anzahl der Zahlen zahl ist auf 20 beschränkt. Die min-Funktion kann allerdings geschachtelt werden, so daß dieses Limit nur theoretisch ist.

zahl Beliebige Zahl.

Beispiele

REXX-Anweisungen	Erläuterung
klein = min(255, 13, 1024, ...13, 987.33, -468, 255)	Minimum aus mehreren Zahlen (einschließlich Doubletten): Es spielt keine Rolle, daß die Zahlen 13 und 255 doppelt vorkommen. klein wird die kleinste der angegebenen Zahlen, nämlich -468 zugewiesen.
klein = min(255)	Minimum aus einer Zahl: klein: 255

REXX-Anweisungen	Erläuterung
numeric digits 3 z1 = 1234 z2 = 1235 klein = min(z1, z2)	numeric digits wird berücksichtigt: Die kleinere der beiden Zahlen z1 = 1234 wird nach numeric digits formatiert. Die Funktion liefert daher 1.23E+3 zurück.
klein = min(255, 13331, ...min(1024, 3333), 237)	Schachtelung möglich: Zuerst wird das Minimum aus dem inneren Aufruf der Funktion min(1024, 3333) ermittelt: 1024. Dieser Wert wird in den äußeren Aufruf eingesetzt: min(255, 13331, 1024, 237). Aus diesem Aufruf wird wiederum das Minimum ermittelt: 237.

Anwendung

1	Iterative Ermittlung des Minimums
2	Ermittlung des Minimums aus einer Wortliste

1. Iterative Ermittlung des Minimums

Aufgabe: Eine Wortliste besteht aus beliebig vielen Zahlen. Es soll die kleinste dieser Zahlen festgestellt werden.

```
liste = "123 4096 3331 79654 13 10245"
min = copies(9, digits())
do i = 1 to words(liste)
  min = min(min, word(liste, i))
end i
```

➔ min: 13

Da die Funktion min auf 20 Argumente beschränkt ist, wählen wir diese Form zur Ermittlung des Minimums, um das Minimum aus beliebig vielen Zahlen ermitteln zu können. Zuerst wird das bisherige Minimum auf den höchstmöglichen Wert gesetzt. Der höchstmögliche Wert besteht nur aus Neunerziffern und hat soviele Stellen, wie numeric digits angibt. Der Wert von numeric digits wird mit digits() ermittelt. Mit copies wird die Ziffer 9 so oft miteinander verkettet, wie digits() angibt.

In der do-Schleife wird für jede Zahl der Wortliste liste das Minimum aus min, der bisher niedrigsten Zahl, und word(liste, i), der aktuellen Zahl aus der Wortliste, ermittelt, so daß min am Ende der do-Schleife die kleinste von allen Zahlen aus der Wortliste liste enthält.

2. Ermittlung des Minimums aus einer Wortliste

Aufgabe: Eine Wortliste besteht aus maximal 20 Zahlen. Es soll die kleinste dieser Zahlen festgestellt werden.

```
liste = "123 4096 3331 79654 13 10245"
liste = space(liste, 1)
liste = translate(liste, ",", " ")
interpret "min = min("liste")"
```

➔ min: 13

Da die Argumentliste für die Funktion min durch Kommas getrennt sein muß, wird zuerst die Anzahl der Leerstellen zwischen zwei Zahlen in der Wortliste liste mit space(liste, 1) auf eine Leerstelle reduziert. Dann werden alle Leerstellen in der Wortliste mit translate durch ein Komma ersetzt. Da die Funktion min keine Variable als Argumentliste erlaubt, wird die Zeichenfolge "min =

min("liste")" aufgebaut. Sie ergibt in unserem Fall "min = min(123,4096,3331, 79654,13,10245)". Die interpret-Anweisung interpretiert diese Zeichenfolge als REXX-Anweisung, so daß min der Wert 13 zugewiesen wird.

msg

```
>>--MSG(--+--------+--)--><
          |        |
          +-option-+
```

Geltung: TSO-Adreßumgebung.

Die externe TSO/E-Funktion msg (message = Meldung) liefert den aktuellen Zustand der Meldungsausgabe ("ON" oder "OFF") zurück und schaltet optional die Meldungsausgabe in Befehlen und externen TSO/E-Funktionen ein oder aus. Da nicht alle Befehle entsprechend eingerichtet sind, wirkt sich msg nicht auf alle Meldungsausgaben aus. Man muß daher im Einzelfall ausprobieren, ob msg die gewünschte Wirkung bringt.

Wenn option fehlt, bleibt der Zustand der Meldungsausgabe unverändert. Wenn option angegeben wird, muß option ein beliebiger Ausdruck sein, der eine der nachstehenden Optionen ergibt. Groß- und Kleinbuchstaben sind gleichwertig.

- OFF (aus)
  Die Meldungsausgabe wird ausgeschaltet und der vorherige Zustand der Meldungsausgabe ("OFF" oder "ON") wird zurückgeliefert.
- ON (ein)
  Die Meldungsausgabe wird eingeschaltet und der vorherige Zustand der Meldungsausgabe ("OFF" oder "ON") wird zurückgeliefert.

Geltungsbereich. Die Meldungsausgabe ist standardmäßig eingeschaltet. Der Zustand der Meldungsausgabe wird an aufgerufene Unterprogramme vererbt. Umgekehrt wird der Zustand der Meldungsausgabe aus einem aufgerufenen Unterprogramm an den Aufrufer zurückgegeben, so daß sich eine Änderung der Meldungsausgabe auch auf den Aufrufer auswirkt. In Programmen, die als Befehl aufgerufen werden, gelten hingegen die gleichen Regeln wie beim Aufruf des ursprünglichen Programms. Nach der Abarbeitung eines Befehls wird die Meldungsausgabe wieder in den vorherigen Zustand versetzt.

Hinweis: In anderen Adreßumgebungen als der TSO/E-Adreßumgebung hat msg zwar keine Wirkung, aber die Meldungsausgabe kann mit trace off in die Standardausgabedatei, z. B. SYSTSPRT, umgeleitet werden.

option	Beliebiger Ausdruck, der eine Option ergibt. Groß- und Kleinbuchstaben sind gleichwertig. Mögliche Optionen: *siehe* oben. **Standard:** keine Änderung.

Beispiele

REXX-Anweisungen	Erläuterung
x1 = msg() x2 = msg("off") x3 = msg(x1)	x1 liefert den aktuellen Zustand der Meldungsausgabe zurück, z. B. "ON". x2 schaltet die Meldungsausgabe aus und x3 schaltet die Meldungsausgabe wieder ein, da x1 die Option "ON" enthält.
upro: msgalt = msg("ON") call msg(msgalt) return	Die Meldungsausgabe wird in einem Unterprogramm unabhängig vom Zustand der Meldungsausgabe im aufrufenden Programm mit msg("ON") eingeschaltet. Der vorherige Zustand wird in der Variablen msgalt gesichert. Vor dem Verlassen des Unterprogramms wird der vorherige Zustand der Meldungsausgabe mit call msg(msgalt) wiederhergestellt.

newstack

```
▸▸—NEWSTACK—▸◂
```

Siehe: Warteschlange, TSO. *Geltung:* Alle MVS-Adreßumgebungen.

Der TSO/E REXX-Befehl newstack (neue Warteschlange) erzeugt eine neue Warteschlange. Beim Start eines Programmes ist nur die Standardwarteschlange vorhanden. Zukünftige Warteschlangenmanipulationen mit den Anweisungen parse pull, pull, push und queue beziehen sich auf die neue Warteschlange. Die Vorgängerwarteschlange ist erst wieder zugänglich, wenn die aktuelle Warteschlange mit delstack gelöscht wird.

Die mit newstack erzeugten Warteschlangen gelten in dem REXX-Programm oberster Stufe und in allen seinen Unterprogrammen. Dabei spielt es keine Rolle, auf welcher Programmebene eine Warteschlange erzeugt wurde. In gleicher Weise kann eine Warteschlange mit delstack auf allen Programmebenen gelöscht werden.

Hinweise:

- Der TSO/E REXX-Befehl delstack löscht die aktuelle Warteschlange bzw. den Inhalt der Standardwarteschalnge und qbuf liefert die Anzahl der vorhandenen Warteschlangen (einschließlich der Standardwarteschlange).
- Die Anweisungen parse pull und pull lesen solange Elemente vom aktuellen Warteschlangenpuffer ein, bis dieser leer ist. Auch wenn sich noch Elemente in anderen Warteschlangenpuffern oder in anderen Warteschlangen befinden, werden in diesem Fall weitere Eingaben von der Standardeingabe eingelesen, d. h. in der TSO-Adreßumgebung vom Terminal und in Nicht-TSO-Adreßumgebungen von der Datei mit dem DD-Namen SYSTSIN.

Beispiele

REXX-Anweisungen	Erläuterung
address tso "newstack" call upro exit upro:	In dem nebenstehenden Hauptprogramm wird mit "newstack" eine neue Warteschlange erzeugt. In dem internen Unterprogramm upro wird eine weitere Warteschlange erzeugt, die mit "delstack" wieder gelöscht wird, und schließlich wird noch eine Warteschlange erzeugt. Wenn der Befehl "qstack" abgesetzt

REXX-Anweisungen	Erläuterung
"newstack" "delstack" "newstack" "qstack" return	wird, sind daher noch zwei mit "newstack" erzeugte Warteschlangen und die Standardwarteschlange vorhanden. Die Variable rc liefert daher den Wert 3.

nop

```
▸▸ NOP ─▸◂
```

Die Anweisung nop (no operation = keine Operation) ist eine Pseudo-Anweisung und hat keine Wirkung. Ihre Aufgabe besteht lediglich darin, eine ansonsten leere then- oder else-Klausel zu vervollständigen. Die nop-Anweisung kann dazu verwendet werden,

- um if-Abfragen lesbarer zu gestalten,
- um in einer select-Auswahl zu verhindern, daß eine Auswahlbedingung, die keine Aktivität erfordert, unter dem otherwise-Zweig subsummiert wird.

Häufige Fehler

Die nop-Anweisung kann nicht durch ein Semikolon (;) ersetzt werden. Ein Semikolon nach einer then- oder else-Klausel wird als Nullklausel angesehen und erfüllt daher nicht die Syntaxregel, daß eine echte Anweisung folgen muß. Daher würde die nächste Anweisung zur Erfüllung der Syntaxregel herangezogen, was dann in der Regel zu einem Syntaxfehler führt.

Anwendung

1	if-Abfragen lesbarer gestalten
2	Aktivitätslose Abfragen in einer select-Auswahl

1. if-Abfragen lesbarer gestalten

In der folgenden if-Abfrage wird die eingeklammerte zusammengesetzte Bedingung durch den Negationsoperator \ negiert, d. h. es wird abgefragt, ob die zusammengesetzte Bedingung *nicht* zutrifft:

```
if \(a = 10 & (b > 5 | c <= 13)) then say "OK"
```

Da eine Negativabfrage wie diese schlechter zu verstehen ist als eine positive Abfrage, formulieren wir sie neu, um sie leichter lesbar zu machen:

```
if a = 10 & (b > 5 | c <= 13)
  then nop
  else say "OK"
```

2. Aktivitätslose Abfragen in einer select-Auswahl

Aufgabe: Eine externe Funktion soll je nach Option die deutschen ("D"), die englischen ("E") oder die internationalen Kleinbuchstaben ("I") zurückliefern.

```
klein:
  parse upper arg option
  lc = "abcdefghijklmnopqrstuvwxyz"
  umlaute = "äöüß"
  internat = "åæçéñàáâèêëìíîïòóôùúûÿ"
  select
    when option = "D" then lc = lc || umlaute
```

```
    when option = "E" then nop
    when option = "I" then lc = lc || umlaute || internat
    otherwise say "Die Option "option" ist falsch."
  end
  return lc
```

Mit parse upper arg wird die übergebene Option in Großbuchstaben eingelesen. Dann werden die englischen Kleinbuchstaben lc, die deutschen Umlaute umlaute und die übrigen internationalen Kleinbuchstaben internat definiert. Wenn die Option "D" ist, wird lc in der select-Auswahl um die Umlaute ergänzt. Wenn die Option "E" ist, enthält lc bereits alle Kleinbuchstaben des englischen Alphabets, so daß nichts mehr zu tun ist. Der then-Zweig wird daher mit nop beantwortet. Wenn die Option "I" ist, wird lc um die Umlaute und die übrigen internationalen Kleinbuchstaben ergänzt. Trifft keine dieser Optionen zu, dann ist die übergebene Option falsch und wir geben im otherwise-Zweig eine Fehlermeldung aus. Da lc bereits mit den englischen Kleinbuchstaben vorbesetzt wurde, ist sichergestellt, daß auch in diesem Fall mit return lc ein Funktionsergebnis an den Aufrufer zurückgeliefert wird.

Man könnte natürlich eine falsche Option auch ignorieren und vereinbaren, daß alle Optionen außer "D" und "I" die englischen Kleinbuchstaben zurückliefern. In diesem Fall müßte die select-Auswahl folgendermaßen codiert werden:

```
select
  when option = "D" then lc = lc || umlaute
  when option = "I" then lc = lc || umlaute || internat
  otherwise nop
end
```

Sowohl die Option "E" als auch alle anderen Optionen außer "D" und "I" werden jetzt im otherwise-Zweig behandelt, d. h. in allen diesen Fällen werden die englischen Kleinbuchstaben an den Aufrufer zurückgeliefert. Die nop-Anweisung im otherwise-Zweig ist nicht erforderlich, sie dient lediglich zur Verdeutlichung.

numeric

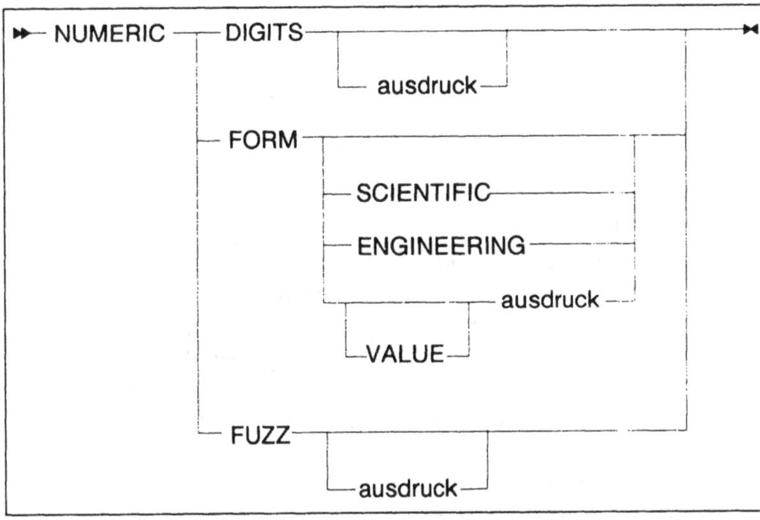

Siehe auch: digits; form; fuzz; numeric digits; numeric form; numeric fuzz.

Die Anweisungen numeric... (numerisch) legen fest, in welcher Weise die Ergebnisse von arithmetischen Operationen und eingebauten arithmetischen Funktionen bzw. wie numerische Vergleiche durchgeführt werden. Im einzelnen haben die numeric-Anweisungen die folgende Wirkung:

- Die Anweisung numeric digits (Ziffernstellen) legt die Genauigkeit (Präzision) fest, mit der arithmetische Operationen, numerische Vergleiche und eingebaute arithmetische Funktionen berechnet werden.
- Die Anweisung numeric form (numerisches Format) legt fest, ob das Ergebnis arithmetischer Operationen und eingebauter arithmetischer Funktionen in wissenschaftliche Schreibweise (numeric form scientific) oder in Ingenieurschreibweise (numeric form engineering) dargestellt werden soll.
- Die Anweisung numeric fuzz (numerische Unschärfe) legt die numerische Unschärfe für numerische Vergleiche fest, d. h. sie definiert, wieviele Stellen der vollen Genauigkeit (Präzision) bei numerischen Vergleichen ignoriert werden.

Geltungsbereich. Beim Start eines REXX-Programms, eines externen Unterprogramms oder einer externen Funktion gilt standardmäßig die wissenschaftliche Schreibweise, eine numerische Unschärfe von 0 Stellen und eine Präzision von 9 Stellen. Interne Unterprogramme und Funktionen übernehmen die numeric-Werte des Aufrufers. Nach der Rückkehr aus einem Unterprogramm oder einer Funktion gelten wieder die vorherigen numeric-Werte, dabei spielt es keine Rolle, ob es sich um interne oder externe Unterprogramme handelt.

Hinweis: Die eingebauten SAA-Funktionen digits(), form() und fuzz() liefern den aktuellen Wert der entsprechenden Einstellung zurück.

numeric digits

```
▸▸─NUMERIC DIGITS─┬─────────────┬──▸◂
                  └─ ausdruck ──┘
```

Die Anweisung numeric digits (Ziffernstellen) legt die Genauigkeit (Präzision) fest, mit der arithmetische Operationen, numerische Vergleiche und eingebaute arithmetische Funktionen berechnet werden. Die arithmetische Genauigkeit oder Präzision bestimmt die maximale Anzahl signifikanter Ziffernstellen, die das Ergebnis einer Berechnung umfassen kann.

Wenn das Ergebnis einer Berechnung mehr Stellen hat, als durch numeric digits festgelegt wurde, wird auf die maximale Anzahl Ziffernstellen kaufmännisch gerundet. Wenn das Ergebnis nach der Rundung mehr Vorkommastellen umfaßt, als numeric digits angibt, oder wenn die Anzahl der Nachkommastellen das Doppelte von numeric digits überschreitet, wird das Ergebnis in wissenschaftlicher Schreibweise dargestellt.

Bei numerischen Vergleichen wird die aktuelle Präzision vorübergehend um die numerische Unschärfe reduziert, die mit numeric fuzz festgelegt wird (Standard: 0). Dann werden die beiden Vergleichsoperanden entsprechend dieser Präzision voneinander substrahiert, und das Ergebnis wird mit 0 verglichen.

Wenn ausdruck nicht angegeben wird, gilt die Standardpräzision von 9 Ziffernstellen (auch wenn die Präzision vorher mit einer numeric-digits-Anweisung geändert wurde).

Andernfalls wird die Präzision auf den Wert gesetzt, den die Berechnung von ausdruck ergibt. Dabei muß ausdruck eine positive Ganzzahl ergeben. Bei der Berechnung von ausdruck wird der aktuelle Wert von numeric digits herangezogen. Das Ergebnis von ausdruck muß größer als der aktuelle Wert von numeric fuzz sein.

Der Wert von ausdruck unterliegt (theoretisch) keiner Beschränkung. In der Praxis hängt der tatsächliche maximale Wert von dem verfügbaren Hauptspeicher ab.

Beachten Sie, daß hohe Werte von numeric digits auch entsprechend viel Prozessorzeit benötigen. Sie sollten daher nach Möglichkeit den Standardwert 9 für numeric digits verwenden.

Geltungsbereich. Beim Start eines REXX-Programms, eines externen Unterprogramms oder einer externen Funktion gilt standardmäßig eine Präzision von 9 Stellen. Interne Unterprogramme übernehmen die Präzision des Aufrufers. Nach der Rückkehr aus einem Unterprogramm gilt wieder die vorherige Präzision, dabei spielt es keine Rolle, ob es sich um interne oder externe Unterprogramme handelt.

Hinweise:

- Der Wert von numeric digits beeinflußt alle Berechnungen in REXX, also z. B. auch die Berechnung der Kontrollvariablen in do-Schleifen. Niedrige Werte von numeric digits können daher unter Umständen zu ungewollten Nebenwirkungen führen. Da die entsprechenden Regeln im Einzelfall, je nachdem um welche arithmetische Operation oder Vergleichsoperation es sich handelt, nicht trivial sind, sollten Sie es vermeiden, numeric digits zu niedrig anzusetzen. Der Standardwert 9 ist in den meisten Fällen ausreichend.

- Die eingebaute SAA-Funktion digits() liefert den aktuellen Wert von numeric digits zurück.

ausdruck — Ausdruck, der nach der Berechnung eine positive Ganzzahl ergibt, die größer als der Wert von numeric fuzz sein muß (Standard: 0). Bei der Berechnung von ausdruck wird der aktuelle Wert von numeric digits herangezogen.
Standard: 9.

Beispiele

REXX-Anweisungen	Erläuterung
numeric digits 3 z = 1 + 998	ausdruck = Konstante; Ergebnis darstellbar: Der Wert von numeric digits (die maximale Anzahl Ziffernstellen) wird auf 3 gesetzt. z erhält den Wert 998. Da dieser Wert in 3 Stellen darstellbar ist, erfolgt keine Rundung.
maxstellen = 3 numeric digits maxstellen z = 0.4 + 999	ausdruck = Variable; Abrundung: Der Wert von numeric digits wird auf den Wert der Variablen maxstellen, also auf 3 gesetzt. z erhält den Wert 999, das auf drei Stellen abgerundete Ergebnis von 999.4.
maxstellen = 6 numeric digits maxstellen - 3 z = 0.5 + 999	ausdruck = Ausdruck; Aufrundung: Der Wert von numeric digits wird auf den Wert von maxstellen - 3, also auf 3 gesetzt. z erhält den Wert 1.00E+3, weil das aufgerundete Ergebnis 1000 mehr Vorkommastellen umfaßt, als numeric digits angibt.

Häufige Fehler

Zu niedrige Werte. Wenn der Wert von numeric digits relativ niedrig ist, kann dies zu unvorhergesehenen Ergebnissen führen. Der Vergleich

```
if 1234 < 1234.1...
```

ergibt den Wahrheitswert 1 (wahr), wenn numeric digits den Standardwert 9 hat. In der folgenden Sequenz hingegen ergibt der Vergleich 0 (falsch):

```
numeric digits 4
if 1234 < 1234.1...
```

Zum Vergleichen wird intern zuerst der zweite vom ersten Vergleichsoperanden subtrahiert: 1234.0 - 1234.1 = -0000.1. Da numeric digits auf 4 gesetzt wurde, wird die Differenz -0000.1 auf 0 gerundet. Der Vergleich ergibt also die Gleichheit beider Operanden, so daß die Bedingung "<" falsch ist. Die folgende Sequenz führt zu einer Endlosschleife:

```
numeric digits 2
do i = 1 to 99
  say i
end i
```

Wenn i den Wert 99 hat, wird i im Schleifenkopf um 1 erhöht. Dies ergibt wegen numeric digits 4 den Wert 1.0E+2. Zum Vergleich von i mit 99 wird 99 von i subtrahiert: 100 - 099 = 001. Dies ergibt nach Rundung den Wert 0, also Gleichheit, so daß die Schleife wieder ausgeführt wird. Beim nächsten mal wird im Schleifenkopf i wieder um 1 erhöht. Wegen numeric digits 4 ergibt sich wieder der Wert 1.0E+2, und das Spiel geht von vorne los und auf immer so weiter.

Anwendung

1	Hexfolge in eine Dezimalzahl umwandeln
2	Uhrzeit hh.mm.ss.uuuuuu in sssss.uuuuuu umwandeln
3	Arithmetische Funktionen und Konvertierfunktionen

1. Hexfolge in eine Dezimalzahl umwandeln

Aufgabe: In einem hexadezimalen Speicherauszug sollen je acht Hexadezimalziffern in eine Dezimalzahl umgewandelt werden.

```
numeric digits 10
hex = "ff ff ff ff"
dez = x2d(hex)
```

➔ dez: 4244967295

Die Hexfolge hex wird mit der Funktion x2d in eine Dezimalzahl umgewandelt. Die numeric-digits-Anweisung ist erforderlich, weil die Umwandlung einer achtstelligen Hexadezimalzahl eine bis zu 10stellige Dezimalzahl ergeben kann. Wenn die numeric-digits-Anweisung fehlt, wird REXX-Fehler 40 gemeldet.

2. Uhrzeit hh.mm.ss.uuuuuu in sssss.uuuuuu umwandeln

Aufgabe: Eine Uhrzeitangabe liegt in der Form hh.mm.ss.uuuuuu vor (hh = Stunden, mm = Minuten, ss = Sekunden, uuuuuu = Mikrosekunden) und soll in Sekunden (und Mikrosekunden), also in das Format sssss.uuuuuu umgewandelt werden.

```
zeit = "19.17.54.150250"
numeric digits 11
parse var zeit h "." m "." s "." u
sek = (((h * 60) + m) * 60 + s) + u / 1000000
sek = format(sek,, 6)
```

➔ sek: 69474.150250

numeric digits 11 legt die Präzision auf 11 Stellen fest, denn das Ergebnis der Umwandlung kann aus bis zu 5 Vorkommastellen und 6 Nachkommastellen, also insgesamt 11 Stellen bestehen. Mit parse wird zeit in seine Bestandteile zerlegt. Dann wird die Sekundenzahl berechnet und mit format(sek,, 6) so formatiert, daß immer sechs Nachkommastellen ausgegeben werden.

Da standardmäßig numeric digits 9 gilt, würden wir ohne numeric digits 11 das Ergebnis 69474.150300, also den nach 9 Stellen aufgerundeten Wert erhalten.

3. Arithmetische Funktionen und Konvertierfunktionen

Zur Berechnung arithmetischer Funktionen (Quadratwurzel, Logarithmus, Winkelfunktionen usw.) muß in der Regel numeric digits verwendet werden, um die gewünschte Genauigkeit zu erhalten. Das gleiche gilt für die Konvertierung von Gleitkommazahlen (float, double) in Dezimalzahlen.

Siehe auch: numeric fuzz, Anwendung. Dort finden Sie ein Beispiel für die Berechnung der Sinusfunktion.

Hier zeigen wir die Konvertierung von Dezimalzahlen in das gepackte Format, das z. B. in Cobol- oder PL/I-Programmen generiert wird (*siehe auch:* d2p). Im gepackten Dezimalformat stellt jedes Halbbyte eine Dezimalziffer von 0-9 dar. Das rechteste Halbbyte enthält das Vorzeichen, wobei "c"x für + (plus) steht und "d"x für - (minus). In einer gepackten Dezimalzahl wird das Dezimalkomma nicht berücksichtigt.

```
dezimal = -4567
maxstellen = digits()
if dezimal < 0 then vorzeichen = "D"; else vorzeichen = "C"
numeric digits length(dezimal)
pos = lastpos(".", dezimal)
if pos > 1 then dezimal = dezimal * (10 ** (pos - 1))
dezimal = dezimal / 1
packed = x2c(abs(dezimal + 0) || vorzeichen)
numeric digits maxstellen
```

➔ packed: "04567D"x

Die Funktion digits() liefert den aktuellen Stand von numeric digits. Dieser Wert wird in der Variablen maxstellen gesichert. Wenn die Zahl dezimal negativ ist, wird das Vorzeichen mit "D", andernfalls mit "C" besetzt. Die Anzahl der maximalen Ziffernstellen wird vorsichtshalber auf die Länge der Zahl dezimal gesetzt für den Fall, daß diese länger ist als der aktuelle Wert von numeric digits. Wenn die Zahl dezimal einen Dezimalpunkt und mindestens eine Nachkommastelle enthält (lastpos(".", dezimal) > 1), wird sie mit der Zehnerpotenz 10 ** (pos - 1) multipliziert, so daß die Zahl dezimal zu einer Ganzzahl wird. Die scheinbar überflüssige Division der Zahl dezimal durch 1 (dezimal/1) löscht die Nachkommastellen, wenn diese 0 sind.

Bei der Berechnung der gepackten Zahl werden zuerst durch die Addition dezimal + 0 führende Nullen von der Zahl dezimal abgestrippt. Die Funktion abs entfernt ggf. das Vorzeichen von der Zahl. Der so entstandenen Dezimalzahl 4567 wird noch das Vorzeichen angehängt, das bereits vorher zugewiesen wurde. Die sich ergebende Zeichenfolge 4567D wird mit der Funktion x2c in eine Bytezeichenfolge mit einer geraden Anzahl von Stellen umgewandelt: "04567D"x. Zum Schluß wird numeric digits auf den ursprünglichen Wert zurückgesetzt.

numeric form

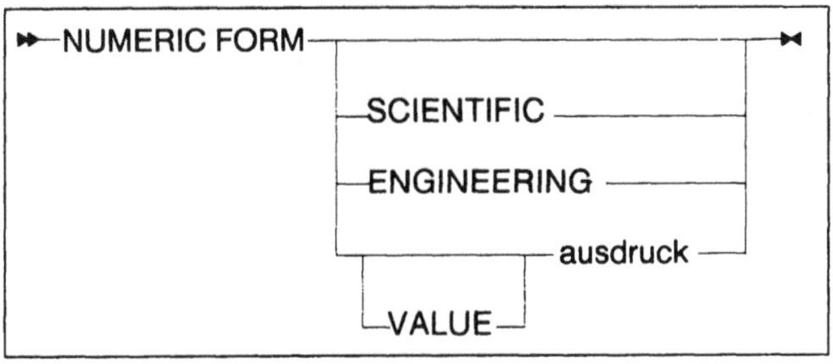

Siehe auch: Schreibweise, exponentielle.

Die Anweisung numeric form (numerisches Format) legt fest, welches Format der exponentiellen Schreibweise REXX für das Ergebnis arithmetischer Operationen und eingebauter arithmetischer Funktionen verwendet. Die übliche Schreibweise von Zahlen bezeichnen wir im Gegensatz zur exponentiellen Schreibweise als konventionelle Schreibweise. REXX unterstützt die beiden folgenden Formate der exponentiellen Schreibweise: die wissenschaftliche Schreibweise (numeric form scientific) und die Ingenieurschreibweise (numeric form engineering)

Wenn keine Option angegeben wird, gilt die standardmäßig die wissenschaftliche Schreibweise. Wenn die Option scientific angegeben wird, gilt die wissenschaftliche Schreibweise. Wird die Option engineering angegeben, gilt die Ingenieurschreibweise.

Statt der Optionen scientific und engineering kann auch ein Ausdruck ausdruck angegeben werden, dem das Unterschlüsselwort value vorangeht und dessen Wert eine der beiden Optionen ergibt. Das Unterschlüsselwort value kann wegfallen, wenn ausdruck weder mit einem Symbol noch mit einem Literal beginnt. Dies ist dann der Fall, wenn ausdruck mit einem Sonderzeichen, z. B. einem Operator oder einer Klammer beginnt. Soweit die Theorie. Tatsächlich werden diese Varianten samt und sonders von REXX (unter DOS) mit REXX-Fehler 33 quittiert.

Geltungsbereich. Beim Start eines REXX-Programms oder eines externen Unterprogramms ist standardmäßig die wissenschaftliche Schreibweise aktiviert. Interne Unterprogramme übernehmen die Schreibweise des Aufrufers. Nach der Rückkehr aus einem Unterprogramm gilt wieder die vorherige Schreibweise, dabei spielt es keine Rolle, ob es sich um interne oder externe Unterprogramme handelt.

Hinweis: Die eingebaute SAA-Funktion form() liefert den aktuellen Wert von numeric form zurück.

ausdruck — Ausdruck, der nach der Auswertung entweder scientific oder engineering ergibt.
Standard: scientific.

Beispiele

REXX-Anweisungen	Erläuterung
numeric form scientific numeric digits 3 z = 123456	Die Zahl wird in exponentieller Schreibweise so dargestellt, daß eine Stelle vor dem Dezimalpunkt steht, also z = 1.23456E+5.
numeric form engineering numeric digits 3 z = 123456	Die Zahl wird in exponentieller Schreibweise so dargestellt, daß der Exponent ohne Rest durch 3 teilbar ist und daß vor dem Dezimalpunkt eine Zahl von 1-999 steht, also z = 123.456E+3.

numeric fuzz

```
▸▸─NUMERIC FUZZ─┬────────────────┬─▸◂
                └── ausdruck ────┘
```

Die Anweisung numeric fuzz (numerische Unschärfe) legt die numerische Unschärfe für numerische Vergleiche fest, d. h. sie definiert, wieviele Stellen der vollen Genauigkeit (Präzision) bei numerischen Vergleichen ignoriert werden. Die Genauigkeit oder Präzision, mit der arithmetische Operationen, numerische Vergleiche und eingebaute arithmetische Funktionen berechnet werden, wird mit numeric digits festgelegt (Standard: 9).

Vor einem numerischen Vergleich wird die Präzision vorübergehend um den Wert von numeric fuzz reduziert, so als ob sie mit numeric digits (digits - fuzz) festgelegt worden wäre. Wenn z. B. numeric digits 15 und numeric fuzz 9 gelten, werden numerische Vergleiche so durchgeführt, als wenn numeric digits 15 - 9, also numeric digits 6, festgelegt worden wäre. Die beiden Vergleichsoperanden werden dann mit dieser Präzision voneinander subtrahiert, und das Ergebnis wird mit 0 verglichen.

Wenn ausdruck nicht angegeben wird, gilt die Standardunschärfe von 0 Ziffernstellen (auch wenn die Präzision vorher mit einer numeric-fuzz-Anweisung geändert wurde).

Andernfalls wird die Unschärfe auf den Wert gesetzt, den die Berechnung von ausdruck ergibt. Dabei muß ausdruck 0 oder eine positive Ganzzahl ergeben. Bei der Berechnung von ausdruck wird der aktuelle Wert von numeric digits herangezogen. Das Ergebnis von ausdruck muß kleiner als der aktuelle Wert von numeric digits sein.

Geltungsbereich. Beim Start eines REXX-Programms oder eines externen Unterprogramms gilt standardmäßig eine numerische Unschärfe von 0 Stellen. Interne Unterprogramme übernehmen die Unschärfe des Aufrufers. Nach der Rückkehr aus einem Unterprogramm gilt wieder die vorherige Unschärfe, dabei spielt es keine Rolle, ob es sich um interne oder externe Unterprogramme handelt.

Hinweis: Die eingebaute SAA-Funktion fuzz() liefert den aktuellen Wert von numeric fuzz zurück.

ausdruck — Ausdruck, der nach der Berechnung 0 oder eine positive Ganzzahl ergibt, die kleiner als der Wert von numeric digits sein muß (Standard: 9). Bei der Berechnung von ausdruck wird der aktuelle Wert von numeric digits herangezogen. **Standard:** 0.

Beispiele

REXX-Anweisungen	Erläuterung
numeric digits 5 v = (1234 < 1234.1)	Präzision >= Stellenzahl der Vergleichsoperanden: Der Wert von numeric digits (die maximale Anzahl Ziffernstellen) wird auf 5 gesetzt. Die Subtraktion 1234 - 1234.1 ergibt

REXX-Anweisungen	Erläuterung
	-0000.1. Da die Stellenzahl des Ergebnisses (5) gleich der Stellenzahl von numeric digits ist, wird das Ergebnis nicht gerundet. Da -0.1 kleiner 0 ist, wird v der Wert 1 (wahr) zugewiesen.
numeric digits 4 v = (1234 < 1234.1)	tatsächliche Präzision < Stellenzahl der Vergleichsoperanden: Der Wert von numeric digits (die maximale Anzahl Ziffernstellen) wird auf 4 gesetzt. Die Subtraktion 1234 - 1234.1 ergibt -0000.1. Da die Stellenzahl des Ergebnisses (5) größer als die Stellenzahl von numeric digits (4) ist, wird das Ergebnis auf 4 Stellen gerundet. Das endgültige Ergebnis hat also den Wert 0. Da 0 gleich und nicht kleiner als 0 ist, wird v der Wert 0 (falsch) zugewiesen.
numeric digits 5 numeric fuzz 1 v = (1234 < 1234.1)	temporäre Präzision < Stellenzahl der Vergleichsoperanden: Der Wert von numeric digits (die maximale Anzahl Ziffernstellen) wird auf 5 gesetzt. Die Subtraktion 1234 - 1234.1 ergibt -0000.1. Die Präzision wird temporär auf digits - fuzz, also auf 5 - 1 = 4 gesetzt. Da die Stellenzahl des Ergebnisses (5) größer als die Stellenzahl der temporären Präzision (4) ist, wird das Ergebnis auf 4 Stellen gerundet. Das endgültige Ergebnis hat also den Wert 0. Da 0 gleich und nicht kleiner als 0 ist, wird v der Wert 0 (falsch) zugewiesen. Das Ergebnis stimmt mit dem vorigen Beispiel überein, in dem der Standardwert numeric fuzz 0 gilt, weil numeric fuzz nicht ausdrücklich definiert wurde.

Anwendung

Sinusberechnung

Aufgabe: Zu einem gegebenen Bogenmaß soll die Sinusfunktion mit einer bestimmten Genauigkeit berechnet werden.

```
  sinus = sinus(1.166, 6)
  exit
sinus: procedure
  parse arg x, prec
  if prec = "" then prec = 9
  numeric digits 2 * prec
  numeric fuzz 3
  sinus = x
  potenz = x
  fakultaet = 1
   do i = 3 by 2
   lastsinus = sinus
   fakultaet = fakultaet * (i - 1) * i
   potenz = -potenz * x * x
   sinus = sinus + (potenz / fakultaet)
   if sinus = lastsinus then leave i
  end i
  numeric digits prec
  return sinus + 0
➔ sinus: 0.919183
```

Zur Berechnung der Sinusfunktion verwenden wir die folgende Reihenformel:

$$\sin(x) = x - (x^3 / 3!) + (x^5 / 5!) - (x^7 / 7!) +- \ldots$$

Mit parse arg werden die Argumente x (Bogenmaß) und prec (Präzision) vom Aufrufer übernommen. Falls keine Präzision angegeben wurde, wird die Standardpräzision 9 angenommen. Die Rechengenauigkeit wird mit numeric digits auf das Doppelte der angegebenen Präzision eingestellt, die numerische Unschärfe wird auf 3 Stellen gesetzt. Der Sinus wird durch sinus = x mit dem ersten Glied x vorbesetzt. Jedes Glied der Sinusreihe außer dem ersten ergibt sich aus der Division einer Potenz von x mit einer Fakultät (z. B. 5! = 1 * 2 * 3 * 4 * 5). Die Potenz wird durch potenz = x und die Fakultät durch fakultaet = 1 vorbesetzt.

Die folgende do-Schleife wird durch die Kontrollvariable i gesteuert, die den Anfangswert 3 erhält und bei jedem Durchgang um 2 erhöht wird. Die Kontrollvariable wird nur zur Berechnung der Fakultät benötigt. Am Eingang der Schleife wird der bisherige Wert des Sinus in lastsinus gesichert. In jedem Durchgang wird fakultaet mit (i - 1) und i multipliziert, um die Fakultät i! zu erhalten. Die Potenz wird bei jedem Durchgang mit x^2 multipliziert, so daß sich die Potenz x^i ergibt. Das aktuelle Glied (potenz / fakultaet) wird zu dem bisherigen Sinus hinzuaddiert.

Der Vergleich if sinus = lastsinus then leave i bewirkt folgendes. Die Vergleichspräzision ergibt sich aus der Differenz der aktuellen Präzision, die durch numeric digits 2 * prec, und der numerischen Unschärfe, die durch numeric fuzz 3 festgelegt wurde, hier also: 2 * 6 - 3 = 9. Es wird also verglichen, ob der vorige Sinuswert lastsinus in den ersten 9 Stellen mit dem jetzigen Sinuswert sinus übereinstimmt. Wenn ja, wird die do-Schleife mit leave i abgebrochen.

Nach dem Verlassen der do-Schleife wird die Präzision mit numeric digits prec auf die gewünschte Genauigkeit eingestellt. Mit return sinus + 0 wird der berechnete Sinuswert an den Aufrufer zurückgegeben. Die Addition mit 0 ist erforderlich, damit die neu eingestellte Präzision greift, da diese ja nur bei Berechnungen herangezogen wird.

Objekteinstellungen

Siehe: syscreateobject; syssetobjectdata.

Der Parameter konfig bezeichnet im Aufruf der Funktionen syscreateobject (Objekt erzeugen) und syssetobjectdata (Objekteinstellungen ändern) eine Zeichenfolge mit den Einstellungen, die für ein Objekt definiert bzw. geändert werden sollen. Es müssen nur diejenigen Einstellungen angegeben werden, die von den Standardeinstellungen abweichen. konfig muß eine Zeichenfolge ergeben, die folgenden Aufbau hat:

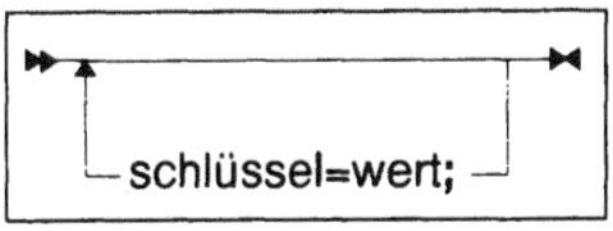

schlüssel bezeichnet einen Schlüssel, d. h. den eindeutigen Namen einer Einstellung, wert den Wert, der der Einstellung zugewiesen werden soll. Zu den Einstellungen gehört auch die Objekt-ID, die man angeben muß, wenn man das

Objekt später referenzieren will. In dem folgenden Beispiel werden die Einstellungen für ein Sortierprogramm definiert:

OBJECTID=<SORT>;EXENAME=c:\rexx\sort.cmd;PARAMETERS=%*□asc;

Die Objekt-ID wird als <SORT> festgelegt, der Namen des aufzurufenden Programms als c:\rexx\sort.cmd und die zu übergebenden Parameter als %* und asc. %* ist ein Ersetzungszeichen und wird beim Aufruf des Programms durch die vollständige Dateibezeichnung des Objekts ersetzt, das mit der Maus auf das Programmobjekt gezogen wird. asc bedeutet, daß aufsteigend sortiert werden soll.

Übersicht. Die folgenden Tabellen sind alphabetisch nach der Objektklasse angeordnet und beinhalten die Schlüsselnamen und Schlüsselwerte der Einstellungen für die folgenden Objektklassen (Klassenname in Klammern):

- Allgemein (WPObject)
- Drucker (WPPrinter)
- Klickstartleiste (WPLaunchPad)
- Ordner (WPFolder)
- Programme (WPProgram), allgemein
- Programme (WPProgram), DOS-Einstellungen
- Programme (WPProgram), WIN-OS/2-Einstellungen
- Referenzobjekte (WPShadow)

Benutzungshinweise. Innerhalb einer Tabelle sind die Einstellungen alphabetisch nach Schlüsseln angeordnet. Nach einer Schlüsselzeile folgen ein oder mehrere Zeilen mit Schlüsselwerten, die unter den Schlüsselnamen eingerückt sind. Wenn zu einem Schlüssel mehrere Zeilen mit Schlüsselwerten vorhanden sind, muß einer der Werte ausgewählt werden. *Ausnahme:* Wenn ein Schlüsselwert mit einem Komma endet, wird er auf der nächsten Zeile fortgesetzt.

Alternative Schlüsselwerte können auch durch das Zeichen | getrennt sein. NO | YES bedeutet z. B., daß entweder der Wert NO oder YES angegeben werden muß. *Kursive* Schlüsselwerte bezeichnen einen variablen Wert, der entsprechend der Beschreibung eingesetzt werden muß.

Allgemein (WPObject)

Schlüssel/Wert	Beschreibung
CCVIEW	Gleichzeitige Anzeige von Objektinstanzen
NO	Nein: Bestehendes Fenster anzeigen.
YES	Ja: Neues Fenster erstellen.
DEFAULT	Gemäß den Systemvoreinstellungen (ab OS/2 Warp 3)
DEFAULTVIEW	Ansicht beim Öffnen eines Objekts
DEFAULT	Standardansicht
SETTINGS	Einstellungsnotizbuch
HELPPANEL	ID-Nummer des Hilfebildschirms
HELPLIBRARY	Name der Hilfebibliothek
HIDEBUTTON	Knopf für Verdecken
NO	Nein: Knopf für Symbolgröße.
YES	Ja.

Schlüssel/Wert	Beschreibung
ICONFILE *datei*	Symboldatei für geöffneten Ordner (Animationssymbol) Vollständige Dateibezeichnung der Symboldatei
ICONFONT *größe.name*	Schriftart der Symboltitel in der Symbolansicht Schriftgröße und Name der Schriftart mit Hex-Null am Ende. *Siehe:* Ordner (WPFolder), DETAILSFONT.
ICONRESOURCE *id,* *dll*	Symbolressource für geöffneten Ordner *id:* ID der Symbolressource in der DLL, z. B. "73 PMWP" *dll:* Name der DLL mit der Symbolressource.
ICONPOS *x, y*	Ursprüngliche Position des Objekts. Koordinaten des Objektmittelpunkts in dem Fenster, das das Objekt enthält (in %) *x:* waagerechte Koordinate, *y:* senkrechte Koordinate
ICONVIEWPOS *x1, y1, x2, y2*	Ursprüngliche Größe des Objekts. Koordinaten der Objektecken in dem Fenster, das das Objekt enthält (in %) *x1, y1:* linke obere Ecke, *x2, y2:* rechte untere Ecke
MINWIN DESKTOP HIDE VIEWER	Position bei Symbolgröße auf der Arbeitsoberfläche Fenster verdeckt Ordner "Fenster in Symbolgröße"
NOCOPY NO I YES	Objekt nicht kopieren NO: Kopieren erlaubt, YES: Kopieren verboten.
NODELETE NO I YES	Objekt nicht löschen NO: Löschen erlaubt, YES: Löschen verboten.
NODRAG NO I YES	Objekt nicht mit der Maus ziehen NO: Ziehen erlaubt, YES: Ziehen verboten.
NODROP NO I YES	Objekt nicht mit der Maus ablegen NO: Ablegen erlaubt, YES: Ablegen verboten.
NOLINK NO I YES	Kein Referenzobjekt erstellen (wie NOSHADOW) NO: Referenz erlaubt, YES: Referenz verboten.
NOMOVE NO I YES	Objekt nicht verschieben NO: Verschieben erlaubt, YES: Verschieben verboten, stattdessen wird ein Referenzobjekt erstellt.
NOPRINT NO I YES	Objekt nicht drucken NO: Drucken erlaubt, YES: Drucken verboten.
NORENAME NO I YES	Objekt nicht umbenennen NO: Umbenennen erlaubt, YES: Umbenennen verboten.
NOSETTINGS NO I YES	Einstellungsnotizbuch nicht öffnen (ab OS/2 Warp 3) NO: Öffnen erlaubt, YES: Öffnen verboten.
NOSHADOW NO I YES	Kein Referenzobjekt erstellen (wie NOLINK) NO: Referenz erlaubt, YES: Referenz verboten.
NOTVISIBLE NO I YES	Objekt nicht anzeigen NO: Objekt anzeigen, YES: Objekt nicht anzeigen.
OBJECTID	Objekt-ID des Objekts: Objekt-ID in spitzen Klammern oder vollständige Dateibezeichnung.

Schlüssel/Wert	Beschreibung
OPEN DEFAULT SETTINGS	Ansicht beim Öffnen nach dem Erstellen/Ändern eines Objekts Standardansicht Einstellungsnotizbuch
TEMPLATE NO I YES	Objekt ist eine Schablone Nein oder Ja.
TITLE	Titel des Objekts

Drucker (WPPrinter)

Schlüssel/Wert	Beschreibung
APPDEFAULT NO I YES	Objekt ist Standarddrucker Nein oder Ja.
DEFAULTVIEW DETAILS ICON	Standardansicht Detailansicht Symbolansicht
JOBDIALOGBEFOREPRINT NO I YES	Jobdialog vor dem Drucken anzeigen Nein oder Ja.
JOBPROPERTIES *datei*	Datei mit Jobeinstellungen Vollständige Dateibezeichnung einer Binärdatei mit den Jobeinstellungen
OUTPUTTOFILE NO I YES	Druckausgabe in Datei umleiten Nein oder Ja.
PORTNAME *gerät,...*	Datei mit Jobeinstellungen Kommagetrennte Liste mit den Gerätenamen der Geräte, mit denen das Druckerobjekt verbunden ist, z. B. "LPT1,LPT2".
PRINTDRIVER *treiber,...*	Datei mit Jobeinstellungen Kommagetrennte Liste mit den vollständigen Namen der Druckertreiber, z. B. "Laserdrucker IBM 4029 10L"
PRINTERSPECIFICFORMAT NO YES	Druckjobs im druckerspezifischen Format spoolen im Format PM_Q_STANDARD spoolen im Format PM_Q_RAW spoolen
PRINTWHILESPOOLING NO I YES	Drucken während des Spoolens Nein oder Ja.
QSTARTTIME *ss:mm*	Druckbeginn Uhrzeit
QSTOPTIME *ss:mm*	Druckende Uhrzeit
QUEUENAME	Name der Druckerwarteschlange
QUEUEDRIVER	Name des Treibers für die Druckerwarteschlange
SEPARATORFILE	Name einer Separatordatei

Klickstartleiste (WPLaunchPad)

Schlüssel/Wert	Beschreibung
DRAWEROBJECTS *erw,...*	Erweiterungen der Klickstartleiste Kommagetrennte Liste mit Definitionen von Erweiterungen, bestehend aus:
nr,	Nummer der Erweiterung (0 = Klickstartleiste selbst)
obj	Objekt-ID in spitzen Klammern oder vollständige Dateibezeichnung
FPOBJECTS *obj,...*	Verlängerung der Klickstartleiste Kommagetrennte Liste mit Objekt-IDs in spitzen Klammern und/oder vollständigen Dateibezeichnungen
LPACTIONSTYLE MINI NORMAL OFF TEXT	Anzeige der Aktionsknöpfe als Minisymbole als normale Symbole nicht anzeigen als Text
LPCLOSEDRAWER NO | YES	Erweiterung nach Öffnen des Objekts schließen Nein oder Ja.
LPDRAWERTEXT NO | YES	Text in Erweiterungen anzeigen Nein oder Ja.
LPFLOAT NO | YES	Klickstartleiste immer im Vordergrund Nein oder Ja.
LPHIDECTLS NO | YES	Titelleiste ausblenden Nein oder Ja.
LPSMALLICONS NO | YES	Symbole verkleinern Nein oder Ja.
LPTEXT NO | YES	Text auf Klickstartleiste anzeigen Nein oder Ja.
LPVERTICAL NO | YES	Klickstartleiste vertikal anordnen NO: horizontal anordnen, YES: vertikal anordnen.

Ordner (WPFolder)

Schlüssel/Wert	Beschreibung
ALWAYSSORT NO | YES	Sortierfolge stets beibehalten (ab OS/2 Warp 3) Nein oder Ja.
BACKGROUND *datei*	Ordnerhintergrund (*vor* OS/2 Warp 3) Name einer Bitmapdatei im Verzeichnis \os2\bitmap des Bootlaufwerks.
BACKGROUND *datei,* N | T | S, *skalierung,* I | C, *rot grün blau*	Ordnerhintergrund (*ab* OS/2 Warp 3) vollständige Dateibezeichnung der Bitmapdatei (?: = Bootlaufwerk) Modus. N: normal, T: Tiled Image (angepaßt), S: Scaled Image (vergrößert) Skalierungsfaktor für Modus T: 1-20 Art des Hintergrunds. I: Image (Bild), C: Color (nur Farbe) Farbe: 3 leerstellengetrennte Farbcodes für Rot, Grün, Blau

Schlüssel/Wert	Beschreibung
DETAILSCLASS *klasse*	Objekttyp Objektklasse. *Standard:* WPFileSystem.
DETAILSFONT *größe.name*	Schriftart der Symboltitel in der Detailanzeige Schriftgröße und Name der Schriftart mit Hex-Null am Ende. *Beispiele:* "8.Courier"x2c(0), "8.Courier Bold"x2c(0), "12.Courier Bold Italic"x2c(0), "10.System Proportional.Bold"x2c(0)
DETAILSVIEW MINI NORMAL	Symbolanzeige in der Detailanzeige klein normal
ICONFILE *index, datei*	Symboldatei für geöffneten Ordner (ab OS/2 Warp 3) *index:* 1, *datei:* vollständige Dateibezeichnung der Symboldatei
ICONFONT *größe.name*	Schriftart der Symboltitel in der Symbolanzeige Schriftgröße und Name der Schriftart mit Hex-Null am Ende. *Siehe:* DETAILSFONT.
ICONRESOURCE *index, id, dll*	Symbolressource für geöffneten Ordner (ab OS/2 Warp 3) *index:* 1, *id:* ID der Symbolressource in der DLL, z. B. "73 PMWP", *dll:* DLL mit der Symbolressource
ICONVIEW *größe, format*	Symbolanzeige in der Symbolanzeige
Größe: INVISIBLE MINI NORMAL	 unsichtbar klein normal
Format: FLOWED NONFLOWED NONGRID	 mehrspaltig einspaltig frei
OPEN DEFAULT DETAILS ICON SETTINGS TREE	Ansicht beim Öffnen nach dem Erstellen/Ändern eines Ordners Standardanzeige Detailanzeige Symbolananzeige Einstellungsnotizbuch Strukturanzeige
REMOVEFONTS NO | YES	Instance Fonts aus dem Ordner entfernen (ab OS/2 Warp 3) Nein oder Ja.
SORTCLASS *klasse*	Objektklasse zum Sortieren (ab OS/2 Warp 3) Objektklasse. *Standard:* WPFileSystem.
TREEFONT *größe.name*	Schriftart der Symboltitel in der Strukturanzeige Schriftgröße und Name der Schriftart mit Hex-Null am Ende. *Siehe:* DETAILSFONT.
TREEVIEW *größe, format*	Symbolanzeige in der Strukturanzeige
Größe: INVISIBLE MINI NORMAL	 unsichtbar klein normal

Schlüssel/Wert	Beschreibung
Format:	
LINES	mit Linien
NOLINES	ohne Linien
WORKAREA	Ordner ist ein Arbeitsordner
NO I YES	Nein oder Ja.

Programme (WPProgram), allgemein

Schlüssel/Wert	Beschreibung
ASSOCFILTER	Dateinamenfilter für mit dem Programm verbundene Dateien
filter,...,,	Kommagetrennte Liste mit Dateinamenfiltern, z. B. "*.met,*.pif,,". Die beiden Kommas am Ende dienen zum Schutz bereits definierter Filter.
ASSOCTYPE	Dateitypen der mit dem Programm verbundenen Dateien
typ,...,,	Kommagetrennte Liste mit Dateitypen, z. B. "Metafile,PIF File,,". Die beiden Kommas am Ende dienen zum Schutz bereits definierter Dateitypen.
EXENAME	Auszuführendes Programm: vollständige Dateibezeichnung
MAXIMIZED	Programm maximiert starten
NO I YES	Nein oder Ja.
MINIMIZED	Programm minimiert starten
NO I YES	Nein oder Ja.
NOAUTOCLOSE	Fenster nach Programmende nicht schließen
NO I YES	NO: Fenster schließen, YES: Fenster nicht schließen.
OPEN	Ansicht beim Öffnen nach dem Erstellen/Ändern eines Objekts
DEFAULT	Objekt wird automatisch gestartet
SETTINGS	Einstellungsnotizbuch wird geöffnet
PARAMETERS	Parameterliste, die an das Programm übergeben wird.
[keine]	**Keine Parameter angegeben:** • Wenn das Programmobjekt durch Anklicken gestartet wird, werden keine Parameter übergeben. • Wenn ein Objekt mit der Maus auf das Programmobjekt gezogen wird, wird die vollständige Dateibezeichnung des Objekts übergeben.
parameter	**Parameter angegeben:** Wenn ein Objekt mit der Maus auf das Programmobjekt gezogen wird, wird die vollständige Dateibezeichnung des Objekts an die Parameterliste angehängt. Die folgenden Ersetzungszeichen werden durch die angegebenen Daten ersetzt (Dateiangaben beziehen sich auf ein Objekt, das mit der Maus auf das Programmobjekt gezogen wird): [□] Benutzer gibt Parameter ein [text] text als Eingabeaufforderung anzeigen, Benutzer gibt Parameter ein % keine Parameter, auch keine Dateibezeichnung %* vollständige Dateibezeichnung %**P Laufwerk mit Doppelpunkt und Pfad ohne \ am Ende %**D Laufwerk mit Doppelpunkt

Schlüssel/Wert	Beschreibung
	%**F Dateiname mit Dateinamenerweiterung %**N Dateiname ohne Dateinamenerweiterung %**E Dateinamenerweiterung ohne einleitenden Punkt (HPFS: Teil der Dateibezeichnung nach dem letzten Punkt)

Schlüssel/Wert	Beschreibung
PROGTYPE	Art der Sitzung
OS/2-Sitzungen: FULLSCREEN PM WINDOWABLEVIO	 OS/2-Gesamtbildschirm Presentation Manager OS/2-Fenster
DOS-Sitzungen: VDM WINDOWEDVDM	 DOS-Gesamtbildschirm DOS-Fenster
WIN-OS/2: SEPARATEWIN WIN WINDOWEDWIN	 WIN-OS/2-Fenster, getrennte DOS-Sitzung WIN-OS/2-Gesamtbildschirm WIN-OS/2-Fenster, keine getrennte DOS-Sitzung
3.1 Standard: PROG_31_STD PROG_31_STDSEAMLESSVDM PROG_31_STDSEAMLESSCOMMON	WIN-OS/2 3.1 Standardmodus WIN-OS/2-Gesamtbildschirm, keine getrennte DOS-Sitzung WIN-OS/2-Gesamtbildschirm, getrennte DOS-Sitzung WIN-OS/2-Fenster, keine getrennte DOS-Sitzung
3.1 Enhanced: PROG_31_ENH PROG_31_ENHSEAMLESSVDM PROG_31_ENHSEAMLESSCOMMON	WIN-OS/2 3.1 Enhanced Mode WIN-OS/2-Gesamtbildschirm, getrennte DOS-Sitzung WIN-OS/2-Gesamtbildschirm, getrennte DOS-Sitzung WIN-OS/2-Fenster, keine getrennte DOS-Sitzung
SET *name=wert*	Umgebungsvariable setzen Name und Wert einer Umgebungsvariablen
STARTUPDIR	Pfadname des Arbeitsverzeichnisses beim Start des Programms

Programme (WPProgram), DOS-Einstellungen

Die DOS- und Windows-Einstellungen von fast 1000 Programmen sind in der Datei \os2\install\database.txt auf dem Bootlaufwerk enthalten.

Beispiel:

```
REM ----------------------------------------------
REM Word für Windows von Microsoft
REM ----------------------------------------------
    NAME                          WINWORD.EXE
    TITLE                         Word for Windows
    TYPE                          Windows
    ASSOC_FILE                    WINWORD.INI
    DEF_DIR                       \WINWORD
    EMS_MEMORY_LIMIT              0
    MOUSE_EXCLUSIVE_ACCESS        OFF
    COMMON_SESSION                ON
    KBD_ALTHOME_BYPASS            ON
    VIDEO_8514A_XGA_IOTRAP        OFF
    VIDEO_SWITCH_NOTIFICATION     ON
    DPMI_MEMORY_LIMIT             64
    INT_DURING_IO                 OFF
    VIDEO_RETRACE_EMULATION       ON
```

Leider kann man die Einstellungen nicht alle direkt übertragen, sondern muß sie in einigen Fällen sinngemäß umsetzen. Beachten Sie auch, daß die Schlüsselwerte ON und OFF durch die Ziffern 1 bzw. 0 ersetzt werden müssen. Der folgende syscreateobject-Aufruf zeigt die Umsetzung der oben gezeigten Objektbeschreibung in den entsprechenden konfig-Parameter (*siehe* syscreateobject).

```
rc = syscreateobject("WPProgram", "Word for Windows", "<WP_DESKTOP>",,
    "EXENAME=P:\WINWORD\WINWORD.EXE;" ||,
    "OBJECTID=<TESTGL1>;" ||,
    "PROGTYPE=PROG31_STD_SEAMLESSCOMMON;" ||,
    "ASSOC_FILTER=WINWORD.INI;" ||,
    "SET EMS_MEMORY_LIMIT=0;" ||,
    "MOUSE_EXCLUSIVE_ACCESS=0;" ||,
    "KBD_ALTHOME_BYPASS=1;" ||,
    "VIDEO_8514A_XGA_IOTRAP=0;" ||,
    "VIDEO_SWITCH_NOTIFICATION=1;" ||,
    "DPMI_MEMORY_LIMIT=64;" ||,
    "INT_DURING_IO=0;" ||,
    "VIDEO_RETRACE_EMULATION=1;", "r")
```

Benutzungshinweise. Die folgenden Einstellungen müssen in der Form "SET schlüssel=wert" angegeben werden, z. B. "SET AUDIO_ADAPTER_SHARING=0;". Standardwerte sind in eckige Klammern eingeschlossen, alternative Werte werden durch das Zeichen | getrennt. 0 | [1] bedeutet z. B., daß entweder der Wert 0 oder 1 angegeben werden kann; wenn der Schlüssel nicht definiert wird, gilt der Standardwert 1. Die Werte 0 und 1 stehen häufig für *Nein* und *Ja*. Bisweilen gilt aber die umgekehrte Zuordnung, nämlich dann, wenn die zugrundeliegende Frage sonst negativ formuliert werden müßte.

Schlüssel/Wert	Beschreibung
AUDIO_ADAPTER_SHARING 0 | [1]	Audioadapter erforderlich Nein oder ja.
COM_DIRECT_ACCESS [0] | 1	Direkter Zugriff auf COM-Schnittstellen Nein oder Ja.

Schlüssel/Wert	Beschreibung

Schlüssel/Wert	Beschreibung
COM_HOLD	COM-Schnittstelle sitzungsweit reservieren
[0] I 1	Nein oder Ja.
COM_RECEIVE_BUFFER_FLUSH	Empfangspuffer der COM-Schnittstelle leeren
ALL	in allen Fällen
[NONE]	Nein
RECEIVE DATA INTERRUPT ENABLE	wenn die Empfangsdatenunterbrechung eingeschaltet ist
SWITCH TO FOREGROUND	wenn das Programm in den Vordergrund kommt
COM_SELECT	Zulässige COM-Schnittstellen
[ALL]	alle
COM1 I COM2 I COM3 I COM4	nur die angegebene COM-Schnittstelle
NONE	keine
DOS_AUTOEXEC	Andere Stapeldatei statt AUTOEXEC.BAT
datei	Vollständige Dateibezeichnung einer Stapeldatei
DOS_BACKGROUND_EXECUTION	Programm im Hintergrund ausführen
0 I [1]	Nein oder Ja.
DOS_BREAK	Strg+Untbr bzw. Strg+C aktivieren
[0] I 1	Nein oder Ja.
DOS_DEVICE	Sitzungsspezifische Gerätetreiber
datei,...	Kommagetrennte Liste mit vollständigen Dateibezeichnungen
DOS_FCBS	Maximale Anzahl Dateisteuerblöcke
0-255 [16]	
DOS_FCBS_KEEP 0-255 [8]	Anzahl Dateisteuerblöcke, die nicht automatisch geschlossen werden
DOS_FILES	Maximale Anzahl gleichzeitig geöffneter Dateien
20-255 [DOS: 20, WIN-OS/2: 48]	
DOS_HIGH	DOS im oberen Speicherbereich (> 640 KB) laden
[0] I 1	Nein oder Ja.
DOS_LASTDRIVE	Letzter verfügbarer Laufwerksbuchstabe
A-[Z]	
DOS_RMSIZE	Speichergröße eines Programms
128-[640]	in KB; durch 16 teilbar
DOS_SHELL	Anderer DOS-Befehlsprozessor
datei	Vollständige Dateibezeichnung (?: = Bootlaufwerk). *Standard:* c:\os2\mdos\command.com c:\os2\mdos /p".
DOS_STARTUP_DRIVE	Andere DOS-Version laden
gerät I datei	Laufwerksbuchstabe mit Doppelpunkt oder vollständige Dateibezeichnung der DOS-Abbilddatei.

Schlüssel/Wert	**Beschreibung**
DOS_UMB	Obere Speicherblöcke (UMB) sind verfügbar
[0] | 1	Nein oder Ja.
DOS_VERSION	Programme mit abweichender DOS-Version (ungleich DOS 5.0)
progdef,...	Kommagetrennte Liste mit Programmdefinitionen, bestehend aus:
progname^,	Programmname
version1^,	DOS-Versionsnummer vor dem Punkt
version2^,	DOS-Versionsnummer nach dem Punkt
max	maximale Anzahl gleichzeitiger Simulationen der DOS-Version: 1-255. 255: beliebig viele.
	Zwischen den Elementen, aber nicht zwischen zwei Programmdefinitionen ist vor einem Komma das Fluchtzeichen ^ erforderlich. *Beispiel:* "SET DOS_VERSION=IBMCACHE. ...COM^,3^,40^,255,IBMCACHE.SYS^, ...3^,40^,255;".
DPMI_DOS_API	DOS Protected Mode Interface ist verfügbar
[AUTO]	automatisch festlegen
DISABLED	Nein
ENABLED	Ja
DPMI_MEMORY_LIMIT	DPMI-Speicherbereich
0-512 [4]	in MB; 0: DPMI nicht verwenden
DPMI_NETWORK_BUFF_SIZE	DPMI-Netzwerkübersetzungspuffer
1-64 [8]	in KB
EMS_FRAME_LOCATION	Anfangsadresse des EMS-Speichers
[AUTO]	automatisch festlegen
NONE	EMS-Speicher nicht verwenden
8000, 8400, 8800, 8C00, 9000 C000, C400, C800, CC00 D000, D400, D800, DC00	Hexadezimale Anfangsadresse
EMS_HIGH_OS_MAP_REGION	Zusätzlicher EMS-Speicher im oberen Bereich
0-96 [32]	in KB; durch 16 teilbar
EMS_LOW_OS_MAP_REGION	EMS-Speicher im konventionellen Bereich
0-576 [384]	in KB; durch 16 teilbar
EMS_MEMORY_LIMIT	Maximale Größe des EMS-Speichers
0-32768 [2048]	in KB; durch 16 teilbar
HW_NOSOUND	Vom Programm erzeugte Töne unterdrücken
[0] | 1	Nein oder Ja.
HW_ROM_TO_RAM	BIOS aus ROM in RAM kopieren
[0] | 1	Nein oder Ja.
HW_TIMER	Direkter Zugriff auf Hardwarezeitgeber
[0] | 1	Nein oder Ja.

Schlüssel/Wert	Beschreibung
IDLE_SECONDS 0-60 [0]	Intervall bis zur Leerlaufprüfung in Sekunden
IDLE_SENSITIVITY 0-100 [75]	Leerlaufsensibilität (zulässige Anzahl der Tastaturabfragen im Vergleich zu der maximal möglichen Anzahl, bevor die Leerlaufprüfung beginnt) in %
INT_DURING_IO [0] I 1	Unterbrechungen während Ein-/Ausgabe zulässig Nein oder Ja.
KBD_ALTHOME_BYPASS [0] 1	Alt+Pos1 weitergeben Nein: Alt+Pos1 schaltet zwischen Fenster- und Gesamtbildschirmmodus um Ja: Alt+Pos1 an das Programm weitergeben
KBD_BUFFER_EXTEND 0 I [1]	Internen Tastaturpuffer erweitern Nein oder Ja.
KBD_CTRL_BYPASS ALT_ESC CTRL_ESC [NONE]	Alt+Esc und Strg+Esc weitergeben Alt+Esc an das Programm weitergeben Strg+Esc an das Programm weitergeben Alt+Esc schaltet zwischen Sitzungen um und Strg+Esc zeigt die Fensterliste an
KBD_RATE_LOCK [0] I 1	Wiederholfrequenz der Tastatur änderbar Nein oder Ja.
MEM_EXCLUDE_REGIONS *liste*	Für EMS/XMS *nicht* verfügbare Speicherbereiche Liste aus kommagetrennten hexadezimalen Adressen und/oder Adreßbereichen zwischen 640 KB und 1 MB. *Beispiel:* "SET MEM_EXCLUDE_REGIONS ...=C0000^,D0000-D7FFF;" (vor einem Komma ist das Fluchtzeichen ^ erforderlich).
MEM_INCLUDE_REGIONS *liste*	Für EMS/XMS verfügbare Speicherbereiche *Siehe:* MEM_EXCLUDE_REGIONS. D0000-D8000 schließt D8000-D8FFF ein.
MOUSE_EXCLUSIVE_ACCESS [0] I 1	Individuelle Mauseinstellungen Nein (Presentation-Manager-Einstellungen) oder Ja.
PRINT_SEPARATE_OUTPUT 0 I [1]	Getrennter Druckjob pro Programm Nein oder ja.
PRINT_TIMEOUT 0-3600 [15]	Wartezeit bis zur Ausführung eines Druckjobs in Sekunden
SESSION-PRIORITY [0]-31	Priorität getrennter WIN-OS/2-Sitzungen (ab OS/2 Warp 3) 0: niedrigster, 31: höchster Wert
TOUCH_EXCLUSIVE_ACCESS [0] I 1	Individuelle Tastbildschirmeinstellungen Nein (Presentation-Manager-Einstellungen) oder Ja.

Schlüssel/Wert	Beschreibung
VIDEO_8514A_XGA_IOTRAP 0 I [1]	Direkter Zugriff zum 8514/A- oder XGA-Adapter Ja oder Nein.
VIDEO_FASTPASTE [0] I 1	Nicht-Tastatureingaben beschleunigen Nein oder Ja.
VIDEO_MODE_RESTRICTION CGA MONO [NONE]	Zusatzspeicher für bestimmte Bildschirmmodi im oberen Speicherbereich (> 640 KB) CGA-Modus: 96 KB Monochrom-Modus: 64 KB Nein
VIDEO_ONDEMAND_MEMORY 0 I [1]	Bildschirmpuffer bei Bedarf reservieren Nein oder Ja.
VIDEO_RETRACE_EMULATION [0] I 1	Bildschirmrückverfolgung aktivieren Nein oder Ja.
VIDEO_ROM_EMULATION 0 I [1]	Bestimmte Bildschirmfunktionen emulieren Nein oder Ja.
VIDEO_SWITCH_NOTIFICATION [0] I 1	Umschaltung zwischen Vorder- und Hintergrundsitzungen an das Programm melden Nein oder Ja.
VIDEO_WINDOW_REFRESH 0-600 [1]	Intervall bis zur Erneuerung der Fensteranzeige in Zehntelsekunden
XMS_HANDLES 0-128 [32]	Zugriffsnummern (handles) für XMS-Blöcke
XMS_MEMORY_LIMIT 0-16384 [2048]	Maximale Größe des XMS-Speichers in KB; durch 4 teilbar
XMS_MINIMUM_HMA 0-63 [0]	Minimale Größe des oberen Speicherbereichs (HMA) in KB

Programme (WPProgram), WIN-OS/2-Einstellungen

Erläuterungen: *siehe* Programme (WPProgram), DOS-Einstellungen.

Schlüssel/Wert	Beschreibung
WIN_ATM [0] I 1	Schriftartunterstützung des Adobe Type Manager (ATM) unterstützen (ab OS/2 Warp 3) Nein oder Ja.
WIN_CLIPBOARD [0] 1	Zwischenablage teilen Nein: auf Windows beschränkt. Ja: zwischen DOS, OS/2 und Windows.
WIN_DDE [0] I 1	Dynamischer Datenaustausch (DDE) zwischen OS/2 und Windows Nein (auf Windows beschränkt) oder Ja.

Schlüssel/Wert	Beschreibung
WIN_RUNMODE	Art der WIN-OS/2-Sitzung
3.1 STANDARD	Windows 3.1 Standard Mode
3.1 ENHANCED COMPATIBILITY	Windows 3.1 Enhanced Compatibility Mode

Referenzobjekte (WPShadow)

Schlüssel/Wert	Beschreibung
SHADOWID	Objekt-ID des Originalobjekts, das dem Referenzobjekt zugrunde liegt: Objekt-ID in spitzen Klammern oder vollständige Dateibezeichnung.

Objektfunktionen

Übersicht

Objektfunktionen sind Funktionen zur Bearbeitung von Objektklassen und Objekten der Arbeitsoberfläche. Syntax und Anwendungsmöglichkeiten der Objektfunktionen können Sie der folgenden Tabelle entnehmen. Legende: *siehe* Funktionen - Übersicht.

*	Aufruf	Wirkung
odw	SYSCOPYOBJECT(objekt, ordner)	kopiert ein Objekt in einen Ordner
od	SYSCREATEOBJECT(klasse, titel, ordner, [konfig], [option])	erzeugt ein Objekt einer bestimmten Klasse in dem angegebenen Ordner
odw	SYSCREATESHADOW(objekt, ordner)	erstellt ein Referenzobjekt eines Objektes in einem Ordner
od	SYSDEREGISTEROBJECTCLASS (klasse)	hebt die Registrierung einer Objektklasse auf
od	SYSDESTROYOBJECT(objekt)	löscht ein Objekt
odw	SYSMOVEOBJECT(objekt, ordner)	verschiebt ein Objekt in einen Ordner
odw	SYSOPENOBJECT(objekt, anzeige, option)	öffnet ein Objekt
od	SYSQUERYCLASSLIST(stamm)	gibt die Liste der Objektklassen in einen Variablenstamm aus
od	SYSREGISTEROBJECTCLASS (klasse, datei)	registriert eine Objektklasse
odw	SYSSAVEOBJECT(objekt, option)	sichert ein Objekt
od	SYSSETICON(datei, symboldatei)	ordnet einer Datei ein Symbol zu
od	SYSSETOBJECTDATA(objekt, konfig)	ändert die Einstellungen eines Objekts

Operator

Operatoren sind spezielle Zeichen, die auf die Terme eines Ausdrucks eine bestimmte Wirkung (Operation) ausüben, z. B. + || <= &. Für Operatoren gelten die folgenden allgemeinen Syntaxregeln:

- Operatoren können Leerstellen (und Kommentar) enthalten, wenn der Operator aus mehr als einem Zeichen besteht. Die Operatoren <=, <□= und

</*Kommentar*/= sind daher gleichbedeutend (wenn auch wohl niemand von der Möglichkeit Gebrauch machen wird, in einen Operator einen Kommentar einzubetten).

- Leerstellen (und Kommentar) vor oder nach einem Operator werden ignoriert. Daher sind die Ausdrücke a□+□b und a+b gleichbedeutend.
  Ausnahme: Wenn zwei Terme nur durch Leerstellen voneinander getrennt sind, werden alle Leerstellen bis auf eine ignoriert. Die verbleibende Leerstelle wird als Leerstellenoperator interpretiert, d. h. die beiden Terme werden durch eine Leerstelle miteinander verkettet. Der Ausdruck "Heidi"□□□"Rilke" ergibt z. B. "Heidi□Rilke".

Ein- und zweistellige Operatoren. Nach der Anzahl der Terme, auf die sich ein Operator auswirkt, unterscheiden wir die folgenden Arten von Operatoren:

- **Zweistellige oder Infixoperatoren.** Sie wirken sich auf zwei Terme aus und zwar auf den Term vor dem Operator und den Term nach dem Operator, z. B. a + b, "Verena " || famname.
- **Einstellige oder Präfixoperatoren.** Sie wirken sich auf einen Term aus und zwar auf den Term nach dem Operator, z. B. +b, -13, \(a = b).

Die beiden Präfixoperatoren + und - werden auch als Infixoperatoren verwendet.

Arten von Operatoren. Nach der Art der Operation, die ein Operator ausführt, unterscheiden wir folgende Arten von Operatoren:

- **Verkettungsoperatoren.** Sie werden auch als Konkatenierungsoperatoren bezeichnet und verketten (konkatenieren) zwei Zeichenfolgen zu einer Zeichenfolge, z. B. "Verena " || famname. *Siehe:* Verkettungsoperator.
- **Arithmetische Operatoren.** Sie liefern das Ergebnis einer arithmetischen Operation, die zwischen zwei Termen ausgeführt wird, z. B. a / b. *Siehe:* Operator, arithmetischer.
- **Vergleichsoperatoren.** Sie vergleichen zwei Terme miteinander und liefern als Ergebnis den logischen Wert 1 (wahr) oder 0 (falsch), z. B. a <= b. *Siehe:* Vergleichsoperator.
- **Logische Operatoren.** Sie werden auch als Boolesche Operatoren bezeichnet und liefern das Ergebnis einer logischen Verknüpfung, z. B. a & b. *Siehe:* Operator, logischer.

Plattformabhängige Zeichen. Die Zeichen | und \ müssen auf bestimmten Plattformen unter Umständen durch ein anderes Zeichen ersetzt werden:

- Das Zeichen | wird einfach als Oder-Operator (|) und doppelt als Verkettungsoperator (||) verwendet. Auf manchen DOS- oder OS/2-Systemen muß das Zeichen | durch einen in der Mitte gebrochenen senkrechten Strich ersetzt werden. Auf manchen TSO-Systemen muß das Zeichen | durch ein Ausrufezeichen (!) ersetzt werden.
- Das Zeichen ¬ wird als Nicht-Operator oder in zusammengesetzten Vergleichsoperatoren zur Negierung verwendet, z. B. ¬= (ungleich), ¬>= (nicht größer/gleich). Wenn dieses Zeichen nicht standardmäßig vorhanden ist, kann stattdessen das Zeichen \ verwendet werden. Da dies z. B. für die deutsche Tastatur zutrifft, verwenden wir in diesem Buch grundsätzlich das Zei-

chen \. Auf manchen TSO-Systemen muß das Zeichen ¬ bzw. \ durch einen Zirkumflex (^) ersetzt werden.

Hinweis: Wenn Sie plattformunabhängig programmieren wollen, sollten Sie das Negationszeichen in den Vergleichsoperatoren vermeiden: Statt \= kann man auch <> verwenden und statt der negierten Vergleichsoperatoren kann man die gleichwertigen positiven Operatoren benutzen, z. B. <= statt \>.

Rangfolge. Die Operatoren sind in Gruppen gleicher Rangfolge zusammengefaßt. Für die einzelnen Gruppen gilt eine definierte Rangfolge, wenn diese nicht durch runde Klammern ausdrücklich vorgegeben wird. *Siehe:* Operator, Rangfolge.

Operator, arithmetischer

Die zweistelligen arithmetischen Operatoren liefern das Ergebnis einer arithmetischen Operation, die zwischen zwei Termen ausgeführt wird. Die einstelligen arithmetischen Operatoren kennzeichnen eine Zahl als positiv oder negativ.

Operatoren. Es gibt die folgenden arithmetischen Operatoren:

Addition: + Liefert als Ergebnis die Summe zweier Terme.

Subtraktion: - Liefert als Ergebnis die Differenz zweier Terme.

Multiplikation: * Liefert als Ergebnis das Produkt zweier Terme.

Division: / Liefert als Ergebnis den Quotienten zweier Terme.

Ganzzahldivision: % Liefert als Ergebnis den ganzzahligen Anteil der Division zweier Terme.

Restdivision: // Liefert als Ergebnis den Rest der Division zweier Terme.

Exponentiation: ** Liefert als Ergebnis von b ** n die n-te Potenz zur Basis b. Die Hochzahl n muß eine Ganzzahl sein.

Präfixoperator + Liefert das Ergebnis der Addition 0 + a, wenn a ein beliebiger Term ist, der eine Zahl ergibt.

Präfixoperator - Liefert das Ergebnis der Subtraktion 0 - a, wenn a ein beliebiger Term ist, der eine Zahl ergibt.

Allgemeine Regeln. Bei der Ausführung einer arithmetischen Operation gelten die folgenden allgemeinen Regeln:

- Zuerst werden alle führende Nullen der beteiligten Terme entfernt, wobei sich der REXX-Interpreter die Position des Dezimalpunktes merkt. Wenn ein Term nur aus Nullen besteht, wird er durch die Ziffer 0 ersetzt.
- Die beteiligten Terme werden auf digits() + 1 Stellen beschnitten, indem vom rechten Ende eines Terms so viele Stellen abgeschnitten werden, bis nur noch digits() + 1 Stellen übrigbleiben. digits() gibt die die numerische Genauigkeit an, die mit der Anweisung numeric digits festgelegt werden kann (Standard: 9).
- Die arithmetische Operation wird ausgeführt. Dabei wird mit der Genauigkeit gerechnet, die erforderlich ist, damit bei der Berechnung keine Fehler auftreten.

- Das Ergebnis wird auf digits() Stellen kaufmännisch gerundet, d. h. eine Stelle mit dem Wert 5-9 wird aufgerundet und eine Stelle mit dem Wert 0-4 wird abgerundet.
- Wenn das gerundete Ergebnis 0 ist, wird die Ziffer 0 als Ergebnis zurückgeliefert. Wenn der ganzzahlige Anteil des Ergebnisses Null ist, wird die Ziffer 0 vor das Dezimalkomma gesetzt. Signifikante Nachkommastellen am Ende des Ergebnisses, die den Wert Null haben, werden bei Addition, Subtraktion und Multiplikation entfernt, bei den übrigen arithmetischen Operationen bleiben sie erhalten.
- Wenn sich das Ergebnis nicht in konventioneller Schreibweise darstellen läßt, wird es in exponentieller Schreibweise dargestellt. *Siehe:* Schreibweise, exponentielle: Implizite exponentielle Schreibweise.

Beispiele

REXX-Anweisungen	Erläuterung
a = 12; b = 7; c = 2 s1 = a + b; s2 = a + 3 - b s3 = -a -(-b) + 10; s4 = a * 3 + b s5 = b / 2; s6 = b % 2; s7 = b // 2 s8 = c ** b; s9 = c ** 0; s10 = c ** (-5)	Ergebnisse: s1 = 19, s2 = 8 s3 = -12 -(-7) + 10 = -12 +7 + 10 = 5 s4 = 43, s5 = 3.5, s6 = 3, s7 = 1 s8 = 128, s9 = 1 s10 = 2 ** (-5) = 1 / (2 ** 5) = 0.03125

Operator, logischer

Die zweistelligen logischen oder Booleschen Operatoren verknüpfen zwei logische Terme miteinander und liefern als Ergebnis den logischen Wert 1 (wahr) oder 0 (falsch). Der einstellige logische Operator \ negiert den Wert eines logischen Terms. Es gibt die folgenden logischen Operatoren:

- **Logisches UND: &.** Der logische Operator & verknüpft zwei logische Terme nach den Regeln der logischen UND-Verknüpfung. Nur die Verknüpfung zweier Terme mit dem Wert 1 ergibt den logischen Wert 1 (wahr):

  1 & 1 ⇒ 1

  Die übrigen Verknüpfungen ergeben den logischen Wert 0 (falsch):

  0 & 1, 1 & 0, 0 & 0 ⇒ 0
- **Logisches ODER: |.** Der logische Operator | verknüpft zwei logische Terme nach den Regeln der logischen ODER-Verknüpfung. Nur die Verknüpfung zweier Terme mit dem Wert 0 ergibt den logischen Wert 0 (falsch):

  0 | 0 ⇒ 0

  Die übrigen Verknüpfungen ergeben den logischen Wert 1 (wahr):

  0 | 1, 1 | 0, 1 | 1 ⇒ 1
- **Logisches Exklusiv-ODER: &&.** Der logische Operator && verknüpft zwei logische Terme nach den Regeln der logischen Exklusiv-ODER-Verknüpfung. Zwei Terme mit *unterschiedlichen* logischen Werten ergeben den logischen Wert 1 (wahr):

  0 && 1, 1 && 0 ⇒ 1

Zwei Terme mit gleichen logischen Werten ergeben den logischen Wert 0 (falsch):

0 && 0, 1 && 1 ⇒ 0

- **Logisches NICHT:** ¬ oder \. Der logische Präfixoperator ¬ oder \ negiert den Wert eines logischen Terms, d. h. er kehrt ihn in sein Gegenteil um: aus 0 wird 1 und aus 1 wird 0.

\0 ⇒ 1, \1 ⇒ 0

Beispiele

<table>
<tr><th>REXX-Anweisungen</th><th>Erläuterung</th></tr>
<tr><td>a = 12; b = 25
c = "Heidi"; d = "Annika"
v1 = (a < b) & (c > d)
v2 = (a > b) & (c > d)
v3 = (a < b) & (c > d)
v4 = (a > b) & (c < d)</td><td>v1 liefert 1, da beide Vergleichsausdrücke 1 ergeben. v2-v4 ergeben 0, da einer oder beide Vergleichsausdrücke 0 ergeben.</td></tr>
<tr><td>v1 = (a < b) | (c > d)
v2 = (a > b) | (c > d)
v3 = (a < b) | (c > d)
v4 = (a > b) | (c < d)</td><td>v1-v3 liefern 1, da ein oder beide Vergleichsausdrücke 1 ergeben. v4 ergibt 0, da beide Vergleichsausdrücke 0 ergeben.</td></tr>
<tr><td>v1 = (a < b) && (c > d)
v2 = (a > b) && (c > d)
v3 = (a < b) && (c > d)
v4 = (a > b) && (c < d)</td><td>v1 und v4 liefern 0, da die Vergleichsausdrücke beide 0 bzw. 1 ergeben. v2 und v4 ergeben 1, da die beiden Vergleichsausdrücke unterschiedliche Werte ergeben.</td></tr>
<tr><td>v1 = \(a < b)
v2 = \(a > b)</td><td>v1 liefert 0, da a < b den logischen Wert 1 ergibt. v2 liefert 1, da a > b den logischen Wert 0 ergibt.</td></tr>
</table>

Operator, Rangfolge

Die Operatoren sind in der untenstehenden Tabelle in Gruppen gleicher Rangfolge zusammengefaßt. Dabei haben Operatoren mit einer niedrigeren Gruppennummer Vorrang vor Operatoren mit einer höheren Gruppennummer. In Ausdrücken gilt die hier angegebene Rangfolge, wenn sie nicht durch Klammerung aufgehoben wird.

<table>
<tr><th>Gruppe</th><th>Operatoren</th><th>Bedeutung</th></tr>
<tr><td>1</td><td>\ + -</td><td>Präfixoperatoren</td></tr>
<tr><td>2</td><td>**</td><td>Potenzierung</td></tr>
<tr><td>3</td><td>* / % //</td><td>"Punktrechenarten"</td></tr>
<tr><td>4</td><td>+ -</td><td>"Strichrechenarten"</td></tr>
<tr><td>5</td><td>□ || (Grenzoperator)</td><td>Verkettungsoperatoren</td></tr>
<tr><td>6</td><td>
= > >= < <=
== >> >>= << <<=
\= <> >< \> \>= \< \<=
\== \>> \>>= \<< \<<=</td><td>Vergleichsoperatoren
• positiv, nicht exakt
• positiv, exakt
• negativ, nicht exakt
• negativ, exakt</td></tr>
<tr><td>7</td><td>&</td><td>logisches UND</td></tr>
<tr><td>8</td><td>| &&</td><td>logisches ODER und Exklusiv-ODER</td></tr>
</table>

Beispiele

REXX-Anweisungen	Erläuterung

a = 12; b = 7; c = 2
s1a = a + b * c
s1b = (a + b) * c
s2a = a - b > 5
s2b = (a - b) > 5
s3a = 2 * a % b // 2
s3b = 2 * (a % b) // 2 = 0
	Ergebnisse:
	s1a = 12 + (7 * 2) = 26
	s1b = (19) * 2 = 38
	s2a = 5 > 5 = 0
	s2b = (5) > 5 = 0
	s3a = ((2 * 12) % 7) // 2 = (24 % 7) // 2 = 3 // 2 = 1
	s3b = (2 * (12 % 7)) // 2= (2 * 19) // 2 = 38 // 2 = 0

options

Wir verzichten auf die Darstellung der options-Anweisung, da sie nur für die Codierung fernöstlicher Sprachen mit dem Doppelbyte-Zeichensatz (DBCS = Double Byte Character Set) von Bedeutung ist.

outtrap

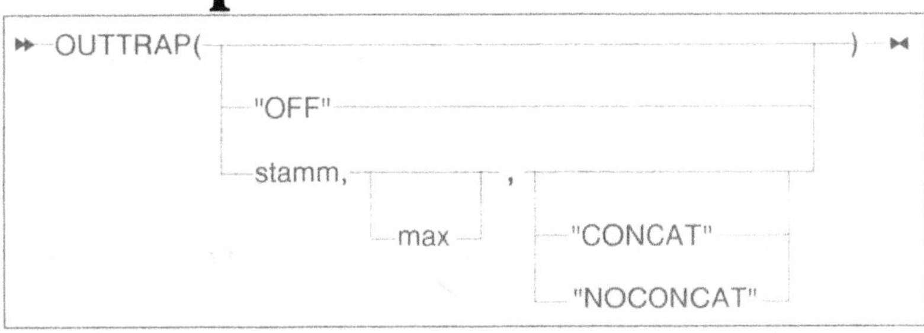

Geltung: TSO-Adreßumgebung.

Die externe TSO/E-Funktion outtrap (output trap = Ausgabefang) schaltet den Ausgabefang ein oder aus und/oder liefert den aktuellen Status des Ausgabefangs zurück.

Wenn der Ausgabefang eingeschaltet ist, wird die Ausgabe von TSO-Befehlen vom Terminal in einen Variablenstamm oder in eine Folge von numerierten Variablen umgeleitet. In diesem Fall gibt outtrap den Namen des Variablenstamms oder den Präfix der numerierten Variablen zurück, andernfalls die Zeichenfolge "OFF". Durch die Option "off" wird der Ausgabefang wieder ausgeschaltet.

Hinweis: Beachten Sie, daß nicht unbedingt alle Ausgaben eines TSO-Befehls umgeleitet werden. Da die Regeln, welche Ausgaben umgeleitet werden und welche nicht, nicht transparent sind, sollten Sie im Zweifel vorher testen, ob die gewünschten Ausgaben umgeleitet werden.

Fanglimit. Standardmäßig und wenn für max ein Stern ("*") angegeben wird, werden alle Ausgabezeilen abgefangen. Andernfalls werden max Ausgabezeilen abgefangen, die übrigen Zeilen werden ignoriert. Wenn "concat" angegeben ist, gilt max für die miteinander verketteten Ausgabezeilen aller TSO-Befehle. Wenn max gleich 0 ist, werden alle Ausgabezeilen ignoriert. Wenn nur Fehlermeldungen ausgegeben werden, bewirkt outtrap insofern das gleiche wie die TSO/E-Funktion msg in der Form msg("off").

Verkettung. Standardmäßig und wenn "concat" angegeben ist, wird die Ausgabe mehrerer TSO-Befehle miteinander verkettet, d. h. hintereinander in Variablen mit fortlaufendem Index geschrieben. Wenn "noconcat" angegeben wird, werden die Ausgabezeilen bei jedem TSO-Befehl in den Variablen ab dem Index 1 fortlaufend gespeichert.

Besondere Variablen. Neben den Variablen mit Index 1ff. liefert outtrap einige besondere Variablen zurück, die Auskunft über den Status des Ausgabefangs geben. In der folgenden Liste bezeichnet stamm den variablen Teil des Variablennamens. Wenn als stamm z. B. satz. angegeben wird, bedeutet stamm0 soviel wie satz.0, wenn als stamm jedoch der Präfix satz angegeben wird, bedeutet stamm0 soviel wie satz0.

stamm0	Index der letzten abgefangenen Ausgabezeile, ist immer kleiner oder gleich stammMAX und stammTRAPPED. Stammvariablen mit einem höheren Index sind undefiniert.
stammMAX	Höchste Anzahl von Ausgabezeilen, die abgefangen werden sollen.
stammTRAPPED	Anzahl von Ausgabezeilen, die abgefangen wurde. stammTRAPPED kann größer als stamm0 und stammMAX sein.
stammCON	Enthält "CONCAT", wenn die Ausgabezeilen verkettet werden, andernfalls "NOCONCAT".

Geltungsbereich. Der Status des Ausgabefangs gilt auf allen Ebenen eines Programms, sofern es sich nicht um externe Unterprogramme handelt. Dabei spielt es keine Rolle, auf welcher Ebene der Ausgabefang ein- oder ausgeschaltet wird.

Externe Unterprogramme sowie als Befehle aufgerufene REXX-Programme schalten den Ausgabefang lokal ein und aus, ohne den Ausgabefangstatus des Aufrufers zu beeinflussen. Ausgabezeilen, die von diesen Programmen (z. B. mit say) auf das Terminal ausgegeben werden, werden vom Aufrufer abgefangen, wenn dieser den Ausgabefang eingeschaltet hat.

Hinweis: Da diese Regeln etwas vertrackt sind, hält man sich aus Gründen der Klarheit am besten daran, daß man den Ausgabefang vor einem TSO-Befehl einschaltet und hinterher sofort wieder ausschaltet.

"CONCAT"
: (concatenation = Verkettung). Zeichenfolge, die "concat" ergibt. Ausgabezeilen mehrerer TSO-Befehle miteinander verketten.
: **Standard:** "concat".

max
: - Nichtnegative Ganzzahl. Anzahl der Ausgabezeilen, die abgefangen werden sollen.
: - "*": Alle Ausgabezeilen abfangen.
: **Standard:** "*".

"NOCONCAT" (no concatenation = keine Verkettung). Zeichenfolge, die "noconcat" ergibt. Ausgabezeilen mehrerer TSO-Befehle *nicht* miteinander verketten.
Standard: "concat".

"OFF" (aus). Zeichenfolge, die "off" ergibt. Ausgabefang ausschalten.

stamm Name eines Variablenstamms oder Präfix eines Variablennamens, der um die Indizes ergänzt werden soll.

Beispiele

REXX-Anweisungen	Erläuterung
t1 = outtrap() t2 = outtrap("trap.") t3 = outtrap("trap.", ..."*", "concat") t4 = outtrap("off")	t1 liefert am Anfang des Programms "OFF", da der Ausgabefang ausgeschaltet ist. t2 liefert den gleichen Wert, wobei der Ausgabefang eingeschaltet wird. Es werden standardmäßig alle Ausgabezeilen abgefangen und standarmäßig verkettet in dem Variablenstamm trap. gespeichert. t3 bewirkt das gleiche, da hier die Standardangaben ausdrücklich angegeben werden. Nach Ausführung eines TSO-Befehls hat der Variablenstamm folgenden Inhalt: trap.0: z. B. 17, trap.1-trap.17: die 17 Ausgabezeilen des TSO-Befehls, trap.18ff: undefiniert, trap.max = "*", trap.trapped = 17, trap.con = "CONCAT". t4 schaltet den Ausgabefang aus und liefert den Namen des Variablenstamms, in dem die abgefangenen Ausgabezeilen bisher gespeichert wurden: "TRAP."
stamm = "tso." kettung = "concat" maxzeile = 5 call outtrap stamm, ...maxzeile, kettung)	Der Ausgabefang wird mit call eingeschaltet, da wir auf den alten Status keinen Wert legen. Es sollen maximal 5 Ausgabezeilen verkettet in dem Variablenstamm tso. gespeichert werden. Nehmen wir an, daß der erste TSO-Befehl, der nach dem Einschalten des Ausgabefangs abgesetzt wird, 3 Zeilen ausgibt. Der Variablenstamm hat dann folgenden Inhalt: trap.0: 3, trap.1-trap.3: die 3 Ausgabezeilen des ersten TSO-Befehls, trap.4ff: undefiniert, trap.max = 5, trap.trapped = 3, trap.con = "CONCAT". Nehmen wir an, daß ein zweiter TSO-Befehl 7 Zeilen ausgibt. Der Variablenstamm hat dann folgenden Inhalt: trap.0: 5, trap.4-trap.5: die zwei ersten Ausgabezeilen des zweiten TSO-Befehls, trap.6ff: undefiniert, trap.max = 5, trap.trapped = 10, trap.con = "CONCAT".
call outtrap "tso.", 5, ..."noconcat")	Der Ausgabefang wird mit call eingeschaltet, da wir auf den alten Status keinen Wert legen. Es sollen maximal 5 Ausgabezeilen *nicht* verkettet in dem Variablenstamm tso. gespeichert werden. Nehmen wir an, daß der erste TSO-Befehl, der nach dem Einschalten des Ausgabefangs abgesetzt wird, 3 Zeilen ausgibt. Der Variablenstamm hat dann folgenden Inhalt: trap.0: 3, trap.1-trap.3: die 3 Ausgabezeilen des ersten TSO-Befehls, trap.4ff: undefiniert, trap.max = 5, trap.trapped = 3, trap.con = "NOCONCAT". Nehmen wir an, daß ein zweiter TSO-Befehl 7 Zeilen ausgibt. Der Variablenstamm hat dann folgenden Inhalt:

REXX-Anweisungen	Erläuterung
	trap.0: 5, trap.1-trap.5: die fünf ersten Ausgabezeilen des zweiten TSO-Befehls, trap.6ff: undefiniert, trap.max = 5, trap.trapped = 7, trap.con = "NOCONCAT".

Anwendung

Absoluten GDG-Namen ermitteln

Aufgabe: Anhand eines relativen GDG-Namens, z. B. "PVW.UST.GL01(-3)" oder "PVW.UST.GL01(0)" soll der absolute GDG-Name ermittelt werden. Den absoluten GDG-Namen benötigt man z. B. für den TSO-Befehl allocate, der keine relativen GDG-Namen zuläßt.

```
gdgname:
  parse upper arg base "(" gen ")" .
  ziffern = "0123456789"
  call outtrap "zeile.", "*", "noconcat"
  address tso "listcat entries('"base"') gdg"
  if rc > 0 then return ""
  address tso "listcat entries('"base"') name"
  if rc > 0 then return ""
```

Die Aufgabe wird durch die externe Funktion gdgname gelöst. Mit parse zerlegen wir den übergebenen relativen GDG-Namen in den Namen der GDG-Basis base und in die Generationsnummer gen. Mit call outtrap leiten wir die Ausgabe der beiden folgenden listcat-Befehle in den Variablenstamm "zeile." um. Mit "*" wird die gesamte Ausgabe umgeleitet und durch "noconcat" sorgen wir dafür, daß der Variablenstamm nach jedem TSO-Befehl neu besetzt wird. Wir verwenden die call-Version des Funktionsaufrufs, weil wir an dem Funktionsergebnis nicht interessiert sind.

Der erste listcat-Aufruf mit der Option gdg dient zur Prüfung, ob es sich bei base um eine GDG-Basis handelt. Wenn nein, enthält die spezielle Variable rc nach Ausführung des Befehls einen Wert ungleich 0 und wir geben an den Aufrufer die Nullzeichenfolge zurück. Die umgeleitete Ausgabe des Befehls vernachlässigen wir in diesem Fall. Der zweite Aufruf des listcat-Befehls mit der Option name füllt den Variablenstamm zeile. mit den absoluten GDG-Namen von base. Bei einem Rückkehrcode ungleich 0 verlassen wir auch in diesem Fall die Funktion und geben die Nullzeichenfolge zurück.

```
  genx = 1
  do i = zeile.0 - 1 to 3 by -2
    genx = genx - 1; gdg.genx = strip(substr(zeile.i, 17), "trailing", " ")
  end i
```

zeile.0 enthält die Anzahl der umgeleiteten Ausgabezeilen des zweiten listcat-Befehls. Die absoluten GDG-Namen finden wir vom Ende des Variablenstamms her in jeder zweiten Zeile, dabei entspricht die zweitletzte Zeile der Generationsnummer 0, die viertletzte der Generationsnummer -1 usw. Die beiden ersten Zeilen des Variablenstamms sind für uns ohne Bedeutung. Wir besetzen den Generationsindex genx mit 1. Er wird bei jedem Durchgang der do-Schleife um 1 vermindert, so daß sich fortlaufend die Generationsnummern 0, -1, -2 usw. ergeben. Im Schleifenkopf beginnt die Kontrollvariable i mit der zweitletzten Zeile zeile.0 - 1, wird durch by -2 bei jedem Durchgang um 2 vermindert und endet mit Zeile 3.

Im Schleifenkörper wird der Generationsindex genx um 1 vermindert und der absolute GDG-Name gdg.genx zugewiesen, also im ersten Durchgang gdg.0, im zweiten gdg.(-1) usw. Die Schreibweise gdg.(-1) dient lediglich zur Veranschaulichung; ein negativer Stammindex ist nur als Variable möglich. Am Ende der do-Schleife haben wir in dem Variablenstamm gdg. alle absoluten GDG-Namen.

```
select
  when pos("-", gen) = 1 then do
    if verify(substr(gen, 2), ziffern, "nomatch") > 0 then return ""
    if symbol("gdg.gen") <> "VAR" then return ""
    return gdg.gen
  end
  when gen = 0 then do
    if symbol("gdg.gen") <> "VAR" then return ""
    return gdg.gen
  end
  otherwise return ""
end
```

In der select-Auswahl kümmern wir uns nur um Generationsnummern kleiner oder gleich 0. Selbstverständlich kann man die Funktion so erweitern, daß auch der absolute GDG-Name für positive Generationsnummern geliefert wird, die man zum Anlegen neuer Generationen benötigt. Wenn die Generationsnummer negativ ist, prüfen wir noch, ob sie ansonsten nur aus Ziffern besteht. Wenn nicht, liefern wir die Nullzeichenfolge zurück. Wenn die symbol-Funktion für "gdg.gen" nicht "VAR" zurückliefert, gibt es diese Stammvariable nicht. Demzufolge existiert auch keine Generation von base mit der Nummer gen und wir liefern die Nullzeichenfolge zurück, andernfalls liefern wir mit gdg.gen den entsprechenden absoluten GDG-Namen zurück. Das Verfahren zur Existenzprüfung und zur Rückgabe des absoluten GDG-Namens ist für die Generationsnummer 0 analog zu negativen Nummern. Wenn die Generationsnummer größer 0 oder nicht numerisch ist, geben wir im otherwise-Zweig die Nullzeichenfolge zurück.

Den Ausgabefang schalten wir in unserer externen Funktion nicht aus, da beim Verlassen der Funktion wieder der Ausgabefangstatus des Aufrufers gilt.

overlay

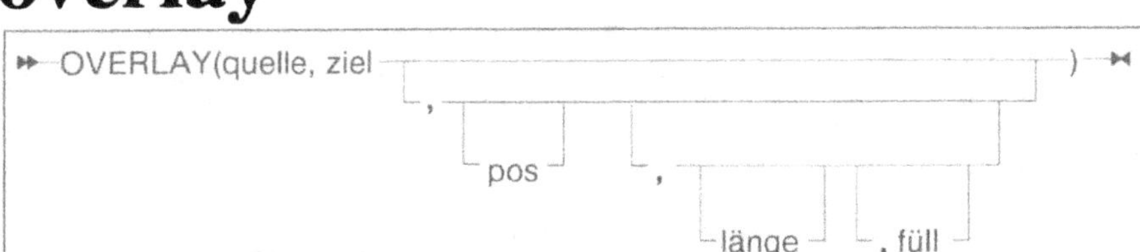

Die eingebaute SAA-Funktion overlay (überlagern) liefert eine Kopie der Zeichenfolge ziel, die ab der n-ten (n = pos) Stelle mit der Zeichenfolge quelle überlagert wird. Vor der Überlagerung wird die Zeichenfolge quelle je nach dem Wert von länge ggf. abgeschnitten oder mit dem Füllzeichen füll aufgefüllt.

Wenn als quelle die Nullzeichenfolge angegeben wird und wenn länge fehlt, findet keine Überlagerung statt.

Wenn die Position pos fehlt, wird ziel ab der ersten Stelle überlagert. Wenn die Position pos angegeben wird, muß es eine positive Ganzzahl sein. Ist pos größer als die Länge von ziel, wird ziel vor der Position pos mit dem Füllzeichen füll aufgefüllt.

Wenn länge fehlt, gilt die Länge von quelle. Wird länge angegeben, so muß es eine positive Ganzzahl oder 0 sein. Wenn die Länge 0 ist, findet keine Überlagerung statt. Ist länge kleiner als die Länge von quelle, werden die überzähligen Zeichen von quelle abgeschnitten. Wenn länge größer als die Länge von quelle ist, wird quelle mit dem Füllzeichen füll aufgefüllt.

Wenn das Füllzeichen füll fehlt, wird mit Leerstellen aufgefüllt, andernfalls mit dem angegebenen Füllzeichen füll.

füll — Ein Füllzeichen. Es wird verwendet,

- wenn länge größer als die Länge von quelle ist, um quelle aufzufüllen
- oder wenn pos größer als die Länge von ziel ist, um ziel bis zur Position pos - 1 aufzufüllen.

Die Nullzeichenfolge oder eine Zeichenfolge, die aus mehr als einem Zeichen besteht, führt zu REXX-Fehler 40.
Standard: Leerstelle.

länge — Nichtnegative Ganzzahl. Länge, auf die quelle vor der Überlagerung ggf. abgeschnitten oder aufgefüllt werden soll.
Standard: Länge von quelle.

pos — Positive Ganzzahl. Position, ab der ziel überlagert werden soll. Die erste Position hat den Wert 1.
Standard: 1.

quelle — Beliebige Zeichenfolge, mit der ziel überlagert werden soll.

ziel — Beliebige Zeichenfolge, die überlagert werden soll.

Beispiele

REXX-Anweisungen	Erläuterung
text1 = "abc" text2 = "12345" text3 = overlay(text1, text2)	ohne optionale Parameter: text1 überlagert text2 standardmäßig ab der ersten Position in der Länge von text1. text3: "abc45".
text1 = "abc" text2 = "12345" text3 = overlay(text1, text2, 2)	ab einer bestimmten Position: text1 überlagert text2 ab der zweiten Position in der Länge von text1. text3: "1abc5".
text1 = "abc" text2 = "12345" text3 = overlay(text1, text2, 5)	Verlängerung der Zielfolge: text1 überlagert text2 ab der fünften Position in der Länge von text1. Dadurch wird text2 um zwei Zeichen verlängert. text3: "1234abc".

REXX-Anweisungen	Erläuterung
text1 = "abc" text2 = "12345" text3 = overlay(text1, text2, 9)	<u>Auffüllung der Zielfolge:</u> text2 wird mit 3 Leerstellen (Standardfüllzeichen) aufgefüllt, damit ab Position 9 die Zeichenfolge text1 angekettet werden kann. text3: "12345□□□abc".
text1 = "a" text2 = "12345" text3 = overlay(text1, text2, 2, 3)	<u>Auffüllung der Quellfolge:</u> text1 wird mit 2 Leerstellen (Standardfüllzeichen) auf die angegebene Länge von 3 Zeichen aufgefüllt, so daß sich für text1 "a□□" ergibt. text1 überlagert text2 ab Position 2. text3: "1a□□5".
text1 = "abc" text2 = "12345" text3 = overlay(text1, text2, 2, 1)	<u>Abschneiden der Quellfolge:</u> text1 wird auf die angegebene Länge von 1 Zeichen abgeschnitten, so daß sich für text1 "a" ergibt. text1 überlagert text2 ab Position 2. text3: "1a345".
text1a = "" text1b = "abc" text2 = "12345" text3a = overlay(text1a, text2, 2) text3b = overlay(text1b, text2, 2, ...0)	<u>keine Überlagerung:</u> text3a und text3b wird beiden der unveränderte Inhalt von text3 zugewiesen, da text1a die Nullzeichenfolge ist bzw. weil die Länge 0 ist. text3a, text3b: "12345".
text1 = "" text2 = "12345" text3 = overlay(text1, text2, 2, ...3, "=")	<u>mit gleichen Zeichen überlagern:</u> Die Nullzeichenfolge text1 wird bis zur Länge 3 mit "=" aufgefüllt. Damit wird text2 ab der Position 2 überlagert. text3: "1===5".
text1a = "abc" text1b = "" text2 = "" text3a = overlay(text1a, text2) text3b = overlay(text1b, text2,, ...5, "x") text3c = overlay(text1b, text2, ...3, 5, "x")	<u>Zielfolge = Nullzeichenfolge:</u> Bei text3a wird die Nullzeichenfolge text2 ab Position 1 mit text1a überlagert: text3a = "abc". Bei text3b wird text1b zu "xxxxx" aufgefüllt und damit die Nullzeichenfolge text2 ab Position 1 überlagert: text3b = "xxxxx". Bei text3c wird die Nullzeichenfolge text2 mit "xx" aufgefüllt, so daß ab Position 3 die zu "xxxxx" aufgefüllte Zeichenfolge text1b angekettet werden kann: text3c = "xxxxxxx".
text1 = "abc" text2 = "12345" text3 = overlay(text1, text2, 2,, ..."") text4 = overlay(text1, text2, 2,, ..."==")	<u>Füllzeichen falsch:</u> Das Füllzeichen "" (Nullzeichenfolge) in text3 und die Füllzeichen "==" (mehr als ein Zeichen) in text4 führen zu REXX-Fehler 40.

Anwendung

1	Codeübersetzungstabelle ändern
2	Suchwörter in einem Text markieren
3	Suffix in Dateinamen überschreiben

1. Codeübersetzungstabelle ändern

Aufgabe: Die Codeübersetzungstabelle, die mit der externen Funktion asc2ebc erzeugt wird, soll an einer Position geändert werden. Grund: Der senkrechte Strich | im ASCII-Code soll unter EBCDIC als Ausrufezeichen ! dargestellt werden. Dieses Problem kann sich z. B. bei der Übertragung von REXX-Programmen von einem OS/2-System auf ein MVS-System ergeben.

```
oder_zeichen_asc = "7c"x
oder_zeichen_ebc = "4f"x
a2etab = overlay(oder_zeichen_ebc, asc2ebc(), c2d(oder_zeichen_asc) + 1)
```

Zuerst wird der hexadezimale Wert "7c"x des REXX-Oder-Zeichens (|) auf dem OS/2-System definiert. Desgleichen wird der hexadezimale Wert "4f"x des Oder-Zeichens (!) auf dem MVS-System definiert. Der erste Parameter im Aufruf der overlay-Funktion oder_zeichen_ebc bezeichnet den Wert des Ausrufezeichens, den dieses im EBCDIC-Code hat. Dieses Zeichen überlagert die Codetabelle, die mit asc2ebc() generiert wird, an der Position, die durch den dritten Parameter angegeben wird.

Diese Position, in der ein Byte der Codetabelle überlagert werden soll, entspricht der Nummer des ASCII-Codes für den senkrechten Strich | ("7c"x). Mit c2d wird aus dem ASCII-Code oder_zeichen_asc der dezimale Wert dieser Nummer (124) ermittelt. Da die overlay-Funktion die Position ab 1 zählt, das niedrigste ASCII-Zeichen aber die Nummer 0 hat, müssen wir auf c2d(oder_zeichen_asc) noch 1 addieren und erhalten 125. Das bisherige Zeichen an der 125. Position der Codeübersetzungstabelle wird also durch "4f"x, den Code des Ausrufezeichens im EBCDIC-Code, ersetzt.

2. Suchwörter in einem Text markieren

Aufgabe: In einem Text, der zeilenweise in einem Variablenstamm vorliegt, sollen alle Vorkommen eines Suchbegriffs markiert werden. Die Markierung soll so erfolgen, daß zu jeder Fundzeile eine Markierungszeile erstellt wird, in der alle Vorkommen des Suchbegriffs unterstrichen werden.

```
  z.1  = '"The REXX Language" provides a reference of REXX,'
  z.2  = "the philosophy of REXX, and the perspective of REXX."
  z.0 = 2; markierung. = copies(" ", 100); nadel = "REXX"; index = 1; pos = 1
  strich = copies("-", length(nadel))
  call stempos
  do while index > 0
    markierung.index = overlay(strich, markierung.index, pos)
    pos = pos + 1
    call stempos
  end
  do index = 1 to z.0
    say z.index
    if markierung.index <> " " then say markierung.index
  end index
  exit
stempos:
  do index = index to z.0
    pos = pos(nadel, z.index, pos)
    if pos > 0 then leave index
    if index < z.0 then pos = 1
  end index
  if pos = 0 then index = 0
  return
```

Der zu markierende Text besteht aus zwei Zeilen, die den Stammvariablen z.1 und z.2 direkt zugewiesen werden, z.0 wird die Anzahl der Zeilen zugeordnet. Parallel zu dem Variablenstamm z. mit den Textzeilen wird mit markierung. = copies(" ", 100) der Variablenstamm markierung. mit Leerstellen initialisiert, der die positionsgerechte Markierung je Zeile aufnehmen soll. Der Suchbegriff, der markiert werden soll, wird mit nadel = "REXX" definiert. Des weiteren werden die Variablen index und pos mit 1 vorbesetzt. index soll die Nummer der Zeile enthalten, die gerade bearbeitet wird, pos die aktuelle Position innerhalb einer Zeile, ab der nach dem Suchbegriff gesucht werden soll. Mit strich = copies("-", length(nadel)) wird ein Markierungsstrich in der Länge des Suchbegriffs definiert.

Das interne Unterprogramm stempos durchläuft eine do-Schleife. Die Kontrollvariable index wird mit dem aktuellen Wert von index initialisiert und bis zu einem maximalen Wert von z.0 (Anzahl der Zeilen) durchlaufen. pos(nadel, z.index, pos) liefert die Position des Suchbegriffs ab der Position pos in der aktuellen Zeile z.index. Wenn pos größer als 0 ist, wird die Schleife verlassen. index enthält nun die Nummer der Fundzeile, pos die Anfangsposition des Suchbegriffs in dieser Zeile.

Wenn der Suchbegriff in der aktuellen Zeile nicht gefunden wird, ist pos 0. Falls wir noch nicht die letzte Zeile durchsucht haben (index < z.0), wird pos wieder auf 1 gesetzt, damit die Suche bei der nächsten Zeile wieder am Zeilenanfang beginnt. Andernfalls ist pos beim Verlassen der do-Schleife immer noch 0 und index wird auf 0 gesetzt.

Bevor die erste do-Schleife im Hauptprogramm betreten wird, wird stempos zum ersten Mal aufgerufen. Wenn die Zeilennummer index größer als 0 ist, wurde der Suchbegriff gefunden. Die Markierungszeile mit der gleichen Zeilennummer, markierung.index, wird nun an den Positionen mit Bindestrichen überlagert, an denen sich der Suchbegriff in der Originalzeile befindet. Dies bewirkt der Aufruf overlay(strich, markierung.index, pos), der die Zielzeichenfolge markierung.index ab der Position pos mit der Zeichenfolge strich überschreibt. Die Position pos wird um 1 erhöht, damit bei der nächsten Suche nicht die bereits bearbeitete Fundstelle wiedergefunden wird. Vor dem Schleifenende wird das Unterprogramm stempos erneut aufgerufen, so daß beim nächsten Durchgang wieder neue Werte von index und pos zur Verfügung stehen.

In der zweiten do-Schleife werden nacheinander die Zeilen des Variablenstamms z. angezeigt. Wenn zu einer Zeile eine Markierungszeile vorhanden ist, die nicht nur Leerstellen enthält, wird diese unmittelbar nach der zugehörigen Textzeile ausgegeben. Es ergibt sich folgende Anzeige:

```
"The REXX Language" provides a reference of REXX,
     ----                                   ----
the philosophy of REXX, and the perspective of REXX.
                  ----                         ----
```

3. Suffix in Dateinamen überschreiben

Aufgabe: Vor der Änderung einer Datei soll eine Sicherungskopie im gleichen Verzeichnis erstellt werden. Der maximal 8stellige Dateiname der Sicherungskopie soll sich durch einen "Suffix" vom Originalnamen unterscheiden. Der Originalname soll ggf. rechts abgeschnitten werden, damit die Länge des neuen Namens den Wert 8 nicht überschreitet.

```
name = "APPCTRAN"; suffix = "99"
pos = length(name) + 1
if length(name) + length(suffix) > 8 then pos = 9 - length(suffix)
neu = overlay(suffix, name, pos)
➔  neu: "APPCTR99"
```

Die Position pos, ab welcher der Suffix eingefügt werden soll, wird zuerst mit length(name) + 1 gleichgesetzt, d. h. der Suffix würde an den Originalnamen angekettet. Wenn die Gesamtlänge von Originalname und Suffix aber größer als 8 wäre, wird die Überschreibposition mit 9 - length(suffix) festgelegt, d. h. der Suffix erhält in dem 8stelligen neuen Namen eine rechtbündige Position. Mit overlay wird der Dateiname name ab der Position pos mit dem Suffix überschrieben.

In unserem Beispiel werden die letzten beiden Zeichen des alten Dateinamens "AN" mit dem Suffix "99" überschrieben. In dem Dateinamen "APPCTRA" hingegen würde nur das Zeichen "A" am Ende durch "9" überschrieben und eine "9" angefügt. Der Dateiname "APPC" schließlich würde lediglich durch den Suffix zu "APPC99" ergänzt.

p2d

```
▸▸— P2D(packzahl)—▸◂
```

Siehe auch: Konvertierfunktionen.

Die externe Funktion p2d (packed decimal t[w]o decimal = gepacktes dezimales in dezimales Format umwandeln) wandelt die gepackte Dezimalzahl packzahl in eine Dezimalzahl um und liefert diese als Funktionsergebnis zurück. Die Ausgabedezimalzahl umfaßt n * 2 - 1 oder n * 2 - 2 Stellen (n = Länge von packzahl in Bytes). Die Ausgabezahl enthält keine führenden Nullen. Wenn packzahl negativ ist, wird der Ausgabezahl ein Minuszeichen vorangesetzt.

Eine gepackte Dezimalzahl besteht aus den Hexadezimalziffern 0-9, die binär in je einem Halbbyte dargestellt werden. Die Zahl wird abgeschlossen durch eine Hexadezimalziffer, die das Vorzeichen der Zahl darstellt. "c"x bedeutet Plus, für Minus sind die beiden Werte "b"x und "d"x zulässig.

packzahl Beliebige gepackte Dezimalzahl.

Beispiele

REXX-Anweisungen	Erläuterung
zahl1 = p2d("0c"x) zahl2 = p2d("06 5C"x) zahl3 = p2d("12 8D"x)	zahl1: 0 zahl2: 65 zahl3: -128

Parameter

Siehe: Positionsparameter; Schlüsselwortparameter.

Die Verständigung zwischen einem aufrufenden und einem aufgerufenen Programm erfolgt häufig durch die Übergabe von Parametern. Für die Parameterübergabe werden zwischen Aufrufer und Unterprogramm Regeln vereinbart, die von beiden eingehalten werden müssen, um eine unmißverständliche

Kommunikation zu ermöglichen. Je nach Art der Regeln unterscheiden wir zwei Formen von Parametern:

- **Positionsparameter.** Positionsparameter sind Werte, deren Bedeutung sich auf Grund ihrer Position innerhalb der Parameterzeichenfolge ergibt.
- **Schlüsselwortparameter.** Schlüsselwortparameter werden als Wertepaar übergeben, z. B. in der Form schlüsselwort(wert). Der erste Wert ist das Schlüsselwort und bezeichnet den Namen des Parameters, aus dem auch dessen Bedeutung hervorgeht, und der zweite Wert bezeichnet den Wert des Parameters.

Schlüsselwortparameter sind sehr elegant, weil eine klare und sprechende Zuordnung von Schlüsselwort und Parameterwert besteht. Positionsparameter, die sich nur durch ihre Reihenfolge in der Parameterzeichenfolge auszeichnen, sind hingegen nicht sprechend und zudem fehleranfällig, weil die Reihenfolge der Parameter leicht vertauscht werden kann. Wenn viele Parameter an ein Unterprogramm zu übergeben sind und vor allem, wenn darunter viele optional sind, empfiehlt es sich daher, Schlüsselwortparameter zu verwenden. Bei kleinen Parameterlisten, vor allem wenn alle Parameter obligatorisch sind, bewähren sich hingegen auch Positionsparameter.

parse

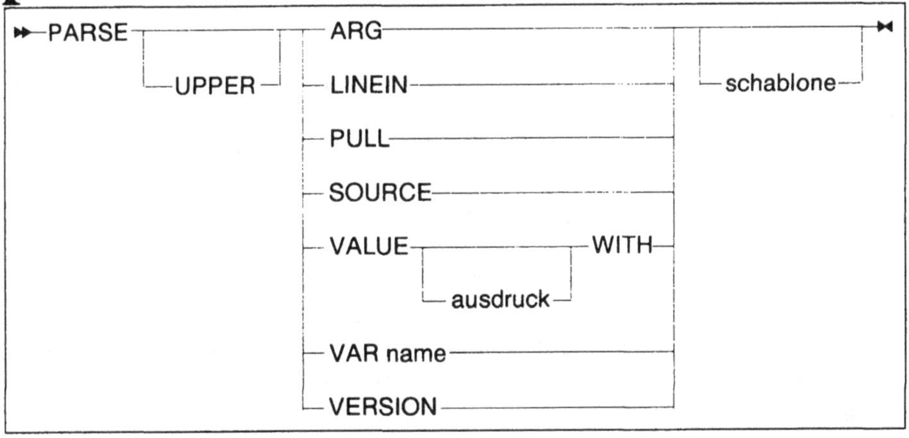

Siehe auch: parse arg; parse linein; parse pull; parse-Schablone; parse source; parse value; parse var; parse version.

Die Anweisung parse (zerlegen) zerlegt eine Eingabezeichenfolge entsprechend der parse-Schablone. Wenn schablone fehlt, wird die Eingabezeichenfolge zwar bereitgestellt, aber nicht zerlegt. Die Anweisungen parse arg, parse source und parse version haben in diesem Fall keine Wirkung. parse linein hingegen entfernt in diesem Fall einen Satz aus dem Standardeingabestrom, parse pull entfernt einen Satz aus der externen Warteschlange bzw. dem Standardeingabestrom, parse value wertet den angegebenen Ausdruck aus und parse var stellt ggf. die Novalue-Bedingung fest, wenn die Variable name undefiniert ist.

Wenn die Option upper angegeben ist, werden die Buchstaben a-z in der Eingabezeichenfolge *vor* der Zerlegung in Großbuchstaben umgewandelt. Ein Unterschlüsselwort, z. B. arg, entscheidet darüber, welche Eingabezeichenfolge zerlegt wird. Die folgende Übersicht stellt die Unterschlüsselwörter den zugehörigen Eingabezeichenfolgen gegenüber:

arg	Kommagetrennte Argumentfolgen.
linein	Nächste Zeile des Standardeingabestroms.
pull	Nächste Zeile der externen Warteschlange bzw. des Standardeingabestroms.
source	Quellzeichenfolge mit Angaben über das ausgeführte Programm.
value	Wert eines Ausdrucks.
var	Wert einer Variablen.
version	Versionszeichenfolge (Angaben über die Version des REXX-Interpreters).

parse arg

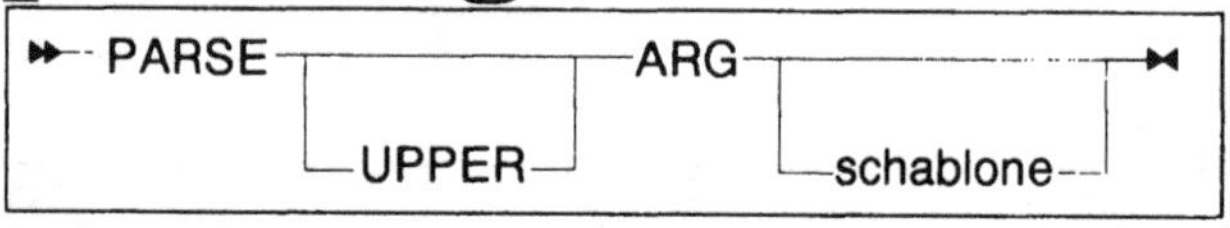

Siehe auch: Argumentfolge; parse; parse-Schablone.

Die Anweisung parse arg (Argumente zerlegen) zerlegt die Argumentzeichenfolgen (kurz: Argumentfolgen) entsprechend der parse-Schablone schablone. Wenn die Option upper angegeben ist, werden die Buchstaben a-z in den Argumentfolgen *vor* der Zerlegung in Großbuchstaben umgewandelt.

Die parse-Schablone schablone besteht aus ein oder mehreren parse-Schablonen, die in gleicher Weise wie die Argumentfolgen durch Kommas voneinander getrennt sind. Kommagetrennte Argumentfolgen werden nur dann erkannt, wenn ein Programm als Programm und nicht als Befehl aufgerufen wird.

Argumentfolgen können interativ zerlegt werden. Bei jeder Zerlegung steht wieder die komplette Argumentfolge zur Verfügung, sie wird durch die Zerlegung also nicht erschöpft.

Hinweise:

- Die arg-Anweisung ist identisch mit der Anweisung parse upper arg. Mit dem Funktionsaufruf arg() kann die Anzahl der übergebenen kommabegrenzten Argumentfolgen abgefragt werden, der Funktionsaufruf arg(*n*) liefert den Inhalt der n-ten Argumentfolge zurück. Mit arg(*n*, "exists") kann abgefragt werden, ob das n-te Argument angegeben wurde, mit arg(*n*, "omitted"), ob das n-te Argument ausgelassen wurde.
- Obwohl das Implementierungslimit die Anzahl der Argumentfolgen in Programmaufrufen auf 20 beschränkt, können die Anweisungen parse arg bzw. arg beliebige Argumentfolgen zerlegen, d. h. diese können beliebig lang sein und aus beliebig vielen kommabegrenzten Argumenten bestehen.

ARG	Es wird der Inhalt der Argumentfolge zerlegt.

schablone	Ein oder mehrere kommagetrennte parse-Schablonen. *Siehe:* parse-Schablone.
UPPER	Die zurückgelieferten Variablen werden in Großbuchstaben umgewandelt.

Beispiele

Siehe auch: parse-Schablone.

REXX-Anweisungen	Erläuterung

person = "Böll Heinrich
...Schriftsteller"
call upro person
exit
upro: procedure
  parse arg name
  ...vorname beruf .
  return
	<u>Argumentfolge wortweise zerlegen:</u>
	Die an upro übergebene Argumentfolge wird wortweise auf die Variablen name, vorname und beruf aufgeteilt. Wenn die Argeumentfolge weitere Daten, z. B. Leerstellen am Ende der Zeichenfolge enthielte, würden diese dem Punkt (am Ende der Schablone) als der Dummy-Variablen zugewiesen. Inhalt der Variablen nach der parse-Anweisung: name = "Böll", vorname = "Heinrich", beruf = "Schriftsteller".

datum = "15.8.95"
zeit = "12:24"
call upro datum, zeit
exit
upro: procedure
  parse arg tag "." monat
  ..."." jahr, ss ":" mm
  return
	<u>Zerlegung mit Zeichenmustern:</u>
	Die Schablone besagt, daß alle Zeichen der ersten Argumentfolge bis zum ersten Punkt (15) der Variablen tag zugewiesen werden, alle Zeichen nach dem ersten Punkt und bis zum zweiten Punkt (8) der Variablen monat und der Rest (95) der Variablen jahr. Die zweite Argumentfolge wird auf die Variablen ss = 12 und mm = 24 aufgeteilt.

Anwendung

Siehe: parse-Schablone.

parse linein

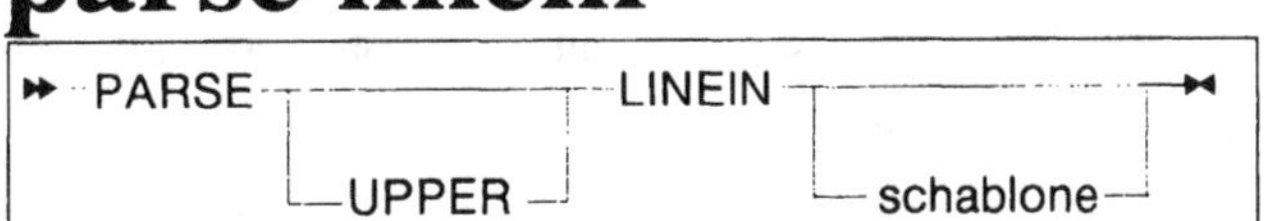

Siehe auch: chars; Ein-/Ausgabe, TSO; Ein-/Ausgabe, Zeichenströme; parse-Schablone; lines; parse; parse pull; pull.

Geltung: ab REXX Level 2.

Die Anweisung parse linein (Zeile eingeben und zerlegen) liest eine Zeichenfolge vom Standardeingabestrom (in der Regel der Tastatur) ein und zerlegt diese entsprechend der parse-Schablone schablone. Wenn die Option upper angegeben ist, werden die Buchstaben a-z in der eingelesenen Zeichenfolge *vor* der Zerlegung in Großbuchstaben umgewandelt.

Wenn schablone fehlt, geht die eingelesene Zeichenfolge verloren. Eine einmal eingelesene Zeichenfolge kann daher nicht noch einmal eingelesen werden. Eine iterative Zerlegung wie bei anderen Varianten der parse-Anweisung ist daher nicht möglich.

Der REXX-Interpreter wartet auf eine Eingabe vom Standardeingabestrom. Im Vordergrund wird solange gewartet, bis die Eingabe mit der Enter-Taste abgeschlossen wird. Im Hintergrund entspricht eine Eingabe in der Regel einem

Satz. Wenn schablone fehlt, wird die Eingabe ignoriert, d. h. der REXX-Interpreter wartet im Vordergrund solange, bis die Enter-Taste gedrückt wird. Die maximale Eingabelänge ist implementierungsabhängig: unter DOS sind 127 Zeichen erlaubt und unter OS/2 253 Zeichen. Diese Anzahl enthält unter DOS und OS/2 keine Zeilenendezeichen.

Die Standardeingabe kommt normalerweise von der Tastatur. Wenn die Standardeingabe umgeleitet wurde, wird ein Satz aus der Datei oder von dem Gerät eingelesen, in die die Standardeingabe umgeleitet wurde.

Hinweise:

- Die Anweisung parse linein ist identisch mit der Anweisung parse value linein() with [*schablone*].
- Bei parse linein ist zwar eine Schablonenliste, d. h. eine kommagetrennte Liste aus Schablonen erlaubt, jedoch werden alle Schablonen außer der ersten ignoriert, und den entsprechenden Zielvariablen wird die Nullzeichenfolge zugewiesen.
- Die Anweisung parse linein kann statt der Anweisungen parse pull bzw. pull dazu verwendet werden, um Zeilen unbedingt vom Standardeingabestrom einzulesen, ohne Rücksicht darauf, ob die externe Warteschlange gefüllt ist oder nicht.

  Hinweis: pull und parse pull haben vor parse linein den Vorzug, daß die manuelle Eingabe über den Standardeingabestrom leicht durch die automatische Eingabe aus der externen Warteschlange ersetzt werden kann.
- Die Funktionen lines bzw. chars können dazu benutzt werden, um festzustellen, ob mindestens eine Zeile bzw. ein Zeichen in einem umgeleiteten Standardeingabestrom vorhanden ist. Wenn die Eingabe von der Tastatur kommt, liefern lines bzw. chars hingegen immer den Wert 0, da der Eingabepuffer vor der Eingabe leer ist.

LINEIN	Es wird eine Zeile vom Standardeingabestrom zerlegt.
schablone	*Siehe:* parse-Schablone.
UPPER	Die zurückgelieferten Variablen werden in Großbuchstaben umgewandelt.

Beispiele

Siehe auch: parse-Schablone.

REXX-Anweisungen	Erläuterung
parse linein parse linein eingabe parse upper linein ...eingabe	Die erste linein-Anweisung wartet auf die Enter-Taste, die eingegebenen Zeichen werden ignoriert. Die beiden anderen linein-Anweisungen lesen solange Zeichen in die Variable eingabe ein, bis die Enter-Taste gedrückt wird. Die zweite Anweisung läßt die eingegebenen Zeichen unverändert, die dritte Anweisung setzt die Kleinbuchstaben a-z in Großbuchstaben um.

Anwendung

Siehe: parse pull (analog).

parse pull

```
►►─PARSE─┬─────────┬─PULL─┬─────────────┬─►◄
         └─ UPPER ─┘      └─ schablone ─┘
```

Siehe auch: Ein-/Ausgabe, TSO; Ein-/Ausgabe, Zeichenströme; parse; parse-Schablone; push; queue; queued; Warteschlange.

Die Anweisung parse pull (herausziehen und zerlegen) liest eine Zeichenfolge vom Anfang der externen Warteschlange oder vom Standardeingabestrom (in der Regel der Tastatur) ein und zerlegt diese entsprechend der parse-Schablone schablone. Wenn die Option upper angegeben ist, werden die Buchstaben a-z in der eingelesenen Zeichenfolge *vor* der Zerlegung in Großbuchstaben umgewandelt.

Wenn schablone fehlt, geht die eingelesene Zeichenfolge verloren. Eine einmal eingelesene Zeichenfolge kann daher nicht noch einmal eingelesen werden. Eine iterative Zerlegung wie bei anderen Varianten der parse-Anweisung ist daher nicht möglich.

Warteschlange. Wenn die aktuelle externe Warteschlange nicht leer ist, wird eine Zeichenfolge vom Anfang der Warteschlange eingelesen.

Standardeingabestrom. Wenn die Warteschlange erschöpft ist, wartet der REXX-Interpreter auf eine Eingabe vom Standardeingabestrom. Daher kann parse pull bzw. pull dazu verwendet werden, Eingaben aus dem Standardeingabestrom einzulesen, falls die Warteschlange leer ist.

Im Vordergrund wird solange gewartet, bis die Eingabe mit der Enter-Taste abgeschlossen wird. Im Hintergrund entspricht eine Eingabe in der Regel einem Satz. Wenn schablone fehlt, wird die Eingabe ignoriert, d. h. der REXX-Interpreter wartet im Vordergrund solange, bis die Enter-Taste gedrückt wird. Die maximale Eingabelänge ist implementierungsabhängig: unter DOS sind 127 Zeichen erlaubt, unter OS/2 253 Zeichen und unter TSO 1 Byte weniger als 16 MB. Diese Anzahl enthält unter DOS und OS/2 keine Zeilenendezeichen.

Unter DOS und OS/2 kommt die Standardeingabe von der Tastatur. Wenn die Standardeingabe umgeleitet wurde, wird ein Satz aus der Datei oder von dem Gerät eingelesen, in die die Standardeingabe umgeleitet wurde.

Im TSO-Vordergrund kommt die Standardeingabe vom Terminal, im TSO-Hintergrund und in Nicht-TSO-Adreßumgebungen wird ein Satz von der Datei mit dem DD-Namen SYSTSIN eingelesen.

Hinweise:

- Die pull-Anweisung ist identisch mit der Anweisung parse upper pull.
- Bei parse pull bzw. pull ist zwar eine Schablonenliste, d. h. eine kommagetrennte Liste aus Schablonen erlaubt, jedoch werden alle Schablonen außer der ersten ignoriert, und den entsprechenden Zielvariablen wird die Nullzeichenfolge zugewiesen.

- *Ab REXX Level 2* kann die Anweisung parse linein dazu verwendet werden, um Zeilen unbedingt vom Standardeingabestrom einzulesen, ohne Rücksicht darauf, ob die externe Warteschlange gefüllt ist oder nicht.
  Hinweis: pull und parse pull haben vor parse linein den Vorzug, daß die manuelle Eingabe über den Standardeingabestrom leicht durch die automatische Eingabe aus der externen Warteschlange ersetzt werden kann.
- Die Anweisung push fügt eine Zeile am *Anfang* (LIFO), queue fügt eine Zeile am *Ende* der Warteschlange ein (FIFO).
- Die Funktion queued liefert die Anzahl der Zeilen zurück, die zur Zeit in der Warteschlange gespeichert sind.
- REXX-Programme, die als Hintergrundprozeß (detached process) laufen, können die Eingabe nicht von der Tastatur, sondern nur aus der aktuellen Warteschlange einlesen.

PULL	Es wird eine Zeile vom Anfang der Warteschlange zerlegt oder, wenn diese leer ist, eine Zeile vom Standardeingabestrom.
schablone	*Siehe:* parse-Schablone.
UPPER	Die zurückgelieferten Variablen werden in Großbuchstaben umgewandelt.

Beispiele

Siehe auch: parse-Schablone.

REXX-Anweisungen	Erläuterung
parse pull parse pull eingabe parse upper pull ...eingabe	Warteschlange leer: Die erste pull-Anweisung wartet auf die Enter-Taste, die eingegebenen Zeichen werden ignoriert. Die beiden anderen pull-Anweisungen lesen solange Zeichen in die Variable eingabe ein, bis die Enter-Taste gedrückt wird. Die zweite Anweisung läßt die eingegebenen Zeichen unverändert, die dritte Anweisung setzt die Kleinbuchstaben a-z in Großbuchstaben um.

do i = 1 to queued()
  parse pull satz.i
end i
do queued()
  parse pull
end
	Warteschlange nicht leer:
	Alle Zeilen der Warteschlange werden der ersten do-Schleife in den Variablenstamm satz. eingelesen. In der zweiten do-Schleife wird die Warteschlange geleert, die eingelesenen Zeilen gehen verloren.

Anwendung

Eingabedialog am Bildschirm

Aufgabe: Auf dem Bildschirm soll eine Eingabeaufforderung angezeigt und dann eine Funktion eingegeben werden. Je nach Funktion soll eine bestimmte Operation ausgeführt (Lesen, Schreiben) oder das Programm beendet werden. Alle anderen Eingaben werden als Fehler gemeldet.

```
do forever
    fkt = eingabe()
    select
      when fkt = "L" then call lesen
      when fkt = "S" then call schreiben
```

```
        when fkt = "E" then leave
        otherwise say "Falsche Funktion"
    end
    exit
```

In der forever-Schleife wird zuerst die interne Funktion eingabe aufgerufen, in der die Eingabe der Funktion fkt abgewickelt wird. In der folgenden select-Auswahl wird eines der internen Unterprogramme lesen oder schreiben ausgeführt (nicht abgedruckt) oder, wenn "E" eingegeben wurde, die do-Schleife mit leave verlassen. Wenn die Eingabe ungültig ist, wird mit say eine Fehlermeldung ausgegeben.

```
eingabe: procedure
  parse source system .; zeile = 15; spalte = 1
  select
    when system = "DOS" then do
      lg = word(rxscrsize(), 2)
      call rxsetpos zeile, spalte; call charout , copies(" ", lg)
      call rxsetpos zeile, spalte; call charout , "Eingabe (E/L/S): "
    end
    when system = "OS/2" then do
      call syscls
      lg = word(systextscreensize(), 2)
      call syscurpos zeile, spalte; call charout , copies(" ", lg)
      call syscurpos zeile, spalte; call charout , "Eingabe (E/L/S): "
    end
    when system = "TSO" then say "Eingabe: "
  end
  parse upper pull fkt 2
  return fkt
```

Mit parse source wird der Name des Betriebssystems eingelesen, damit wir die Bildschirmausgaben je nach Betriebssystem differenzieren können. Unter DOS und OS/2 ermitteln wir mit einer Dienstprogrammfunktion zuerst die Länge lg einer Bildschirmzeile. Mit einer Dienstprogrammfunktion setzen wir den Cursor an den Anfang von Zeile 15 und löschen die Zeile, indem wir mit charout soviele Leerstellen schreiben, wie auf eine Zeile passen. Beachten Sie: Wenn der Ausgabestrom die Standardausgabe sein soll, dürfen wir im Aufruf von charout diesen Parameter nicht angeben, das abschließende Komma muß aber vorhanden sein. Wir setzen den Cursor erneut an den Anfang von Zeile 15 und geben die Eingabeaufforderung "Eingabe: " aus. Der Cursor steht jetzt hinter dem ausgegebenen Text.

Da wir unter TSO den Cursor mit reinen REXX-Mitteln nicht positionieren können und die charout-Funktion nicht zur Verfügung steht, geben wir die Eingabeaufforderung an der aktuellen Cursorposition mit say aus. Unter ISPF könnten wir natürlich mit einem Panel den gleichen Effekt wie unter DOS und OS/2 erreichen.

Um das Beispiel nicht aufzublähen, gehen wir davon aus, daß die externe Warteschlange leer ist. Mit parse upper pull fkt 2 warten wir auf eine Benutzereingabe, die zeichenweise am Bildschirm ab der aktuellen Cursorposition ausgegeben wird. Sobald die Enter-Taste gedrückt wird, wird die Eingabe wegen der upper-Option in Großbuchstaben umgewandelt. Wegen der Positionsangabe 2 nach fkt wird nur das erste Zeichen der Variablen fkt zugewiesen. Mit return fkt wird der Funktionsbuchstabe an den Aufrufer zurückgegeben.

parse-Schablone

Siehe auch: parse.

Die parse-Anweisung zerlegt eine Eingabezeichenfolge, oder bei parse arg ein oder mehrere kommabegrenzte Argumentfolgen, anhand von Schablonen. Eine parse-Schablone kann aus zwei unterschiedlichen Arten von Angaben bestehen:

- Namen von *Zielvariablen*, denen Teile der Eingabezeichenfolge zugewiesen werden sollen. Statt eines Variablennamens kann die Pseudovariable "." beliebig oft in einer Schablone eingesetzt werden.
- Optionale *Zerlegungskriterien*, die festlegen, an welchen Stellen die Eingabezeichenfolge aufgeteilt werden soll. Zerlegungkriterien sind *Worttrennzeichen*, *Zeichenmuster* und/oder *Positionsangaben*. Bei parse arg kommt das Komma als *Argumentfolgen-Trennzeichen* hinzu.

Worttrennzeichen. Wörter sind Zeichenfolgen, die durch ein oder mehrere Leerstellen voneinander getrennt sind. *Siehe auch:* Wort.

Zeichenmuster. Wir unterscheiden die beiden folgenden Arten von Zeichenmustern:

- **Konstante Zeichenmuster.** Sie werden als konstante Zeichenfolgen angegeben, z. B. "FKT(".
- **Variable Zeichenmuster.** :Sie werden durch den Namen einer in runde Klammern gesetzten Variablen angegeben, z. B. (tfkt), wenn tfkt = "FKT(" ist.

Variable Zeichenmuster sind erst *ab REXX Level 2* verfügbar.

Positionsangaben. Bei der Zerlegung der Eingabezeichenfolge wird ein Positionszähler mitgeführt, der die Nummer des aktuellen Zeichens (bei 1 beginnend) enthält. Wir unterscheiden absolute und relative Positionsangaben:

- Eine *absolute Positionsangabe* bezeichnet die n-te Position ab dem Anfang der Eingabezeichenfolge und kann auf zwei Arten angegeben werden:
  - als Zahl mit oder ohne den Präfix =, z. B. 12 oder =12,
  - oder durch den Namen einer in runde Klammern gesetzten Variablen mit dem Präfix =, z. B. =(pos), wenn pos = 12 ist.

  Hinweis: Leerstellen zwischen dem Präfix = und dem geklammerten Variablennamen sind zulässig.
- Eine *relative Positionsangabe* wird zum aktuellen Positionszähler addiert bzw. davon subtrahiert. Sie kann ebenfalls auf zwei Arten angegeben werden:
  - als konstante Zahl mit dem Präfix + oder -, z. B. +2, -2,
  - oder durch den Namen einer in runde Klammern gesetzten Variablen mit dem Präfix + oder -, z. B. +(pos) oder -(pos), wenn pos = 2 ist.

  Hinweis: Leerstellen zwischen dem Präfix + bzw. - und dem geklammerten Variablennamen sind zulässig.

Zerlegungsalgorithmus. Die Zerlegung erfolgt nach folgenden Regeln:

- Die Zerlegung der Eingabezeichenfolge erfolgt zeichenweise von links nach rechts.

- Wenn in der Eingabezeichenfolge die Pseudovariable "." angetroffen wird, wird diese wie der Name einer Variablen behandelt. Zuweisungen an die Pseudovariable gehen allerdings verloren.
- Wenn ein Zerlegungskriterium angetroffen wird, wird die Eingabezeichenfolge an der entsprechenden Stelle in eine linke und eine rechte Teilfolge aufgeteilt. Wenn dem Zerlegungskriterium der Name einer Variablen unmittelbar vorangeht, wird die linke Teilfolge dieser Variablen zugewiesen.
  Zur weiteren Zerlegung wird nur noch die rechte Teilfolge, die wir als Restfolge bezeichnen, herangezogen. Die Positionszählung bezieht sich aber immer auf die gesamte Eingabezeichenfolge. Nach der Bearbeitung eines Zerlegungskriteriums wird der Positionszähler auf das erste Zeichen der Restfolge gesetzt.
- Wenn das Zerlegungskriterium ein *Worttrennzeichen* ist, wird das erste Wort der aktuellen Restfolge der angegebenen Variablen (falls vorhanden) zugewiesen. Die zugewiesene Variable enthält keine Leerstellen am Anfang und am Ende. Alle Zeichen außer der ersten Leerstelle nach dem Wort bilden die neue Restfolge.
  Besteht die Schablone nur aus leerstellenbegrenzten Variablennamen, wird die Eingabezeichenfolge wortweise auf die Variablen verteilt, wobei der letzten Variablen ggf. der Rest der Eingabezeichenfolge zugewiesen wird.
- Wenn das Zerlegungskriterium ein *Zeichenmuster* ist, werden alle Zeichen der aktuellen Restfolge, die dem Zeichenmuster vorangehen, der angegebenen Variablen (falls vorhanden) zugewiesen. Alle Zeichen nach dem Zeichenmuster bilden die neue Restfolge. Das Zeichenmuster wird sozusagen in der Eingabezeichenfolge übersprungen, d. h. es wird keiner Variablen zugewiesen.
- Wenn das Zerlegungskriterium eine *absolute Positionsangabe* ist, werden alle Zeichen der aktuellen Restfolge, die der Position vorangehen, der angegebenen Variablen (falls vorhanden) zugewiesen. Wenn die Positionsangabe kleiner oder gleich dem aktuellen Positionszähler ist, wird die aktuelle Restfolge der angegebenen Variablen (falls vorhanden) vollständig zugewiesen. Alle Zeichen ab der angegebenen Position bilden die neue Restfolge.
- Wenn das Zerlegungskriterium eine *relative Positionsangabe* ist, wird aus dem aktuellen Positionszähler und der relativen Positionsangabe eine absolute Position berechnet. Die Zerlegung erfolgt dann genauso wie bei einer absoluten Positionsangabe.

  Sonderfall: Wenn in einer Schablone die Angaben

  1. Zeichenmuster, Variablenname und relative Positionsangabe
  2. oder Zeichenmuster und relative Positionsangabe

  unmittelbar aufeinander folgen, wird die absolute Position anders ermittelt, und zwar aus der absoluten Position des ersten Zeichens des Zeichenmusters und der relativen Positionsangabe. Das Zeichenmuster wird in diesem Fall also nicht übersprungen, so daß es je nach Positionsangabe im Fall 1 der angegebenen Variablen (falls vorhanden) ganz oder teilweise zugewiesen werden kann.

- Wenn das Zerlegungskriterium ein *Argumentfolgen-Trennzeichen* (ein Komma) ist, wird die linke Teilfolge anhand der Schablone vor dem Komma zugewiesen. Dies ist allerdings nur dann der Fall, wenn die folgenden beiden Voraussetzungen erfüllt sind:
  - parse muß mit dem Unterschlüsselwort arg aufgerufen werden.
  - Das Programm wurde als Programm und nicht als Befehl aufgerufen.

  Alle Zeichen nach dem Komma bilden die neue Restfolge.
- Wenn die Eingabezeichenfolge erschöpft ist und nicht allen Variablen der Schablone ein Wert zugewiesen wurde, wird den verbleibenden Variablen die Nullzeichenfolge zugewiesen.

Wortweise Zerlegung

Bei wortweiser Zerlegung besteht die Schablone nur aus Variablennamen, die jeweils durch ein oder mehrere Leerstellen voneinander getrennt sind. Unterschiede bei der Zerlegung ergeben sich aus der Anzahl der Schablonenvariablen und der Anzahl der Wörter in der Eingabezeichenfolge.

Identische Zerlegung. Die Anzahl der Wörter in der Eingabezeichenfolge ist mit der Anzahl der Variablennamen in der Schablone identisch:

```
  call upro "appc.log□□senden□rechner2□"
  exit
upro: procedure
  parse arg logdatei fkt empf
  parse value "appc.log□□senden□rechner2□" with logdatei fkt empf
  parms = "appc.log□□senden□rechner2□"
  parse var parms logdatei fkt empf
➔ logdatei: "appc.log", fkt: "senden", empf: "rechner2"
```

Alle drei parse-Anweisungen im obigen Beispiel liefern das gleiche Ergebnis.

Zu viele Schablonenvariablen. Die Eingabezeichenfolge enthält *weniger* Wörter als die Schablone Variablennamen enthält. In diesem Fall wird den überzähligen Variablen die Nullzeichenfolge zugewiesen:

```
parms = "appc.log□□senden□rechner2□"
parse var parms logdatei fkt empf recfm lrecl
➔ logdatei: "appc.log", fkt: "senden", empf: "rechner2", recfm: "", lrecl: ""
```

Zu wenige Schablonenvariablen. Die Eingabezeichenfolge enthält *mehr* Wörter als die Schablone Variablennamen enthält. In diesem Fall werden der letzten Variablen alle verbleibenden Zeichen der Restfolge zugewiesen. Die erste Leerstelle nach dem letzten zugewiesenen Wort wird übergangen, die restlichen Leerstellen am Anfang und am Ende der Restfolge werden in die Variable übernommen:

```
parms = "appc.log□□senden□rechner2□"
parse var parms logdatei fkt
➔ logdatei: "appc.log", fkt: "□senden□rechner2□"
```

Die parse-Anweisung weist der letzten Variablen in der Schablone die Restfolge zu. In der Eingabezeichenfolge befinden sich zwischen "appc.log" und "senden" zwei Leerstellen. Nach der Zuweisung von "appc.log" an die Variable logdatei wird die erste Leerstelle nach "appc.log" als Worttrennzeichen abgestrichen, so daß die Restfolge aus den Zeichen "□senden□rechner2□" besteht. Diese Restfolge wird der Variablen fkt unverändert zugewiesen.

Pseudovariablen

Die Pseudovariable "." kann in einer Schablone verwendet werden, um einen Teil innerhalb der Eingabezeichenfolge oder die Restfolge zu übergehen.

```
parse source system
parse source system
```

Die erste parse-Anweisung weist der Variablen system das erste Wort der Quellzeichenfolge zu, nämlich den Namen des Betriebssystems, z. B. "OS/2". Der Rest der Quellzeichenfolge wird der Pseudovariablen "." zugewiesen, geht also verloren. Die zweite parse-Anweisung ist fehlerhaft, da sie die gesamte Quellzeichenfolge der Variablen system zuweist, z. B. "OS/2 COMMAND C:\REXX\WORDSORT.CMD".

```
parse source . . procname
```

Diese parse-Anweisung weist die beiden ersten Wörter der Quellzeichenfolge der Pseudovariablen "." zu. Sie werden daher für die weitere Verarbeitung ignoriert. Der Variablen procname wird dann das dritte Wort der Quellzeichenfolge zugewiesen, nämlich der Pfadname des aufgerufenen Programms, z. B. "C:\REXX\WORDSORT.CMD".

Zeichenmuster

Ein Zeichenmuster in der Schablone bewirkt, daß in der Eingabezeichenfolge nach dem Zeichenmuster gesucht und das Zeichenmuster bei der Aufteilung auf Variablen übergangen wird (es gibt aber auch Sonderfälle, *siehe unten*). Es gelten folgende Regeln:

- **Zeichenmuster vorhanden.** Wenn das Zeichenmuster gefunden wird, wird die linke Teilfolge der Variablen zugewiesen, deren Name dem Zeichenmuster in der Schablone vorangeht. Geht dem Zeichenmuster kein Variablenname voran, geht die linke Teilfolge verloren.

  ```
  parms = "logdatei=appc.log□fkt=senden"
  parse var parms "logdatei=" logdatei "fkt=" fkt
  ➔ logdatei: "appc.log", fkt: "senden"
  ```

  Das Zeichenmuster "logdatei=" wird am Anfang der Eingabezeichenfolge gefunden. Die linke Teilfolge ist daher die Nullzeichenfolge. Wenn dem Zeichenmuster in der Schablone der Name einer Variablen vorangehen würde, würde der Variablen daher die Nullzeichenfolge zugewiesen. Der Restfolge wird die Zeichenfolge "appc.log□fkt=senden", die dem Zeichenmuster folgt, zugeordnet. Innerhalb der Restfolge wird das Zeichenmuster "fkt=" gefunden. Die linke Teilfolge "appc.log□" wird der Variablen logdatei zugewiesen. Die Restfolge "senden" wird der Variablen fkt zugewiesen, da ihr Name die letzte Angabe in der Schablone ist.
- **Zeichenmuster nicht vorhanden.** Wird das Zeichenmuster nicht gefunden, wird die Restfolge der Variablen zugewiesen, deren Name dem Zeichenmuster in der Schablone vorangeht. Allen weiteren Variablen in der Schablone wird die Nullzeichenfolge zugewiesen. Wenn dem Zeichenmuster kein Variablenname vorangeht, geht die Restfolge verloren.

```
parms = "lappc.log□senden"
parse var parms logdatei "," fkt
➔ logdatei: "lappc.log□senden
```

Da parms nicht das Zeichenmuster "," enthält, wird die gesamte Eingabezeichenfolge der Variablen logdatei zugewiesen.

Hinweis: Die Nullzeichenfolge als Zeichenmuster wird nie gefunden.

Konstante und variable Zeichenmuster. Als Zeichenmuster können konstante Zeichenfolgen angegeben werden oder in runde Klammern gesetzte Variablen. Beachten Sie, daß variable Zeichenmuster erst *ab REXX Level 2* verfügbar sind. Die beiden parse-Anweisungen im folgenden Beispiel erzielen das gleiche Ergebnis. Sie unterscheiden sich nur darin, daß die Zeichenmuster einmal konstant und im anderen Fall variabel angegeben werden.

```
parms = "logdatei=appc.log□fkt=senden"
tlog = "logdatei="; tfkt = "fkt="
parse var parms "logdatei=" logdatei "fkt=" fkt
parse var parms (tlog) logdatei (tfkt) fkt
➔ logdatei: "appc.log", fkt: "senden"
```

Dynamische Zeichenmuster. Als Zeichenmuster kann auch eine Variable angegeben werden, die erst während der Zerlegung der Eingabezeichenfolge zugewiesen wird:

```
datum = "12.11.1945"
parse var datum tag 3 trennzeichen +1 monat (trennzeichen) jahr
➔ tag: 12, monat: 11, jahr: 1945
```

Die absolute Positionsangabe 3 in der Schablone bewirkt, daß der Variablen tag die beiden Zeichen vor der Position 3 zugewiesen werden. Die relative Positionsangabe +1 setzt den Positionszähler auf die Position 4, so daß der Variablen trennzeichen das Zeichen in Position 3, nämlich der Punkt "." zugewiesen wird. Mit dem variablen Zeichenmuster (trennzeichen) wird daher in der Restfolge "11.45" nach einem Punkt gesucht. Der dem Punkt vorangehende Teil "11" der Restfolge wird der Variablen monat zugewiesen und die neue Restfolge "45" der Variablen jahr.

Absolute Positionsangaben

Eine absolute Positionsangabe in der Schablone bewirkt, daß die linke Teilfolge *vor* der Position der Variablen zugewiesen wird, die der Positionsangabe vorangeht. Geht der Position kein Variablenname voran, geht die linke Teilfolge verloren.

```
adresse = "Hulbe□□□□□Heidi□□□□□Rottenburg"
parse var adresse name 11 vorname =21 ort
➔ name: "Hulbe□□□□□", vorname; "Heidi□□□□□", ort: "Rottenburg"
```

Positionsangaben, die aus Zahlen bestehen, können ohne Präfix (z. B. 11) oder mit dem Präfix = (z. B. =21) angegeben werden. Die Zeichen 1-10, 11-20 sowie 21ff. der Eingabezeichenfolge werden auf die Variablen name, vorname und ort aufgeteilt. Die absoluten Positionsangaben 11 und 21 wirken wie Stopzeichen, der jeweils vorangehende Teil der Restfolge wird einer Variablen zugeordnet. Die letzte Restfolge ab Position 21 wird schließlich vollständig der letzten Schablonenvariablen ort zugewiesen.

Hinweis: Absolute Positionsangaben eignen sich gut zur Aufteilung fest strukturierter Daten, z. B. zur Aufteilung der Sätze einer Datei mit festen Feldern.

Konstante und variable Positionsangaben. Als absolute Positionsangabe kann eine Zahl angegeben werden wie in dem obigen Beispiel oder der in runde Klammern eingeschlossene Name einer Variablen mit dem Präfix =:

```
adresse = "Hulbe□□□□□Heidi□□□□□Rottenburg"
pvorname = 11; port = 21
parse var adresse name =(pvorname) vorname =(port) ort
```

➔ name: "Hulbe□□□□□", vorname; "Heidi□□□□□", ort: "Rottenburg"

Am Anfang der Eingabezeichenfolge steht der Positionszähler auf 1. Daher gilt in diesem Fall implizit die absolute Positionsangabe 1, die allerdings auch explizit angegeben werden kann. Das Ergebnis des vorangehenden Beispiels ändert sich daher nicht, wenn wir die absolute Positionsangabe 1 am Anfang der Eingabezeichenfolge hinzufügen:

```
parse var adresse 1 name =(pvorname) vorname =(port) ort
```

Iterative Zerlegung. Mit Hilfe der absoluten Positionsangabe 1 kann eine Eingabezeichenfolge auch iterativ, d. h. mehrfach vom Anfang her zerlegt werden:

```
parms = "logdatei=appc.log fkt=senden empf=rechner2"
parse var parms 1 "logdatei=" logdatei . 1 "empf=" empf . 1 "fkt=" fkt
```

➔ logdatei: "appc.log, fkt: "senden", empf: "rechner2"

Wenn das Zeichenmuster "logdatei=" gefunden wird, wird das erste Wort nach dem gefundenen Zeichenmuster ("appc.log") der Variablen logdatei zugewiesen. Der Rest der Eingabezeichenfolge geht an die Pseudovariable ".", die dem Namen der Variablen in der Schablone folgt. Ohne die Pseudovariable würde der Variablen logdatei die gesamte Restfolge nach dem Zeichenmuster zugewiesen ("appc.log fkt=senden empf=rechner2").

Nach der Bearbeitung des ersten Zeichenmusters wird der Positionszähler auf 1 zurückgesetzt, so daß die gesamte Eingabezeichenfolge wieder für den nächsten Zerlegungsgang zur Verfügung steht. Daher werden auch die beiden folgenden Zeichenmuster der Schablone gefunden, obwohl sie in der Eingabezeichenfolge in umgekehrter Reihenfolge angeordnet sind.

Hinweis: Die iterative Zerlegung ermöglicht die Zerlegung von Eingabezeichenfolgen unabhängig von der Reihenfolge, in der die Zeichenmuster vorkommen. Der Positionszähler kann bei der iterativen Zerlegung selbstverständlich auch auf jede andere Position vor dem aktuellen Positionszähler gesetzt werden.

Relative Positionsangaben

Relative Positionsangaben werden zu dem aktuellen Positionszähler addiert bzw. davon subtrahiert. Der Positionszähler wird nach der Aktualisierung als absolute Positionsangabe interpretiert. Die Zerlegung erfolgt dann genauso, als ob eine absolute Positionsangabe angegeben worden wäre.

In dem folgenden Beispiel wurden die konstanten absoluten Positionsangaben 11 und =21 (*siehe oben*) durch konstante relative Positionsangaben ersetzt:

```
adresse = "Hulbe□□□□□Heidi□□□□□Rottenburg"
parse var adresse name +10 vorname +10 ort
```

➔ name: "Hulbe□□□□□", vorname; "Heidi□□□□□", ort: "Rottenburg"

In nächsten Beispiel wurden die variablen absoluten Positionsangaben (*siehe oben*) durch sinngemäße variable relative Positionsangaben ersetzt:

```
adresse = "Hulbe□□□□□Heidi□□□□□Rottenburg"
pvorname = 10; port = 10
parse var adresse name +(pvorname) vorname +(port) ort
```

➔ name: "Hulbe□□□□□", vorname; "Heidi□□□□□", ort: "Rottenburg"

Es wäre nicht sinnvoll, die absolute Positionsangabe 1 bei der iterativen Zerlegung durch eine negative relative Positionsangabe zu ersetzen, da dies nur umständlich möglich wäre. Selbstverständlich sind iterative Zerlegungen mit einer negativen relativen Positionsangabe jederzeit möglich.

Hinweis: Als relative Positionsangaben sind auch +0 oder -0 zulässig.

Kombinierte Zerlegung

Zeichenmuster und Positionsangaben zerlegen die Eingabezeichenfolge in eine linke Teilfolge und die Restfolge. Wenn dem Zeichenmuster bzw. der Positionsangabe der Name einer Variablen vorangeht, wird die linke Teilfolge dieser Variablen zugewiesen.

```
parms = "Erler□□Heidi□□□Hechingen"
parse var parms name 16 ort
```

➔ name: "Erler□□Heidi□□□", ort: "Hechingen"

Die absolute Positionsangabe 16 teilt die Variable parms in die linke Teilfolge "Erler□□Heidi□□□" und die Restfolge "Hechingen". Die linke Teilfolge wird der Variablen name und die Restfolge der Variablen ort zugewiesen.

Gehen die Namen mehrerer Variablen voran, wird die linke Teilfolge wortweise auf diese Variablen aufgeteilt.

```
parse var parms name vorname 16 ort
```

➔ name: "Erler", vorname: "□Heidi□□□", ort: "Hechingen"

Die linke Teilfolge wird wortweise auf die Variablen name und vorname aufgeteilt. Dabei werden in name die Leerstellen am Anfang und Ende abgestrippt. Da vorname der letzte Variablenname vor der Positionsangabe ist, wird der Rest der Teilfolge der Variablen vorname zugewiesen. Beachten Sie aber, daß die erste Leerstelle zwischen "Erler" und "Heidi" als Worttrennzeichen bereits abgestrichen wurde, so daß nur die zweite Leerstelle in vorname übernommen wird. Wenn auch vorname keine Leerstellen am Anfang und Ende haben soll, können wir als dritte Variable die Pseudovariable "." ergänzen:

```
parse var parms name vorname . 16 ort
```

➔ name: "Erler", vorname: "Heidi", ort: "Hechingen"

Zerlegung von Argumentfolgen

Eine Eingabezeichenfolge kann aus ein oder mehreren kommabegrenzten Argumentfolgen bestehen. Argumentfolgen können nur mit parse arg zerlegt werden und das auch nur dann, wenn ein Programm als Programm und nicht als Befehl aufgerufen wurde (*siehe* Argumentfolge).

Aufteilung auf Variablen. Zur Zerlegung einer Eingabezeichenfolge in Argumentfolgen kann man in der Schablone eine kommabegrenzte Variablenliste angeben. Die Argumentfolgen werden dann auf die angegebenen Variablen aufgeteilt. Überzähligen Variablen wird die Nullzeichenfolge zugewiesen.

Werden weniger Variablen angegeben, als Argumentfolgen vorhanden sind, gehen die überzähligen Argumentfolgen verloren.

```
    namen = "Verena Bernd Johanna Erika Volker"
    call wordsort namen, "a"
    exit
  wordsort: procedure
    parse arg liste, sortierfolge
  ➔ liste: "Verena Bernd Johanna Erika Volker", sortierfolge: "a"
```

Da die Anzahl der Variablennamen in der Schablone mit der Anzahl der Argumentfolgen im call-Aufruf des Unterprogramms übereinstimmt, erfolgt eine 1:1-Zuordnung.

```
    call wordsort namen
    exit
  wordsort: procedure
    parse arg liste, sortierfolge
  ➔ liste: "Verena Bernd Johanna Erika Volker", sortierfolge: " "
```

Die call-Anweisung in diesem Beispiel enthält nur die Argumentfolge namen. Daher wird der Variablen sortierfolge im Unterprogramm wordsort die Nullzeichenfolge zugewiesen.

```
    call wordsort namen, "a"
    exit
  wordsort: procedure
    parse arg liste
  ➔ liste: "Verena Bernd Johanna Erika Volker", sortierfolge: " "
```

Da die parse-Anweisung nur einen Variablennamen in der Schablone enthält, geht die zweite Argumentfolge "a" im call-Aufruf verloren.

```
    call wordsort namen, "a"
    exit
  wordsort: procedure
    parse arg liste
    parse upper arg , sortierfolge
  ➔ liste: "Verena Bernd Johanna Erika Volker", sortierfolge: "A"
```

Die Aufteilung der Argumentfolgen erfolgt hier in zwei Gängen, weil die zweite Argumentfolge in Großbuchstaben umgesetzt werden soll und die erste nicht. Die erste parse-Anweisung weist die erste Argumentfolge der Variablen liste zu und ignoriert die zweite Argumentfolge. Die zweite parse-Anweisung ignoriert die erste Argumentfolge, die in der Schablone nur durch ein Komma repräsentiert wird. Die zweite Argumentfolge wird in Großbuchstaben umgewandelt und der Variablen sortierfolge zugewiesen.

Aufteilung durch Unterschablonen. In der Schablone kann statt eines Variablennamens auch eine Unterschablone angegeben werden, die sich aus den üblichen Schablonenelementen zusammensetzt (natürlich außer Argumentfolgen-Trennzeichen).

```
    call upro "07.08.96, 14.33"
    exit
  upro: procedure
    parse arg tag "." monat "." jahr, hh "." mm
  ➔ tag: "07", monat: "08", jahr: "96", hh: "14", mm: "33"
```

Die erste Argumentfolge ist ein Datum und wird durch das Zeichenmuster "." auf die Variablen tag, monat und jahr aufgeteilt. Die zweite Argumentfolge ist eine Uhrzeit und wird ebenfalls durch das Zeichenmuster "." auf die Variablen hh und mm aufgeteilt.

Sonderfälle

Normalerweise teilt ein Zeichenmuster in der Schablone die Eingabezeichenfolge in zwei Teilfolgen links und rechts von dem gefundenen Zeichenmuster. Das Zeichenmuster selbst wird bei der Aufteilung übergangen.

Diese Regel wird durchbrochen, wenn dem Zeichenmuster die folgenden Angaben folgen:

- ein Variablenname und eine relative Positionsangabe
- oder nur eine relative Positionsangabe.

In diesem Fall wird das Zeichenmuster in die Zerlegung mit einbezogen. Die relative Positionsangabe wird zur absoluten Position des ersten Zeichens des Zeichenmusters addiert. Die sich ergebende Position wird wie eine absolute Positionsangabe behandelt.

In dem folgenden Beispiel analysiert die parse-Anweisung eine Liste von Optionen. Wenn eine Option (z. B. "ascii") vorhanden ist, soll die Option der entsprechenden Variablen (z. B. ascii) zugewiesen werden. Andernfalls soll die Variable mit der Nullzeichenfolge initialisiert werden.

```
parms = "comp ascii"
parse var parms 1 "crlf" +0 crlf . 1 "comp" +0 comp . 1 "ascii" +0 ascii
➔ ascii: " ", comp: "comp", crlf: "crlf"
```

Die Schablone besteht aus drei Unterschablonen. Jede Unterschablone besteht aus der absoluten Positionsangabe 1, einem Zeichenmuster, der relativen Positionsangabe +0 und einem Variablennamen. Die absolute Positionsangabe 1 bewirkt, daß jeder Unterschablone die ganze Eingabezeichenfolge zur Verfügung steht. Das jeweilige Zeichenmuster wird gesucht. Wenn es nicht gefunden wird, wird der Variablen die Nullzeichenfolge zugewiesen und der Rest der Eingabezeichenfolge geht an die Pseudovariable ".". Wird das Zeichenmuster gefunden, so wird es selbst der Variablen zugeweisen und der Rest der Eingabezeichenfolge geht ebenfalls an die Pseudovariable ".".

Falls in einer Schablone zwischen Zeichenmuster und relativer Positionsangabe der Name einer Variablen steht, wird der Variablen die Teilfolge zugeordnet, die mit dem ersten Zeichen des Zeichenmusters beginnt und links von der errechneten Position endet:

```
parms = "comp ascii"
parse var parms 1 "crlf" crlf +4 1 "comp" comp +4 1 "ascii" ascii + 5
➔ ascii: " ", comp: "comp", crlf: "crlf"
```

Das obige Beispiel wurde so umgestaltet, daß dem Zeichenmuster ein Variablenname folgt und diesem eine relative Positionsangabe, die auf das erste Zeichen nach dem Zeichenmuster weist. Der Effekt ist der gleiche wie im obigen Beispiel: Die Option "comp" z. B. wird ab dem ersten Zeichen bis zum letzten Zeichen links von der errechneten Stopposition 1 + 4 der Variablen comp zugewiesen usw.

Groß-/Kleinschreibung

Die Option upper der parse-Anweisung wandelt die Kleinbuchstaben a-z in Großbuchstaben um. Sie kann daher nur dann verwendet werden, wenn in der umzuwandelnden Eingabezeichenfolge weder die deutschen Umlaute äöü noch das Zeichen ß vorkommen.

In manchen Fällen vermißt man eine Option mixed (Groß-/Kleinschreibung gemischt), die folgende Bedeutung haben sollte:

> Vergleiche mit Zeichenmustern berücksichtigen nicht die Groß-/Kleinschreibung. Bei Zuweisungen an die Zielvariablen bleibt jedoch die Groß-/Kleinschreibung erhalten.

Die folgende externe Funktion parsemix löst dieses Problem für jeweils einen Zeichenmustervergleich, ließe sich aber leicht ausbauen, so daß alle gewünschten Zeichenmuster auf einmal verglichen würden. Wir zeigen zuerst den Aufruf der Funktion parsemix:

```
parms = "FKT=senden Logdatei=appc.log empf=rechner2"
tlogdatei = "logdatei="; tfkt = "fkt="; tempf = "empf="
logdatei = parsemix(tlogdatei, parms)
fkt = parsemix(tfkt, parms)
empf = parsemix(tempf, parms)
```

Die Variable parms enthält drei Schlüsselwortparameter, die nach dem Muster schlüsselwort=wert aufgebaut sind. Der Wert eines Schlüsselwortparameters soll einer Variablen zugewiesen werden, die das Schlüsselwort als Namen trägt. Die Schlüsselwörter werden als tlogdatei, tfkt und tempf definiert, wobei das Gleichheitszeichen mit einbezogen wird. Die Funktion wird dreimal aufgerufen, einmal je Schlüsselwort.

```
parsemix:
  parse upper arg muster, kopf (muster)
  pos = length(kopf) + length(muster) + 1
  parse arg , =(pos) wert
  return wert
```

Als Parameter werden das Schlüsselwort (einschl. Gleichheitszeichen) und die zu analysierende Zeichenfolge parms übergeben. Die erste parse-Anweisung wandelt die Eingabezeichenfolge der Funktion in Großbuchstaben um (upper-Option) und verteilt sie auf zwei Argumentfolgen. Die erste enthält das Schlüsselwort in Großbuchstaben und wird der Variablen muster zugewiesen. Die zweite Argumentfolge wird selbst wiederum zerlegt und zwar in eine linke Teilfolge kopf vor dem Zeichenmuster (muster) und eine Restfolge, die wir ignorieren.

Jetzt können wir die Position ausrechnen, ab der der Parameterwert beginnt. Sie errechnet sich aus: Länge von kopf + Länge von muster + 1. In der zweiten parse-Anweisung verzichten wir auf die upper-Option, so daß der Parameterwert unverändert in Groß-/Kleinschreibung übernommen werden kann. Die erste Argumentfolge übergehen wir, indem wir lediglich das begrenzende Komma angeben. Die zweite Argumentfolge wird in drei Teile zerlegt:

- Die Nullzeichenfolge vor der absoluten Positionsangabe =(pos), die verlorengeht.

- Das erste Wort wert ab der absoluten Positionsangabe =(pos), das den Parameterwert enthält.
- Die Restfolge, die der Pseudovariablen "." zugewiesen wird und daher verlorengeht.

Mit return wert geben wir den Parameterwert an den Aufrufer zurück.

parse source

```
>>-PARSE--+-------+--SOURCE--+-----------+--><
          |       |          |           |
          +-UPPER-+          +-schablone-+
```

Siehe auch: parse; parse-Schablone.

Die Anweisung parse source (Quellzeichenfolge zerlegen) zerlegt die Quellzeichenfolge, die den Ursprung (Quelle) des ausgeführten REXX-Programms beschreibt. Wenn die Option upper angegeben ist, werden die Buchstaben a-z in der Quellzeichenfolge *vor* der Zerlegung in Großbuchstaben umgewandelt. Die Quellzeichenfolge besteht aus den folgenden Wörtern:

Wort	Beschreibung
1	Betriebssystem, unter dem das REXX-Programm ausgeführt wird. **Mögliche Werte:** DOS, OS/2, TSO. Diese Angabe kann dazu verwendet werden, um REXX-Programme plattformneutral zu formulieren, indem betriebssystembedingte oder implementierungsabhängige Besonderheiten für jedes der in Frage kommenden Betriebssysteme gesondert abgehandelt werden.
2	Art des Aufrufs des ausgeführten REXX-Programms. Ein REXX-Programm kann als Befehl (COMMAND), als Funktion (FUNCTION) oder als Unterprogramm (SUBROUTINE) aufgerufen werden. Diese Angabe bezieht sich auf das ganze Programm. Man kann damit *nicht* feststellen, ob eine *interne* Prozedur als Funktion oder als Unterprogramm aufgerufen wurde. COMMAND Das REXX-Programm wurde als Befehl aufgerufen. Dies ist dann der Fall, • wenn der Aufruf von einer Befehlsschnittstelle außerhalb eines REXX-Programms erfolgt, • oder wenn der Aufruf innerhalb eines REXX-Programms mit einer address-Anweisung an eine Befehlsschnittstelle addressiert wird. Befehlsschnittstellen sind u. a.: DOS DOS-Befehlszeile (address command) OS/2 OS/2-Befehlszeile (address cmd) TSO TSO/E-READY-Modus (address tso) **Beispiel:** Unter DOS wird in einem REXX-Programm mit address command "wordsort "liste das REXX-Programm wordsort als Befehl aufgerufen.

Wort	Beschreibung
	FUNCTION Das REXX-Programm wurde als Funktion in einem Ausdruck aufgerufen. **Beispiel:** Das REXX-Programm wordsort wird in dem Ausdruck alphaliste = wordsort(liste) als externe Funktion aufgerufen. SUBROUTINE Das REXX-Programm wurde als externes Unterprogramm mit der call-Anweisung aufgerufen. **Beispiel:** Das REXX-Programm wordsort wird mit call wordsort liste als (externes) Unterprogramm aufgerufen.
3	Name oder Pfad des ausgeführten REXX-Programms. DOS: vollständiger Pfad des REXX-Programms in Großbuchstaben, z. B. C:\REXX\wordsort.bat. OS/2: vollständiger Pfad des REXX-Programms, z. B. C:\REXX\wordsort.cmd. TSO: Name des REXX-Programms in Großbuchstaben, z. B. WORDSORT. Wenn der Name nicht bekannt ist, enthält dieses Wort ein Fragezeichen (?). *Siehe auch:* sysvar, sysicmd.
4	TSO: DD-Name, unter dem das REXX-Programm geladen wurde, z. B. SYSPROC. Wenn der DD-Name nicht bekannt ist, enthält dieses Wort ein Fragezeichen (?).
5	TSO: Name der Datei, aus der das REXX-Programm geladen wurde, z. B. SYSPROG.REXX. Wenn der Dateiname nicht bekannt ist, enthält dieses Wort ein Fragezeichen (?).
6	TSO: unveränderter (also *nicht* in Großbuchstaben umgewandelter) Name des REXX-Programms, z. B. wordsort. Wenn der Name nicht bekannt ist, enthält dieses Wort ein Fragezeichen (?).
7	TSO: Name der Standard-Hostbefehlsumgebung beim Laden des REXX-Programms in Großbuchstaben, z. B. TSO, MVS oder ISPEXEC.
8	TSO: Name des Adreßraums in Großbuchstaben, z. B. MVS (nicht TSO/E), TSO/E oder ISPF. Wenn der Name nicht bekannt ist, enthält dieses Wort ein Fragezeichen (?). Wenn ein REXX-Programm z. B. von ISPF aus aufgerufen, ist der Name des Adreßraums ISPF.
9	TSO: 8stellige Benutzerangabe, wie sie im Parametermodul in dem Feld PARSETOK definiert wurde. Wenn die Benutzerangabe nicht bekannt ist, enthält dieses Wort ein Fragezeichen (?).

Hinweise:

- Die Quellzeichenfolge kann interativ zerlegt werden. Bei jeder Zerlegung steht wieder die komplette Quellzeichenfolge zur Verfügung, sie wird durch die Zerlegung also nicht erschöpft.
- Bei parse source ist zwar eine Schablonenliste, d. h. eine kommagetrennte Liste aus Schablonen erlaubt, jedoch werden alle Schablonen außer der ersten ignoriert, und den entsprechenden Zielvariablen wird die Nullzeichenfolge zugewiesen.

schablone — *Siehe:* parse-Schablone. In der Regel verwendet man eine parse-Schablone, die aus Variablennamen und ggf. Punkten (.) für nicht gewünschte Wörter der Quellzeichenfolge besteht.

SOURCE — Es wird die Quellzeichenfolge zerlegt.

UPPER — Die zurückgelieferten Variablen werden in Großbuchstaben umgewandelt. Die meisten Variablen werden allerdings schon automatisch in Großbuchstaben zurückgeliefert.

Beispiele

REXX-Anweisungen	Erläuterung
parse source system .	Namen des Betriebssystems ermitteln (OS/2): system: "OS/2" Der Punkt (.) am Ende der Anweisung bewirkt, daß alle übrigen Wörter der Quellzeichenfolge ignoriert werden.
parse source system ...calltype procname .	Betriebssystem, Aufrufart und Programmnamen ermitteln (DOS): system: "DOS" calltype: "FUNCTION" procname: "C:\REXX\WORDSORT.BAT" Der Punkt (.) am Ende der Anweisung bewirkt, daß alle übrigen Wörter der Quellzeichenfolge ignoriert werden. Da die Quellzeichenfolge unter DOS zur Zeit keine weiteren Wörter enthält, erfüllt der Punkt hier nur eine Sicherheitsfunktion, falls in späteren Versionen der REXX-Implementierung unter DOS weitere Wörter hinzukommen sollten.
parse source . . ...procname . procdsn .	Ausgewählte Angaben ermitteln (TSO): procname: "WORDSORT" procdsn: "SYSPROG.REXX" Die zwei Punkte (.) zwischen source und procname sowie der Punkt zwischen procname und procdsn bewirken, daß das erste und zweite bzw. das vierte Wort der Quellzeichenfolge ignoriert werden. Der Punkt am Ende der Anweisung bewirkt, daß alle verbleibenden Wörter der Quellzeichenfolge ignoriert werden. Nach Ausführung der Anweisung enthält procname den Membernamen und procdsn den Dataset-Namen des ausgeführten REXX-Programms.

Häufige Fehler

Punkt vergessen. Wenn man nur bestimmte Angaben aus der Quellzeichenfolge benötigt, muß man die unerwünschten Wörter in der parse-Anweisung durch einen Punkt (.) ersetzen. Die Anweisung parse source system liefert nicht etwa den Namen des Betriebssystems, sondern die ganze Quellzeichenfolge: "DOS FUNCTION C:\REXX\WORDSORT.BAT". Wenn man die Anweisung mit einem Punkt beendet, also:

```
parse source system .
```

wird der Name des Betriebssystems (DOS) der Variablen system zugewiesen, und alle verbleibenden Wörter der Quellzeichenfolge werden ignoriert.

Anwendung

1	Plattformneutrale Programmierung
2	Aufrufneutrale Programmierung
3	Dateibezeichnung eines REXX-Programms ermitteln

1. Plattformneutrale Programmierung: Programmierung

Aufgabe: In einem Programm, die sowohl unter TSO als auch unter DOS lauffähig sein soll, soll die Existenz einer Datei geprüft werden, deren Namen in der Variablen dateiname enthalten ist.

```
datei_vorhanden = 0
parse source system .
select
  when system = "DOS" then do
    if rxfinfo(dateiname) <> "" then datei_vorhanden = 1
  end
  when system = "TSO" then do
    if sysdsn(dateiname) = "OK" then datei_vorhanden = 1
  end
  otherwise do
    say "Betriebssystem nicht vorgesehen"
    exit
  end
end
if dateiname_vorhanden then...
```

Die logische Variable datei_vorhanden wird zu Beginn auf 0 (falsch) gesetzt. Mit parse source system . wird der Name des Betriebssystems ermittelt, unter dem das Programm läuft. Der Punkt am Ende der Anweisung bewirkt, daß der Variablen system nur der Name des Betriebssystems zugewiesen wird, der Rest der Quellzeichenfolge wird ignoriert.

Mit der select-Anweisung wird nach den zu erwartenden Betriebssystemen differenziert. Die otherwise-Klausel soll sicherstellen, daß das Programm nicht mit einem Syntaxfehler herausfällt, wenn es wider Erwarten unter einem nicht vorgesehenen Betriebssystem laufen sollte.

Die beiden when-Klauseln handeln die beiden vorgesehenen Betriebssysteme DOS und TSO ab. Unter DOS liefert die externe Dienstfunktion rxinfo die vollständige Dateibezeichnung des angegebenen Dateinamens, wenn die Datei existiert, und die Nullzeichenfolge, wenn es die Datei nicht gibt. Unter TSO liefert die TSO/E-Funktion sysdsn die Zeichenfolge "OK", wenn die angegebene Datei existiert und in Ordnung ist, andernfalls eine Zeichenfolge mit einer Fehlermeldung.

Wenn die when-Abfragen erfolgreich sind, wird die Variable datei_vorhanden auf 1 (richtig) gesetzt und die if-Abfrage am Ende der Anweisungssequenz wird mit dem then-Zweig fortgesetzt.

2. Aufrufneutrale Programmierung aufrufneutrale Programmierung:

Aufgabe: Das Programm readparms soll mit drei durch Kommas voneinander getrennten Parametern aufgerufen werden. Das Programm soll von der Befehlszeile aus, aber auch in einem anderen Programm als externes Unterprogramm aufgerufen werden können.

```
parse source . calltype .
if calltype = "COMMAND" then do
  parse arg parm1 "," parm2 "," parm3
end
else do
  parse arg parm1, parm2, parm3
end
```

Mit parse source . calltype . wird ermittelt, auf welche Art das Programm readparms aufgerufen wurde. Der Punkt zwischen source und calltype bewirkt, daß in der Quellzeichenfolge der Name des Betriebssystems überlesen wird, der Punkt am Ende der Anweisung, daß der Rest der Quellzeichenfolge nach dem Aufruftyp ignoriert wird.

Wenn das Programm aus der Befehlszeile aufgerufen wurde, enthält calltype den Wert COMMAND, andernfalls den Wert FUNCTION (Funktionsaufruf) oder SUBROUTINE (Aufruf mit call). Auch wenn das Programm aus einem anderen Programm, z. B. mit address command "readparms" unter DOS, als Befehl aufgerufen wurde, enthält calltype den Wert COMMAND.

Wir befassen uns zuerst mit dem else-Zweig. Die parse-Schablone besteht aus den Variablennamen parm1, parm2 und parm3, die durch Komma voneinander getrennt sind. Diese Sonderform der parse-Anweisung setzt voraus, daß die Parameter im Aufruf des Programms ebenfalls durch Kommas getrennt werden. Dies hat den Vorteil, daß ein Parameter aus beliebigen Zeichen bestehen darf. Er darf insbesondere auch Leerstellen und Kommas enthalten, die sonst als Trennzeichen interpretiert werden könnten. Das folgende Beispiel zeigt einen Aufruf für das Programm readparms.

```
p1 = "Swift, Jonathan"
p3 = "Droste-Hülshoff, Annette von"
call readpar1 p1, "Arnim, Bettina von", p3
```

Die drei Zeichenfolgen, die als Parameter übergeben werden sollen, werden von REXX elementweise in einer Tabelle eingetragen, die an das aufrufende Programm übergeben wird. In dem aufgerufenen Programm entnimmt REXX diese Parameter ebenso elementweise, so daß die Kommas innerhalb eines Parameters keine Rolle spielen und nicht mit einem Parametertrennzeichen verwechselt werden können.

Wenn die Parameter hingegen von der Befehlszeile aus übergeben werden, greift der Parameterübergabe-Mechanismus von REXX nicht, da das Betriebssystem diese Variante der Parameterübergabe nicht kennt. Wir müssen also die

Zerlegung der Parameter auf eine andere Art durchführen. Die parse-Schablone besteht daher aus den Variablennamen und dem Zeichenmuster ",", das als Trennzeichen verwendet werden soll.

Allerdings darf sich jetzt innerhalb eines Parameters kein Komma befinden, da dieses dann als Trennzeichen interpretiert würde. Wenn also trozdem ein Komma innerhalb eines Parameters erforderlich ist, muß man diesen Fall anders behandeln. Man könnte z. B. vorschreiben, daß statt des Kommas ein Schrägstrich gesetzt werden muß, um diesen nach dem Aufruf des Programms in ein Komma umzuwandeln. Der Aufruf aus der Befehlszeile könnte dann folgendermaßen aussehen:

```
>readparms Swift/Jonathan, Arnim/Bettina von, Droste-Hülshoff/Annette von
```

Der then-Zweig müßte folgendermaßen verändert werden:

```
if calltype = "COMMAND" then do
  parse arg parm.1 "," parm.2 "," parm.3
  do i = 1 to 3
    parm.i = translate(parm.i, ",", "/")
  end i
end
```

Die Parameter werden nun in die Variablenstamm parm eingelesen. Daher kann die Umwandlung der Schrägstriche in Kommas mit translate(parm.i, ",", "/") in einer do-Schleife erfolgen.

3. Dateibezeichnung eines REXX-Programms ermitteln

Aufgabe: Die Datei parm.dat soll unter OS/2 in dem gleichen Verzeichnis ausgegeben werden, aus dem das REXX-Programm aufgerufen wurde. Unter OS/2 bestimmen Sie die vollständige Dateibezeichnung mit der folgenden Anweisungssequenz:

```
parse source . . procname .
laufwerk = filespec("drive", procname)
pfad = filespec("path", procname)
dateiname = laufwerk || pfad || "parm.dat"
```

Nach Ausführung der parse-Anweisung enthält procname die vollständige Pfadbezeichnung des ausgeführten Programms, z. B.

```
C:\REXX\WORDSORT.CMD.
```

Die beiden folgenden Anweisungen ermitteln mit Hilfe der OS/2-spezifischen Funktion filespec das Laufwerk (einschließlich Doppelpunkt) und den Pfadnamen des REXX-Programms. Beide werden miteinander verkettet, und der entstehenden Zeichenfolge wird der Dateiname "parm.dat" angehängt, so daß die vollständige Dateibezeichnung "C:\REXX\parm.dat" entsteht.

parse value

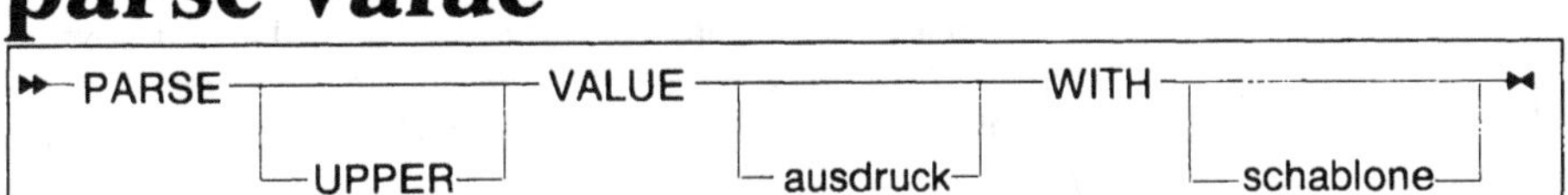

Siehe auch: parse; parse-Schablone.

Die Anweisung parse value (Wert zerlegen) zerlegt das Ergebnis der Berechnung des Ausdrucks ausdruck entsprechend der parse-Schablone schablone.

Wenn die Option upper angegeben ist, werden die Buchstaben a-z in dem Auswertungsergebnis von ausdruck *vor* der Zerlegung in Großbuchstaben umgewandelt.

Wenn ausdruck weggelassen wird, wird die Nullzeichenfolge zerlegt. with wird bei dieser Variante der parse-Anweisung als Unterschlüsselwort verwendet und darf daher in ausdruck nicht als Symbol benutzt werden.

Hinweise:

- Die value-Zeichenfolge kann interativ zerlegt werden. Bei jeder Zerlegung steht wieder die ursprüngliche value-Zeichenfolge zur Verfügung, sie wird durch die Zerlegung also nicht erschöpft, es sei denn eine in ausdruck enthaltene Variable wird in der Schablone als Zielvariable verwendet.
- Bei parse value ist zwar eine Schablonenliste, d. h. eine kommagetrennte Liste aus Schablonen erlaubt, jedoch werden alle Schablonen außer der ersten ignoriert, und den entsprechenden Zielvariablen wird die Nullzeichenfolge zugewiesen.

ausdruck	Ausdruck, dessen berechnetes Ergebnis zerlegt werden soll. Wenn ausdruck nur aus einem Variablennamen besteht, erfüllt parse value die gleiche Funktion wie parse var.
schablone	*Siehe:* parse-Schablone.
UPPER	Die zurückgelieferten Variablen werden in Großbuchstaben umgewandelt.
VALUE	Es wird das Ergebnis der Berechnung des Ausdrucks ausdruck zerlegt.
WITH	Unterschlüsselwort zur syntaktischen Abgrenzung von ausdruck und schablone.

Beispiele

Siehe auch: parse-Schablone.

REXX-Anweisungen	Erläuterung
t = "Kiel, den 15.8.95" parse value word(t, 3) ...with tt "." mm "." jj	Funktionsergebnis zerlegen: Der Funktionsaufruf word(t, 3) stellt das dritte Wort der Variablen t bereit. Dieses wird als Datum zerlegt, so daß die Schablonenvariablen die folgenden Werte erhalten: tt = 15, mm = 8, jj = 95.
datum = date() parse value datum ...with tt "/" mm "/" jj parse value date()	Variableninhalt zerlegen: Der erste parse-Anweisung zerlegt das Datum in der Variablen datum, so daß die Schablonenvariablen die folgenden Werte erhalten: tt = 15, mm = 8, jj = 95. Das gleiche Ergebnis würde man mit parse var datum tt "." mm "." jj erhalten. Die zweite parse-Anweisung zerlegt das Datum, das als Ergebnis des Funktionsaufrufs date() zurückgeliefert wird.

Häufige Fehler

with fehlt. Das Unterschlüsselwort with ist unbedingt erforderlich, weil REXX sonst nicht das Ende des zu zerlegenden Ausdrucks erkennen kann.

Die Anweisung

```
parse value left(satz, 30) name "," vorname
```

führt daher zu REXX-Fehler 38.

Anwendung

1	Teilfolge einer Zeichenfolge zerlegen
2	Aktuelle Jahreszahl ermitteln
3	Standardwert bereitstellen
4	Variablen initialisieren
5	Zahl formatieren

1. Teilfolge einer Zeichenfolge zerlegen

Aufgabe: Die Sätze einer firmeninternen Telefonliste enthalten in den Stellen 1-30 den Namen und den Vornamen eines Mitarbeiters, in den Stellen 31-40 das Abteilungskürzel und in den Stellen 41-45 die Telefonnummer. Der Name des Mitarbeiters soll ermittelt werden, und zwar in der Reihenfolge Vorname/Name.

```
satz = "Brannath□Gerlinde□□□□□□□□□□□□□EDV□□□□□□□2346□"
parse value left(satz, 30) with name vorname .
mitarbeiter = vorname□name
```

➔ mitarbeiter: "Gerlinde Brannath"

Der Funktionsaufruf left(satz, 30) liefert die ersten 30 Zeichen der Variablen satz, also die Stellen, die den Namen und den Vornamen des Mitarbeiters enthalten. Mit parse value wird das Funktionsergebnis

```
"Brannath□Gerlinde□□□□□□□□□□□□□"
```

entsprechend der Schablone name vorname . auf die Variablen name und vorname aufgeteilt. Da der letzten Variablen in einer Schablone der Rest der zu zerlegenden Zeichenfolge zugewiesen wird, geben wir am Ende der parse-Anweisung einen Punkt als Dummy-Variable an, der etwaige Leerstellen am Ende der Teilfolge zugewiesen werden.

Die Zuweisung mitarbeiter = vorname□name schließlich verkettet Vorname und Name durch eine Leerstelle miteinander, so daß der Name nun in der gewünschten Reihenfolge vorliegt.

Wie so oft in REXX ist dies nicht die einzig gültige Lösung der Aufgabe. Auch die folgende Version, die parse var statt parse value verwendet, führt zu dem gleichen Ergebnis.

```
satz = "Brannath□Gerlinde□□□□□□□□□□□□□EDV□□□□□□□2346□"
parse var satz name vorname . 31
mitarbeiter = vorname□name
```

➔ mitarbeiter: "Gerlinde Brannath"

Der Positionsparameter 31 in der parse-Anweisung bewirkt, daß die Zerlegung auf die ersten 30 Stellen von satz begrenzt wird. Anders ausgedrückt: Nach der Zerlegung der ersten 30 Stellen wird die Zerlegung ab Stelle 31 fortgesetzt. Da in der Schablone aber keine weiteren Variablennamen enthalten sind, wird der Rest von satz ignoriert.

Die folgende Lösung sieht auf den ersten Blick korrekt aus. Sie führt auch zum richtigen Ergebnis, solange satz weniger als 30 Zeichen enthält.

```
satz = "Brannath-Decker□Marianne-LuiseEDV□□□□□□□2346□"
parse var satz name vorname .
mitarbeiter = vorname□name
```

➔ mitarbeiter: "Marianne-LuiseEDV Brannath-Decker"

Da die Schablone name vorname . die Variable satz nach Wörtern aufteilt, endet das zweite Wort (der Vorname) erst mit der Leerstelle nach dem Abteilungskürzel EDV, so daß dieses fälschlich an den Vornamen angefügt wird. Die beiden ersten Lösungen hingegen sind auch für diesen Grenzfall gerüstet.

2. Aktuelle Jahreszahl ermitteln

Aufgabe: Die aktuelle vierstellige Jahreszahl soll ermittelt werden.

```
parse value date("normal") with . . jahr
```

➔ jahr: 1996

Der Funktionsaufruf date("normal") liefert das Datum mit dem ausgeschriebenem englischen Monatsnamen in der Form tt□month□jjjj. Dieses Datum, z. B. 13 February 1996, wird durch parse value wortweise zerlegt. Die zwei Punkte am Anfang der Schablone . . jahr bewirken als Dummy-Variablen, daß die ersten beiden Wörter (13 und February) weggeworfen werden. Das dritte Wort schließlich, die vierstellige Jahreszahl 1996, wird der Variablen jahr zugewiesen.

3. Standardwert bereitstellen

Aufgabe: Ein Programm zum Sortieren einer Wortliste wird mit zwei Parametern aufgerufen: dem Namen der Wortliste und einem optionalen Parameter, der die Sortierfolge festlegt. "A" steht für aufsteigend, "D" für absteigend (descendant). Wenn der Sortierfolge-Parameter fehlt, soll als Standardwert "A" angenommen werden.

```
  call wordsort namen, "d"
  exit
wordsort:
  parse arg liste, sortfolge
  parse upper value sortfolge "A" with sortfolge .
  ...
```

➔ sortfolge: "D"

call wordsort übergibt als Sortierfolge-Parameter "D". mit parse arg wird dieser Wert der Variablen sortfolge zugewiesen. parse upper value bearbeitet eine Zeichenfolge, die aus dem in Großbuchstaben umgewandelten Inhalt von sortfolge besteht, der durch eine Leerstelle mit dem Standardwert "A" verkettet wird, also "D A". Die Zeichenfolge "D A" besteht also aus den beiden Wörtern "D" und "A", die auf die Variable sortfolge und den Punkt als Dummy-Variable aufgeteilt werden. sortfolge enthält also nach Abarbeitung der zweiten parse-Anweisung das Zeichen "D", wie es (als Kleinbuchstabe) mit der call-Anweisung übergeben wurde.

```
call wordsort namen
...
wordsort:
  parse arg liste, sortfolge
  parse upper value sortfolge "A" with sortfolge .
  return
```

➔ sortfolge: "A"

In diesem Fall übergibt call wordsort keinen Sortierfolge-Parameter. Mit parse arg wird der Variablen sortfolge daher die Nullzeichenfolge zugewiesen. parse upper value bearbeitet eine Zeichenfolge, die aus der Nullzeichenfolge besteht, die durch eine Leerstelle mit dem Standardwert "A" verkettet wird, also "□A". Die Zeichenfolge "□A" besteht also nur aus dem Wort "A", das durch die Schablone sortfolge . der Variablen sortfolge zugewiesen wird. Dem Punkt als einer Dummy-Variablen wird nichts zugewiesen, da die ursprüngliche Variable sortfolge keinen weiteren Wörter enthält. sortfolge enthält daher nach Abarbeitung der zweiten parse-Anweisung das Zeichen "A", also den Standardwert für den Sortierfolge-Parameter.

Wie Sie sehen, ist dies eine elegante und übersichtliche Methode, um einen Standardwert zuzuweisen, falls ein optionaler Parameter nicht übergeben wurde.

4. Variablen initialisieren

Aufgabe: Es sollen mehrere Variablen mit der Nullzeichenfolge initialisiert werden.

```
parse value "" with name vorname ort satz.
➔ name = ""; vorname = ""; ort = "", satz. = ""
```

Wir machen hier von der Tatsache Gebrauch, daß die parse-Anweisung alle Variablen mit der Nullzeichenfolge initialisiert, wenn die aufzuteilende Zeichenfolge erschöpft ist. Da dies von Anfang an schon der Fall ist, werden alle Variablen in der Schablone name vorname ort satz. mit der Nullzeichenfolge initialisiert. Insbesondere werden alle Variablen des Variablenstamms satz. mit der Nullzeichenfolge vorbesetzt. Ähnlich kann man die Initialisierung von logischen und/oder numerischen Variablen zusammenfassen:

```
parse value copies("0□", 5) with anzahl satzlg blocklg satz.0 fehlernr
➔ anzahl = 0; satzlg = 0; blocklg = 0; satz.0 = 0; fehlernr = 0
```

Natürlich könnte man auf diese Art auch mehrere Variablen mit verschiedenen Werten initialisieren:

```
parse value "Grieshaber Mathilde Esslingen" with name vorname ort
➔ name = "Grieshaber"; vorname = "Mathilde"; ort = "Esslingen"
```

Über Geschmack läßt sich bekanntlich gut streiten. Aber Vorsicht, wenn Sie dieses Verfahren benutzen wollen: Die folgende parse-Anweisung führt nicht zum gewünschten Ergebnis:

```
parse value 1 2 3 -2 with a b c d
➔ a = 1; b = 2; c = 1; d = ""
```

REXX faßt die Zeichenfolge "3 -2" als Ausdruck auf und führt die Subtraktion 3-2 durch, so daß die Zeichenfolge "1 2 1" zerlegt wird statt, wie gewünscht, "1 2 3 -2". Dieser Falle entgehen Sie, wenn Sie die Zeichfolge in Anführungszeichen setzen:

```
parse value "1 2 3 -2" with a b c d
➔ a = 1; b = 2; c = 3; d = -2
```

5. Zahl formatieren

Aufgabe: Eine Zahl soll mit Dezimalkomma, n Nachkommastellen sowie Tausenderpunkten formatiert werden. Aus Gründen der Übersichtlichkeit gehen wir hier davon aus, daß die Zahl kein Vorzeichen hat und daß n > 0 ist. Die Ausgangszahl kann beliebig viele Leerstellen enthalten, die allerdings von der Funktion entfernt werden sollen.

```
    neuzahl = formzahl("□□1234567.89□□")
    exit

formzahl: procedure
    /* Teil 1: Prolog */
    parse arg zahl 1 "." nk .
    nklg = length(nk)
    zahl = space(zahl, 0)

    /* Teil 2: Nachkommastellen und erste Tausendergruppe bearbeiten */
    plus = nklg + 4
    parse value translate(reverse(format(zahl,, nklg)), ",", "."),
      with zahl +(plus) rest

    /* Teil 3: Weitere Tausendergruppen bearbeiten */
    do while rest <> " "
      zahl = zahl"."
      parse var rest gruppe +3 rest
      zahl = zahl || gruppe
    end
    return reverse(zahl)

➔  neuzahl: "1.234.567,89"
```

In *Teil 1* der Funktion formzahl wird mit parse arg zahl 1 "." nk . die zu formatierende Zahl in die Variable zahl eingelesen. Anschließend wird der Positionszähler wieder auf 1 zurückgestellt, so daß erneut die ganze Zahl zerlegt werden kann. Es wird *der* Teil der übergebenen Zahl hinter dem Dezimalpunkt "." abgegriffen und der Variablen nk zugewiesen. Leerstellen nach den Nachkommastellen werden dem Punkt (am Ende der Schablone) als der Dummy-Variablen übergeben, so daß mit nklg = length(nk) die Anzahl der Nachkommastellen ohne Leerstellen ermittelt wird. Mit zahl = space(zahl, 0) werden alle Leerstellen in der Ausgangszahl entfernt.

In *Teil 2* wird zuerst mit plus = nklg + 4 die relative Position berechnet, die sich aus der Stellenzahl für die Nachkommastellen, einer Stelle für das Komma und drei Stellen für die erste Tausendergruppe ergibt, also 6. Dann wird mit translate(reverse(format(zahl,, nklg)), ",", ".") zuerst die Zahl zahl mit nklg Nachkommastellen formatiert, das ergibt in unserem Fall 1234567.89. Das Ergebnis wird mit der Funktion reverse umgedreht, so daß wir die Zahl von hinten her aufrollen können. Die translate-Funktion schließlich ersetzt den Dezimalpunkt, den die format-Funktion erzeugt hat, durch ein Dezimalkomma.

Die Anweisung parse value zerlegt demnach die Zeichenfolge 98.7654321. Die parse-Schablone zahl +(plus) rest bewirkt folgendes:

- Der Variablen zahl werden die Nachkommastellen, das Dezimalkomma und die erste Tausendergruppe (in umgekehrter Reihenfolge) zugewiesen, also 98,765.
- Die Zuweisung endet mit der sechsten Stelle der zu zerlegenden Zeichenfolge. Dies bewirkt die relative Positionsangabe +(plus), die nach der Ersetzung von plus gleichbedeutend mit der direkten Positionsangabe +6 ist und den Positionszähler um sechs Stellen nach rechts, also auf die siebte Stelle rückt.

- Der Rest der zu zerlegenden Zeichenfolge, also 4321, wird der Variablen rest zugewiesen.

In *Teil 3* wird solange die do-Schleife do while rest <> "" durchlaufen, bis die Variable rest leer ist. Zuerst wird mit zahl = zahl"." ein Tausenderpunkt an die (umgekehrte) Zahl angehängt. Mit parse arg rest gruppe +3 rest werden die drei ersten Stellen der Variablen rest als nächste Tausendergruppe abgespalten und der Variablen gruppe zugewiesen. Der Positionszähler wird mit +3 um drei Stellen nach rechts gerückt. Die übrigen Stellen der Variablen rest werden ab dieser Position wiederum der Variablen rest zugewiesen. Die Tausendergruppe gruppe wird mit zahl = zahl || gruppe an die Zahl angehängt. Wenn rest leer ist, wird die do-Schleife verlassen und der umgekehrte Wert von zahl wird mit return reverse(zahl) an das aufrufende Programm zurückgegeben.

parse var

```
>>--PARSE--+---------+--VAR---name--+-------------+--><
           |         |              |             |
           +--UPPER--+              +--schablone--+
```

Siehe auch: parse; parse-Schablone.

Die Anweisung parse var (Variable zerlegen) zerlegt den Inhalt der Variablen name entsprechend der parse-Schablone schablone. Wenn die Option upper angegeben ist, werden die Buchstaben a-z in der Variablen *vor* der Zerlegung in Großbuchstaben umgewandelt.

Hinweise:

- Eine Variable kann iterativ zerlegt werden. Bei jeder Zerlegung steht wieder die ursprüngliche Variable zur Verfügung, sie wird durch die Zerlegung also nicht erschöpft, es sei denn die Variable wird in der Schablone als Zielvariable verwendet.
- Bei parse var ist zwar eine Schablonenliste, d. h. eine kommagetrennte Liste aus Schablonen erlaubt, jedoch werden alle Schablonen außer der ersten ignoriert, und den entsprechenden Zielvariablen wird die Nullzeichenfolge zugewiesen.

name	Name der Variablen, die zerlegt werden soll.
schablone	*Siehe:* parse-Schablone.
UPPER	Die zurückgelieferten Variablen werden in Großbuchstaben umgewandelt.
VAR	Es wird der Inhalt der Variablen name zerlegt.

Beispiele

Siehe auch: parse-Schablone.

REXX-Anweisungen	Erläuterung
person = "Böll Heinrich ...Schriftsteller" parse var person name ...vorname beruf .	<u>Variable wortweise zerlegen:</u> Die Variable person wird wortweise auf die Variablen name, vorname und beruf aufgeteilt. Wenn person weitere Daten, z. B. Leerstellen am Ende der Zeichenfolge enthielte, würden diese dem Punkt (am Ende der Schablone) als der Dummy-Variablen zugewiesen. Inhalt der Variablen nach der parse-Anweisung: name = "Böll", vorname = "Heinrich", beruf = "Schriftsteller".
datum = "15.8.95" parse var datum tag "." ...monat "." jahr	<u>Zerlegung mit Zeichenmustern:</u> Die Schablone besagt, daß alle Zeichen von datum bis zum ersten Punkt (15) der Variablen tag zugewiesen werden, alle Zeichen nach dem ersten Punkt und bis zum zweiten Punkt (8) der Variablen monat und der Rest von datum (95) der Variablen jahr.

parse version

```
▸▸— PARSE ─┬─────────┬─ VERSION ─┬─────────────┬─▸◂
           └─ UPPER ─┘           └─ schablone ─┘
```

Siehe auch: parse; parse-Schablone.

Die Anweisung parse version (Versionszeichenfolge zerlegen) zerlegt die Versionszeichenfolge, die den Namen, die Versionsnummer und das Datum des implementierten REXX-Interpreters beschreibt. Wenn die Option upper angegeben ist, werden die Buchstaben a-z in der Versionszeichenfolge *vor* der Zerlegung in Großbuchstaben umgewandelt. Die Versionszeichenfolge besteht aus den folgenden Wörtern:

Wort	Beschreibung
1	Name des implementierten REXX-Interpreters. DOS: REXXSAA OS/2: REXXSAA TSO: REXX370
2	Version des implementierten REXX-Interpreters. DOS: z. B. 4.00 OS/2: z. B. 4.00 TSO: z. B. 3.45 oder 3.46
3-5	Datum des implementierten REXX-Interpreters, z. B. 13 June 1989 oder auch 30 Jun 1988. Der englische Monatsname wird also ausgeschrieben oder auf drei Stellen gekürzt.

Hinweise:

- Die Versionszeichenfolge kann iterativ zerlegt werden. Bei jeder Zerlegung steht wieder die komplette Versionszeichenfolge zur Verfügung, sie wird durch die Zerlegung also nicht erschöpft.
- Bei parse version ist zwar eine Schablonenliste, d. h. eine kommagetrennte Liste aus Schablonen erlaubt, jedoch werden alle Schablonen außer der ersten ignoriert, und den entsprechenden Zielvariablen wird die Nullzeichenfolge zugewiesen.

schablone	*Siehe:* parse-Schablone. In der Regel verwendet man eine parse-Schablone, die aus drei Variablennamen für den Namen, die Version und das Datum des Sprachprozessors besteht.
UPPER	Die zurückgelieferten Variablen werden in Großbuchstaben umgewandelt.
VERSION	Es wird die Versionszeichenfolge zerlegt.

Beispiele

REXX-Anweisungen	Erläuterung
parse version . version .	Versionsnummer des REXX-Interpreters ermitteln (OS/2): version: "4.00" Die Punkte (.) bewirken, daß alle Wörter der Versionszeichenfolge außer der Version ignoriert werden.
parse version rexxname ...version rexxdatum .	Alle Versionmsangaben ermitteln (DOS): rexxname: "REXXSAA" version: "4.00" rexxdatum: "13 June 1989" Der Punkt (.) am Ende der Anweisung bewirkt, daß alle übrigen Wörter der Versionszeichenfolge ignoriert werden. Da die Versionszeichenfolge unter DOS zur Zeit keine weiteren Wörter enthält, erfüllt der Punkt hier nur eine Sicherheitsfunktion, falls in späteren Versionen der REXX-Implementierung unter DOS weitere Wörter hinzukommen sollten.

Anwendung

1	Verwendung versionsabhängiger SAA-Funktionen
2	Verwendung versionsabhängiger Spracheigenschaften

1. Verwendung versionsabhängiger SAA-Funktionen

Aufgabe: Die eingebaute SAA-Funktion x2b steht unter TSO/E erst ab der Version 3.48 des REXX-Interpreters zur Verfügung. Wenn ein Programm sowohl unter früheren Versionen als auch ab der Version 3.48 lauffähig sein soll, muß dies berücksichtigt werden.

```
  binvar = hex2bin("8C")
  exit
hex2bin: procedure
  parse upper arg hexvar
  parse version . version .
  if version > 3.47 then return x2b(hexvar)
```

```
else do
  binvar = ""
  do i = 1 to length(hexvar)
    ziffer = substr(hexvar, i, 1)
    pos = pos(ziffer, "ABCDEF")
    if pos > 0 then ziffer = 9 + pos
    binziffer = 8
    do k = 1 to 4
      if ziffer % binziffer = 1
        then do
          binvar = binvar"1"
          ziffer = ziffer // binziffer
        end
        else binvar = binvar"0"
      binziffer = binziffer / 2
    end k
  end i
end
return binvar
```

Wenn die Version des REXX-Interpreters größer als 3.47 ist, wird die eingebaute SAA-Funktion x2b verwendet. Andernfalls wird die Funktion nachgebildet, so daß dieses Programmstück auch mit früheren Versionen des REXX-Interpreters lauffähig ist.

2. Verwendung versionsabhängiger Spracheigenschaften

Aufgabe: In einer parse-Anweisung soll eine relative Positionsangabe nicht durch eine Zahl, sondern durch eine Variable erfolgen. Vor Version 4.00 des REXX-Interpreters war die symbolische Angabe von Positionen noch nicht zulässig.

```
parse version . version .
if version < 4.00
  then interpret "parse value reverse(format(zahl,, nklg))",
    "with zahl +"nklg" . +1 gruppe +3 rest ."
  else parse value reverse(format(zahl,, nklg)),
    with zahl +(nklg) . +1 gruppe +3 rest .
```

Mit parse version . version . wird die Versionszeichenfolge so zerlegt, daß die eigentliche Versionsangabe in der Variablen version gespeichert wird, die übrigen Bestandteile werden dem Punkt als der Dummy-Variablen zugewiesen.

Wenn die Version kleiner 4.00 ist, wird eine Hilfskonstruktion verwendet, die den Gebrauch einer symbolischen Positionsangabe ermöglicht.

Um unser Ziel zu erreichen, muß die parse-Anweisung interpretiert werden. Die Bestandteile der Anweisung, die ohne Problem verarbeitet werden können, werden in Anführungszeichen gesetzt, so daß Variablenersetzungen und Funktionsberechnungen erst im Zeitpunkt der Interpretation der parse-Anweisung erfolgen. Lediglich der Name der Variablen nklg, die die Positionsangabe enthält, wird ohne Anführungszeichen hingesetzt, so daß die Variable nklg vor der Interpretation durch ihren Wert ersetzt wird. Tatsächlich wird daher die folgende Anweisung interpretiert (nklg = 2):

```
parse value reverse(format(zahl,, nklg)) with zahl +2 . +1 gruppe +3 rest .
```

Wenn die Version des REXX-Interpreters mindestens 4.00 ist, kann die symbolische relative Positionsangabe in runde Klammern gesetzt werden: +(nklg). In vielen Fällen kann es sinnvoller und übersichtlicher sein, wenn man die

Versionsabfrage wegläßt und die parse-Anweisung grundsätzlich interpretiert. Sie hat allerdings den Nachteil, daß sie schwerer verständlich ist. Wenn man beide Varianten vorsieht, kann man die interpret-Variante leicht entfernen und durch die normale parse-Anweisung ersetzen, wenn der REXX-Interpreter auf eine Version 4.00 oder größer umgerüstet wird.

Pfadname

(OS/2 und DOS)

Es gibt absolute und relative Pfadnamen.

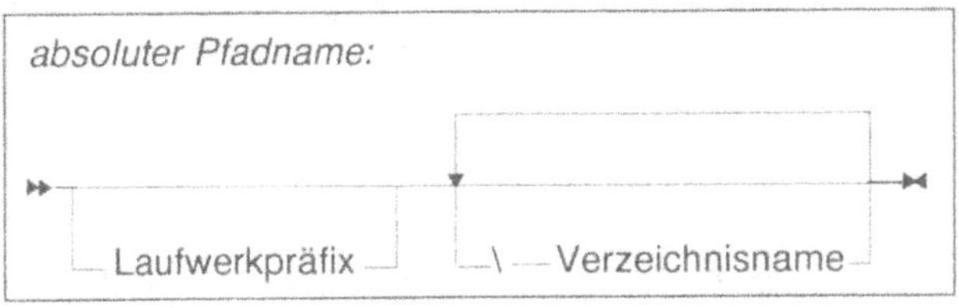

Ein absoluter Pfadname bezeichnet einen vollständigen Pfad und ist eine Verkettung aus einem optionalen Laufwerkpräfix und ein oder mehreren Verzeichnisnamen, die jeweils mit "\" eingeleitet werden.

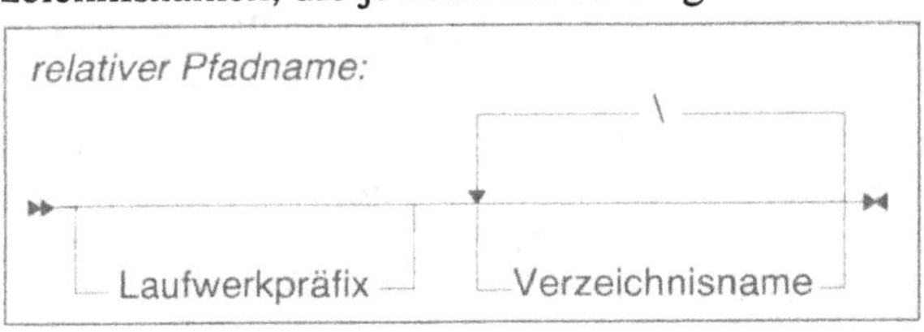

Ein relativer Pfadname ist relativ zum Pfad des aktuellen Verzeichnisses. Er ist eine Verkettung aus einem optionalen Laufwerkpräfix, einem Verzeichnisnamen ohne einleitendes "\" und keinem, einem oder mehreren Verzeichnisnamen, die jeweils mit "\" eingeleitet werden.

Der *Laufwerkpräfix* besteht aus dem *Laufwerkbuchstaben* und einem Doppelpunkt. Wenn der Laufwerkpräfix fehlt, gilt das aktuelle Laufwerk.

Beispiele

REXX-Anweisungen	Erläuterung
	Aktuelles Laufwerk: "c:". Aktuelles Verzeichnis auf Laufwerk c: "\rexx". Aktuelles Verzeichnis auf Laufwerk d: "\util".
d1 = "\dosrx"	d1 ist ein absoluter Pfadname, der aus dem Verzeichnisnamen "\dosrx" besteht. Der vollständige Pfadname "c:\dosrx" enthält zusätzlich den den aktuellen Laufwerkbuchstaben "c:".
d2 = "\dosrx\ext"	d2 ist ein absoluter Pfadname, der aus den beiden Verzeichnisnamen "\dosrx" und "\ext" besteht. Der vollständige Pfadname "c:\dosrx\ext" enthält zusätzlich den Präfix des aktuellen Laufwerks "c:".

REXX-Anweisungen	Erläuterung
d3 = "ext"	d3 ist ein relativer Pfadname, der aus dem Verzeichnisnamen "ext" besteht. Der vollständige Pfadname "c:\rexx\ext" enthält zusätzlich das aktuelle Laufwerk "c:" und den Namen des aktuellen Verzeichnisses "\rexx".
d4 = "d:\dosrx\ext"	d4 ist ein vollständiger, absoluter Pfadname, der aus dem Laufwerkpräfix "d:" und den beiden Verzeichnisnamen "\dosrx" und "\ext" besteht.
d5 = "d:ext"	d5 ist ein relativer Pfadname, der aus dem Laufwerkpräfix "d:" und dem Verzeichnisnamen "ext" besteht. Der vollständige Pfadname "d:\util\ext" enthält zusätzlich den Namen des aktuellen Verzeichnisses "\util" auf Laufwerk "d:".

pmrexx

```
▸▸— PMREXX programm —▸◂
```

Die OS/2-Programm pmrexx (PM = Presentation Manager) ist ein Programm, mit dem REXX-Programme in einem PM-Fenster ausgeführt und getestet werden können. In der Regel befindet sich das Programm im Verzeichnis c:\os2. pmrexx kann von der OS/2-Befehlszeile aus aufgerufen werden. Im Aufruf von pmrexx muß der Name programm des auszuführenden REXX-Programms mitgegeben werden.

Das pmrexx-Fenster wird allerdings nur eingeblendet, wenn eine Ein-/Ausgabe für die drei Standardzeichenströme - Standardeingabe (stdin), Standardausgabe (stdout), Standardfehlerausgabe (stderr) - erforderlich ist. Das Fenster enthält eine Menüleiste, eine Eingabezeile und ein Ausgabefenster.

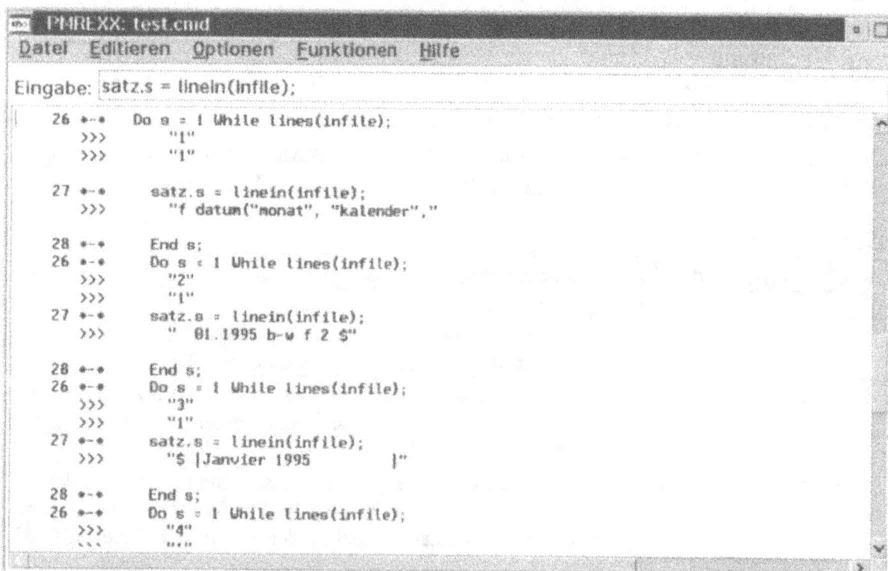

Eingabezeile. In der Eingabezeile werden Eingaben der Standardeingabe eingegeben, u. a. auch Trace-Eingaben. Die letzte Eingabe (und nur diese) kann mit der Cursortaste ↑ in das Eingabefeld zurückgeholt und ggf. geändert werden.

Ausgabefenster. Im Ausgabefenster werden die Ausgaben der Standardausgabe und der Standardfehlerausgabe ausgegeben, u. a. also auch die Trace-Ausgabe. Das Ausgabefenster verfügt über zwei Bildlaufleisten, so daß in der Bildschirmausgabe geblättert werden kann. Dies ist besonders dann nützlich, wenn ein Programm umfangreiche Bildschirmausgaben erzeugt oder wenn der Trace eingeschaltet ist. Mit der linken Maustaste kann ein Bereich des Ausgabefensters markiert, mit Strg+Einfg in die Zwischenablage kopiert und mit ⇧Einfg in die Eingabezeile eingefügt werden. Es werden allerdings nur Programmzeilen in die Eingabezeile kopiert, andere Ausgaben wie z. B. Trace-Ausgaben werden beim Kopieren ausgespart.

Menüleiste. Wenn ein Programm beendet ist, wird eine Nachricht angezeigt, und pmrexx kann verlassen werden (z. B. mit F3). Die Menüleiste bietet u. a. folgende Funktionen an:

- pmrexx beenden
- Ausgabefenster in einer Datei sichern
- Ausgabefensterbereiche kopieren, löschen und einfügen
- REXX-Programm beenden oder erneut starten
- Interaktiven Trace (Ablaufverfolgung) starten, bedienen und inaktivieren
- Schriftart, Schriftgröße und Schriftstil festlegen

programm	Name des auszuführenden REXX-Programms. *Siehe* Dateibezeichnung, DOS und OS/2.

pos

```
▸▸─POS(suchfolge, zielfolge─┬────────┬─)─▸◂
                            └─, pos──┘
```

Die eingebaute SAA-Funktion pos (Position) liefert die Anfangsposition der Zeichenfolge suchfolge in der Zeichenfolge zielfolge zurück. Die Position 0 wird zurückgeliefert,

- wenn suchfolge nicht in zielfolge gefunden wird,
- oder wenn suchfolge und/oder zielfolge aus der Nullzeichenfolge bestehen.

Standardmäßig beginnt die Suche ab Position 1 in zielfolge, andernfalls ab der angegebenen Position.

Hinweis: Die Funktion lastpos leistet das gleiche wie pos, durchsucht aber die Zielfolge von hinten nach vorne.

pos	Positive Ganzzahl. Position, ab der in zielfolge nach suchfolge gesucht werden soll. **Standard:** 1.

suchfolge — Beliebige Zeichenfolge, nach der in zielfolge gesucht werden soll.

zielfolge — Beliebige Zeichenfolge, in der suchfolge gesucht werden soll.

Beispiele

REXX-Anweisungen	Erläuterung
zeichen = "e" text = "Die rote Zora" pos1 = pos(zeichen, text) pos2 = pos(zeichen, text, 1) pos3 = pos(zeichen, text, 4) pos4 = pos(zeichen, text, 9)	ein Zeichen suchen: pos1 liefert das gleiche Ergebnis wie pos2, nämlich 3, da standardmäßig ab Position 1 gesucht wird. pos3 sucht ab Position 4 und findet daher das zweite "e" in text1 in Position 8. pos4 sucht ab Position 9 und findet daher kein "e" mehr, so daß als Fundposition 0 zurückgeliefert wird.
text1 = "Hülshoff" text2 = "Droste-Hülshoff" pos1 = pos(text1, text2) pos2 = pos(text1, text2, pos1 + 1) pos3 = pos("", text2) pos4 = pos(text1, "")	Zeichenfolge suchen: pos1 findet text1 ab Position 8 in text2. pos2 findet text1 nicht in text2, da erst ab der Fundposition pos1 + 1 gesucht wird, das Ergebnis ist daher 0. pos3 und pos4 liefern beide 0, da die Suche nach der Nullzeichenfolge oder die Suche in einer Nullzeichenfolge immer erfolglos ist.
text1 = "x" text2 = "xyz" pos1 = pos(text1, text2, 4) pos2 = pos(text1, text2, 0)	Position zu groß oder zu klein: pos1 liefert 0, weil die Länge von text2 (3) kleiner als die Position 4 ist. pos2 führt zu REXX-Fehler 40, da die Position 0 nicht erlaubt ist.

Anwendung

1	Tabellenprüfung mit einer Zeichenliste
2	Tabellenprüfung und Tabellenabgriff mit synchronen Listen
3	Zeichenfolge in einem Variablenstamm suchen
4	Trennzeichen in Uhrzeit und Datum identifizieren
5	Positionsgebundene Zeichenfolgen suchen

1. Tabellenprüfung mit einer Zeichenliste

Aufgabe: Es soll geprüft werden, ob ein eingegebenes Befehlskürzel einer der Buchstaben b, c, e oder m ist, d. h. das eingegebene Befehlskürzel soll gegen die Tabelle der zulässigen Befehlskürzel geprüft werden.

```
cmdtab = "bcem"
cmd1 = "x"
cmd2 = "c"
pos1 = pos(cmd1, cmdtab)
pos2 = pos(cmd2, cmdtab)
```

➔ pos1: 0, pos2: 2

Die zulässigen Befehlsbuchstaben werden der Zeichenfolge cmdtab zugewiesen. Die Aufrufe der Funktion pos enthalten als ersten Parameter den zu prüfenden Befehlsbuchstaben cmd1 bzw. cmd2 und als zweiten Parameter den Namen der Zeichenliste cmdtab. pos1 ist 0, weil "x" nicht in cmdtab gefunden wurde. pos2 erhält den Wert 2, weil "e" das dritte Zeichen in cmdtab ist.

Hinweis: Auch verify kann zur Prüfung verwendet werden. verify(cmd1, cmdtab[, "no match"]) liefert 0, wenn cmd1 in cmdtab enthalten ist, andernfalls 1. verify(cmd1, cmdtab, "match") liefert analog zur pos-Funktion 0, wenn cmd1 in cmdtab nicht enthalten ist, andernfalls die Fundposition.

Wenn das zu prüfende Befehlskürzel aus mehreren Zeichen bestehen kann, können Sie zur Prüfung die Funktionen wordpos oder abbrev verwenden.

2. Tabellenprüfung und Tabellenabgriff mit synchronen Listen

Aufgabe: Anhand eines eingegebenen Befehlsbuchstabens soll der ausführliche Befehlsname ermittelt werden.

Tabelle der Befehlsbuchstaben: b, c, e, m.

Tabelle der Befehlsnamen: browse, copy, edit, move.

```
cmdtab = "bcem"
nametab = "browse copy edit move"
cmd = "c"
pos = pos(cmd, cmdtab)
if pos > 0 then name = word(nametab, pos); else say "Falscher Befehl"
```

➔ name: "copy"

Die Befehlsbuchstaben werden in der Zeichenfolge cmdtab definiert, die Befehlsnamen in der Wortliste nametab. Die beiden Listen sind synchron, weil jedem Buchstaben in der Zeichenfolge cmdtab ein Wort in der Wortliste nametab entspricht, dessen Wortnummer wertmäßig mit der Position in der Zeichenfolge übereinstimmt.

Die Position des eingegebenen Befehlskürzels cmd wird zuerst der Variablen pos zugewiesen. Dies ist nötig, damit wir die Zuweisung name = word(nametab, pos) davon abhängig machen können, ob pos > 0 ist. Wäre pos gleich 0, würde word(nametab, pos) mit dem REXX-Fehler 40 enden, da die Wortnummer 0 nicht erlaubt ist.

Die kompakte Schreibweise name = word(nametab, pos(cmd, cmdtab)) kann daher nicht angewendet werden, da sie zu zu einem Fehler führt, wenn cmd nicht in cmdtab gefunden wird. name wird also der Befehlsname aus der zu cmdtab synchronen Wortliste nametab zugewiesen, da cmd ("c") in cmdtab vorhanden ist. Andernfalls würde ein Fehler gemeldet.

3. Zeichenfolge in einem Variablenstamm suchen

Aufgabe: In einem Variablenstamm sollen nacheinander alle Vorkommen einer bestimmten Zeichenfolge gesucht werden.

```
  z.1 = "Johann Wolfgang von Goethe"
  z.2 = "Friedrich Schiller"
  z.3 = "Christian Friedrich Hebbel"
  z.0 = 3; index = 1; pos = 1; suchwort = "Friedrich"; lg = 0
  do while index > 0
    call stempos "Friedrich"
  end
  exit
stempos:
  if lg = 0 then lg = length(suchwort); else pos = pos + lg
  do index = index to z.0
    pos = pos(suchwort, z.index, pos)
    if pos > 0 then leave index
    pos = 1
```

```
end index
if index > z.0 then index = 0
return
```

➔ index: 2, 3, 0, pos: 1, 11, 1

Nach der Definition des Variablenstamms z. werden die Variablen index, pos, suchwort und lg initialisiert. Die interne Funktion stempos wird solange durchlaufen, wie die Variable index größer als 0 ist, d. h. bis feststeht, daß keine Fundstellen mehr vorhanden sind.

Die interne Funktion beginnt mit einer if-Abfrage. Wenn die Funktion zum ersten Mal aufgerufen wird, ist lg 0. In diesem Fall muß der Wert von pos unverändert bleiben, lg allerdings wird mit length(suchwort), der Länge von suchwort, besetzt, so daß die Variable bei allen weiteren Aufrufen von stempos den richtigen Wert hat. Andernfalls wird die letzte Fundposition pos um lg, also die Länge von suchwort, erhöht.

In der folgenden do-Schleife erhält die Kontrollvariable index als Anfangswert den aktuellen Wert von index. Die to-Klausel setzt als Obergrenze der Kontrollvariablen die höchste Indexnummer z.0 des Variablenstamms z.. Zuerst wird suchwort in der Stammvariablen z.index ab der Position pos gesucht. Wenn die Suche erfolgreich, also pos > 0 ist, wird die Schleife mit leave i verlassen. Andernfalls wird pos auf 1 gesetzt und die Suche mit der nächsten Stammvariablen fortgesetzt. Nach dem letzten Schleifendurchlauf müssen wir noch prüfen, ob index größer als z.0 ist. Wenn ja, wurden alle Stammvariablen durchsucht und suchwort wurde (bei diesem Aufruf von stempos) nicht gefunden. Zum Kennzeichen dafür setzen wir index auf den Wert 0, den wir im Hauptprogramm in der Schleifenbedingung while index > 0 abfragen.

4. Trennzeichen in Uhrzeit und Datum identifizieren

Aufgabe: In Unterprogrammen, die ein Datum oder eine Uhrzeit bearbeiten, sollen die unterschiedlichen Trennzeichen erkannt und das Datum oder die Uhrzeit entsprechend zerlegt werden.

```
zeit = "15:36:27"
select
  when pos(".", zeit) > 0 then trennzeichen = "."
  when pos(":", zeit) > 0 then trennzeichen = "."
  when pos("□", zeit) > 0 then trennzeichen = "□"
  otherwise
    say "Kein bekanntes Trennzeichen"
    exit
end
parse var zeit hh (trennzeichen) mm (trennzeichen) ss
```

➔ trennzeichen: ":", hh: 15, mm: 36, ss: 27

In den when-Klauseln der select-Anweisung wird mit pos geprüft, ob eines der erwarteten Uhrzeittrennzeichen in zeit enthalten ist, wenn ja, wird trennzeichen entsprechend gesetzt. Mit der otherwise-Klausel bauen wir vor für den Fall, daß keines der bekannten Trennzeichen in zeit vorkommt. Mit parse var wird zeit anhand des ermittelten Trennzeichens in die Bestandteile hh (Stunden), mm (Minuten) und ss (Sekunden) zerlegt. Die Angabe (trennzeichen) steht anstelle eines literalen Zeichenmusters wie etwa "." und bedeutet, daß die Variable in Klammern als Zeichenmuster verwendet werden soll.

In ähnlicher Weise können auch Datumsvariablen oder andere Daten mit festem Format, aber unterschiedlichen Trennzeichen, analysiert werden.

5. Positionsgebundene Zeichenfolgen suchen
Aufgabe: Eine Adreßdatei wird in einen Variablenstamm eingelesen. Ein Satz beginnt ab Position 1 mit dem Familiennamen, ihm folgen Vornamen und Adreßdaten. In der Adreßdatei sollen alle Personen gesucht werden, die den Familiennamen Heinz tragen.

```
do i = 1 to satz.0
  if pos("Heinz", satz.i) = 1 then say satz.i
end i
```

Da Heinz auch in Vornamen, z. B. Karl-Heinz, oder in der Adresse vorkommen kann, ist es wichtig, daß nicht nur abgefragt wird, ob pos("Heinz", satz.i) ein Ergebnis ungleich 0 liefert. Vielmehr wird sichergestellt, daß "Heinz" in Position 1 beginnt, also der Familienename ist.

Positionsparameter

Siehe: arg (Anweisung); arg (Funktion); Argumentfolge; parse arg; Parameter; Schlüsselwortparameter.

Positionsparameter sind Parameter, deren Bedeutung sich auf Grund ihrer Position innerhalb der Parameterzeichenfolge ergibt. Vertauschungen und Verschiebungen in der Parameteranordnung führen daher zu ungewollten Ergebnissen.

Leerstellenbegrenzte Parameterzeichenfolgen. In leerstellenbegrenzten Parameterzeichenfolgen darf kein Parameter fehlen, weil sonst alle folgenden Parameter um eine Position nach vorne geschoben würden. Das Auslassen eines Parameters ist aber erlaubt, wenn nach dem ausgelassenen Parameter keine weiteren Parameter vorgesehen sind oder wenn auch alle nachfolgenden Parameter ausgelassen werden:

```
tel.liste senden rechner2
tel.liste senden
tel.liste rechner2
```

Die zweite Parameterliste ist in Ordnung, weil die Reihenfolge der beiden ersten Parameter beibehalten und nur der letzte Parameter ausgelassen wurde. In der dritten Liste fehlt der zweite Parameter, so daß rechner2 fälschlich als der zweite Parameter angesehen wird.

Leerstellenbegrenzte Parameterzeichenfolgen werden mit parse arg zerlegt, wobei die parse-Schablone aus leerstellenbegrenzten Variablennamen bestehen muß:

```
  call upro "tel.liste senden rechner2"
  exit

upro: procedure
  parse arg datei fkt empf
```

Wenn die Parameter alle oder teilweise in Variablen enthalten sind, muß der Aufruf entsprechend variiert werden (wir zeigen hier einen Funktionsaufruf):

```
sendedatei = "tel.liste; ziel = "rechner2"
rc = appc(sendedatei "senden" ziel)
exit
```

```
appc: procedure
  parse arg datei fkt empf
```

Hinweis: Die Parameter in leerstellenbegrenzten Parameterzeichenfolgen dürfen keine Leerstellen enthalten, weil diese als Parametertrennzeichen interpretiert würden.

Kommabegrenzte Parameterzeichenfolgen. In anders begrenzten Parameterzeichenfolgen muß ein ausgelassener Parameter durch sein Trennzeichen repräsentiert werden, sofern noch weitere Parameter folgen. Wir berücksichtigen hier nur kommabegrenzte Parameterzeichenfolgen, da diese von REXX in besonderer Weise unterstützt werden:

```
tel.liste, senden, rechner2
tel.liste, senden
tel.liste,, rechner2
```

In der zweiten Parameterliste wurde der letzte Parameter ausgelassen. Das Trennzeichen nach senden kann entfallen, weil keine weiteren Parameter mehr folgen. Anders in der dritten Parameterliste: Da der zweite Parameter fehlt, mußte er durch das trennende Komma ersetzt werden, so daß zwischen dem ersten und dritten Parameter nun zwei Kommas stehen.

Kommabegrenzte Parameterzeichenfolgen werden mit parse arg in Argumentfolgen zerlegt, wobei die parse-Schablone aus kommabegrenzten Variablennamen bestehen muß:

```
  call upro "tel.liste", "senden", "rechner2"
  exit
upro: procedure
  parse arg datei, fkt, empf
```

Beachten Sie, daß die Parameter nicht in einer einzigen Zeichenfolge übergeben werden dürfen. Der folgende call-Aufruf führt dazu, daß die Parameterzeichenfolge komplett als erste Argumentfolge interpretiert und der ersten Schablonenvariablen datei zugewiesen wird:

```
call upro "tel.liste, senden, rechner2"
```

Die Zerlegung kommabegrenzter Parameterzeichenfolgen mit parse arg ist nur in Programmen möglich, die von einem REXX-Programm aus aufgerufen werden. Die Parameterübergabe von REXX-Programmen, die als Befehle aufgerufene werden, unterliegt den Übergabeverfahren der jeweiligen Betriebssysteme, die kommabegrenzte Parameterzeichenfolgen nicht unterstützen.

Wenn die Parameter alle oder teilweise in Variablen enthalten sind, muß der Aufruf entsprechend variiert werden (wir zeigen hier einen Funktionsaufruf):

```
  sendedatei = "tel.liste; ziel = "rechner2"
  rc = appc(sendedatei, "senden", ziel)
  exit
appc: procedure
  parse arg datei, fkt, empf
```

Auf die einzelnen Argumentfolgen einer kommabegrenzten Parameterzeichenfolge kann auch mit Hilfe der Funktion arg zugegriffen werden. Dabei liefert arg(*n*) die n-te Argumentfolge zurück, arg(*n*, "exists") liefert 1 (wahr), wenn die n-te Argumentfolge angegeben wurde, andernfalls 0 (falsch), und arg(*n*, "omitted") liefert 1 (wahr), wenn die n-te Argumentfolge weggelassen wurde, andernfalls 0 (falsch).

```
    sendedatei = "tel.liste; ziel = "rechner2"
    rc = appc(sendedatei, "senden", ziel)
    exit
  appc: procedure
    datei = arg(1)
    if arg(2, "omitted") then fkt = "empfang"; else fkt = arg(2)
    if arg(3, "exists") then empf = arg(3); else empf = "rechner1"
```

Im Beispiel wird die erste Argumentfolge mit arg(1) der Variablen datei zugewiesen. Wenn die zweite Argumentfolge ausgelassen wurde, wird der Variablen fkt der Standardwert "empfang" zugewiesen, andernfalls die übergebene Argumentfolge arg(2). Bei der Bearbeitung der dritten Argumentfolge gehen wir umgekehrt vor. Wenn die dritte Argumentfolge vorhanden ist, wird der Variablen empf die übergebene Argumentfolge arg(3) zugewiesen, andernfalls der Standardwert "rechner1".

Hinweis: Die Parameter in kommabegrenzten Parameterzeichenfolgen dürfen sowohl Leerstellen als auch Kommas enthalten. Der REXX-Interpreter unterscheidet zwischen Kommas innerhalb einer Argumentfolge und Kommas, die zur Trennung von Argumentfolgen dienen.

procedure

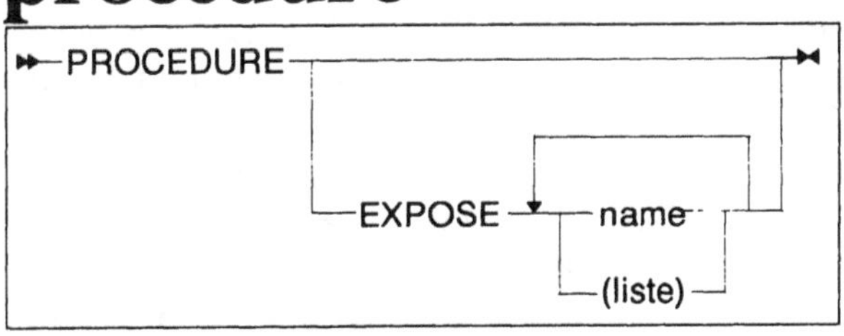

Siehe auch: arg; call; Funktion; parse arg; return; value; Variablenmodifikation, externe.

Die Anweisung procedure (Prozedur) schützt die Variablen des Aufrufers in einem internen Unterprogramm vor dem Zugriff des Unterprogramms. Auch Variablen, deren Namen mit Variablen des Aufrufers übereinstimmen, haben nur lokale Bedeutung; die gleichnamigen Variablen des Aufrufers bleiben unverändert. Interne Unterprogramme müssen nicht durch eine procedure-Anweisung eingeleitet werden; in diesem Fall hat das Unterprogramm vollen Zugriff auf alle Variablen des Aufrufers.

Die procedure-Anweisung muß die erste Anweisung in einem internen Unterprogramm sein, die nach dem Unterprogramm- bzw. Funktionsaufruf ausgeführt wird, d. h. die procedure-Anweisung muß der oder den einleitenden Marken unmittelbar folgen. Auf jeder Unterprogrammstufe ist nur eine procedure-Anweisung zulässig.

In externen Unterprogrammen ist die procedure-Anweisung verboten, da diese automatisch gegen die Variablen des Aufrufers abgeschottet sind.

Variablen exponieren. Mit der expose-Option können Variablen und Variablenstämme exponiert, d. h. von diesem Schutzmechanismus ausgeschlossen werden.

Da die procedure-Anweisung in externen Unterprogrammen verboten ist, gibt es keine Möglichkeit, ausgewählte Variablen des Aufrufers auf diese Art zugänglich zu machen. Stattdessen kann man unter DOS und OS/2 mit Hilfe der value-Funktion Umgebungsvariablen zuweisen, ändern und auslesen, unter ISPF stehen die analogen ISPF-Services vget und vput zur Verfügung. Die Inhalte von Variablen des Aufrufers können jedoch als Argumente an externe Unterprogramme übergeben und mit den Anweisungen arg bzw. parse arg eingelesen werden. Schließlich können Variablen des Aufrufers mit Hilfe der externen Variablenmodifikation manipuliert werden.

Unterprogramm/Funktion beenden. Sobald in Unterprogrammen oder Funktionen, die mit procedure eingeleitet wurden, die return-Anweisung angetroffen wird, wird die Definition der lokalen Variablen aufgehoben und die Variablen des Aufrufers werden wieder zugänglich gemacht. Die exponierten Variablen werden nicht aufgehoben; vielmehr stehen sie dem Aufrufer im aktuellen Zustand zur Verfügung:

- Geänderte Variablen sind für den Aufrufer im geänderten Zustand verfügbar.
- Variablen, deren Definition aufgehoben wurde, sind auch für den Aufrufer aufgehoben.
- Variablen, die zwar exponiert wurden, aber noch nicht initialisiert waren, stehen dem Aufrufer in ihrem jetzigen initialisierten oder nicht initialisierten Zustand zur Verfügung.
- Sämtliche Variablen eines exponierten Variablenstamms sind für den Aufrufer verfügbar, auch die Stammvariablen, die neu zugewiesen wurden, nicht jedoch die Stammvariablen, die aufgehoben wurden.

expose-Option. Wenn die expose-Option angegeben wird, können die angegebenen Variablen bzw. Variablenstämme eingelesen und geändert oder, falls sie vom Aufrufer noch nicht initalisiert wurden, erstmalig zugewiesen werden. Desgleichen kann die Definition von Variablen, Variablenstämmen oder einzelnen Stammvariablen aufgehoben werden. Bisher nicht initialisierte Stammvariablen können wie jede andere exponierte Variable erstmalig zugewiesen werden. Alle Manipulationen mit exponierten Variablen erfolgen mit Wirkung auch für den Aufrufer. Sobald die return-Anweisung ausgeführt wird, sind die geänderten exponierten Variablen dem Aufrufer zugänglich.

Hauptliste. Die Namen der aufzuhebenden Variablen werden in einer leerstellengetrennten Liste, der Hauptliste, angegeben. An die Stelle eines Variablennamens kann in dieser Liste auch ein Aufruf der value-Funktion, der einen Variablennamen ergibt, oder der eingeklammerte Name einer Hilfsliste treten, die wie die Hauptliste aufgebaut ist. Die Hilfsliste darf jedoch nicht selbst weitere Hilfslisten referenzieren.

name ist ein Symbol, das einen gültigen Variablennamen bezeichnet. Wenn der Name eines Variablenstamms, z. B. satz. angegeben wird, werden alle Variablen des Variablenstamms exponiert, auch alle nicht initialisierten, z. B. sind nach procedure expose satz. die Stammvariablen satz.0, satz.1327.neu und satz.min exponiert, aber auch alle anderen Variablen, die mit satz. beginnen.

Hilfsliste. liste ist der Name einer Hilfsliste, die im Prinzip wie die Hauptliste aufgebaut sein muß. Sie darf jedoch nicht selbst weitere Hilfslisten referenzieren. Eine Hilfsliste kann aus keinem, einem oder mehreren Symbolen bestehen, die gültige Variablennamen bezeichnen. Der Name der Hilfsliste muß in runde Klammern eingeschlossen sein. Leerstellen nach der öffnenden und vor der schließenden Klammer sind erlaubt.

Die Hilfsliste wird zuerst exponiert, dann werden die Variablen der Hilfsliste exponiert. Eine Hilfsliste kann vor der Ausführung der procedure-Anweisung beliebig manipuliert werden; die procedure-Anweisung selbst kann in keiner Weise manipuliert werden, auch nicht unter der Kontrolle der interpret-Anweisung, da procedure die erste Anweisung in einem Unterprogramm sein muß. Hilfslisten gestatten außerdem dem aufgerufenenen Unterprogramm bzw. der aufgerufenen Funktion, dynamisch benannte Variablen mit der value-Funktion zu manipulieren (Beispiel: *siehe* Anwendung).

Besonderheiten. Die Variablen werden in der angegebenen Reihenfolge von links nach rechts exponiert. Die Abarbeitungsreihenfolge ist dann von Bedeutung, wenn in einer Liste eine Variable exponiert wird, die in dem Namen einer anderen zu exponierenden Variablen vorkommt.

Falsch: procedure expose name.i i

Richtig: procedure expose i name.i

Das mehrfache Vorkommen einer Variablen in der expose-Option führt nicht zum Fehler.

liste — Name einer Wortliste mit Symbolen, die gültige Variablennamen bezeichnen. liste muß in runde Klammern eingeschlossen werden.

name — Name eines Symbols, das einen gültigen Variablennamen bezeichnet.

Beispiele

REXX-Anweisungen	Erläuterung
procedure expose procedure expose anzahl procedure expose ...anzahl□laenge.3 procedure expose anzahl ...□□□satz. □laenge	Die erste procedure-Anweisung schottet alle Variablen des Aufrufers und des Unterprogramms gegeneinander ab. Die zweite procedure-Anweisung exponiert die Variable anzahl, die dritte die Variablen anzahl und laenge.3 und die vierte die Variable anzahl, alle Variablen des Variablenstamms satz. und die Variable laenge.
liste1 = "" liste2 = "□anzahl□" liste3 = "□anzahl□satz. ...□laenge□" procedure expose (liste1) procedure expose ...(liste2)□laenge procedure expose ...anzahl□(□liste3□)	Die erste procedure-Anweisung ist zwar erlaubt, es werden aber keine Variablen exponiert, da liste1 die Nullzeichenfolge enthält. Die zweite procedure-Anweisung exponiert die Variablen anzahl und laenge, die dritte exponiert die Variable anzahl, alle Variablen des Variablenstamms satz. und die Variable laenge. Das doppelte Vorkommen der Variablen anzahl als selbständiger Variablenname und in liste3 ist unschädlich.

REXX-Anweisungen	Erläuterung
vorname = "Lion" var = "vorname" procedure expose value(var)	In der procedure-Anweisung wird zuerst die Variable var exponiert, value(var) liefert dann den Inhalt von var, nämlich vorname. Daher wird auch die Variable vorname exponiert.

Anwendung

1	Stammvariable in einen Variablenstamm einfügen
2	Dynamisch benannte Variablen manipulieren

1. Stammvariable in einen Variablenstamm einfügen

Aufgabe: In einem internen Unterprogramm soll in den numerisch fortlaufend indizierten Variablenstamm tab. eine Zeichenfolge eingefügt werden.

```
   tab.1 = "Geli"; tab.2 = "Leni"; tab.3 = "Rosa"; tab.0 = 3
   text = "Resi"; nummer = 4711
   call ins "Lona", 2
   exit

ins: procedure expose tab.
   parse arg text, nummer
   do i = nummer + 1 to tab.0
     next = i + 1; tab.next = tab.i
   end i
   tab.0 = tab.0 + 1; tab.3 = text
   return
```

➔ vor call ins: tab.0-tab.4: 3, "Geli", "Leni", "Rosa", "TAB.4"
text: "Resi", nummer: 4711

nach parse arg: tab.0-tab.4: 3, "Geli", "Leni", "Rosa", "TAB.4"
text: "Lona", nummer: 2

vor return: tab.0-tab.4: 4, "Geli", "Leni", "Lona", "Rosa"
text: "Lona", nummer: 2

nach call ins: tab.0-tab.4: 4, "Geli", "Leni", "Lona", "Rosa"
text: "Resi", nummer: 4711

Wir konzentrieren uns hier auf die procedure-Anweisung. Obwohl die Variablen text und nummer im Unterprogramm ins mit anderen Werten als im Hauptprogramm besetzt werden, ist der ursprüngliche Inhalt der Variablen nach der Rückkehr aus dem Unterprogramm noch erhalten, weil diese Variablen nicht durch die procedure-Anweisung exponiert wurden. Der Variablenstamm wurde hingegen wunschgemäß geändert: die Zeichenfolge "Lona" wurde als tab.3 in den Variablenstamm eingefügt und die bisherigen Variablen wurden um 1 nach oben verschoben. tab.0 erhält nun den neuen höchsten Index des Variablenstamm, nämlich 4. Alle Veränderungen des Variablenstamms tab. sind auch im Hauptprogramm sichtbar, weil der Variablenstamm in der procedure-Anweisung exponiert wurde.

2. Dynamisch benannte Variablen manipulieren

Aufgabe: In einem internen Unterprogramm soll der Inhalt aller Variablen, die in einer Liste enthalten sind, in Großbuchstaben umgewandelt werden.

```
   a = "Miriam"; e = "Cora"; liste = "a e"
   call gross
   exit

gross: procedure expose (liste)
   do i = 1 to words(liste)
```

```
    alt = value(word(liste, i))
    call value word(liste, i), translate(alt)
  end i
  return
```

➔ vor call gross: a: "Miriam",e: "Cora"
nach call gross: a: "MIRIAM", e: "CORA"

Die Liste liste der umzuwandelnden Variablen wird im Hauptprogramm definiert. Die expose-Option der procedure-Anweisung in dem internen Unterprogramm gross exponiert die Variable liste und die dem Unterprogramm unbekannten Variablen, die in liste enthalten sind. In der do-Schleife wird für alle Variablen in liste mit value der aktuelle Wert alt ermittelt. Mit call value wird der Variablen der mit translate in Großbuchstaben umgewandelte bisherige Wert zugewiesen. Für das Unterprogramm ist es gleichgültig, welche Variablennamen liste enthält. Daher kann das Unterprogramm beliebig oft mit verschiedenen Listen aufgerufen werden.

prompt

```
▸▸─PROMPT(─┬────────┬─)─▸◂
           └─option─┘
```

Geltung: TSO-Adreßumgebung.

Die externe TSO/E-Funktion prompt (Eingabeaufforderung) liefert den aktuellen Zustand des Eingabemodus ("ON" oder "OFF") zurück und schaltet optional den Eingabemodus in Befehlen ein oder aus. Der Eingabemodus legt fest, ob das System den Benutzer zur Eingabe fehlender Angaben in TSO/E-Befehlen auffordern soll ("ON") oder nicht ("OFF").

Der Eingabemodus kann außer mit der Funktion prompt mit den TSO/E-Befehlen profile und exec ein- bzw. ausgeschaltet werden:

- Mit dem TSO/E-Befehls profile und den Operanden prompt und noprompt wird der Eingabemodus im TSO/E-Profil ein- bzw. ausgeschaltet.
- Beim Aufruf eines Programms mit dem TSO/E-Befehl exec kann der Eingabemodus mit den Operanden prompt und noprompt für das aufgerufene Programm ein- bzw. ausgeschaltet werden (Standard: noprompt).

Die verschiedenen Verfahren zum Ein- und Ausschalten des Eingabemodus unterliegen folgenden Regeln:

- Der Eingabemodus im TSO/E-Profil des Benutzers ist *ausgeschaltet:*

  Das Einschalten mit dem exec-Befehl oder der prompt-Funktion bleibt ohne Wirkung.

- Der Eingabemodus im TSO/E-Profil des Benutzers ist *eingeschaltet:*

  Die Funktion prompt kann den Eingabemodus ein- oder ausschalten. Wenn das Programm mit dem TSO/E-Befehl exec aufgerufen wird, gilt der dadurch gesetzte Zustand des Eingabemodus solange, bis er durch die Funktion prompt geändert wird.

Wenn option fehlt, bleibt der Zustand des Eingabemodus unverändert. Wenn option angegeben wird, muß option ein beliebiger Ausdruck sein, der eine der nachstehenden Optionen ergibt. Groß- und Kleinbuchstaben sind gleichwertig.

- OFF (aus)
  Der Eingabemodus wird ausgeschaltet und der vorherige Zustand des Eingabemodus ("OFF" oder "ON") wird zurückgeliefert.
- ON (ein)
  Der Eingabemodus wird eingeschaltet und der vorherige Zustand des Eingabemodus ("OFF" oder "ON") wird zurückgeliefert.

Geltungsbereich. Der Eingabemodus ist beim Start eines Programms entsprechend den oben angegebenen Regeln ein- oder ausgeschaltet. Der Zustand des Eingabemodus wird an aufgerufene Unterprogramme vererbt. Umgekehrt wird der Zustand des Eingabemodus aus einem aufgerufenen Unterprogramm an den Aufrufer zurückgegeben, so daß sich eine Änderung des Eingabemodus auch auf den Aufrufer auswirkt. In Programmen, die als Befehl aufgerufen werden, gelten hingegen die gleichen Regeln wie beim Aufruf des ursprünglichen Programms. Nach der Abarbeitung eines Befehls wird der Eingabemodus wieder in den vorherigen Zustand versetzt.

Hinweise:

- Der Eingabemodus ist in jedem Fall ausgeschaltet, wenn er im TSO/E-Profil ausgeschaltet ist, und zwar auch dann, wenn die prompt-Funktion den Wert "ON" zurückliefert. Dies kann z. B. dann der Fall sein, wenn der Eingabemodus mit der prompt-Funktion eingeschaltet wird, obwohl er im TSO/E-Profil ausgeschaltet ist.
- Wenn die externe Warteschlange *nicht* leer ist, entnehmen Befehle ihre Eingaben aus der Warteschlange, bevor der Benutzer zur Eingabe aufgefordert wird. Wenn dies nicht erwünscht ist, kann man vor dem Befehlsaufruf mit dem TSO/E REXX-Befehl newstack eine neue, leere Warteschlange anlegen und diese nach dem Befehlsaufruf mit delstack wieder löschen.

option — Beliebiger Ausdruck, der eine Option ergibt. Groß- und Kleinbuchstaben sind gleichwertig.
Mögliche Optionen: *siehe* oben.
Standard: keine Änderung.

Beispiele

REXX-Anweisungen	Erläuterung
x1 = prompt() x2 = prompt("off") x3 = prompt(x1)	x1 liefert den aktuellen Zustand des Eingabemodus zurück, z. B. "ON". x2 schaltet den Eingabemodus aus und x3 schaltet den Eingabemodus wieder ein, da x1 die Option "ON" enthält.
upro: promptalt = prompt("ON") address tso "newstack" call prompt(promptalt) address tso "delstack" return	Der Eingabemodus wird in einem Unterprogramm unabhängig vom Zustand des Eingabemodus im aufrufenden Programm mit prompt("ON") eingeschaltet. Der vorherige Zustand wird in der Variablen promptalt gesichert. Sicherheitshalber wird mit "newstack" eine neue, leere Warteschlange angelegt, damit Eingaben vom Benutzer angefordert werden. Vor dem

REXX-Anweisungen	Erläuterung
	Verlassen des Unterprogramms wird der vorherige Zustand des Eingabemodus mit call prompt(promptalt) wiederhergestellt und die angelegte Warteschlange mit "delstack" gelöscht.

pull

Die pull-Anweisung ist identisch mit der Anweisung parse upper pull. *Siehe:* parse pull.

push

```
▸▸ PUSH ─┬──────────────┬─▸◂
         └──ausdruck────┘
```

Siehe auch: parse pull; pull; queue; queued; Warteschlange.

Die Anweisung push (einschieben) fügt eine Zeile am *Anfang* der aktuellen externen Warteschlange ein. Wenn ausdruck fehlt, wird die Nullzeichenfolge eingefügt, andernfalls das Auswertungsergebnis von ausdruck. Da die Warteschlange mit parse pull bzw. pull immer vom Anfang her gelesen wird, fügt push eine Zeile nach dem LIFO-Verfahren hinzu (last in first out = zuletzt rein, zuerst raus), d. h. die Zeilen werden in der umgekehrten Reihenfolge aus der Warteschlange entnommen, in der sie mit push eingefügt wurden.

Hinweise:

- Die Anweisung queue fügt eine Zeile am *Ende* der Warteschlange ein (FIFO).
- Mit den Anweisungen parse pull bzw. pull kann die Warteschlange zeilenweise ausgelesen werden.
- Die Funktion queued liefert die Anzahl der Zeilen zurück, die zur Zeit in der Warteschlange gespeichert sind.

ausdruck Beliebiger Ausdruck.

Beispiele

REXX-Anweisungen	Erläuterung
anzahl = 13 laenge = 80 push push "_" push "Gabriele" queue "Volker" push anzahl * laenge q = queued() do i = 1 to queued() parse pull satz.i end i	Die beiden ersten push-Anweisungen fügen die Nullzeichenfolge "_" am Anfang der Warteschlange ein. Die dritte push-Anweisung fügt die Zeichenfolge "Gabriele" am Anfang, die queue-Anweisung die Zeichenfolge "Volker" am *Ende* der Warteschlange ein. Die vierte push-Anweisung fügt die Zeichenfolge "1040" am Anfang der Warteschlange ein. Nach diesen Anweisungen hat die Warteschlange folgenden Inhalt: Zeile 1: "1040" Zeile 2: "Gabriele" Zeile 3: "_" Zeile 4: "_" Zeile 5: "Volker" q ergibt die Zahl 5, die Anzahl der Zeilen in der Warteschlan-

REXX-Anweisungen	Erläuterung
	ge. In der do-Schleife werden die gespeicherten Zeilen vom Anfang der Warteschlange her ausgelesen, so daß der Variablenstamm satz. anschließend folgenden Inhalt hat: satz.1-satz.5: "1040", "Gabriele", "␣", "␣", "Volker"

qbuf

```
►►— QBUF —►◄
```

Siehe: Warteschlange, TSO. *Geltung:* Alle MVS-Adreßumgebungen.

Der TSO/E REXX-Befehl qbuf (query buffers = Puffer abfragen) gibt in der speziellen Variablen rc die Anzahl der Puffer zurück, die mit makebuf in der aktuellen Warteschlange angelegt wurden. Wenn in der aktuellen Warteschlange kein Puffer mit makebuf angelegt wurde, liefert rc den Wert 0 zurück.

Die mit makebuf angelegten Puffer gelten in dem REXX-Programm oberster Stufe und in allen seinen Unterprogrammen. Dabei spielt es keine Rolle, auf welcher Programmebene ein Puffer angelegt wurde. makebuf liefert deswegen nicht nur die Anzahl der Puffer, die in dem Programm angelegt wurden, das den makebuf-Befehl absetzt, sondern die Anzahl der Puffer, die in allen Programmebenen angelegt wurden.

Hinweis: Der TSO/E REXX-Befehl makebuf legt einen neuen Warteschlangenpuffer an und dropbuf löscht den aktuellen Warteschlangenpuffer bzw. den Inhalt des Standardpuffers.

Beispiele

Siehe: makebuf.

qelem

```
►►— QELEM —►◄
```

Siehe: Warteschlange, TSO. *Geltung:* Alle MVS-Adreßumgebungen.

Der TSO/E REXX-Befehl qelem (query elements = Elemente abfragen) gibt in der speziellen Variablen rc die Anzahl der Elemente zurück, die in dem zuletzt mit makebuf angelegten Warteschlangenpuffer vorhanden sind. Wenn in der aktuellen Warteschlange kein Puffer mit makebuf angelegt wurde, liefert rc den Wert 0 zurück, auch wenn sich Elemente im Standardpuffer (Puffer 0) befinden. qelem liefert auch dann den Wert 0 zurück, wenn sich in dem zuletzt mit makebuf angelegten Warteschlangenpuffer keine Elemente befinden.

Die Funktion queued liefert im Gegensatz zu qelem die Anzahl aller Elemente in allen Puffern der aktuellen Warteschlange. Daher liefert queued auch die Anzahl der Elemente im Standardpuffer der Warteschlange, wenn keine Puffer mit makebuf angelegt wurden.

Beispiele

REXX-Anweisungen	Erläuterung
address tso queue "Satz 1" "makebuf" queue "Satz 2" queue "Satz 3" "qelem" anz = queued()	In dem nebenstehenden Programm wird mit queue ein Satz in den Standardpuffer der aktuellen Warteschlange eingefügt. Dann wird mit "makebuf" ein Puffer angelegt. In diesen Puffer werden mit queue zwei Sätze eingefügt. qelem liefert in rc den Wert 2, da sich 2 Elemente in dem zuletzt angelegten Puffer befinden, während queued() den Wert 3 liefert, da sich in allen Puffern der aktuellen Warteschlange zusammen 3 Elemente befinden.

qstack

```
►►─QSTACK─►◄
```

Siehe: Warteschlange, TSO. *Geltung:* Alle MVS-Adreßumgebungen.

Der TSO/E REXX-Befehl qstack (query stack = Warteschlange abfragen) gibt in der speziellen Variablen rc die Anzahl der Warteschlangen zurück, die dem in Ausführung befindlichen REXX-Programm zur Verfügung stehen. rc enthält die Gesamtzahl der verfügbaren Warteschlangen einschließlich der Standardwarteschlange, die jedem Programm beim Start zur Verfügung gestellt wird. Wenn keine zusätzliche Warteschlange mit newstack erzeugt wurde, existiert nur die Standardwarteschlange und rc enthält den Wert 1.

Die mit newstack erzeugten Warteschlangen gelten in dem REXX-Programm oberster Stufe und in allen seinen Unterprogrammen. Dabei spielt es keine Rolle, auf welcher Programmebene eine Warteschlange erzeugt wurde. qstack liefert deswegen nicht nur die Anzahl der Warteschlangen, die in dem Programm angelegt wurden, das den qstack-Befehl absetzt. Vielmehr liefert qstack die (wegen der Standardwarteschlange) um 1 erhöhte Anzahl der Warteschlangen, die in allen Programmebenen angelegt wurden.

Hinweis: Der TSO/E REXX-Befehl newstack erzeugt eine neue Warteschlange und delstack löscht die aktuelle Warteschlange bzw. den Inhalt der Standardwarteschlange.

Beispiele

Siehe: newstack.

queue

```
►►─QUEUE─┬──────────┬─►◄
         └─ausdruck─┘
```

Siehe auch: parse pull; pull; push; queued; Warteschlange.

Die Anweisung queue (in die Warteschlange stellen) fügt eine Zeile am *Ende* der aktuellen externen Warteschlange ein. Wenn ausdruck fehlt, wird die Nullzeichenfolge eingefügt, andernfalls das Auswertungsergebnis von ausdruck. Da die Warteschlange mit parse pull bzw. pull immer vom Anfang her gelesen wird, fügt queue eine Zeile nach dem FIFO-Verfahren hinzu (first in first out =

zuerst rein, zuerst raus), d. h. die Zeilen werden in der gleichen Reihenfolge aus der Warteschlange entnommen, in der sie mit queue eingefügt wurden.

Hinweise:

- Die Anweisung push fügt eine Zeile am *Anfang* der Warteschlange ein (LIFO).
- Mit den Anweisungen parse pull bzw. pull kann die Warteschlange zeilenweise ausgelesen werden.
- Die Funktion queued liefert die Anzahl der Zeilen zurück, die zur Zeit in der Warteschlange gespeichert sind.

ausdruck Beliebiger Ausdruck.

Beispiele

REXX-Anweisungen	Erläuterung
anzahl = 13 laenge = 80 queue queue "_" queue "Gabriele" push "Volker" queue anzahl * laenge q = queued() do i = 1 to queued() parse pull satz.i end i	Die beiden ersten queue-Anweisungen fügen die Nullzeichenfolge "_" am Ende der Warteschlange ein. Die dritte queue-Anweisung fügt die Zeichenfolge "Gabriele" am Ende, die push-Anweisung die Zeichenfolge "Volker" am *Anfang* der Warteschlange ein. Die vierte queue-Anweisung fügt die Zeichenfolge "1040" am Ende der Warteschlange ein. Nach diesen Anweisungen hat die Warteschlange folgenden Inhalt: Zeile 1: "Volker" Zeile 2: "_" Zeile 3: "_" Zeile 4: "Gabriele" Zeile 5: "1040" q ergibt die Zahl 5, die Anzahl der Zeilen in der Warteschlange. In der do-Schleife werden die gespeicherten Zeilen vom Anfang der Warteschlange her ausgelesen, so daß der Variablenstamm satz. anschließend folgenden Inhalt hat: satz.1-satz.5: "Volker", "_", "_", "Gabriele", "1040"

queued

```
>>—QUEUED()—><
```

Die eingebaute SAA-Funktion queued (in der Warteschlange gespeichert) liefert die Anzahl der Zeilen, die sich im Zeitpunkt des Funktionsaufrufs noch in der Warteschlange befinden. Wenn die Warteschlange leer ist, wird 0 zurückgeliefert.

Beispiele

REXX-Anweisungen	Erläuterung
q = queued()	Wenn in der Warteschlange noch 127 Zeilen enthalten sind, wird q 127 zugewiesen. Wenn die Warteschlange leer ist, erhält q den Wert 0.
do i = 1 to queued() parse pull satz.i end i	Warteschlange in einen Variablenstamm einlesen: queued() wird vor dem ersten Durchgang der do-Schleife ausgewertet. Bei allen folgenden Durchgängen ermäßigt sich der Wert von queued() um 1, da mit parse pull jeweils eine Zeile

REXX-Anweisungen	Erläuterung
	aus der Warteschlange entnommen wird. Dies spielt aber für die Schleifenendebedingung keine Rolle, da im Schleifenkopf immer nur der Anfangswert von queued() herangezogen wird.

random

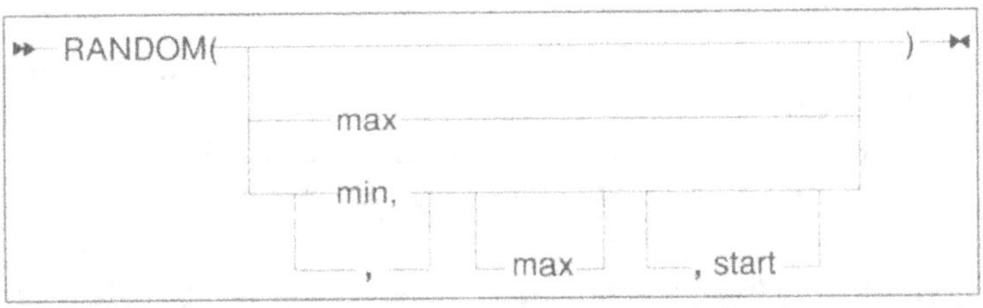

Die eingebaute SAA-Funktion random (Zufall) liefert eine nichtnegative Ganzzahl zurück, die eine Pseudozufallszahl ist.

Minimum und Maximum. Die Zufallszahl liegt in dem Intervall zwischen min und max, Grenzen eingeschlossen. Wenn min fehlt, wird 0 als Untergrenze des Intervalls angenommen. Wenn max fehlt, wird 999 als Obergrenze des Intervalls angenommen. Wenn min bzw. max angegeben werden, müssen es nichtnegative Ganzzahlen sein. min und max dürfen höchstens so viele Stellen umfassen, wie der Standardwert von numeric digits (9) angibt. Der tatsächliche Wert von numeric digits ist ohne Bedeutung. max muß größer oder gleich min sein, und die Differenz max - min darf 100000 nicht überschreiten.

Startwert. Bei gleichem Startwert start erzeugt random gleiche Folgen von Zufallszahlen, so daß Operationen, die sich auf diese Zahlen stützen, in vorhersagbarer Weise wiederholt werden können. Wenn start fehlt, generiert random beim ersten Aufruf in einem Programm einen zufälligen Startwert, so daß keine vorhersagbare Wiederholung der generierten Zufallszahlenfolge möglich ist.

Wenn eine Zufallszahlenfolge erzeugt werden soll, darf der Startwert start nur bei dem ersten Aufruf der random-Funktion, der sich auf diese Zufallszahlenfolge bezieht, angegeben werden. Bei allen Folgeaufrufen, die Zahlen für diese Zufallszahlenfolge erzeugen sollen, muß start ausgelassen werden. Würde man den Startwert auch bei den Folgeaufrufen wiederholen, würde jedesmal die gleiche Zufallszahl erzeugt.

Wenn start angegeben wird, muß es eine nichtnegative Ganzzahl sein und darf höchstens so viele Stellen umfassen, wie der Standardwert von numeric digits (9) angibt. Der tatsächliche Wert von numeric digits ist ohne Bedeutung.

Hinweise:

- Wenn nur ein Parameter angegeben ist, wird er als max interpretiert. Wenn nur min angegeben werden soll, muß min ein Komma folgen. Sonst gelten die üblichen Regeln für das Setzen von Kommas und das Auslassen von Parametern.
- Der Zufallszahlengenerator, der die Zufallszahlen an die random-Funktion liefert, hat globale Wirkung in einem Programm, d. h. es werden die gleichen Zufallszahlen geliefert, egal ob sie im Haupt- oder einem internen Un-

terprogramm abgerufen werden. Insbesondere gilt die Änderung des Startwerts über Unterprogrammgrenzen hinweg. Externe Unterprogramme allerdings haben ihren eigenen Startwert, der den Aufrufer nicht beeinflußt.

min — Nichtnegative Ganzzahl, deren Stellenzahl den Standardwert von numeric digits (9) nicht überschreiten darf. Untergrenze des Intervalls, für das Zufallszahlen generiert werden sollen.
Standard: 0.

max — Nichtnegative Ganzzahl >= min, deren Stellenzahl den Standardwert von numeric digits (9) nicht überschreiten darf. max - min darf 100000 nicht überschreiten. Obergrenze des Intervalls, für das Zufallszahlen generiert werden sollen.
Standard: 999.

start — Nichtnegative Ganzzahl, deren Stellenzahl den Standardwert von numeric digits (9) nicht überschreiten darf. Startwert für den Zufallszahlengenerator.
Standard: zufälliger Wert.

Beispiele

REXX-Anweisungen	Erläuterung
n1 = random(0, 9) n2 = random(); n3 = random() n4 = random(0, 9) n5 = random(); n6 = random()	ohne Startwert: Die beiden Zufallszahlenfolgen n1-n3 und n4-n6 liefern unterschiedliche Ergebnisse. n1-n3: 7, 9, 9. n4-n6: 8, 9, 3.
n1 = random(0, 9, 4711) n2 = random(); n3 = random() n4 = random(0, 9, 4711) n5 = random(); n6 = random() n7 = random(0, 9, 1234) n8 = random(); n9 = random()	mit Startwert: Die beiden ersten Zufallszahlenfolgen n1-n3 und n4-n6 liefern gleiche Ergebnisse, da der Startwert 4711 gleich ist. n1-n3 und n4-n6: 3, 7, 8. Die dritte Zufallszahlenfolge n7-n9 liefert ein anderes Ergebnis, da sie einen anderen Startwert, nämlich 1234, benutzt. n7-n9: 4, 0, 3.
n1 = random(1000) n2 = random(, 1000) n3 = random(100,) n4 = random(,, 4711)	Besonderheiten: n1 und n2 verwenden max = 1000 und standardmäßig min = 0. n3 benutzt min = 100 und und standardmäßig max = 999. n4 verwendet standardmäßig min = 0 und und max = 999, als Startwert wird 4711 eingesetzt.

Anwendung

Temporären Pfad-/Dateinamen mit Zufallszahlen erzeugen

Aufgabe: Es soll unter DOS ein eindeutiger, noch nicht vorhandener temporärer Pfad- oder Dateiname nach dem Muster der OS/2-Dienstprogrammfunktion systempfilename in einer externen Funktion erzeugt werden. Dazu sollen in einer vorgegebenen Schablone die Platzhalterzeichen durch zufällige Ziffern ersetzt werden.

```
rxtemp:
  parse arg name, platzhalter
  if platzhalter = "" then platzhalter = "?"
  maske = space(translate(name, platzhalter || copies(" ", 256),,
    platzhalter || xrange()), 0)
  min = 0; max = copies("9", length(maske)); ok = 0
```

```
do i = 0 to max
  if i = 0 then num = random(min, max); else num = random()
  num = right(num, length(maske), "0"); neuname = name
  do k = 1 to length(maske)
    pos = pos(platzhalter, neuname)
    neuname = overlay(substr(num, k, 1), neuname, pos)
  end k
  if rxisdir(neuname) = "" then do
    ok = 1
    leave i
  end
end i
if found then return neuname; else return ""
```

In der externen Funktion rxtemp lesen wir zuerst die beiden Argumente ein: name mit der Pfad- oder Dateischablone und platzhalter mit dem Platzhalterzeichen, das durch Ziffern ersetzt werden soll. Wenn platzhalter fehlt, nehmen wir das Fragezeichen als Platzhalterzeichen an. Als nächstes kondensieren wir alle Platzhalterzeichen in der Variablen maske. Dazu übersetzen wir mit translate alle Zeichen (xrange()) in Leerstellen (copies(" ", 256)), außer dem Platzhalterzeichen, das in sich selbst übersetzt wird. Aus der entstandenen Zeichenfolge merzen wir mit space alle Leerstellen aus, so daß nur noch die Platzhalterzeichen aus name übrigbleiben. min und max definieren das Intervall der Zufallszahlen, die generiert werden sollen, wobei max aus soviel Neunern zusammengesetzt wird, wie maske Stellen hat. Schließlich setzen wir noch die logische Variable ok auf 0 (falsch), d. h. wir haben noch keinen Namen gefunden, der der Schablone entspricht und nicht bereits vorhanden ist.

Die anschließende do-Schleife durchlaufen wir höchstens max-mal. Wenn wir dann noch keinen nicht bereits existierenden Namen gefunden haben, sind alle Zufallszahlen im Intervall vergeben. Nach dem Verlassen der do-Schleife hat found noch den Wert 0, so daß die if-Abfrage in den else-Zweig führt und die Nullzeichenfolge an den Aufrufer zurückgegeben wird. Innerhalb der do-Schleife wird beim ersten Durchgang die random-Funktion mit min und max aufgerufen, bei allen späteren Durchgängen ohne Argumente. Mit right wird die gewonnene Zufallszahl mit führenden Nullen aufgefüllt und neuname der Inhalt von name zugewiesen.

In der inneren do-Schleife, die von der Kontrollvariablen k regiert wird, ersetzen wir die Platzhalterzeichen in neuname der Reihen nach durch die Ziffern der Zufallszahl num. Dann fragen wir mit rxisdir, ob es sich bei neuname um einen bereits existierenden Pfad oder eine Datei handelt. Wenn ja, liefert rxisdir 0 oder 1 zurück, andernfalls die Nullzeichenfolge. Wenn rxisdir die Nullzeichenfolge zurückliefert, setzen wir ok auf 1 (wahr) und verlassen die do-Schleife mit leave i. Die anschließende if-Abfrage liefert im then-Zweig mit return den Inhalt von neuname an den Aufrufer zurück.

rc

Siehe auch: Fehlerbedingungen; Fehlercodes, REXX; Fehlerroutine; Variable, spezielle.

Die spezielle Variable rc (return code = Rückkehrcode) wird in den folgenden Fällen durch den REXX-Interpreter verändert:

- Nach Ausführung eines Befehls wird in rc der Rückkehrcode abgestellt, der von der befehlsausführenden Adreßumgebung zurückgegeben wurde. Wenn der Befehl ordnungsgemäß abgewickelt werden konnte, enthält rc den Wert 0, andernfalls einen numerischen oder alphanumerischen Rückkehrcode (je nach Plattform).
  Die Veränderung der Variablen rc erfolgt unabhängig davon, ob die Error- oder Failure-Bedingung gesetzt ist. Daher kann rc sowohl im laufenden Programm als auch in einer Fehlerroutine, die durch eine Error- oder Failure-Bedingung automatisch aufgerufen wird, abgefragt werden.
  Hinweis: Befehle, die im interaktiven Trace von Hand eingegeben werden, verändern *nicht* den Wert von rc.
- Wenn die Syntax-Fehlerbedingung festgestellt wird und diese Fehlerbedingung gesetzt ist, wird die Nummer des Fehlercodes in rc abgestellt. *Siehe:* Fehlercodes, REXX.

Die Variable rc wird *nicht* verändert, wenn die Halt-, Novalue- oder Notready-Fehlerbedingung festgestellt wird.

result

Siehe auch: Variable, spezielle.

Die spezielle Variable result (Ergebnis) enthält nach der Rückkehr aus einem Unterprogramm die Zeichenfolge, die der return-Anweisung, mit der das Unterprogramm verlassen wurde, beigegeben wird. Da der Operand der return-Anweisung als Ausdruck aufgefaßt wird, wird dieser Ausdruck vor dem Verlassen des Unterprogramms ausgewertet, d. h. Variablen werden substituiert und Operatoren ausgeführt, und das Ergebnis wird als Zeichenfolge der speziellen Variablen result zugewiesen. Das gleiche gilt, wenn ein externes Unterprogramm mit exit verlassen und dieser Anweisung ein Ausdruck beigegeben wird. Wenn im Unterprogramm return bzw. exit ohne einen Operanden angegeben werden, wird die Definition der speziellen Variablen result aufgehoben, so als würde die Anweisung drop result ausgeführt.

Sonderfall: Eine Fehlerroutine, die auf Grund einer festgestellten Fehlerbedingung automatisch mit call aufgerufen wird, verändert nicht die spezielle Variable result, auch dann nicht, wenn die Fehlerroutine mit der return-Anweisung eine Zeichenfolge zurückgibt.

Bei internen und externen Funktionen hat result immer einen Wert, unabhängig davon, ob eine Funktion mit call oder mit einem Funktionsaufruf aufgerufen wird. Bei eingebauten Funktionen hat result nur dann einen Wert, wenn die Funktion mit call aufgerufen wird. Bei internen und externen Unterprogrammen hat result nur dann einen Wert, wenn der return- oder exit-Anweisung, mit der das Unterprogramm verlassen wird, ein Operand beigegeben ist.

Zweck. Die spezielle Variable result ermöglicht es, auch aus einem Unterprogramm, das keine Funktion ist, einen Wert zurückzugeben. Außerdem kann bei internen und externen Funktionen das Funktionsergebnis beliebig oft abgefragt werden, auch wenn die Funktion mit einem Funktionsaufruf aufgerufen wird, allerdings nur solange, bis durch den nächsten Aufruf eines Unterprogramms oder einer Funktion result überschrieben oder seine Definition aufgehoben wird. Für eingebaute Funktionen gilt dies analog, aber mit der Einschränkung, daß die Funktion mit call aufgerufen werden muß.

Beispiele

REXX-Anweisungen	Erläuterung
call upro1 exit upro1: return 123	Nach der Rückkehr aus aus dem internen Unterprogramm upro1 hat result den Wert 123.
call upro2 exit upro2: return	Nach der Rückkehr aus dem internen Unterprogramm upro2 ist die Definition der speziellen Variablen result aufgehoben. Sie hat daher den standardmäßigen Wert "RESULT".
ergebnis = fkt1() exit fkt1: return "Montag"	Nach der Rückkehr aus der internen Funktion fkt1 hat die Variable ergebnis den gleichen Wert wie die spezielle Variable result: "Montag".
pos = pos("Y", "XYZ")	Nach der Rückkehr aus der eingebauten Funktion pos hat die Variable pos den Wert 2, die Definition der speziellen Variablen result ist aufgehoben, sie hat daher den standardmäßigen Wert "RESULT".
call pos "Y", "XYZ"	Nach der Rückkehr aus der eingebauten Funktion pos hat die spezielle Variable result den Wert 2, da pos mit call aufgerufen wurde.

return

```
►►─RETURN─┬────────────┬─►◄
          └─ausdruck───┘
```

Siehe auch: call; exit; Funktion; procedure.

Die Anweisung return (zurückkehren) beendet sofort und unbedingt ein internes Unterprogramm oder das Programm selbst, wenn kein internes Unterprogramm aktiv ist. Dabei spielt es keine Rolle, ob sich die return-Anweisung in einer do-Schleife, einer if-Abfrage oder einer select-Auswahl befindet, das Unterprogramm bzw. das Programm wird sofort beendet und die Steuerung an den Aufrufer zurückgegeben. Wenn kein internes Unterprogramm aktiv ist, hat die Anweisung exit die gleiche Wirkung wie return.

Programmende mit Ergebnisrückgabe. Wenn ausdruck angegeben ist, wird der ermittelte Wert von ausdruck als Zeichenfolge an den Aufrufer zurückgegeben. Die Art der Rückgabe hängt vom Aufruf des Programms ab:

- Wenn das Programm als interne oder externe Funktion aufgerufen wurde, wird der Wert von ausdruck als Funktionsergebnis zurückgeliefert.
- Wenn das Programm als internes oder externes Unterprogramm aufgerufen wurde, steht der Wert von ausdruck dem aufrufenden Programm in der speziellen Variablen result zur Verfügung.
- Wenn das Programm über eine Befehlsschnittstelle aufgerufen wurde, versucht diese, die zurückgegebene Zeichenfolge in einen Rückkehrcode umzuwandeln, der vom jeweiligen Betriebssystem akzeptiert wird. Daher muß ausdruck in diesem Fall einen Wert im Intervall -2^{15} bis $2^{15}-1$ (DOS, OS/2)

bzw. -2^{31} bis $2^{31}-1$ (MVS, TSO) ergeben, Grenzen eingeschlossen. Falls die Umwandlung der zurückgegebenen Zeichenfolge fehlschlägt, wird *nicht* die Syntax-Fehlerbedingung festgestellt. Unter DOS und OS/2 wird dann der Rückkehrcode 0 zurückgegeben, unter MVS bzw. TSO meldet die Befehlsschnittstelle einen Fehler.

Programmende ohne Ergebnisrückgabe. Wenn ausdruck nicht angegeben ist, wird nichts an den Aufrufer zurückgegeben. Die Behandlung dieses Falles hängt vom Aufruf des Programms ab:

- Wenn das Programm als interne oder externe Funktion aufgerufen wurde, wird der Fehler sofort festgestellt (bei exit erst nach der Rückkehr in das aufrufende Programm).
- Wenn das Programm als internes oder externes Unterprogramm aufgerufen wurde, wird die Definition der speziellen Variablen result aufgehoben.
- Wenn das Programm über eine Befehlsschnittstelle aufgerufen wurde, wird der Rückkehrcode auf 0 gesetzt.

Implizites Programmende. Wenn ein Programm das Programmende erreicht, ohne eine exit- oder return-Anweisung anzutreffen, wird es genauso beendet, als würde die Anweisung exit oder return (ohne ausdruck) ausgeführt, d. h. es wird keine Zeichenfolge an den Aufrufer zurückgegeben.

Abschlußarbeiten. Wenn ein Programm als Unterprogramm aufgerufen wurde, werden alle Einstellungen, die beim Aufruf gesichert wurden, wieder restauriert (z. B. Trace-Status, aktuelle Adreßumgebung, Fehlerbedingungen usw.).

Bei internen Unterprogrammen, die mit der procedure-Anweisung eingeleitet wurden, sowie bei externen Unterprogrammen werden zusätzlich folgende Tätigkeiten durchgeführt: Zuerst wird der Wert von ausdruck ermittelt, dann wird die Definition der lokalen Variablen aufgehoben, die Variablen des Aufrufers werden wieder zugänglich gemacht und der Wert von ausdruck wird dem Funktionsergebnis bzw. der speziellen Variablen result zugewiesen.

Hinweis: Es ist ein Unterschied, ob die Nullzeichenfolge oder nichts zurückgegeben wird. Wenn als ausdruck die Nullzeichenfolge angegeben wird, wird diese an den Aufrufer zurückgegeben, so daß eine Funktion ordnungsgemäß beendet wird. Wenn nichts zurückgegeben wird, führt dies bei einer Funktion zu einem Fehler.

ausdruck — Beliebiger Ausdruck. Beim Aufruf des Programms über eine Befehlsschnittstelle muß ausdruck einen Wert ergeben, der in dem folgenden Intervall liegt, Grenzen eingeschlossen:

- DOS, OS/2: -2^{15} bis $2^{15}-1$.
- MVS, TSO: -2^{31} bis $2^{31}-1$.

Beispiele

REXX-Anweisungen	Erläuterung
anzahl = 13; laenge = 80 return return "" return "OK" return -3 return anzahl * laenge	Die erste return-Anweisung gibt keinen Wert an den Aufrufer zurück. Die folgenden return-Anweisungen geben die Nullzeichenfolge "_", die Zeichenfolge "OK", die Zahl -3 bzw. die Zahl 1040 zurück.

Anwendung

Siehe: exit.

reverse

```
►►─REVERSE(zeichenfolge)─►◄
```

Die eingebaute SAA-Funktion reverse (umkehren) liefert das Spiegelbild der Zeichenfolge zeichenfolge zurück, d. h. die Zeichenfolge wird von hinten nach vorne umgedreht.

zeichenfolge   Beliebige Zeichenfolge.

Beispiele

REXX-Anweisungen	Erläuterung
text = reverse("Rilke") zahl = reverse(123.45)	Text oder Zahl umkehren: text: "ekliR" zahl: 54.321
text1 = "Rilke" text2 = left(reverse(text1), 1) text3 = right(text1, length(text1))	Letztes Zeichen einer Zeichenfolge abgreifen: Die Kombination der Funktionen left und reverse liefert das letzte Zeichen der Zeichenfolge "Rilke", nämlich text2: "e". Das gleiche Ergebnis, liefert die Funktion right.
text1 = "Rilke" text2 = substr(reverse(text1), 3, 1) text3 = substr(text1, length(text1) - 2, 1)	Ein Zeichen vom Ende einer Zeichenfolge her abgreifen: Die Kombination der Funktionen substr und reverse liefert das drittletzte Zeichen der Zeichenfolge "Rilke", nämlich das "l". Das gleiche Ergebnis, liefert die Kombination der Funktionen length und substr.
text = ..."einnegermitgazellezagtimregennie" palindrom = (text = reverse(text))	Palindrom-Prüfung: Palindrome sind Zeichenfolgen, die von vorne nach hinten gelesen den gleichen Sinn ergeben, wie wenn man sie von hinten nach vorne liest. Der Variablen palindrom wird der Wert 1 zugewiesen, weil der Ausdruck in Klammern text = reverse(text) wahr ist.

Anwendung

Ganzzahl mit Tausenderpunkten formatieren

Aufgabe: Eine Ganzzahl soll mit Tausenderpunkten versehen werden.

```
  zahl1 = form1000(1234567)
  zahl2 = form1000(123)
  exit
form1000: procedure
  parse arg zahl
  zahl = reverse(zahl)
  punkte = (length(zahl) - 1) % 3
```

```
do pos = 4 by 4 to length(zahl) + punkte
  zahl = insert(".", zahl, pos - 1)
end pos
return reverse(zahl)
```

➔ zahl1: 1.234.567, zahl2: 123

Mit procedure werden die Geltungsbereiche der Variablen im aufrufenden Programm und in der internen Funktion form1000 gegeneinander abgegrenzt. parse arg übernimmt die zu formatierende Zahl von dem aufrufenden Programm. Diese Zahl wird mit reverse umgekehrt, weil die Zählung der Tausender von rechts nach links leichter möglich ist. Als nächstes errechnen wir die Anzahl der erforderlichen Trennungspunkte. Dazu dividieren die um 1 verminderte Länge der Zahl ganzzahlig durch 3: length(zahl) % 3 (wir müssen von der Länge 1 subtrahieren, weil vor der ersten Tausendergruppe kein Punkt stehen darf).

Als Kontrollvariable der do-Schleife verwenden wir pos, die Position des jeweils nächsten Tausenderpunkts. Da der erste Tausenderpunkt in der vierten Position stehen soll, wird die Kontrollvariable pos mit 4 initialisiert (pos = 4) und bei jedem Durchgang der do-Schleife um 4 erhöht (by 4). Die do-Schleife wird beendet, wenn pos größer als die Länge der mit Tausenderpunkten formatierten Zahl ist. Das ist dann der Fall, wenn pos die Summe aus der Länge der ursprünglichen Zahl und der Anzahl der Tausenderpunkte überschreitet (to length(zahl) + punkte).

Innerhalb der do-Schliefe wird der Tausenderpunkt mit insert eingefügt. Da insert die Position verlangt, *nach* der eingefügt werden soll, muß als Position pos - 1 angegeben werden. Zum Schluß wird die formatierte Zahl mit reverse(zahl) wieder umgekehrt und mit return an den Aufrufer zurückgegeben.

rexxtry

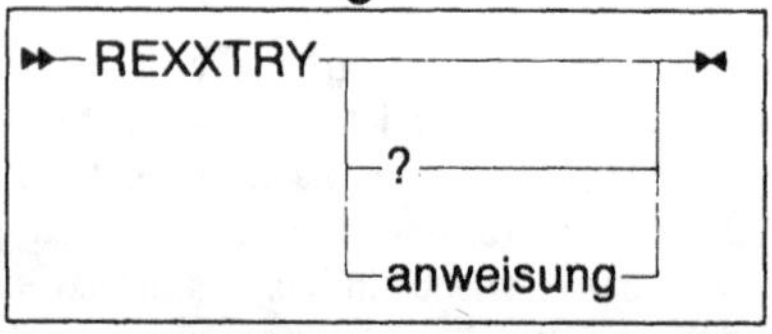

Die OS/2-Programm rexxtry (REXX ausprobieren) ist ein Programm, mit dem REXX-Anweisungen interaktiv ausprobiert werden können. In der Regel befindet sich das Programm im Verzeichnis c:\os2. rexxtry kann von der OS/2-Befehlszeile aus direkt oder unter pmrexx in einem Fenster durch pmrexx rexxtry... aufgerufen werden. *Siehe:* pmrexx.

Wenn das Programm ohne Parameter oder mit einem Fragezeichen als Parameter aufgerufen wird, wird eine Hilfe am Bildschirm ausgegeben. Wenn eine REXX-Anweisung anweisung als Parameter übergeben wird, wird diese Anweisung ausgeführt. Innerhalb des Programms können REXX-Anweisungen eingegeben werden, die mit der interpret-Anweisung interpretiert werden, so daß man die Wirkung der Anweisung austesten kann.

?	Es wird eine Hilfe am Bildschirm ausgegeben.
anweisung	REXX-Anweisung, die ausgeführt werden soll.

right

```
▸▸─RIGHT(zeichenfolge, länge─┬────────┬─)─▸◂
                             └─, füll ─┘
```

Die eingebaute SAA-Funktion right (rechts) liefert den rechtsbündigen Teil von zeichenfolge in der Länge von länge Zeichen.

länge muß eine positive Ganzzahl oder 0 sein. Wenn die Länge 0 ist, wird die Nullzeichenfolge zurückgeliefert. Ist länge gleich der Länge von zeichenfolge, wird zeichenfolge in voller Länge und ohne Füllzeichen zurückgegeben. Wenn länge kleiner als die Länge von zeichenfolge ist, werden nur die letzten n (n = länge) Zeichen von zeichenfolge zurückgegeben, der vorangehende Rest wird abgeschnitten. Wenn länge größer als die Länge von zeichenfolge ist, wird die zurückgegebene Zeichenfolge vorne solange mit dem Füllzeichen füll aufgefüllt, bis die angegebene Länge erreicht ist.

Fehlt das Füllzeichen füll, wird mit Leerstellen aufgefüllt, andernfalls mit dem angegebenen Füllzeichen füll.

Hinweis:

- right(*zeichenfolge, länge*[, *füll*]) ist eine Kurzform für:

  substr(*zeichenfolge*, length(*zeichenfolge*) - *länge* + 1, *länge*[, *füll*]).

  Dies gilt aber nur, wenn der Ausdruck length(*zeichenfolge*) - *länge* + 1 einen Wert größer oder gleich 1 ergibt.
- right(*zeichenfolge, länge*[, *füll*]) ist eine Kurzform für:

  reverse(left(reverse(*zeichenfolge*), *länge*[, *füll*]))

füll — Zeichen, mit dem die zurückgegebene Zeichenfolge vorn aufgefüllt werden soll, wenn länge kleiner als die Länge von zeichenfolge ist. Die Nullzeichenfolge oder eine Zeichenfolge, die aus mehr als einem Zeichen besteht, führt zu REXX-Fehler 40.
Standard: Leerstelle.

länge — Nichtnegative Ganzzahl. Anzahl der Zeichen ab dem letzten Zeichen von zeichenfolge, die zurückgeliefert werden sollen.

zeichenfolge — Beliebige Zeichenfolge.

Beispiele

REXX-Anweisungen	**Erläuterung**
text1 = "Gisela" text2 = right(text1,length(text1))	Zeichenfolge reproduzieren: Da länge gleich der Länge von text1 ist, wird text2 die Zeichenfolge text1 in voller Länge zugewiesen. text2: "Gisela"
text1 = "Gisela" text2 = right(text1, 4)	Zeichenfolge abschneiden: Da länge = 4 kleiner als die Länge von text1 (6) ist, werden text2 nur die letzten 4 Zeichen von text1 ("sela") zugewiesen, die vorangehenden Zeichen von text1 ("Gi")

REXX-Anweisungen	Erläuterung
	werden abgeschnitten. text2: "sela".
text1 = "Gisela" text2 = right(text1, 10)	Zeichenfolge mit Leerstellen auffüllen: Da länge = 10 größer als die Länge von text1 (6) ist, wird text2 die Zeichenfolge text1 in voller Länge zugewiesen und vorn mit vier Leerstellen auf 10 Stellen aufgefüllt. text2: "□□□□Gisela".
zahl1 = "123" zahl2 = right(zahl1, 50, "0")	Zahl mit führenden Nullen auffüllen: zahl1 wird mit Nullen statt mit Leerstellen auf 5 Stellen aufgefüllt. zahl2: "00123".
text1 = "Gisela" text2 = right(text1, 4) text3 = substr(text1, ...length(text1) - 4 + 1, 4)	right = Kurzform für substr: right und substr liefern beide das gleiche Ergebnis: text2, text3: "sela". substr ist aber nur dann gleichwertig, wenn keine Auffüllung erfolgen muß, weil sonst die Position in substr kleiner 1 würde.
text1 = "Gisela" text2 = right(text1, 4) text3 = reverse(left ...(reverse(text1), 4))	right = Kurzform für reverse/left/reverse: reverse(text1) liefert die umgekehrte Zeichenfolge von text1: "alesiG". left(..., 4) liefert "ales". Durch nochmaliges reverse wird daraus text3: "sela", das gleiche Ergebnis wie text2.
text1 = right("", 5, "$") text2 = left("", 5, "$") text3 = center("", 5, "$") text4 = copies("$", 5)	ein Zeichen kopieren: right wird mit der Nullzeichenfolge "" ausgeführt, so daß das Füllzeichen "$" so oft wie angegeben miteinander verkettet wird. Es ergibt sich text1: "$$$$$". Das gleiche Ergebnis erhält man mit der left-, center- oder der copies-Funktion (letztere kann aber nicht nur einzelne Zeichen, sondern auch Zeichenfolgen kopieren).

Anwendung

1	Vorzeichen einer Zahl normieren
2	Sekunden in eine Uhrzeit hh:mm:ss umwandeln
3	Text rechtsbündig anzeigen

1. Vorzeichen einer Zahl normieren

Aufgabe: Eine Zahl hat entweder kein Vorzeichen oder ein Minuszeichen vor oder nach der Zahl. Zwischen Zahl und Minuszeichen können Leerstellen stehen, ebenso am Anfang und am Ende der Zahl. Die Zahl soll für die weitere Verarbeitung so normiert werden, daß sie keine Leerstellen mehr enthält und daß das Minuszeichen, wenn vorhanden, der Zahl vorangeht.

```
  zahl = "□-□1234□"
  zahl = vorzeichen(zahl) * space(translate(zahl, " ", "-"), 0)
  exit
vorzeichen: procedure
  parse arg zahl
  zahl = space(zahl, 0)
  if left(zahl, 1) = "-" | right(zahl, 1) = "-" then return -1; else return 1
➔ zahl: "-1234"
```

Die interne Funktion vorzeichen liest mit parse arg die zu normierende Zahl ein. Mit space(zahl, 0) werden alle Leerstellen aus der Zahl entfernt, so daß sich das Minuszeichen, wenn vorhanden, in der ersten oder letzten Stelle der Zahl befindet. Mit left(zahl, 1) wird geprüft, ob die erste Stelle der Zahl ein Minuszeichen ist, und mit right(zahl, 1), ob das letzte Zeichen ein Minuszeichen ist. Wenn einer der beiden Fälle zutrifft (oder auch beide, ein Fall, den wir nicht besonders prüfen), wird an den Aufrufer die Zahl -1 zurückgeliefert, andernfalls die Zahl 1.

Der Aufrufer ersetzt mit translate(zahl, " ", "-") ggf. das Minuszeichen durch eine Leerstelle und entfernt anschließend mit space(..., 0) alle Leerstellen aus der Zahl. Durch die Multiplikation mit dem Ergebnis der Funktion, in unserem Beispiel also (-1) * 1234 ergibt sich die normierte Zahl -1234.

2. Sekunden in eine Uhrzeit hh:mm:ss umwandeln

Aufgabe: Eine Sekundenzahl, die die Anzahl der an einem Tage abgelaufenen Sekunden bezeichnet, soll in eine Uhrzeit in der Form hh:mm:ss umgewandelt werden.

```
    sekunden = 44676
    zeit = sec2time(sekunden)
    exit
sec2time: procedure
    parse arg s
    m = s % 60
    return right(m % 60, 2, "0")":"right(m // 60, 2, "0")":" || right(s // 60, 2, "0")
➔   zeit: "12:24:36"
```

Mit parse arg s wird die Sekundenzahl aus dem aufrufenden Programm in die interne Funktion sec2time übernommen. Der Minutenanteil wird durch die ganzzahlige Division der Sekunden s durch 60 errechnet: s % 60. Mit return wird die Uhrzeit in dem gewünschten Format an den Aufrufer zurückgegeben. Die Uhrzeit setzt sich aus den folgenden drei Zeichenfolgen zusammen, die untereinander mit ":" verkettet werden:

- Die Minutenzahl m wird noch einmal ganzzahlig durch 60 dividiert, so daß sich die Stundenzahl der Uhrzeit ergibt: m % 60. Diese wird mit right(..., 2, "0") rechtsbündig formatiert und, falls sie weniger als 2 Stellen umfaßt, um führende Nullen ergänzt.
- Die Minutenzahl m wird mit dem Restdivisionsoperator // durch 60 dividiert, so daß der Rest die Minutenzahl der Uhrzeit ergibt: m // 60. Die Minutenzahl wird genauso wie die Stundenzahl formatiert.
- Die übergebene Sekundenzahl s wird mit dem Restdivisionsoperator // durch 60 dividiert, so daß der Rest die Sekundenzahl der Uhrzeit ergibt: s // 60. Die Sekundenzahl wird genauso wie die Stunden- und Minutenzahl formatiert.

3. Text rechtsbündig anzeigen

Aufgabe: Ein Text soll für die Anzeige zeilenweise rechtsbündig gemacht werden.

```
zeile.1 = "Leise zieht durch mein Gemüt"
zeile.2 = "liebliches Geläute"
do i = 1 to 2
  say right(zeile.i, 35)
end i
```

Die do-Schleife läßt sich natürlich für beliebig viele Zeilen erweitern oder so ändern, daß z. B. Sätze, die man aus einer Datei einliest, rechtsbündig angezeigt werden. In die say-Anweisung haben wir als zweiten Parameter die Zeilenlänge 35 eingesetzt, wodurch der Variablen zeile automatisch soviele Leerstellen vorangestellt werden, daß die Zeile rechtsbündig mit Position 35 abschneidet. Ergebnis:

```
□□□□□□□Leise□zieht□durch□mein□Gemüt
□□□□□□□□□□□□□□□□□liebliches□Geläute
```

rt

```
►►—RT—►◄
```

Siehe auch: executil; ht. *Geltung:* TSO-Adreßumgebung.

Der TSO/E REXX-Befehl rt (resume typing = Terminalausgabe fortsetzen) schaltet die Terminalausgabe aller momentan laufenden REXX-Programme wieder ein, wenn sie zuvor zuvor mit ht oder executil ht ausgeschaltet wurde. rt ist ein Sofortbefehl (immediate command), weil die Funktion sofort, d. h. sobald als möglich, ausgeführt wird. Zur Eingabe des rt-Befehls muß man zuerst die Unterbrechungstaste PA1 drücken. Dann wird die Eingabeaufforderung

ENTER HT TO END, A NULL LINE TO CONTINUE, OR AN IMMEDIATE COMMAND

angezeigt und man kann den Sofortbefehl "rt" eingeben.

Hinweis: Die TSO/E REXX-Befehle executil rt und rt sind funktionsgleich.

rxchdir

```
►►—RXCHDIR(pfad)—►◄
```

Die eingebaute DOS-Dienstprogrammfunktion rxchdir (change directory = Verzeichnis ändern) ändert das aktuelle Verzeichnis entsprechend dem angegebenen pfad und liefert 0 zurück, wenn die Änderung erfolgreich war, andernfalls einen DOS-Fehlercode (*siehe* Fehlercodes, DOS). Die Wirkung dieser Funktion entspricht der des DOS-Befehls cd bzw. chdir mit der Ausnahme, daß keine Ausgaben auf dem Bildschirm erfolgen.

pfad muß ein Pfadname sein. Wenn im Pfadnamen ein anderes als das aktuelle Laufwerk angegeben wird und wenn Laufwerk und Verzeichnis existieren, wird rxchdir ignoriert. Andernfalls wird DOS-Fehler 3 (Pfad nicht gefunden) gemeldet.

Hinweise:

- rxchdrv ändert das aktuelle Laufwerk, rxgetdrv und rxgetdir liefern das aktuelle Laufwerk bzw. Verzeichnis zurück, rxmkdir und rxrmdir legen ein Verzeichnis an bzw. löschen es, und rxisdir gibt Auskunft, ob ein Name eine existierende Datei oder ein existierendes Verzeichnis bezeichnet.
- Wenn nach der Änderung des aktuelles Verzeichnisses das ursprüngliche Verzeichnis wiederhergestellt werden soll, muß das ursprüngliche Verzeichnis vorher mit rxgetdir festgestellt und später mit rxchdir wieder in dieses zurückgeändert werden.

pfad *Siehe* Pfadname.

Beispiele

REXX-Anweisungen	Erläuterung
d1 = rxchdir("\win") d2 = rxchdir("c:\win") d3 = rxchdir("a:\abc") d4 = rxchdir("temp")	Aktuelles Laufwerk und Verzeichnis: c:\rexx. d1 und d2 ändern das aktuelle Verzeichnis in "c:\win". d3 gibt den DOS-Fehlercode 3 zurück, da das Verzeichnis "\abc" auf a: nicht vorhanden ist. temp ist ein relativer Pfadname; d4 wechselt daher im aktuellen Verzeichnis auf das Unterverzeichnis "\temp", so daß das aktuelle Verzeichnis jetzt vollständig "c:\rexx\temp" heißt.

Anwendung

Aktuelles Laufwerk und/oder Verzeichnis temporär ändern

Aufgabe: Das aktuelle Laufwerk und Verzeichnis sollen geändert und später wieder restauriert werden.

```
drive = rxgetdrv(); dir = rxgetdir()
rc = rxchdrv("d:")
rc = rxchdir("\rexx")
/* ... */
rc = rxchdrv(drive)
rc = rxchdir(dir)
```

Zu Beginn werden mit rxgetdrv und rxgetdir das aktuelle Laufwerk und Verzeichnis gesichert. Mit rxchdrv wird das aktuelle Laufwerk in "d:" geändert und mit rxchdir das aktuelle Verzeichnis in "\rexx". Wenn die alten Verhältnisse wiederhergestellt werden sollen, restaurieren wir mit rxchdrv und rxchdir das ursprüngliche Laufwerk und Verzeichnis. Auf die Fehlerbehandlung (rc > 0) verzichten wir hier.

rxchdrv

```
▶▶─RXCHDRV(laufwerk)─▶◀
```

Die eingebaute DOS-Dienstprogrammfunktion rxchdrv (change drive = Laufwerk ändern) ändert das aktuelle Laufwerk in laufwerk und liefert 0 zurück, wenn die Änderung erfolgreich war, andernfalls einen DOS-Fehlercode (*siehe* Fehlercodes, DOS). laufwerk muß ein Laufwerkbuchstabe mit Doppelpunkt sein. Die Wirkung dieser Funktion entspricht der Eingabe eines Laufwerkbuchstabens mit Doppelpunkt in der DOS-Befehlszeile mit der Ausnahme, daß keine Ausgaben auf dem Bildschirm erfolgen.

Hinweise:

- rxchdir ändert das aktuelle Verzeichnis, rxgetdrv und rxgetdir liefern das aktuelle Laufwerk bzw. Verzeichnis zurück. rxdinfo liefert Angaben über ein Laufwerk. Mit rxnetdrv kann man feststellen, ob ein Laufwerk ein lokales oder ein fernes Laufwerk ist.
- Wenn nach der Änderung des aktuellen Laufwerks das ursprüngliche Laufwerk wiederhergestellt werden soll, muß das ursprüngliche Laufwerk vorher mit rxgetdrv festgestellt und später mit rxchdrv wieder in dieses zurückgeändert werden.

laufwerk — Laufwerkbuchstabe mit Doppelpunkt.

Beispiele

REXX-Anweisungen	Erläuterung
d1 = rxchdrv("d:") d2 = rxchdrv("x:")	d1 ändert das aktuelle Laufwerk in "d:". d2 gibt den DOS-Fehlercode 15 zurück, da das Laufwerk "x: " nicht vorhanden ist.

Anwendung

Siehe: rxchdir.

rxcls

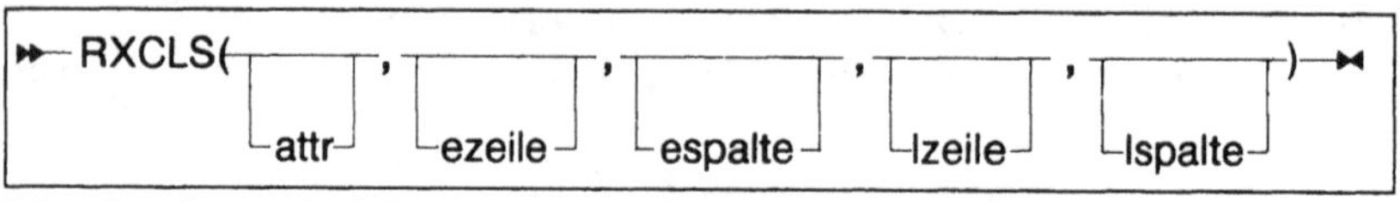

Die eingebaute DOS-Dienstprogrammfunktion rxcls (clear screen = Bildschirm löschen) löscht den Bildschirm oder einen rechteckigen Bereich des Bildschirms.

Farbattribut. rxcls ignoriert Hintergrundfarben, die durch ANSI.SYS festgelegt werden. Wenn attrib fehlt, wird die Vordergrundfarbe auf Weiß (7) und die Hintergrundfarbe auf Schwarz gesetzt (0), andernfalls wird der gelöschte Bereich mit dem Farbattribut attrib überschrieben. Die Nummern der gültigen Vorder- und Hintergrundfarben finden Sie unter dem Stichwort *Farbattribute.*

Löschbereich. ezeile (erste Zeile) und espalte (erste Spalte) bezeichnen die linke obere Ecke des zu löschenden rechteckigen Bereichs. lzeile (letzte Zeile) und lspalte (letzte Spalte) bezeichnen die rechte untere Ecke des zu löschenden Bereichs. Wenn ezeile, espalte, lzeile und/oder lspalte fehlen, werden standardmäßig die Zeile 0, die Spalte 0, die letzte Zeile bzw. die letzten Spalte angenommen. Wenn ezeile, espalte, lzeile und lspalte fehlen, wird daher der gesamte Bildschirm gelöscht.

Hinweise:

- Die Ausgabe von rxcls kann nicht umgeleitet werden.
- Nach dem Löschen wird der Cursor in die linke obere Ecke des Löschbereichs gesetzt.
- In der mir vorliegenden Implementierung von REXX unter PC-DOS müssen die Argumente ezeile, espalte, lzeile und lspalte entweder alle ausgelassen oder alle angegeben werden. Der Cursor wird auch nicht in die linke obere Ecke des Löschbereichs gesetzt, sondern in die erste Spalte der zweiten Zeile des Löschbereichs.

attr — Farbattribut. *Siehe* Farbattribute.

ezeile, lzeile — Nummer der ersten/letzten Zeile des Löschbereichs. Nichtnegative Ganzzahl < Anzahl Zeilen des Bildschirms.
Standard: 0 bzw. letzte Zeile.

espalte, lspalte — Nummer der ersten/letzten Spalte des Löschbereichs. Nichtnegative Ganzzahl < Anzahl Spalten des Bildschirms. **Standard:** 0 bzw. letzte Spalte.

Beispiele

REXX-Anweisungen	Erläuterung
call rxcls rc = rxcls(1 + 112)	Der call-Aufruf löscht den ganzen Bildschirm und setzt standardmäßig die Vordergrundfarbe auf weiß (7) und die Hintergrundfarbe auf schwarz (0). Der Funktionsaufruf löscht den ganzen Bildschirm und setzt die Vordergrundfarbe auf blau (1) und die Hintergrundfarbe auf weiß (112).
parse value rxscrsiz() with . maxspalte call rxcls , 10, 0, 15, maxspalte	rxscrsiz liefert eine Wortliste mit der letzten Zeile und Spalte des Bildschirms, die mit parse auf die Pseudovariable . (Punkt) und die Variable maxspalte aufgeteilt wird. Der call-Aufruf löscht die Zeilen 11 bis 16 und setzt standardmäßig die Vordergrundfarbe auf weiß (7) und die Hintergrundfarbe auf schwarz (0).

rxcreate

```
▸▸─RXCREATE(datei─┬────────────┬─)─▸◂
                  │            │
                  └─, option───┘
```

Die eingebaute DOS-Dienstprogrammfunktion rxcreate (anlegen) legt die Datei datei an und liefert 0 zurück, wenn das Anlegen erfolgreich war, andernfalls einen DOS-Fehlercode (*siehe* Fehlercodes, DOS). datei muß eine Dateibezeichnung sein.

option ist ein beliebiger Ausdruck, der die Zeichenfolge "NEW" ergeben muß. option muß vollständig angegeben werden, es genügt *nicht* nur das erste Zeichen, Groß- und Kleinbuchstaben sind gleichwertig. Es sind die folgenden Fälle zu unterscheiden:

- datei ist nicht vorhanden, option fehlt oder ist angegeben:
  Die Datei wird mit der Größe 0 und dem aktuellen Datum und der aktuellen Uhrzeit neu angelegt.
- datei ist schon vorhanden, option ist nicht angegeben:
  Der Inhalt der Datei wird gelöscht, so daß die Datei die Größe 0 hat. Datum und Uhrzeit werden aktualisiert. Insofern kann rxcreate dazu verwendet werden, um den Inhalt einer Datei zu löschen.
- datei ist schon vorhanden, option ist angegeben:
  Wenn die Datei schon vorhanden ist, bleibt sie unverändert und es wird Fehlercode 80 zurückgeliefert. Andernfalls wird die Datei wird mit der Größe 0 und dem aktuellen Datum und der aktuellen Uhrzeit neu angelegt. Insofern kann rxcreate zur Existenzprüfung verwendet werden.

Hinweise:

- stream(datei, "c", "open") und stream(datei, "c", "open write") legen ebenfalls eine Datei, wenn sie noch nicht vorhanden ist, in der Größe von 0 Bytes an und eröffnen sie gleichzeitig zum Lesen und Schreiben bzw. nur zum Schreiben.
- rxdelete löscht eine bestehende Datei.
- Die Funktionen lineout und charout schreiben standardmäßig eine Datei am Ende fort. Wenn eine Datei neu erstellt werden soll ohne Rücksicht darauf, ob sie bereits existiert, muß man sie daher zuerst mit rxcreate neu anlegen, so daß die Datei zwar vorhanden, aber leer ist. Stattdessen kann man die Datei auch mit rxdelete löschen, ohne den Fehlercode abzufragen.

datei *Siehe* Dateibezeichnung, DOS und OS/2.

Beispiele

REXX-Anweisungen	Erläuterung
d1 = rxcreate("y.dat") d2 = rxcreate ...("c:\rexx\y.dat", new")	d1 liefert 0 und legt die leere Datei "y.dat" auf dem aktuellen Laufwerk im aktuellen Verzeichnis an, egal ob "y.dat" schon existiert oder nicht. d2 liefert 0 und legt die leere Datei "y.dat" auf Laufwerk c: im Verzeichnis \rexx an, wenn "y.dat" noch nicht existiert, andernfalls wird der Fehlercode 80 zurückgeliefert und die bestehende Datei bleibt unverändert.

rxcrstat

```
▸▸— RXCRSTAT(option) —▸◂
```

Die eingebaute DOS-Dienstprogrammfunktion rxcrstat (cursor state = Cursorstatus) schaltet den Cursor ein oder aus. option muß entweder "on" oder "off" ergeben. Wenn option gleich "on" ist, wird der Cursor eingeschaltet, wenn option gleich "off" ist, wird der Cursor ausgeschaltet.

option Beliebiger Ausdruck, der "on" oder "off" ergibt. Groß-/Kleinschreibung ist ohne Bedeutung.

Beispiele

REXX-Anweisungen	Erläuterung
call rxcrstat("off") status = "on"; rc = rxcrstat(status)	Der call-Aufruf bewirkt, daß der Cursor ausgeschaltet wird. Der Funktionsaufruf bewirkt, daß der Cursor eingeschaltet wird.

rxdelete

```
▸▸— RXDELETE(datei) —▸◂
```

Die eingebaute DOS-Dienstprogrammfunktion rxdelete (delete = löschen) löscht datei und liefert 0 zurück, wenn das Löschen erfolgreich war, andernfalls einen DOS-Fehlercode (*siehe* Fehlercodes, DOS). Die Funktion hat die Wirkung des DOS-Befehls erase bzw. del mit der Ausnahme, daß keine Ausgaben auf dem Bildschirm erfolgen. datei muß eine Dateibezeichnung sein.

Hinweise:

- rxcreate legt eine neue Datei an oder löscht den Inhalt einer bestehenden Datei, rxrddir löscht ein Verzeichnis.
- Die Funktionen lineout und charout schreiben standardmäßig eine Datei am Ende fort. Wenn eine Datei neu erstellt werden soll ohne Rücksicht darauf, ob sie bereits existiert, muß man sie daher zuerst mit rxdelete löschen, und zwar ohne den Fehlercode abzufragen. Stattdessen kann man die Datei auch mit rxcreate neu anlegen, so daß die Datei zwar vorhanden, aber leer ist.

datei *Siehe* Dateibezeichnung, DOS und OS/2.

Beispiele

REXX-Anweisungen	Erläuterung
d1 = rxdelete("y.dat") d2 = rxdelete("d:y.dat") d3 = rxdelete("\rexx\y.dat")	d1 löscht die Datei "y.dat" auf dem aktuellen Laufwerk im aktuellen Verzeichnis. d2 löscht die Datei "y.dat" auf dem Laufwerk d: im aktuellen Verzeichnis. d3 löscht die Datei "y.dat" auf dem aktuellen Laufwerk im Verzeichnis "\rexx".

Anwendung

Siehe auch: rxfinfo.

Datei neu erstellen oder überschreiben

Aufgabe: Eine Datei soll neu erstellt oder, wenn sie schon vorhanden ist, überschrieben werden.

```
name = "y.dat"
call rxdelete name
rc = lineout(name, "...")
```

Die Datei "y.dat" wird zuerst mit rxdelete gelöscht, weil sonst die mit lineout geschriebenen Sätze an die evtl. bestehende Datei angehängt würden. Da uns der Rückkehrcode nicht interessiert, denn die Datei muß ja nicht vorhanden sein, rufen wir rxdelete nicht als Funktion, sondern mit call auf.

rxdinfo

```
▸▸— RXDINFO(laufwerk) —▸◂
```

Die eingebaute DOS-Dienstprogrammfunktion rxdinfo (drive info = Laufwerkangaben) liefert Angaben über laufwerk, wenn das Laufwerk vorhanden ist, andernfalls die Nullzeichenfolge. laufwerk muß ein Laufwerkbuchstabe mit Doppelpunkt sein. Wenn Angaben über eine Disketteneinheit verlangt werden, muß eine Diskette eingelegt sein, andernfalls erfolgt die übliche Fehlermeldung Nicht bereit beim Lesen von Laufwerk ... und der Bediener muß eine Antwort eingeben. Die Wirkung dieser Funktion entspricht teilweise der des DOS-Befehls chkdisk mit der Ausnahme, daß keine Ausgaben auf dem Bildschirm erfolgen.

rxdinfo liefert die folgenden Angaben in einer Wortliste:

- Laufwerkbuchstabe, z. B. "C:"
- freie Speicherkapazität auf laufwerk, z. B. 58527744
- gesamte Speicherkapazität auf laufwerk, z. B. 255422464
- Platten- oder Diskettennamen (Datenträgerkennsatz), z. B. "HDD1_VOL1".

Hinweis: rxfinfo liefert Angaben über eine Datei. rxgetdrv liefert das aktuelle Laufwerk. rxchdrv ändert das aktuelle Laufwerk. Mit rxnetdrv kann man feststellen, ob ein Laufwerk ein lokales oder ein fernes Laufwerk ist.

laufwerk   Laufwerkbuchstabe mit Doppelpunkt.

Beispiele

REXX-Anweisungen	Erläuterung
d1 = rxdinfo("c:") d2 = rxdinfo("x:")	d1 liefert z. B. "C: 58527744 255422464 HDD1_VOL1". d2 liefert die Nullzeichenfolge, da es das Laufwerk "x:" nicht gibt.

rxdosver

```
▶▶─ RXDOSVER()─▶◀
```

Die eingebaute DOS-Dienstprogrammfunktion rxdosver (DOS-Version) liefert die Versionsnummer des DOS-Betriebssystems zurück. Die Wirkung dieser Funktion entspricht der des DOS-Befehls ver mit der Ausnahme, daß keine Ausgaben auf dem Bildschirm erfolgen.

Beispiele

REXX-Anweisungen	Erläuterung
version = rxdosver()	version: "7.00".

rxfinfo

```
▶▶─ RXFINFO(─┬──────────┬─)─▶◀
             └─ datei ──┘
```

Die eingebaute DOS-Dienstprogrammfunktion rxfinfo (file info = Dateiangaben) liefert Angaben über datei, wenn die Datei vorhanden ist, andernfalls die Nullzeichenfolge. Die Funktion kombiniert die Wirkung der DOS-Befehl dir und attrib mit der Ausnahme, daß keine Ausgaben auf dem Bildschirm erfolgen.

datei muß eine Dateibezeichnung sein. Wenn für datei eine Dateischablone angegeben wird, werden nacheinander alle Dateien geliefert, die der Dateischablone entsprechen. Eine Dateischablone ist eine Dateibezeichnung, die Platzhalterzeichen enthält (? = beliebiges Zeichen, * = beliebige Zeichenfolge). Wenn Sie eine Dateischablone verwenden, müssen Sie rxfinfo zuerst mit der Dateischablone als Parameter aufrufen. rxfinfo liefert die Angaben zu der ersten Datei, die der Dateischablone entspricht, falls mindestens eine Datei der Dateischablone genügt, andernfalls wird die Nullzeichenfolge geliefert. Die Angaben zu den übrigen Dateien, die der Dateischablone entsprechen, erhalten Sie, indem Sie rxfinfo ohne Parameter aufrufen. Sobald die Nullzeichenfolge zurückgeliefert wird, sind keine weiteren Dateien mehr vorhanden, die der Dateischablone genügen.

rxfinfo liefert die folgenden Angaben (alle in Großbuchstaben) in einer Wortliste:

- Dateinamen ohne Laufwerk und Pfad in Großbuchstaben, z. B. "Y.DAT"
- Größe der Datei in Bytes, ohne führende Nullen, z. B. 255
- Erstellungs- bzw. letztes Änderungsdatum in der Form mm/tt/jj, z. B. "01/15/96"
- Uhrzeit der letzten Änderung in der Form hh:mm:ss, z. B. "16:24:33"
  Leider wird bei Datum und Uhrzeit nicht die Ländertabellenangabe im COUNTRY-Befehl der Datei config.sys berücksichtigt, so daß wir immer das angelsächsische Format erhalten.
- Dateiattribute in Großbuchstaben, z. B. "-A---". Sie werden in festgelegter Reihenfolge dargestellt. Wenn ein Attribut nicht zutrifft, wird stattdessen ein Bindestrich gesetzt. Die möglichen Attribute sind (in dieser Reihenfolge):

  D Datei ist ein Verzeichnis (directory).

  A Datei wurde seit der letzten Sicherung geändert, ist also "archivierungsfähig" (archive).

  H Datei ist eine verdeckte Datei (hidden).

  R Datei ist schreibgeschützt (read-only).

  S Datei ist eine Systemdatei (system).

Hinweis: rxdinfo liefert Angaben über ein Laufwerk. stream(datei, "command", "query datetime") liefert Datum und Uhrzeit einer Datei, stream(datei, "command", "query size") die Dateigröße, stream(datei, "command", "query exists") die vollständige Dateibezeichnung.

datei — *Siehe* Dateibezeichnung, DOS und OS/2. Die Platzhalterzeichen ? (beliebiges Zeichen) und * (beliebige Zeichenfolge) sind erlaubt.
Standard: nächste Datei, die der Dateischablone entspricht.

Beispiele

REXX-Anweisungen	Erläuterung
d1 = rxfinfo("y.dat") d2 = rxfinfo("c:\rexx\y.dat") d3 = rxfinfo("c:\rexx\xyz.dat") d4 = rxfinfo("") d5 = rxfinfo("y*.*") d6 = rxfinfo()	Aktuelles Verzeichnis: "c:\rexx". d1 und d2 liefern die folgenden Angaben über die Datei "y.dat" im aktuellen Verzeichnis: "Y.DAT 255 01/15/96 16:24:33 -A--". d3 und d4 liefern die Nullzeichenfolge, da keine Dateien existieren, die der angegebenen Dateischablone entsprechen. d5 liefert die erste Datei, die der Schablone "y*.*" im aktuellen Verzeichnis entspricht, d6 die zweite.

Anwendung

1	Verwendung von Dateischablonen
2	Dateien eines Verzeichnisses bis zu einem bestimmten Datum löschen

1. **Verwendung von Dateischablonen**

Aufgabe: Es sollen die Angaben zu allen Dateien, die im aktuellen Verzeichnis der Dateischablone "y*.*" entsprechen in einen numerisch fortlaufend indizierten Variablenstamm eingelesen werden.

```
info = rxfinfo("abbrev*.*")
do i = 1 while info <> ""
  info.i = info; info = rxfinfo()
end
info.0 = i - 1
```

```
➔  info.1: Y.DAT 255 01/15/96 16:24:33 -A--
   info.2: YVAL2.BAT 453 01/06/96 11:08:12 -A---
   info.3: Y.BAT 639 01/08/96 15:59:22 -A--
   info.0: 3
```

Der erste Aufruf von rxfinfo erfolgt mit einer Dateischablone als Parameter. Der jeweils nächste Durchlauf der do-Schleife wird nur dann ausgeführt, wenn info nicht die Nullzeichenfolge ist. Dies würde beim ersten Durchlauf bedeuten, daß keine Dateien der Dateischablone entsprechen, bei allen weiteren Durchläufen, daß keine weiteren Dateien mehr vorhanden sind. In der Schleife wird info der Stammvariablen info.i zugewiesen. Die Angaben über die nächste Datei werden dann durch einen parameterlosen Aufruf von rxfinfo in die Variable info eingelesen. Nach dem Verlassen der Schleife wird info.0 der höchste Index i - 1 zugewiesen.

2. **Dateien eines Verzeichnisses bis zu einem bestimmten Datum löschen**

Aufgabe: Es sollen alle Dateien in einem Verzeichnis und in sämtlichen Unterverzeichnissen gelöscht werden, wenn das Datum der Erstellung bzw. letzten Änderung vor einem bestimmten Datum der Form jjmmtt liegt oder mit diesem übereinstimmt. Das Verzeichnis selbst und seine Unterverzeichnisse sowie Dateien, die mindestens eines der Attribute H, R oder S haben, sollen *nicht* gelöscht werden.

```
rc = delofil("c:\ydosrx", "960131")
if rc > 0 then say "Fehler"
```

Das externe Unterprogramm delofil (delete old files = alte Dateien löschen) wird mit zwei Parametern aufgerufen: dem vollen Pfadnamen "c:\ydosrx" des Verzeichnisses, dessen Dateien gelöscht werden sollen, und dem Datum "960131" (= 31.01.96), bis zu dem gelöscht werden soll. Wenn ein Fehler auftritt, wird ein Wert größer 0 zurückgeliefert. delofil geht davon aus, daß der Verzeichnisname entweder als d:\ oder als d:\pfad ohne abschließendes "\" vorliegt, wobei d: ein beliebiges Laufwerk bezeichnet. Desgleichen wird angenommen, daß das Datum korrekt ist. Entsprechende Prüfungen lassen wir hier weg, um das Beispiel nicht aufzublähen.

```
delofil:
  parse arg dir, datum
  if rxisdir(dir) <> 1 then return 3
  satz = rxfinfo(dir"\*.*")
  do i = 1 while satz <> ""
    satz.i = satz; satz = rxfinfo()
  end i
  satz.0 = i - 1
  do i = 1 to satz.0
    name = word(satz.i, 1)
```

```
      if left(name, 1) = "." then iterate i
      name = dir"\"name
      if rxisdir(name) = 1 then do
        rc = "delofil"(name, datum); if rc > 0 then return rc
        iterate i
      end
      lastdate = translate("781245", word(satz.i, 3), "12345678")
      if lastdate <= datum then do
        if cminpos("HRS", word(satz.i, 5)) > 0 then iterate i
        rc = rxdelete(name); if rc > 0 then return rc
      end
    end i
    return 0
```

Nach dem Einlesen der kommagetrennten Argumente dir und datum fragen wir mit rxisdir ab, ob dir ein Verzeichnis bezeichnet, wenn nein, verlassen wir delofil mit dem DOS-Fehlercode 3 (Pfad nicht gefunden). Andernfalls lesen wir analog zu *Beispiel 1* mit rxfinfo in den Variablenstamm satz. die Namen der Dateien und Unterverzeichnisse des Verzeichnisses dir ein und speichern in satz.0 die Anzahl der gefundenen Verzeichniseinträge. Für jeden dieser Einträge wird die folgende do-Schleife einmal durchlaufen. Das erste Wort eines Eintrags satz.i ist der Name einer Datei oder eines Unterverzeichnisses, wir weisen es der Variablen name zu. Wenn name mit einem Punkt beginnt, wird dadurch entweder das Vaterverzeichnis (..) oder das aktuelle Verzeichnis (.) bezeichnet. Beide sollen nicht verarbeitet werden, deswegen kehren wir mit iterate i zum Schleifenkopf zurück. Mit name = dir"\"name komplettieren wir den gefundenen Datei- oder Unterverzeichnisnamen zu einer vollständigen Pfadbezeichnung.

Mit rxisdir prüfen wir, ob wir gerade ein Unterverzeichnis verarbeiten. Wenn ja, rufen wir einfach delofil noch einmal auf (*rekursiver Aufruf*) und lassen es die gleiche Arbeit für das Unterverzeichnis verrichten. Allerdings müssen wir den Namen der Funktion delofil in Anführungszeichen setzen, damit nicht zur Marke delofil: am Anfang der Funktion verzweigt wird. Wenn das passieren würde, würden die bereits bestehenden Inhalte der Variablen überschrieben und ein Chaos wäre die Folge. Die Anführungszeichen zwingen REXX dazu, eine externe Funktion aufzurufen, und REXX ist es egal, ob eine ganz andere Funktion aufgerufen wird oder die gleiche noch einmal. In jedem Fall arbeitet REXX beim ersten und etwaigen weiteren rekursiven Aufrufen jeweils mit einem eigenen Satz von Variablen, so daß diese sich nicht gegenseitig ins Gehege kommen. Wenn das Unterverzeichnis fertig bearbeitet ist, kehren wir mit iterate i wieder zum Schleifenanfang zurück.

Wenn wir gerade eine Datei verarbeiten, ermitteln wir mit word(satz.i, 3) das Datum mm/tt/jj der Datei und wandeln es mit translate in das Format jjmmtt um. Wenn lastdate kleiner oder gleich dem übergebenen Bis-Datum ist, könnten wir die Datei löschen. Aber vorher müssen wir noch prüfen, ob die Datei keines der Attribute H, R oder S besitzt. Mit der externen Funktion cminpos ermitteln wir im fünften Wort von satz.i die Position des zuerst auftretenden Attributbuchstabens. Wenn dieser Wert größer 0 ist, wurde ein verbotenes Attribut gefunden und wir überspringen diese Datei mit iterate i. Andernfalls löschen wir sie mit rxdelete. In diesem Fall wie auch bei den übrigen Aufrufen von rx-Funktionen, brechen wir delofil ab und geben rc an den Aufrufer zurück, wenn die rx-Funktion mit einem Rückkehrcode größer 0 endet. Wenn alle Dateien ordnungsgemäß gelöscht wurden, geben wir mit return 0 den Rückkehrcode 0 (erfolgreich) an den Aufrufer zurück.

rxfuncadd

```
▸▸— RXFUNCADD(name, dll, entry)—▸◂
```

Siehe auch: Dienstprogrammfunktionen; rxfuncdrop; rxfuncquery; sysdropfuncs.

Die eingebaute OS/2-Funktion rxfuncadd (function add = Funktion hinzufügen) registriert systemweit die Funktion mit dem Namen name, die in der dynamischen Bibliothek (Dynamic Link Library = DLL) mit dem Namen dll unter dem Einsprungspunkt (entry point) entry enthalten ist. Ein Funktionsergebnis von 0 bedeutet, daß die Registrierung erfolgreich war.

Externe Funktionen, die als Funktionspaket in einer DLL gespeichert sind, können in einem Programm erst dann aufgerufen werden, wenn die Verbindung zwischen dem Programm und der DLL hergestellt ist. Diese Verbindung wird durch die Registrierung einer Funktion mit rxfuncadd erzeugt. Da auch die standardmäßig mitgelieferten OS/2-Dienstprogrammfunktionen als externe Funktionen in einem Funktionspaket gespeichert sind, müssen auch sie mit rxfuncadd regstriert werden.

Hinweise:

- rxfuncadd prüft weder die Existenz der DLL dll noch ob die zu registrierende Funktion name und der Einsprungspunkt entry in der DLL vorhanden sind. Das Funktionsergebnis 0 bedeutet lediglich, daß die Registrierung vorgenommen, d. h. daß die Funktion name in eine Speichertabelle eingetragen wurde. Erst beim Aufruf der zu registrierenden Funktion wird festgestellt, ob die Funktion vorhanden ist, andernfalls wird REXX-Fehler 43 gemeldet. *Siehe:* Anwendung, Registrierung mit Fehlerbehandlung.
- Mit den folgenden Anweisungen können alle OS/2-Dienstprogrammfunktionen auf einmal registriert werden:
  ```
  call rxfuncadd "sysloadfuncs", "rexxutil", "sysloadfuncs"
  call sysloadfuncs
  ```
  In der Regel bieten auch externe Funktionspakete von Drittherstellern eine analoge Möglichkeit, alle Funktionen gleichzeitig zu registrieren.
- Mit der Funktion rxquery kann man abfragen, ob eine Funktion registriert ist. Mit der Funktion rxfuncdrop kann man eine Funktion deregistrieren, d. h. die Registrierung der Funktion zurücknehmen, während sysdropfuncs alle OS/2-Dienstprogrammfunktionen deregistriert.

name	Ausdruck, der den Namen einer externen Funktion ergibt, die registriert werden soll. Groß-/Kleinschreibung ist ohne Bedeutung.

dll

- Ausdruck, der den Dateinamen einer DLL mit einem Funktionspaket ergibt. Groß-/Kleinschreibung ist ohne Bedeutung. Die DLL muß auf dem Pfad liegen, der durch den LIBPATH-Befehl in der Datei config.sys definiert ist, und die Dateinamenerweiterung .dll haben.
- Vollständige Dateibezeichnung der DLL. *Siehe* Dateibezeichnung, DOS und OS/2.

entry

Ausdruck, der den Namen des Einsprungspunktes in der DLL ergibt, unter dem die Funktion definiert ist. Groß-/Kleinschreibung ist ohne Bedeutung. Der Einsprungspunkt stimmt in der Regel mit dem Funktionsnamen name überein.

Beispiele

REXX-Anweisungen	Erläuterung
call rxfuncadd "syscls", "rexxutil", "syscls"	Die OS/2-Dienstprogrammfunktion "syscls" wird registriert.
call rxfuncadd "sysloadfuncs", "rexxutil", ..."sysloadfuncs" call sysloadfuncs	Alle OS/2-Dienstprogrammfunktionen werden registriert.

Anwendung

Registrierung mit Fehlerbehandlung

Aufgabe: Eine allgemeine Funktion soll alle Funktionen eines Funktionspakets auf einmal registrieren und Fehler behandeln, die beim Aufruf der Registrierfunktion des Funktionspakets, z. B. sysloadfuncs bei den OS/2-Dienstprogrammfunktionen, entstehen.

```
  if register("sysloadfuncs", "rexxutil", "sysloadfuncs") <> 0 then exit
  exit

register: procedure
  parse arg name, dll, entry
  call rxfuncadd name, dll, entry
  signal on syntax name registerfehler
  interpret "call "name
  return 0

registerfehler:
  say "Fehler beim Aufruf der Funktion "name" mit dem Einsprungspunkt",
    entry" aus der DLL "dll"."
  return 1
```

Im Funktionsaufruf register(...) werden die Parameter für rxfuncadd übergeben. Als Funktionsname wird der Name der Registrierfunktion des Funktionspakets eingesetzt (hier: sysloadfuncs). Die interne Funktion register gibt 0 zurück, wenn die OS/2-Dienstprogrammfunktionen einwandfrei registriert werden konnten, andernfalls 1. In der Funktion register werden die Parameter mit parse arg eingelesen. Dann wird die Registrierfunktion name mit rxfuncadd registriert. Mit signal on syntax wird der Name der Fehlerroutine für die Behandlung der Syntaxfehlerbedingung bekanntgegeben. Der folgende call muß als interpret ausgeführt werden, weil der Unterprogrammname im call-Aufruf nicht als Variable angegeben werden kann.

Wenn beim Aufruf der Registrierfunktion ein Fehler auftritt, wird zur Fehlerroutine registerfehler verzweigt. Dort wird eine Fehlermeldung am Bildschirm ausgegeben und die Funktion register mit dem Funktionsergebnis 1 (= Fehler) verlassen. Andernfalls wird die nächste Anweisung nach interpret ausgeführt, d. h. die Funktion register wird mit dem Funktionsergebnis 0 (= ok) beendet. Da signal on syntax nur lokale Geltung innerhalb des Unterprogramms register hat, gilt nach dem Verlassen der Funktion wieder der vorherige Status der Syntaxfehlerbedingung.

rxfuncdrop

```
»— RXFUNCDROP(name)—»◂
```

Siehe auch: Dienstprogrammfunktionen; rxfuncadd; rxfuncquery; sysdropfuncs.

Die eingebaute OS/2-Funktion rxfuncdrop (function drop = Funktion entfernen) deregistriert die Funktion mit dem Namen name, d. h. die Registrierung der Funktion wird systemweit aufgehoben. Ein Funktionsergebnis von 0 bedeutet, daß die Deregistrierung erfolgreich war. Das Deregistrieren einer nicht registrierten Funktion ist unschädlich. In diesem Fall wird lediglich ein Wert ungleich 0 zurückgegeben,

Hinweise:

- Da die Deregistrierung systemweit erfolgt, kann man rxfuncdrop nur anwenden, wenn man sicher ist, daß kein anderes Programm die Funktion verwendet, die deregistriert werden soll.
- Mit der Funktion rxfuncadd kann man eine Funktion registrieren und mit der Funktion rxquery kann man abfragen, ob eine Funktion registriert ist. Mit sysdropfuncs werden alle OS/2-Dienstprogrammfunktionen deregistriert.

name	Ausdruck, der den Namen einer externen Funktion ergibt, die deregistriert werden soll. Groß-/Kleinschreibung ist ohne Bedeutung.

Beispiele

REXX-Anweisungen	Erläuterung
call rxfuncdrop "syscls"	Die OS/2-Dienstprogrammfunktion "syscls" wird deregistriert.

rxfuncquery

```
»— RXFUNCQUERY(name)—»◂
```

Siehe auch: Dienstprogrammfunktionen; rxfuncadd; rxfuncdrop; sysdropfuncs.

Die eingebaute OS/2-Funktion rxfuncquery (function query = Funktion abfragen) prüft, ob die Funktion mit dem Namen name registriert ist. Ein Funktionsergebnis von 0 bedeutet, daß die Funktion registriert ist, andernfalls ist die Funktion nicht registriert.

Hinweise:

- Da es unschädlich ist, wenn eine Funktion mit rxfuncadd mehrfach registriert wird, wird man in der Regel eine Funktion registrieren, ohne vorher mit rxcfuncquery abzufragen, ob sie bereits registriert ist.
- Mit der Funktion rxfuncadd kann man eine Funktion registrieren. Mit der Funktion rxfuncdrop kann man eine Funktion deregistrieren, d. h. die Registrierung der Funktion zurücknehmen, während sysdropfuncs alle OS/2-Dienstprogrammfunktionen deregistriert.

name	Ausdruck, der den Namen einer externen Funktion ergibt, deren Registrierung abgefragt werden soll. Groß-/Kleinschreibung ist ohne Bedeutung.

Beispiele

REXX-Anweisungen	Erläuterung
if rxfuncquery("syscls") <> 0 then call rxfuncadd "syscls", "rexxutil", ..."syscls"	Wenn rxfuncquery einen Wert ungleich 0 zurückliefert, ist "syscls" nicht registriert und wird daher mit rxfuncadd registriert.

rxgetdir

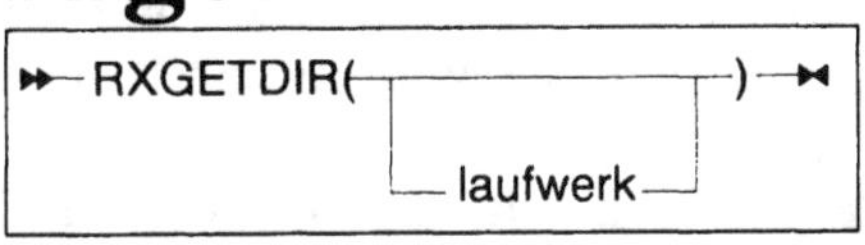

Die eingebaute DOS-Dienstprogrammfunktion rxgetdir (get directory = Verzeichnis zurückliefern) liefert den absoluten Pfadnamen des aktuellen Verzeichnisses in Großbuchstaben und ohne Laufwerkpräfix (Laufwerkbuchstabe mit Doppelpunkt) zurück (*siehe* Pfadname). Wenn laufwerk fehlt, wird das aktuelle Verzeichnis des aktuellen Laufwerks zurückgeliefert. Wenn laufwerk angegeben wird, muß es ein Laufwerkbuchstabe mit Doppelpunkt sein. Wenn laufwerk gültig ist, wird das aktuelle Verzeichnis des angegebenen Laufwerks zurückgeliefert, andernfalls die Nullzeichenfolge.

Hinweise:

- rxgetdrv liefert das aktuelle Laufwerk, rxchdrv und rxchdir ändern das aktuelle Laufwerk bzw. Verzeichnis, rxmkdir und rxrmdir legen ein Verzeichnis an bzw. löschen es, und rxisdir gibt Auskunft, ob ein Name eine existierende Datei oder ein existierendes Verzeichnis bezeichnet.
- Wenn nach der Änderung des aktuelles Verzeichnisses das ursprüngliche Verzeichnis wiederhergestellt werden soll, muß das ursprüngliche Verzeichnis vorher mit rxgetdir festgestellt und später mit rxchdir wieder in dieses zurückgeändert werden.

laufwerk	Laufwerkbuchstabe mit Doppelpunkt. **Standard:** aktuelles Laufwerk.

Beispiele

REXX-Anweisungen	Erläuterung
d1 = rxgetdir() d2 = rxgetdir("d:") d3 = rxgetdir("x:")	Aktuelles Laufwerk/Verzeichnis: c:\win, aktuelles Verzeichnis auf d: ist \rexx. d1 liefert das aktuelle Verzeichnis "\WIN" auf dem aktuellen Laufwerk c:, d2 das aktuelle Verzeichnis "\REXX" auf Laufwerk "d:". d3 liefert die Nullzeichenfolge, da das Laufwerk "x:" nicht existiert.

Anwendung

Siehe: rxchdir.

rxgetdrv

```
►►─ RXGETDRV() ─►◄
```

Die eingebaute DOS-Dienstprogrammfunktion rxgetdrv (get drive = Laufwerk zurückliefern) liefert das aktuelle Laufwerk, bestehend aus dem großgeschriebenen Laufwerkbuchstaben und einem Doppelpunkt, zurück.

Hinweise:

- rxgetdir liefert das aktuelle Verzeichnis, rxchdrv und rxchdir ändern das aktuelle Laufwerk bzw. Verzeichnis. rxdinfo liefert Angaben über ein Laufwerk. Mit rxnetdrv kann man feststellen, ob ein Laufwerk ein lokales oder ein fernes Laufwerk ist.
- Wenn nach der Änderung des aktuelles Laufwerks das ursprüngliche Laufwerk wiederhergestellt werden soll, muß das ursprüngliche Laufwerk vorher mit rxgetdrv festgestellt und später mit rxchdrv wieder in dieses zurückgeändert werden.

Beispiele

REXX-Anweisungen	Erläuterung
d1 = rxgetdrv()	d1 liefert das aktuelle Laufwerk "C:".

Anwendung

Siehe: rxchdir.

rxgetkey

```
►►─RXGETKEY(─┬────────┬─)─►◄
             └─option─┘
```

Siehe auch: charin; linein.

Die eingebaute DOS-Dienstprogrammfunktion rxgetkey (Taste einlesen) liest das nächste Byte aus dem Tastaturpuffer ein. Wenn der Tastaturpuffer leer ist, wartet rxgetkey solange, bis eine Taste allein oder gleichzeitig mit der Taste ⇧ (Umschalttaste), Strg, Alt oder AltGr gedrückt wird. Die Tastencodes werden unter dem Stichwort *Tastencodes* beschrieben.

Wenn option fehlt, wird das dem eingelesenen Byte entsprechende Zeichen angezeigt. Wenn option angegeben wird, muß option entweder "echo" oder "noecho" ergeben. Wenn option gleich "echo" ist, wird das dem eingelesenen Byte entsprechende Zeichen angezeigt, andernfalls nicht.

Hinweise:

- Im Gegensatz zu charin und linein wartet rxgetkey nicht darauf, daß die Eingabe mit Enter abgeschlossen wird. Außerdem bietet nur rxgetkey die Möglichkeit abzufragen, ob und welche Funktionstasten oder Tastenkombinationen gedrückt wurden.
- Bei zwei Byte langen Tastencodes muß rxgetkey zweimal aufgerufen werden. Beim ersten Aufruf wird statt des ersten Bytes ("00"x oder "e0"x) die Nullzeichenfolge zurückgegeben, beim zweiten Aufruf das zweite Byte des Tastencodes.
- Wenn die Option "echo" gilt, werden leider auch die Tastencodes von Funktionstasten angezeigt, z. B. "□;" für die Taste F1. Da dies fast immer unerwünscht ist, muß man daher in der Regel die Option "noecho" verwenden.

option	Beliebiger Ausdruck, der "echo" oder "noecho" ergibt. Groß-/Kleinschreibung ist ohne Bedeutung.

Beispiele

REXX-Anweisungen	Erläuterung
taste = rxgetkey("noecho") if taste == " " then taste = rxgetkey("noecho")	Es wird das nächste Byte aus dem Tastaturpuffer eingelesen. Das eingelesene Byte wird wegen "noecho" nicht angezeigt. Wenn das eingelesene Byte die Nullzeichenfolge ist, wurde eine Taste mit einem Zweibytecode gedrückt. In diesem Fall muß das zweite Byte mit einem zweiten Aufruf von rxgetkey eingelesen werden.

Anwendung

Eingabeschleife

Aufgabe: In einer Eingabeschleife soll ein maximal 20stelliger Name eingegeben werden. Es kann jeweils entweder ein Zeichen oder eine der Funktionstasten Esc, Enter oder F1 eingegeben werden. Wenn Enter gedrückt wird, ist die Eingabe beendet. Wenn F1 gedrückt wird, soll eine Hilfe angezeigt werden. Wenn Esc gedrückt wird, soll die bisherige Eingabe gelöscht und der Name neu eingegeben werden.

```
do i = 1
  enter = "0D"; esc = "1B"; f1 = "3B"; name = ""; tname = "Name: "
  call rxcls , 10, 20, 10, 20 + 20 + length(tname) - 1
  call rxsetpos 10, 20
  call charout , tname
```

Die äußere do-Schleife mit der Kontrollvariablen i hat nur einen Zweck: Wenn die Esc-Taste gedrückt wird, wird die Schleife mit iterate i wiederholt. Daher werden auch die folgenden Initialisierungen wiederholt, so daß die Variable name und das entsprechende Bildschirmfeld wieder gelöscht werden. In der äußeren Schleife werden zuerst die Funktionstasten enter, esc und f1 definiert. Beachten Sie, daß in diesen Definitionen die Hexziffern a-f groß geschrieben werden müssen, weil die Funktion c2x, die weiter unten beim Vergleich der gedrückten Taste verwendet wird, diese Hexziffern als Großbuchstaben A-F zurückliefert. Außerdem werden die Variablen name und tname initialisiert. Mit rxcls wird der Bildschirmbereich gelöscht, in dem die Feldbezeichnung tname angezeigt und das Feld name eingegeben werden soll. rxsetpos positioniert den Cursor und charout gibt die Feldbezeichnung auf dem Bildschirm aus.

```
do k = 1 while length(name) < 20
    taste = rxgetkey("noecho")
    if c2x(taste) = esc then iterate i
    if c2x(taste) = enter then leave i
```

Die innere do-Schleife mit der Kontrollvariablen k wird solange durchlaufen, bis name aus 20 Zeichen besteht oder bis die do-Schleife von innen her abgebrochen wird. Zuerst wird eine Taste mit rxgetkey aus dem Tastaturpuffer eingelesen und zwar ohne Bildschirmecho ("noecho"), weil die Tastencodes von Funktionstasten nicht am Bildschirm angezeigt werden sollen. Der eingegebene Tastencode wird mit c2x in eine Hexfolge umgewandelt und mit dem definierten Hexcode esc der Esc-Taste verglichen. Wenn die Esc-Taste gedrückt wurde, wird mit iterate i die äußere do-Schleife wiederholt. Wenn die Enter-Taste gedrückt wurde, wird die äußere do-Schleife verlassen und dadurch die Eingabe des Namens beendet.

```
        if taste == "" then do
          taste = rxgetkey("noecho")
          if c2x(taste) = f1 then do
            call hilfe; iterate i
          end
        end
        else do
          call charout , taste
          name = name || taste
        end
      end k
      leave i
    end i
```

Wenn das eingelesene Byte taste eine Nullzeichenfolge ist, wird das zweite Byte des Tastencodes mit rxgetkey erneut in taste eingelesen. Beachten Sie, daß die Abfrage if taste == " " auf exakte Übereinstimmung prüft (==), weil die Abfrage if taste = " " nämlich auch bei Eingabe eines Leerzeichens zutreffen würde. Wenn die Taste F1 gedrückt wurde, wird ein (nicht abgedrucktes) Unterprogramm aufgerufen, das eine Hilfe anzeigt, und zum Kopf der inneren do-Schleife verzweigt, andernfalls wird die gedrückte Funktionstaste ignoriert.

Wenn das eingelesene Byte taste keine Nullzeichenfolge ist, wird das der gedrückten Taste entsprechende Zeichen am Bildschirm angezeigt und an name angehängt. Wenn 20 Zeichen eingegeben wurden, wird die innere do-Schleife verlassen und leave i beendet die äußere do-Schleife.

rxgetmem

▸▸— RXGETMEMS() —▸◂

Die eingebaute DOS-Dienstprogrammfunktion rxgetmem (get memory = Speicher liefern) liefert die Anzahl der freien Bytes im Speicher zurück.

Beispiele

REXX-Anweisungen	Erläuterung
m = rxgetmem()	Die Variable m liefert die Anzahl der freien Bytes im Speicher, z. B. 335168.

rxgetpos

▸▸— RXGETPOS() —▸◂

Die eingebaute DOS-Dienstprogrammfunktion rxgetpos (get position = Position liefern) liefert die aktuelle Cursorposition in einer Wortliste als "zeile spalte" zurück. Die erste Zeile des Bildschirms hat die Zeilennummer 0 und die erste Spalte hat die Spaltennummer 0.

Beispiele

REXX-Anweisungen	Erläuterung
parse value rxgetpos() with zeile spalte	Die Cursorposition wird ermittelt, z. B. "15 20", und durch parse in zeile (15) und spalte (20) zerlegt.

rxisdir

▸▸— RXISDIR(name) —▸◂

Die eingebaute DOS-Dienstprogrammfunktion rxisdir (is [name a] directory? = ist [name ein] Verzeichnis?) prüft, ob eine Datei oder ein Verzeichnis mit der Bezeichnung name existiert, und liefert 0, wenn name eine Datei bezeichnet, den Wert 1, wenn sich name auf ein Verzeichnis bezieht, und die Nullzeichenfolge, wenn keines von beiden zutrifft, z. B. weil eine Datei oder ein Verzeichnis mit diesem Namen nicht existiert. Eine ähnliche Wirkung kann man mit den DOS-Befehlen attrib datei ohne Option bzw. dir datei /a:d bzw. dir datei /a:-d erzielen mit der Einschränkung, daß die Ausgaben auf dem Bildschirm erfolgen.

name kann ein Pfadname oder eine Dateibezeichnung sein.

Hinweis: rxgetdrv und rxgetdir liefern das aktuelle Laufwerk bzw. Verzeichnis.

name
- Pfadname. *Siehe* Pfadname.
- Dateibezeichnung. *Siehe* Dateibezeichnung, DOS und OS/2.

Beispiele

REXX-Anweisungen	Erläuterung
d1 = rxisdir("c:") d2 = rxisdir("c:\") d3 = rxisdir("c:\dos") d4 = rxisdir("c:\dos\temp") d5 = rxisdir("c:\rexx\p2d.bat") d6 = rxisdir("c:p2d.bat") d7 = rxisdir("\rexx\p2d.bat") d8 = rxisdir("p2d.bat")	Aktuelles Laufwerk/Verzeichnis: c:\rexx. d1 liefert die Nullzeichenfolge, da "c:" weder eine Datei noch ein Verzeichnis ist. d2-d4 liefern 1, da es sich um Verzeichnisse handelt. d5-d8 liefern alle 0, da p2d.bat eine Datei ist. Da sich die Datei auf dem aktuellen Laufwerk im aktuellen Verzeichnis befindet, kann man Laufwerk und/oder Verzeichnis weglassen.

Häufige Fehler

rxisdir **liefert keinen logischen Wert.** Das Funktionsergebnis von rxisdir darf nicht als logischer Wert abgefragt werden, weil rxisdir nicht nur 0 und 1 zurückliefert, sondern auch die Nullzeichenfolge, wenn name weder eine Datei noch ein Verzeichnis darstellt.

Anwendung

Siehe: rxfinfo.

rxmessagebox

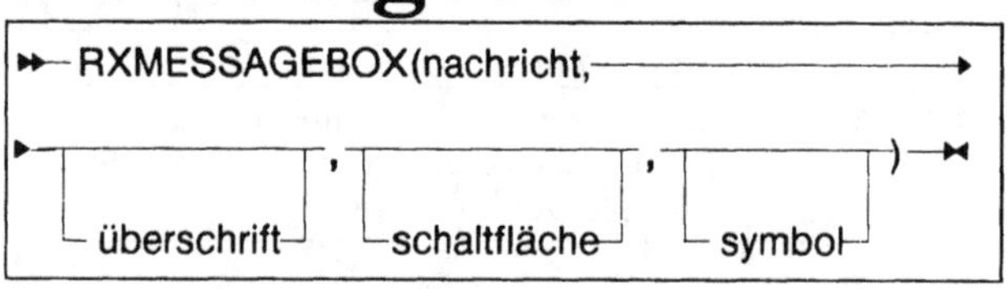

Die eingebaute OS/2-Dienstprogrammfunktion rxmessagebox (Nachrichtenfenster) zeigt unter dem Presentation Manager (PM) ein Nachrichtenfenster am Bildschirm an und gibt die Schaltflächennummer zurück, die die ausgewählte Schaltfläche identifiziert. Die Funktion kann nur ausgeführt werden, wenn sie in einem REXX-Programm enthalten ist, das mit Hilfe des OS/2-Programms pmrexx aufgerufen wird, oder wenn das Programm von einer PM-Anwendung aus aufgerufen wird. *Siehe:* pmrexx.

Das Nachrichtenfenster enthält eine Überschrift, eine Nachricht, ein oder mehrere Schaltflächen und wahlweise ein Symbol. nachricht muß eine beliebige Zeichenfolge ergeben. Wenn überschrift fehlt, wird "Fehler!" als Überschrift angezeigt. Wenn überschrift angegeben wird, muß überschrift eine beliebige Zeichenfolge ergeben.

Schaltfläche. schaltfläche ist ein beliebiger Ausdruck, der eine der nachstehenden Bezeichnungen für ein oder mehrere Schaltflächen ergeben muß, die im Nachrichtenfenster angezeigt werden sollen. Groß-/Kleinschreibung ist ohne Bedeutung.

schaltfläche	**Schaltflächenaufschriften**
OK	OK
OKCANCEL	OK, Abbruch
CANCEL	Abbruch
ENTER	Eingabe
ENTERCANCEL	Eingabe, Abbruch
RETRYCANCEL	Wiederholen, Abbruch
ABORTRETRYIGNORE[1]	Beenden, Wiederholen, Ignorieren
YESNO	Ja, Nein
YESNOCANCEL	Ja, Nein, Abbruch

[1] Dieser Wert für schaltfläche führt zu einem Rexx-Fehler, obwohl er im OS/2-Referenzhandbuch aufgeführt ist.

Schaltflächennummern. rxmessagebox liefert die folgenden Schaltflächennummern zurück:

Nummer	**Schaltflächenaufschrift**
1	OK
2	Abbruch
3	Beenden[2]
4	Wiederholen
5	Nichtbeachten[2]
6	Ja
7	Nein
9	Eingabe

[2] Da diese Schaltflächen nicht angezeigt werden können, kann auch der entsprechende Wert nicht zurückgeliefert werden. Wir geben diese Werte nur an, weil sie im OS/2-Referenzhandbuch aufgeführt sind.

Symbol. symbol ist ein beliebiger Ausdruck, der eine der nachstehenden Bezeichnungen für ein Symbol (icon) ergeben muß, das im Nachrichtenfenster angezeigt werden soll. Groß-/Kleinschreibung ist ohne Bedeutung. Zusätzlich zur Anzeige des Symbols wird bei einigen Symbolen ein Signalton ausgegeben.

symbol	**Anzeige**	**Signalton**
NONE	Kein Symbol anzeigen.	Nein
ERROR HAND	**Fehlersymbol.** Kreisförmiges Symbol mit rotem Rand und roter Diagonale auf weißem Grund.	Ja
QUERY QUESTION	**Fragesymbol.** Kreisförmiges Symbol mit weißem Fragezeichen auf hellgrünem Grund.	Ja
EXCLAMATION WARNING	**Warnungssymbol.** Dreieckiges Symbol mit weißem Ausrufezeichen auf dunkelgrünem Grund.	Ja
ASTERISK INFORMATION	**Informationssymbol.** Kreisförmiges Symbol mit weißem i auf hellblauem Grund.	Nein

nachricht — Beliebige Zeichenfolge, die als Nachricht im Nachrichtenfenster angezeigt werden soll.

überschrift	Beliebige Zeichenfolge, die als Überschrift im Nachrichtenfenster angezeigt werden soll.
schaltfläche	Beliebiger Ausdruck, der angibt, welche Schalflächen im Nachrichtenfenster angezeigt werden sollen. *Siehe* oben.
symbol	Beliebiger Ausdruck, der den Namen eines Symbols angibt, das im Nachrichtenfenster angezeigt werden soll. *Siehe* oben.

Beispiele

REXX-Anweisungen	Erläuterung

wdh = 4
do i = 1
  parse pull dbez
  if dbez = "" then do
    titel = "Parameterfehler"
    text = "Die Dateibezeichnung " dbez" ist falsch."
    if rxmessagebox(text, titel, ..."retrycancel", "error") = wdh
      then iterate i
      else exit
  end
  leave i
end i
	Der Rückgabewert wdh wird definiert. Er wird zurückgeliefert, wenn die Schaltfläche "Wiederholen" ausgewählt wird. Die do-Schleife verwendet die Kontrollvariable i als Bezugspunkt für iterate und leave. Wenn die mit parse pull eingelesene Dateibezeichnung dbez leer ist, wird ein Nachrichtenfenster mit der Überschrift titel und der Fehlermeldung text angezeigt. Das Fenster enthält das Fehlersymbol ("error") und die Schaltflächen "Wiederholen" und "Abbruch" ("retrycancel"). Wenn der Rückgabewert gleich wdh ist, wird die Schleife mit iterate i wiederholt, andernfalls wird das Programm mit exit abgebrochen. Wenn dbez nicht leer ist, wird die Schleife mit leave i verlassen.

rxmkdir

```
▸▸─ RXMKDIR(pfad) ─▸◂
```

Die eingebaute DOS-Dienstprogrammfunktion rxmkdir (make directory = Verzeichnis anlegen) legt das durch pfad angegebene Verzeichnis an und liefert 0 zurück, wenn die Anlage erfolgreich war, andernfalls einen DOS-Fehlercode (*siehe* Fehlercodes, DOS). Die Wirkung dieser Funktion entspricht der des DOS-Befehls md bzw. mkdir mit der Ausnahme, daß keine Ausgaben auf dem Bildschirm erfolgen.

pfad muß ein Pfadname sein. Alle Verzeichnisnamen in pfad außer dem letzten müssen Verzeichnisse bezeichnen, die bereits vorhanden sind.

Hinweis: rxchdir ändert das aktuelle Verzeichnis, rxgetdir liefert das aktuelle Verzeichnis zurück, rxrmdir löscht ein Verzeichnis und rxisdir gibt Auskunft, ob ein Name eine existierende Datei oder ein existierendes Verzeichnis bezeichnet.

pfad	*Siehe* Pfadname.

Beispiele

REXX-Anweisungen	Erläuterung
d1 = rxmkdir("\win") d2 = rxmkdir("c:\win") d3 = rxmkdir("c:\rexx\temp")	Aktuelles Laufwerk und Verzeichnis: c:\rexx. d1 und d2 legen beide das Verzeichnis "c:\win" an. d3 und d4 legen beide in dem aktuellen Verzeichnis "c:\rexx" das Unterver-

REXX-Anweisungen	Erläuterung
d4 = rxmkdir("temp")	zeichnis "\temp" mit dem absoluten Pfadnamen "c:\rexx\temp" an.

rxnetdrv

```
▸▸–RXNETDRV(laufwerk)–▸◂
```

Die eingebaute DOS-Dienstprogrammfunktion rxnetdrv (net drive = Netzlaufwerk) liefert 0 zurück, wenn laufwerk ein lokales Laufwerk ist, und den Wert 1, wenn laufwerk ein fernes Laufwerk ist. In allen anderen Fällen, z. B. wenn laufwerk einen nicht vergebenen Laufwerkbuchstaben enthält, wird die Nullzeichenfolge zurückgeliefert. laufwerk muß ein Laufwerkbuchstabe mit Doppelpunkt sein.

Hinweise: rxchdrv ändert das aktuelle Laufwerk, rxgetdrv liefert das aktuelle Laufwerk zurück. rxdinfo liefert Angaben über ein Laufwerk.

laufwerk Laufwerkbuchstabe mit Doppelpunkt.

Beispiele

REXX-Anweisungen	Erläuterung
d1 = rxnetdrv("d:") d2 = rxnetdrv("r:") d3 = rxnetdrv("x:")	d1 liefert 0 zurück, da d: ein lokales Laufwerk ist. d2 liefert 1 zurück, da r: ein fernes Laufwerk ist. d3 liefert die Nullzeichenfolge zurück, wenn es kein Laufwerk x: gibt.

Häufige Fehler

rxnetdrv **liefert keinen logischen Wert.** Das Funktionsergebnis von rxnetdrv darf nicht als logischer Wert abgefragt werden, weil rxnetdrv nicht nur 0 und 1 zurückliefert, sondern auch die Nullzeichenfolge, wenn laufwerk weder ein lokales noch ein fernes Laufwerk darstellt.

rxqsys

```
▸▸–RXQSYS(option)–▸◂
```

Die eingebaute DOS-Dienstprogrammfunktion rxqsys (query system = System abfragen) liefert Angaben über die Hardware des Systems zurück.

option ist ein beliebiger Ausdruck, der eine der nachstehenden Optionen ergeben muß. option muß vollständig angegeben werden, es genügt *nicht* nur das erste Zeichen, Groß- und Kleinbuchstaben sind gleichwertig.

cpu Liefert den Prozessortyp, z. B. "80486".

fpu Liefert 1, wenn eine Gleitkommaeinheit (floating point unit) vorhanden ist, andernfalls 0.

video Liefert den Typ des Bildschirmadapters, z. B. "VGA".

monitor Liefert "COLOR" für einen Farbbildschirm oder "MONOCHROME" für einen Schwarzweißbildschirm.

keyboard Liefert den Typ der Tastatur, "STANDARD" oder "ENHANCED".

floppy Liefert die Anzahl der Diskettenlaufwerke, z. B. 2.

fixed Liefert die Anzahl der Festplattenlaufwerke, z. B. 1.

serial	Liefert die Anzahl der seriellen Anschlüsse, z. B. 2.
parallel	Liefert die Anzahl der parallelen Anschlüsse, z. B. 1.

Beispiele

REXX-Anweisungen	Erläuterung
video = rxqsys("video")	video: "VGA".

rxqueue (Filter)

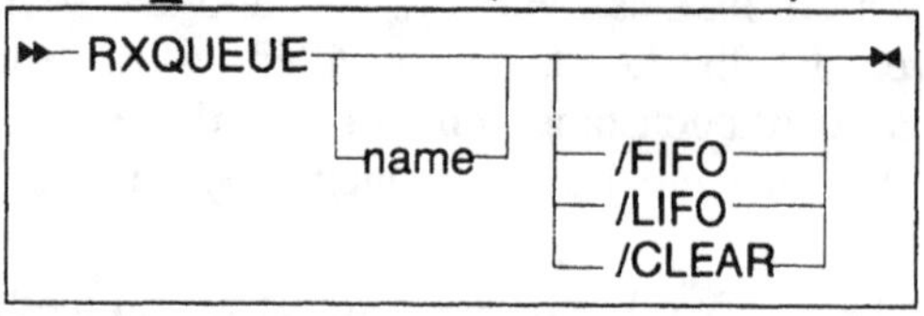

Siehe auch: Warteschlange, OS/2.

Das OS/2-Programm rxqueue (Warteschlange) ist ein Filter, der die Standardausgabe von OS/2-Befehlen oder Programmen in eine REXX-Warteschlange umleitet. In der Regel befindet sich das Programm im Verzeichnis c:\os2.

Wenn name fehlt und die Umgebungsvariable rxqueue *undefiniert* ist, wird die Ausgabe in die Sitzungswarteschlange "SESSION" umgeleitet. Wenn name fehlt und die Umgebungsvariable rxqueue *definiert* ist, wird die Ausgabe in die Warteschlange umgeleitet, die durch die Umgebungsvariable rxqueue definiert wurde. Wenn name angegeben wird, muß name der Name einer existierenden, jedoch nicht der aktuellen REXX-Warteschlange sein. In diesem Fall wird die Ausgabe in diese Warteschlange umgeleitet.

Wenn die Option /fifo oder keine der Optionen /fifo, /lifo oder /clear angegeben ist, wird die Ausgabe ab dem Anfang der Warteschlange nach dem FIFO-Verfahren, d. h. in der Reihenfolge der Ausgabedaten gespeichert (first in first out = zuerst rein, zuerst raus). Wenn die Option /lifo angegeben ist, wird die Ausgabe ab dem Ende der Warteschlange nach dem LIFO-Verfahren, d. h. in umgekehrter Reihenfolge gespeichert (last in first out = zuletzt rein, zuerst raus). Wenn rxqueue nicht als Filter, sondern als Programm aufgerufen wird, kann man mit Hilfe der Option /clear (löschen) den Inhalt der Warteschlange löschen.

name	Name einer REXX-Warteschlange. Groß-/Kleinschreibung ist ohne Bedeutung. **Standard:** Sitzungswarteschlange "SESSION".
/fifo	Warteschlange in der Reihenfolge der Ausgabedaten speichern (Standard).
/lifo	Warteschlange in umgekehrter Reihenfolge speichern.
/clear	Inhalt der Warteschlange löschen.

Beispiele

REXX-Anweisungen	Erläuterung
address cmd "dir | rxqueue"	Die dir-Befehle werden an die OS/2-Befehlsschnittstelle zur Ausführung übergeben. Der erste dir-Befehl

REXX-Anweisungen	Erläuterung
"dir I rxqueue /lifo"	leitet die Befehlsausgabe in der Reihenfolge der Ausgabe in die Sitzungswarteschlange um. Der zweite dir-Befehl leitet die Befehlsausgabe in der umgekehrten Reihenfolge der Ausgabe in die Sitzungswarteschlange um.
name = rxqueue("create") altname = rxqueue("set", name) address cmd "dir I rxqueue" /* ... */ call rxqueue "set", altname	Mit der Option "create" der Funktion rxqueue wird die Warteschlange mit dem Namen name erzeugt und mit der Option "set" zur aktuellen Warteschlange gemacht. altname wird der Name der bisher aktuellen Warteschlange zugewiesen. Der dir-Befehl wird an die OS/2-Befehlsschnittstelle zur Ausführung übergeben. Die Befehlsausgabe wird in der Reihenfolge der Ausgabe in die Warteschlange name umgeleitet und weiterverarbeitet (...). Schließlich wird die bisherige Warteschlange altname mit der Option "set" der Funktion rxqueue wieder zur aktuellen Warteschlange gemacht.
name = "myqueue" address cmd "rxqueue "name" /clear"	Der Inhalt der Warteschlange "MYQUEUE" wird gelöscht.

Anwendung

Siehe: rxqueue (Funktion).

rxqueue (Funktion)

Siehe auch: Warteschlange, OS/2.

Die eingebaute OS/2-Funktion rxqueue (Warteschlange) dient zum Erzeugen, Löschen und Aktivieren benannter externer Warteschlangen und zum Ermitteln des Namens der aktuellen Warteschlange. rxqueue kennt vier verschiedene Optionen mit unterschiedlichen Funktionsaufrufen. Daher wird hier kein allgemeines Syntaxdiagramm gezeigt. Stattdessen werden die speziellen Syntaxdiagramme der Beschreibung der einzelnen Optionen vorangestellt.

Optionen. Die Funktion rxqueue kennt die folgenden Optionen:

Create	Benannte Warteschlange erzeugen.
Delete	Benannte Warteschlange löschen.
Get	Namen der aktuellen Warteschlange ermitteln.
Set	Warteschlange aktivieren.

Die einzelnen Optionen werden im folgenden in alphabetischer Reihenfolge beschrieben.

Warteschlange erzeugen

```
►►─RXQUEUE("create",─┬──────┬─)─►◄
                     └─name─┘
```

rxqueue erzeugt eine benannte Warteschlange und liefert den Namen der erzeugten Warteschlange als Funktionergebnis zurück. Die neue Warteschlange wird jedoch nicht automatisch zur aktuellen Warteschlange. Wenn die erzeugte Warteschlange zur aktuellen Warteschlange werden soll, muß sie mit rxqueue("set", name) aktiviert werden.

Wenn name fehlt, weist REXX der Warteschlange einen systemweit eindeutigen Namen zu. Wenn name angegeben wird und systemweit eindeutig ist, erhält die Warteschlange diesen Namen. Wenn bereits eine Warteschlange mit dem angegebenen Namen existiert, wird die Warteschlange trotzdem erzeugt und REXX weist der Warteschlange einen systemweit eindeutigen Namen zu.

Warteschlange löschen

```
▸▸─RXQUEUE("delete", name)─▸◂
```

rxqueue löscht die benannte Warteschlange name und liefert 0 zurück, wenn das Löschen erfolgreich war, andernfalls einen OS/2-Fehlercode (*siehe* Fehlercodes, OS/2). Die Sitzungswarteschlange kann nicht gelöscht werden.

Namen der aktuellen Warteschlange ermitteln

```
▸▸─RXQUEUE("get")─▸◂
```

rxqueue liefert den Namen der aktuellen Warteschlange zurück.

Warteschlange aktivieren

```
▸▸─RXQUEUE("set", name)─▸◂
```

rxqueue macht die Warteschlange name zur aktuellen Warteschlange und liefert den Namen der bisher aktuellen Warteschlange zurück. Wenn eine noch nicht existierende Warteschlange zur aktuellen Warteschlange gemacht wird, meldet rxqueue keinen Fehler. Vielemehr wird der Fehler erst bei einer Manipulation mit der Warteschlange bemerkt.

"create"
"delete"
"get"
"set"
: Beliebiger Ausdruck, der eine der vier Optionen ergibt. Es wird nur das erste Zeichen ausgewertet, Groß- und Kleinbuchstaben sind gleichwertig.

name
: Beliebiger Ausdruck, der einen Warteschlangennamen ergibt, der nach den gleichen Regeln wie ein REXX-Symbol aufgebaut sein muß. name wird von REXX in Großbuchstaben umgewandelt.

Hinweis: Warteschlangennamen und Variablennamen gehören getrennten Namensräumen an, so daß eine Variable und eine Warteschlange den gleichen Namen haben können, ohne daß dadurch irgendeine Beziehung zwischen beiden hergestellt wird.

Beispiele

REXX-Anweisungen	Erläuterung
neuname1 = "myqueue" altname1 = rxqueue("get") neuname2 = rxqueue("create", ...neuname1) altname2 = rxqueue("set", ...neuname2)	altname1 liefert mit "get" den Namen der aktuellen Warteschlange, z. B. "SESSION". neuname2 liefert den Namen der neuen Warteschlange, die mit "create" angelegt wird. Wenn vorher systemweit keine Warteschlange mit dem Namen neuname1 vorhanden war, stimmt neuname2 mit neuname1 überein, andernfalls wird neuname2 ein ein-

REXX-Anweisungen	Erläuterung
	deutiger Name zugewiesen. "set" macht neuname2 zur aktuellen Warteschlange und liefert den Namen altname2 (= altname1) der bisher aktuellen Warteschlange zurück.

Anwendung

OS/2-Befehlsausgabe über eine Warteschlange verarbeiten

Aufgabe: In einem externen Unterprogramm soll eine Liste aller Dateien angezeigt werden, die mindestens 1000 Bytes groß sind.

```
parse arg datei
neuqueue = rxqueue("create", "size"); altqueue = rxqueue("set", neuqueue)
```

Mit parse arg wird die Dateischablone datei eingelesen. Da wir für die folgende Verarbeitung eine Warteschlange verwenden wollen, ohne die Warteschlange des Aufrufers zu verändern, erzeugen wir mit der Option "create" von rxqueue eine benannte Warteschlange, die den Namen "size" erhalten soll. Der tatsächliche Name der Warteschlange wird als Funktionergebnis der Variablen neuqueue zugewiesen. Wenn der beabsichtigte Name "size" systemweit noch nicht vorhanden ist, wird dieser zugeweisen, andernfalls wird von REXX ein eindeutiger Name festgelegt. Mit der Option "set" von rxqueue machen wir die neue Warteschlange zur aktuellen Warteschlange. rxqueue liefert uns den Namen altqueue der bisherigen aktuellen Warteschlange zurück.

```
"dir "datei" /a:-d /o:-s | rxqueue "neuqueue
do i = 1 to queued()
  parse pull satz
  if left(satz, 1) <> " " then do
    if word(satz, 3) < 1000 then leave i; else say satz
  end
end i
rc = rxqueue("delete", neuqueue); call rxqueue "set", altqueue
```

Mit dem OS/2-Befehl dir wird die Dateiliste erstellt, anhand der die Ausgabeliste erzeugt werden soll, und mit Hilfe des Filters rxqueue in der Warteschlange neuqueue gespeichert. Die dir-Option /a:-d bedeutet, daß nur Dateien und keine Verzeichnisse ausgegeben werden sollen, die Option /o:-s, daß die Dateinamen nach der Größe sortiert werden sollen und zwar beginnend mit der größten Datei. Beispiel für die Ausgabe des dir-Befehls (ohne Kopf- und Fußzeilen):

```
30.12.95    8.42   19089        870  TESTD2.IN
 6.08.95   22.15   15797        651  NX.DAT
11.01.96   21.17    6233          0  TEST.BAT
```

Die do-Schleife wird so oft durchlaufen, wie queued() angibt, d. h. einmal für jeden Satz in der Warteschlange. Der jeweils nächste Satz am Anfang der Warteschlange wird mit parse pull entnommen und der Variablen satz zugewiesen. Wenn das erste Zeichen left(satz, 1) eine Leerstelle ist, handelt es sich um eine Kopf- oder Fußzeile der dir-Liste, die wir ignorieren. Wenn die Dateigröße, also das dritte Wort word(satz, 3) eines Satzes, kleiner als 1000 Bytes ist, verlassen wir die do-Schleife mit leave i. Andernfalls wird die entsprechende dir-Zeile mit say am Bildschirm angezeigt. Wenn die do-Schleife beendet ist, löschen wir mit rxqueue die Warteschlange neuqueue und machen die ursprüngliche Warteschlange altqueue wieder zur aktuellen Warteschlange, so daß der Aufrufer wieder mit der vorherigen Warteschlange arbeiten kann.

rxrmdir

```
»— RXRMDIR(pfad) —»◂
```

Die eingebaute DOS-Dienstprogrammfunktion rxrmdir (remove directory = Verzeichnis löschen) löscht das durch pfad angegebene Verzeichnis und liefert 0 zurück, wenn das Löschen erfolgreich war, andernfalls einen DOS-Fehlercode (*siehe* Fehlercodes, DOS). Die Wirkung dieser Funktion entspricht der des DOS-Befehls rd bzw. rmdir mit der Ausnahme, daß keine Ausgaben auf dem Bildschirm erfolgen. pfad muß ein Pfadname sein.

Hinweis: rxchdir ändert das aktuelle Verzeichnis, rxgetdir liefert das aktuelle Verzeichnis zurück, rxmkdir legt ein Verzeichnis an und rxisdir gibt Auskunft, ob ein Name eine existierende Datei oder ein existierendes Verzeichnis bezeichnet.

pfad *Siehe* Pfadname.

Beispiele

REXX-Anweisungen	Erläuterung
d1 = rxrmdir("\win") d2 = rxrmdir("c:\win") d3 = rxrmdir("c:\rexx") d4 = rxrmdir("temp")	Aktuelles Laufwerk und Verzeichnis: c:\rexx. d1 und d2 löschen beide das Verzeichnis "c:\win". d3 gibt den DOS-Fehlercode 5 zurück, da das aktuelle Verzeichnis nicht gelöscht werden kann. d4 löscht das Unterverzeichnis "\temp" im aktuellen Verzeichnis "c:\rexx".

rxscrsiz

```
»— RXSCRSIZ() —»◂
```

Die eingebaute DOS-Dienstprogrammfunktion rxscrsiz (screen size = Bildschirmgröße) liefert die Größe des Textbildschirms in einer Wortliste als "zeilenzahl spaltenzahl" zurück, wobei zeilenzahl die Anzahl der Zeilen und spaltenzahl die Anzahl der Spalten des Bildschirms bezeichnet.

Hinweis: Die Argumente zeile und spalte in den Funktionen rxcls, xgetpos und rxsetpos sind relativ, d. h. die erste Zeile hat die Zeilennummer 0 und die erste Spalte hat die Spaltennummer 0. Daher ist die Nummer der letzten Zeile um 1 kleiner als die Anzahl der Zeilen und die Nummer der letzten Spalte ist um 1 kleiner als die Anzahl der Spalten.

Beispiele

REXX-Anweisungen	Erläuterung
parse value rxscrsiz() with zeile ...spalte	rxscrsiz liefert eine Wortliste mit der Anzahl der Zeilen und Spalten des Bildschirms, z. B. "25 80", die mit parse auf die Variablen zeile (25) und spalte (80) aufgeteilt wird.

rxsetpos

```
►►─RXSETPOS(─┬───────┬─┬──────────┬─)─►◄
             └─zeile─┘ └─, spalte─┘
```

Die eingebaute DOS-Dienstprogrammfunktion rxsetpos (set position = Position setzen) setzt den Cursor in die angegebene Zeile und Spalte. zeile und spalte müssen nichtnegative Ganzzahlen sein, die kleiner als die Anzahl der Zeilen bzw. Spalten des Bildschirms sind. Die erste Zeile hat die Zeilennummer 0 und die erste Spalte hat die Spaltennummer 0.

zeile Nichtnegative Ganzzahl < Anzahl Zeilen des Bildschirms.

spalte Nichtnegative Ganzzahl < Anzahl Spalten des Bildschirms.

Beispiele

REXX-Anweisungen	Erläuterung
zdatei = 15; sdatei = 20 call rxsetpos zdatei, sdatei	Der Cursor wird in die 16. Zeile und die 21. Spalte gesetzt.
parse value rxscrsiz() with zeile spalte call rxsetpos zeile - 3, spalte - 30	rxscrsiz liefert eine Wortliste mit der letzten Zeile und Spalte des Bildschirms, die mit parse auf die Variablen zeile und spalte aufgeteilt wird. Der Cursor wird in die viertletzte Zeile und die 30. Spalte von rechts gesetzt.

rxsleep

```
►►─RXSLEEP(pause)─►◄
```

Die eingebaute DOS-Dienstprogrammfunktion rxsleep (schlafen) wartet mit der weiteren Ausführung des Programms pause Sekunden.

pause Positive Ganzzahl.

Beispiele

REXX-Anweisungen	Erläuterung
call rxsleep 10	Das Programm wartet 10 Sekunden, bevor die nächste Anweisung ausgeführt wird.

rxtrace

Siehe auch: trace (Anweisung); trace (Funktion).

Die DOS- und OS/2-Umgebungsvariable rxtrace ermöglicht es, von außen zu steuern, ob beim Start eines Programms oder eines externen Unterprogramms der interaktive Trace eingeschaltet werden soll oder nicht. Standardmäßig ist die Umgebungsvariable rxtrace nicht definiert, so daß beim Start eines Programms der interaktive Trace nicht eingeschaltet wird. Zum Einschalten des interaktiven Trace gibt man vor dem Programmstart in der DOS- bzw. OS/2-Befehlszeile den folgenden Befehl ein:

```
set rxtrace=on
```

Wenn der interaktive Trace beim nächsten Programmstart wieder ausgeschaltet sein soll, gibt man in der DOS- bzw. OS/2-Befehlszeile einen der beiden folgenden Befehle ein:

```
set rxtrace=off
set rxtrace=
```

Der erste Befehl schaltet den interaktiven Trace aus, der zweite hebt die Definition der Umgebungsvariablen rxtrace auf, so daß wieder der standardmäßige Zustand herrscht.

Das Einschalten des interaktiven Trace mit rxtrace bewirkt das gleiche, wie wenn die Anweisung trace ?results am Anfang eines Programms steht, d. h. es wird der interaktive Trace mit der Option results eingeschaltet. Natürlich sind alle Eingaben des interaktiven Trace erlaubt, so daß auch die trace-Optionen geändert werden können. Beachten Sie aber, daß in externen Unterprogrammen am Programmanfang wieder die Grundeinstellung trace ?results gilt.

rxwrscr

```
>>— RXWRSCR(zeichenfolge,─┬──────────┬┬───────────┬─)─><
                          └─textattr─┘└─, rollattr─┘
```

Die eingebaute DOS-Dienstprogrammfunktion rxwrscr (write screen = Bildschirmausgabe) gibt zeichenfolge ab der aktuellen Cursorposition auf den Bildschirm aus und liefert die Anzahl der Zeichen zurück, die nicht ausgegeben werden konnten.

Farbattribute. rxwrscr ignoriert Hintergrundfarben, die durch ANSI.SYS festgelegt werden.

Wenn textattrib fehlt, wird die Vordergrundfarbe auf Weiß (7) und die Hintergrundfarbe auf Schwarz gesetzt (0), andernfalls wird zeichenfolge entsprechend dem Farbattribut textattrib auf den Bildschirm ausgegeben. *Siehe:* Farbattribute.

Wenn rollattrib fehlt, wird der Bildschirm höchstens bis zur letzten Spalte der letzten Zeile beschrieben. Wenn zeichenfolge länger ist, gehen die überschüssigen Zeichen verloren und rxwrscr liefert die Anzahl der nicht ausgegebenen Zeichen von zeichenfolge zurück.

Wenn rollattrib angegeben wird, muß es ein gültiges Farbattribut sein. Der Bildschirm wird zeilenweise nach oben gerollt, bis zeichenfolge in voller Länge ausgegeben ist. Als Anzahl der nicht ausgegebenen Zeichen wird immer 0 zurückgeliefert. Auch die neuen Zeilen werden mit dem Farbattribut textattrib ausgegeben. Lediglich der nicht beschriebene Teil der letzten Zeile wird mit dem Farbattribut rollattrib ausgegeben. Da dies in der Regel nicht erwünscht ist, sollten textattr und rollattr den gleichen Wert haben.

Hinweise:

- Die Ausgabe von rxwrscr kann nicht umgeleitet werden.
- Nach der Bildschirmausgabe wird der Cursor hinter das letzte ausgegebene Zeichen gesetzt. Wenn rollattr fehlt und das Bildschirmende erreicht wird, wird der Cursor in die letzte Spalte der letzten Zeile gesetzt.

zeichenfolge	Beliebige Zeichenfolge, die auf dem Bildschirm ausgegeben werden soll.
textattr	Farbattribut. *Siehe* Farbattribut.
rollattr	Farbattribut. *Siehe* Farbattribut.

Beispiele

REXX-Anweisungen	Erläuterung
call rxsetpos 10, 20 rc = rxwrscr("Heidi")	Der Cursor wird in Zeile 11, Spalte 21 gesetzt. Ab dieser Cursorposition wird die Zeichenfolge "Heidi" standardmäßig mit der Vordergrundfarbe weiß (7) und der Hintergrundfarbe schwarz (0) auf dem Bildschirm ausgegeben.
call rxsetpos 24, 75 rc = rxwrscr("HeidiBrita", ...113, 113)	Der Cursor wird in die fünftletzte Spalte der letzten Zeile (Zeile 25, Spalte 76) gesetzt. Ab dieser Cursorposition wird die Zeichenfolge "HeidiBrita" mit der Vordergrundfarbe blau (1) und der Hintergrundfarbe weiß (112) auf dem Bildschirm ausgegeben. Nach Ausgabe von "Heidi" wird der Bildschirm um eine Zeile nach oben gerollt und "Brita" wird in der nächsten Zeile ab dem Zeilenanfang ausgegeben.

say

```
>>--SAY--+--------------+--><
         |              |
         +--ausdruck----+
```

Siehe auch: charout; lineout; linesize; outtrap; rxscrsize; systextscreensize.

Die Anweisung say (sagen) gibt eine Zeile mit dem Auswertungsergebnis von ausdruck in den Standardausgabestrom aus und schaltet um eine Zeile weiter. Das Auswertungsergebnis von ausdruck kann beliebig lang sein. Wenn ausdruck nicht angegeben wird oder wenn ausdruck gleich der Nullzeichenfolge ist, wird die Nullzeichenfolge ausgegeben und um eine Zeile weitergeschaltet.

Standardausgabestrom. Der Standardausgabestrom (stdout) wird unter DOS und OS/2 auf dem Bildschirm angezeigt. Die Standardausgabe kann beim Aufruf eines REXX-Programms in eine Datei oder auf ein anderes Gerät umgeleitet werden, z. B. wird durch den Aufruf copyfile >copyfile.log die Standardausgabe des REXX-Programms copyfile in die Datei copyfile.log umgeleitet.

Der Standardausgabestrom wird unter TSO/E im Vordergrund auf das Terminal ausgegeben, im Hintergrund in die Datei mit dem DD-Namen SYSTSPRT. Letzteres trifft standardmäßig auch in Nicht-TSO/E-Adreßumgebungen zu, sofern der DD-Name SYSTSPRT nicht umdefiniert wurde.

Hinweis: Beachten Sie, daß unter TSO/E die Standardausgabe eines als Befehl aufgerufenen REXX-Programms in einen Variablenstamm umgeleitet wird, wenn das aufrufende Programm Befehlsausgaben mit der TSO/E-Funktion outtrap in einen Variablenstamm umleitet.

Formatierung. Der REXX-Interpreter nimmt keine Formatierung der auszugebenden Zeile vor. Evtl. erforderliche Zeilenumbrüche werden durch das zugrundeliegende Betriebssystem gesteuert.

Unter DOS liefert die DOS-Dienstprogrammfunktion rxscrsize, unter OS/2 die OS/2-Dienstprogrammfunktion systextscreensize eine Wortliste zurück, deren zweites Wort die Bildschirmbreite in Zeichen enthält und bestimmt, ab welcher Stelle Zeilenumbrüche erfolgen. Wenn die Standardausgabe in eine Datei umgeleitet wird, erfolgen aufgrund der variablen Satzlänge keine Zeilenumbrüche.

Unter REXX TSO/E Level 1 liefert die eingebaute Funktion linesize die maximale Zeilenlänge, die bestimmt, ab welcher Stelle Zeilenumbrüche erfolgen. Die maximale Zeilenlänge ist die um 1 verminderte Terminalbreite in Zeichen bzw. die um 1 verminderte Satzlänge der Datei mit dem DD-Namen SYSTSPRT.

Hinweise:

- Unter DOS und OS/2 stellt say eine Abkürzung des Funktionsaufrufs
  call lineout [, *ausdruck*]
  dar. say verändert allerdings nicht die spezielle Variable result. Außerdem bewirkt call lineout ohne Parameter lediglich, daß der Standardausgabestrom geschlossen wird, während say ohne Operand eine Zeilenschaltung bewirkt.
- Wenn nach der Ausgabe des Auswertungsergebnisses von ausdruck keine Zeilenschaltung erfolgen soll, müssen Sie unter DOS und OS/2 die Funktion charout verwenden.

Beispiele

REXX-Anweisungen	Erläuterung
say say ""	Beide Anweisungen bewirken lediglich, daß der Standardausgabestrom um eine Zeile weitergeschaltet wird.
text = "Hallo!" say "Hallo!" say text say 500 * 1.15	Die beiden ersten say-Anweisungen bewirken, daß in der aktuellen Zeile ab dem Zeilenanfang der Text "Hallo!" ausgegeben und dann um eine Zeile weitergeschaltet wird. Die dritte say-Anweisung berechnet zuerst 500 * 1.15, gibt dann das Ergebnis 575 ab dem Anfang der aktuellen Zeile aus und schaltet um eine Zeile weiter.
call charout , "Hallo " say "Bella!"	Nur DOS und OS/2: charout gibt die Zeichenfolge "Hallo " ab dem Anfang der aktuellen Zeile aus, ohne hinterher um eine Zeile weiterzuschalten. say setzt die Zeichenfolge "Bella!" hinter diese Ausgabe und schaltet um eine Zeile weiter. Das gleiche Ergebnis hätte man (hier) mit say "Hallo Bella!" erreichen können.

Anwendung

Siehe auch: parse pull, Anwendung.

Zeilenumbruch kontrollieren

Aufgabe: In einem externen Unterprogramm soll eine Zeichenfolge so ausgegeben werden, daß der Zeilenumbruch nach Möglichkeit bei einer Leerstelle erfolgt. Das Unterprogramm soll plattformneutral gestaltet werden.

```
say:
  parse arg text
  parse source system .
  select
    when system = "DOS" then lg = word(rxscrsize(), 2) - 1
    when system = "OS/2" then lg = word(systextscreensize(), 2) - 1
```

```
    when system = "TSO" then lg = linesize()
    otherwise lg = 80
  end
```

Mit parse arg wird die auszugebende Zeichenfolge eingelesen. parse source stellt den Namen des Betriebssystems in der Variablen system bereit. In der select-Auswahl wird die maximale, betriebssystemspezifische Zeilenbreite in Zeichen ermittelt. Da unter DOS und OS/2 eine volle Zeile dazu führt, daß zusätzlich eine Leerzeile ausgegeben wird, vermindern wir in diesem Fall die ermittelte Zeilenbreite um 1.

```
do while length(text) > lg
  pos = lastpos(" ", left(text, lg))
  if pos = 0 then pos = lg
  say left(text, pos)
  text = delstr(text, 1, pos)
end
if length(text) > 0 then say text
return
```

In der do-Schleife geben wir je eine Zeile aus, solange text mehr Zeichen enthält, als auf eine Zeile passen. Wir ermitteln die Position pos der letzten Leerstelle innerhalb der Zeilenbreite lg. Wenn keine Leerstelle gefunden wird, setzen wir pos auf die Zeilenbreite. Dann geben wir den linksbündigen Teil von text bis zur Position pos mit say aus und löschen die Teilfolge in der Variablen text mit delstr. Wenn nach dem Verlassen der do-Schleife text noch Zeichen enthält, geben wir diese mit einer weiteren say-Anweisung aus, bevor wir mit return zum Aufrufer zurückkehren.

Schlüsselwortparameter

Siehe: arg (Anweisung); parse arg; Parameter; Positionsparameter.

Positionsparameter sind fehleranfällig, weil eine Verwechslung oder Vertauschung in der Reihenfolge der Parameter gravierende Fehler verursacht. Mit Schlüsselwortparametern ist diese Gefahr weitgehend ausgeschlossen, außerdem dokumentieren sie sich selbst.

Schlüsselwortparameter werden als Wertepaar übergeben, z. B. in der Form schlüsselwort(wert). Der erste Wert ist das Schlüsselwort und bezeichnet den Namen des Parameters, aus dem auch dessen Bedeutung hervorgeht, und der zweite Wert bezeichnet den Wert des Parameters. Schlüsselwortparameter können in beliebiger Reihenfolge angegeben werden, da sie ja durch ihre Schlüsselwörter eindeutig identifiziert werden.

Zur Trennung und Unterscheidung von Schlüsselwort und Parameterwert haben sich verschiedene Verfahren eingebürgert, z. B.:

```
schlüsselwort(wert)
schlüsselwort=wert
schlüsselwort:wert
```

Wenn gegen den vereinbarten Formalismus verstoßen wird, hat eine Prüfroutine leichtes Spiel. Sie kann außerdem feststellen, ob ein Schlüsselwort erlaubt ist, und wie bei Positionsparametern prüfen, ob ein Pflichtparameter auch vorhanden ist.

Der Parameterwert kann nochmals in Begrenzungszeichen, z. B. Hochkommas oder Anführungszeichen, eingeschlossen werden:

```
schlüsselwort("dateiname(member)")
```

Dies ist dann erforderlich, wenn der Parameterwert Trennzeichen enthalten kann, die literal interpretiert werden sollen. Stattdessen kann man aber auch vereinbaren, daß ein Zeichen, dem ein Fluchtzeichen vorangeht, literal interpretiert werden soll:

```
schlüsselwort(dateiname\(member\))
```

Das Fluchtzeichen \ stellt sicher, daß die Klammern um member als Teile des Parameterwerts angesehen werden. Ein doppeltes Fluchtzeichen \\ muß bei dieser Methode als literales \ interpretiert werden.

Mehrere Schlüsselwortparameter können durch Leerstellen, Kommas oder andere Trennzeichen voneinander getrennt werden:

```
fkt(senden) datei(tel.liste) empf(rechner2)
fkt(senden), datei(tel.liste), empf(rechner2)
fkt(senden);datei(tel.liste);empf(rechner2)
```

Anwendung

Schlüsselwortparameter analysieren

Aufgabe: Der Aufrufer eines Unterprogramms übergibt an das Unterprogramm leerstellenbegrenzte Schlüsselwortparameter in der Form schlüsselwort(wert), z. B. so:

```
call wordsort "liste(namen) folge(a)"
```

Das aufgerufene Unterprogramm ruft das externe Unterprogramm getparm zur Parameterprüfung und -bereitstellung auf. Die Schlüsselwörter sollen durch getparm als Variablen definiert werden, denen als Inhalt der übergebene Klammerwert zugewiesen wird. Es soll sichergestellt werden, daß nur die gewünschten Schlüsselwortparameter übergeben werden. Außerdem muß geprüft werden, ob die Pflichtparameter vorhanden sind.

```
getparm:
  parse upper arg keys, mustkeys; parse arg ,, parms; retstr = ""
```

Mit parse upper arg werden die beiden kommagetrennten Argumentfolgen keys und mustkeys eingelesen. Dabei werden sie gleichzeitig in Großbuchstaben umgewandelt, weil die Schreibweise der Schlüsselwörter keine Rolle spielen soll. keys enthält eine Wortliste mit den zulässigen Schlüsselwörtern und mustkeys eine Wortliste mit den Schlüsselwörtern, die in den übergebenen Parametern vorkommen *müssen* (Pflichtparameter) Mit parse arg werden die Schlüsselwortparameter in die Variable parms in Groß-/Kleinschreibung eingelesen. Da getparm ein externes Unterprogramm ist, können wir die Schlüsselwortvariablen nur durch externe Variablenmodifikation zurückgeben (*siehe* Variablenmodifikation, externe), d. h. die Zuweisungen für die Schlüsselwörtvariablen werden als Zeichenfolge zurückgegeben und vom Aufrufer mit der interpret-Anweisung ausgeführt. Zu Beginn initialisieren wir die Rückgabezeichenfolge retstr mit der Nullzeichenfolge.

```
  do i = 1 while parms <> ""
    parse value translate(parms) with schluessel "("
    parse var parms . "(" wert ")" parms
```

In der do-Schleife wird ein Schlüsselwortparameter nach dem anderen abgearbeitet. Die Kontrollvariable i dient nur zur kontrollierten Beendigung der do-Schleife mit end i. Mit parse value wird aus der mit translate in Großbuchstaben umgewandelten Parameterzeichenfolge parms die Zeichenfolge vor der öffnenden Klammer als Schlüsselwort schluessel entnommen. Mit parse var wird aus der unveränderten Parameterzeichenfolge parms der Parameterwert wert entnommen, der durch eine öffnende und eine schließende Klammer begrenzt wird. Da wir das Schlüsselwort nicht mehr brauchen, wird es der Pseudovariablen "." zugewiesen. Der Rest von parms wird wiederum parms selbst zugewiesen, so daß wir in den folgenden Durchgängen die restlichen Schlüsselwortparameter bearbeiten können.

```
if verify(schluessel, ")", "match") > 0,
| verify(wert, "(", "match") > 0 then return "rc = 1"
if wordpos(schluessel, keys) = 0 then return "rc = 1"
```

Die beiden ge-oderten verify-Abfragen prüfen, ob das Schlüsselwort regelwidrig eine schließende Klammer oder der Parameterwert eine öffnende Klammer enthält. Wenn ja, wird die Anweisung "rc = 1" zurückgegeben, so daß der Aufrufer den Fehler erkennen kann. Fernerhin prüfen wir, ob das Schlüsselwort in der Wortliste keys der zulässigen Schlüsselwörter enthalten ist. Wenn nein, geben wir ebenfalls "rc = 1" zurück.

```
  w = wordpos(schluessel, mustkeys)
  if w > 0 then mustkeys = delword(mustkeys, w, 1)
  retstr = retstr || schluessel" = ' "dblchar("'", wert)"';"
end i
```

Dann suchen wir in der Wortliste mustkeys, die die Schlüsselwörter der Pflichtparameter enthält, nach schluessel. Wenn er gefunden wird, ist dieser Pflichtparameter vorhanden und wir entfernen ihn mit delword aus mustkeys. Die Rückgabezeichenfolge retstr erweitern wir um die Zuweisung schluessel = wert;. Dabei muß allerdings wert in Hochkommas gesetzt werden, um evtl. Variablensubstitutionen zu verhindern. Das wiederum geht nur gut, wenn wert selbst keine Hochkommas enthält. Wir verdoppeln daher mit dblchar die Hochkommas in wert, so daß diese literal und nicht als Begrenzungszeichen einer Zeichenfolge interpretiert werden. Damit haben wir das Ende der do-Schleife erreicht.

```
if mustkeys <> "" then return "rc = 1"
return retstr"rc = 0"
```

Wenn mustkeys jetzt nicht nur aus Leerstellen besteht, wurden in der Parameterzeichenfolge nicht alle Pflichtparameter angegeben und wir geben "rc = 1" zurück. Andernfalls ergänzen wir die Rückgabezeichenfolge retstr um die Anweisung "rc = 0" und geben mit return die Rückgabezeichenfolge an den Aufrufer zurück.

Zur Veranschaulichung zeigen wir nun richtige und falsche Unterprogrammaufrufe an das Unterprogramm wordsort und den Aufruf von getparm innerhalb von wordsort:

```
call wordsort "liste(namen) folge(a)"
call wordsort "liste(namen)"
call wordsort "folge(a)"
call wordsort "lixte(namen) folge(a)"
exit
```

```
wordsort: procedure
  parse arg parms
  interpret getparm("liste folge", "¬liste", parms)
  if rc <> 0 then return
  /* ... */
  return
```

In dem Unterprogramm wordsort wird mit parse arg die Parameterzeichenfolge eingelesen. Die interpret-Anweisung führt die Zuweisungsfolge aus, die von getparm als Funktionsergebnis zurückgegeben wird. Wenn dabei rc ein Wert ungleich 0 zugewiesen wird, wird das Unterprogramm sofort verlassen.

Die beiden ersten call-Aufrufe bewirken, daß in wordsort die folgenden Anweisungen zurückgeliefert werden:

```
liste = 'namen'; folge = 'a'; rc = 0
liste = 'namen'; rc = 0
```

Die beiden letzten call-Aufrufe führen dazu, daß "rc = 1" zurückgeliefert wird, einmal, weil der Pflichtparameter liste fehlt, im andern Fall, weil das (offenbar falsch geschriebene) Schlüsselwort lixte nicht zulässig ist.

Schreibweise, exponentielle

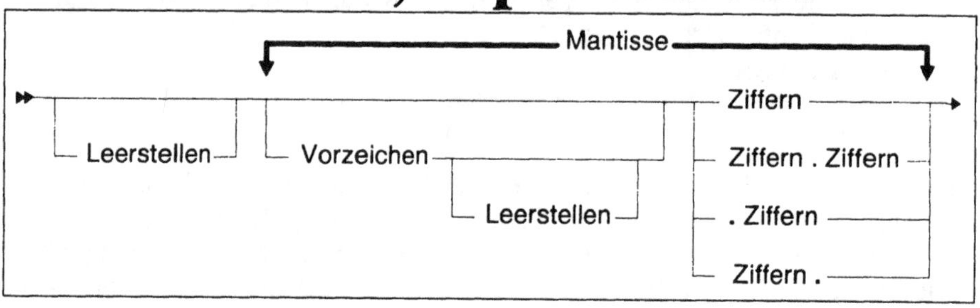

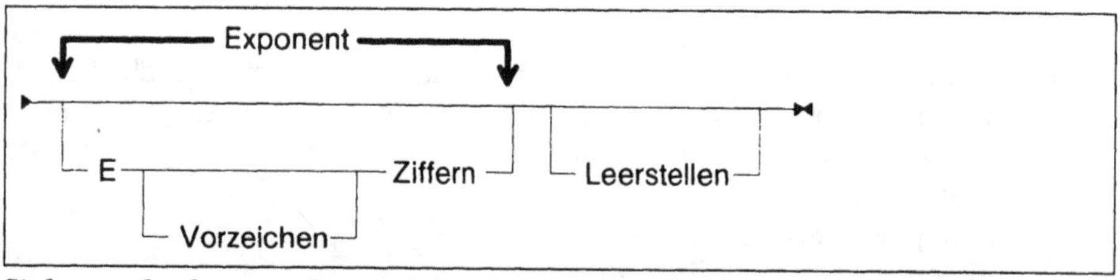

Siehe auch: format; Ganzzahl; Schreibweise, konventionelle; numeric form; Zahl.

Definition

In der exponentiellen Schreibweise wird eine Zahl als Zehnerpotenz dargestellt. Dabei gibt die *Mantisse* die signifikanten Ziffern der Zahl an, und der *Exponent* gibt an, wie oft die Mantisse mit 10 multipliziert werden muß, um die Zahl in *konventioneller Schreibweise* zu erhalten.

Die Zahl 123456 z. B. kann auch als $1.23456 * 10^5$ dargestellt werden, denn $1.23456 * 10^5 = 123456$. In REXX wird diese Zahl in exponentieller Schreibweise als 1.23456E+5 dargestellt.

Format der exponentiellen Schreibweise (numeric form)

REXX unterstützt zwei Varianten der exponentiellen Schreibweise:

- **Wissenschaftliche Schreibweise** (numeric form scientific)
  Vor dem Dezimalpunkt der Mantisse steht *eine* Ziffer ungleich 0, z. B. 12345.6 = 1.23456E+4.
- **Ingenieurschreibweise** (numeric form engineering)
  Der Exponent ist immer eine durch drei ohne Rest teilbare Zahl, z. B. 12345.6 = 12.3456E+3. Der ganzzahlige Teil der Mantisse kann daher Werte von 1-999 annehmen.

Die Zahl 0 wird bei beiden Schreibweisen immer in konventioneller Schreibweise als 0 dargestellt.

Anwendung

Die exponentielle Schreibweise empfiehlt sich zur übersichtlichen Darstellung sehr großer oder sehr kleiner Zahlen, vor allem wenn die Anzahl der signifikanten Stellen klein ist:

```
123000000000 ➔ 1.23E+11
0.000000000123 ➔ 1.23E-10
```

Aber auch Zahlen mit vielen signifikanten Stellen sind in exponentieller Schreibweise leichter lesbar:

```
999999999999 ➔ 9.99999999999E+11
0.000000999999 ➔ 9.99999E-7
```

Implizite exponentielle Schreibweise

REXX verwendet implizit die exponentielle Schreibweise, wenn eine Zahl nicht in konventioneller Schreibweise darstellbar ist. Dies ist zum einen dann der Fall, wenn die Anzahl der Vorkommastellen den Wert von numeric digits übertrifft:

```
numeric digits 3
z = 999 + 123
➔   z: 1.12E3
```

999 + 123 ergibt 1122. Das Ergebnis hat also 4 Stellen vor dem Dezimalpunkt, eine Stelle mehr, als durch numeric digits 3 festgelegt wurde. Daher wird das Ergebnis kaufmännisch gerundet und in exponentieller Schreibweise wegen numeric digits 3 mit einer *dreistelligen* Mantisse dargestellt.

REXX verwendet außerdem angeblich dann implizit die exponentielle Schreibweise, wenn die Anzahl der Nachkommastellen das Doppelte des Wertes von numeric digits überschreitet. Tatsächlich sind die Verhältnisse undurchschaubar, wie das nachstehende Beispiel (REXX unter DOS) zeigt:

```
numeric digits 3
z1 = 0.0000345 + 0.000155
z2 = 0.0000345 + 0.0000155
➔   z1: 0.000190, z2: 5.00E-5
```

Das Ergebnis von z1 = 0.0001895 hat offensichtlich mehr Nachkommastellen als das Doppelte des Wertes von numeric digits. Trotzdem wird die Zahl (auf 6 Nachkommastellen gerundet) in konventioneller Schreibweise dargestellt. Das Ergebnis von z2 = 0.0000500 hat 5 signifikante Nachkommastellen, also weniger als das Doppelte des Wertes von numeric digits. Trotzdem wird die Zahl in exponentieller Schreibweise dargestellt. Es empfiehlt sich daher in Zweifelsfällen den Wert von numeric digits eher großzügig zu bemessen.

Wenn REXX eine Zahl in exponentieller Schreibweise darstellt, wird immer der Großbuchstabe E verwendet, dem zur besseren Lesbarkeit immer ein Vorzeichen folgt. Wenn sich als Exponentialteil E+0 ergeben würde, läßt REXX den Exponentialteil weg. Das bedeutet, daß die einstelligen Ganzzahlen 0-9 ohne Exponentialteil ausgegeben werden.

Explizite exponentielle Schreibweise

Der Aufruf format(*zahl*,,,, 0) der eingebauten SAA-Funktion format gibt die Zahl zahl explizit in exponentieller Schreibweise aus. Der Parameter 0 bezeichnet den sogenannten Kippunkt (trigger point). Der Kippunkt gibt die Anzahl der Stellen an, die darüber entscheidet, wann die Darstellung in exponentieller Schreibweise erfolgt. Der Kipppunkt wird (u. a.) dann erreicht, wenn die Anzahl der Vorkommastellen größer als der Kippunkt ist. Das ist bei einem Kippunkt von 0 immer der Fall, da bei jeder Zahl mindestens eine Vorkommastelle vorhanden ist (auch wenn es die 0 ist). Lediglich die Zahl Null wird immer als 0 dargestellt.

Schreibweise, konventionelle

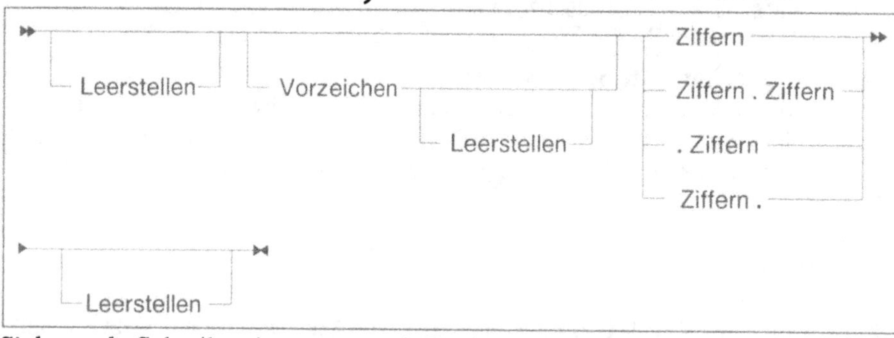

Siehe auch: Schreibweise, exponentielle; format; Ganzzahl; Zahl.

Definition

In der konventionellen Schreibweise wird eine Zahl in der üblichen Schreibweise dargestellt, d. h. mit Vorzeichen, Vorkommastellen, Dezimalpunkt und Nachkommastellen. Statt in der konventionellen Schreibweise kann eine Zahl auch in der *exponentiellen Schreibweise* dargestellt werden.

Implizite konventionelle Schreibweise

REXX verwendet implizit die konventionelle Schreibweise, wenn eine Zahl in dieser Schreibweise darstellbar ist. Dies ist zum einen dann der Fall, wenn die Anzahl der Vorkommastellen *nicht* den Wert von numeric digits übertrifft:

```
numeric digits 3
z = 997 + 2
➔ z: 999
```

997 + 2 ergibt 999. Das Ergebnis hat also 3 Stellen vor dem Dezimalpunkt, also genauso viele Stellen, wie durch numeric digits 3 festgelegt wurde. Daher wird das Ergebnis in konventioneller Schreibweise als 999 dargestellt.

REXX verwendet außerdem angeblich dann implizit die konventionelle Schreibweise, wenn die Anzahl der Nachkommastellen *nicht* das Doppelte des Wertes von numeric digits überschreitet. Tatsächlich sind die Verhältnisse undurchschaubar, wie das nachstehende Beispiel (REXX unter DOS) zeigt:

```
numeric digits 3
z1 = 0.0000345 + 0.000155
z2 = 0.0000345 + 0.0000155
```

➔ z1: 0.000190, z2: 5.00E-5

Das Ergebnis von z1 = 0.0001895 hat offensichtlich mehr Nachkommastellen als das Doppelte des Wertes von numeric digits. Trotzdem wird die Zahl (auf 6 Nachkommastellen gerundet) in konventioneller Schreibweise dargestellt. Das Ergebnis von z2 = 0.0000500 hat 5 signifikante Nachkommastellen, also weniger als das Doppelte des Wertes von numeric digits. Trotzdem wird die Zahl in exponentieller Schreibweise dargestellt. Es empfiehlt sich daher in Zweifelsfällen den Wert von numeric digits eher großzügig zu bemessen.

Explizite konventionelle Schreibweise
Der Aufruf format(*zahl*,,, 0) der eingebauten SAA-Funktion format gibt die Zahl zahl unbedingt in konventioneller Schreibweise aus. Der Parameter 0 bezeichnet die Stellenzahl des Exponenten. Da diese 0 ist, wird kein Exponent ausgegeben, vielmehr wird die Zahl zahl ggf. um so viele Nullen ergänzt, daß sie die richtige Stellenzahl umfaßt.

select

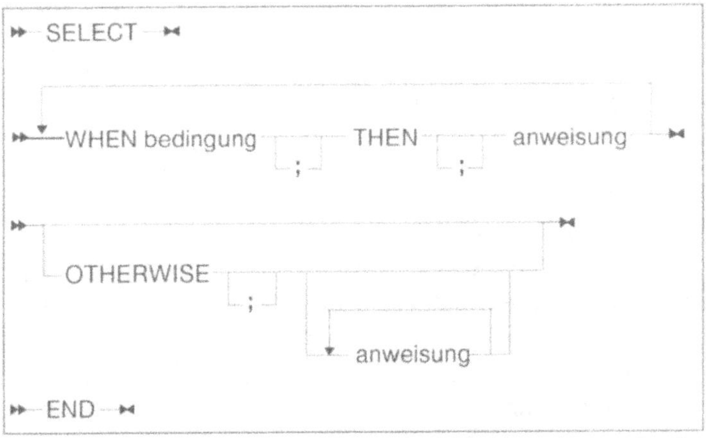

Die Anweisung select (auswählen) wählt, abhängig von Bedingungen, eine von mehreren alternativen Anweisungen aus und führt diese aus (Fallunterscheidung).

Die select-Anweisung gehört wie if und do zu den komplexen Anweisungen, weil sie wiederum andere Anweisungen enthält. Nach der select-Anweisung muß mindestens eine when-Klausel ("wenn") folgen. Nach beliebig vielen when-Klauseln muß eine otherwise-Klausel ("andernfalls") folgen, wenn die when-Klauseln nicht alle möglichen Bedingungen abdecken. Eine otherwise-

Klausel ist aber auch erlaubt, wenn sie nicht erforderlich ist. Die select-Anweisung muß durch eine end-Anweisung abgeschlossen werden.

Die when-Klauseln werden der Reihe nach geprüft. Die Auswertung von bedingung muß den logischen Wert 1 (wahr) oder 0 (falsch) ergeben, andere Werte führen zu REXX-Fehler 34. Wenn bedingung 1 ergibt, wird die Anweisung nach dem Schlüsselwort then ("dann") ausgeführt Anschließend wird das Programm mit der Anweisung nach der end-Klausel fortgesetzt. Wenn bedingung 0 ergibt, wird die nächste when- oder otherwise-Klausel bearbeitet oder die select-Auswahl beendet, wenn die end-Klausel angetroffen wird. anweisung kann eine beliebige einfache Anweisung, Zuweisung oder ein Befehl, aber auch eine komplexe Anweisung, d. h. eine if-, do- oder eine weitere select-Anweisung sein.

Wenn keine der when-Klauseln zutrifft, wird die Steuerung an die otherwise-Klausel übergeben, falls diese vorhanden ist. Wenn sie nicht vorhanden ist, führt das in diesem Fall zu REXX-Fehler 7. Andernfalls werden die Anweisungen nach dem Schlüsselwort otherwise ausgeführt. Beachten Sie, daß zwischen otherwise und der end-Klausel der select-Anweisung keine, eine oder beliebig viele Anweisungen stehen können.

Hinweise:

- Die einfache if-Abfrage

  ```
  if ... then ... else ...
  ```

  entspricht der select-Auswahl

  ```
  select
    when ... then ...
    otherwise ...
  end
  ```

  Jede select-Anweisung kann durch ein oder mehrere einfache oder geschachtelte if-Abfragen ersetzt werden und umgekehrt.
- In der Bedingung nach dem Schlüsselwort when ist das *Symbol* then verboten, weil es sonst mit dem *Schlüsselwort* then verwechselt werden könnte.
- Das Semikolon nach bedingung ist optional, weil das Ende von bedingung durch das Schlüsselwort then erkannt werden kann.
- Eine komplexe Anweisung wie select wird durch die Anweisungen return oder exit unbedingt abgebrochen. Außerdem werden alle anderen komplexen Anweisungen unterhalb der select-Anweisung abgebrochen.

anweisung	Beliebige Anweisung, Zuweisung oder beliebiger Befehl. Auch die komplexen Anweisungen if, do und weitere select-Anweisungen sind erlaubt.
bedingung	Beliebiger Ausdruck, der 0 oder 1 ergeben muß.
OTHERWISE	Es folgen Anweisungen, die ausgeführt werden, wenn keine der when-Klauseln zutrifft.
THEN	Es wird die folgende Anweisung ausgeführt.
WHEN	Wenn der folgende Ausdruck nach der Auswertung den logischen Wert 1 (wahr) ergibt, wird die then-Klausel ausgeführt.

Beispiele

REXX-Anweisungen	Erläuterung

select
  when a = 1 then say "1"
  when a = 2 then
    say "2"
  when a = 3
    then
      nop
  otherwise
end
	Die select-Auswahl zeigt in der ersten when-Klausel, daß der komplette then-Zweig auf der gleichen Zeile wie die when-Klausel stehen kann. In der zweiten when-Klausel wird die Anweisung nach then auf die nächste Zeile gesetzt und in der dritten when-Klausel stehen sowohl then als auch die auf then folgende Anweisung jeweils auf einer Zeile.
	Die dritte when-Klausel zeigt außerdem den Fall, daß im then-Zweig wegen der nop-Anweisung keine Operation ausgeführt wird. Die otherwise-Klausel wird ohne nachfolgende Anweisungen gezeigt. Dies ist zwar möglich, aber nur dann zu empfehlen, wenn im otherwise-Fall wirklich keine Operation erfolgen soll. Andernfalls werden Programmierfehler zugedeckt, statt daß sie durch die otherwise-Klausel aufgedeckt werden.

select
  when a = 1 then do
    say "1"
    exit
  end
  when a = 2 then
    if b > 3 then say "b > 3"
  when a = 3 then
    select
      when b = 5 then say "5"
      when b = 6 then say "6"
      otherwise say "Fehler b"
    end
  otherwise say "Fehler a"
end
	Die select-Auswahl zeigt when-Klauseln mit komplexen Anweisungen im then-Zweig, im ersten Fall eine do-Anweisung, die selbst zwei weitere Anweisungen enthält, im zweiten Fall eine if-Abfrage und im dritten Fall eine geschachtelte select-Auswahl. Die beiden otherwise-Klauseln werden andeutungsweise durch eine Fehlermeldung beantwortet.

Häufige Fehler

- Da die when-Klauseln sequentiell nacheinander abgearbeitet werden, müssen Sie darauf achten, daß eine Oberbedingung erst *nach* einer Unterbedingung angegeben wird. Wir erläutern das an einem Beispiel:

  ```
  when fkt <> "" then...
  when fkt = "A" then ...
  ```

  Die erste when-Klausel stellt eine Oberbedingung dar, da sie die zweite einschließt. Wenn fkt den Wert "A" hat, ist auch die Bedingung when fkt <> "" erfüllt, so daß bei dieser Anordnung der when-Klauseln die zweite Klausel nie ausgeführt werden kann. Die Anordnung der when-Klauseln muß daher vertauscht werden:

  ```
  when fkt = "A" then ...
  when fkt <> "" then...
  ```

- Zur Vermeidung von Programmierfehlern und aus Gründen der Klarheit empfiehlt es sich, den otherwise-Zweig auch dann als Notausgang vorzusehen, wenn er vermeintlich gar nicht erforderlich ist. Ein leerer otherwise-Zweig allerdings, also ein otherwise-Zweig ohne nachfolgende Anweisung oder mit der nop-Anweisung, erfüllt nicht den Zweck eines Notausgangs, weil der Eintritt des Notfalls nicht bemerkt werden kann. Für viele Zwecke genügt eine einfache Fehlermeldung, z. B. say "Fehler bei...".

- Wenn im then-Zweig einer when-Klausel keine Anweisung ausgeführt werden soll, muß stattdessen zur Erfüllung der Syntax die nop-Anweisung angegeben werden. Die nop-Anweisung kann nicht durch ein Semikolon (;) ersetzt werden. Ein Semikolon wird als Nullklausel angesehen und erfüllt daher nicht die Syntaxregel, daß eine echte Anweisung folgen muß. Daher würde die nächste Anweisung zur Erfüllung der Syntaxregel herangezogen, was dann in der Regel zu einem Syntaxfehler führt.

Anwendung

1. select-Leitern contra if-Treppen

Aufgabe: Oftmals können unübersichtliche if-Treppen, also mehrfach geschachtelte if-Abfragen, durch eine "select-Leiter" viel übersichtlicher gestaltet werden. Betrachten Sie zunächst als Beispiel die folgende if-Treppe:

```
if fkt = "A" then do
end
else do
  if fkt<> "" then do
    if fkt = "B" then do
    end
    else do
    end
  end
  else do
  end
end
```

Wir zeigen in dieser if-Treppe nur das logische Skelett. Wenn in dieser if-Treppe in den then- und else-Zweigen nicht nur call-Aufrufe für Unterprogramme stehen, sondern jeweils einige Anweisungen, dann kann man sich vorstellen, wie schwer diese if-Treppe zu durchschauen ist (auch für ihren Autor). Durch die Umwandlung in die folgende select-Leiter erreichen wir, daß man die einzelnen when-Klauseln sequentiell nacheinander betrachten kann, statt wie auf einem Baum von Ast zu Ast springen zu müssen.

```
select
  when fkt = "A" then do
  end
  when fkt = "B" then do
  end
  when fkt <> "" then do
  end
  otherwise
end
```

Wie Sie sehen, ist die Umwandlung einer if-Treppe unter Umständen nicht ganz trivial, d. h. man kann nicht einfach die bestehenden if-Abfragen als when-Klauseln hinschreiben. Die Klausel when fkt <> "" darf nicht wie in der if-Treppe *vor* der Klausel when fkt = "B" stehen, weil letztere sonst niemals ausgeführt werden kann.

2. Weitere Anwendungen

Weitere Anwendungsmöglichkeiten:

- Abfrage *einer* Variablen in der select-Anweisung:

```
select
  when antwort = "?" then call hilfe
  when antwort = "J" | antwort = "Y" then ok = 1
  when antwort = "N" then ok = 0
  otherwise "Gültige Eingaben: J, N oder ?"
end
```

  In den drei when-Zweigen wird jeweils die Variable antwort auf einen gültigen Wert abgefragt. Wenn keine der when-Bedingungen zutrifft, wird im otherwise-Zweig ein Bedienungshinweis ausgegeben.

- Unterschiedliche Abfragen in der select-Anweisung:

```
select
  when words(datum) > 1 then parse var datum t m j
  when pos(".", datum) > 0 then parse var datum t "." m "." j
  when length(datum) = 6 then parse var datum j +2 m +2 t
  when length(datum) = 8 then parse var datum j +4 m +2 t
  otherwise say "Datum ungültig"
end
```

  In den vier when-Zweigen werden verschiedene Funktionsaufrufe verwendet, um festzustellen, ob die Variable datum in einem gültigen Format vorliegt. Wenn nicht, wird im otherwise-Zweig eine Fehlermeldung ausgegeben.

setlang

```
>>--SETLANG(-+------+-)--><
             +-code-+
```

Geltung: Alle MVS-Adreßumgebungen.

Die externe TSO/E-Funktion setlang (set language = Sprache festlegen) liefert den 3stelligen aktuellen Sprachencode zurück, der angibt, in welcher Sprache momentan REXX-Meldungen ausgegeben werden. Wenn code angegeben wird, muß es ein 3stelliger Sprachencode aus der untenstehenden Tabelle sein. In diesem Fall wird der aktuelle Sprachencode zurückgeliefert und durch den Sprachencode code ersetzt. Alle REXX-Meldungen werden ab jetzt in der angegebenen Sprache ausgegeben.

Sprachencodes. Wenn code einen Sprachencode für eine Sprache angibt, die auf dem System nicht installiert ist, gibt setlang keine Fehlermeldung aus. Wenn jedoch REXX eine Meldung in einer nicht installierten Sprache ausgeben will, wird eine Fehlermeldung ausgegeben und REXX versucht, die Meldung in US-Englisch auszugeben. Die folgende Tabelle enthält die gültigen Sprachencodes.

Code	Sprache
CHS	Vereinfachtes Chinesisch (simplified chinese)
CHT	Traditionelles Chinesisch (traditional chinese)
DAN	Dänisch
DEU	Deutsch

Code	Sprache
ENP	US-Englisch (nur Großbuchstaben)
ENU	US-Englisch (Groß-/Kleinschreibung)
ESP	Spanisch
FRA	Französisch
JPN	Japanisch
KOR	Koreanisch
PTB	Brasilianisches Portugiesisch

sysvar **und** setlang. sysvar("sysplang") bzw. sysvar("sysslang") liefern die primäre bzw. sekundäre Benutzersprache für Terminalanzeigen unter TSO. setlang hingegen liefert bzw. setzt die Sprache, in der REXX-Meldungen angezeigt werden. Mit sysvar("sysplang") kann man die primäre Benutzersprache ermitteln, um dann die Sprache für REXX-Meldungen entsprechend zu setzen, etwa mit dem folgenden call-Aufruf (wenn der bisherige Sprachencode nicht interessiert):

```
call setlang sysvar("sysplang")
```

Geltungsbereich. Die setlang-Funktion hat globale Wirkung, d. h. der festgelegte Sprachencode gilt für alle aufgerufenen und aufrufenden Programme, bis der Sprachencode durch einen anderen setlang-Aufruf geändert wird oder bis die Adreßumgebung, in der das Programm läuft, beendet wird.

code — 3stelliger Sprachencode.
Mögliche Werte: *siehe oben.*
Standard: der Sprachencode bleibt unverändert.

Beispiele

REXX-Anweisungen	Erläuterung
s1 = setlang() s2 = setlang("ENU") call setlang "ENU"	s1 ermittelt die aktuelle Sprache für REXX-Meldungen, z. B. "DEU", ohne die Sprache zu ändern. s2 ermittelt die aktuelle Sprache für REXX-Meldungen, z. B. "DEU", und ändert die Sprache in "ENU" (US-Englisch). Die call-Anweisung ändert den bisherigen Sprachencode in "ENU".

setlocal

```
▸▸─SETLOCAL()─▸◂
```

Die eingebaute OS/2-Funktion setlocal (lokale Umgebung setzen) sichert das aktuelle Laufwerk, den aktuellen Pfad und die aktuellen Werte der Umgebungsvariablen, die lokal für das aktuelle Programm gültig sind. Diese Werte können mit der Funktion endlocal wieder restauriert werden. Wenn dem Aufruf von setlocal bis zum Ende des Programms nicht ein Aufruf der Funktion endlocal folgt, werden die Umgebungsdaten beim Verlassen des Programms automatisch restauriert.

Im Gegensatz zu den gleichnamigen OS/2-Befehlen können die Funktionen setlocal und endlocal ineinander geschachtelt werden, d. h. es sind beliebig viele Sicherungsebenen möglich.

setlocal liefert den Wert 1 (wahr) zurück, wenn die Sicherung der Umgebungsdaten erfolgreich war, andernfalls 0 (falsch).

Anwendung

Umgebungsdaten sichern und restaurieren

Aufgabe: Der aktuelle Pfad PATH soll vorübergehend um eine weitere Verzeichnisangabe erweitert werden. Vorher sollen die Umgebungsdaten, also auch die Umgebungsvariable PATH, gesichert und am Ende des Programms wieder restauriert werden.

```
rc = setlocal()
if \rc then say "Fehler"
pfad1 = value("path",, env()) || "c:\util;"
call value "path", pfad1, env()
/* ... */
rc = endlocal()
if \rc then say "Fehler"
```

Zu Beginn werden mit setlocal() die Umgebungsdaten gesichert. Wenn rc nicht 0 ist, wenn also \rc gilt, ist ein Fehler aufgetreten, der entsprechend behandelt werden muß. pfad1 wird mit value("path",, env()) der alte Inhalt der Umgebungsvariablen PATH zugewiesen und dieser zusätzlich mit dem Verzeichnisnamen "c:\util;" verkettet. Den zweiten Parameter lassen wir in dem Aufruf von value weg, weil wir hier keinen neuen Wert zuweisen wollen. Der dritte Parameter env() ruft die externe Funktion env auf, die den Namen der aktuellen Variablenumgebung zurückliefert. Mit dem anschließenden call value weisen wir PATH den neuen Wert pfad1 zu. Wir haben darauf verzichtet, die Funktion als Funktion aufzurufen, weil wir am Funktionsergebnis nicht interessiert sind. Am Ende des Programms restaurieren wir mit endlocal() wieder die ursprünglichen Umgebungsdaten, also auch den alten Wert der Umgebungsvariablen PATH. Die Fehlerbehandlung erfolgt analog zu setlocal.

sigl

Siehe auch: Fehlerbedingungen; Fehlerroutine; Variable, spezielle.

In der speziellen Variablen sigl (signal line = Zeile mit signal-Anweisung) wird nach jeder Verzweigung zu einer Marke die Nummer der Programmzeile abgestellt, die die Verzweigungsklausel enthält. Verzweigungen können verursacht werden

- durch eine signal-Anweisung,
- durch eine call-Anweisung,
- durch den Aufruf einer internen Funktion
- oder durch den automatischen Aufruf einer Fehlerroutine (mit call oder signal), wenn eine Fehlerbedingung festgestellt wird und gesetzt ist.

Zweck. Wenn eine Fehlerbedingung festgestellt wird und gesetzt ist, verzweigt der REXX-Interpreter automatisch zu der mit call on... oder signal on... definierten Fehlerroutine. Die Variable sigl enthält in diesem Zeitpunkt die Nummer der Programmzeile, die den Fehler verursacht hat. In der Fehlerroutine kann man daher mit sourceline(sigl) die fehlerhafte Zeile anzeigen (oder ggf.

näher untersuchen). Man könnte auch einen Editor aufrufen, um das Programm zu editieren, und den Cursor bereits in die fehlerhafte Programmzeile stellen.

Beispiele

REXX-Anweisungen	Erläuterung
signal on syntax exit syntax: say "Syntaxfehler "rc": "errortext(rc) say "in Zeile "sigl": "sourceline(sigl) exit	Mit signal on syntax wird die Syntax-Fehlerbedingung gesetzt. Wenn die Syntax-Fehlerbedingung festgestellt wird, verzweigt der REXX-Interpreter automatisch zu der Fehlerroutine syntax. Dort wird die Nummer rc des Syntaxfehlers sowie der zugehörige Fehlertext errortext(rc) ausgegeben und zusätzlich die Nummer sigl der fehlerhaften Programmzeile sowie deren Inhalt sourceline(sigl).

sign

```
▸▸─SIGN(zahl)─▸◂
```

Die eingebaute SAA-Funktion sign (Vorzeichen) liefert eine Zahl zurück, die das Vorzeichen von zahl symbolisiert. zahl wird zuerst nach den REXX-Standardregeln entsprechend der maximalen Anzahl Ziffernstellen, die mit numeric digits festgelegt werden, gerundet, so als würde die Operation zahl + 0 ausgeführt. Wenn das Ergebnis der Rundungsoperation kleiner als 0 ist, wird -1 zurückgeliefert, ist das Ergebnis 0, wird 0 zurückgeliefert, und wenn das Ergebnis größer als 0 ist, wird 1 zurückgeliefert.

zahl Beliebige Zahl.

Beispiele

REXX-Anweisungen	Erläuterung
sign1 = sign(100.25)	sign1: 1
sign2 = sign("□□-□□100.25)	sign2: -1
sign3 = sign(0.000)	sign3: 0
sign4 = sign(1.23e-1)	sign4: 1 (1.23e-1 = 0.123)

Anwendung

Mir sind bisher keine praktischen Anwendungen bekannt geworden. Vielleicht gibt es Anwendungen im Bereich der Mathematik.

signal

```
▸▸─SIGNAL─┬─marke──────────────────────┬─▸◂
          │                            │
          └───────────┬─── ausdruck────┘
              │       │
              └─VALUE─┘
```

Siehe auch: Marke; signal off/on.

Die Anweisung signal (signalisieren) bewirkt ("signalisiert") eine abnormale Änderung des Programmablaufs. Das Programm wird unmittelbar hinter der angegebenen Marke marke fortgesetzt oder hinter der Marke, die sich aus ausdruck ergibt.

Vor der Verzweigung werden alle noch offenen do-Schleifen, if-Abfragen, select-Auswahlen und interpret-Anweisungen abgebrochen, d. h. es ist kein Wiederaufsetzen an der Abbruchstelle möglich. Es wird zu der ersten Marke ab dem Programmanfang verzweigt, die mit der angegebenen Marke übereinstimmt. Wenn die gleiche Marke in einem Programm mehrfach vorkommt, wird daher immer zur ersten Marke mit diesem Namen verzweigt.

Nach der Verzweigung zu der angegebenen Marke enthält die spezielle Variable sigl die Zeilennummer der signal-Anweisung. Beim Test eines Programms kann daher anhand von sigl der Ursprung einer Verzweigung festgestellt werden.

Verzweigungsziel. Das Ziel der Verzweigung kann auf verschiedene Arten angegeben werden. Beachten Sie, daß der REXX-Interpreter alle Marken in einem Programm in Großbuchstaben umwandelt. Daher muß sich in allen Fällen, außer wenn ein Symbol als Marke angegeben wird, eine Marke in Großbuchstaben ergeben.

- Das Verzweigungsziel marke wird direkt durch ein *Symbol* angegeben, das als Konstante aufgefaßt wird. marke kann in Groß- und/oder Kleinschreibung angegeben werden. *Beispiel:*

```
signal weiter1
/* ... */
weiter1: /* ... */
```

- Das Verzweigungsziel marke wird direkt durch eine *literale Zeichenfolge* angegeben, die aus Großbuchstaben bestehen muß. *Beispiel:*

```
signal "WEITER1"
/* ... */
weiter1: /* ... */
```

- Das Verzweigungsziel marke wird indirekt durch das Unterschlüsselwort value und einen Ausdruck angegeben. ausdruck muß nach der Auswertung eine Marke in Großbuchstaben ergeben. *Beispiel:*

```
ziel = "WEITER"
signal value ziel"1"
/* ... */
weiter1: /* ... */
```

  Das Unterschlüsselwort value kann weggelassen werden, wenn ausdruck nicht mit einem Symbol oder einer literalen Zeichenfolge beginnt. Dies ist dann der Fall, wenn ausdruck mit einem speziellen Zeichen wie einem Operator oder einer runden Klammer anfängt. *Beispiel:*

```
ziel = "WEITER"
signal value (ziel"1")
/* ... */
weiter1: /* ... */
```

Anwendung. signal ist für *abnormale* Änderungen des Steuerflusses vorgesehen. In den meisten Fällen kann der Programmablauf kontrolliert und übersichtlich mit den Konstrukten do ... end, select ... end und if ... then/else bzw. durch Unterprogramm- oder Funktionsaufrufe gesteuert werden. signal sollte man daher nur dann verwenden, wenn andere Konstruktionen zu umständlich oder zu unübersichtlich sind. Dies trifft z. B. zu, wenn ein Programm bedingungslos abgebrochen werden soll, vorher aber noch allgemeine Abschlußarbeiten durchgeführt werden müssen. In diesem Fall kann man mit signal zu einer allgemeinen Fehlerroutine verzweigen, in der das Programm ordnungsgemäß beendet wird.

Hinweise:

- Als Verzweigungsziel sind die Markennamen ON und OFF nicht zulässig, da diese als Unterschlüsselwörter zum Ein- bzw. Ausschalten von Fehlerbedingungen reserviert sind.
- In einer interpret-Anweisung darf sich eine signal-Anweisung nicht auf eine Marke in der zu interpretierenden Zeichenfolge beziehen, da Marken innerhalb einer interpret-Zeichenfolge nicht erlaubt sind. *Siehe:* interpret.

ausdruck	Beliebiger Ausdruck, der nach der Auswertung einen Markennamen in Großbuchstaben ergibt.
marke	Symbol, das als Konstante angesehen wird und einen Markennamen darstellt, oder literale Zeichenfolge in Großbuchstaben, die einen Markennamen darstellt.
VALUE	Der folgende Ausdruck soll nach der Auswertung als Markenname interpretiert werden.

Beispiele

Siehe oben.

Anwendung

Sprungverteiler

Aufgabe: Anhand einer eingegebenen Nummer soll eine der Funktionen open, close, read oder write in einem Unterprogramm ausgeführt werden.

```
  fkt = 3
  call router fkt
  exit
router:
  tab = "close open read write"
  signal value translate(word(tab, arg(1)))
close: say "close"; return
open: say "open"; return
read: say "read"; return
write: say "write"; return
```

Als Funktion fkt wurde 3 eingegeben. Wir verzweigen mit dem Unterprogrammaufruf call in die Sprungverteilerroutine router und übergeben fkt als Argument. In dem internen Unterprogramm router liefert arg(1) das erste und einzige Argument, nämlich die übergebene Funktionsnummer. Mit word(tab, arg(1)) wird der entsprechende Funktionsname aus der Wortliste tab entnommen, mit translate in Großbuchstaben übersetzt und an signal value übergeben. signal führt daher den Sprung signal READ aus. Das gleiche Ergebnis wie mit call router fkt erzielt man mit der interpret-Anweisung:

```
interpret "call "word(tab, fkt)
```

Hier kann man sich die Umwandlung in Großbuchstaben sparen, im ersten Fall ist sie unbedingt erforderlich.

signal off/on

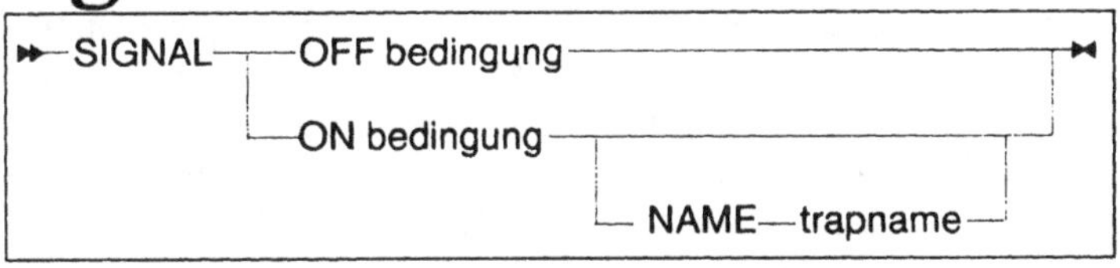

Siehe auch: call off/on; Fehlerbedingungen; Fehlerroutine; Marke.

Die Anweisung signal on (Verzweigung signalisieren und Bedingung einschalten) setzt die Fehlerbedingung bedingung, und die Anweisung signal off setzt diese Fehlerbedingung zurück. Wenn nach dem Setzen einer Fehlerbedingung im weiteren Programmverlauf diese Fehlerbedingung festgestellt wird, verzweigt der REXX-Interpreter zu der entsprechenden Fehlerroutine. Die spezielle Variable sigl enthält dann die Zeilennummer der fehlerhaften Anweisung.

Zu Beginn eines Programms oder eines internen oder externen Unterprogramms sind alle Fehlerbedingungen zurückgesetzt. Wenn allerdings eine Fehlerbedingung festgestellt und daraufhin automatisch eine Fehlerroutine aufgerufen wird, wird die Fehlerbedingung bei signal on... auf "OFF" und bei call on... auf "DELAY" gesetzt.

Fehlerbedingungen. bedingung muß als Symbol angegeben werden, ein Ausdruck ist nicht erlaubt. Zulässige Werte für bedingung sind: error, failure, halt, notready (ab REXX Level 2), novalue und syntax. Alle Fehlerbedingungen außer novalue und syntax können auch mit call on... und call off... gesetzt bzw. zurückgesetzt werden. *Siehe:* Fehlerbedingungen.

Zurücksetzen. Wenn die Fehlerbedingung mit off zurückgesetzt wird, wird beim Eintritt der Fehlerbedingung die Standardfehlerbehandlung durchgeführt. Bei der Halt- und Syntax-Fehlerbedingung wird in diesem Fall das Programm beendet und eine Fehlermeldung auf dem Bildschirm ausgegeben, in allen anderen Fällen wird die Fehlerbedingung ignoriert.

Setzen. Wenn die Fehlerbedingung mit on gesetzt wird und die name-Klausel fehlt, wird nach dem Abfangen der Fehlerbedingung zu der Marke mit dem Namen der Fehlerbedingung verzweigt, so als würde eine signal-Anweisung ausgeführt, andernfalls wird zu der Marke *trapname*: verzweigt. Wenn die name-Klausel angegeben wird, muß trapname ein gültiger Markenname sein, also ein Symbol, das als Konstante angesehen wird, ein Ausdruck ist nicht erlaubt. Wenn der Markenname zwar gültig ist, die Marke aber nicht existiert, wird beim Eintritt der Fehlerbedingung die Standardfehlerbehandlung durchgeführt, so als wäre die Fehlerbedingung nicht gesetzt.

Hinweise:

- Jede Statusänderung (Setzen oder Zurücksetzen) einer Fehlerbedingung setzt den bisherigen Status dieser Fehlerbedingung außer Kraft, ebenso wird der Name der Fehlerroutine aktualisiert und zwar unabhängig davon, ob vorher der Name der Fehlerroutine mit dem Namen der Fehlerbedingung identisch war oder mit der name-Klausel ausdrücklich definiert wurde. Daher ersetzt z. B. signal on halt jede vorherige Anweisung, die sich auf die Halt-Bedingung bezog, gleichgültig ob dies signal off halt war, signal on halt name *trapname*, call off halt, call on halt oder call on halt name *trapname*.

- Alle Fehlerbedingungen außer der Novalue- und der Syntax-Bedingung können auch mit call on... und call off... gesetzt bzw. zurückgesetzt werden. Im Unterschied zur signal-Anweisung kann man aus einer Fehlerroutine, die auf Grund der Anweisung call on... automatisch aufgerufen wurde, mit return wieder zur Unterbrechungsstelle zurückkehren und das Programm fortsetzen.

bedingung	error, failure, halt, notready (ab REXX Level 2), novalue oder syntax.
NAME	Wenn name *trapname* fehlt, wird die Fehlerbedingung durch eine Fehlerroutine mit dem Namen der Fehlerbedingung abgehandelt, andernfalls durch eine Routine, die mit der Marke *trapname*: beginnt.
OFF	Die Fehlerbedingung bedingung wird zurückgesetzt.
ON	Die Fehlerbedingung bedingung wird gesetzt.
trapname	Symbol, das als Konstante angesehen wird und einen Markennamen darstellt.

Beispiele

REXX-Anweisungen	Erläuterung

signal on syntax
say date("z")
exit
syntax:
  say "Syntaxfehler "rc":",
    "errortext(rc)
  exit
	Mit signal on syntax wird die Syntax-Fehlerbedingung gesetzt. Der Funktionsaufruf date("z") enthält das unzulässige Argument "z" und führt daher zu REXX-Fehler 40 ("Falscher Aufruf für Routine"). Da die Syntax-Fehlerbedingung gesetzt ist, gibt REXX keine Fehlermeldung am Bildschirm aus, sondern stellt den Fehlercode 40 in die spezielle Variable rc und übergibt die Steuerung an die Syntax-Fehlerroutine syntax. Diese gibt eine Fehlermeldung aus, die den Fehlercode rc enthält und den zugehörigen Fehlertext errortext(rc): "Syntaxfehler 40: Falscher Aufruf für Routine". Anschließend wird das Programm mit exit abgebrochen.

signal on novalue name trap
signal on syntax name trap
exit
trap:
  trap = condition("c")
  say "Fehler in Zeile "sigl"."
  if trap = "NOVALUE" then
    say "Die Variable"
    ...condition("d")
    ..." ist nicht definiert."
  else
    say "Syntaxfehler "rc": "
    ...errortext(rc)
  exit
	Mit signal on... werden die Novalue- und die Syntax-Fehlerbedingung gesetzt, wobei als Name der Fehlerroutine in beiden Fällen trap angegeben wird. Dies tun wir, weil bei beiden Fehlerbedingungen zuerst eine gemeinsame Verarbeitung und dann erst die spezielle Behandlung der abgefangenen Fehlerbedingung erfolgen soll.
	Daher wird in der Fehlerroutine trap zuerst einmal festgestellt, welche Fehlerbedingung vorliegt. Mit condition("c") wird der Name der abgefangenen Fehlerbedingung in der Variablen trap gespeichert. Zuerst geben wir, egal welche Fehlerbedingung vorliegt, eine Meldung auf dem Bildschirm aus, die mit der speziellen Variablen sigl auf die Nummer der fehlerhaften Zeile hinweist.

REXX-Anweisungen	Erläuterung
	Dann geben wir je nach Fehlerbedingung eine Meldung aus, welche Variable undefiniert ist (NOVALUE) bzw. die Nummer rc des Syntaxfehlers und den zugehörigen Fehlertext errortext(rc) (SYNTAX).

sminpos

```
▸▸-SMINPOS(stammfolge, ziellfolge-┬──────┬-)-▸◂
                                  └-, pos-┘
```

Die externe Funktion sminpos (a string's minimal position = erste Position einer Zeichenfolge) sucht das erste Vorkommen einer der in stammfolge enthaltenen, hexnullbegrenzten Zeichenfolgen in der Zeichenfolge zielfolge. Die Suche beginnt ab der n-ten Position in zielfolge (n = pos), wenn pos angegeben wird, sonst ab der ersten Position.

Als Funktionsergebnis wird die Anfangsposition der gefundenen Zeichenfolge aus stammfolge in zielfolge zurückgegeben. Wenn keine der Zeichenfolgen aus stammfolge in zielfolge gefunden wird oder wenn stammfolge aus der Nullzeichenfolge besteht, liefert die Funktion den Wert 0 zurück. In stammfolge enthaltene Nullzeichenfolgen werden nie "gefunden".

stammfolge ist eine beliebige Zeichenfolge von durch "00"x voneinander getrennten Zeichenfolgen. zielfolge ist eine beliebige Zeichenfolge und pos muß eine positive Ganzzahl sein.

stammfolge	Beliebige Zeichenfolge von durch "00"x voneinander getrennten Zeichenfolgen, nach denen in zielfolge gesucht werden soll.
zielfolge	Beliebige Zeichenfolge, in der nach den Suchfolgen aus stammfolge gesucht werden soll.
pos	Positive Ganzzahl. Position in zielfolge, ab der die Suche beginnen soll. **Standard:** 1.

Anwendung

1	Erstes Vorkommen von Suchfolgen in einer Zeichenfolge suchen
2	Zwei Zeichenfolgen in einer Zeichenfolge global austauschen

1. Erstes Vorkommen von Suchfolgen in einer Zeichenfolge suchen

Aufgabe: Es sollen die erste und die zweite Position in der Zeichenfolge str gefunden werden, die mit einer der Zeichenfolgen "ASCII" bzw. "EBCDIC" übereinstimmen.

```
tab = "ASCII" || "00"x || "EBCDIC"
str = "wenn ASCII-Rechner, in EBCDIC übersetzen, andernfalls im EBCDIC-Code
...belassen"
pos1 = sminpos(tab, str, 1)
pos2 = sminpos(tab, str, pos1 + 1)
➔ pos1: 6, pos2: 24
```

tab enthält die beiden hexnullbegrenzten Suchfolgen "ASCII" und "EBCDIC", str die Zeichenfolge, die durchsucht werden soll. Mit sminpos(tab, str, 1) wird ab Position 1 in str nach dem ersten Vorkommen von einer der Suchfolgen "ASCII" bzw. "EBCDIC" gesucht. Als erster Parameter wird die Variable tab übergeben, die die Suchfolgen enthält. Der zweite Parameter str bezeichnet die Variable, die durchsucht werden soll. Da str zu Beginn ab dem Anfang durchsucht werden soll, wird als Anfangsposition im dritten Parameter 1 übergeben. pos1 hat nach Abarbeitung der Funktion den Wert 6, da von den beiden Suchfolgen "ASCII" und "EBCDIC" die Suchfolge "ASCII" ab Position 6 auftritt.

Mit sminpos(tab, str, pos1 + 1) wird nach dem zweiten Vorkommen von einer der Suchfolgen "ASCII" bzw. "EBCDIC" gesucht. Die beiden ersten Parameter bleiben unverändert. Der dritte Parameter wird um eine Position hinter die Fundposition gesetzt, weil sonst die ausgetauschte Suchfolge wieder gefunden würde. pos2 hat nach Abarbeitung der Funktion den Wert 24, da von den beiden Suchfolgen "ASCII" und "EBCDIC" die Suchfolge "EBCDIC" als erste ab der Position pos1 + 1 (= 7) auftritt.

2. Zwei Zeichenfolgen in einer Zeichenfolge global austauschen

Aufgabe: In einem Text sollen die zwei Zeichenfolgen "ASCII" und "EBCDIC" überall gegeneinander ausgetauscht werden.

```
tab = "ASCII" || "00"x || "EBCDIC"
str = "wenn ASCII-Rechner, in EBCDIC übersetzen, andernfalls im EBCDIC-Code",
  "belassen"
xtab = tab
do i = 1 while tab <> ""
  parse var tab tab.i "00"x tab
end i
pos = 1
do i = 1
  pos = sminpos(xtab, str, pos)
  if pos = 0 then leave i
  if pos(tab.1, str, pos) = pos then tabnr = 1; else tabnr = 2
  str = delstr(str, pos, length(tab.tabnr))
  if tabnr = 1 then tabnr = 2; else tabnr = 1
  str = insert(tab.tabnr, str, pos - 1)
  pos = pos + length(tab.tabnr)
end i
```

➔ str: "wenn EBCDIC-Rechner, in ASCII übersetzen, andernfalls im ASCII-...Code belassen"

Zuerst werden in tab die beiden Zeichenfolgen definiert, die gegeneinander ausgetauscht werden sollen, sowie die Zeichenfolge str, in der die Vertauschungen vorgenommen werden sollen. Die Zeichenfolge tab wird in xtab gesichert, bevor sie in der ersten do-Schleife auf zwei Variablen des Variablenstamms tab. aufgeteilt wird. Vor der zweiten do-Schleife wird die Anfangsposition pos, ab der in str nach einer der beiden Suchfolgen gesucht werden soll, auf 1 gesetzt.

Innerhalb der zweiten do-Schleife wird die Zeichenfolge str solange nach den Suchfolgen tab.1 und tab.2 durchsucht, bis keine Fundstelle mehr gefunden wird. Zuerst wird mit pos = sminpos(xtab, str, pos) eine Fundstelle gesucht. Wenn das Funktionsergebnis, das der Variablen pos zugewiesen wird, gleich 0 ist, wurde keine Fundstelle mehr gefunden. In diesem Fall wird die do-Schleife mit leave i beendet, und str enthält die geänderte Zeichenfolge oder, wenn keine Fundstellen gefunden wurden, die ursprüngliche Zeichenfolge.

Wenn eine der beiden Suchfolgen gefunden wird, wird mit if pos(tab.1, str, pos) = pos geprüft, ob die erste Suchfolge gefunden wurde. Wenn ja, wird tabnr auf 1, andernfalls auf 2 gesetzt. In str wird mit delstr die gefundene Suchfolge gelöscht. Anschließend wird tabnr der entgegengesetzte Wert zugewiesen. Die Tauschzeichenfolge wird nach der Position pos - 1 mit insert in str eingefügt. Schließlich wird die Position pos, ab der die nächste Suche beginnen soll, um die Länge der eingefügten Zeichenfolge erhöht.

Siehe auch: strxchg.

Sonderzeichen

Die Sonderzeichen , ; : ( ) dienen als Tokenbegrenzer und haben folgende Bedeutung:

- Das Komma ist das Fortsetzungskennzeichen. *Siehe:* Folgezeile.
- Das Semikolon ist das Klauseltrennzeichen. *Siehe:* Klausel.
- Der Doppelpunkt kennzeichnet eine Marke.
- Runde Klammern dienen zur Abgrenzung der Parameter in Funktionsaufrufen und zur Zusammenfassung von Termen. *Siehe:* Ausdruck; Funktion.

Alle Leerstellen vor und nach einem Sonderzeichen werden ignoriert. Diese Regel hat folgende Ausnahmen:

- Leerstellen *vor einer öffnenden Klammer* werden nur entfernt, wenn den Leerstellen ein anderes Sonderzeichen vorangeht. Wenn den Leerstellen jedoch eine Klammer vorausgeht, werden sie nicht entfernt.
- Leerstellen *nach einer schließenden Klammer* werden nur entfernt, wenn den Leerstellen ein anderes Sonderzeichen nachfolgt. Wenn den Leerstellen jedoch eine Klammer nachfolgt, werden sie nicht entfernt.

Hinweis: Diese Regeln haben zur Folge, daß in einem Funktionsaufruf die öffnende Klammer dem Funktionsnamen unmittelbar, d. h. ohne dazwischentretende Leerstellen folgen muß. Andernfalls wird der Funktionsaufruf fälschlich als zwei Terme interpretiert, die durch Leerstellen miteinander verkettet sind.

Beispiele

REXX-Anweisungen	Erläuterung
parse□arg□var1,□var2,□var3	Die Leerstellen nach den Kommas werden ignoriert. Der REXX-Interpreter wandelt die Anweisung daher um in: parse□arg□var1,var2,var3.
weiter□:□procedure	Die Leerstelle zwischen der Marke weiter und dem Doppelpunkt und nach dem Doppelpunkt wird ignoriert. Der REXX-Interpreter wandelt die Anweisung daher in weiter:procedure um.

REXX-Anweisungen	Erläuterung
teil = strip(text) teil = strip□(text)	Die erste Anweisung strippt die Leerstellen am Anfang und Ende der Variablen teil ab. Die zweite Anweisung enthält keinen Funktionsaufruf, sondern eine Verkettung der Variablen strip und text mit dem Leerstellenoperator, so daß teil die Zeichenfolge "STRIP□TEXT" zugewiesen wird (wenn die Variablen strip und text nicht initialisiert sind).
name = "Rilke" vorname = "Heidi" s = (name)□(vorname)	Der Ausdruck (name)□(vorname) ergibt die Zeichenfolge "Rilke□Heidi".

sourceline

```
▸▸─SOURCELINE(─┬───┬─)─▸◂
               └─n─┘
```

Siehe auch: Fehlerbedingungen; Fehlerroutine.

Die eingebaute SAA-Funktion sourceline (Quellzeile) liefert die Anzahl der Zeilen oder die n-te Zeile des gerade ausgeführten REXX-Programms.

Wenn n fehlt, wird die Anzahl der Zeilen des gerade ausgeführten REXX-Programms zurückgeliefert. Wenn diese Angabe nicht verfügbar ist, wird 0 zurückgeliefert. Wenn n angegeben wird, muß es eine positive Ganzzahl sein und darf die Anzahl der Zeilen des Programms nicht überschreiten. In diesem Fall wird die n-te Zeile des gerade ausgeführten REXX-Programms zurückgeliefert, wenn diese zum Ausführungszeitpunkt verfügbar ist, andernfalls die Nullzeichenfolge.

Zweck. Wenn REXX während der Ausführung eines Programms eine Fehlerbedingung feststellt und wenn diese mit signal on... oder call on... gesetzt wurde, wird die Zeilennummer der Anweisung, die den Fehler verursachte, in die spezielle Variable sigl gestellt (wie bei jeder signal- oder call-Anweisung). Anhand des Wertes von sigl kann dann in der Fehlerroutine mit sourceline der Inhalt der Zeile ermittelt und z. B. in einer Fehlermeldung auf den Bildschirm ausgegeben werden. sourceline liefert selbstverständlich auch außerhalb einer Fehlerroutine den Inhalt einer Programmzeile zurück.

n — Positive Ganzzahl. Sie darf die Anzahl der Zeilen des ausgeführten Programms nicht überschreiten.

Beispiele

REXX-Anweisungen	Erläuterung
sourceline()	Es wird die Anzahl der Zeilen des ausgeführten Programms zurückgeliefert, z. B. 127.
signal on syntax say date("z") exit syntax: say "Syntaxfehler " ...rc" in Zeile "sigl ...": "sourceline(sigl)	Mit signal on syntax wird die Syntax-Fehlerbedingung gesetzt. Der Funktionsaufruf date("z") enthält das unzulässige Argument "z" und führt daher zu REXX-Fehler 40 ("Falscher Aufruf für Routine"). Da die Syntax-Fehlerbedingung gesetzt ist, gibt REXX keine Fehlermeldung am Bildschirm aus, sondern stellt den Fehlercode 40 in die spezielle Variable rc sowie die

REXX-Anweisungen	Erläuterung
exit	Nummer 2 der Zeile mit der fehlerhaften Anweisung in die spezielle Variable sigl. Dann wird die Steuerung an die Syntax-Fehlerroutine syntax übergeben. Diese gibt eine Fehlermeldung mit dem Fehlercode rc aus, außerdem die Nummer sigl der Zeile, in der die fehlerhafte Anweisung steht, sowie den Wortlaut sourceline(sigl) der Anweisung.

Anwendung

1	Kommentar als Hilfetext
2	Kommentar zur Definition eines Variablenstamms verwenden

1. Kommentar als Hilfetext

Aufgabe: Wenn in einem Programm ein Hilfetext vorgesehen ist, kann man diesen mühselig als einzelne Textzeilen definieren:

```
hilfe1 = "Dies ist die erste Hilfezeile"
hilfe2 = "und dies die zweite"
```

oder aber als Kommentar ablegen und diesen zur Anzeige einlesen:

```
do i = 120 to 121
  say sourceline(i)
end i
exit
/*
Dies ist ein Kommentar [Zeile 120]
und gleichzeitig ein Hilfetext [Zeile 121]
*/
```

2. Kommentar zur Definition eines Variablenstamms verwenden

Aufgabe: Die Definition eines Variablenstamms ist vergleichsweise aufwendig und, wenn die Reihenfolge der Stammvariablen Änderungen unterworfen ist, auch fehleranfällig:

```
satz.1 = "Heidi Morgenstern"
satz.2 = "Verena Wankel"
```

Natürlich kann man sich behelfen, indem man den Inhalt eines Variablenstamms von einer Datei einliest. Wenn der Variablenstamm aber nicht zu umfangreich ist, zieht man es vielleicht vor, alle zueinandergehörigen Daten in *einem* Programm zu belassen. In diesem Fall legt man den Inhalt der Stammvariablen in einem Kommentar ab und liest diesen dynamisch ein:

```
signal satz_ende
/*
Heidi Morgenstern
Verena Wankel
*/
satz_ende:
  do i = 1
    satz = sourceline(sigl + 1 + i)
    if pos("*/", satz) > 0 then leave i; else satz.i = satz
  end i
```

Die signal-Anweisung ist nötig, damit wir die Nummer der Zeile, ab der der Kommentar beginnt, symbolisch mit sigl + 1 bestimmen können, da die spezielle Variable sigl nach einer signal-Anweisung die Nummer der signal-Zeile enthält. Dies hat den Vorteil, daß wir die Zeilennummer nicht direkt angeben und bei jeder Veränderung des Programms ändern müssen.

space

Die eingebaute SAA-Funktion space (Zwischenraum) liefert die als Wortliste aufgefaßte Zeichenfolge zeichenfolge mit je n (n = anzahl) Füllzeichen füll zwischen zwei Wörtern zurück. Leerstellen am Anfang und am Ende von zeichenfolge werden in jedem Fall abgestrippt. Insofern leistet space das gleiche wie die Funktion strip(*zeichenfolge*, "both", " "), bei einer Zeichenfolge ohne Leerstellen sogar exakt das gleiche.

anzahl muß eine positive Ganzzahl oder 0 sein. Wenn anzahl fehlt, werden zwei Wörter durch *ein* Füllzeichen getrennt. Ist anzahl 0, werden alle Leerstellen zwischen den Wörtern entfernt.

Fehlt das Füllzeichen füll, wird der Zwischenraum zwischen zwei Wörtern mit Leerstellen gefüllt, andernfalls mit dem angegebenen Füllzeichen.

anzahl — Nichtnegative Ganzzahl. Anzahl der Füllzeichen füll, mit denen der Zwischenraum zwischen je zwei Wörtern gefüllt werden soll.
Standard: 1.

füll — Zeichen, mit dem der Zwischenraum zwischen je zwei Wörtern gefüllt werden soll. Die Nullzeichenfolge oder eine Zeichenfolge, die aus mehr als einem Zeichen besteht, führt zu REXX-Fehler 40.
Standard: Leerstelle.

Beispiele

REXX-Anweisungen	Erläuterung
text1 ="□□Regina□Brita□□Gisela□" text2 = space(text1)	Wortliste normieren: Die Leerstellen am Anfang und Ende von text1 werden abgestrippt, und die Anzahl der Leerstellen zwischen zwei Wörter wird, wenn nötig, auf eine Leerstelle reduziert. text2: "Regina□Brita□Gisela".
text1 = "Regina Brita Gisela" text2 = space(text1,, ",")	Wortliste durch Kommas trennen: Da der zweite space-Parameter (anzahl) fehlt, wird 1 angenommen. Die Wortzwischenräume in text1 werden daher durch je ein Komma (","), das Füllzeichen, ersetzt. text2: "Regina,Brita,Gisela".
text1 = "Regina Brita Gisela" text2 = space(text1, 0)	Wortzwischenräume entfernen: Da der zweite space-Parameter (anzahl) 0 ist, werden alle Wortzwischenräume in text1 entfernt. text2: "ReginaBritaGisela".

REXX-Anweisungen	Erläuterung
text1 = "□□Regina□□□Brita□" text2 = space(text1) text3 = strip(text1, "both")	ähnliche Wirkung von space und strip: space strippt die Leerstellen am Anfang und Ende von text1 ab und reduziert die 3 Leerstellen zwischen Regina und Brita auf eine. strip hingegen strippt lediglich die Leerstellen am Anfang und am Ende von text1 ab. text2: "Regina□Brita" text3: "Regina□□□Brita"
text1 = "□□□□Regina□□□" text2 = space(text1) text3 = strip(text1, "both")	gleiche Wirkung von space und strip: Da text1 keine Wortzwischenräume enthält, haben space und strip hier die gleiche Wirkung. text2, text3: "Regina ".

Anwendung

1	Nicht-leerstellenbegrenzteWortlisten normieren
2	Ein bestimmtes Zeichen aus einer Zeichenfolge entfernen

1. Nicht-leerstellenbegrenzte Wortlisten normieren

Aufgabe: In einer Liste sind die Wörter nicht durch Leerstellen, sondern durch ein anderes Zeichen, z. B. durch einen Stern (*) voneinander getrennt. Die Trennzeichen sollen in gleicher Weise normiert werden, wie dies die space-Funktion für Leerstellen tut.

```
text1 = "***Regina□Brita**Gisela*"
text2 = translate(text1, "00"x, "□")
text2 = translate(text2, "□", "*")
text2 = space(text2)
text2 = translate(text2, "□*", "00"x || "□")
```

➔ text2: "Regina□Brita*Gisela"

Wir müssen also eine space-Funktion simulieren, die nicht Leerstellen als Worttrennzeichen manipuliert, sondern ein anderes Zeichen. Dazu werden zuerst alle Leerstellen mit translate in ein Zeichen umgewandelt, das im Ausgangstext text1 nicht vorkommt. Hexadezimal 0, also "00"x, ist dafür meist eine gute Wahl, da dieses Zeichen (zumindest) in lesbaren Texten nicht enthalten ist. Dann werden genauso alle Sterne mit translate in Leerstellen umgewandelt. Wir hätten dies, etwas unübersichtlicher, auch mit *einem* translate-Aufruf erreichen können: text2 = translate(text1, "00"x || "□", "□*").

Die entstehende Zeichenfolge "□□□Regina || "00"x || Brita□□Gisela□" wird mit space normiert, so daß die Leerstellen am Anfang und Ende der Zeichenfolge abgestrippt und zwischen zwei Wörtern auf eine reduziert werden. Wir erhalten die Zeichenfolge: "Regina" || "00"x || "Brita□Gisela". In dieser Zeichenfolge müssen wir die hexadezimale 0-Bytes "00"x wieder durch eine Leerstelle und die Leerstellen durch Sterne ersetzen. Wir erledigen das diesmal mit *einem* translate-Aufruf.

2. Ein bestimmtes Zeichen aus einer Zeichenfolge entfernen

Aufgabe: Aus einer Zeichenfolge sollen alle Vorkommen eines bestimmten Zeichens entfernt werden.

```
text1 = "Manche mögen's heiß"
/* Langform: */
temp1 = translate (text1, "□e", "e□")
temp2 = space (temp1, 0)
text2 = translate(temp2, "□", "e")
/* Kurzform: */
text2 = translate(space(translate(text1, "□e", "e□") 0), "□", "e")
```

➔ temp1: "Manch emög n'seh iß", temp2: "Manchemögn'sehiß"
text2: "Manch mögn's hiß"

Mit translate (text1, "□e", "e□") wird die Variable temp1 erzeugt. In temp1 sind alle Leerstellen in text1 durch das zu entfernende Zeichen "e" ersetzt und alle Vorkommen des Zeichens "e" durch eine Leerstelle. temp2 wird dann eine Zeichenfolge zugewiesen, aus der mit space(temp1, 0) alle Leerstellen, die ja das zu entfernende Zeichen repräsentieren, entfernt werden. text2 entsteht aus temp2 durch Übersetzung des Zeichens "e", das ja ursprüngliche Leerstellen darstellt, in Leerstellen. Damit sind aus der ursprünglichen Zeichenfolge alle Vorkommen des Zeichens "e" entfernt.

stm2word

```
▸▸─STM2WORD(stammfolge)─▸◂
```

Die externe Funktion stm2word (stem t[w]o word) teilt die in stammfolge enthaltenen, hexnullbegrenzten Zeichenfolgen auf eine Wortliste auf und liefert diese zurück.

stammfolge ist eine beliebige Zeichenfolge von durch "00"x voneinander getrennten Zeichenfolgen. In stammfolge enthaltene Nullzeichenfolgen werden ignoriert.

stammfolge	Beliebige Zeichenfolge von durch "00"x voneinander getrennten Zeichenfolgen

Beispiele

REXX-Anweisungen	Erläuterung
vornamen = "Anne" || "00"x || ..."Britta" || "00"x || "Cilly" || ..."00"x || "Dorothee" || "00"x || ..."Emmi" || "00"x || "Franzi" liste = stm2word(vornamen)	Variablenstamm auf eine Wortliste aufteilen: liste: "Anne Britta Cilly Dorothee Emmi Franzi"

storage

```
▸▸─STORAGE(adresse,─┬──────────────────────────────┬─)─▸◂
                    └─┬─────────┬─┬────────────────┬─┘
                      └─länge───┘ └─, zeichenfolge─┘
```

Geltung: TSO-Adreßumgebung.

Die externe TSO/E-Funktion storage (Speicher) liefert länge Bytes ab der Hauptspeicheradresse adresse und schreibt zeichenfolge ab addresse in den Hauptspeicher zurück.

adresse muß eine Hexfolge ohne die Kennung x/X sein, die eine Hauptspeicheradresse darstellt. Wenn länge fehlt, wird ein Byte zurückgeliefert. Wenn länge angegeben ist, muß es eine nichtnegative Ganzzahl sein. Ist länge 0, wird die Nullzeichenfolge zurückgeliefert, andernfalls die angegebene Anzahl Bytes. Wenn beim Einlesen das Speicherende erreicht wird, werden nur die bisher eingelesenen Bytes zurückgegeben.

zeichenfolge ist eine beliebige Zeichenfolge. Wenn zeichenfolge fehlt, wird nichts in den Hauptspeicher zurückgeschrieben. Wenn zeichenfolge angegeben ist, wird diese Zeichenfolge ab adresse in den Hauptspeicher zurückgeschrieben. zeichenfolge wird unabhängig von länge in voller Länge zurückgeschrieben. Wenn beim Zurückschreiben das Speicherende erreicht wird, wird das Zurückschreiben an dieser Stelle abgebrochen.

Hinweis: Wenn adresse ungültig oder vor Lese- und/oder Schreibzugriffen geschützt ist, wird die Nullzeichenfolge zurückgeliefert. Dies trifft auch für Folgeadressen zu, wenn länge oder die Länge von zeichenfolge größer 1 ist. Wenn zeichenfolge angegeben ist und die Nullzeichenfolge zurückgeliefert wird, kann nicht entschieden werden, ob ein Fehler beim Lesen oder Zurückschreiben aufgetreten ist. Möglicherweise wurde ein Teil der Anforderung ausgeführt. In diesem Fall ist der Fehler an einer durch 2048 teilbaren Adresse des Hauptspeichers aufgetreten.

adresse	Hexfolge ohne die Kennung x/X, die eine Hauptspeicheradresse darstellt
länge	Nichtnegative Ganzzahl. Anzahl der einzulesenden Bytes.
zeichenfolge	Beliebige Zeichenfolge, die ab adresse zurückgeschrieben werden soll.

Beispiele

REXX-Anweisungen	Erläuterung
a1 = storage(10, 4) a2 = storage("10", 4) a3 = storage(d2x(16), 4) a4 = storage("10"x, 4)	Speicherbereich einlesen: a1-a3 lesen 4 Bytes ab der Adresse "10"x im Zeichenformat ein. a4 führt zu REXX-Fehler 40, da eine Hexfolge ohne die Kennung x/X erwartet wird.
d1 = storage("f7 38 59", 6, ..."Anna")	Speicherbereich einlesen und ändern: d1 liest 6 Bytes ab der Adresse "f7 38 59"x aus dem Hauptspeicher ein und schreibt 4 Bytes, nämlich die Zeichenfolge "Anna" ab der gleichen Adresse in den Hauptspeicher zurück.

Anwendung

IPL-Datum ermitteln und CLPA prüfen

Aufgabe: Es soll das IPL-Datum ermittelt und festgestellt werden, ob bei IPL CLPA angegeben wurde.

```
cvt =c2x(storage(10, 4))
smca = c2x(storage(d2x(x2d(cvt) + 196), 4)) /* CVT + 0C4x */
smcaidte = c2x(storage(d2x(x2d(smca) + 340), 4)) /* SMCA + 154x */
say "IPL-Datum: "substr(smcaidte, 3, 2)"."substr(smcaidte, 5, 3)
```

➔ Bildschirmanzeige: "IPL-Datum: 96.029"

Da in der Regel nur Systemprogrammierer den nötigen Kenntnisstand haben, um solche Aufgaben zu lösen, beschränken wir unsere Erläuterungen auf das Minimum. An der Adresse "10"x finden wir in der PSA (Prefixed Storage Area) mit storage die Adresse der Adreßvektortabelle CVT (Communications Vector Table) und wandeln sie in eine Hexfolge um. Unter dem Offset "c4"x (dezimal 196) finden wir in dieser Tabelle die Adresse der SMCA (System Management Control Area). Das IPL-Datum ist unter dem Offset smcaidte = "154"x in der SMCA gespeichert. Aus diesem Speicherbereich entnehmen wir mit substr die zweistellige Jahreszahl jj und die dreistellige Tagesnummer im Jahr ttt.

```
asmvt = c2x(storage(d2x(x2d(cvt) + 704), 4)) /* CVT + 2C0x */
clpa = c2x(storage(d2x(x2d(asmvt) + 1), 1)) /* ASMVT + 1x */
if bitand(clpa, 08) = 00 then say "CLPA bei IPL angegeben"
```

➔ Bildschirmanzeige: "CLPA bei IPL angegeben"

Wir lesen die Adresse der Tabelle ASMVT ab dem Offset "2c0"x der CVT ein und entnehmen aus dem entsprechenden Speicherbereich ab dem Offset 1 das Byte, in dem das CLPA-Bit (Create Link Pack Area) mit der Wertigkeit "08"x enthalten ist. Wir prüfen mit bitand, ob dieses Bit gelöscht ist, wenn ja wurde CLPA bei IPL angegeben.

stream

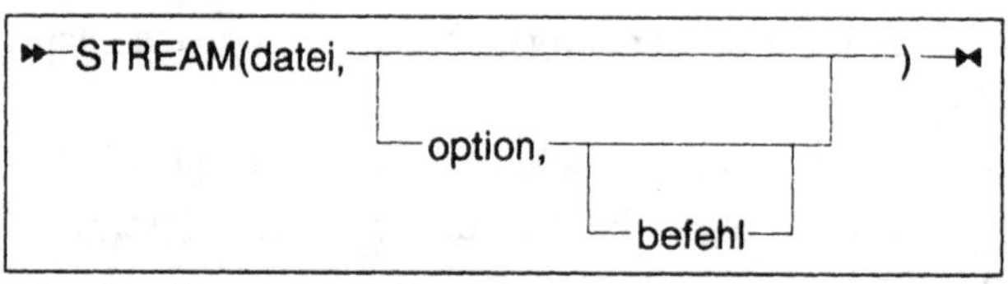

Die eingebaute SAA-Funktion stream (Strom) öffnet, schließt oder positioniert den Zeichenstrom datei oder liefert Angaben über Zustand, Existenz, Größe oder Datumsstempel von datei. datei muß eine Dateibezeichnung sein.

Option. option ist ein beliebiger Ausdruck, der eine der nachstehenden Optionen ergeben muß. Von der Option wird nur das erste Zeichen ausgewertet, Groß- und Kleinbuchstaben sind dabei gleichwertig.

- C (command = Befehl)
  Es wird der durch befehl bezeichnete Befehl ausgeführt. Die Befehle führen folgende Funktionen aus (ausführliche Beschreibung: *siehe* unten):

"close"	Zeichenstrom schließen
"open"	Zeichenstrom zum Schreiben und Lesen öffnen
"open read"	Zeichenstrom nur zum Lesen öffnen
"open write"	Zeichenstrom nur zum Schreiben öffnen
"query datetime"	Datum und Uhrzeit eines Zeichenstroms liefern
"query exists"	Existenz eines Zeichenstrom prüfen
"query size"	Größe eines Zeichenstroms liefern
"seek" pos	Zeichenstrom positionieren

- D (description = Beschreibung)
  Diese Option liefert eine Zeichenfolge zurück mit dem aktuellen Status des Zeichenstroms datei (Beschreibung: *siehe* unten). Insofern ist die Option "d" mit "s" identisch. Für den Status "ERROR" und "NOTREADY" wird diese Zeichenfolge, falls vorhanden, um zusätzliche Angaben ergänzt. Der Parameter befehl ist bei dieser Option nicht zulässig.
- S (Status) - **Standard**
  Diese Option liefert eine Zeichenfolge zurück mit dem aktuellen Status des Zeichenstroms datei (Beschreibung: *siehe* unten). Der Parameter befehl ist bei dieser Option nicht zulässig.

Status

Die Optionen "description" und "status" liefern eine Zeichenfolge zurück, die den aktuellen Status des Zeichenstroms datei bezeichnet. Folgende Werte werden als Status zurückgeliefert:

ERROR	Beim Lesen oder Schreiben des Datenstroms datei oder bei der Ausführung der Funktion stream ist ein Fehler (error) aufgetreten. Die Option "description" liefert, falls vorhanden, zusätzliche Angaben über den Fehler.
NOTREADY	Der Zeichenstrom datei befindet sich in einem Zustand, der bei Ein-/Ausgabeoperationen mit datei zu der Notready-Fehlerbedingung führen würde (not ready = nicht bereit). Dies trifft z. B. dann zu, wenn versucht wird, mit charin oder linein über das Dateiende hinaus zu lesen.
READY	Der Zeichenstrom datei befindet sich in einem Zustand, daß Ein-/Ausgabeoperationen mit datei möglich sind (ready = bereit). Dies ist dann der Fall, wenn ein Zeichenstrom geöffnet ist.
UNKNOWN	Der Zustand des Zeichenstroms datei ist unbekannt (unknown). Dies ist immer dann der Fall, wenn ein Zeichenstrom geschlossen (oder noch nicht eröffnet) ist, aber auch dann, wenn der Zeichenstrom datei nicht existiert.

Geltungsbereich. Der Status eines Zeichenstroms hat in einem REXX-Programm globale Geltung, d. h. auch in internen und externen Unterprogrammen, also auch in Unterprogrammen, die beim Auftreten einer Fehlerbedingung automatisch mit call aufgerufen werden. Statusänderungen des Aufrufers wirken sich demzufolge auch auf aufgerufene Unterprogramme aus und umgekehrt.

Befehle

Die Befehle der Option "command" müssen unter DOS in voller Länge angegeben werden, unter OS/2 kann das erste Befehlswort, z. B. open oder query, bis auf den Anfangsbuchstaben verkürzt werden, unter DOS muß es ausgeschrieben werden. Aus Gründen der Plattformneutralität ist es vorzuziehen, die Befehle grundsätzlich auszuschreiben.

Die command-Befehle liefern entweder eine Zeichenfolge zurück, die dem angegebenen Befehl entspricht, oder eine Fehlermeldung, wie sie von der stream-Option "description" geliefert wird. In den meisten Fällen besteht diese Fehlermeldung aus einem OS/2-Rückkehrcode, wie er von dem OS/2-Dateisystem gesetzt wird.

"close": **Zeichenstrom schließen.** Der benannte Zeichenstrom datei wird geschlossen, falls er eröffnet ist. stream liefert eine der folgenden Zeichenfolgen zurück:

- Wenn datei erfolgreich geschlossen wurde, wird "READY" zurückgeliefert.
- Wenn datei *nicht* erfolgreich geschlossen wurde, wird eine entsprechende Fehlermeldung zurückgeliefert.
- Wenn versucht wird, einen nicht eröffneten Zeichenstrom zu schließen, wird die Nullzeichenfolge zurückgeliefert.

Hinweis: Wenn unter DOS und OS/2 ein Zeichenstrom nicht explizit geschlossen wird, kann die Verarbeitung vieler Dateien leicht zur Erschöpfung der Zugriffsnummern (filehandles) führen. Es empfiehlt sich daher, eine Datei nach der Verarbeitung grundsätzlich mit stream oder charout bzw. lineout zu schließen.

"open", "open read", "open write": **Zeichenstrom öffnen.** "open" öffnet den benannten Zeichenstrom datei zum Lesen und Schreiben, "open read" nur zum Lesen und "open write" nur zum Schreiben. stream liefert eine der folgenden Zeichenfolgen zurück:

- Wenn datei erfolgreich eröffnet wurde, wird "READY" zurückgeliefert.
- Wenn datei *nicht* erfolgreich geöffnet wurde, wird eine entsprechende Fehlermeldung zurückgeliefert.

Wenn der Zeichenstrom datei mit "open" oder "open write" eröffnet werden soll, aber noch nicht vorhanden ist, wird er in der Größe von 0 Bytes angelegt. Insofern leistet stream das gleiche wie die DOS-Dienstprogrammfunktion rxcreate.

"query datetime": **Datum/Uhrzeit eines Zeichenstroms ermitteln.** Es werden das Datum und die Uhrzeit der Erstellung bzw. letzten Änderung des benannten Zeichenstroms datei in der Standardform zurückgeliefert. Datum und Uhrzeit haben unter DOS folgendes Format:

- Datum in der Form mm/tt/jj, z. B. "01-15-96".
- Uhrzeit in der Form hh:mm:ss, z. B. "16:24:33".

Unter OS/2 haben Datum und Uhrzeit folgendes Format:

- Datum in der Form mm/tt/jj (Monat ohne führende Null), z. B. "1/15/96".
- Uhrzeit in der Form hh:mmx, wobei x für a (ante meridiem = vor 12 Uhr mittags) oder p (post meridiem = nach 12 Uhr mittags) steht, z. B. "08:24p".

Leider wird bei Datum und Uhrzeit nicht die Ländertabellenangabe im COUNTRY-Befehl der Datei config.sys berücksichtigt, so daß wir immer das angelsächsische Format erhalten.

Hinweis: Die Funktionen rxfinfo (DOS) und sysfiletree (OS/2) liefern ebenfalls Datum und Uhrzeit, darüberhinaus aber noch andere Angaben. Das Format von

Datum und Uhrzeit ist bei diesen Funktionen identisch, mit einer Ausnahme: rxfinfo verwendet als Trennzeichen im Datum Schägstriche statt Bindestriche.

"query exists": **Existenz eines Zeichenstroms prüfen.** Wenn der benannte Zeichenstrom datei existiert, wird die vollständige Dateibezeichnung von datei in Großbuchstaben zurückgeliefert, also mit Laufwerkpräfix, vollständigem Pfad und Dateinamen, z. B. "C:\REXX\Y.DAT", andernfalls die Nullzeichenfolge.

Hinweis: Die Funktion sysfiletree (OS/2) liefert ebenfalls die vollständige Dateibezeichnung, darüberhinaus aber noch andere Angaben.

"query size": **Größe eines Zeichenstroms ermitteln.** Es wird die Größe des benannten Zeichenstroms datei in Bytes ohne führende Nullen zurückgeliefert, z. B. 254.

Hinweis: Die Funktionen rxfinfo (DOS) und sysfiletree (OS/2) liefern ebenfalls die Dateigröße, darüberhinaus aber noch andere Angaben.

"seek" *pos*: **Zeichenstrom positionieren.** Die Schreib-/Leseposition des benannten Zeichenstroms datei wird auf das n-te Zeichen (n = pos) gesetzt. Wenn pos fehlt, wird auf das erste Zeichen des Zeichenstroms positioniert. Wenn pos angegeben wird, muß es eine nichtnegative Ganzzahl sein, die die Größe des Zeichenstroms nicht überschreiten darf. Wenn pos fehlerhaft ist, z. B. nicht numerisch oder zu groß, liefern anschließende Leseoperationen die Nullzeichenfolge, bis die Schreib-/Leseposition wieder gültig gesetzt wird, Schreiboperationen werden jedoch ordnungsgemäß durchgeführt.

Dieser Befehl kann nur dann verwendet werden, wenn der Zeichenstrom vorher mit der stream-Funktion mit der Option "command" und einem open-Befehl eröffnet wurde. Dem Parameter pos kann einer der folgenden Operatoren vorangehen:

= Der Zeichenstrom datei wird auf das n-te Zeichen (n = pos) positioniert. Das erste Zeichen des Zeichenstroms hat die Nummer 1. Wenn kein Operator angegeben wird, ist dies der Standard.

< Der Zeichenstrom datei wird auf das n-te Zeichen (n = pos) ab dem Ende des Zeichenstroms positioniert. Das letzte Zeichen des Zeichenstroms hat die Nummer 1.

+ Der Zeichenstrom datei wird auf das n-te Zeichen (n = pos) ab der aktuellen Schreib-/Leseposition positioniert

- Der Zeichenstrom datei wird auf das n-te Zeichen (n = pos) vor der aktuellen Schreib-/Leseposition positioniert.

stream liefert eine der folgenden Zeichenfolgen zurück:

- Wenn datei erfolgreich positioniert wurde, wird die neue Schreib-/Leseposition zurückgeliefert.
- Wenn datei *nicht* erfolgreich positioniert wurde, wird eine entsprechende Fehlermeldung zurückgeliefert.

befehl — Nur bei der Option "command" zulässig. befehl muß vollständig angegeben werden, es genügt *nicht* nur das erste Zeichen, Groß- und Kleinbuchstaben sind gleichwertig.

datei — *Siehe* Dateibezeichnung, DOS und OS/2.

option — Nur das erste Zeichen wird ausgewertet, Groß- und Kleinbuchstaben sind gleichwertig.
Mögliche Optionen: *siehe oben.*
Standard: "state".

Beispiele

REXX-Anweisungen	Erläuterung
s = stream("tel.lst", "c", "open")	Datei zum Schreiben und Lesen öffnen: Die Datei "tel.lst" wird, wenn sie noch nicht vorhanden ist, mit 0 Bytes angelegt und zum Lesen und Schreiben eröffnet. s: "READY".
s = stream("tel.lst", "c", "open write")	Datei zum Schreiben öffnen: Die Datei "tel.lst" wird, wenn sie noch nicht vorhanden ist, mit 0 Bytes angelegt und nur zum Schreiben eröffnet. s: "READY".
s = stream("tel.lst", "c", "open read")	Datei zum Lesen öffnen: Die Datei "tel.lst" wird, wenn sie vorhanden ist, nur zum Lesen eröffnet und s liefert "READY" zurück. Wenn die Datei nicht vorhanden ist, liefert s unter DOS "NOTREADY:12", unter OS/2 hingegen die Zeichenfolge "NOTREADY:110", zurück.
s = stream("tel.lst", "c", "close")	Datei schließen: Die Datei "tel.lst" wird, wenn sie geöffnet ist, geschlossen und s liefert "READY" zurück. Wenn die Datei nicht geöffnet ist, liefert s die Nullzeichenfolge " " zurück.
s1 = stream("tel.lst", "c", "query size") s2 = stream("tel.lst", "c", "open read") s3 = stream("tel.lst", "c", "seek 5") s4 = stream("tel.lst", "c", "seek =5") s5 = stream("tel.lst", "c", "seek +3") s6 = stream("tel.lst", "c", "seek <5") s7 = stream("tel.lst", "c", "seek -3")	Dateigröße ermitteln, Datei positionieren: s1 liefert 124, die Größe der Datei "tel.lst" in Bytes zurück. Um die Datei positionieren zu können, wird sie zuerst eröffnet. Wenn sie vorhanden ist, liefert s2 "READY" zurück. s3 und s4 positionieren die Datei "tel.lst" auf das Zeichen mit der Nummer 5 und liefern 5 zurück. s5 positioniert auf das dritte Zeichen ab dem fünften Zeichen und liefert 8. s6 positioniert auf das fünfte Zeichen ab Dateiende und liefert 120. s7 positioniert ab dem Zeichen 120 um 3 Zeichen rückwärts und liefert 117.
s = stream("tel.lst", "c", "query exists")	Existenz einer Datei prüfen: Wenn die Datei "tel.lst" vorhanden ist, liefert s die vollständige Dateibezeichnung zurück, z. B. "c:\div\tel.lst", andernfalls die Nullzeichenfolge " ".
s = stream("tel.lst", "c", "query ...datetime")	Datum/Uhrzeit einer Datei ermitteln: s liefert unter DOS: "01-15-96 16:24:33", unter OS/2: "1/15/96 08:24p".

Anwendung

Ermittlung des Datumsstempels für Dateitransfer

Aufgabe: Eine Datei soll, z. B. mit APPC, auf eine andere Plattform übertragen werden. Bevor die Datei gesendet wird, soll ein Steuersatz gesendet werden, der Datum und Uhrzeit der Erstellung/Änderung der Datei in dem Format jj/mm/tt ss:mm enthält. Das Programm soll so aufgebaut sein, daß es unter DOS und OS/2 lauffähig ist.

```
parse arg datei
parse source system .
if wordpos(system, "DOS OS/2) > 0 then do
   datumzeit = stream(datei, "command", "query datetime")
   datum = right(word(datumzeit, 1), 8, "0")
   datum = translate("78/12/45", datum, "12345678")
   zeit = word(datumzeit, 2)
   if system = "DOS" then zeit = left(zeit, 5)
   else do
     if right(zeit, 1) = "p"
       then zeit = left(zeit, 2) + 12 || substr(zeit, 3, 2)
       else zeit = left(zeit, 5)
   end
end
```

Wir zeigen hier nur den Teil des Programms, der die DOS- bzw. OS/2-Belange berücksichtigt. Mit parse arg übernehmen wir den Namen der Sendedatei vom Aufrufer, mit parse source ermitteln wir den Namen system des Betriebssystems. Wenn der Betriebssystemname in der Wortliste "DOS OS/2" enthalten ist, können wir die Ermittlung des Datumsstempels für beide Systeme gleichzeitig durchführen (mit Ausnahmen). stream mit der Option "command" und dem Befehl "query datetime" liefert uns Datum und Uhrzeit in dem Format, das für das jeweilige System gilt.

word(datumzeit, 1) weist der Variablen datum das erste Wort des Funktionsergebnisses datumzeit zu, also das Datum. Da datum unter OS/2 eine führende Null fehlen kann, fügen wird diese ggf. mit right hinzu. Mit translate entnehmen wir die Ziffernstellen aus datum, gruppieren sie in der gewünschten Reihenfolge und fügen als Trennzeichen Schrägstriche ein. Die unterschiedlichen Trennzeichen im Originaldatum - Schrägstriche unter OS/2, Bindestriche unter DOS - stören uns nicht, da diese nicht in das geänderte Datum übernommen werden. Damit hat datum jetzt das gewünschte Format jj/mm/tt.

word(datumzeit, 2) weist der Variablen zeit das zweite Wort des Funktionsergebnisses datumzeit zu, also die Uhrzeit. Da DOS die Sekunden mitliefert, OS/2 aber nicht, verkürzen wir die DOS-Uhrzeit auf fünf Zeichen. Bei der OS/2-Uhrzeit prüfen wir, ob das Kennzeichen p (Uhrzeit nach 12 Uhr mittags) enthalten ist. Wenn ja, addieren wir 12 Stunden auf die Stundenzahl und setzen die fünfstellige Uhrzeit neu zusammen. Andernfalls verkürzen wir die Uhrzeit auf fünf Zeichen, so daß das Kennzeichen abgeschnitten wird. Als endgültige Uhrzeit erhalten wir also: ss:mm. Datum und Uhrzeit in der standardisierten Form können wir jetzt in den Steuersatz aufnehmen, der als erster Satz, vor der Übertragung der Datei, an den Partner übertragen wird.

Siehe auch: linein, Anwendung.

strip

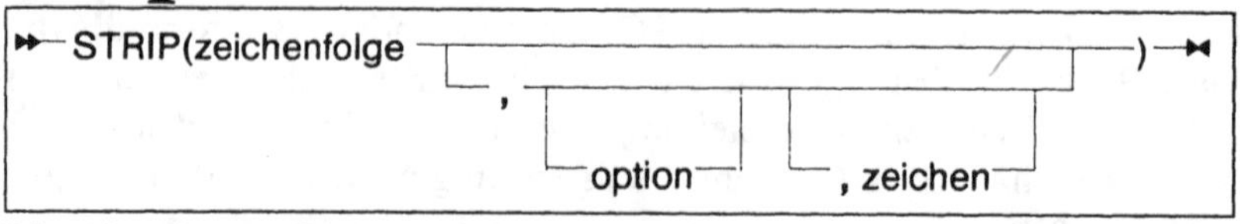

Die eingebaute SAA-Funktion strip (abstrippen) liefert eine Kopie von zeichenfolge, in der alle Zeichen zeichen am Anfang und/oder am Ende abgestrippt sind.

option ist ein beliebiger Ausdruck, der eine der drei möglichen Optionen ergeben muß. Von der angegebenen Option wird nur das erste Zeichen ausgewertet, Groß- und Kleinbuchstaben sind dabei gleichwertig.

- B (both = beides) - **Standard**
  zeichen wird am Anfang und am Ende von zeichenfolge abgestrippt.
- L (leading = führende Zeichen)
  zeichen wird nur am Anfang von zeichenfolge abgestrippt.
- T (trailing = nachfolgende Zeichen)
  zeichen wird nur am Ende von zeichenfolge abgestrippt.

Wenn zeichen fehlt, werden Leerstellen abgestrippt, andernfalls das angegebene Zeichen.

Hinweis: Die Funktion space wirkt wie strip mit der Option "both", ersetzt aber zusätzlich die Leerstellen zwischen den Wörtern mit einer vorgegebenen Anzahl eines bestimmten Füllzeichens.

option	Nur das erste Zeichen wird ausgewertet, Groß- und Kleinbuchstaben sind gleichwertig. Mögliche Optionen: *siehe oben.*
zeichen	Zeichen, das von zeichenfolge abgestrippt werden soll. Die Nullzeichenfolge oder eine Zeichenfolge, die aus mehr als einem Zeichen besteht, führt zu REXX-Fehler 40. **Standard:** Leerstelle.
zeichenfolge	Ausdruck, der eine beliebige Zeichenfolge ergibt.

Beispiele

REXX-Anweisungen	Erläuterung
text1 = "□□Pu□der□Bär□□" text2 = strip(text1, "l")	Leerstellen am Anfang abstrippen: text2: "Pu□der□Bär□□"
text1 = "□□Pu□der□Bär□□" text2 = strip(text1) text3 = strip(text1, "both")	Leerstellen am Anfang und Ende abstrippen: text2, text3: "Pu□der□Bär"
text1 = "□□Pu□der□Bär□□" text2 = strip(text1, "TRAILING")	Leerstellen am Ende abstrippen: text2: "□□Pu□der□Bär"
text1 = "--Pu□der□Bär--" text2 = strip(text1,, "-") text3 = strip(text1, "B", "-")	Anderes Zeichen abstrippen: text2, text3: "Pu□der□Bär"

Anwendung

1	Datei mit fester Satzlänge optimal übertragen
2	Weitere Anwendungen

1. Datei mit fester Satzlänge optimal übertragen

Aufgabe: Eine MVS-Datei mit fester Satzlänge wurde in den Variablenstamm satz. eingelesen. satz.0 enthält die Anzahl der Sätze, die Stammvariablen satz.1 usw. enthalten die eingelesenen Sätze. Die Datei soll mit APPC oder TCP/IP zu einem PC übertragen werden. Dabei sollen Blöcke optimaler Größe gebildet werden, so daß der Overhead des Übertragungsprotokolls möglichst niedrig gehalten wird.

```
block = ""
maxlg = 32000
do i = 1 to satz.0
  if length(block) + length(satz.i) + 1 > maxlg then do
    call senden
    block = ""
  end
  block = block || strip(satz.i, "t") || "00"x
  if block <> "" then call senden
end i
```

Ein Übertragungsblock soll aus maximal maxlg, also aus höchstens 32000 Bytes bestehen. Der Übertragungsblock block wird am Anfang mit der Nullzeichenfolge "" initialisiert. In der do-Schleife werden alle Sätze des Variablenstamms von Satz 1 bis zum letzten (satz.0) bearbeitet. Wir befassen uns zuerst mit der Anweisung nach der if-Anweisung. Der momentane Block wird mit dem aktuellen Satz, der mit strip um die Leerstellen am Ende gekürzt wird, verkettet und dieser mit dem Satzendekennzeichen "00"x abgeschlossen. Dabei gehen wir davon aus, daß "00"x nicht in der Eingabedatei vorkommt.

Wenn die aktuelle Blocklänge length(block) und die Länge des nächsten Satzes einschließlich des Satzendekennzeichens length(satz.i) + 1 die maximale Blocklänge übertreffen, wird im then-Zweig der if-Anweisung mit call senden der Block gesendet und wieder mit der Nullzeichenfolge " " besetzt.

2. Weitere Anwendungen

Weitere Anwendungsmöglichkeiten:

- Führende Nullen von einer Zahl abstrippen:

  ```
  zahl = strip(zahl, "L", "0")
  zahl = zahl + 0; zahl = zahl - 0; zahl = zahl * 1; zahl = zahl / 1
  ```

  strip streift nur die führenden Nullen ab. Die arithmetischen Operationen strippen zwar auch die führenden Nullen ab, lassen aber mindestens eine Null vor dem Dezimalpunkt übrig. Außerdem wird die Zahl nach numeric digits gerundet. Wenn zahl Zeichen enthält, die in Zahlen nicht erlaubt sind, führt dies bei den arithmetischen Operationen zu REXX-Fehler 41.

- Numerische Prüfung:

  ```
  verify(strip(zahl), "01234567890")
  ```

verify liefert 0, wenn zahl nur aus Ziffern und Leerstellen am Anfang und/oder Ende von zahl besteht. Im Gegensatz dazu liefert datatype(zahl, "whole number") 1 (wahr) auch dann, wenn zahl ein Vorzeichen enthält oder in exponentieller Schreibweise vorliegt.

strxchg

```
▸▸─STRXCHG(stammfolge, zielfolge─┬──────────┬─)─▸◂
                                 └─, pos ───┘
```

Die externe Funktion strxchg (string exchange = Zeichenfolgen tauschen) liefert eine Kopie der Zeichenfolge zielfolge, in der ab der Position pos global jede der beiden hexnullbegrenzten Zeichenfolgen aus stammfolge gegen die andere Zeichenfolge ausgetauscht ist. Wenn stammfolge weniger als zwei Zeichenfolgen enthält, wird die Zielfolge unverändert zurückgegeben. Wenn stammfolge mehr als zwei Zeichenfolgen enthält, werden nur die beiden ersten Zeichenfolgen berücksichtigt.

stammfolge ist eine beliebige Zeichenfolge von durch "00"x voneinander getrennten Zeichenfolgen. zielfolge ist eine beliebige Zeichenfolge und pos muß eine positive Ganzzahl sein.

pos	Positive Ganzzahl. Anfangsposition, ab der zielfolge durchsucht werden soll.
stammfolge	Beliebige Zeichenfolge von durch "00"x voneinander getrennten Zeichenfolgen, nach denen in zielfolge gesucht werden soll.
zielfolge	Beliebige Zeichenfolge, die durchsucht werden soll.

Anwendung

Zwei Zeichenfolgen in einer anderen Zeichenfolge global gegeneinander austauschen

Aufgabe: In einem Text sollen die zwei Zeichenfolgen "ASCII" und "EBCDIC" überall gegeneinander ausgetauscht werden.

```
tab = "ASCII" || "00"x || "EBCDIC"
text1 = "wenn ASCII-Rechner, in EBCDIC übersetzen, andernfalls im EBCDIC-Code
...belassen"
text2 = strxchg(tab, text1)
➔ text2: "wenn EBCDIC-Rechner, in ASCII übersetzen, andernfalls im ASCII-
   ...Code belassen"
```

Die globale Austausch der zwei Zeichenfolgen "ASCII" und "EBCDIC" und umgekehrt erfolgt mit strxchg(tab, text1). Der erste Parameter tab enthält die beiden Suchfolgen "ASCII" und "EBCDIC", die durch "00"x voneinander getrennt sind. Der zweite Parameter text1 bezeichnet die Zeichenfolge, in der die beiden Suchfolgen ausgetauscht werden sollen. Nach Abarbeitung der Funktion strxchg(tab, text1) enthält text2 an allen Stellen, an denen vorher die Zeichenfolge "ASCII" stand, jetzt die Zeichenfolge "EBCDIC" und umgekehrt.

subcom

```
▸▸─SUBCOM env─▸◂
```

Siehe auch: Adreßumgebung, Befehl. *Geltung:* Alle MVS-Adreßumgebungen.

Der TSO/E REXX-Befehl subcom prüft, ob die Adreßumgebung env vorhanden ist. Wenn ja, wird die spezielle Variable rc auf 0 gesetzt, andernfalls auf 1. Anhand dieser Prüfung kann entschieden werden, ob Befehle an eine bestimmte Adreßumgebung übergeben werden können oder nicht.

Hinweise:

- Dieser Befehl ist unter REXX TSO/E in allen Adreßumgebungen verfügbar.
- Beachten Sie, daß die spezielle Variable rc *keine* logische Variable ist, die im Richtigfall auf 1 gesetzt wird, sondern einen Rückkehrcode enthält, der im Richtigfall auf 0 gesetzt wird.
- Mit der address-Anweisung kann eine Adreßumgebung temporär oder dauerhaft eingestellt oder zwischen zwei Adreßumgebungen umgeschaltet werden. Die eingebaute SAA-Funktion address liefert den Namen der aktuellen Adreßumgebung.

env Name der zu prüfenden Adreßumgebung.

Beispiele

REXX-Anweisungen	Erläuterung

"subcom isredit"
if rc = 0 then do
  address isredit
  /* ... */
end
	Der subcom-Befehl wird an die aktuelle Adreßumgebung zur Ausführung übergeben. Da er unter REXX TSO/E in allen Adreßumgebungen verfügbar ist, muß vorher keine bestimmte Adreßumgebung eingestellt werden. Der Befehl prüft, ob die Adreßumgebung des ISPF-Editors EDIT verfügbar ist. Wenn rc = 0 zurückgeliefert wird, wird die Adreßumgebung auf isredit eingestellt, und es können Befehle an die Adreßumgebung isredit übergeben werden.

substr

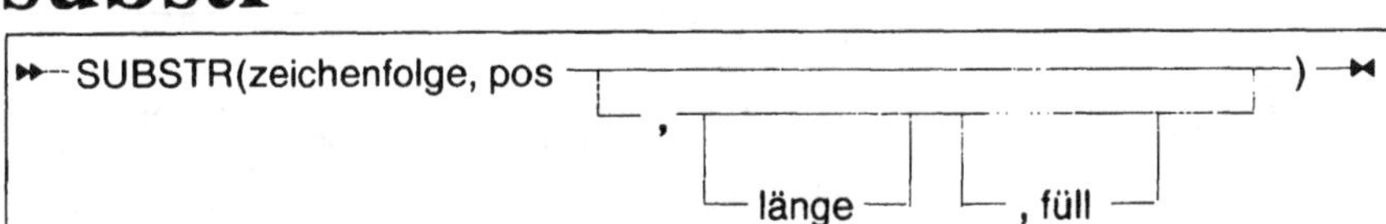

Die eingebaute SAA-Funktion substr (substring = Teil[zeichen]folge) liefert die n-stellige (n = länge) Teilfolge von zeichenfolge ab der Position pos zurück. Die Teilfolge wird ggf. mit dem Füllzeichen füll bis zur Länge länge aufgefüllt.

pos muß eine positive Ganzzahl sein. Wenn pos größer als die Länge von zeichenfolge ist, wird eine Zeichenfolge zurückgeliefert, die aus soviel Füllzeichen besteht, wie länge angibt. Dies ist auch dann der Fall, wenn zeichenfolge die Nullzeichenfolge ist. Wenn länge fehlt, wird der Rest von zeichenfolge ab der Position pos zurückgeliefert. Wenn länge angegeben wird, muß sie 0 oder eine positive Ganzzahl sein. Wenn länge 0 ist, wird die Nullzeichenfolge zurückgeliefert. Wenn länge größer als die Länge der restlichen Teilfolge von zeichenfolge ist, wird die zurückgelieferte Teilfolge mit dem Füllzeichen füll solange aufgefüllt, bis länge erreicht ist. Wenn das Füllzeichen füll fehlt, wird mit Leerstellen aufgefüllt, andernfalls mit dem angegebenen Füllzeichen füll.

Hinweis:

- left(*zeichenfolge, länge*[, *füll*]) ist eine Kurzform für:
  substr(*zeichenfolge*, 1, *länge*[, *füll*]).
- right(*zeichenfolge, länge*[, *füll*]) ist eine Kurzform für:
  substr(*zeichenfolge*, length(*zeichenfolge*) - *länge* + 1, *länge*[, *füll*]).
  Dies gilt aber nur, wenn der Ausdruck length(*zeichenfolge*) - *länge* + 1 einen Wert größer oder gleich 1 ergibt.

füll — Zeichen, mit dem die zurückgegebene Teilfolge hinten aufgefüllt werden soll, wenn länge größer als die Restlänge von zeichenfolge ist. Die Nullzeichenfolge oder eine Zeichenfolge, die aus mehr als einem Zeichen besteht, führt zu REXX-Fehler 40.
Standard: Leerstelle.

länge — Nichtnegative Ganzzahl. Anzahl der Zeichen ab der Position pos in zeichenfolge, die als Teilfolge zurückgeliefert werden sollen.

pos — Positive Ganzzahl. Position in zeichenfolge, ab der die Teilfolge gebildet werden soll.

zeichenfolge — Ausdruck, der eine beliebige Zeichenfolge ergibt.

Beispiele

REXX-Anweisungen	Erläuterung
text1 = "Gisela" text2 = substr(text1, 1)	Zeichenfolge reproduzieren: Da länge fehlt, werden alle Zeichen ab Position 1 zurückgeliefert, also die komplette Zeichenfolge text1. text2: "Gisela".
text1 = "Gisela" text2 = substr(text1, 1, 4) text3 = left(text1, 4)	linke Teilfolge: Mit substr werden die linken 4 Zeichen ab Position 1 zurückgeliefert. left liefert das gleiche Ergebnis. text2, text3: "Gise".
text1 = "Gisela" text2 = substr(text1, 3) text3 = substr(text1, 3, 4) text4 = substr(text1, 3, 10) text5 = right(text1, 4)	Rest einer Zeichenfolge = rechte Teilfolge: Bei text2 fehlt länge, bei text3 ist länge (4) gleich der Anzahl der restlichen Zeichen, bei text4 ist länge (10) größer als die Anzahl der restlichen Zeichen. right liefert ebenfalls die restlichen 4 Zeichen von text1. In allen Fällen werden die restlichen Zeichen von text1 ab Position 3 zurückgeliefert. text2-5: "sela".
text1 = "Gisela" text2 = substr(text1, 1, 0) text3 = substr(text1, 10)	Ergebnis = Nullzeichenfolge: Bei text2 werden mit substr 0 Zeichen ab Position 1, also die Nullzeichenfolge zurückgeliefert. Bei text3 werden ab Position 10, die größer als die Länge von text1 ist, die "restlichen" Zeichen geliefert, also ebenfalls die Nullzeichenfolge. text2, text3: "".
text1 = "Gisela" text2 = substr(text1, 2, 3)	Ausschnitt aus einer Zeichenfolge: Es werden 3 Zeichen ab Position 2 zurückgeliefert. text2: "ise".

REXX-Anweisungen	Erläuterung
text1 = "Gisela" text2 = substr(text1, 1, 10) text3 = substr(text1, 3, 6)	Mit Leerstellen auffüllen: Da länge = 10 größer als die Länge von text1 (6) ist, wird text2 die Zeichenfolge text1 in voller Länge zugewiesen und mit vier Leerstellen auf 10 Stellen aufgefüllt. text2: "Gisela□□□□". Da bei text3 die Anzahl der Zeichen (4) ab Position 3 kleiner als länge (6) ist, wird mit Leerstellen aufgefüllt. text3: "sela□□".
text1 = "Gisela" text2 = substr(text1, 3, 6, "_")	Mit einem anderen Zeichen auffüllen: Die entstehende Teilfolge wird mit Unterstreichstrichen statt mit Leerstellen auf 6 Stellen aufgefüllt. text2: "sela__".
text1 = substr("", 1, 5, "$") text2 = substr("abc", 9, 5, "$") text3 = left("", 5, "$") text4 = right("", 5, "$") text5 = center("", 5, "$") text6 = copies("$", 5)	ein Zeichen kopieren: text1 führt substr mit der Nullzeichenfolge "" aus, so daß das Füllzeichen "$" so oft wie angegeben miteinander verkettet wird. Bei text2 ist die Position 9 größer als die Länge von "abc", daher ergibt sich als Teilfolge die Nullzeichenfolge, die mit 5 Füllzeichen ("$") aufgefüllt wird. Das gleiche Ergebnis erhält man mit der left-, right-, center- oder der copies-Funktion (letztere kann aber nicht nur einzelne Zeichen, sondern auch Zeichenfolgen kopieren). text1-6: "$$$$$".

Anwendung

1	Zeichen aus einer Zeichenmenge in einer Zeichenfolge suchen
2	Zwei Zeilen miteinander verbinden
3	Zeichenfolge auf ein nicht vorkommendes Zeichen durchsuchen

1. Zeichen aus einer Zeichenmenge in einer Zeichenfolge suchen

Aufgabe: Eine Zeichenfolge soll darauf untersucht werden, welches Zeichen aus einer gegebenen Zeichenmenge als erstes vorkommt. Im folgenden Beispiel wird die Zeichenfolge text nach dem frühesten Vorkommen eines Vokals durchsucht.

```
  text = "Hänsel und Gretel"
  pos1 = cminpos("aeiou", text)
  pos2 = cminpos("aeiou", text, pos1 + 1)
  exit
cminpos: procedure
  parse arg tab, str, pos1
  if pos1 = "" then pos1 = 1
  min = length(str) + 1
  do i = 1 to length(tab)
    pos = pos(substr(tab, i, 1), str, pos1)
    if pos > 0 then if pos < min then min = pos
  end i
  if min > length(str) then min = 0
  return min
```

➔ pos1: 5, pos2: 8

Mit procedure wird die interne Funktion cminpos mit ihren Variablen gegen das Hauptprogramm geschützt. Mit parse arg werden die kommagetrennten Parameter eingelesen. tab ist eine Zeichenfolge und enthält die Zeichen, die in der Zeichenfolge str gesucht werden sollen. Die Suche soll bei der Position pos1 in str beginnen. Fehlt pos1, so wird Position 1 als Standard angenommen. Die Variable min soll die jeweils kleinste Fundposition eines Zeichens aus tab aufnehmen. min wird mit dem unmöglichen Wert length(str) + 1 vorbesetzt, so daß jede tatsächliche Fundposition kleiner als die Vorbesetzung ist.

Die Kontrollvariable i der folgenden do-Schleife läuft von 1 bis zur Länge length(tab) der Suchzeichenfolge. Mit pos wird die Position des i-ten Zeichens von tab (substr(tab, i, 1)) ab der Position pos1 in str gesucht. Wenn das Zeichen gefunden wurde, wenn also pos größer als 0 ist, wird geprüft, ob die Fundposition kleiner als der bisherige Wert von min ist. Wenn dies zutrifft, wird min die neue Fundposition pos zugewiesen.

Wenn die Schleife verlassen wird, wurde str nach allen Zeichen in tab durchsucht. Wenn str ab Position 1 durchsucht wurde (pos1 = cminpos("aeiou", text)), hat pos den Wert 5, d. h. es wurde das Zeichen "e" aus tab in Position 5 von str gefunden. Wir prüfen noch, ob keines der Zeichen aus tab in str gefunden wurde. Dies ist dann der Fall, wenn pos immer noch den Wert length(str) + 1 hat. Dann weisen wir pos den Wert 0 (= nicht gefunden) zu. Schließlich geben wir die kleinste Fundposition mit return pos an das Hauptprogramm zurück.

Hinweis: Das Problem läßt sich viel einfacher lösen, nämlich jeweils mit einem Einzeiler:

```
pos1 = verify(text, "aeiou", "match")
pos2 = verify(text, "aeiou", "match", pos1 + 1)
```

Dieser Fall ist typisch für REXX: Meist gibt es mehrere Möglichkeiten, ein Problem zu lösen, bisweilen auch ganz einfache, die einem im Einzelfall aber nur dann einfallen, wenn man genügend Erfahrung mit der Sprache gesammelt hat.

2. Zwei Zeilen miteinander verbinden

Aufgabe: Zwei Zeilen sollen miteinander verbunden werden. Dies ist eine Aufgabe, die z. B. häufig bei älteren Editoren (z. B. dem ISPF-Editor unter TSO) in Form eines Editormakros zu lösen ist.

```
  zeile1 = "Es war einmal     "
  zeile2 = "   ein kleiner Spatz"
  neu = join(15, zeile1, zeile2)
  exit
join: procedure
  parse arg snr, zeile1, zeile2
  if substr(zeile1, snr) <> " " then return zeile1
  return substr(zeile1, 1, snr - 1) || strip(substr(zeile2, 1))
```

➔ neu: "Es war einmal ein kleiner Spatz"

Mit parse arg werden die kommagetrennten Parameter des Hauptprogramms eingelesen. Die Spaltennummer snr bezeichnet die Position in der ersten Zeile, ab der die zweite Zeile angekettet werden soll. Die beiden anderen Parameter zeile1 und zeile2 bezeichnen die Zeilen, die verbunden werden sollen.

Zuerst wird geprüft, ob in zeile1 der Bereich ab der Position snr leer ist. Wenn nein, kann die Verbindung nicht stattfinden, weil dann Zeichen in zeile1 überschrieben würden. Wir verlassen daher die Funktion mit return zeile1, d. h. wir geben die unveränderte erste Zeile zurück. Andernfalls verketten wir die Teilfolge aus zeile1 ab Position 1 bis Position snr - 1 (substr(zeile1, 1, snr - 1)) mit zeile2, von der vorher mit strip die Leerstellen am Anfang und Ende der Zeichenfolge abgestrippt werden. Die entstandene Zeichenfolge geben wir mit return an das Hauptprogramm zurück.

3. Zeichenfolge auf ein nicht vorkommendes Zeichen durchsuchen
Aufgabe: In einer Zeichenfolge soll ein Zeichen gefunden werden, das nicht in dieser Zeichenfolge vorkommt. Dies kann z. B. sinnvoll sein, wenn man in einem Text Steuerzeichen einfügen möchte, die durch ein Erkennungszeichen ("Fluchtzeichen") eingeleitet werden sollen.

```
string = "Ich weiß nicht wie mir geschieht"
unique = substr(xrange(), verify(xrange(), string), 1)
```

➔ unique: "00"x

xrange() liefert eine Zeichenfolge mit allen Zeichen von "00"x bis "ff"x. verify(xrange(), string) liefert die Position des ersten Zeichen in xrange(), das nicht in string enthalten ist. Das ist in unserem Fall die Position 1. substr entnimmt daher aus der Zeichenfolge aller Codes das Zeichen in Position 1 in der Länge 1, und das ergibt "00"x. Dieser Wert wird der Variablen unique zugewiesen.

subword

```
►► SUBWORD(wortliste, wortnummer─┬──────────┬─)─►◄
                                 └─, anzahl─┘
```

Die eingebaute SAA-Funktion subword (Unterwortliste) liefert eine Teilliste der Wortliste wortliste zurück, die anzahl Wörter aus wortliste ab dem Wort mit der Wortnummer wortnummer enthält. Fehlt anzahl oder ist anzahl größer als die Anzahl der Wörter ab wortnummer, werden ab dem Wort mit der Wortnummer wortnummer alle restlichen Wörter von wortliste zurückgegeben.

Ist anzahl 0 oder wortnummer größer als die Anzahl der Wörter in wortliste, wird die Nullzeichenfolge zurückgeliefert. Dies trifft auch zu, wenn wortliste aus der Nullzeichenfolge oder nur aus Leerstellen besteht (leere Wortliste).

Die zurückgelieferte Teilliste enthält am Anfang und Ende der Liste keine Leerstellen. Die Leerstellen zwischen den zurückgegebenen Wörtern hingegen bleiben erhalten.

Hinweis: Wenn nur *ein* Wort zurückgegeben werden soll, *muß* als anzahl 1 angegeben werden, andernfalls wird der Rest von wortliste zurückgeliefert.

subword(*wortliste, wortnummer,* 1) liefert das gleiche Ergebnis wie word(*wortliste, wortnummer*). word ist lediglich ein bequeme Kurzform für einen Sonderfall der subword-Funktion.

anzahl	Nichtnegative Ganzzahl. Anzahl der Wörter, die aus wortliste zurückgegeben werden sollen. **Standard:** alle Wörter ab dem Wort mit der Wortnummer wortnummer.

wortliste	Beliebige Wortliste, aus der eine Teilliste zurückgegeben werden soll.
wortnummer	Positive Ganzzahl. Nummer eines Wortes in wortliste, ab dem eine Teilliste zurückgeliefert werden soll.

Beispiele

REXX-Anweisungen	Erläuterung
text1 = "der Vater der Braut" text2 = subword(text1, 2)	Rest einer Wortliste zurückgeben: text2 erhält den Inhalt der Wortliste text1 ab dem zweiten Wort: "Vater der Braut".
text1 = "der Vater der Braut" text2 = subword(text1, 2, 1)	ein Wort aus einer Wortliste zurückgeben: text2 wird das zweite Wort aus der Wortliste text1 zugewiesen: "der".
text1 = "der Vater der Braut" text2 = word(text1, 2) text3 = subword(text1, 2, 1)	word = Kurzform für subword: word und subword liefern beide das zweite Wort "Vater" aus text1.
text1 = "der Vater□□□der Braut" text2 = subword(text, 2, 2)	Leerstellen zwischen Wörtern bleiben unverändert: text2 wird das zweite und dritte Wort aus der Wortliste text1 einschl. der drei Leerstellen zwischen beiden Wörtern zugewiesen: "Vater□□□der".
text1 = "□□Vater□der□□" text2 = subword(text, 1, 2)	Leerstellen am Anfang und Ende der Teilliste werden abgestrippt: text2 wird das erste und zweite Wort aus der Wortliste text1 ohne die Leerstellen am Anfang und Ende von text1 zugewiesen: "Vater□der".
text1 = "der Vater der Braut" text2 = subword(text, 2, 5)	Anzahl zu groß: text2 erhält den Inhalt der Wortliste text1 ab dem zweiten Wort: " Vater der Braut".
text1 = "der Vater der Braut" text2 = subword(text, 6)	Wortnummer zu groß: text2 wird die Nullzeichenfolge zugewiesen.
text1 = "der Vater der Braut" text2 = subword(text, 2, 0)	Anzahl = 0: text2 wird die Nullzeichenfolge zugewiesen.
text1 = "" text2 = "□□□" text3 = subword(text1, 2) text4 = subword(text2, 2)	leere Wortliste: text3 und text4 wird die Nullzeichenfolge zugewiesen.
text1 = "der Vater der Braut" text2 = subword(text1, 0)	Wortnummer 0 ist falsch: REXX meldet Fehler 40, da die Wortnummer 0 nicht erlaubt ist.

Häufige Fehler

- **Ein Wort zurückliefern.** subword(wortliste, 5) liefert nicht das fünfte Wort in wortliste, sondern *alle* Wörter ab dem fünften Wort. Wenn nur das fünfte Wort gewünscht ist, muß die Anzahl der Wörter mit **1** angegeben werden: subword(wortliste, 5, 1). Natürlich können Sie das gleiche Ergebnis auch mit word(wortliste, 5) erzielen.

- **Wortnummer 0.** Der folgende subword-Aufruf führt zu REXX-Fehler 40, da wordpos("Gisela", liste) den Wert 0 ergibt:

```
liste = "Jeannette Dorothee Brita"
text = subword(liste, wordpos("Gisela", liste)
```

Es muß also sichergestellt werden, daß die Nummer des ersten Wortes, das zurückgeliefert werden soll, nicht 0 ist:

```
liste = "Jeannette Dorothee Brita"
pos = wordpos("Gisela", liste)
if pos > 0 then text = delword(liste, pos)
```

Anwendung

Worttausch in einer Wortliste

Aufgabe: In einer Wortliste soll das zweite gegen das vierte Wort ausgetauscht werden.

```
namen1 = "Brigitte Marilyn Sophia Gina Gary"
namen2 = swap(namen1, 2, 4)
exit

swap: procedure
 parse arg namen, i, j
 if i > j then do
   w = i; i = j; j = w
 end
 if \(i >= 1 & i <= words(namen),
 & j >= 1 & j <= words(namen),
 & i <> j) then return namen
 namen = subword(namen, 1, i - 1),
   word(namen, j),
   subword(namen, i + 1, j - i - 1),
   word(namen, i),
   subword(namen, j + 1)
 return space(namen, 1, "□")

➔ namen2 = "Brigitte Gina Sophia Marilyn Gary"
```

In der Wortliste namen1 wird durch den Aufruf der internen Funktion swap das zweite Wort Marilyn gegen das vierte Wort Gina ausgetauscht. Die interne Funktion beginnt mit einer procedure-Anweisung, so daß die Variablen des Hauptprogramms gegen die Variablen der Funktion abgeschottet sind und umgekehrt. Mit parse arg namen, i, j werden die Parameter eingelesen. namen enthält anschließend die Wortliste "Brigitte Marilyn Sophia Gina Gary", i die Wortnummer 2 und j die Wortnummer 4.

Da für die weitere Verarbeitung sichergestellt sein muß, daß i < j ist, prüfen wir dies und vertauschen die beiden Wortnummern, wenn es nicht der Fall ist. Damit die Funktion niet- und nagelfest ist, führen wir die Vertauschung nur durch, wenn die Wortnummern i und j innerhalb des zulässigen Intervalls 1 <= i, j <= words(wortliste) liegen. Wenn die beiden Wortnummern gleich sind, wird ebenfalls keine Vertauschung durchgeführt, da sie dann überflüssig ist. Wir verzichten auf die Rückgabe von Rückkehrcodes, die diese Fehlerfälle dem Aufrufer melden.

Die eigentliche Vertauschung wird durch den Aufbau einer neuen Wortliste erreicht, in der die gewünschten Wörter vertauscht sind. Dazu wird die alte Wortliste in fünf Teillisten zerlegt, die miteinander verkettet werden:

- subword(wortliste, 1, i - 1): Der Teil der alten Wortliste, der vor dem i-ten Wort liegt. Diese Teilliste ist leer, wenn i gleich 1 ist.
- word(wortliste, j): Das j-te Wort der alten Wortliste.
- subword(wortliste, i + 1, j - i - 1): Der Teil der alten Wortliste, der zwischen dem i-ten und dem j-ten Wort liegt. Diese Teilliste ist leer, wenn i + 1 = j.
- word(wortliste, i): Das i-te Wort der alten Wortliste.
- subword(wortliste, j + 1): Der Teil der alten Wortliste, der hinter dem j-ten Wort liegt. Diese Teilliste ist leer, wenn j gleich words(wortliste) ist.

Die subword-Funktion entnimmt einer Wortliste ab einem bestimmten Wort (zweiter Parameter) soviele Wörter, wie der dritte Parameter angibt. Fehlt der dritte Parameter, dann werden alle Wörter bis zum Ende der Wortliste entnommen. Ist der dritte Parameter 0 wie bei leeren Teillisten, dann liefert die subword-Funktion die Nullzeichenfolge zurück, was ganz in unserem Sinn ist.

Die oben definierten fünf Teile der alten Wortliste werden zu einer neuen Wortliste verkettet, wobei nach jeder Teilliste eine Leerstelle eingefügt wird. Dies bewirkt das Fortsetzungskomma am Ende einer Zeile, das außer nach dem Verkettungsoperator || immer eine Leerstelle einfügt.

Dadurch wird nach leeren Teillisten eine unnötige Leerstelle eingefügt. Das verändert zwar nicht den grundsätzlichen Charakter einer Wortliste, könnte aber bei der Weiterverarbeitung durch den Aufrufer störend sein. Mit der return-Anweisung geben wir daher den Ausdruck space(namen, 1, "□") zurück. Damit normieren wir die Anzahl der Leerstellen auf eine Leerstelle zwischen den Wörtern (2. Parameter = 1).

Obwohl dies der Standard ist, geben wir ausdrücklich an, daß die space-Funktion als Trennzeichen Leerstellen verwenden soll (3. Parameter = "□"). Dabei folgen wir dem Grundsatz, daß es deutlicher und weniger fehleranfällig ist, wenn man ausdrücklich sagt, was man will, statt sich auf implizite Vorgabewerte zu verlassen.

Suchfolge

Siehe auch: Funktion; Unterprogramm.

Allgemeine Suchfolge

Grundsätzlich wird nach Unterprogrammen in folgender Reihenfolge gesucht:

1. interne Unterprogramme
2. eingebaute Funktionen
3. externe Unterprogramme

Interne Unterprogramme werden in der Suchfolge übergangen, wenn der Unterprogrammname als Literal angegeben wird. In diesem Fall gilt die folgende Suchfolge:

1. eingebaute Funktionen (nur, wenn der Funktionsname in Großbuchstaben angegeben wird)
2. externe Unterprogramme

Externe Unterprogramme

Die Suchfolge externer Unterprogramme ist plattformabhängig.

DOS-Suchfolge

Für DOS gilt die folgende Suchfolge:

1. REXX-Unterprogramme im aktuellen Verzeichnis mit der aktuellen Dateinamenerweiterung.
2. REXX-Unterprogramme im aktuellen Pfad, der durch die Umgebungsvariable path definiert ist, mit der aktuellen Dateinamenerweiterung.
3. REXX-Unterprogramme im aktuellen Verzeichnis mit der Standard-Dateinamenerweiterung .bat.
4. REXX-Unterprogramme im aktuellen Pfad, der durch die Umgebungsvariable path definiert ist, mit der Standard-Dateinamenerweiterung .bat.

Wenn die Suchfolge umgangen werden soll, gibt man den Namen des Unterprogramms als Literal an, und zwar zusammen mit einem absoluten oder relativen Pfadnamen (*siehe:* Pfadname) und/oder einer Dateinamenerweiterung.

Beispiele

REXX-Anweisungen	Erläuterung
call "\appl\rexx\wordsort" liste	Das Unterprogramm wordsort wird mit der Standard-Dateinamenerweiterung .bat auf dem aktuellen Laufwerk im Verzeichnis \appl\rexx gesucht.
call "c:\appl\rexx\wordsort" liste	Das Unterprogramm wordsort wird mit der Standard-Dateinamenerweiterung .bat auf dem Laufwerk c: im Verzeichnis \appl\rexx gesucht.
call "c:\appl\rexx\wordsort.cmd" liste	Das Unterprogramm wordsort wird mit der Dateinamenerweiterung .cmd auf dem Laufwerk c: im Verzeichnis \appl\rexx gesucht.
call "rexx\wordsort" liste	Das Unterprogramm wordsort wird mit der Standard-Dateinamenerweiterung .bat auf dem Laufwerk c: im Unterverzeichnis rexx des aktuellen Verzeichnisses gesucht.
liste = "\appl\rexx\wordsort" liste	Die Funktion wordsort wird mit der Standard-Dateinamenerweiterung .bat auf dem aktuellen Laufwerk im Verzeichnis \appl\rexx gesucht.

OS/2-Suchfolge

Für OS/2 gilt die folgende Suchfolge:

1. Vorrangige Unterprogramme, die in den Macrospace geladen wurden.
2. Funktionen, die in einem registrierten Funktionspaket enthalten sind. *Siehe auch:* rxfuncadd.
3. REXX-Unterprogramme im aktuellen Verzeichnis mit der aktuellen Dateinamenerweiterung.
4. REXX-Unterprogramme im aktuellen Pfad, der durch die Umgebungsvariable path definiert ist, mit der aktuellen Dateinamenerweiterung.
5. REXX-Unterprogramme im aktuellen Verzeichnis mit der Standard-Dateinamenerweiterung .cmd.

6. REXX-Unterprogramme im aktuellen Pfad, der durch die Umgebungsvariable path definiert ist, mit der Standard-Dateinamenerweiterung .cmd.
7. Nachrangige Unterprogramme, die in den Macrospace geladen wurden.

Wenn die Suchfolge umgangen werden soll, gibt man den Namen des Unterprogramms als Literal an, und zwar zusammen mit einem absoluten oder relativen Pfadnamen (*siehe:* Pfadname) und/oder einer Dateinamenerweiterung.

Beispiele

REXX-Anweisungen	**Erläuterung**
call "\appl\rexx\wordsort" liste	Das Unterprogramm wordsort wird mit der Standard-Dateinamenerweiterung .cmd auf dem aktuellen Laufwerk im Verzeichnis \appl\rexx gesucht.
call "c:\appl\rexx\wordsort" liste	Das Unterprogramm wordsort wird mit der Standard-Dateinamenerweiterung .cmd auf dem Laufwerk c: im Verzeichnis \appl\rexx gesucht.
call "c:\appl\rexx\wordsort.bat" liste	Das Unterprogramm wordsort wird mit der Dateinamenerweiterung .bat auf dem Laufwerk c: im Verzeichnis \appl\rexx gesucht.
call "rexx\wordsort" liste	Das Unterprogramm wordsort wird mit der Standard-Dateinamenerweiterung .cmd auf dem Laufwerk c: im Unterverzeichnis rexx des aktuellen Verzeichnisses gesucht.
liste = "\appl\rexx\wordsort" liste	Die Funktion wordsort wird mit der Standard-Dateinamenerweiterung .cmd auf dem aktuellen Laufwerk im Verzeichnis \appl\rexx gesucht.

TSO-Suchfolge

Für TSO gilt die folgende Suchfolge:

1. DBCS-Funktionen.
2. Funktionen, die in einem Benutzer-Funktionspaket enthalten sind.
3. Funktionen, die in einem lokalen Funktionspaket enthalten sind.
4. Funktionen, die in einem System-Funktionspaket enthalten sind.
5. Wenn der FUNCSOFL-Flag (Flag für Funktionssuchfolge) ausgeschaltet ist (Standard), wird zuerst in den Ladebibliotheken nach einem Unterprogramm gesucht, dann nach einem REXX-Programm.

   Wenn der FUNCSOFL-Flag eingeschaltet ist, wird zuerst nach einem REXX-Programm, dann in den Ladebibliotheken nach einem Unterprogramm gesucht.

   Für Ladebibliotheken gilt die folgende Suchfolge:

   - Job Pack Area
   - Task Library und alle vorangehenden Task Libraries
   - Step Library
   - Job Library
   - Link Pack Area (LPA)
   - Link Library

Für REXX-Programme gilt die folgende Suchfolge:

- PDS mit dem DD-Namen, unter dem das aufrufende Programm geladen wurde.
- Alle Exec-Bibliotheken, die mit dem TSO/E-Befehl altlib definiert wurden.
- Wenn der NOLOADD-Flag eingeschaltet ist (Standard): Alle Bibliotheken, die unter dem DD-Namen SYSPROC allokiert sind.
- Wenn der NOLOADD-Flag ausgeschaltet ist: Zuerst alle Bibliotheken, die unter dem DD-Namen SYSEXEC allokiert sind, dann alle Bibliotheken, die unter dem DD-Namen SYSPROC allokiert sind.

symbol (Funktion)

```
▸▸ SYMBOL(name) ▸◂
```

Die eingebaute SAA-Funktion symbol prüft, ob name ein gültiges REXX-Symbol Zeichenfolge.ymbol ist, und gibt abhängig vom Prüfergebnis eine der drei folgenden Zeichenfolgen zurück:

"BAD" name ist kein gültiges REXX-Symbol.

"LIT" name ist ein konstantes (literales) Symbol oder der Name einer Variablen, der noch kein Wert zugewiesen wurde.

"VAR" name ist der Name einer Variablen, d. h. name ist ein Symbol, dem ein Wert zugewiesen wurde.

Wie bei der Auswertung von Symbolen in REXX-Ausdrücken wird name vor der Prüfung zuerst in Großbuchstaben umgewandelt. Anschließend werden in Verbundsymbolen die erforderlichen Substitutionen vorgenommen.

Hinweis: Mit der SAA-Funktion datatype(*zeichenfolge*, "symbol") können Sie ebenfalls prüfen, ob ein Symbol gültig ist. Im Unterschied zu datatype differenziert symbol aber zwischen literalen Symbolen bzw. undefinierten Variablen einerseits und zugewiesenen Variablen andererseits.

name Beliebige Zeichenfolge.
Hinweis: Gemeint ist ein Ausdruck, der das zu prüfende Symbol ergibt. Häufig ist dies eine konstante, in Anführungszeichen gesetzte Zeichenfolge.

Beispiele

REXX-Anweisungen	Erläuterung
name1 = "Leonore" name2 = "name1" sym1 = symbol("name1") sym2 = symbol("name1□") sym3 = symbol(name1) sym4 = symbol(name2)	Variablen: sym1 liefert "VAR", denn "name1" ist eine definierte Variable. sym2 liefert "BAD", da symbol leerstellensensitiv ist und Leerstellen in Symbolen nicht erlaubt sind. sym3 liefert "LIT", da name1 durch "LEONORE" substituiert wird, dies aber keine definierte Variable ist. sym4 liefert "VAR", da name2 durch "NAME1" substituiert wird und dies eine definierte Variable ist.

REXX-Anweisungen	Erläuterung
sym1 = symbol("satz.") satz. = "" sym2 = symbol("satz.") drop satz. satz.1 = "Melanie" i = 1; k = 2 sym3 = symbol("satz.1") sym4 = symbol("satz.i") sym5 = symbol("satz.k") sym6 = symbol("satz.p")	Verbundsymbole: sym1 liefert "LIT", denn "satz." ist ein gültiger Name für einen Variablenstamm, aber satz. ist undefiniert. Nach der Definition des Stamms mit satz. = "" ergibt sym2 "VAR". Mit drop satz. wird die Definition wieder aufgehoben. sym3 bringt "VAR", da "satz.1" definiert ist, desgleichen sym4, da "satz.i" nach der Substitution von i zu satz.1 wird. sym5 liefert "LIT", da "satz.k" nach der Substitution zu satz.2 wird; diese Variable ist aber undefiniert. sym6 liefert ebenfalls "LIT": p ist nicht definiert und kann daher nicht substituiert werden; "satz.p" ist aber als Variable nicht definiert.
name1 = "-123.44" name2 = "1.2345e+5" sym1 = symbol("name1") sym2 = symbol(name1) sym3 = symbol(name2)	konstante Symbole, die keine Variablennamen sind: sym1 liefert "VAR", da name1 der Name einer Variablen ist. sym2 und sym3 liefern "LIT", da name1 bzw. name2 die konstanten Symbole "-123.44" bzw. "1.2345e+5" enthalten.

Häufige Fehler

Kein Literal. Wenn ein Variablenname geprüft werden soll, muß er als Literal, also in Anführungszeichen angegeben werden (oder der als Argument übergebene Ausdruck muß einen Variablennamen ergeben):

```
v = 1; sym1 = symbol(v); sym2 = symbol("v")
```

sym1 liefert "LIT", weil v den Wert 1 hat und die Zahl 1 ein konstantes Symbol ist. sym2 liefert "VAR", da "v" der Name einer zugewiesenen Variablen ist.

Anwendung

1	Ende eines numerierten Variablenstamms feststellen
2	Weitere Anwendungen

1. **Ende eines numerierten Variablenstamms feststellen**

Aufgabe: Ein Variablenstamm mit fortlaufend ab 1 numeriertem Index soll ausgegeben werden. Die Anzahl der Stammvariablen ist unbekannt.

```
drop satz.; satz.1 = "Dorothee"; satz.2 = "Eva"; satz.3 = "Lena"
do i = 1 while symbol("satz."i) = "VAR"
  say satz.i
end i
```

Mit drop satz. heben wir alle evtl. bestehenden Definitionen für den Variablenstamm satz. auf, bevor wir die drei Stammvariablen satz.1 bis satz.3 definieren. In der do-Schleife indizieren wir mit der Kontrollvariablen i die auszugebenden Stammvariablen und geben sie mit say aus. Die Schleifenbedingung while symbol("satz."i) = "VAR" gilt solange, bis die Kontrollvariable einen Wert erreicht, für den keine Stammvariable definiert wurde, in unserem Fall ist das i = 4.

Bei diesem Verfahren spart man sich die Definition der zusätzlichen Stammvariablen mit dem Index 0, die üblicherweise die Anzahl der Variablen eines Variablenstamms enthält. Für das Funktionieren der Endeabfrage ist es jedoch unerläßlich, vor der Definition des Variablenstamms dafür zu sorgen, daß keine alten Definitionen mehr vorliegen. Wir haben das hier mit drop sichergestellt.

Wenn den obigen Anweisungen die folgenden Anweisungen nachfolgen, ohne daß vorher der Variablenstamm satz. durch drop aufgehoben wird, wird fälschlicherweise auch die Stammvariable satz.3, die ja noch definiert ist, mit ausgegeben:

```
satz.1 = "Leonore"; satz.2 = "Kerstin"
do i = 1 while symbol("satz."i) = "VAR"
  say satz.i
end i
```

2. **Weitere Anwendungen**

Weitere Anwendungsmöglichkeiten:

- In größeren REXX-Programmen können in internen Unterprogrammen, die oft von verschiedenen Stellen her angesprochenen werden, bisweilen Zweifel bestehen, ob eine bestimmte Variable definiert ist. Mit symbol kann man abfragen, ob eine Variable existiert, und die weitere Verarbeitung entsprechend steuern.

  ```
  if symbol("name") = "VAR" then...
  ```

  Diese Abfrage ist auch sicher, wenn undefinierte Variablenreferenzen durch signal on novalue in einer Fehlerroutine abgefangen werden, im Gegensatz zu der folgenden Alternative, die zur Feststellung des Novalue-Bedingung führen würde:

  ```
  if name <> "NAME" then...
  ```

  Da die value-Funktion nie zur Feststellung der Novalue-Bedingung führt, könnte man stattdessen aber folgendermaßen abfragen:

  ```
  if value(name) <> "NAME" then...
  ```

- Befehle, die mit address... an andere Adreßräume zur Ausführung übergeben werden, geben oft Werte an REXX-Variablen zurück. Wenn dies nicht immer, sondern nur bei Bedarf geschieht, kann man mit symbol feststellen, ob einer bestimmten Variablen ein Wert zugewiesen wurde.

  ```
    address ispexec "display panel(edbpausw)"
    call fehler
    exit
  fehler:
    if rc > 0 then do
    meldung = "Fehler. RC = "rc"."
    if symbol("zerrlm") = "VAR" then meldung = meldung zerrlm
  ```

  Mit address ispexec wird unter TSO der ISPF-Adreßraum angesprochen. Der Befehl display soll die Bildschirmmaske (Panel) edbpausw anzeigen. display schreibt im Fehlerfall einen Meldungstext in die Variable zerrlm. In anderen Fällen, die durch die Fehlerroutine fehler abgehandelt werden, ist zerrlm aber möglicherweise nicht definiert. Wir prüfen daher mit symbol, ob zerrlm definiert ist und erweitern nur in diesem Fall die Fehlermeldung meldung um den Inhalt von zerrlm.

Symbol (Token)

Ein Symbol ist eine Zeichenfolge, die aus den folgenden Zeichen besteht:

- aus den Großbuchstaben A-Z und den Kleinbuchstaben a-z
- aus den Ziffern 0-9
- und aus den Zeichen Punkt (.), Ausrufezeichen (!), Fragezeichen (?) und Unterstreichstrich (_).

Wenn ein Symbol eine Zahl darstellt, sind weitere Zeichen (Vorzeichen + und -, Exponentialzeichene oder E) erlaubt. *Siehe:* Zahl.

Hinweis: Unter TSO sind außerdem die Zeichen @, #, $ und ¢ (Cent) zulässig. Aus Gründen der Plattformunabhängigkeit sollte man aber in Symbolen auf diese Zeichen verzichten.

Beispiele für gültige Symbole:

parse, to (Schlüsselwörter)
name1, datei_lesen, ?wer, satz.0, name.w.s (Marken oder Variablennamen)
-123.45, 25e+10 (Zahlen)

Kleinbuchstaben in Symbolen werden vom REXX-Interpreter in Großbuchstaben umgewandelt, so daß unterschiedliche Schreibweisen in bezug auf die Groß-/Kleinschreibung nicht von Bedeutung sind. Die folgenden Zeichenfolgen bezeichnen daher alle das gleiche Symbol:

familienname, FAMILIENNAME, Familienname, FamilienName

Die folgenden syntaktischen Elemente werden durch Symbole dargestellt:

- Schlüsselwörter und Unterschlüsselwörter in REXX-Anweisungen. *Siehe:* Anweisung.
- Marken. *Siehe:* Marke.
- Variablennamen. Variablennamen dürfen jedoch nicht mit einem Punkt oder einer Ziffer beginnen. *Siehe:* Variable.
- Zahlen. Zahlensymbole müssen jedoch zusätzliche Bedingungen erfüllen. *Siehe:* Zahl.

syscls

```
►►─SYSCLS()─►◄
```

Die eingebaute OS/2-Dienstprogrammfunktion syscls (clear screen = Bildschirm löschen) löscht den Bildschirm.

Beispiele

REXX-Anweisungen	Erläuterung
rc = syscls() call syscls	Der Funktionsaufruf und der call-Aufruf bewirken beide das gleiche: der Bildschirm wird gelöscht.

syscopyobject

▸▸–SYSCOPYOBJECT(objekt, ordner)–▸◂

Geltung: ab OS/2 Warp 3.

Die eingebaute OS/2-Dienstprogrammfunktion syscopyobject (Objekt kopieren) kopiert das Objekt mit dem Namen objekt in den Zielordner mit dem Objektnamen ordner und liefert den logischen Wert 1 (wahr) zurück, wenn die Operation erfolgreich war, andernfalls den Wert 0 (falsch). objekt und ordner müssen als Objekt-ID oder als vollständiger Dateiname angegeben werden.

Hinweis: Mit sysmoveobject wird ein Objekt verschoben und mit syscreateshadow wird ein Referenzobjekt erstellt.

objekt
ordner

Objektnamen, wahlweise:

- Objekt-ID in spitzen Klammern. Groß-/Kleinschreibung wird unterschieden.
- Vollständiger Dateiname. *Siehe* Dateibezeichnung, DOS und OS/2.

Beispiele

REXX-Anweisungen	Erläuterung
rc = syscopyobject("<MeinProgramm>", ..."<WP_DESKTOP>")	Das Objekt "<MeinProgramm>" wird auf die Arbeitsoberfläche ("<WP_DESKTOP>" kopiert. Wenn rc den Wert 1 enthält, war die Operation erfolgreich, andernfalls enthält rc den Wert 0.

syscreateobject

▸▸–SYSCREATEOBJECT(klasse, titel, ordner, [konfig] , [option])–▸◂

Die eingebaute OS/2-Dienstprogrammfunktion syscreateobject (Objekt erzeugen) erzeugt in dem Zielordner mit dem Objektnamen ordner ein Objekt der Objektklasse klasse und liefert den logischen Wert 1 (wahr) zurück, wenn die Operation erfolgreich war, andernfalls den Wert 0 (falsch). Wenn bereits ein Objekt mit der gleichen Objekt-ID existiert, kann das Objekt ersetzt oder aktualisiert werden.

klasse muß eine registrierte Objektklasse bezeichnen, z. B. <WPFolder> (Ordner). titel ist eine beliebige Zeichenfolge, die zusammen mit dem Symbol des neuen Objekts und in der Titelleiste des geöffneten Objekts angezeigt werden soll. ordner muß als Objekt-ID oder als vollständige Dateibezeichnung angegeben werden.

Option. option gibt an, was geschehen soll, wenn bereits ein Objekt mit der gleichen Objekt-ID existiert. option ist ein beliebiger Ausdruck, der eine der nachstehenden Optionen ergeben muß. Von der Option wird nur das erste Zeichen ausgewertet, Groß- und Kleinbuchstaben sind gleichwertig.

- F (fail = abbrechen) - **Standard**. Wenn bereits ein Objekt mit der gleichen Objekt-ID existiert, ist dies ein Fehler. Das bestehende Objekt bleibt unverändert und syscreateobject gibt den Wert 0 (falsch) zurück.
- R (replace = ersetzen). Wenn bereits ein Objekt mit der gleichen Objekt-ID existiert, wird es gelöscht und durch das neue Objekt ersetzt, andernfalls wird es neu angelegt.
- U (update = aktualisieren). Wenn bereits ein Objekt mit der gleichen Objekt-ID existiert, wird es aktualisiert, d. h. die durch konfig angegebenen Einstellungen werden aktualisiert, die übrigen Einstellungen bleiben unverändert, andernfalls wird das Objekt neu angelegt.

Objekteinstellungen. Die Beschreibung des Parameters konfig finden Sie unter dem Stichwort *Objekteinstellungen.*

Hinweise:

- Falsche Schlüsselnamen und -werte im konfig-Parameter werden ignoriert. Die Funktion liefert aber trotzdem den Wert 1 (wahr) zurück.
- Mit syssetobjectdata werden die Einstellungen eines Objekts geändert, mit syssaveobject, sysdestroyobject, sysmoveobject und syscopyobject wird ein Objekt gesichert, gelöscht, verschoben bzw. kopiert und mit syscreateshadow wird ein Referenzobjekt erstellt.

klasse
: Name einer registrierten Objektklasse.

konfig
: Zeichenfolge mit Objekteinstellungen. *Siehe:* Objekteinstellungen.

option
: Nur das erste Zeichen wird ausgewertet, Groß- und Kleinbuchstaben sind gleichwertig.
Mögliche Optionen: *siehe* oben.

ordner
: Objektname, wahlweise:
  - Objekt-ID in spitzen Klammern. Groß-/Kleinschreibung wird unterschieden.
  - Vollständiger Dateiname. *Siehe* Dateibezeichnung, DOS und OS/2.

titel
: Beliebige Zeichenfolge. Komma und Semikolon müssen durch das Fluchtzeichen ^ eingeleitet werden: "^," bzw. "^;". Zeilenvorschübe können durch ein Komma oder durch c2x("a") (hex 0A = Zeilenendezeichen) angegeben werden.

Beispiele

REXX-Anweisungen	Erläuterung
rc = syscreateobject("WPFolder", ..."MeinOrdner", "<WP_DESKTOP>", ..."OBJECTID=<MEINORDNER>;", ..."replace")	Objekt anlegen Das Objekt "MeinOrdner" wird auf der Arbeitsoberfläche ("<WP_DESKTOP>") erzeugt. Das erzeugte Objekt gehört zur Ordnerklasse ("WPFolder") und erhält die Objekt-ID "<MEINORDNER>". Wenn der Ordner schon vorhanden ist, wird er gelöscht und neu angelegt (Option "replace"). Wenn rc den Wert 1 enthält,

REXX-Anweisungen	Erläuterung
	war die Operation erfolgreich, andernfalls enthält rc den Wert 0.
rc = syscreateobject("WPFolder", ..."MeinOrdner", "<WP_DESKTOP>", ..."OBJECTID=<MEINORDNER>;" ||, ..."NODELETE=YES;", "update") rc = syssetobjectdata("<MeinOrdner>", ..."NODELETE=YES;")	Objekteinstellungen ändern Mit syscreateobject wird das bereits vorhandene Objekt "MeinOrdner" (siehe oben) geändert (Option "update"), und zwar nur hinsichtlich des Schlüssels NODELETE, alle anderen Einstellungen bleiben unverändert. Die Funktion syssetobjectdata leistet das gleiche.

syscreateshadow

```
▸▸ SYSCREATESHADOW(objekt, ordner)—▸◂
```

Geltung: ab OS/2 Warp 3.

Die eingebaute OS/2-Dienstprogrammfunktion syscreateshadow (Schatten erzeugen) erstellt in den Zielordner mit dem Objektnamen ordner ein Referenzobjekt zu dem Objekt mit dem Namen objekt und liefert den logischen Wert 1 (wahr) zurück, wenn die Operation erfolgreich war, andernfalls den Wert 0 (falsch). objekt und ordner müssen als Objekt-ID oder als vollständiger Dateiname angegeben werden.

Hinweis: Mit syscopyobject wird ein Objekt kopiert und mit sysmoveobject wird ein Objekt verschoben.

objekt
ordner
: Objektnamen, wahlweise:
- Objekt-ID in spitzen Klammern. Groß-/Kleinschreibung wird unterschieden.
- Vollständiger Dateiname. *Siehe* Dateibezeichnung, DOS und OS/2.

Beispiele

REXX-Anweisungen	Erläuterung
rc = syscreateshadow("<MeinPro- ...gramm>", "<WPStart>")	Zu dem Objekt "<MeinProgramm>" wird in dem Ordner "<WPStart>" ein Referenzobjekt erstellt, so daß "MeinProgramm" zukünftig beim Systemstart automatisch gestartet wird. Wenn rc den Wert 1 enthält, war die Operation erfolgreich, andernfalls enthält rc den Wert 0.

syscurpos

```
▸▸—SYSCURPOS(—┬─────────────┬─)—▸◂
              │             │
              └zeile, spalte┘
```

Die eingebaute OS/2-Dienstprogrammfunktion syscurpos (cursor position = Cursorposition) liefert die aktuelle Cursorposition in einer Wortliste als "zeile spalte" zurück.

Wenn zeile und spalte fehlen, bleibt die Cursorposition unverändert. zeile und spalte müssen nichtnegative Ganzzahlen sein, die kleiner als die Anzahl der Zeilen bzw. Spalten des Bildschirms sind. Die erste Zeile hat die Zeilennummer 0 und die erste Spalte hat die Spaltennummer 0. Wenn zeile und spalte angegeben sind, wird der Cursor in die angegebene Zeile und Spalte gesetzt.

zeile Nichtnegative Ganzzahl < Anzahl Zeilen des Bildschirms.

spalte Nichtnegative Ganzzahl < Anzahl Spalten des Bildschirms.

Beispiele

REXX-Anweisungen	Erläuterung
zdatei = 15; sdatei = 20 call syscurpos zdatei, sdatei	Der Cursor wird in die 16. Zeile und die 21. Spalte gesetzt.
parse value syscurpos() with zeile spalte	Die Cursorposition wird ermittelt, z. B. "15 20", und durch parse in zeile (15) und spalte (20) zerlegt. Die Cursorposition bleibt unverändert.
parse value syscurpos(15, 20) with zeile ...spalte	Der Cursor wird in die 16. Zeile und die 21. Spalte gesetzt. Vorher wird die aktuelle Cursorposition zurückgegeben und mit parse zerlegt.
parse value systextscreensize() with zeile ...spalte call syscurpos zeile - 3, spalte - 30	systextscreensize liefert eine Wortliste mit der letzten Zeile und Spalte des Bildschirms, die mit parse auf die Variablen zeile und spalte aufgeteilt wird. Der Cursor wird in die viertletzte Zeile und die 30. Spalte von rechts gesetzt.

syscurstate

```
▸▸—SYSCURSTATE(option)—▸◂
```

Die eingebaute OS/2-Dienstprogrammfunktion syscurstate (cursor state = Cursorstatus) schaltet den Cursor ein oder aus. option muß entweder "ON" oder "OFF" ergeben. Wenn option gleich "ON" ist, wird der Cursor eingeschaltet, wenn option gleich "OFF" ist, wird der Cursor ausgeschaltet.

option Beliebiger Ausdruck, der "ON" oder "OFF" ergibt. Groß-/Kleinschreibung ist ohne Bedeutung.

Beispiele

REXX-Anweisungen	Erläuterung
call syscurstate("off") status = "on"; rc = syscurstate(status)	Der call-Aufruf bewirkt, daß der Cursor ausgeschaltet wird. Der Funktionsaufruf bewirkt, daß der Cursor eingeschaltet wird.

sysderegisterobjectclass

```
►►–SYSDEREGISTEROBJECTCLASS(klasse)–►◄
```

Die eingebaute OS/2-Dienstprogrammfunktion sysderegisterobjectclass (Objektklasse deregistrieren) hebt die Registrierung der Objektklasse klasse auf und liefert 0 zurück, wenn die Operation erfolgreich war, andernfalls einen OS/2-Fehlercode (*siehe* Fehlercodes, OS/2).

Hinweis: Mit sysqueryclasslist wird eine Liste der Objektklassen ausgegeben, mit sysregisterobjectclass wird eine Objektklasse registriert.

klasse — Name der Objektklasse.

Beispiele

REXX-Anweisungen	Erläuterung
rc = sysderegisterobjectclass("AltKlasse")	Die Registrierung der Objektklasse "AltKlasse" wird aufgehoben. Wenn rc den Wert 0 enthält, war die Operation erfolgreich, andernfalls enthält rc den OS/2-Fehlercode.

sysdestroyobject

```
►►–SYSDESTROYOBJECT(objekt)–►◄
```

Die eingebaute OS/2-Dienstprogrammfunktion sysdestroyobject (Objekt vernichten) löscht das Objekt mit dem Namen objekt und liefert den logischen Wert 1 (wahr) zurück, wenn die Operation erfolgreich war, andernfalls den Wert 0 (falsch). objekt muß als Objekt-ID oder als vollständiger Dateiname angegeben werden.

Hinweis: Mit syscreateobject wird ein Objekt erzeugt, mit syssaveobject wird ein Objekt gesichert, mit syssetobjectdata werden die Einstellungen eines Objekts geändert und mit sysopenobject wird ein Objekt geöffnet.

objekt — Objektname, wahlweise:

- Objekt-ID in spitzen Klammern. Groß-/Kleinschreibung wird unterschieden.
- Vollständiger Dateiname. *Siehe* Dateibezeichnung, DOS und OS/2.

Beispiele

REXX-Anweisungen	Erläuterung
rc = sysdestroyobject("<MeinProgramm>")	Das Objekt "<MeinProgramm>" wird gelöscht. Wenn rc den Wert 1 enthält, war die Operation erfolgreich, andernfalls enthält rc den Wert 0.

sysdriveinfo

```
►►—SYSDRIVEINFO(laufwerk)—►◄
```

Die eingebaute OS/2-Dienstprogrammfunktion sysdriveinfo (Laufwerkangaben") liefert Angaben über laufwerk, wenn das Laufwerk vorhanden ist, andernfalls die Nullzeichenfolge. laufwerk muß ein Laufwerkbuchstabe mit Doppelpunkt sein. Wenn Angaben über eine Disketteneinheit verlangt werden und keine Diskette eingelegt ist, wird die Nullzeichenfolge zurückgeliefert, andernfalls die Laufwerkdaten. Die Wirkung dieser Funktion entspricht teilweise der des OS/2-Befehls chkdisk mit der Ausnahme, daß keine Ausgaben auf dem Bildschirm erfolgen.

sysdriveinfo liefert die folgenden Angaben in einer Wortliste:

- Laufwerkbuchstabe, z. B. "R:"
- freie Speicherkapazität auf laufwerk, z. B. 121094656
- gesamte Speicherkapazität auf laufwerk, z. B. 1050656768
- Platten- oder Diskettennamen (Datenträgerkennsatz), z. B. "CPC022F_F".

Hinweis: sysdrivemap liefert eine Liste der zugänglichen Laufwerke, sysfiletree liefert Angaben über eine Datei.

laufwerk Laufwerkbuchstabe mit Doppelpunkt.

Beispiele

REXX-Anweisungen	Erläuterung
d1 = sysdriveinfo("r:") d2 = sysdriveinfo("x:")	d1 liefert für das Laufwerk "r:" z. B.: "R:□□121094656□□□□1050656768□□□CPC022F_F□□□□". d2 liefert die Nullzeichenfolge, da es das Laufwerk "x:" nicht gibt.

sysdrivemap

```
►►—SYSDRIVEMAP(—┬——————————————————————┬—)—►◄
                └—laufwerk—┬——————————┬—┘
                           └—, option—┘
```

Die eingebaute OS/2-Dienstprogrammfunktion sysdrivemap (Laufwerkangaben) liefert eine Wortliste mit den Laufwerkbuchstaben der zugänglichen Laufwerke. Die Laufwerkliste ist alphabetisch sortiert und enthält die Laufwerkbuchstaben in Großbuchstaben und mit einem Dopplepunkt.

Wenn laufwerk angegeben wird, muß es ein Laufwerkbuchstabe mit Doppelpunkt sein. In diesem Fall beginnt die Laufwerkliste (frühestens) ab dem angegebenen Laufwerk.

option ist ein beliebiger Ausdruck, der eine der nachstehenden Optionen ergeben muß. Von der Option wird nur das erste Zeichen ausgewertet, Groß- und Kleinbuchstaben sind gleichwertig.

- U (used = benutzt) - **Standard**
  Liefert alle zugänglichen und/oder benutzten lokalen und fernen Laufwerke.
- F (free = frei)
  Liefert alle freien, d. h. nicht benutzten Laufwerksbuchstaben.
- L (local = lokal)
  Liefert nur die lokalen Laufwerke.
- R (remote = fern)
  Liefert nur ferne Laufwerke, z. B. umgelenkte LAN-Ressourcen oder Laufwerke, die einem installierbaren Dateisystem (IFS = installable file system) zugeordnet sind.
- D (detached = nicht zugeordnet)
  Liefert die nicht zugeordneten LAN-Ressourcen.

Hinweis: sysdriveinfo liefert Angaben über ein Laufwerk.

laufwerk	Laufwerkbuchstabe mit Doppelpunkt.
option	Nur das erste Zeichen wird ausgewertet, Groß- und Kleinbuchstaben sind gleichwertig. Mögliche Optionen: *siehe* oben. **Standard:** "used".

Beispiele

REXX-Anweisungen	Erläuterung
d1 = sysdrivemap() d2 = sysdrivemap("r:") d3 = sysdrivemap("a:", "local")	d1 liefert z. B. "C: D: R: S: T:". d2 liefert die gleiche Liste, aber erst ab dem Laufwerkbuchstaben "r:": "R: S: T:". d3 liefert nur die lokalen Laufwerke: "A: B: C: D:".

sysdropfuncs

```
►►—SYSDROPFUNCS()—►◄
```

Siehe auch: Dienstprogrammfunktionen; rxfuncadd; rxfuncdrop; rxfuncquery.

Die eingebaute OS/2-Dienstprogrammfunktion sysdropfuncs (drop functions = Funktionen entfernen) deregistriert alle OS/2-Dienstprogrammfunktionen, d. h. die Registrierung der Funktionen wird systemweit aufgehoben. sysdropfuncs gibt als Funktionsergebnis immer die Nullzeichenfolge zurück. Das Deregistrieren ist unschädlich, auch wenn die OS/2-Dienstprogrammfunktionen nicht registriert sind.

Hinweise:

- Da die Deregistrierung systemweit erfolgt, kann man sysdropfuncs nur anwenden, wenn man sicher ist, daß kein anderes Programm die OS/2-Dienstprogrammfunktionen verwendet.
- Mit der Funktion rxfuncdrop kann man eine einzelne Funktion deregistrieren. Mit der Funktion rxfuncadd kann man eine Funktion registrieren und mit der Funktion rxquery kann man abfragen, ob eine Funktion registriert ist.

Beispiele

REXX-Anweisungen	Erläuterung
call sysdropfuncs	Alle OS/2-Dienstprogrammfunktionen werden deregistriert.

sysdsn

```
▸▸—SYSDSN(datei)—▸◂
```

Siehe auch: Dateibezeichnung, TSO. *Geltung:* TSO-Adreßumgebung.

Die externe TSO/E-Funktion sysdsn (dsn: data set name = Dateiname) liefert eine Meldung zurück, die Aufschluß über die Existenz und den Status einer Datei oder eines PDS-Members gibt. Wenn die Datei migriert wurde, versucht sysdsn die Datei mit Recall zurückzuholen. datei ist eine TSO-Dateibezeichnung.

Die Funktion gibt eine der folgenden Meldungen zurück:

OK	Die Datei bzw. das Member ist verfügbar.
MEMBER NOT FOUND	Member nicht gefunden.
MEMBER SPECIFIED, BUT DATASET IS NOT PARTITIONED	Member angegeben, aber Datei ist kein PDS.
DATASET NOT FOUND	Datei nicht gefunden.
ERROR PROCESSING REQUESTED DATASET	Fehler bei der Verarbeitung der angegebenen Datei.
PROTECTED DATASET	Geschützte Datei. Der Benutzer hat nicht die RACF-Rechte, um auf die Datei mit dem angegebenen Member zuzugreifen.
VOLUME NOT ON SYSTEM	Volume nicht im System.
INVALID DATASET NAME, datei	datei ist ein ungültiger Dateiname.
MISSING DATASET NAME	Dateiname fehlt.
UNAVAILABLE DATASET	Datei nicht verfügbar. Ein anderer Benutzer hat das ausschließliche Zugriffsrecht für die angegebene Datei.

datei TSO-Dateibezeichnung. *Siehe*: Dateibezeichnung, TSO.

Beispiele

REXX-Anweisungen	Erläuterung
datei3 = " 'sptgl01.t.ispf' " datei4 = "sptgl01.t.ispf" datei5 = "t.ispf" s1 = sysdsn(" 'sptgl01.t.ispf' ") s2 = sysdsn("t.ispf") s3 = sysdsn(datei3) s4 = sysdsn(" ' "datei4" ' ") s5 = sysdsn(datei5)	Nur Dateiname: s1, s3 und s4 liefern das gleiche Ergebnis, z. B. "OK". Bei s1 wird der vollqualifizierte Dateiname als Literal einschließlich der Hochkommas angegeben. Bei s3 enthält die Variable datei3 den vollqualifizierten Dateinamen einschließlich der Hochkommas. Bei s4 enthält die Variable datei4 den vollqualifizierten Dateinamen ohne Hochkommas, daher müssen diese als Literale " ' " am Anfang und Ende des Arguments datei4 im sysdsn-Aufruf angegeben werden. s2 und s5 liefern dasselbe Ergebnis, und wenn der

REXX-Anweisungen	Erläuterung
	Präfix "sptgl01" ist, auch das gleiche Ergebnis wie s1, s3 und s4, z. B. "DATASET NOT FOUND". Bei s5 enthält die Variable datei5 den nichtvollqualifizierten Dateinamen.
datei3 = ..."'sptgl01.t.ispf(edbcausw)'" datei4 = "sptgl01.t.ispf" member = "edbcausw" s1 = sysdsn("'sptgl01.t.ispf ...(edbcausw)'") s2 = sysdsn("t.ispf(edbcausw)") s3 = sysdsn(datei3) s4 = ...sysdsn("'"datei4"("member")'")	Datei- und Membername: s1, s3 und s4 liefern das gleiche Ergebnis, z. B. "MEMBER NOT FOUND". Bei s1 wird der vollqualifizierte Dateiname einschließlich Membername und Hochkommas als Literal angegeben. Bei s3 enthält die Variable datei3 den vollqualifizierten Dateinamen einschließlich Membername und Hochkommas. Bei s4 werden das literale Hochkomma "'", die Variable datei4 mit dem vollqualifizierten Dateinamen, die öffnende Klammer "(", die Variable member sowie schließende Klammer und Hochkomma ")'" miteinander verkettet und an sysdsn übergeben. s2 liefert dasselbe Ergebnis wie die übrigen sysdsn-Aufrufe, wenn der Präfix "sptgl01" ist. z. B. "MEMBER NOT FOUND".

sysfiledelete

```
▸▸-SYSFILEDELETE(datei)--▸◂
```

Die eingebaute OS/2-Dienstprogrammfunktion sysfiledelete (file delete = Datei löschen) löscht datei und liefert 0 zurück, wenn das Löschen erfolgreich war, andernfalls einen OS/2-Fehlercode (*siehe* Fehlercodes, OS/2). Die Funktion hat die Wirkung des OS/2-Befehls erase bzw. del mit der Ausnahme, daß keine Ausgaben auf dem Bildschirm erfolgen. datei muß eine Dateibezeichnung sein.

Hinweise:

- sysmkdir löscht ein Verzeichnis.
- Die Funktionen lineout und charout schreiben standardmäßig eine Datei am Ende fort. Wenn eine Datei neu erstellt werden soll ohne Rücksicht darauf, ob sie bereits existiert, muß man sie daher zuerst mit sysfiledelete löschen, und zwar ohne den Fehlercode abzufragen.

datei — *Siehe* Dateibezeichnung, DOS und OS/2. Die Platzhalterzeichen ? (beliebiges Zeichen) und * (beliebige Zeichenfolge) sind *nicht* erlaubt.

Beispiele

REXX-Anweisungen	Erläuterung
d1 = sysfiledelete("y.dat") d2 = sysfiledelete("d:y.dat") d3 = sysfiledelete("\rexx\y.dat")	d1 löscht die Datei "y.dat" auf dem aktuellen Laufwerk im aktuellen Verzeichnis. d2 löscht die Datei "y.dat" auf dem Laufwerk d: im aktuellen Verzeichnis. d3 löscht die Datei "y.dat" auf dem aktuellen Laufwerk im Verzeichnis "\rexx".

Anwendung

Siehe auch: sysfiletree.

Datei neu erstellen oder überschreiben

Aufgabe: Eine Datei soll neu erstellt oder, wenn sie schon vorhanden ist, überschrieben werden.

```
name = "y.dat"
call sysfiledelete name
rc = lineout(name, "...")
```

Die Datei "y.dat" wird zuerst mit sysfiledelete gelöscht, weil sonst die mit lineout geschriebenen Sätze an die evtl. bestehende Datei angehängt würden. Da uns der Rückkehrcode nicht interessiert, denn die Datei muß ja nicht vorhanden sein, rufen wir sysfiledelete nicht als Funktion, sondern mit call auf.

sysfilesearch

```
►►─SYSFILESEARCH(suchfolge, datei, stamm,─┬──────────┬─)─►◄
                                          └─optionen─┘
```

Die eingebaute OS/2-Dienstprogrammfunktion sysfilesearch (file search = Datei durchsuchen) liefert in dem Variablenstamm stamm alle Sätze von datei, die die gesuchte Zeichenfolge suchfolge enthalten. Entsprechend den Optionen optionen werden Groß-/Kleinschreibung ignoriert oder nicht und die gelieferten Sätze mit oder ohne Satznummer zurückgeliefert.

suchfolge ist eine beliebige Zeichenfolge, und datei ist eine Dateibezeichnung ohne Platzhalterzeichen. Die Stammvariable stamm.0 enthält die Anzahl der gefundenen Sätze. Wenn kein Satz gefunden wird, wird stamm.0 der Wert 0 zugewiesen und die Stammvariablen stamm.1ff. sind undefiniert, andernfalls werden die gefundenen Sätze den Stammvariablen stamm.1ff. zugewiesen. sysfilesearch liefert 0 zurück, wenn die Operation erfolgreich war, andernfalls einen OS/2-Fehlercode (*siehe* Fehlercodes, OS/2).

optionen ist ein beliebiger Ausdruck, der eine Verkettung aus den nachstehenden Optionsbuchstaben ergeben muß. Die Optionsbuchstaben können als Groß- oder Kleinbuchstaben angegeben werden.

- C (case sensitive = Groß-/Kleinschreibung ist relevant): suchfolge muß auch in der Groß-/Kleinschreibung mit der gefundenen Zeichenfolge übereinstimmen.
- N (numbers = Nummern): Den gefundenen Sätzen wird die Satznummer vorangestellt und zwar ohne führende Nullen und durch eine Leerstelle vom Satz getrennt.

datei	*Siehe* Dateibezeichnung, DOS und OS/2. Die Platzhalterzeichen ? (beliebiges Zeichen) und * (beliebige Zeichenfolge) sind *nicht* erlaubt.
optionen	Beliebige Verkettung von Optionsbuchstaben. Groß- und Kleinbuchstaben sind gleichwertig. Mögliche Optionsbuchstaben: *siehe* oben.

stamm	Name eines Variablenstamms mit oder ohne abschließenden Punkt.
suchfolge	Beliebige Zeichenfolge.

Beispiele

REXX-Anweisungen	Erläuterung

rc = sysfilesearch
...("date", "datum.cmd",
..."satz.")
	<u>ohne Optionen</u>
	Die Zeichenfolge "date" wird in der Datei "datum.cmd" auf dem aktuellen Laufwerk im aktuellen Verzeichnis gesucht. Groß-/Kleinschreibung spielt keine Rolle, die Sätze werden ohne Satznummer im Variablenstamm "stamm." gespeichert. Die Ausbeute könnte z. B. so aussehen:
	`satz.0 = 3`
	`satz.1 = "Differenz zwischen zwei Daten"`
	`satz.2 = "    datum = date('days')"`
	`satz.3 = "    return date('days')"`

rc = sysfilesearch
...("date", "datum.cmd",
..."satz.", "cn")
	<u>mit Optionen</u>
	Die Zeichenfolge "date" wird in der Datei "datum.cmd" auf dem aktuellen Laufwerk im aktuellen Verzeichnis gesucht. Groß-/Kleinschreibung ist relevant (Optionsbuchstabe "c"), die Sätze werden mit einer Satznummer im Variablenstamm "stamm." gespeichert (Optionsbuchstabe "n"). Die Ausbeute würde jetzt so aussehen:
	`satz.0 = 2`
	`satz.1 = "763     datum = date('days')"`
	`satz.2 = "1248     return date('days')"`

sysfiletree

```
▸▸ SYSFILETREE(datei, stamm,──────────────────────▸

▸──┬──────────┬──,──┬──────────┬──,──┬─────────┬──▸◂
   └─optionen─┘     └─suchattr─┘     └─zielattr┘
```

Die eingebaute OS/2-Dienstprogrammfunktion sysfiletree (file tree = Dateibaum) liefert in dem Variablenstamm stamm für jede Datei, die der Schablone in datei entspricht und die in suchattr angegebenen Attribute besitzt, eine Stammvariable stamm.i (i = i-te gefundene Datei) mit Angaben über die Datei und ändert ggf. die Attribute gemäß zielattr.

Die Stammvariable stamm.0 enthält die Anzahl der gefundenen Dateien. Wenn keine Datei gefunden wird, wird stamm.0 der Wert 0 zugewiesen und die Stammvariablen stamm.1ff. sind undefiniert. sysfiletree liefert 0 zurück, wenn die Operation erfolgreich war, andernfalls einen OS/2-Fehlercode (*siehe* Fehlercodes, OS/2). Die Funktion kombiniert die Wirkung der OS/2-Befehle dir /a und attrib mit der Ausnahme, daß keine Ausgaben auf dem Bildschirm erfolgen.

sysfiletree liefert die folgenden Angaben (alle in Großbuchstaben) in einer Wortliste:

- Datum und Uhrzeit in der Standardform:
  - Erstellungs- bzw. letztes Änderungsdatum in der Form mm/tt/jj (Monat ohne führende Null), z. B. "1/15/96".
  - Uhrzeit der letzten Änderung in der Form hh:mmx, wobei x für a (ante meridiem = vor 12 Uhr mittags) oder p (post meridiem = nach 12 Uhr mittags) steht, z. B. "08:24p".

  Oder, wenn die Option "t" angegeben ist:
  - In dem sortierfähigen Format jj/mm/tt/hh/mm (Jahr, Monat, Tag, Stunden, Minuten).

  Leider wird bei Datum und Uhrzeit nicht die Ländertabellenangabe im COUNTRY-Befehl der Datei config.sys berücksichtigt, so daß wir immer das angelsächsische Format erhalten.
- Größe der Datei in Bytes, ohne führende Nullen, z. B. 255.
- Dateiattribute in Großbuchstaben, z. B. "A----". Sie werden in festgelegter Reihenfolge dargestellt. Wenn ein Attribut nicht zutrifft, wird stattdessen ein Bindestrich gesetzt. Wenn zielattr angegeben wird, werden die geänderten Attribute ausgegeben. Die möglichen Attribute sind (in dieser Reihenfolge):

  A Datei wurde seit der letzten Sicherung geändert, ist also "archivierungsfähig" (archive).

  D Datei ist ein Verzeichnis (directory).

  H Datei ist eine verdeckte Datei (hidden).

  R Datei ist schreibgeschützt (read-only).

  S Datei ist eine Systemdatei (system).
- Vollständige Dateibezeichnung in Großbuchstaben, also mit Laufwerkpräfix, vollständigem Pfad und Dateinamen, z. B. "C:\REXX\Y.DAT".

Dateibezeichnung. datei muß eine Dateibezeichnung sein. Wenn datei Platzhalterzeichen enthält (? = beliebiges Zeichen, * = beliebige Zeichenfolge), werden alle Dateien geliefert, die dieser Schablone genügen.

Variablenstamm. stamm muß den Namen eines Variablenstamms (mit oder ohne abschließenden Punkt) ergeben. Die Angaben zu den gefundenen Dateien werden in den Stammvariablen stamm.1ff. gespeichert und stamm.0 wird die Anzahl der gefundenen Dateien zugewiesen.

Optionen. optionen ist ein beliebiger Ausdruck, der eine Verkettung aus den nachstehenden Optionsbuchstaben ergeben muß. Die Optionsbuchstaben können als Groß- oder Kleinbuchstaben angegeben werden.

- F (files = Dateien): Nur nach Dateien suchen.
- D (directories = Verzeichnisse): Nur nach Verzeichnissen suchen.
- B (both = beide): **Standard.** Nach Dateien und Verzeichnissen suchen.
- S (subdirectories = Unterverzeichnisse): Auch Unterverzeichnisse durchsuchen.
- T (time and date = Uhrzeit und Datum): Datum und Uhrzeit in dem sortierfähigen Format jj/mm/tt/hh/mm liefern (Jahr, Monat, Tag, Stunden, Minuten). Wirkungslos, wenn die Option "only" angegeben wird.

- O (only = nur): Nur Dateibezeichnungen zurückliefern. Standardmäßig werden für jede Datei Datum, Uhrzeit, Größe, Attribute und Dateibezeichnung zurückgeliefert.

Wenn mehrere der Optionen "files", "directories" bzw. "both" gleichzeitig angegeben werden, gilt die letzte Angabe.

Such-Attributschablone. suchattr ist eine Schablone, die angibt, welche Dateiattribute eine Datei haben muß, damit sie ausgewählt wird. Standardmäßig gilt die Schablone "*****", d. h. es werden alle Dateien ausgewählt ohne Rücksicht auf den Status der Attribute. In der Schablone suchattr müssen die Schablonenzeichen *, + oder - in der Reihenfolge "ADHRS" erscheinen. Die Attributkürzel haben die oben angegebene Bedeutung.

Die Schablonenzeichen haben folgende Bedeutung:

*	Attribut ist ohne Bedeutung **(Standard).**
+	Attribut muß gesetzt sein.
-	Attribut muß gelöscht sein.

Ziel-Attributschablone. zielattr ist eine Schablone, die angibt, welche Dateiattribute eine gefundene Datei erhalten soll. Standardmäßig gilt die Schablone "*****", d. h die Attribute einer Datei bleiben unverändert. In der Schablone zielattr müssen die Schablonenzeichen *, + oder - in der Reihenfolge "ADHRS" erscheinen. Die Attributkürzel haben die oben angegebene Bedeutung.

Die Schablonenzeichen haben folgende Bedeutung:

*	Attribut nicht ändern**(Standard).**
+	Attribut setzen.
-	Attribut löschen.

Hinweis: Das Attribut D (Verzeichnis) kann weder gesetzt noch gelöscht werden, wenn eine Datei *kein* Verzeichnis ist.

Hinweis: sysdriveinfo liefert Angaben über ein Laufwerk. stream(*datei*, "command", "query datetime") liefert Datum und Uhrzeit einer Datei, stream(*datei*, "command", "query size") die Dateigröße, stream(*datei*, "command", "query exists") die vollständige Dateibezeichnung.

datei	*Siehe* Dateibezeichnung, DOS und OS/2. Die Platzhalterzeichen ? (beliebiges Zeichen) und * (beliebige Zeichenfolge) sind erlaubt.
optionen	Beliebige Verkettung von Optionsbuchstaben. Groß- und Kleinbuchstaben sind gleichwertig. Mögliche Optionsbuchstaben: *siehe* oben. **Standard:** "both".
stamm	Name eines Variablenstamms mit oder ohne abschließenden Punkt.
suchattr	Attributschablone zur Festlegung der auszuwählenden Dateien. Mögliche Werte: *siehe* oben. **Standard:** "*****".

zielattr — Attributschablone zur Änderung der Attribute der gefundenen Dateien.
Mögliche Werte: *siehe* oben.
Standard: "******".

Beispiele

REXX-Anweisungen	Erläuterung
d1 = sysfiletree("y*.*") d2 = sysfiletree("y*.*", "b") d3 = sysfiletree("y*.*", "s") d4 = sysfiletree("y*.*", "f") d5 = sysfiletree("y*.*", "fo")	Optionen d1 und d2 liefern alle Dateien und Verzeichnisse auf dem aktuellen Laufwerk im aktuellen Verzeichnis, die der Schablone "y*.*" genügen. d3 leistet das gleiche, liefert aber auch alle Einträge der Unterverzeichnisse, d4 und d5 liefern nur Dateien im aktuellen Verzeichnis. d5 liefert im Gegensatz zu d1-d4 nur die Dateibezeichnungen, nicht Datum, Uhrzeit, Größe und Attribute.
d1 = sysfiletree("y*.*", "f", "**---") d2 = sysfiletree("y*.*", "f", "****+")	Selektion durch Suchattribute d1 liefert nur Dateien ohne die Attribute H, R bzw. S (A und D sind irrelavant, wobei D aber durch die Option "f" ausgeschlossen ist). d2 liefert nur Systemdateien (Attribut S), die übrigen Attribute spielen keine Rolle.
d1 = sysfiletree("y*.*", "f",, "**-**") d2 = sysfiletree("y*.*", "f", "***+*", ..."***-*")	Attribute ändern d1 löscht bei allen Dateien der Schablone "y*.*" ggf. das Attribut H. d2 löscht bei allen Dateien mit dem Attribut R dieses Attribut.
d1 = sysfiletree("y.dat", "o")	vollständige Dateibezeichnung ermitteln d1 gibt die vollständige Dateibezeichnung der Datei "y.dat" zurück: "C:\REXX\Y.DAT".

Anwendung

Dateien eines Verzeichnisses bis zu einem bestimmten Datum löschen

Aufgabe: Es sollen alle Dateien in einem Verzeichnis und in sämtlichen Unterverzeichnissen gelöscht werden, wenn das Datum der Erstellung bzw. letzten Änderung vor einem bestimmten Datum der Form jjmmtt liegt oder mit diesem übereinstimmt. Das Verzeichnis selbst und seine Unterverzeichnisse sowie Dateien, die mindestens eines der Attribute H, R oder S haben, sollen *nicht* gelöscht werden.

```
rc = delofil("c:\ydosrx", "960131")
if rc > 0 then...
```

Das externe Unterprogramm delofil (delete old files = alte Dateien löschen) wird mit zwei Parametern aufgerufen: dem vollen Pfadnamen "c:\ydosrx" des Verzeichnisses, dessen Dateien gelöscht werden sollen, und dem Datum "960131" (= 31.01.96), bis zu dem gelöscht werden soll. Wenn ein Fehler auftritt, wird ein Wert größer 0 zurückgeliefert. delofil geht davon aus, daß der Verzeichnisname entweder als d:\ oder als d:\pfad ohne abschließendes "\" vorliegt, wobei d: ein beliebiges Laufwerk bezeichnet. Desgleichen wird angenommen, daß das Datum korrekt ist. Entsprechende Prüfungen lassen wir hier weg, um das Beispiel nicht aufzublähen.

```
delofil:
  parse arg dir, datum
  rc = rxfuncadd("sysloadfuncs", "rexxutil", "sysloadfuncs")
  call sysloadfuncs
  rc = sysfiletree(dir, "satz", "d"); if rc > 0 then return rc
  if satz.0 = 0 then return 3
  rc = sysfiletree(dir"\*.*", "satz", "fst", "**---"); if rc > 0 then return rc
  do i = 1 to satz.0
    name = word(satz.i, 4)
    lastdate = translate("124578", right(word(satz.i, 1), 14, "0"), "12345678")
    if lastdate <= datum then do
      rc = sysfiledelete(name); if rc > 0 then return rc
    end
  end i
  return 0
```

Nach dem Einlesen der kommagetrennten Argumente dir und datum laden wir mit den nächsten zwei Anweisungen der Einfachheit halber gleich alle OS/2-Dienstprogrammfunktionen und verzichten auch darauf, diese am Ende der Funktion wieder aus dem Speicher zu entfernen. sysfiletree mit der Option "d" (nur Verzeichnisse) liefert uns einen Satz, wenn dir ein Verzeichnis ist, sonst keinen Satz. Wenn die Anzahl der eingelesenen Verzeichniseinträge satz.0 also 0 ist, verlassen wir delofil mit dem OS/2-Fehlercode 3 (Pfad nicht gefunden). Andernfalls lesen wir mit sysfiletree in den Variablenstamm satz. die Namen der Dateien und Unterverzeichnisse des Verzeichnisses dir ein und speichern in satz.0 die Anzahl der gefundenen Verzeichniseinträge. Dabei wird der sysfiletree-Aufruf durch die Optionen "fst" (nur Dateien, einschl. Unterverzeichnisse, Datum in der Form jjmmtt) und die Suchattribute "**---" (A und D irrelevant; H, R oder S dürfen nicht vorhanden sein) gefiltert. In diesem Fall wie auch bei den übrigen Aufrufen von sys-Funktionen, brechen wir delofil ab und geben rc an den Aufrufer zurück, wenn die sys-Funktion mit einem Rückkehrcode größer 0 endet.

Für jeden der Einträge wird die folgende do-Schleife einmal durchlaufen. Das vierte Wort eines Eintrags satz.i ist der vollständige Name einer Datei oder eines Unterverzeichnisses, wir weisen es der Variablen name zu. Mit word(satz.i, 1) ermitteln wird das Datum jj/mm/tt der Datei, komplettieren das Jahr vorne mit right ggf. um eine führende Null und wandeln es mit translate in das Format jjmmtt um. Wenn lastdate kleiner oder gleich dem übergebenen Bis-Datum ist, löschen wir die Datei mit sysfiledelete. Wenn alle Dateien ordnungsgemäß gelöscht wurden, geben wir mit return 0 den Rückkehrcode 0 (erfolgreich) an den Aufrufer zurück.

sysgetea

```
▸▸─SYSGETEA(datei, attr, variable)─▸◂
```

Siehe: Erweiterte Attribute; sysputea.

Die eingebaute OS/2-Dienstprogrammfunktion sysgetea (EA einlesen) liest das Erweiterte Attribut (EA) attr der Datei datei in die Variable mit dem Namen variable ein und liefert 0 zurück, wenn die Operation erfolgreich war, andernfalls einen OS/2-Fehlercode (*siehe* Fehlercodes, OS/2).

datei — Name einer beliebigen Datei. *Siehe* Dateibezeichnung, DOS und OS/2.

attr — Name eines Erweiterten Attributs. Groß-/Kleinschreibung wird unterschieden.

variable — Name einer Variablen, die das eingelesene Erweiterte Attribut aufnehmen soll.

Beispiele

REXX-Anweisungen	Erläuterung
datei = "test.dat" rc = sysgetea(datei, ".ICON", sym")	Das Erweiterte Attribut .ICON, wird in die Variable sym eingelesen. Wenn rc = 0 ist, war das Einlesen erfolgreich, und sym enthält die (binäre) Bitmap des Symbols, das datei zugordnet ist.

sysgetkey

```
►►─SYSGETKEY(─┬────────┬─)─►◄
              └─option─┘
```

Siehe auch: charin; linein.

Die eingebaute OS/2-Dienstprogrammfunktion sysgetkey (Taste einlesen) liest das nächste Byte aus dem Tastaturpuffer ein. Wenn der Tastaturpuffer leer ist, wartet sysgetkey solange, bis eine Taste allein oder gleichzeitig mit der Taste ⇧ (Umschalttaste), Strg, Alt oder AltGr gedrückt wird. Die Tastencodes werden unter dem Stichwort *Tastencodes* beschrieben.

Wenn option fehlt, wird das dem eingelesenen Byte entsprechende Zeichen angezeigt. Wenn option angegeben wird, muß option entweder "echo" oder "noecho" ergeben. Wenn option gleich "echo" ist, wird das dem eingelesenen Byte entsprechende Zeichen angezeigt, andernfalls nicht.

Hinweise:

- Im Gegensatz zu charin und linein wartet sysgetkey nicht darauf, daß die Eingabe mit Enter abgeschlossen wird. Außerdem bietet nur sysgetkey die Möglichkeit abzufragen, ob und welche Funktionstasten oder Tastenkombinationen gedrückt wurden.
- Bei zwei Byte langen Tastencodes muß sysgetkey zweimal aufgerufen werden. Beim ersten Aufruf wird "00"x oder "e0"x zurückgegeben, beim zweiten Aufruf das zweite Byte des Tastencodes.
- Wenn die Option "echo" gilt, werden leider auch die Tastencodes von Funktionstasten angezeigt, z. B. "□;" für die Taste F1. Da dies fast immer unerwünscht ist, muß man daher in der Regel die Option "noecho" verwenden.

option — Beliebiger Ausdruck, der "echo" oder "noecho" ergibt. Groß-/Kleinschreibung ist ohne Bedeutung.

Beispiele

REXX-Anweisungen	Erläuterung
taste = sysgetkey("noecho") if c2x(taste) = "00" | c2x(taste) = "E0" then taste = ...sysgetkey("noecho")	Es wird das nächste Byte aus dem Tastaturpuffer eingelesen. Das eingelesene Byte wird wegen "noecho" nicht angezeigt. Wenn das eingelesene Byte gleich "00"x oder "E0" ist, wurde eine Taste mit einem Zweibytecode gedrückt. In diesem Fall muß das zweite Byte mit einem zweiten Aufruf von sysgetkey eingelesen werden.

Anwendung

Eingabeschleife

Aufgabe: In einer Eingabeschleife soll ein maximal 20stelliger Name eingegeben werden. Es kann jeweils entweder ein Zeichen oder eine der Funktionstasten Esc, Enter oder F1 eingegeben werden. Wenn Enter gedrückt wird, ist die Eingabe beendet. Wenn F1 gedrückt wird, soll eine Hilfe angezeigt werden. Wenn Esc gedrückt wird, soll die bisherige Eingabe gelöscht und der Name neu eingegeben werden.

```
do i = 1
  enter = "0D"; esc = "1B"; f1 = "3B"; name = ""; tname = "Name: "
  call syscurpos 10, 20
  call charout , tname || copies("□", 20)
  call syscurpos 10, 20 + length(tname)
```

Die äußere do-Schleife mit der Kontrollvariablen i hat nur einen Zweck: Wenn die Esc-Taste gedrückt wird, wird die Schleife mit iterate i wiederholt. Daher werden auch die folgenden Initialisierungen wiederholt, so daß die Variable name und das entsprechende Bildschirmfeld wieder gelöscht werden. In der äußeren Schleife werden zuerst die Funktionstasten enter, esc und f1 definiert. Beachten Sie, daß in diesen Definitionen die Hexziffern a-f groß geschrieben werden müssen, weil die Funktion c2x, die weiter unten beim Vergleich der gedrückten Taste verwendet wird, diese Hexziffern als Großbuchstaben A...F zurückliefert. Außerdem werden die Variablen name und tname initialisiert. Mit syscurpos und charout wird die Feldbezeichnung tname auf dem Bildschirm angezeigt und der Bildschirmbereich gelöscht, in dem das Feld name eingegeben werden soll. syscurpos positioniert anschließend den Cursor hinter die Feldbezeichnung.

```
do k = 1 while length(name) < 20
   taste = sysgetkey("noecho")
   if c2x(taste) = esc then iterate i
   if c2x(taste) = enter then leave i
```

Die innere do-Schleife mit der Kontrollvariablen k wird solange durchlaufen, bis name aus 20 Zeichen besteht oder bis die do Schleife von innen her abgebrochen wird. Zuerst wird eine Taste mit sysgetkey aus dem Tastaturpuffer eingelesen und zwar ohne Bildschirmecho ("noecho"), weil die Tastencodes von Funktionstasten nicht am Bildschirm angezeigt werden sollen. Der eingegebene Tastencode wird mit c2x in eine Hexfolge umgewandelt und mit dem definierten Hexcode esc der Esc-Taste verglichen. Wenn die Esc-Taste gedrückt wurde, wird mit iterate i die äußere do-Schleife wiederholt. Wenn die

Enter-Taste gedrückt wurde, wird die äußere do-Schleife verlassen und dadurch die Eingabe des Namens beendet.

```
    if c2x(taste) = "00" | c2x(taste) = "E0" then do
      taste = sysgetkey("noecho")
      if c2x(taste) = f1 then do
        call hilfe; iterate i
      end
    end
    else do
      call charout , taste
      name = name || taste
    end
  end k
  leave i
end i
```

Wenn das eingelesene Byte c2x(taste) den hexadezimalen Wert "00" oder "E0" hat, wird das zweite Byte des Tastencodes mit sysgetkey erneut in taste eingelesen. Wenn die Taste F1 gedrückt wurde, wird ein (nicht abgedrucktes) Unterprogramm aufgerufen, das eine Hilfe anzeigt, und zum Kopf der inneren do-Schleife verzweigt, andernfalls wird die gedrückte Funktionstaste ignoriert.

Wenn das eingelesene Byte taste nicht das erste Byte eines Zweibytecodes ist, wird das der gedrückten Taste entsprechende Zeichen am Bildschirm angezeigt und an name angehängt. Wenn 20 Zeichen eingegeben wurden, wird die innere do-Schleife verlassen und leave i beendet die äußere do-Schleife.

sysgetmessage

```
>>-SYSGETMESSAGE(nummer,-+-------+-+---------+-)-><
                         '-datei-' '-, parms-'
```

Die eingebaute OS/2-Dienstprogrammfunktion sysgetmessage (Meldung liefern) liefert die Meldung mit der Nummer nummer aus der OS/2-Meldungsdatei datei als Zeichenfolge zurück. Die zurückgelieferte Zeichenfolge enthält ggf. Zeilenendekennzeichen für Zeilenumbrüche (CR/LF = "0d0a"x). Wenn die Originalmeldung in der Meldungsdatei Parameterplatzhalter in der Form %1...%9 enthält, werden diese durch die Parameterwerte in der kommagetrennten Parameterliste parms substituiert.

nummer muß eine positive Ganzzahl sein und eine Meldungsnummer in der Meldungsdatei bezeichnen. Wenn datei fehlt, wird die Meldung aus der Datei oso001.msg entnommen. Dabei gilt die folgende Suchreihenfolge:

- c:\, d. h. das Hauptverzeichnis auf dem Laufwerk c:,
- aktuelles Verzeichnis des aktuellen Laufwerks,
- Pfade der Umgebungsvariablen DPATH.

Wenn datei angegeben wird, muß datei die Dateibezeichnung einer OS/-Meldungsdatei sein. In diesem Fall wird die Meldung in der angegebenen Datei gesucht.

Wenn parms fehlt, werden in der Meldung keine Substitutionen vorgenommen. Wenn parms angegeben wird, muß parms eine kommagetrennte Liste von bis zu 9 Parameterwerten sein. Parameterplatzhalter werden in einer Meldung durch das Prozentzeichen und eine der Ziffern 1-9 gekennzeichnet, z. B. %1 (1. Parameter), %9 (9. Parameter). Der Parameterplatzhalter %n in der Meldung wird durch den n-ten Parameterwert der Parameterliste substituiert. Wenn dieser fehlt, bleibt der Parameterplatzhalter unverändert.

Hinweis: OS/2-Meldungsdateien können mit dem Dienstprogramm MKMSGF erstellt werden, das im OS/2-Toolkit enthalten ist.

nummer — Positive Ganzzahl, die eine Meldungsnummer bezeichnet.

datei — *Siehe* Dateibezeichnung, DOS und OS/2.
Standard: oso001.msg. Suchpfad: *siehe* oben.

parms — Kommagetrennte Liste von 1-9 Parameterwerten.

Beispiele

REXX-Anweisungen	Erläuterung
msg = sysgetmessage(34,, ...A:", "KNO1", "KNO107")	Die Meldung Nr. 34 wird aus der Standard-Meldungsdatei oso001.msg eingelesen: Im Laufwerk befindet sich die falsche Diskette. Diskette %2 (Datenträgernummer %3) in Laufwerk %1 einlegen. Die Parameterplatzhalter %1-%3 werden durch die Parameterwerte A:", "KNO1" und "KNO10736" sbstituiert, so daß sich die folgende Meldung ergibt: Im Laufwerk befindet sich die falsche Diskette. Diskette KNO1 (Datenträgernummer KNO107) in Laufwerk A: einlegen.

sysini

Die eingebaute OS/2-Dienstprogrammfunktion sysini ermöglicht den kontrollierten Zugriff auf Profilvariablen, die in Profildateien gespeichert sind. sysini kennt sechs verschiedene Modi mit unterschiedlichen Funktionsaufrufen. Daher wird hier kein allgemeines Syntaxdiagramm gezeigt. Stattdessen werden die speziellen Syntaxdiagramme der Beschreibung der einzelnen Modi vorangestellt.

Hinweis: Die unsachgemäße Änderung von System- oder Anwendungsprofilen kann die Funktionsfähigkeit des Betriebssystems bzw. von Anwendungen beeinträchtigen.

Profildateien. Profilvariablen sind in Profildateien gespeichert. Sie werden auch als INI-Dateien bezeichnet, weil die Benutzerprofildatei c:\os2\os2.ini und die Systemprofildatei c:\os2\os2sys.ini die Dateinamenerweiterung .ini tragen. Wenn keine Profildatei datei angegeben wird, wird die Systemprofildatei c:\os2\os2.ini verwendet. Statt eines Dateinamens kann für datei einer der folgenden Aliasnamen angegeben werden:

- user (Benutzer) - **Standard**
  Als Profildatei wird die Benutzerprofildatei (in der Regel c:\os2\os2.ini) verwendet. Der Name der Benutzerprofildatei kann durch eine USER-Anweisung in der Datei CONFIG.SYS geändert werden.

- system
  Als Profildatei wird die Systemprofildatei (in der Regel c:\os2\os2sys.ini) verwendet. Der Name der Systemprofildatei kann durch eine SYSTEM-Anweisung in der Datei CONFIG.SYS geändert werden.
- both (beide)
  Profilvariablen werden in der Benutzer- und der Systemprofildatei gesucht und, wenn vorhanden, ggf. geändert. Profilvariablen, die in beiden Dateien noch nicht vorhanden sind, werden in der Benutzerprofildatei angelegt.

Anwendung. Die Profilvariablen werden in einer Profildatei innerhalb von Anwendungen gruppiert. Die Anwendungsnamen anw in einer Profildatei müssen eindeutig sein, können aber in anderen Profildateien ebenfalls vorkommen. Als Anwendungsnamen sind beliebige Zeichenfolgen erlaubt, wobei Groß-/Kleinschreibung von Bedeutung ist.

Schlüssel und Schlüsselwert. Innerhalb einer Anwendung anw werden die Profilvariablen unter ihrem Namen gespeichert, der hier als Schlüssel bezeichnet wird. Die Schlüssel müssen innerhalb einer Anwendung eindeutig sein, können aber in anderen Anwendungen ebenfalls vorkommen. Als Schlüssel sind beliebige Zeichenfolgen erlaubt, wobei Groß-/Kleinschreibung von Bedeutung ist. Zu jedem Schlüssel gehört ein Wert wert, der den Wert der Profilvariablen darstellt. Ein Schlüssel kann beliebige Werte annehmen (Text, Zahlen, binäre Daten).

Variablenstamm. Zwei Modi geben eine Liste von Werten zurück (alle Schlüssel einer Anwendung, die Namen aller Anwendungen). Diese Liste wird in einem numerisch fortlaufend indizierten Variablenstamm stamm gespeichert. stamm muß den Namen eines Variablenstamms (mit oder ohne abschließenden Punkt) ergeben. Die einzelnen Listenwerte werden in den Stammvariablen stamm.1ff. gespeichert und stamm.0 wird die Anzahl der gefundenen Listenwerte zugewiesen.

Funktionsergebnis. Das Funktionsergebnis unterscheidet sich je nach dem verwendeten Modus:

- Wenn eine Profilvariable erfolgreich eingelesen wird, wird der Wert der Profilvariablen als Funktionsergebnis zurückgegeben.
- Wenn eine Profilvariable erfolgreich gesetzt oder gelöscht wird, wird als Funktionsergebnis die Nullzeichenfolge zurückgegeben. Das gleiche gilt, wenn eine Anwendung gelöscht wird, wenn alle Schlüssel einer Anwendung oder die Namen aller Anwendungen eingelesen werden.
- Die Zeichenfolge "ERROR:" wird als Funktionsergebnis zurückgegeben, wenn eine Anwendung oder ein Schlüssel nicht existiert oder wenn beim Öffnen der Profildatei ein Fehler aufgetreten ist.

Modi. Die Funktion sysini kennt die folgenden Modi:

- Profilvariable setzen
- Profilvariable einlesen
- Profilvariable löschen
- Anwendung löschen

- Schlüssel einer Anwendung einlesen
- Anwendungsnamen einlesen

Die einzelnen Modi werden im folgenden nacheinander beschrieben.

Profilvariable setzen

```
▸▸ SYSINI(┬────────┬, anw, schlüssel, wert)──▸◂
          │        │
          └─datei──┘
```

Der Profilvariablen schlüssel der Anwendung anw in der Profildatei datei wird der Wert wert zugewiesen. Wenn anw noch nicht vorhanden ist, wird die Anwendung neu angelegt. Wenn schlüssel bereits vorhanden ist, wird der Wert der Profilvariablen geändert, andernfalls wird sie neu angelegt. Wenn die Operation erfolgreich war, wird die Nullzeichenfolge zurückgeliefert. Wenn ein Ein-/Ausgabefehler auftritt, wird die Zeichenfolge "ERROR:" zurückgeliefert.

Profilvariable einlesen

```
▸▸─SYSINI(┬────────┬, anw, schlüssel)──▸◂
          │        │
          └─datei──┘
```

Die Profilvariable schlüssel der Anwendung anw in der Profildatei datei wird eingelesen und ihr Wert als Funktionsergebnis zurückgegeben. Wenn die Anwendung anw nicht in der Profildatei datei oder die Profilvariable schlüssel nicht in der Anwendung anw vorhanden ist oder wenn ein Ein-/Ausgabefehler auftritt, wird die Zeichenfolge "ERROR:" zurückgeliefert.

Profilvariable löschen

```
▸▸ SYSINI(┬────────┬, anw, schlüssel, "DELETE:")──▸◂
          │        │
          └─datei──┘
```

Die Profilvariable schlüssel der Anwendung anw in der Profildatei datei wird gelöscht. Wenn die Operation erfolgreich war, wird die Nullzeichenfolge zurückgeliefert. Wenn die Anwendung anw nicht in der Profildatei datei oder die Profilvariable schlüssel nicht in der Anwendung anw vorhanden ist oder wenn ein Ein-/Ausgabefehler auftritt, wird die Zeichenfolge "ERROR:" zurückgeliefert.

Anwendung löschen

```
▸▸─SYSINI(┬────────┬, anw┬─────────────┬)──▸◂
          │        │     │             │
          └─datei──┘     └─, "DELETE:"─┘
```

Die Anwendung anw in der Profildatei datei wird einschließlich aller zugehörigen Profilvariablen gelöscht. Wenn die Operation erfolgreich war, wird die Nullzeichenfolge zurückgeliefert. Wenn die Anwendung anw nicht in der Profildatei datei vorhanden ist oder wenn ein Ein-/Ausgabefehler auftritt, wird die Zeichenfolge "ERROR:" zurückgeliefert.

Schlüssel einer Anwendung einlesen

```
▸▸─SYSINI(─┬───────┬─, anw, "ALL:", stamm)─▸◂
           └─datei─┘
```

Die Schlüssel aller Profilvariablen der Anwendung anw in der Profildatei datei werden in den numerisch fortlaufend indizierten Variablenstamm stamm eingelesen, d. h. stamm.1ff. enthält die Namen und stamm.0 die Anzahl der eingelesenen Schlüssel. Wenn die Operation erfolgreich war, wird die Nullzeichenfolge zurückgeliefert. Wenn die Anwendung anw nicht in der Profildatei datei vorhanden ist oder wenn ein Ein-/Ausgabefehler auftritt, wird die Zeichenfolge "ERROR:" zurückgeliefert.

Dieser Modus kann dazu verwendet werden, um zuerst alle Schlüssel einer Anwendung und anschließend in einer Schleife die Werte der Schlüssel einzulesen.

Anwendungsnamen einlesen

```
▸▸─SYSINI(─┬───────┬─, "ALL:", stamm)─▸◂
           └─datei─┘
```

Die Namen aller Anwendungen in der Profildatei datei werden in den numerisch fortlaufend indizierten Variablenstamm stamm eingelesen, d. h. die Stammvariablen stamm.1ff. enthalten die Namen und stamm.0 enthält die Anzahl der Anwendungen. Wenn die Operation erfolgreich war, wird die Nullzeichenfolge zurückgeliefert. Wenn ein Ein-/Ausgabefehler auftritt, wird die Zeichenfolge "ERROR:" zurückgeliefert.

Dieser Modus kann dazu verwendet werden, um anhand der Namen aller Anwendungen einer Profildatei alle Schlüssel und deren Werte einzulesen.

anw
- Beliebige Zeichenfolge: Anwendung, unter der Profilvariablen gruppiert sind oder gruppiert werden sollen.
- "ALL:" alle Anwendungen.

datei
: Name einer Profildatei oder Aliasname (siehe oben). *Siehe* Dateibezeichnung, DOS und OS/2.
Standard: Benutzerprofildatei (c:\os2\os2.ini).

schlüssel
- Beliebige Zeichenfolge: Name einer Profilvariablen.
- "ALL:": Alle Profilvariablen der Anwendung anw.
- "DELETE:": Anwendung anw löschen.

stamm
: Name eines Variablenstamms mit oder ohne abschließenden Punkt.

wert
: Beliebige Zeichenfolge. Wert, der einer Profilvariablen zugewiesen werden soll.

Beispiele

REXX-Anweisungen	Erläuterung
s1 = sysini(, "APPC", ..."Logdatei", "appc????.log") s2 sysini("user", "APPC", ...Logdatei", "appc????.log") s3= sysini("c:\os2\os2.ini", ..."APPC", Logdatei", ..."appc????.log")	Profilvariable setzen: s1, s2 und s3 sind gleichbedeutend. Sie suchen in der Benutzerprofildatei "c:\os2\os2.ini" nach der Anwendung APPC. Wenn sie noch nicht vorhanden ist, wird sie angelegt. Wenn die Profilvariable Logdatei nicht vorhanden ist, wird sie mit dem Wert "appc????.log" angelegt, andernfalls wird der alte Inhalt der Profilvariablen mit dem neuen Wert überschrieben. Wenn die Profilvariable erfolgreich gesetzt wurde, enthalten s1-s3 die Nullzeichenfolge, andernfalls die Zeichenfolge "ERROR:".
s1 = sysini("c:\global.ini", ..."APPC", "Logdatei")	Profilvariable einlesen: s1 liest aus der Datei "c:\global.ini" den Inhalt der Profilvariablen Logdatei innerhalb der Anwendung APPC ein und weist ihn s1 zu. Wenn ein Ein-/Ausgabefehler auftritt, z. B. weil die Profildatei nicht vorhanden ist, oder wenn die Anwendung APPC nicht existiert, wird die Zeichenfolge "ERROR:" zurückgegeben.
s1 = sysini("c:\global.ini", ..."APPC", "Logdatei", ..."DELETE:")	Profilvariable löschen: s1 löscht die Profilvariable Logdatei innerhalb der Anwendung APPC aus der Datei "c:\global.ini". Wenn ein Ein-/Ausgabefehler auftritt oder wenn die Anwendung APPC oder die Profilvariable Logdatei nicht existiert, wird die Zeichenfolge "ERROR:" zurückgegeben, andernfalls die Nullzeichenfolge.
s1 = sysini("c:\global.ini", ..."APPC", "DELETE:")	Anwendung löschen: s1 löscht die Anwendung APPC und alle zugehörigen Profilvariablen aus der Datei "c:\global.ini". Wenn ein Ein-/Ausgabefehler auftritt oder wenn die Anwendung APPC nicht vorhanden ist, wird die Zeichenfolge "ERROR:" zurückgegeben, andernfalls die Nullzeichenfolge.
s1 = sysini("c:\global.ini", ..."APPC", "ALL:", "liste")	Schlüssel einer Anwendung einlesen: s1 liest alle Schlüssel der Anwendung APPC in der Datei "c:\global.ini" in den Variablenstamm "liste" ein. Wenn ein Ein-/Ausgabefehler auftritt oder wenn die Anwendung APPC nicht vorhanden ist, wird die Zeichenfolge "ERROR:" zurückgegeben, andernfalls die Nullzeichenfolge. Inhalt von liste.0-3 (Beispiel): 3, "Logdatei", "Funktion", "Empfänger".
s1 = sysini("c:\global.ini", ..."ALL:", "liste")	Anwendungsnamen einlesen: s1 liest die Namen aller Anwendungen in der Datei "c:\global.ini" in den Variablenstamm "liste" ein. Wenn ein Ein-/Ausgabefehler auftritt, wird die Zeichenfolge "ERROR:" zurückgegeben, andernfalls die Nullzeichenfolge. Inhalt der Stammvariablen liste.0-2 (Beispiel): 2, "APPC", "FDR/Upstream".

Anwendung

1	Globale Variablen verwalten
2	Profilvariablen aller Anwendungen ausgeben

1. **Globale Variablen verwalten**

Aufgabe: Profildateien eignen sich zur Verwaltung globaler Variablen. Im Gegensatz zu Umgebungsvariablen, die nur während einer Sitzung gelten, gelten Profilvariablen permanent. In der Datei c:\global.ini sollen alle globalen Variablen unter dem Anwendungsnamen global verwaltet werden.

```
gdatei = "c:\global.ini"; ganw = "global"
logdatei = "appc????.log"
rc = sysini(gdatei, ganw, "logdatei", logdatei)
logdatei2 = sysini(gdatei, ganw, "logdatei")
rc = sysini(gdatei, ganw, "logdatei", "DELETE:")
```

In der ersten Zeile werden die Namen der Profildatei gdatei und der Anwendung ganw, die die globalen Variablen enthalten soll, definiert. Dann wird der Variablen logdatei ein Wert zugewiesen. Der erste sysini-Aufruf weist der Profilvariablen logdatei den Wert der gleichnamigen REXX-Variablen zu. Nun kann diese Profilvariable in allen Sitzungen und auch nach dem nächsten Systemstart eingelesen und verändert werden. Der zweite sysini-Aufruf liest den Wert der Profilvariablen logdatei ein und weist ihn der REXX-Variablen logdatei2 zu. Der dritte sysini-Aufruf löscht den Schlüssel logdatei aus der Anwendung global in der Profildatei gdatei.

2. **Profilvariablen aller Anwendungen ausgeben**

Aufgabe: In einem Unterprogramm sollen die Profilvariablen aller in der Profildatei c:\global.ini enthaltenen Anwendungen auf dem Bildschirm ausgeben werden.

```
getini:
  file = "user"; rc = sysini(file, "ALL:", "app")
  if rc <> "ERROR:" then do
    do a = 1 to app.0
      say; say app.a; rc = sysini(file, app.a, "ALL:", "key")
      if rc <> "ERROR:" then do
        do i = 1 to key.0
          rc = sysini(file, app.a, key.i); say "  "key.i" = "rc
        end i
      end
    end a
  end
  return
```

Mit dem ersten sysini-Aufruf werden alle Anwendungsnamen aus der Profildatei c:\global.ini in den Variablenstamm app. eingelesen. app.0 enthält anschließend die Anzahl der Anwendungen und die Stammvariablen app.1ff. enthalten die Anwendungsnamen. In der do-Schleife, die von der Kontrollvariablen a kontrolliert wird, wird eine Anwendung nach der anderen bearbeitet.

Zuerst wird der Name der Anwendung auf dem Bildschirm ausgegeben. Mit dem zweiten sysini-Aufruf werden alle Schlüsselnamen der jeweiligen Anwendung app.a in den Variablenstamm key. eingelesen. key.0 enthält anschließend die Anzahl der Schlüssel und die Stammvariablen key.1ff. enthalten die Namen der Schlüssel. In der von der Kontrollvariablen i kontrollierten do-Schleife wird mit dem dritten sysini-Aufruf der Wert des jeweiligen Schlüssels key.i eingelesen. Dann wird auf dem Bildschirm eine Gleichung in der Form schlüsselname = wert ausgegeben.

Die Fehlerbehandlung haben wir hier auf ein Minimum beschränkt, d. h. wenn ein Fehler auftritt, wird die Verarbeitung abgebrochen. Ausnahme: Wenn beim Einlesen eines Schlüsselwerts ein Fehler festgestellt wird, wird die zurückgelieferte Fehlermeldung "ERROR:" als Schlüsselwert ausgegeben.

sysmkdir

```
▸▸—SYSMKDIR(pfad)—▸◂
```

Die eingebaute OS/2-Dienstprogrammfunktion sysmkdir (make directory = Verzeichnis anlegen) legt das durch pfad angegebene Verzeichnis an und liefert 0 zurück, wenn die Operation erfolgreich war, andernfalls einen OS/2-Fehlercode (*siehe* Fehlercodes, OS/2). Die Wirkung dieser Funktion entspricht der des OS/2-Befehls md bzw. mkdir mit der Ausnahme, daß keine Ausgaben auf dem Bildschirm erfolgen.

pfad muß ein Pfadname sein. Alle Verzeichnisnamen in pfad außer dem letzten müssen Verzeichnisse bezeichnen, die bereits vorhanden sind.

Hinweis: directory liefert das aktuelle Verzeichnis zurück und ändert es ggf. und sysrmdir löscht ein Verzeichnis.

pfad *Siehe* Pfadname.

Beispiele

REXX-Anweisungen	Erläuterung
d1 = sysmkdir("\win") d2 = sysmkdir("c:\win") d3 = sysmkdir("c:\rexx\temp") d4 = sysmkdir("temp")	Aktuelles Laufwerk und Verzeichnis: c:\rexx. d1 und d2 legen beide das Verzeichnis "c:\win" an. d3 und d4 legen beide in dem aktuellen Verzeichnis "c:\rexx" das Unterverzeichnis "\temp" mit dem absoluten Pfadnamen "c:\rexx\temp" an.

sysmoveobject

```
▸▸—SYSMOVEOBJECT(objekt, ordner)—▸◂
```

Geltung: ab OS/2 Warp 3.

Die eingebaute OS/2-Dienstprogrammfunktion sysmoveobject (Objekt verschieben) verschiebt das Objekt mit dem Namen objekt in den Zielordner mit dem Objektnamen ordner und liefert den logischen Wert 1 (wahr) zurück, wenn die Operation erfolgreich war, andernfalls den Wert 0 (falsch). objekt und ordner müssen als Objekt-ID oder als vollständiger Dateiname angegeben werden.

Hinweis: Mit syscopyobject wird ein Objekt kopiert und mit syscreateshadow wird ein Referenzobjekt erstellt.

objekt
ordner

Objektnamen, wahlweise:

- Objekt-ID in spitzen Klammern. Groß-/Kleinschreibung wird unterschieden.
- Vollständiger Dateiname. *Siehe* Dateibezeichnung, DOS und OS/2.

Beispiele

REXX-Anweisungen	Erläuterung
rc = sysmoveobject("<MeinProgramm>", ..."<WP_DESKTOP>")	Das Objekt "<MeinProgramm>" wird auf die Arbeitsoberfläche "<WP_DESKTOP>" verschoben. Wenn rc den Wert 1 enthält, war die Operation erfolgreich, andernfalls enthält rc den Wert 0.

sysopenobject

```
▸▸—SYSOPENOBJECT(objekt, anzeige, option)—▸◂
```

Geltung: ab OS/2 Warp 3.

Die eingebaute OS/2-Dienstprogrammfunktion sysopenobject (Objekt öffnen) öffnet das Objekt mit dem Objektnamen objekt und liefert den logischen Wert 1 (wahr) zurück, wenn die Operation erfolgreich war, andernfalls den Wert 0 (falsch).

objekt muß als Objekt-ID oder als vollständige Dateibezeichnung angegeben werden.

anzeige bezeichnet die Art, wie das Objekt angezeigt wird, und ist ein beliebiger Ausdruck, der eine der nachstehenden Zeichenfolgen oder die in Klammern angegebene Zahl ergeben muß. Groß- und Kleinbuchstaben sind gleichwertig.

DEFAULT (0)	Standardanzeige (wie bei Doppelklick auf das Symbol)
ICON (1)	Symbolanzeige
SETTINGS (2)	Einstellungsnotizbuch
HELP (3)	Hilfefenster anzeigen
RUNNING (4)	Programmobjekt ausführen
PROMPTDLG (5)	?
PALETTE (121)	?

Hinweis: Die Werte PROMPTDLG und PALETTE sind in der offiziellen Literatur nicht dokumentiert und der Wert HELP liefert nicht das gewünschte Ergebnis.

option muß den logischen Wert 0 oder 1 ergeben und gibt an, ob mehrere Instanzen des Objekts gleichzeitig angezeigt werden dürfen. Der Wert 0 (falsch) bedeutet, daß ein bereits bestehendes Fenster mit dem Objekt angezeigt wird, und der Wert 1 (wahr), daß ein neues Fenster mit dem Objekt angezeigt wird.

anzeige	Zeichenfolge oder Zahl, die die Art der Anzeige bezeichnet. Groß-/Kleinschreibung ist ohne Bedeutung. *Siehe* oben.
option	0: Bestehendes Fenster anzeigen. 1: Neues Fenster erstellen.

objekt — Objektname, wahlweise:
- Objekt-ID in spitzen Klammern. Groß-/Kleinschreibung wird unterschieden.
- Vollständiger Dateiname. *Siehe* Dateibezeichnung, DOS und OS/2.

Beispiele

REXX-Anweisungen	Erläuterung
iconview = 1; ccview = 0 rc = sysopenobject("<MeinOrdner>", ...iconview, ccview)	Das Objekt "<MeinOrdner>" wird in der Symbolansicht (iconview = 1) geöffnet. Wenn noch kein Fenster mit dem Objekt besteht, wird wegen ccview = 0 ein neues Fenster erzeugt. Andernfalls wird das bestehende Fenster in den Vordergrund geholt. Wenn rc den Wert 1 enthält, war die Operation erfolgreich, andernfalls enthält rc den Wert 0.

sysos2ver

```
>>--SYSOS2VER()--><
```

Die eingebaute OS/2-Dienstprogrammfunktion sysos2ver (OS/2-Version) liefert die Versionsnummer des OS/2-Betriebssystems zurück. Die Wirkung dieser Funktion entspricht der des OS/2-Befehls ver mit der Ausnahme, daß keine Ausgaben auf dem Bildschirm erfolgen.

Beispiele

REXX-Anweisungen	Erläuterung
version = sysos2ver()	version: "2.30".

sysputea

```
>>--SYSPUTEA(datei, attr, wert)--><
```

Siehe: Erweiterte Attribute; sysgetea.

Die eingebaute OS/2-Dienstprogrammfunktion sysputea (EA ausgeben) gibt das Erweiterte Attribut (EA) attr mit dem Datenteil wert aus und liefert 0 zurück, wenn die Ausgabe erfolgreich war, andernfalls einen OS/2-Fehlercode (*siehe* Fehlercodes, OS/2).

datei — Name einer beliebigen Datei. *Siehe* Dateibezeichnung, DOS und OS/2.

attr — Name eines Erweiterten Attributs. Groß-/Kleinschreibung wird unterschieden.

wert — Beliebige Bytefolge, die dem EA als Datenteil zugeordnet werden soll.

Beispiele

REXX-Anweisungen	Erläuterung
datei = "test.dat" version = "V01.3" rc = sysputea(datei, ".VERSION", version)	Das Erweiterte Attribut .VERSION, wird mit dem Inhalt der Variablen version ausgegeben. Wenn rc = 0 ist, war die Funktion erfolgreich, andernfalls enthält rc den OS/2-Fehlercode.

sysqueryclasslist

```
▸▸─SYSQUERYCLASSLIST(stamm)─▸◂
```

Die eingebaute OS/2-Dienstprogrammfunktion sysqueryclasslist (Klassenliste abfragen) liefert in dem Variablenstamm stamm eine Liste aller Objektklassen, die im System registriert sind, und liefert 0 zurück, wenn die Operation erfolgreich war, andernfalls einen OS/2-Fehlercode (*siehe* Fehlercodes, OS/2). Jedes Element der Objektklassenliste ist eine Wortliste, die aus dem Namen der Objektklasse und dem Namen der DLL besteht, in dem die Objektklasse definiert ist, z. B.:

WPFolder PMWP (Objektklasse: WPFolder, DLL: PMWP.DLL).

Die Stammvariable stamm.0 enthält die Anzahl n der gefundenen Objektklassen und die Stammvariablen stamm.1 bis stamm.n enthalten je eine Wortliste mit dem Namen einer Objektklasse und dem Namen der Datei, in der die Objektklasse registriert ist. Wichtige Objektklassen sind z. B. WPFolder und WPProgram, zu denen die Ordner- bzw. Programmobjekte der Arbeitsoberfläche (WP = Workplace) gehören.

Hinweis: Mit sysregisterobjectclass wird eine Objektklasse registriert, mit sysderegisterobjectclass wird die Registrierung einer Objektklasse aufgehoben.

stamm — Name eines Variablenstamms mit oder ohne abschließenden Punkt.

Beispiele

REXX-Anweisungen	Erläuterung

call sysqueryclasslist "liste"
do i = 1 to liste.0
  say liste.i
end i
	Wir verzichten darauf, den Rückkehrcode abzufragen, und rufen daher die Funktion mit call auf. liste.0 enthält die Anzahl der gefundenen Objektklassen. Daher gibt die do-Schleife nacheinander die Namen aller Objektklassen zusammen mit dem Namen der jeweiligen DLL aus, z. B.:
	`WPFolder PMWP`
	`WPProgram PMWP`
	`WPMouse WPCONFIG`
	usw.

sysregisterobjectclass

▸▸–SYSREGISTEROBJECTCLASS(klasse, datei)–▸◂

Die eingebaute OS/2-Dienstprogrammfunktion sysregisterobjectclass (Objektklasse registrieren) registriert die Objektklasse klasse, deren Klassendefinition in der DLL mit dem Namen datei enthalten ist, und liefert 0 zurück, wenn die Operation erfolgreich war, andernfalls einen OS/2-Fehlercode (*siehe* Fehlercodes, OS/2).

Hinweise:

- Klassendefinitionen können nicht mit REXX erzeugt werden.
- Mit sysqueryclasslist wird eine Liste der Objektklassen ausgegeben, mit sysderegisterobjectclass wird die Registrierung einer Objektklasse aufgehoben.

klasse — Name der neuen Objektklasse.

datei — Name der Datei, die die Definition der neue Objektklasse enthält.

Beispiele

REXX-Anweisungen	Erläuterung
rc = sysregisterobjectclass("NeuKlasse", ...neudll")	Die Objektklasse "NeuKlasse", deren Definition sich in der Datei "neudll" befindet, wird registriert. Wenn rc den Wert 0 enthält, war die Operation erfolgreich, andernfalls enthält rc den OS/2-Fehlercode.

sysrmdir

▸▸–SYSRMDIR(pfad)–▸◂

Die eingebaute OS/2-Dienstprogrammfunktion sysrmdir (remove directory = Verzeichnis löschen) löscht das durch pfad angegebene Verzeichnis und liefert 0 zurück, wenn das Löschen erfolgreich war, andernfalls einen OS/2 Fehlercode (*siehe* Fehlercodes, OS/2). Die Wirkung dieser Funktion entspricht der des OS/2-Befehls rd bzw. rmdir mit der Ausnahme, daß keine Ausgaben auf dem Bildschirm erfolgen. pfad muß ein Pfadname sein.

Hinweis: directory liefert das aktuelle Verzeichnis zurück und ändert es ggf. und sysmkdir legt ein Verzeichnis an.

pfad — *Siehe* Pfadname.

Beispiele

REXX-Anweisungen	Erläuterung
d1 = sysrmdir("\win") d2 = sysrmdir("c:\win") d3 = sysrmdir("c:\rexx") d4 = sysrmdir("temp")	Aktuelles Laufwerk und Verzeichnis: c:\rexx. d1 und d2 löschen beide das Verzeichnis "c:\win". d3 gibt einen OS/2-Fehlercode zurück, da das aktuelle Verzeichnis nicht gelöscht werden kann. d4 löscht das Unterverzeichnis "\temp" im aktuellen Verzeichnis "c:\rexx".

syssaveobject

⏩—SYSSAVEOBJECT(objekt, option)—⏴

Geltung: OS/2 Warp 3

Die eingebaute OS/2-Dienstprogrammfunktion syssaveobject (Objekt sichern) sichert das Objekt mit dem Namen objekt und liefert den logischen Wert 1 (wahr) zurück, wenn die Operation erfolgreich war, andernfalls den Wert 0 (falsch). objekt muß als Objekt-ID oder als vollständiger Dateiname angegeben werden.

Die Funktion ermöglicht die sofortige oder zeitversetzte Sicherung eines Objekts direkt nach seiner Erstellung. Datenobjekte (Objektklasse: WPFileSystem) werden in den Erweiterten Attributen des Dateisystems gesichert, abstrakte Objekte in der Benutzerprofildatei os2.ini. Transiente Objekte können nicht gesichert werden.

option muß den logischen Wert 0 (falsch) oder 1 (wahr) ergeben, der Antwort auf die Frage gibt, ob die Sicherung asynchron erfolgen soll. Der Wert 0 bedeutet demzufolge, daß die Sicherung synchron (sofort) und der Wert 1, daß sie asynchron (zeitversetzt) erfolgen soll. OS/2 führt eine Liste der asynchron zu sichernden Objekte und sichert diese periodisch bzw. spätestens beim Systemabschluß.

Hinweis: Mit syscreateobject und sysdestroyobject wird ein Objekt erzeugt bzw. gelöscht, mit syssetobjectdata werden die Einstellungen eines Objekts geändert und mit sysopenobject wird ein Objekt geöffnet.

objekt — Objektname, wahlweise:

- Objekt-ID in spitzen Klammern. Groß-/Kleinschreibung wird unterschieden.
- Vollständiger Dateiname. *Siehe* Dateibezeichnung, DOS und OS/2.

Beispiele

REXX-Anweisungen	Erläuterung
rc = syssaveobject("<MeinProgramm>")	Das Objekt "<MeinProgramm>" wird gesichert. Wenn rc den Wert 1 enthält, war die Operation erfolgreich, andernfalls enthält rc den Wert 0.

syssearchpath

⏩—SYSSEARCHPATH(name, dateiname)—⏴

Die eingebaute OS/2-Dienstprogrammfunktion syssearchpath (Pfad suchen) sucht die Datei dateiname in den Verzeichnissen, deren Namen in der Umgebungsvariablen name enthalten sind. Wenn die Datei in einem dieser Verzeichnisse gefunden wird, wird die vollständige Dateibezeichnung zurückgeliefert, andernfalls die Nullzeichenfolge.

Die Umgebungsvariable name muß eine Liste von absoluten Pfadnamen enthalten, die durch Semikolon (;) voneinander getrennt sind.

Hinweis: In der Praxis scheint die Funktion nur mit der Umgebungsvariablen "path" zu funktionieren. Außerdem hat es den Anschein, daß dateiname in Großbuchstaben angegeben werden muß.

name — Name einer Umgebungsvariablen, die eine Liste von absoluten Pfadnamen (*siehe* dort) enthält, die durch Semikolon (;) voneinander getrennt sind.

Beispiele

REXX-Anweisungen	Erläuterung
p1 = value("path",, ..."OS2ENVIRONMENT")	p1 liefert den Inhalt der Umgebungsvariablen "path": "C:\OS2;D:\REXX;D:\REXX\EXT;".
d1 = syssearchpath ...("WORDSORT.CMD")	Wenn "wordsort.cmd" im Verzeichnis d:\rexx liegt, liefert d1: "d:\rexx\wordsort.cmd". Wenn "wordsort.cmd" in keinem der drei Verzeichnisse c:\os2, d:\rexx oder d:\rexx\ext liegt, wird d1 die Nullzeichenfolge "_" zugewiesen.

sysseticon

```
▸▸—SYSSETICON(datei, symboldatei)—▸◂
```

Die eingebaute OS/2-Dienstprogrammfunktion sysseticon (Symbol festlegen) ordnet der Datei mit dem Namen datei die Symboldatei mit dem Namen symboldatei zu und liefert den logischen Wert 1 (wahr) zurück, wenn die Zuordnung erfolgreich war, andernfalls den Wert 0 (falsch). Das zugeordnete Symbol wird als Bitmap in den Erweiterten Attributen (EA) von datei unter dem Attributnamen .ICON gespeichert. Wenn für datei ein Objekt auf der Arbeitsoberfläche angelegt wird, wird das Symbol anhand dieses Attributs angelegt.

sysseticon liefert auch dann 1 zurück, wenn symboldatei nicht existiert. In diesem Fall wird eine bestehende Zuordnung zu einer Symboldatei gelöscht, so daß das Standardsymbol angezeigt wird. Man kann diesen Sachverhalt ausnutzen, wenn man die Zuordnung einer Symboldatei zu einer Datei aufheben möchte, indem man als Symboldatei "□" angibt (die Nullzeichenfolge genügt nicht).

datei — Name einer beliebigen Datei. *Siehe* Dateibezeichnung, DOS und OS/2.

symboldatei — Name einer Symboldatei (Dateinamenerweiterung .ico). *Siehe* Dateibezeichnung, DOS und OS/2.

Beispiele

REXX-Anweisungen	Erläuterung

datei = "test.cmd"; sym = "infoclos.ico"
if stream(sym, "command", "query exists") = "_"
  then say sym" nicht vorhanden"
  else do
    ok = sysseticon(datei, sym)
    if \ok then say "Fehler"
  end
	Zuerst wird mit stream getestet, ob die Symboldatei sym vorhanden ist. Wenn ja, wird sie der Datei datei zugeordnet. Wenn ok ungleich 1 ist, ist die Zuordnung mißlungen und der Fehler wird gemeldet.

syssetobjectdata

```
»—SYSSETOBJECTDATA(objekt, konfig)—»◂
```

Die eingebaute OS/2-Dienstprogrammfunktion syssetobjectdata (Objektdaten festlegen) ändert die Objekteinstellungen des Objekts mit dem Namen objekt entsprechend den Angaben in der Zeichenfolge konfig und liefert den logischen Wert 1 (wahr) zurück, wenn die Operation erfolgreich war, andernfalls den Wert 0 (falsch).

Als objekt muß die Objekt-ID oder die vollständige Dateibezeichnung des zu ändernden Objekts angegeben werden. konfig enthält die zu ändernden Objekteinstellungen, die übrigen Einstellungen bleiben unverändert. Die Beschreibung des Parameters konfig finden Sie unter dem Stichwort *Objekteinstellungen.*

Hinweise:

- Falsche Schlüsselnamen und -werte im konfig-Parameter werden ignoriert. Die Funktion liefert trotzdem den Wert 1 (wahr) zurück.
- Mit syscreateobject, syssaveobject, sysdestroyobject, sysmoveobject und syscopyobject wird ein Objekt erzeugt, gesichert, gelöscht, verschoben bzw. kopiert und mit syscreateshadow wird ein Referenzobjekt erstellt.

konfig — Zeichenfolge mit Objekteinstellungen. *Siehe:* Objekteinstellungen.

objekt — Objektname, wahlweise:

- Objekt-ID in spitzen Klammern. Groß-/Kleinschreibung wird unterschieden.
- Vollständiger Dateiname. *Siehe* Dateibezeichnung, DOS und OS/2.

Beispiele

REXX-Anweisungen	Erläuterung
rc = syssetobjectdata("<MeinOrdner>", ..."NODELETE=YES;") rc = syscreateobject ("WPFolder", ..."MeinOrdner", "<WP_DESKTOP>", ..."OBJECTID=<MEINORDNER>;" ||, ..."NODELETE=YES;", "update")	Mit syssetobjectdata wird das bereits vorhandene Objekt "MeinOrdner" (siehe oben) geändert und zwar nur hinsichtlich des Schlüssels NODELETE, alle anderen Einstellungen bleiben unverändert. Die Funktion syscreateobject mit der Option "update" leistet das gleiche.

syssleep

```
»—SYSSLEEP(pause)—»◂
```

Die eingebaute OS/2-Dienstprogrammfunktion syssleep (schlafen) wartet mit der weiteren Ausführung des Programms pause Sekunden.

pause — Positive Ganzzahl.

Beispiele

REXX-Anweisungen	Erläuterung
do until stream("s:\signal.dat", ..."command", "query exists") <> "" call syssleep(60) end	Sobald die Datei signal.dat von einem anderen Rechner auf dem Netzlaufwerk s: erzeugt wird, gibt die stream-Funktion eine Zeichenfolge zurück, die ungleich der Nullzeichenfolge ist. In diesem Fall wird die do-Schleife beendet und es können geeignete Maßnahmen getroffen werden, um auf das "Signal" zu reagieren. Solange diese Bedingung nicht vorliegt, wird bei jedem Durchgang der do-Schleife eine Pause von 1 Minute eingelegt.

systempfilename

```
▸▸ SYSTEMPFILENAME(datei, ─┬──────────────┬─)─▸◂
                           └─ platzhalter ─┘
```

Die eingebaute OS/2-Dienstprogrammfunktion systempfilename (temporary file name = Name einer temporären Datei) liefert anstelle der Schablone datei einen eindeutigen Datei- oder Verzeichnisnamen zurück, der noch nicht existiert, oder die Nullzeichenfolge, wenn kein eindeutiger Name zu der Schablone datei gefunden werden kann.

Zweck. Temporäre Namen mit zufälligen Elementen sind dann sinnvoll, wenn es wegen der vorübergehenden Natur einer Datei bzw. eines Verzeichnisses weniger auf die Aussagekraft des Namens als auf seine Eindeutigkeit ankommt. Wenn ein Programm mehrfach aufgerufen wird oder wenn mehrere Programme ähnliche temporäre Datei- oder Verzeichnisnamen verwenden, kann man so sicherstellen, daß kein Name doppelt vergeben wird. Auch Kollisionen mit temporären Dateien oder Verzeichnissen, die auf Grund von Programmabbrüchen übriggeblieben sind, können so vermieden werden.

Verzeichnis. datei kann ein Verzeichnis oder eine Datei bezeichnen. Wenn datei ein Verzeichnis bezeichnet, muß ein Pfadname angegeben werden.

Datei. Wenn datei eine Datei bezeichnet, muß eine Dateibezeichnung angegeben werden.

Schablone. Pfadname und Dateibezeichnung können Platzhalterzeichen enthalten. Diese werden durch zufällig gewählte Ziffern ersetzt, so daß ein eindeutiger Name entsteht, der bisher nicht existiert. Wenn das Standard-Platzhalterzeichen ? durch ein anderes ersetzt werden soll, mußdieses Zeichen in dem Parameter platzhalter angegeben werden.

Algorithmus. Die Platzhalterzeichen werden durch eine Zufallszahl ersetzt. Wenn der gebildete Name bereits existiert, wird die Zufallszahl solange inkrementiert, bis ein eindeutiger Name gefunden wird. Wenn dies nicht möglich ist, wird die Nullzeichenfolge zurückgeliefert.

datei

- Verzeichnis (siehe dort).
- Dateibezeichnung. *Siehe* Dateibezeichnung, DOS und TSO.

platzhalter	Ein Zeichen, das durch eine Zufallsziffer ersetzt werden soll. **Standard:** ?.

Beispiele

REXX-Anweisungen	**Erläuterung**
d1 = systempfilename("appc????.log")	d1 liefert einen Dateinamen zurück, der auf dem aktuellen Laufwerk im aktuellen Verzeichnis noch nicht vorhanden ist und in dem die Fragezeichen durch eine Zahl ersetzt sind, z. B.: "appc7314.log".
d2 = systempfilename("d:\rexx\log.???")	d2 liefert einen Dateinamen zurück, der auf dem Laufwerk d: im Verzeichnis \rexx noch nicht vorhanden ist und in dem die Fragezeichen durch eine Zahl ersetzt sind, z. B.: "log.594".
d3 = systempfilename("\?rex%", "%")	Da bei d3 das Fragezeichen in dem Pfadnamen literal vorkommt, wird mit dem zweiten Parameter das Standard-Platzhalterzeichen "?" durch "%" ersetzt. Es wird ein Pfadname zurückgeliefert, der auf dem aktuellen Laufwerk noch nicht vorhanden ist und in der letzten Stelle eine Ziffer enthält. Wenn bereits alle Pfadnamen "\?rex0", "\?rex1" bis "\?rex9" vergeben sind, wird die Nullzeichenfolge "" zurückgeliefert.

systextscreenread

```
>>-SYSTEXTSCREENREAD(zeile, spalte-+----------+-)-><
                                   |          |
                                   +-, anzahl-+
```

Die eingebaute OS/2-Dienstprogrammfunktion systextscreenread (Textbildschirm lesen) liest eine Zeichenfolge in der Länge anzahl ab der Bildschirmposition ein, die durch zeile und spalte bezeichnet wird, und gibt diese als Funktionsergebnis zurück. Wenn sich die Zeichenfolge über mehr als eine Zeile erstreckt, enthält sie an den Zeilenumbruchstellen Zeilenendezeichen (CR/LF = "0d0a"x).

zeile und spalte müssen nichtnegative Ganzzahlen sein, die kleiner als die Anzahl der Zeilen bzw. Spalten des Bildschirms sind. Die erste Zeile hat die Zeilennummer 0 und die erste Spalte hat die Spaltennummer 0. Wenn anzahl fehlt, werden alle Zeichen ab der angegebenen Bildschirmposition bis zum Ende des Bildschirms eingelesen. Wenn anzahl angegeben wird, muß es eine positive Ganzzahl sein. Es werden dann soviele Zeichen eingelesen, wie anzahl angibt. Wenn anzahl zu groß ist, werden alle Zeichen ab der angegebenen Bildschirmposition bis zum Ende des Bildschirms eingelesen.

Hinweis: systextscreenread liest nur die am Bildschirm angezeigten Zeichen ein, nicht die zugehörigen Farbattribute. Wenn die eingelesene Zeichenfolge daher mit say oder charout wieder am Bildschirm ausgegeben wird, werden die ursprünglichen Farbattribute nicht mit ausgegeben.

anzahl	Nichtnegative Ganzzahl. Anzahl der einzulesenden Zeichen. **Standard:** Bis zum Ende des Bildschirms.
spalte	Nichtnegative Ganzzahl < Anzahl Spalten des Bildschirms.
zeile	Nichtnegative Ganzzahl < Anzahl Zeilen des Bildschirms.

Beispiele

REXX-Anweisungen	Erläuterung
text = systextscreenread(13, 71, 24)	Der Variablen text werden der Rest der 14. Zeile ab der Spalte 72 einschließlich CR/LF und die ersten 13 Zeichen der 15. Zeile zugewiesen, z. B. "die Sonne"||"0d0a"x||"scheint hell ".
text = systextscreenread(13, 71)	Der Variablen text wird der Rest des Bildschirms ab der 14. Zeile, Spalte 72, einschließlich der Zeilenendezeichen CR/LF zugewiesen.

systextscreensize

```
▶▶─SYSTEXTSCREENSIZE()─▶◀
```

Die eingebaute OS/2-Dienstprogrammfunktion systextscreensize (Größe des Textbildschirms) liefert die Größe des Textbildschirms in einer Wortliste als "zeilenzahl spaltenzahl" zurück, wobei zeilenzahl die Anzahl der Zeilen und spaltenzahl die Anzahl der Spalten des Bildschirms bezeichnet.

Hinweis: Die Argumente zeile und spalte in den Funktionen syscurpos und systextscreenread sind relativ, d. h. die erste Zeile hat die Zeilennummer 0 und die erste Spalte hat die Spaltennummer 0. Daher ist die Nummer der letzten Zeile um 1 kleiner als die Anzahl der Zeilen und die Nummer der letzten Spalte ist um 1 kleiner als die Anzahl der Spalten.

Beispiele

REXX-Anweisungen	Erläuterung
parse value systextscreensize() ...with zeile spalte	systextscreensize liefert eine Wortliste mit der Anzahl der Zeilen und Spalten des Bildschirms, z. B. "32 80", die mit parse auf die Variablen zeile (32) und spalte (80) aufgeteilt wird.

sysvar

```
▶▶─SYSVAR(name)─▶◀
```

Geltung: TSO-Adreßumgebung.

Die externe TSO/E-Funktion sysvar (system variable = Systemvariable) liefert eine durch name bezeichnete Systemvariable zurück.

Es werden Angaben über die folgenden Systemdaten zurückgeliefert, die weiter unten beschrieben werden:

- Benutzer
- Terminal
- Programm
- System
- Sprache
- Konsole

Benutzer

syspref — (prefix = Präfix). Der im Benutzerprofil definierte Präfix, der nicht voll qualifizierten Dateinamen als erster Qualifier vorangestellt wird, z. B. "SPTGL01".

sysproc — (logon procedure = Logonprozedur). Name der Logonprozedur für die aktuelle Sitzung, z. B. "INIT".

sysuid — (user id = Benutzerkennung). Benutzerkennung, unter der das Log der aktuellen Sitzung geführt wird, z. B. "SPTGL01". *Siehe auch:* userid.

Terminal

syslterm — (terminal lines = Terminalzeilen). Anzahl der verfügbaren Zeilen auf dem Terminalbildschirm, z. B. 32; im Hintergrund 0.

syswterm — (terminal width = Terminalbreite). Zeilenbreite des Terminalbildschirms, z. B. 80; im Hintergrund die Satzlänge der Datei mit dem DD-Namen SYSTSPRT, z. B. 132. *Siehe auch:* linesize.

Programm

sysenv — (environment = Umgebung). Das Programm läuft im Vordergrund ("FORE") oder im Hintergrund ("BACK").

sysicmd — (implicit command = impliziter Befehl). Name, unter dem das Programm implizit aufgerufen wurde; enthält die Nullzeichenfolge, wenn das Programm explizit aufgerufen wurde. *Siehe auch:* parse source.

sysispf — Die ISPF Dialogmanager-Services sind verfügbar ("ACTIVE") oder nicht verfügbar ("NOT ACTIVE").

sysnest — (nested = Schachtelung). Das Programm wurde von einem anderen Programm, z. B. einem REXX-Programm oder einer CLIST, implizit oder explizit aufgerufen ("YES") oder nicht ("NO").

syspcmd — (primary command = Primärbefehl). Name oder Abkürzung des zuletzt aufgerufenen Befehls, z. B. "EXEC".

sysscmd (subcommand = Unterbefehl). Name oder Abkürzung des zuletzt aufgerufenen Unterbefehls, z. B. "".

System

syscpu CPU-Zeit in Sekunden, die während der TSO-Sitzung verbraucht wurde, im Format s.hh (s = Sekunden, hh = Hundertstel Sekunden), z. B. 1.13.

syshsm Status von DFHSM (Data Facility Hierarchical Storage Manager):

- "" (Nullzeichenfolge): DFHSM ist nicht aktiv.
- "AVAILABLE": DFHSM vor Version 1 Release 3.
- Für DFHSM Version 1 Release 3 und später wird eine 4stellige Zahl vrrm zurückgeliefert (v = Version, rr = Release, m = Modifikation), z. B. 2020.

syslracf (level of RACF = RACF-Level). Installationslevel von RACF:

- "" (Nullzeichenfolge): RACF ist nicht installiert.
- Sonst wird eine 4stellige Zahl vrrm zurückgeliefert (v = Version, rr = Release, m = Modifikation), z. B. 1090.

sysracf RACF-Status: RACF ist verfügbar ("AVAILABLE"), nicht verfügbar ("NOT AVAILABLE") oder nicht installiert ("NOT INSTALLED").

syssrv (service units = Leistungseinheiten). Anzahl der SRM Service Units, die während der Sitzung verbraucht wurden, z. B. 2396. SRM = System Resource Manager.

systsoe Installationslevel von TSO/E im Format vrrm (v = Version, rr = Release, m = Modifikation), z. B. 2031.

Sprache

sysdterm (DBCS-Terminal). Das Benutzerterminal unterstützt DBCS ("YES") oder nicht ("NO").

syskterm (Katakana-Terminal). Das Benutzerterminal unterstützt Katakana ("YES") oder nicht ("NO").

sysplang (primary language = Primärsprache). 3stelliger Code für die primäre Benutzersprache, z. B. "DEU" (Deutsch).

sysslang (secondary language = Sekundärsprache). 3stelliger Code für die sekundäre Benutzersprache, z. B. "ENU" (US-Englisch in Groß-/Kleinschreibung).

Die primäre und sekundäre Sprache für Terminalanzeigen können in einer TSO/E-Installation individuell in der Benutzerprofiltabelle (UPT = User Profile Table) festgelegt und mit dem TSO/E-Befehl profile geändert werden. Eine Tabelle der 3stelligen Sprachencodes finden Sie unter setlang. Welche Sprachencodes tatsächlich zur Verfügung stehen, ist installationsabhängig.

Siehe auch: setlang.

Konsole

Auf die Darstellung der Systemvariablen, die sich auf eine Konsolsitzung beziehen, verzichten wir aus Platzgründen, weil Konsolsitzungen in der Regel nur Systemprogrammierern möglich sind.

name — Name einer Systemvariablen, die zurückgeliefert werden soll. *Siehe* oben.

Beispiele

REXX-Anweisungen	Erläuterung
s1 = sysvar("sysenv")	s1: "FORE" (im Vordergrund), "BACK" (im Hintergrund).
s2 = sysvar("sysispf")	s2: "ACTIVE" (ISPF-Services sind verfügbar), "NOT ACTIVE" (ISPF-Services sind nicht verfügbar).
s3 = sysvar("sysicmd")	s3: z. B. "EDBCAUSW", wenn das Programm explizit, z. B. mit exec 'sptgl01.t.ispf(edbcausw)' aufgerufen wurde; enthält die Nullzeichenfolge "", wenn das Programm implizit, z. B. mit %EDBCAUSW aufgerufen wurde.

syswaitnamedpipe

```
►►—SYSWAITNAMEDPIPE(pause)—►◄
```

Die eingebaute OS/2-Dienstprogrammfunktion syswaitnamedpipe (auf eine benannte Pipe warten) wartet, bis die Pipe mit dem Namen pipe zur Verfügung steht, und liefert 0 zurück, wenn die Pipe freigegeben wurde, andernfalls einen OS/2-Fehlercode (*siehe* Fehlercodes, OS/2).

Wenn pause fehlt oder gleich 0 ist, gilt der Standard-Timeout der Pipe. Wenn pause angegeben wird, muß pause eine positive Ganzzahl sein, die die Wartezeit in Millisekunden angibt. Wenn pause gleich -1 ist, wird solange gewartet, bis die Pipe nicht mehr aktiv ist.

pipe — Pipe-Name in der Form \PIPE\name, wobei name ein gültiger OS2-Dateiname sein muß.

pause
- 0: Wartezeit = Standard-Timeout der Pipe.
- Positive Ganzzahl: Wartezeit in Millisekunden.
- -1: Warten, bis Pipe nicht mehr aktiv ist.

Standard: 0.

Beispiele

REXX-Anweisungen	Erläuterung
pipe = "\pipe\pipe1" parse value stream(pipe, "command", ..."open") with status ":" rc if rc = 231 then ...call syswaitnamedpipe(pipe, -1)	Mit stream wird versucht, die Pipe zu eröffnen. Wenn der zurückgegebene Status den Fehlercode 231 (Zeitüberschreitung bevor die Pipe freigegeben wurde) zurückliefert, wartet syswaitnamedpipe solange (-1), bis die Pipe nicht mehr aktiv ist.

Tastencodes

Die folgenden Tabellen enthalten die hexadezimalen Tastencodes der deutschen Tastatur, die die Funktionen rxgetkey (DOS) bzw. sysgetkey (OS/2) zurückgeben. Die Tastencodes werden in den folgenden drei Tabellen dargestellt:

- Numerische Tastatur
- Alphanumerische Tastatur
- Funktionstasten

In der Spalte **Taste** sind die Tastencodes enthalten, die zurückgeliefert werden, wenn keine zusätzliche Taste gedrückt wird. Die Spalten ⇧ (Umschalttaste), **Strg**, **Alt** und **AltGr** enthalten die Tastencodes, die zurückgeliefert werden, wenn diese Taste gleichzeitig mit der Taste in der Spalte **Taste** gedrückt wird. Die Spalten **Taste**, ⇧ und **AltGr** enthalten in der ersten Spalte die Tastenbezeichnung bzw. das Zeichen, das die Taste erzeugt, und in der zweiten Spalte den hexadezimalen Tastencode, den rxgetkey bzw. sysgetkey zurückliefern. Die Spalten **Strg** und **Alt** zeigen nur den hexadezimalen Tastencode.

Hinweis: Wenn das erste Byte eines Zweibytecodes ein Nullbyte "00"x oder ein Byte mit dem Wert "e0"x ist, gibt rxgetkey beim ersten Aufruf eine Nullzeichenfolge zurück.

Numerische Tastatur

Taste		**Num ⇩**		**Strg**	**Alt**	**AltGr**	
Einfg	0052	0	30	0092	—		—
Ende	004F	1	31	0075	01		01
↓	0050	2	32	0091	02		02
Bild↓	0051	3	33	0076	03		03
←	004B	4	34	0073	04		04
5	004C	5	35	008F	05		05
→	004D	6	36	0074	06		06
Pos1	0047	7	37	0077	07		07
↑	0048	8	38	008D	08		08
Bild↑	0049	9	39	0084	09		09
+	2B	+	2B	0090	004E		004E
-	2D	-	2D	008E	004A		004A
x	2A	x	2A	0096	0037		0037
÷	2F	÷	2F	0095	00A4		00A4
Enter	0D	Enter	0D	0A	00A6		00A6
Entf	0053	,	2C	0093	—		—

Alphanumerische Zeichen

Taste		**⇧**		**Strg**	**Alt**	**AltGr**	
0	30	=	3D	—	0081	}	7D
1	31	!	21	—	0078		0078
2	32	"	22	0003	0079	²	FD
3	33	§	F5	—	007A	³	FC
4	34	$	24	—	007B		007B
5	35	%	25	—	007C		007C

Taste		⇧		Strg	Alt	AltGr	
6	36	&	26	1E	007D		007D
7	37	/	2F	—	007E	{	7B
8	38	(	28	—	007F	[	5B
9	39	)	29	—	0080	]	5D
a	61	A	41	01	001E		001E
b	62	B	42	02	0030		0030
c	63	C	43	03	002E		002E
d	64	D	44	04	0020		0020
e	65	E	45	05	0012		0012
f	66	F	46	06	0021		0021
g	67	G	47	07	0022		0022
h	68	H	48	08	0023		0023
i	69	I	49	09	0017		0017
j	6A	J	4A	0A	0024		0024
k	6B	K	4B	0B	0025		0025
l	6C	L	4C	0C	0026		0026
m	6D	M	4D	0D	0032	µ	E6
n	6E	N	4E	0E	0031		0031
o	6F	O	4F	0F	0018		0018
p	70	P	50	10	0019		0019
q	71	Q	51	11	0010	@	40
r	72	R	52	12	0013		0013
s	73	S	53	13	001F		001F
t	74	T	54	14	0014		0014
u	75	U	55	15	0016		0016
v	76	V	56	16	002F		002F
w	77	W	57	17	0011		0011
x	78	X	58	18	002D		002D
y	79	Y	59	19	0015		0015
z	7A	Z	5A	1A	002C		002C
ä	84	Ä	8E	—	0028		0028
ö	94	Ö	99	—	0027		0027
ü	81	Ü	9A	1B	001A		001A
ß	E1	?	3F	1C	0082	\	5C
□	20	□	20	20	20		20
.	2E	:	3A	—	0034		0034
,	2C	;	3B	—	0033		0033
+	2B	*	2A	1D	001B	~	7E
-	2D	_	5F	1F	0035		0035
<	3C	>	3E	—	—	|	7C
#	23	'	27	1C	002B		002B
´	EF	`	60	—	0083		0083
^	5E	°	F8	—	0029		0029

Funktionstasten

Taste		⇧		Strg	Alt	AltGr	
F1	003B		0054	005E	0068		0068
F2	003C		0055	005F	0069		0069
F3	003D		0056	0060	006A		006A
F4	003E		0057	0061	006B		006B
F5	003F		0058	0062	006C		006C
F6	0040		0059	0063	006D		006D
F7	0041		005A	0064	006E		006E
F8	0042		005B	0065	006F		006F
F9	0043		005C	0066	0070		0070
F10	0044		005D	0067	0071		0071
F11	0085		0087	0089	008B		008B
F12	0086		0088	008A	008C		008C
↵	0D		0D	0A	001C		001C
Esc	1B		1B	—	—		—
Tab	09		000F	0094	00A5		—
Rück	08		08	7F	000E		000E
Einfg	E052		E052	E092	00A2		00A2
Entf	E053		E053	E093	00A3		00A3
Pos1	E047		E047	E077	0097[1]		0097[1]
Ende	E04F		E04F	E075	009F		009F
Bild↑	E049		E049	E084	0099		0099
Bild↓	E051		E051	E076	00A1		00A1
↑	E048		E048	E08D	0098		0098
↓	E050		E050	E091	00A0		00A0
←	E04B		E04B	E073	009B		009B
→	E04D		E04D	E074	009D		009D

[1] nur unter DOS

te

►►—TE—►◄

Siehe auch: executil; trace (Anweisung); trace (Funktion); ts.
Geltung: Alle MVS-Adreßumgebungen.

Der TSO/E REXX-Befehl te (trace end = Trace beenden) schaltet den globalen interaktiven Trace für alle Teile eines Programms, also auch für interne und externe Unterprogramme aus, so als würde in jedem Programmteil die Anweisung trace off ausgeführt. te ist ein Sofortbefehl (immediate command), weil die Funktion sofort, d. h. sobald als möglich, ausgeführt wird.

Vordergrund. Im TSO-Vordergrund muß man zur Eingabe des te-Befehls zuerst die Unterbrechungstaste PA1 drücken. Dann wird die Eingabeaufforderung

```
ENTER HI TO END, A NULL LINE TO CONTINUE, OR AN IMMEDIATE COMMAND
```

angezeigt und man kann den Sofortbefehl "te" eingeben. Der Trace wird dann ausgeschaltet, so als hätte man trace off eingegeben. Im TSO-Vordergrund ist der te-Befehl besonders dann von Nutzen, wenn nicht bei jeder Anweisung eine Trace-Pause eingelegt wird, weil man dann den Trace nicht durch Eingabe von trace off beenden kann. Dies ist z. B. dann der Fall, wenn mit trace *anzahl* eine bestimmte Anzahl von Trace-Pausen übersprungen wird oder wenn eine Trace-Option aktiv ist, die nicht bei jeder Anweisung pausiert (z. B. trace commands).

Hintergrund. Wenn ein Programm in TSO im Hintergrund ausgeführt wird, muß der te-Befehl im Programm enthalten sein, um wirksam zu werden. Das gleiche trifft zu, wenn ein Programm in einer anderen Adreßumgebung als TSO abläuft.

Hinweise:

- Der globale Trace kann mit den TSO/E REXX-Befehlen ts oder executil ts eingeschaltet werden.
- Die TSO/E REXX-Befehle executil te und executil ts sind funktionsgleich mit te bzw. ts, können aber nur in der TSO-Adreßumgebung ausgeführt werden.
- Im Unterschied zur trace-Anweisung und zur trace-Funktion haben executil ts/te und ts/te globale Wirkung. *Siehe:* trace (Anweisung), Geltungsbereich.

Term

Siehe: Ausdruck; Funktion; Klausel; Operator; Symbol; Variablenname, abgeleiteter.

Ausdrücke bestehen aus Termen (Gliedern), Operatoren und runden Klammern. Ein Term ist eines der folgenden Token:

- **Konstante Zeichenfolge** (auch: literale Zeichenfolge). Konstante Zeichenfolgen werden durch Anführungszeichen oder Hochkommas begrenzt, z. B. "Heidi", 'Verena'.
- **Symbol.** Symbole werden *nicht* durch Anführungszeichen oder Hochkommas begrenzt. Wenn ein Symbol mit einer Ziffer oder einem Dezimalpunkt beginnt, wird es als Zahl interpretiert. Andernfalls wird das Symbol als Variablenname angesehen und der abgeleitete Variablenname gebildet. Wenn es eine Variable mit dem abgeleiteten Variablennamen gibt, wird der Wert der Variablen in den Ausdruck eingesetzt, andernfalls der abgeleitete Variablenname.
- **Funktionsaufruf.** Statt eines Funktionsaufrufs wird der zurückgelieferte Wert in einen Ausdruck eingesetzt, so kann z. B. date("e") den Wert "25/05/96" liefern.

time

```
>>─TIME(─┬──────────┬─)─><
         └─option───┘
```

Die eingebaute SAA-Funktion time (Uhrzeit) liefert je nach option Angaben zur aktuellen Uhrzeit (Ortszeit) oder ermöglicht den Zugriff auf die interne Stoppuhr.

Die folgende Tabelle gibt eine kurze Übersicht über die sachlich zusammengehörenden Optionen.

Gruppe	Option	Format	Beispiel
Uhrzeit	civil long normal	hh:mmxx (xx = am oder pm) hh:mm:ss:uu0000 hh:mm:ss	1:24am (= 1.24 Uhr) 1:24pm (= 13.24 Uhr) 13:24:45.670000 13:24:45
abgelaufene Stunden, Minuten oder Sekunden seit Mitternacht	hours minutes seconds	hh mmmm sssss	13 804 48285
Stoppuhr zurückstellen oder Zeit stoppen	reset elapsed	sssssssss.uu0000 sssssssss.uu0000	162.340000 162.340000

Uhrzeitänderungen: Unter einigen Betriebssystemen kann die Uhrzeit während des laufenden Betriebs geändert werden. Unter OS/2 sind Uhrzeitänderungen mit dem Befehl time oder programmgesteuert möglich. Außerdem wird die Systemuhr eines Clients in der Initialisierungsphase eines LAN von Serverprogrammen synchronisiert, so daß während dieser Zeit die Ergebnisse der time-Funktion nicht konsistent sind. Inkonsistenzen, die durch dynamische Uhrzeitänderungen entstehen, werden von REXX *nicht* berücksichtigt.

Konsistenzregel: Wenn in einer Klausel eine der Funktionen date oder time zum ersten Mal aufgerufen wird, merkt sich REXX das ermittelte Datum und die Uhrzeit und verwendet diese in allen weiteren Aufrufen von date bzw. time in dieser Klausel.

Beispiel: Es werden die folgenden Klauseln abgearbeitet:

```
say time("normal") time("elapsed")
/* ... */
say time("normal") time("elapsed")
```

time("normal") liefert die Uhrzeit in der Form hh:mm:ss und time("elapsed") den Stand der Stoppuhr in Sekunden. Die erste say-Anweisung gibt etwa die Zeichenfolge "12:32:45 0" aus (wenn zum ersten Mal time("elapsed") aufgerufen wird). Nach der Abarbeitung anderer Anweisungen, genau 5 Sekunden später, wird die zweite say-Anweisung ausgeführt. time("normal") liefert dann die Uhrzeit "12:32:50". Wenn vor der Ausführung des zweiten time-Aufrufes 0.01 Sekunden vergehen, liefert time("elapsed") trotzdem den Stoppuhrwert 5.000000 und nicht 5.010000.

Optionen. option ist ein beliebiger Ausdruck, der eine der nachstehenden Optionen ergeben muß. Von der Option wird nur das erste Zeichen ausgewertet, Groß- und Kleinbuchstaben sind gleichwertig.

- C (civil = angelsächsisch): hh:mmxx
  Es wird die Uhrzeit in der angelsächsischen Form hh:mmxx zurückgeliefert, z. B. 1:24am (= 01.24 Uhr) oder 1:24pm (= 13.24 Uhr). hh ist die ein- oder zweistellige Stundenzahl von 1-12, mm die zweistellige Minutenzahl von 00-59 und das Kürzel xx steht für am oder pm. Mit am (ante meridiem = vormittags) werden Uhrzeiten von 0.00 Uhr (12:00am) bis 11.59 Uhr

(11:59am) gekennzeichnet, mit pm (post meridiem = nachmittags) Uhrzeiten von 12.00 Uhr (12:00pm) bis 23.59 Uhr (11:59pm). Die Minutenzahl wird aus Gründen der Konsistenz mit anderen time-Optionen nicht gerundet, sie gibt immer die Anzahl der abgelaufenen vollen Minuten an.

- E (elapsed = abgelaufene Zeit): sssssssss.uu0000

Es wird die abgelaufene Zeit der Stoppuhr seit dem Start oder dem letzten Zurückstellen in der Form sssssssss.uu0000 geliefert. z. B. 162.340000. Wenn dies der erste Aufruf von time("elapsed") oder time("reset") in einem Programm oder einem externen Unterprogramm ist, wird die Stoppuhr außerdem auf 0 gestellt.

sssssssss ist die ein- bis neunstellige Sekundenzahl und die Stellen uu nach dem Dezimalpunkt sind Hundertstel Sekunden 00-99. Die übrigen Nachkommastellen sind konstant 0. Ausnahme: Die Stoppzeit 0.000000 wird immer als 0 zurückgeliefert.

Geltungsbereich. *Interne Unterprogramme* erben die Stoppuhr des Aufrufers. Beim ersten Aufruf von time("elapsed") oder time("reset") wird daher die Stoppzeit des Aufrufers geliefert. Interne Unterprogramme können die Stoppuhr lokal mit time("reset") zurückstellen, d. h. das Zurückstellen ist nur mit Wirkung für das Unterprogramm möglich, die Stoppuhr des Aufrufers läuft unverändert weiter. Aus diesem Grund kann das Zurückstellen der Stoppuhr nicht mit Wirkung für den Aufrufer in ein internes Unterprogramm verlegt werden.

Beispiel:

```
hauptprogramm:
   say time("reset")          /* 0 */
   ...
   say time("elapsed")        /* 0.610000 */
   call internes_unterprogramm
   say time("elapsed")        /* 1.160000 */
   exit
internes_unterprogramm:
   say time("elapsed")        /* 0.610000 */
   say time("reset")          /* 0.610000 */
   ...
   say time("elapsed")        /* 0.550000 */
   return
```

Die Stoppuhr von *externen Unterprogrammen* ist unabhängig von der Stoppuhr des Aufrufers. Beim ersten Aufruf von time("elapsed") oder time("reset") wird daher die Stoppzeit 0 geliefert und die Stoppuhr zurückgesetzt. Die Stoppuhr des Aufrufers bleibt von Änderungen der Stoppuhr in externen Unterprogrammen unberührt. Aus diesem Grund kann das Zurückstellen der Stoppuhr nicht mit Wirkung für den Aufrufer in ein externes Unterprogramm verlegt werden.

Beispiel:

```
hauptprogramm:
   say time("reset")          /* 0 */
   ...
   say time("elapsed")        /* 0.610000 */
   call externes_unterprogramm
   say time("elapsed")        /* 1.160000 */
   exit
externes_unterprogramm:
   say time("elapsed")        /* 0.000000 */
```

```
...
say time("elapsed")        /* 0.550000 */
return
```

numeric digits: Das Format des Funktionsergebnisses wird nicht durch den Stand von numeric digits beeinflußt. So würde z. B. trotz numeric digits 4 die Stoppzeit 315619200.550000 richtig zurückgeliefert werden.

Implementierungslimit: Die Stellenzahl der Sekunden (vor dem Dezimalpunkt) ist auf neun Stellen begrenzt, das entspricht einer Stoppzeit von über 31,6 Jahren. Wenn die Stoppzeit neun Stellen überschreiten würde, wird REXX-Fehler 40 gemeldet.

Inkonsistenz: Da REXX Stoppzeiten durch Subtraktion der Start- von der Stop-Uhrzeit berechnet, sind Inkonsistenzen möglich, wenn unter einem Betriebssystem wie z. B. OS/2 die aktuelle Uhrzeit im laufenden Betrieb geändert werden kann.

Einer positiven Stoppzeit kann eine solche Verfälschung nicht angemerkt werden. Wenn sich bei der Subtraktion der Start- von der Stop-Uhrzeit jedoch ein negativer Wert ergeben würde, setzt REXX die Syntaxfehlerbedingung und die Stoppuhr wird deaktiviert. Wenn diese Fehlerbedingung durch signal on syntax abgefangen wird, kann die Stoppuhr wieder mit time("reset") oder time("elapsed") gestartet werden.

- H (hours = Stunden): hh
  Es wird die ein- oder zweistellige Anzahl 0-23 der abgelaufenen vollen Stunden seit Mitternacht zurückgeliefert, z. B. 13.
- L (long = lang): hh:mm:ss.uu0000
  Es wird die Uhrzeit in der Langform hh:mm:ss.uu0000 zurückgeliefert, z. B. 13:24:45.670000. hh ist die zweistellige Stundenzahl von 01-23, mm die zweistellige Minutenzahl von 00-59, ss die zweistellige Sekundenzahl 00-59 und die Stellen uu nach dem Dezimalpunkt sind Hundertstel Sekunden 00-99. Die übrigen Nachkommastellen sind konstant 0.
- M (minutes = Minuten): mmmm
  Es wird die ein- bis vierstellige Anzahl 0-1439 der abgelaufenen vollen Minuten seit Mitternacht zurückgeliefert, z. B. 804.
- N (normal = normal): hh:mm:ss - **Standard**
  Es wird die Uhrzeit in der Form hh:mm:ss zurückgeliefert, z. B. 13:24:45. hh ist die zweistellige Stundenzahl von 01-23, mm die zweistellige Minutenzahl von 00-59 und ss die zweistellige Sekundenzahl 00-59. Die Sekundenzahl wird aus Gründen der Konsistenz mit anderen time-Optionen nicht gerundet, sie gibt immer die Anzahl der abgelaufenen vollen Sekunden an.
- R (reset = Stoppuhr zurückstellen): sssssssss.uu0000
  Es wird die abgelaufene Zeit der Stoppuhr seit dem Start oder dem letzten Zurückstellen in der Form sssssssss.uu0000 geliefert, z. B. 162.340000, *und* die Stoppuhr auf 0 zurückgestellt. *Siehe:* "elapsed".
- S (seconds = Sekunden): sssss
  Es wird die ein- bis fünfstellige Anzahl 0-86399 der abgelaufenen vollen Sekunden seit Mitternacht zurückgeliefert, z. B. 48285.

option Beliebiger Ausdruck, der eine Option ergibt. Nur das erste

Zeichen wird ausgewertet, Groß- und Kleinbuchstaben sind gleichwertig.
Mögliche Optionen: *siehe* oben.
Standard: "normal".

Beispiele

Siehe oben.

Anwendung

1	Deutsche Uhrzeitfunktion
2	Sekunden in Uhrzeit umwandeln
3	Uhrzeit in Sekunden umwandeln
4	Uhrzeitaddition
5	Uhrzeitdifferenz

1. Deutsche Uhrzeitfunktion

Aufgabe: Leider berücksichtigt die time-Funktion nur angelsächsische Verhältnisse in bezug auf die Trennzeichen in den Uhrzeiten bzw. Stoppzeiten. Es soll daher eine externe Funktion erstellt werden, die das Funktionsergebnis der time-Funktion wenn nötig an deutsche Verhältnisse anpaßt.

```
dtime:
  parse upper value arg(1)"N" with option 2
  zeit = time(option)
  if pos(option, "ELNR") > 0
    then return translate(time(option), ".,", ":.")
    else return zeit
```

Wir geben der externen Funktion den Namen dtime (deutsche time-Funktion), da der Name einer eingebauten Funktion nicht noch einmal an eine externe Funktion vergeben werden kann (wohl aber an eine interne). Mit parse upper value wird das Ergebnis der Verkettung arg(1)"N" in Großbuchstaben umgesetzt. arg(1) bezeichnet das erste kommagetrennte Argument, das an dtime übergeben wird. Wenn arg(1) die Nullzeichenfolge ist, d. h. wenn keine Parameter übergeben werden, ergibt arg(1)"N" die Zeichenfolge "N", in allen anderen Fällen spielt das angekettete Zeichen "N" keine Rolle, weil nur das erste Zeichen des Ausdrucks ausgewertet wird. Auf diese Weise haben wir Vorsorge getroffen, daß der Standardfall der time-Funktion richtig behandelt wird. Die Positionsangabe 2 in der parse-Schablone bewirkt, daß nur das erste Zeichen von arg(1)"N" der Variablen option zugewiesen wird.

zeit wird das Ergebnis von time(option) zugewiesen. Wenn pos(option, "ELNR") > 0 zutrifft, liegt eine Option vor, die im Funktionsergebnis Trennzeichen einfügt. In diesem Fall ersetzen wir mit translate die Doppelpunkte durch Punkte und den Dezimalpunkt durch das Dezimalkomma und liefern dieses Ergebnis an den Aufrufer zurück, andernfalls das Originalergebnis der time-Funktion, das die Variable zeit enthält.

2. Sekunden in Uhrzeit umwandeln

Aufgabe: Zur Addition von Uhrzeiten (Zeitpunkt plus Zeitdauer) rechnet man die Uhrzeiten in Sekunden ssssssss.uu00000 um, addiert diese und muß dann das Ergebnis wieder in eine Uhrzeit der Form hh:mm:ss.uu0000 umwandeln. Zur Konvertierung von Sekunden in eine Uhrzeit soll eine externe Funktion erstellt werden.

```
    zeit = sec2time(13368.390000)
    exit
sec2time:
    parse arg s "." u
    numeric digits 15
    m = s % 60
    return right(m % 60, 2, "0")":"right(m // 60, 2, "0")":" || right(s // 60, 2, "0")"."u
```

➔ zeit: "03:42:48.390000"

Das externe Unterprogramm sec2time zerlegt mit parse var die als Parameter übergebene Sekundenzahl in die Sekunden s und die Mikrosekunden u. Dann wird die maximale Anzahl der Ziffernstellen mit numeric digits auf 15 gesetzt, da die umzuwandelnde Sekundenzahl aus maximal 15 Stellen (9 Vorkomma- und 6 Nachkommastellen) bestehen kann.

Die Gesamtminutenzahl ermitteln wir mit m = s % 60. Die ganzzahlige Division m % 60 ergibt die Stundenzahl, die Restdivision m // 60 die Minutenzahl und die Restdivision s // 60 die Sekundenzahl der Uhrzeitsumme. Die ermittelten Uhrzeitbestandteile werden mit den Trennzeichen ":" bzw. "." miteinander verknüpft und als Uhrzeit an den Aufrufer zurückgeliefert.

3. Uhrzeit in Sekunden umwandeln

Aufgabe: Zur Addition oder Subtraktion von Uhrzeiten, die in dem Format hh:mm:ss.uu0000 vorliegen, rechnet man die Uhrzeiten in Sekunden ssssssss.uu00000 um, addiert oder subtrahiert diese und wandelt das Ergebnis wieder in eine Uhrzeit zurück. Zur Konvertierung von Uhrzeiten in Sekunden soll eine externe Funktion erstellt werden.

```
    sek = time2sec("03:42:48.390000")
    exit
time2sec:
    parse arg h ":" m ":" s "." u
    numeric digits 15
    return (((h * 60) + m) * 60 + s)"."u
```

➔ sek: 13368.390000

Das externe Unterprogramm time2sec zerlegt mit parse var die als Parameter übergebene Uhrzeit in die Stunden h, dieMinuten m, die Sekunden s und die Mikrosekunden u. Dann wird die maximale Anzahl der Ziffernstellen mit numeric digits auf 15 gesetzt, da die Umrechnung einer Uhrzeit in dem Format hh:mm:ss.uu0000 eine Zahl mit maximal 15 Stellen (9 Vorkomma- und 6 Nachkommastellen) ergeben kann.

Wir multiplizieren die Stunden mit 60, addieren die Minuten dazu, multiplizieren das Ergebnis wiederum mit 60, addieren die Sekunden dazu und verketten das Ergebnis mit "." und der Anzahl der Mikrosekunden. Das Endergebnis liefern wir mit return an den Aufrufer zurück.

4. Uhrzeitaddition

Aufgabe: Durch Messungen wurde festgestellt, daß die Laufzeit eines Programms z2 Stunden (in dem Format hh:mm:ss.uu00000) beträgt. Anhand der Startuhrzeit soll die Endeuhrzeit des Programms ermittelt werden.

```
z1 = "11:24:45.170000"; z2 = "3:42:48.390000"
sum = timesum(z1, z2)
exit
timesum:
  numeric digits 15
  parse arg zeit1, zeit2
  zeit1 = time2sec(zeit1)
  zeit2 = time2sec(zeit2)
  sum = zeit1 + zeit2
  return sec2time(sum)
```

➔ sum: "15:07:33.560000"

Wir setzen zuerst die maximale Anzahl der Ziffernstellen mit numeric digits auf 15, da die Umrechnung einer Uhrzeit in dem Format hh:mm:ss.uu0000 eine Zahl mit maximal 15 Stellen (9 Vorkomma- und 6 Nachkommastellen) ergeben kann. Mit parse arg werden die Startuhrzeit zeit1 und die Dauer zeit2 eingelesen. Mit der externen Funktion time2sec (*siehe* Beispiel 3) werden zeit1 und zeit2 in Sekunden umgewandelt.

Wir bilden die Summe aus zeit1 und zeit2. Die erhaltene Gesamtsekundenzahl wird durch die externe Funktion sec2time (*siehe* Beispiel 2) in eine Uhrzeit der Form hh:mm:ss.uu0000 umgewandelt und an den Aufrufer zurückgeliefert.

5. Uhrzeitdifferenz

Aufgabe: Es soll die Differenz in Sekunden zwischen zwei Uhrzeiten berechnet werden, die mit time("long") in der Form hh:mm:ss.uu0000 erzeugt wurden. Damit kann z. B. die Laufzeit eines Programms oder eines Programmteils ermittelt werden.

```
z1 = "11:24:45.170000"; z2 = "15:07:33.560000"
diff = timediff(z1, z2)
exit
timediff:
  numeric digits 15
  parse arg zeit1, zeit2
  zeit1 = time2sec(zeit1)
  zeit2 = time2sec(zeit2)
  if zeit1 > zeit2 then zeit2 = zeit2 + 86400
  return zeit2 - zeit1
```

➔ diff: 13368.390000

Wir setzen zuerst die maximale Anzahl der Ziffernstellen mit numeric digits auf 15, da die Umrechnung einer Uhrzeit in dem Format hh:mm:ss.uu0000 eine Zahl mit maximal 15 Stellen (9 Vorkomma- und 6 Nachkommastellen) ergeben kann. Mit parse arg werden die beiden übergebenen Uhrzeiten zeit1 und zeit2 eingelesen. Wir gehen davon aus, daß der erste Parameter die Startzeit und der zweite die Endezeit darstellt. Mit der externen Funktion time2sec (*siehe* Beispiel 3) werden zeit1 und zeit2 in Sekunden umgewandelt.

Wenn zeit1 größer als zeit2 ist, addieren wir 86400, die Sekundenzahl eines Tages, zu zeit2, weil zeit2 dann eine Uhrzeit des nächsten Tages ist (wir gehen hier davon aus, daß nicht mehrere Tage dazwischen liegen). Wir bilden die Differenz aus zeit2 und zeit1 und geben das nun erhaltene Endergebnis an den Aufrufer zurück.

Token

Token sind syntaktische Einheiten, aus denen Klauseln und mithin Anweisungen, Zuweisungen und Befehle zusammengesetzt werden. Es gibt die folgenden Token in REXX, die, wenn nicht anders angegeben, unter den entsprechenden Stichwörtern beschrieben werden:

- Kommentare, z. B. /* Kommentar */.
- Zeichenfolgen, z. B. "Verena".
- Hexadezimale Zeichenfolgen, kurz: Hexfolgen, z. B. "41 ff"x. *Siehe:* Hexfolge.
- Binärzeichenfolgen, kurz Binärfolgen, z. B. "0100 0001"b. *Siehe:* Binärfolge.
- Symbole
  - Schlüsselwörter und Unterschlüsselwörter. *Siehe:* Anweisung.
  - Marken
  - Variablennamen. *Siehe:* Variable.
  - Zahlen. *Siehe:* Ganzzahl; Zahl.
- Operatoren, z. B. || + - > &
- Sonderzeichen , ; : ( )
  Sie haben außerhalb von konstanten Zeichenfolgen eine spezielle Funktion:
  - Das Komma dient als Fortsetzungskennzeichen. *Siehe:* Folgezeile.
  - Das Semikolon dient als Klauseltrennzeichen.
  - Der Doppelpunkt schließt eine Marke ab.
  - Klammern dienen zum Zusammenfassen von Teilausdrücken in Ausdrükken. *Siehe:* Ausdruck.

trace (Anweisung)

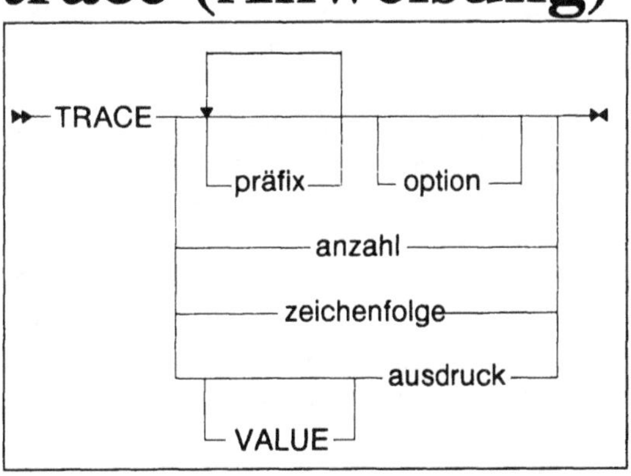

Siehe auch: executil; Fehlerbedingungen; rxtrace; te; trace (Funktion); ts.

Die Anweisung trace (Ablaufverfolgung) schaltet den Trace, das Testhilfeprogramm zur Ablaufverfolgung von REXX-Programmen, ein oder aus und setzt Optionen , die den Umfang der Trace-Ausgabe bestimmen. Die Funktion trace gibt den aktuellen Trace-Status zurück, kann aber auch den Trace wie die trace-Anweisung ein- oder ausschalten.

Präfix. Wenn präfix angegeben ist, muß er aus einem oder mehreren gültigen Präfixzeichen bestehen. Jede Wiederholung eines Präfixzeichens kehrt die Wirkung des vorangehenden Präfixzeichens um. Wenn option angegeben wird, muß sie präfix unmittelbar folgen. Zwischen präfix und option dürfen sich keine Leerstellen befinden.

Die Präfixzeichen haben folgende Bedeutung:

- Das Präfixzeichen ? schaltet den interaktiven Trace ein (*siehe* unten). Wenn der interaktive Trace bereits eingeschaltet ist, wird er wieder ausgeschaltet.
- Das Präfixzeichen ! unterdrückt unter *REXX TSO/E Level 1* die Ausführung von Befehlen. Wenn die Befehlsunterdrückung bereits aktiv ist, wird sie wieder ausgeschaltet. Während der Befehlsunterdrückung hat die spezielle Variable rc nach einem Befehl immer den Wert 0.

  Hinweis: Im interaktiven Trace wird die Befehlsunterdrückung für manuell eingegebene Befehle ausgesetzt (*siehe* unten).

Option. Wenn option angegeben ist, muß es eine alphabetische Option sein. Von der Option wird nur das erste Zeichen ausgewertet, Groß- und Kleinbuchstaben sind gleichwertig.

- A (all = alle Klauseln)

  Es wird der Zustand aller Klauseln *vor* der Ausführung angezeigt, die Klauseln werden jedoch vor der Anzeige ausgeführt.
- C (commands = Befehle)

  Es wird der Zustand aller Befehle *vor* der Ausführung angezeigt, die Befehle werden jedoch vor der Anzeige ausgeführt. Wenn ein Befehl die Error- oder Failure-Bedingung auslösen würde, wird nach der Ausführung der Rückkehrcode angezeigt.
- E (error = Fehler)

  Alle Befehle, die die Error- oder Failure-Bedingung auslösen würden, werden *nach* der Ausführung zusammen mit ihrem Rückkehrcode angezeigt.
- F (failure = Fehlschlag)

  Alle Befehle, die die Failure-Bedingung auslösen würden, werden *nach* der Ausführung zusammen mit ihrem Rückkehrcode angezeigt. Diese Option ist identisch mit der Option normal.
- I (intermediates = Zwischenergebnisse)

  Es wird der Zustand aller Klauseln *vor* der Ausführung angezeigt, die Klauseln werden jedoch vor der Anzeige ausgeführt. Zwischen- und Endergebnisse, die sich bei der Auswertung von Ausdrücken ergeben, sowie substituierte Variablennamen werden ebenfalls angezeigt. Die Option results hingegen zeigt nur Endergebnisse an.
- L (labels = Marken)

  Alle Marken, zu denen während der Programmausführung verzweigt wird, werden angezeigt. Dadurch können alle internen Unterprogramm- und Funktionsaufrufe sowie Verzweigungen mit der signal-Anweisung beobachtet werden. Während des interaktiven Trace ermöglicht es die Trace-Pause am

Eingang einer Routine, spezielle Vorkehrungen zu treffen, z. B. eine andere Trace-Option einzuschalten.

- N (normal) - **Standard**
  Alle Befehle, die die Failure-Bedingung auslösen würden, werden *nach* der Ausführung zusammen mit ihrem Rückkehrcode angezeigt. Diese Option ist identisch mit der Option "failure".
- O (off = aus)
  Der Trace wird ausgeschaltet. Es werden keine Informationen zur Ablaufverfolgung mehr angezeigt. Die Funktion der Präfixzeichen wird in den Standardzustand zurückversetzt, d. h. es erfolgt kein interaktiver Trace und unter *REXX TSO/E Level 1* wird die Ausführung von Befehlen nicht unterdrückt.
- R (results = Ergebnisse)
  Es wird der Zustand aller Klauseln *vor* der Ausführung angezeigt, die Klauseln werden jedoch vor der Anzeige ausgeführt. Endergebnisse, die sich bei der Auswertung von Ausdrücken ergeben, werden ebenfalls angezeigt. Die Option intermediates hingegen zeigt auch Zwischenergebnisse an.

Anzahl. Wenn anzahl angegeben wird, muß es eine Ganzzahl sein. Eine trace-Anweisung mit einer Zahl als Operand wirkt sich nur dann aus, wenn sie während des interaktiven Trace eingegeben wird. Eine positive Ganzzahl bewirkt, daß anzahl Trace-Pausen übersprungen werden, eine negative Ganzzahl, daß zusätzlich auch die entsprechenden Klauseln nicht angezeigt werden.

Zeichenfolge. präfix und/oder option bzw. anzahl können auch als Zeichenfolge angegeben werden.

Ausdruck. Ebenso können präfix und/oder option bzw. anzahl als Ausdruck angegeben werden. Wenn ausdruck mit einem Symbol oder einer literalen Zeichenfolge beginnt, muß ihm das Unterschlüsselwort value vorangehen. Wenn ausdruck mit einem speziellen Zeichen wie einem Operator oder einer Klammer beginnt, kann das Unterschlüsselwort value weggelassen werden.

Standard. Wenn trace ohne Operanden angegeben wird, oder wenn zeichenfolge bzw. ausdruck die Nullzeichenfolge ergeben, wird der interaktive Trace ausgeschaltet und die Standard-Trace-Option normal eingeschaltet.

Syntaxfehler. Wenn ein Syntaxfehler festgestellt wird und die Syntax-Fehlerbedingung nicht gesetzt ist, wird die fehlerhafte Klausel in jedem Fall angezeigt, außerdem die entsprechende Standardfehlermeldung. Beim interaktiven Trace gelten besondere Regeln (*siehe* unten).

Geltungsbereich

Die trace-Anweisung und die trace-Funktion haben lokale Geltung. Der Trace-Status des Aufrufers gilt für interne Unterprogramme und Funktionen, solange sie den Trace-Status nicht verändern. Änderungen in internen Unterprogrammen haben wiederum nur lokale Geltung und wirken sich nicht auf den Aufrufer aus. Der Trace-Status von externen Unterprogrammen ist unabhängig vom Aufrufer.

Der lokale Geltungsbereich innerhalb eines Programms ermöglicht es, gezielt nur bestimmte Programmteile mit Trace zu verfolgen:

- Wenn man an einem bestimmten Unterprogramm nicht interessiert ist, schaltet man im aufrufenden Programm den Trace ein und im Unterprogramm mit trace off aus. Das aufrufende Programm wird dann vor und nach der Ausführung des Unterprogramms verfolgt, das Unterprogramm aber nicht.
- Wenn man nur an einem bestimmten Unterprogramm interessiert ist, schaltet man den Trace am Anfang des Unterprogramms ein. Das Unterprogramm wird dann verfolgt, das aufrufende Programm aber weder vor noch nach dem Aufruf des Unterprogramms.

Nur DOS und OS/2: Der Trace-Status, der durch die Umgebungsvariable rxtrace gesetzt wird, gilt in allen Programmen und externen Unterprogrammen. Die Ausschaltung des interaktiven Trace hat nur lokale Geltung, d. h. für externe Unterprogramme gilt wieder die Grundeinstellung von rxtrace.

Nur MVS und TSO: Der Trace-Status, der durch die TSO/E REXX-Befehle ts oder executil ts eingeschaltet bzw. durch te oder executil te ausgeschaltet wird, gilt global für alle *aufrufenden* Programme und Unterprogramme sowie für alle *aufgerufenen* Programme und Unterprogramme, gleichgültig in welchem Programm oder Unterprogramm der Trace mit diesen Befehlen ein- oder ausgeschaltet wird. Wenn ein globaler Trace mit ts oder executil ts eingeschaltet wird, kann man zwar den Trace für das aktuelle Unterprogramm mit trace off ausschalten, im aufrufenden Programm oder in aufgerufenen Programmen gilt aber wieder der globale Trace. Der globale Trace wird automatisch ausgeschaltet, wenn das Hauptprogramm beendet wird.

Trace-Ausgabe

Ausgabe umleiten. Bisweilen möchte man die Trace-Ausgabe in eine Datei umleiten, um den Trace in aller Ruhe ansehen zu können. Eine Datei hat den Vorteil, daß man hin- und herblättern und nach Begriffen suchen kann. Das Verfahren zur Umleitung des Trace ist plattformabhängig:

- Unter DOS kann die Trace-Ausgabe leider nicht umgeleitet werden.
- Unter OS/2 wird der Trace auf die Standardfehlerausgabe stderr, ausgegeben. Da stderr mit der zweiten Zugriffsnummer (file handle) verbunden ist, muß man zur Umleitung des Trace ein Programm z. B. so aufrufen:

  ```
  programm 2>trace.dat
  ```

  Wenn auch die Standardausgabe stdout umgeleitet werden soll, muß man den Programmaufruf folgendermaßen erweitern:

  ```
  programm >ausgabe.dat 2>trace.dat
  ```

- Im TSO-Hintergrund und in allen anderen Adreßumgebungen wird die Trace-Ausgabe wie alle anderen Bildschirmausgaben in die Datei mit dem DD-Namen SYSTSPRT ausgegeben, so daß keine besondere Umleitung erforderlich ist. Im TSO-Vordergrund gibt es keine Möglichkeit, die Trace-Ausgabe umzuleiten.

Interpretation der Ausgabe. Klauseln werden nach der Ausführung angezeigt, sofern sie gemäß der aktiven Trace-Option angezeigt werden sollen. Wenn z. B. trace ?commands angegeben wird, werden nur Befehle im Trace angezeigt. Je nach Trace-Option werden außerdem zusätzliche Informationen angezeigt, z. B. Variableninhalte. Von der Anzeige ausgeschlossen sind Kommentare (gilt nicht unter TSO). Wenn Befehle vor der Ausführung angezeigt werden, wird der Befehl zuerst angezeigt, wie er im Programm steht, und dann der Befehl, so wie er an die Adreßumgebung übergeben wird, z. B.

```
3 *-*  "display panel("maske")";
  >>>  "display panel(edbcausw);
```

Jede angezeigte Klausel wird automatisch entsprechend ihrer Schachtelungstiefe eingerückt. Sofern Ergebnisse angezeigt werden, werden diese in Anführungszeichen gesetzt, so daß auch Leerstellen am Anfang und Ende einer Zeichenfolge zu erkennen sind. Außerdem werden sie um zwei weitere Leerstellen eingerückt. Steuerzeichen werden durch ein Fragezeichen dargestellt, so daß keine unerwünschten Effekte bei der Bildschirmdarstellung auftreten. In ASCII-Systemen gelten Zeichen kleiner "20"x als Steuerzeichen, in EBCDIC-Systemen Zeichen kleiner "40"x.

Der ersten Klausel in einer Zeile geht eine maximal 5stellige Zeilennummer voran. Wenn die Zeilennummer mehr als 5 Stellen umfaßt, wird den letzten 5 Stellen der Zeilennummer ein Fragezeichen vorangesetzt, so könnte z. B. ?01387 für die Zeilennummer 101387 stehen.

Alle Trace-Ausgabezeilen werden mit einem dreistelligen Zeilenpräfix eingeleitet, der die Art der Trace-Informationen näher bezeichnet.

- Zeigt die Klausel des Programms an, die gerade ausgeführt wird.

```
127 *-* Say date('e');
```

+++ Kennzeichnet eine Trace-Meldung. Mögliche Trace-Meldungen:

- Rückkehrcode eines Befehls, der ungleich 0 ist.

```
+++ RC(2);
```

- Eingabeaufforderung beim interaktiven Trace.

```
+++ Interaktive Ablaufverfolgung. Zum Beenden der Testhilfe
'Trace Off', zum Fortsetzen Eingabetaste drücken
```

- Zeigt beim interaktiven Trace die fehlerhafte Programmklausel an, wenn ein Syntaxfehler auftritt.

```
+++ Say date('x');
```

- Zeigt zur Rückverfolgung die Programmklauseln der aufrufenden Ebenen, wenn ein Syntaxfehler auftritt.

```
    127 +++ Say date('x');
REX0040W: Fehler 40 beim Ausführen von ...
     84 +++         Call ausgabe;
```

>>> Kennzeichnet bei trace intermediate/results die Ergebnisdaten. Die Beispiele zeigen die Ausgabezeilen für trace r:

- Kennzeichen für das Ergebnis der Auswertung eines Ausdrucks.

```
125 *-* name = "Ingrid";
    >>>   "Ingrid"
```

- Kennzeichen für den Wert, der einer Variablen durch eine parse-Anweisung zugewiesen wird.

```
76 *-* Parse Value '04:13' With std ":" min;
   >>>   "04:13"
   >>>   "04"
   >>>   "13"
```

- Kennzeichen für den Wert, den ein Unterprogramm zurückgibt.

```
54 *-* Return 1;
   >>>   "1"
```

>.> Kennzeichnet bei trace intermediates/results den Wert, der einer Platzhaltervariablen (.) durch eine parse-Anweisung zugewiesen wird. Das Beispiel zeigt die Ausgabezeilen für trace results.

```
76 *-* Parse Value '04:13' With std ":"
   >>>   "04:13"
   >>>   "04"
   >.>   "13"
```

Die folgenden Zeilenpräfixe werden nur bei trace intermediates verwendet.

>C> (C = compund variable, Verbundvariable). Zeigt den abgeleiteten Namen einer Stammvariablen an, wenn mindestens ein Stammindex substituiert wird. *Siehe:* Variablenname, abgeleiteter.

```
113 *-* name.i = "Heidi";
    >C>   "NAME.3"
    >V>   "Heidi"
    >>>   "Heidi"
```

>F> (F = Funktion). Die angezeigten Daten sind das Ergebnis einer Funktion.

```
65 *-* Say date('e');
   >L>   "e"
   >F>   "28/01/96"
   >>>   "28/01/96"
```

>L> (L = Literal). Die angezeigten Daten sind ein Literal, d. h. eine Zeichenfolge, eine nicht initalisierte Variable oder eine Konstante.

```
65 *-* Say date('e');
   >L>   "e"
   >F>   "28/01/96"
   >>>   "28/01/96"
```

>O> (O = Operation). Die angezeigten Daten sind das Ergebnis einer Operation mit zwei Termen.

```
155 *-* mwst = 1000 * 0.15
    >L>   "1000"
    >L>   "0.15"
    >O>   "150.00"
    >>>   "150.00"
```

>P> (P = Präfixoperation). Die angezeigten Daten sind das Ergebnis einer Präfixoperation. Präfixoperationen sind Operationen, bei denen sich der Operator nur auf den folgenden Term bezieht: + und - machen einen arithmetischen Term positiv bzw. negativ, \ verneint einen logischen Term (NOT-Operation).

```
155 *-* mwst = 1000 * 0.15
    >L>   "1000"
    >L>   "0.15"
    >O>   "150.00"
    >>>   "150.00"
```

>V> (V = Variable). Die angezeigten Daten stellen den Wert einer Variablen dar.

```
 65 *-* Say name;
    >V>   "Jannik"
    >>>   "Jannik"
```

Interaktiver Trace

Beim interaktiven Trace werden die Trace-Informationen nicht nur am Bildschirm angezeigt, vielmehr kann der Benutzer durch Eingaben den Trace-Ablauf steuern, Variablen ändern sowie Anweisungen und Befehle wiederholen oder zusätzlich eingeben.

Einschalten. Es gibt die folgenden Möglichkeiten, den interaktiven Trace einzuschalten:

- Jede trace-Anweisung in einem Programm, die den Präfix ? enthält, schaltet den interaktiven Trace erstmalig ein. Während des interaktiven Trace werden weitere trace-Anweisungen im Programm ignoriert, damit der interaktive Trace nicht ungewollt unterbrochen wird. Manuell eingegebene trace-Anweisungen werden jedoch ausgeführt, so daß der interaktive Trace mit einer trace-Anweisung, die den Präfix ? enthält, wieder ausgeschaltet werden kann.
- Mit der trace-Funktion kann der interaktive Trace eingeschaltet und der Trace-Ablauf beliebig verändert werden. Im Gegensatz zur trace-Anweisung kann mit der trace-Funktion auch während des interaktiven Trace der interaktive Trace wieder ausgeschaltet werden.
- *Nur unter DOS und OS/2:* Mit dem DOS- bzw. OS/2-Befehl set rxtrace=on wird die Umgebungsvariable rxtrace gesetzt. Dadurch wird zu Beginn eines Programms oder eines externen Unterprogramms automatisch die Anweisung trace ?results ausgeführt, d. h. es wird der interaktive Trace mit der Trace-Option results eingeschaltet.
- *Nur unter MVS und TSO:* Mit den TSO/E REXX-Befehlen ts oder executil ts wird der interaktive Trace global in allen *aufrufenden* Programmen und Unterprogrammen sowie in allen *aufgerufenen* Programmen und Unterprogrammen eingeschaltet, gleichgültig in welchem Programm oder Unterprogramm der TSO/E REXX-Befehl ausgeführt wird.

Ausschalten. Der interaktive Trace kann nur manuell oder mit der trace-Funktion ausgeschaltet werden. Es gibt die folgenden Möglichkeiten, den interaktiven Trace auszuschalten:

- Mit trace off werden alle Trace-Aktivitäten ausgeschaltet, also auch der interaktive Trace.

- Wenn trace ohne Operanden angegeben wird, oder wenn zeichenfolge bzw. ausdruck die Nullzeichenfolge ergeben, wird der interaktive Trace ausgeschaltet und die Standard-Trace-Option normal eingeschaltet.
- Mit einer manuell eingegebenen trace-Anweisung, die den Präfix ? enthält, wird der interaktive Trace ausgeschaltet. Falls keine neue trace-Option angegeben wird, bleibt die bisherige Option erhalten.
- Mit der trace-Funktion kann der interaktive Trace jederzeit, sowohl durch einen Funktionsaufruf im Programm als auch durch einen manuell eingegebenen Funktionsaufruf, ausgeschaltet werden.
- *Nur unter MVS und TSO:* Mit den TSO/E REXX-Befehlen te oder executil te wird der interaktive Trace global in allen *aufrufenden* Programmen und Unterprogrammen sowie in allen *aufgerufenen* Programmen und Unterprogrammen ausgeschaltet, gleichgültig in welchem Programm oder Unterprogramm der TSO/E REXX-Befehl ausgeführt wird.

Hinweis: Die Änderung der Umgebungsvariablen rxtrace während des interaktiven Trace hat keine Auswirkung auf den Trace-Status.

Bedienung. Im interaktiven Trace wird eine Klausel nach der Ausführung angezeigt, sofern sie gemäß der aktiven Trace-Option angezeigt werden soll. Wenn z. B. trace ?commands angegeben wird, werden nur Befehle im interaktiven Trace angezeigt. Je nach Trace-Option werden außerdem zusätzliche Informationen angezeigt, z. B. Variableninhalte.

Nach Anzeige der ersten Klausel im interaktiven Trace wird eine Meldung ausgegeben, die darauf hinweist, daß der interaktive Trace eingeschaltet wurde:

```
        3 *-*   neu = 1;
          >>>     "1"
+++ Interaktive Ablaufverfolgung. Zum Beenden der Testhilfe 'Trace
Off', zum Fortsetzen Eingabetaste drücken
```

Nach der Anzeige einer Klausel legt der REXX-Interpreter solange eine Trace-Pause ein, bis eine Eingabe erfolgt. Folgende Eingaben sind möglich:

- **Fortsetzung.** Es wird eine Nullzeile eingegeben, d. h. es wird nur die Enter-Taste bzw. Datenfreigabetaste gedrückt. Die Pause wird beendet und der Trace wird bis zur nächsten Trace-Pause fortgesetzt. Wenn der Trace z. B. mit trace ?all eingeschaltet wird, macht der Trace bei jeder Klausel eine Pause, dies entspricht einem Einzelschritt-Trace.
- **Wiederholung.** Es wird ein Gleichheitszeichen ohne Leerstellen (=) eingegeben. In diesem Fall wird die zuletzt angezeigte Klausel wiederholt. Wenn z. B. die if-Klausel in dem folgenden Beispiel nicht mit dem then-Zweig fortgesetzt werden soll, muß man der Variablen neu den logischen Wert 0 zuweisen, indem man neu=0 eingibt, und anschließend die if-Klausel durch Eingabe eines Gleichheitszeichens wiederholen:

```
        3 *-*   If neu then...;
          >>>     "1"
neu=0
=
        3 *-*   If neu then...;
          >>>     "0"
```

- **Programmeingabe.** Alle anderen Eingaben werden wie eine REXX-Programmzeile behandelt. Die eingegebene Zeile zeile wird unmittelbar ausgeführt und zwar so, als wäre do; zeile; end eingegeben worden. Für die eingegebenen Klauseln gelten die gleichen Regeln wie für die interpret-Anweisung, z. B. müssen do-Schleifen vollständig angegeben werden.

Während der Ausführung der eingegebenen Programmzeile erfolgt keine Trace-Anzeige, lediglich Rückkehrcodes von Befehlen, die ungleich 0 sind, werden angezeigt, der Inhalt der speziellen Variablen rc wird aber nicht verändert.

Wenn bei einer der eingegebenen Klauseln ein Syntaxfehler festgestellt wird, wird die entsprechende Standardfehlermeldung angezeigt und die unterbrochene Trace-Pause wieder aufgenommen, so daß die fehlerhafte Zeile erneut eingegeben werden kann.

Auch alle anderen Fehlerbedingungen werden für die eingegebene Programmzeile ausgesetzt, so daß nicht unbeabsichtigt eine Fehlerroutine aufgerufen und der Test dadurch verfälscht wird.

Hinweis: Im interaktiven Trace wird unter *REXX TSO/E Level 1* die Befehlsunterdrückung für manuell eingegebene Befehle ausgesetzt, d. h. alle manuell eingegebenen Befehle werden ausgeführt. Die Befehlsunterdrükkung kann im interaktiven Trace ein- bzw. ausgeschaltet werden durch Eingabe einer trace-Anweisung, die das Präfixzeichen ! enthält. Durch Eingabe der Anweisung trace off oder trace ohne Option wird die Befehlsunterdrükkung in jedem Fall ausgeschaltet.

Trace-Pausen überspringen. Umfangreiche Trace-Ausgaben kann man beschränken, indem man mit trace *anzahl* angibt, wieviele Trace-Pausen übersprungen werden sollen (*siehe* oben). Dies ist z. B. in vielmals durchlaufenen do-Schleifen sehr sinnvoll.

Ausnahmen. Da einige Klauseln nicht sicher wiederholt werden können, wird die Pause nach einer solchen Klausel übersprungen. Dies betrifft die folgenden Klauseln:

- Repititive do-Klauseln ab dem zweiten Durchgang.
- end-Klauseln.
- then-, else-, otherwhise- oder Nullklauseln.
- return-Klauseln, außer return-Klauseln eines internen Unterprogramms.
- exit-Klauseln.
- signal- und call-Klauseln; die Pause erfolgt nach der Marke, zu der verzweigt wird.
- Klauseln, die einen Syntaxfehler verursachen; sie können zwar durch die Syntax-Fehlerbedingung abgefangen, aber nicht wiederholt werden.

anzahl	• Positive Ganzzahl: anzahl Trace-Pausen überspringen. • Negative Ganzzahl: anzahl Trace-Pausen überspringen und übersprungene Klauseln nicht anzeigen.
ausdruck	Ausdruck, der eine Zahl wie anzahl ergibt, oder nach der Auswertung aus präfix und/oder option besteht.
option	Alphabetische Option. Es wird nur das erste Zeichen ausgewertet, Groß- und Kleinbuchstaben sind gleichwertig.

	Mögliche Optionen: *siehe* oben.
präfix	Beliebige Kombination von Präfixzeichen. Jede Wiederholung eines Präfixzeichens kehrt die Wirkung des vorherigen Präfixzeichens um. ? interaktiven Trace einschalten ! Ausführung von Befehlen unterdrücken (nur unter *REXX TSO/E Level 1*)
VALUE	Es folgt ein Ausdruck.
zeichenfolge	Zeichenfolge, die eine Zahl wie anzahl darstellt, oder aus präfix und/oder option besteht.

Beispiele

REXX-Anweisungen	Erläuterung
trace ?a trace "?a" trace ?all trace ?!?all trace i	Trace-Option direkt oder als Zeichenfolge: Die drei ersten Anweisungen schalten den interaktiven Trace (?) und die Trace-Option all ein. Die vierte Anweisung ist nur unter TSO gültig, weil nur unter TSO das Präfixzeichen ! definiert ist. Mit ! wird die Befehlsunterdrückung eingeschaltet. Das erste Fragezeichen schalten den interaktiven Trace ein und das zweite schaltet ihn wieder aus; der interaktive Trace bleibt also ausgeschaltet. Mit all wird die Trace-Option all eingeschaltet, so daß der Zustand aller Klauseln vor der Ausführung angezeigt wird. Bei der letzten Anweisung wird die Trace-Option intermediates eingeschaltet. Daher werden alle Klauseln mit Zwischen- und Endergebnissen angezeigt.
parse arg trace_option trace (trace_option) trace value trace_option	Variable Trace-Option: Die Trace-Option wird dem Programm über einen Parameter mitgeteilt, den wir mit parse arg als trace_option einlesen. Die beiden trace-Anweisungen sind gleichwertig. Die erste Schreibweise impliziert durch die Klammerung, daß es sich nicht um ein Symbol oder eine Zeichenfolge handelt, daher wird die Variable trace_option substituiert. Das gleiche erfolgt bei der zweiten Anweisung wegen der value-Option.
call upro exit upro: procedure trace i return	Trace gezielt einschalten: Wenn man nur an dem Trace eines Unterprogramms interessiert ist, schaltet man den Trace gezielt im Unterprogramm ein. Beim Verlassen des Unterprogramms gilt wieder der vorherige Trace-Status, d. h. der Trace ist wieder ausgeschaltet.
/* REXX */ trace a call upro exit upro: procedure trace off return	Trace gezielt ausschalten: In dem nebenstehenden Programm soll grundsätzlich die Trace-Option all gelten. Daher wird die Anweisung trace all an den Programmanfang gestellt. Wenn der Trace in einem bestimmten Unterprogramm nicht erwünscht ist, z. B. weil es fertig ausgetestet ist und die umfangreiche Trace-Ausgabe des Unterprogramms nur den Test belasten würde, fügt man am Anfang des Unterprogramms die Anweisung trace off ein. Beim Verlassen des Unterprogramms gilt wieder der vorherige Trace-Status, d. h. der Trace ist wieder mit der Option all eingeschaltet.

Anwendung

Interaktiver Trace und trace-Funktion

Das folgende Programm dient nur zur Demonstration, wie man ein Programm mit Trace verfolgen kann.

```
test = 1
if test then trace ?a
parse arg such ein aus
if such = " " then call fehler "Suchbegriff fehlt"
nummer = 0
if test then tropt = trace("off")
do i = 1 while lines(ein) > 0
  satz = linein(ein)
  if pos(such, satz) > 0 then do
    if test then call trace "?i"
    call lineout aus, satz
    if test then call trace "off"
  end
end i
if test then call trace tropt
exit
fehler:
if test then call trace "off"
parse arg msg
say msg
exit
```

Die Variable test wird im Teststadium auf 1 und im produktiven Einsatz auf 0 gesetzt, so daß die trace-Anweisungen und -Funktionsaufrufe im Programm davon abhängig gemacht werden können, ob das Programm getestet oder produktiv eingesetzt wird. Die erste trace-Anweisung trace ?a schaltet den interaktiven Trace mit der Option all ein. Da während des interaktiven Trace trace-Anweisungen ignoriert werden, verwenden wir an einigen Stellen die trace-Funktion, um den Trace-Status im Programm zu ändern. Außerdem haben wir natürlich jederzeit die Möglichkeit, während des interaktiven Trace durch Eingabe einer trace-Anweisung den Trace-Status zu verändern.

Wenn das Unterprogramm fehler aufgerufen wird, schalten wir mit call trace "off" den Trace aus, weil uns der Trace innerhalb des Unterprogramms nicht interessiert. Wir benutzen call, um die trace-Funktion aufzurufen, weil uns an dieser Stelle das Funktionsergebnis, der bisherige Trace-Status, nicht interessiert. Innerhalb der do-Schleife soll der Trace nur dann eingeschaltet werden, wenn die if-Bedingung zutrifft. Wir schalten daher mit tropt = trace("off") den Trace aus und merken uns die aktuellen trace-Optionen in der Variablen tropt, so daß wir später den vorherigen Zustand restaurieren können. Im then-Zweig der if-Abfrage schalten wir den interaktiven Trace wieder ein und zwar mit der Option intermediates, so daß wir den Inhalt der beteiligten Variablen verfolgen können. Vor dem Ende der if-Abfrage wird der Trace wieder mit der trace-Funktion ausgeschaltet. Nach dem Verlassen der do-Schleife stellen wir mit call trace tropt den ursprünglichen Trace-Status wieder her, so daß wir den

Rest des Programmes wieder interaktiv mit der Trace-Option all verfolgen können.

trace (Funktion)

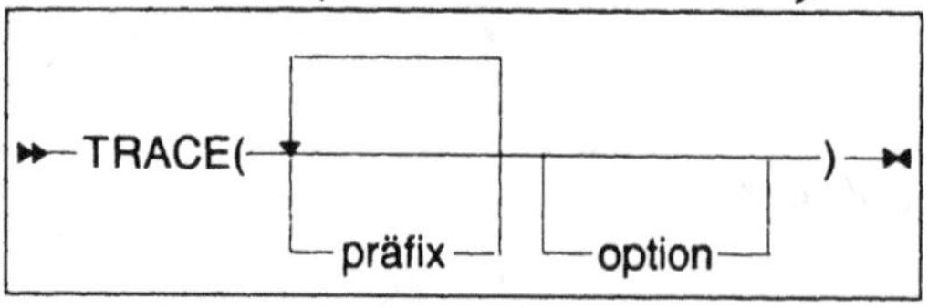

Siehe auch: executil; rxtrace; te; trace (Anweisung); ts.

Die eingebaute SAA-Funktion trace (Ablaufverfolgung) liefert den aktiven trace-Präfix und den ersten Buchstaben der aktiven trace-Option (als Großbuchstaben) zurück und setzt sie neu, wenn präfix und/oder option angegeben sind.

Im Gegensatz zur trace-Anweisung ändert die trace-Funktion Präfix und Option auch dann, wenn der interaktive Trace aktiv ist. Außerdem kann man mit der trace-Funktion den aktuellen Trace-Status sichern und gleichzeitig ändern und später den ursprünglichen Zustand wiederherstellen.

Präfix. Wenn präfix angegeben ist, muß er aus einem oder mehreren gültigen Präfixzeichen bestehen. Das Präfixzeichen ? schaltet den interaktiven Trace ein, mit ! wird unter *REXX TSO/E Level 1* die Ausführung von Befehlen unterdrückt. Jede Wiederholung eines Präfixzeichens kehrt die Wirkung des vorangehenden Präfixzeichens um.

Option. Wenn option angegeben ist, muß es eine alphabetische Option sein. Von einer alphabetischen Option wird nur das erste Zeichen ausgewertet, Groß- und Kleinbuchstaben sind gleichwertig. *Siehe:* trace, Anweisung.

Hinweis: Andere Angaben, wie sie in der trace-Anweisung erlaubt sind, sind hier nicht zulässig.

option — Ausdruck, der eine alphabetische Option ergibt. Es wird nur das erste Zeichen ausgewertet, Groß- und Kleinbuchstaben sind gleichwertig.
Mögliche Optionen: *siehe* trace, Anweisung.

präfix — Ausdruck, der eine beliebige Kombination von Präfixzeichen ergibt. Jede Wiederholung eines Präfixzeichens kehrt die Wirkung des vorherigen Präfixzeichens um.

- ? — interaktiven Trace einschalten
- ! — Ausführung von Befehlen unterdrücken (nur unter *REXX TSO/E Level 1*)

Beispiele

REXX-Anweisungen	Erläuterung
t1 = trace() t2 = trace("?a") t3 = trace("?all") t4 = trace("?!?all")	t1 liefert die aktuellen Trace-Optionen zurück, z. B. "I" (= intermediates). t2 und t3 liefern ebenfalls die aktuellen Trace-Optionen zurück, z. B. "I", und setzen sie neu auf "?A". Dadurch wird der interaktive Trace aktiviert und die Trace-Option

REXX-Anweisungen	Erläuterung
	"A" gesetzt. t4 funktioniert nur unter TSO/E und liefert die aktuellen Trace-Optionen zurück, z. B. "I", aktiviert den interaktiven Trace, unterdrückt die Ausführung von Befehlen, deaktiviert wieder den interaktiven Trace und setzt die Trace-Option "A".

Anwendung

Siehe: trace (Anweisung).

translate

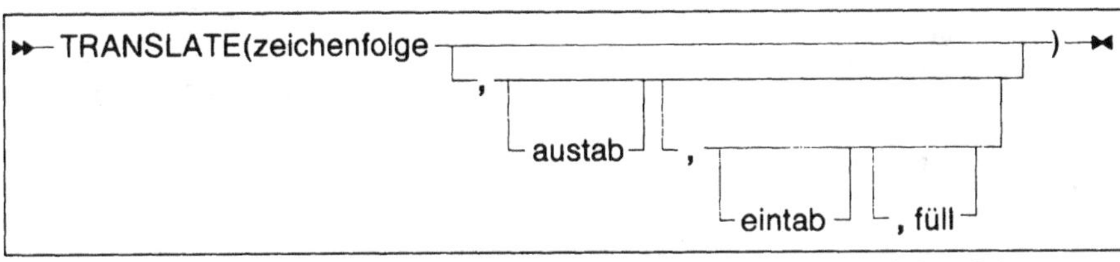

Die eingebaute Funktion translate (übersetzen) gibt eine Zeichenfolge zurück, in der alle oder bestimmte Zeichen durch andere ersetzt sind. Die translate-Funktion kann auch dazu verwendet werden, um eine Zeichenfolge anders anzuordnen.

translate sucht jedes Zeichen der Zeichenfolge zeichenfolge in der Eingabe-Übersetzungstabelle eintab. Wird ein Zeichen in der Eingabetabelle gefunden, dann wird es in der Ergebniszeichenfolge ersetzt. Als Ersatzzeichen wird das entsprechende Zeichen der Ausgabe-Übersetzungstabelle austab verwendet. Andernfalls wird das Zeichen unverändert in die Ergebniszeichenfolge übernommen. Die Ergebniszeichenfolge hat die gleiche Länge wie die Originalzeichenfolge zeichenfolge.

Wenn ein Zeichen mehrfach in der Eingabetabelle vorkommt, wird immer das erste Vorkommen des Zeichens in der Eingabetabelle zur Übersetzung herangezogen.

austab — Zeichenfolge mit den Zeichen, die als Ersatzzeichen für die Zeichen aus der Eingabetabelle verwendet werden sollen. Ist die Ausgabetabelle kürzer als die Eingabetabelle, so wird sie mit dem Füllzeichen füll von rechts aufgefüllt. Wenn die Ausgabetabelle länger als die Eingabetabelle ist, werden die überschüssigen Zeichen ignoriert.
Standard: Nullzeichenfolge "".

Besonderheit: Wenn sowohl eintab als auch austab weggelassen werden, findet lediglich eine Umsetzung von Klein- in Großbuchstaben statt.

eintab — Zeichenfolge, die alle Zeichen enthält, die in der Zeichenfolge zeichenfolge übersetzt werden sollen.
Standard: xrange ("00"x, "ff"x), also alle Codes von 0 bis 255.
Besonderheit: Wenn sowohl eintab als auch austab wegge-

	lassen werden, findet lediglich eine Umsetzung von Klein- in Großbuchstaben statt.
füll	Zeichen, mit dem die Ausgabetabelle von rechts aufgefüllt wird, wenn diese kürzer als die Eingabetabelle ist. Die Nullzeichenfolge oder eine Zeichenfolge, die aus mehr als einem Zeichen besteht, führt zu REXX-Fehler 40. **Standard:** Leerstelle.
zeichenfolge	Beliebige Zeichenfolge, die übersetzt werden soll.

Beispiele

REXX-Anweisungen	Erläuterung
text1 = "ABCxyzäöüß" text2 = translate(text1) text3 = translate(text1,,,)	Klein- in Großbuchstaben umwandeln: text2 und text3 liefern den Inhalt von text1 in Großbuchstaben (außer Umlaute und ß): "ABCXYZäöüß".
text1 = "Lieselotte" text2 = translate(text1,,, "=")	alle Zeichen durch *ein* Zeichen ersetzen: **Eingabetabelle:** standardmäßig alle Zeichen mit den Zeichencodes 0-255. **Ausgabetabelle:** standardmäßig die Nullzeichenfolge. Sie wird in der Länge der Eingabetabelle mit dem Füllzeichen "=" aufgefüllt. text2 liefert eine Zeichenfolge in der Länge von text1, die nur aus Gleichheitszeichen besteht.
text1 = "Lieselotte" text2 = translate(text1,, "aeiou")	bestimmte Zeichen durch Leerstellen ersetzen: **Eingabetabelle:** "aeiou" (die kleinen Vokale). **Ausgabetabelle:** standardmäßig die Nullzeichenfolge. Sie wird in der Länge der Eingabetabelle mit dem Standardfüllzeichen "□" (Leerstelle) aufgefüllt. text2 liefert den Inhalt von text1, in dem alle kleinen Vokale durch Leerstellen ersetzt sind: "L□□s□l□tt□".
text1 = "Lieselotte" text2 = translate(text1,, "aeiou", ..."*")	bestimmte Zeichen durch *ein* Zeichen ersetzen: **Eingabetabelle:** "aeiou" (die kleinen Vokale). **Ausgabetabelle:** standardmäßig die Nullzeichenfolge. Sie wird in der Länge der Eingabetabelle mit dem Füllzeichen "*" aufgefüllt. text2 liefert den Inhalt von text1, in dem alle kleinen Vokale durch "*" ersetzt sind: "L**s*l*tt*".
text1 = "abc" || "000102"x text2 = translate(text1, "xyz")	teils durch bestimmte Zeichen, teils durch Leerstellen ersetzen: **Eingabetabelle:** standardmäßig alle Zeichen mit den Zeichencodes 0-255. **Ausgabetabelle:** "xyz". Sie wird in der Länge der Eingabetabelle mit dem Standardfüllzeichen "□" (Leerstelle) aufgefüllt. text2 liefert "□□□xyz". Die ersten drei Zeichen der Eingabetabelle ("000102"x) wurden in text1 durch "xyz" ersetzt. Alle anderen Zeichen, nämlich "abc", wurden durch das Standardfüllzeichen "□" (Leerstelle) ersetzt.

REXX-Anweisungen	Erläuterung
text1 = "abc......xyzäöü" text2 = translate(text1, ..."ABC...XYZÄÖÜ", ..."abc...xyzäöü")	Ein-/Ausgabetabelle gleichlang: **Eingabetabelle:** Kleinbuchstaben einschließlich der kleinen Umlaute. **Ausgabetabelle:** Großbuchstaben einschließlich der großen Umlaute. text2 liefert den Inhalt von text1, in dem alle Kleinbuchstaben (auch die kleinen Umlaute) in Großbuchstaben übersetzt sind.

Häufige Fehler

- **Zeichenübersetzung, keine Wortersetzung.** Durch den Funktionsaufruf translate("Theo Schiff", "Gero", "Theo") wird in der Zeichenfolge "Theo Schiff" der Vorname "Theo" durch "Gero" ersetzt. Das könnte zu der irrigen Vermutung führen, daß mit translate Wortersetzungen möglich sind.
  Betrachten Sie als Gegenbeispiel den Funktionsaufruf translate("Gerd Müller", "Franz", "Gerd"), der als Ergebnis "Fran Müllra" liefert. An diesem Beispiel ist deutlich zu sehen, daß eine zeichenweise Übersetzung von der Ein- in die Ausgabetabelle stattfindet.
- **Umlaute.** Durch den Funktionsaufruf translate("Milch macht müde Männer munter") werden nur die Buchstaben a-z, aber nicht die kleinen Umlaute in Großbuchstaben umgewandelt: "MILCH MACHT MüDE MäNNER MUNTER". Wenn auch die Umlaute umgewandelt werden sollen, muß der folgende translate-Aufruf verwendet werden: translate("Milch macht müde Männer munter", "ABC...XYZÄÖÜ", "abc...xyzäöü").
- **Zeichen löschen.** Durch den Funktionsaufruf translate("OS/2 OS/400", "", "/") wird nicht etwa das Zeichen "/" durch nichts ersetzt, also gelöscht. Tatsächlich wird die leere Ausgabetabelle in der Länge der Eingabetabelle mit dem Standardfüllzeichen Leerstelle aufgefüllt. Die Ausgabetabelle besteht also aus einem Leerzeichen: "□". Die Schrägstriche in "OS/2 OS/400" werden daher durch eine Leerstelle ersetzt: "OS□2□OS□400".
  Wenn ein Zeichen aus einer Zeichenfolge gelöscht werden soll, kann man das z. B. mit den folgenden Anweisungen erreichen:

```
text = "OS/2 OS/400"
pos = pos("/", text)
do while pos <> 0
  text = delstr(text, pos, 1)
  pos = pos("/", text)
end
```

Anwendung

1	Kleinbuchstaben außer Umlaute in Großbuchstaben umwandeln
2	Kleinbuchstaben einschließlich Umlaute in Großbuchstaben umwandeln
3	Großbuchstaben einschließlich Umlaute in Kleinbuchstaben umwandeln
4	Wortliste erzeugen durch Umwandeln eines Sonderzeichens in eine Leerstelle
5	Wortliste erzeugen durch Umwandeln von Sonderzeichen in Leerstellen
6	Alle Zeichen durch ein bestimmtes Zeichen ersetzen
7	Trennzeichen im Datum umwandeln

8	Reihenfolge der Zeichen in einer Zeichenfolge ändern
9	Undruckbare Zeichen
10	Code-Umsetzung zwischen zwei Zeichensätzen
11	Code-Umsetzung zwischen zwei Zeichensätzen mit Ausnahmen
12	Bitparität eines Bytes prüfen
13	Ein bestimmtes Zeichen aus einer Zeichenfolge entfernen
14	Bestimmte Zeichen aus einer Zeichenfolge entfernen

1. Kleinbuchstaben außer Umlaute in Großbuchstaben umwandeln

Wenn die translate-Funktion nur mit dem ersten Parameter (hier: text) aufgerufen wird, werden in der angegebenen Variablen die Kleinbuchstaben a-z, aber nicht die Umlaute äöü, in die entsprechenden Großbuchstaben A-Z umgewandelt.

Diese Art des Funktionsaufrufs können Sie daher in der Regel nicht für deutsche Texte verwenden, sondern nur dann, wenn die umzuwandelnden Texte keine Umlaute enthalten. Dies ist z. B. dann der Fall, wenn ein Programm mit englischsprachigen Parametern aufgerufen werden soll. Die übergebenen Argumente werden dann in Großbuchstaben umgesetzt, so daß nur mit den Parameterwerten in Großbuchstaben verglichen werden muß.

```
text1 = "Milch macht (möglicherweise) müde Männer munter."
text2 = translate (text1)
```

➔ text2: "MILCH MACHT (MöGLICHERWEISE) MüDE MäNNER MUNTER."

Die Kleinbuchstaben der Variablen text1 werden in Großbuchstaben umgewandelt. Nicht umgewandelt werden die kleinen Umlaute ä, ö und ü.

Hinweis: Kleinbuchstaben können auch mit der Anweisung parse upper sowie unter TSO/E mit der Anweisung upper in Großbuchstaben umgewandelt werden. Beachten Sie aber, daß upper keine SAA-Anweisung ist, d. h. sie muß nicht auf jeder Plattform implementiert sein.

2. Kleinbuchstaben einschließlich Umlaute in Großbuchstaben umwandeln

Die Eingabetabelle klein enthält die Kleinbuchstaben a-z und die kleinen Umlaute äöü. Die Ausgabetabelle gross enthält die Großbuchstaben A-Z und die großen Umlaute ÄÖÜ, und zwar in der gleichen Reihenfolge wie in der Eingabetabelle.

Zeichen in text1, die mit einem Zeichen in klein übereinstimmen, werden in das entsprechende Zeichen der Tabelle gross umgewandelt. Es werden also alle Kleinbuchstaben der Variablen text1 einschließlich der kleinen Umlaute in die entsprechenden Großbuchstaben umgewandelt.

```
klein = "abcdefghijklmnopqrstuvwxyzäöü"
gross = "ABCDEFGHIJKLMNOPQRSTUVWXYZÄÖÜ"
text1 = "Milch macht (möglicherweise) müde Männer munter."
text2 = translate (text1, gross, klein)
```

➔ text2: "MILCH MACHT (MÖGLICHERWEISE) MÜDE MÄNNER MUNTER."

3. Großbuchstaben einschließlich Umlaute in Kleinbuchstaben umwandeln

Wenn hingegen alle Großbuchstaben in Kleinbuchstaben umgewandelt werden sollen, müssen lediglich Ein- und Ausgabetabelle vertauscht werden:

```
klein = "abcdefghijklmnopqrstuvwxyzäöü"
gross = "ABCDEFGHIJKLMNOPQRSTUVWXYZÄÖÜ"
```

```
text1 = "MILCH MACHT (MÖGLICHERWEISE) MÜDE MÄNNER MUNTER."
text2 = translate (text1, klein, gross)
```

➔ text2: "milch macht (möglicherweise) müde männer munter."

4. Wortliste erzeugen durch Umwandeln eines Sonderzeichens in eine Leerstelle

Dateinamen werden unter manchen Betriebssystemen, z. B. MVS, durch sogenannte Qualifier gebildet, die durch Punkte voneinander getrennt sind. Wenn die Punkte in Leerstellen umgewandelt werden, erhält man eine Wortliste, die mit den eingebauten Wortfunktionen bearbeitet werden kann, um einzelne Qualifier zu ermitteln.

```
dateiname1 = "sysprog.dumps.save.april"
dateiname2 = translate (dateiname1, "□", ".")
last_qualifier = word(dateiname2, words(dateiname2))
```

➔ dateiname2: "sysprog dumps save april", last_qualifier: "april"

Nachdem die Variable dateiname1 in die Wortliste dateiname2 umgewandelt wurde, kann mit der word-Funktion der letzte Qualifier des Dateinamens ermittelt werden. Die Nummer des letzten Qualifiers entspricht der Anzahl Wörter words(dateiname2), die in dateiname2 enthalten ist.

5. Wortliste erzeugen durch Umwandeln von Sonderzeichen in Leerstellen

Vollqualifizierte, d. h. voll ausgeschriebene PC-Dateibezeichnungen haben den Aufbau: g:\verzeichnis1\verzeichnis2\...\dateiname.dateierweiterung.

Wenn sicher ist, daß eine vollqualifizierte Dateibezeichnung bearbeitet wird, kann man diese in eine Wortliste umwandeln, indem man mit der translate-Funktion die Sonderzeichen :\. in Leerstellen umwandelt.

```
dateibez1 = "c:\appc\log\appc0001.log"
dateibez2 = translate (dateibez1, "□□□", ":\.")
geraet = word(dateibez2, 1)
dateiname = word(dateibez2, words(dateibez2) - 1)
```

➔ dateibez2: "c appc log appc000 log", geraet: "c", dateiname: "appc0001"

Durch Verwendung des vierten Parameters füll wird die Ausgabetabelle unabhängig von der Anzahl der Zeichen in der Eingabetabelle:

```
dateibez2 = translate (dateibez1,, ":\.", "□")
```

Die Ausgabetabelle wird weggelassen (aber durch ein Komma repräsentiert!) und stattdessen als Füllzeichen eine Leerstelle "□" angegeben. Wenn die Länge der Ausgabetabelle kleiner ist als die Eingabetabelle, wird sie mit dem Füllzeichen aufgefüllt. Da die Ausgabetabelle hier die Länge 0 hat, wird sie in der Länge 3 der Eingabetabelle mit Leerstellen aufgefüllt. Daher werden alle Zeichen der Eingabetabelle in Leerstellen umgewandelt.

Siehe auch: filespec.

6. Alle Zeichen durch ein bestimmtes Zeichen ersetzen

Wenn alle Zeichen einer Zeichenfolge in ein bestimmtes Zeichen umgewandelt werden sollen, gibt man als Ausgabetabelle die Nullzeichenfolge "" an, läßt die Eingabetabelle weg (aber nicht das zugehörige Komma!) und gibt als Füllzeichen das gewünschte Ersatzzeichen an.

```
text1 = "Milch macht (möglicherweise) müde Männer munter."
text2 = translate (text1, "",, "=")
➔ text2: "================================================"
```

Wenn keine Eingabetabelle angegeben wird, werden alle 256 Codes eines Zeichensatzes von 0-255 umgewandelt. Wenn die Länge der Ausgabetabelle kleiner ist als die Eingabetabelle, wird sie mit dem Füllzeichen aufgefüllt. Da die Ausgabetabelle hier die Länge 0 hat, wird sie in der Eingabetabellenlänge von 256 mit dem Füllzeichen Gleichheitszeichen "=" aufgefüllt. Daher werden alle Zeichen der Eingabetabelle in Gleichheitszeichen umgewandelt. Die translate-Funktion hat also einen doppelten Unterstreichstrich in der Länge der Variablen text1 erzeugt.

Beachten Sie, daß Sie die Ausgabetabelle nicht weglassen dürfen, obwohl sie aus der Nullzeichenfolge besteht. Da nämlich keine Eingabetabelle angegeben ist, würden beide Tabellen fehlen, und in diesem Fall würde nur eine Umsetzung von Klein- in Großbuchstaben vorgenommen.

Den gleichen Effekt kann man z. B. mit text2 = copies ("=", length(text1)) erreichen. Die copies-Funktion generiert das angegebene Zeichen "=" so oft, wie es length(text1) ausdrückt, so daß sich die gleiche Zeichenfolge ergibt, wie wenn man die translate-Funktion benutzt.

7. Trennzeichen im Datum umwandeln

Die date-Funktion date ("european") liefert das Datum in der bei uns unüblichen Form tt/mm/jj. Die Schrägstriche können mit der translate-Funktion in Punkte umgewandelt werden, so daß wir die uns vertraute Form des Datums tt.mm.jj erhalten:

```
datum1 = date ("european")
datum2 = translate (datum1, ".", "/")
➔ datum1: "22/10/95", datum2: "22.10.95"
```

8. Reihenfolge der Zeichen in einer Zeichenfolge ändern

Bisweilen liegt das Datum in der englischen Version mm/tt/jj vor und soll in die deutsche Variante tt.mm.jj umgewandelt werden. Mit einem geläufigen Trick kann man mit der translate-Funktion gleichzeitig die Schrägstriche in Punkte umwandeln und die Reihenfolge der Datumsbestandteile ändern.

```
datum1 = "10/22/95"
datum2 = translate ("45.12.78", datum1, "12345678")
➔ datum2: "22.10.95"
```

Die Eingabetabelle enthält die Ziffern "12345678", d. h. genauso viele Zeichen wie das Datum datum1, das hier als Ausgabetabelle verwendet wird. Jedes Zeichen des ersten Parameters "45.12.78" wird in der Eingabetabelle gesucht und durch das Zeichen der Ausgabetabelle mit der gleichen Platznummer ausgetauscht.

Die Ziffern 4 und 5 entsprechen z. B. der Monatszahl in der Variablen datum1. Also werden die Ziffern 4 und 5 in "45.12.78" durch die Monatszahl ersetzt. Das gleiche gilt für die Tageszahl (Stelle 1-2) und das Jahr (Stelle 7-8). Die Punkte werden in "45.12.78" nicht ausgetauscht, da sie in der Eingabetabelle nicht vorkommen.

9. Undruckbare Zeichen

Undruckbare Zeichen müssen in der Ein- bzw. Ausgabetabelle als Hexfolgen angegeben werden:

```
text1 = "c:/appc/empf.dat"
text2 = translate (text1, "ec"x, "/")
➔ text2: "c:" || "ec"x || "appc" || "ec"x || "empf.dat"
```

Im Beispiel wird auf einem Rechner, der mit dem EBCDIC-Code arbeitet, anstelle des undruckbaren Zeichens "\" in der Variablen text1 der Schrägstrich "/" verwendet. Der Inhalt der Variablen text1 soll an einen ASCII-Rechner gesendet werden, der in der Dateibezeichnung das Zeichen "\" erwartet. Bevor die Zeichen der Variablen text1 vom EBCDIC-Code in den ASCII-Code umgewandelt werden, wird daher der Schrägstrich "/" in "ec"x, den EBCDIC-Code für "\" umgesetzt.

10. Code-Umsetzung zwischen zwei Zeichensätzen

Wenn zwischen zwei Rechnern, die mit unterschiedlichen Zeichensätzen arbeiten, Daten ausgetauscht werden sollen, z. B. mit APPC, müssen diese auf einer von beiden Seiten in den Zeichensatz des Zielrechners umgewandelt werden. Das gleiche trifft zu, wenn externe Dateien verarbeitet werden sollen, die in einem anderen Code als dem des Zielrechners vorliegen. Mit der translate-Funktion kann ein Text, der in einem Zeichensatz vorliegt, in einen anderen Zeichensatz übersetzt werden:

```
text1 = "Milch macht (möglicherweise) müde Männer munter"
text2 = translate (text1, ebc2asc ())
➔ text2: [Inhalt von text im ASCII-Code]
```

Wir gehen davon aus, daß das Beispiel auf einem Rechner abläuft, der mit dem EBCDIC-Code arbeitet. Die Funktion ebc2asc liefert die ASCII-Codes für alle Codes des EBCDIC-Codes von "00"x bis "ff"x. Da keine Eingabetabelle angegeben wurde, werden alle Zeichen der Variablen text1 vom EBCDIC- in den ASCII-Code umgesetzt.

Siehe auch: asc2ebc; ebc2asc.

11. Code-Umsetzung zwischen zwei Zeichensätzen mit Ausnahmen

Bisweilen sollen einzelne Zeichen abweichend von den Standardtabellen, wie sie die Funktionen asc2ebc und ebc2asc zurückgeben, umgesetzt werden. In diesem Fall kann man sich die zwei folgenden Eigenschaften der translate-Funktion zunutze machen:

- Ein- und Ausgabetabellen dürfen beliebig lang sein, also auch länger als die Länge der Standardtabellen (256).
- Auch wenn ein Zeichen in der Eingabetabelle mehrfach vorkommt, wird immer das am weitesten links stehende Zeichen der Eingabetabelle zur Übersetzung herangezogen.

Im folgenden Beispiel soll der Text eines REXX-Programms vom EBCDIC-Code in den ASCII-Code übersetzt werden. Da auf dem Quellrechner als Oder-Operator das Ausrufezeichen !, als Konkatenatierungsoperator das doppelte Ausrufezeichen !! und als Nicht-Operator der Zirkumflex ^ verwendet wird, müssen ! und ^ für den Zielrechner in | und \ umgesetzt werden.

```
text1 = "if ^voll ! leer then a = b"
text2 = translate (text1, "5c7c"x || ebc2asc, "^!"xrange ("00"x, "ff"x))
```

➔ text2: [Inhalt von text1 im ASCII-Code; ! und ^ sind durch | und \ ersetzt]

Die Funktion xrange ("00"x, "ff"x) liefert eine Zeichenfolge mit allen Codes von 0-255. Diese Zeichenfolge wird vorn mit den beiden speziell zu behandelnden Zeichen "^!" verkettet. Die Eingabetabelle besteht daher (in dieser Reihenfolge) aus den Zeichen "^!" und allen Codes von 0-255. Wie aus dem oben Gesagten hervorgeht, bleibt das jeweils zweite Vorkommen der Zeichen "^!" unberücksichtigt.

Der Standard-Ausgabetabelle ebc2asc wurden die zwei ASCII-Codes für "\|" vorangestellt: "5c7c"x. Sie werden daher zur Übersetzung der Zeichen "^!" herangezogen und nicht die Codes der Standardtabelle, die in allen anderen Fällen gelten.

12. Bitparität eines Bytes prüfen

Aufgabe: Es soll geprüft werden, ob ein Byte gerade Bitparität hat, d. h. ob das Byte eine gerade Anzahl von Bits mit dem Wert 1 enthält. Wenn ja, soll einer logischen Variablen der Wert 1 (wahr) zugewiesen werden, sonst der Wert 0 (falsch).

Das Quellbyte byte ("42"x) wird zuerst mit c2x(byte) in die hexadezimale Zahl temp1 = "42" umgewandelt. Diese wird mit x2b(temp1) in die Binärzahl temp2 = "01000010" umgesetzt. Die Anweisung translate (temp2, "□", 0) übersetzt alle Nullen in temp2 in Leerstellen, so daß temp3 den Wert "□1□□□□1□" erhält.

```
byte = "42"x
/* Langform: */
temp1 = c2x(byte)
temp2 = x2b(temp1)
temp3 = translate (temp2, "□", 0)
temp4 = space (temp3, 0)
gerade = (length(temp4) // 2 = 0)
/* Kurzform: */
gerade = (length(space(translate(x2b(c2x(byte)), "□", 0), 0)) // 2 = 0)
```

➔ temp1: "42", temp2: "01000010", temp3: "□1□□□□1□", temp4: "11"
gerade: 1

Die Leerstellen werden mit (temp3, 0) aus der Zeichenfolge temp3 entfernt, so daß in temp4 nur noch die Einserbits übrigbleiben. length(temp4) bezeichnet demzufolge die Anzahl der Einserbits in dem zu untersuchenden Byte. Die Restdivision length(temp4) // 2 liefert den Rest aus der Division der Einserbitzahl durch 2. Ist der Rest gleich Null, hat das Byte gerade Parität, andernfalls hat es ungerade Parität. Wir weisen deshalb der logischen Variablen gerade das Resultat des Vergleichs (length(temp4) // 2 = 0) zu, der bei gerader Parität 1 ergibt und bei ungerader Parität 0.

13. Ein bestimmtes Zeichen aus einer Zeichenfolge entfernen

Aufgabe: Aus einer Zeichenfolge sollen alle Vorkommen eines bestimmten Zeichens entfernt werden.

```
text1 = "Manche mögen's heiß"

/* Langform: */
temp1 = translate (text1, "␣e", "e␣")
temp2 = space (temp1, 0)
text2 = translate(temp2, "␣", "e")

/* Kurzform: */
text2 = translate(space(translate(text1, "␣e", "e␣"), 0), "␣", "e")
```

➔ temp1: "Manch emög n'seh iß", temp2: "Manchemögn'sehiß"
text2: "Manch mögn's hiß"

Mit translate (text1, "␣e", "e␣") wird die Variable temp1 erzeugt. In temp1 sind alle Leerstellen in text1 durch das zu entfernende Zeichen "e" ersetzt und alle Vorkommen des Zeichens "e" durch eine Leerstelle. temp2 wird dann eine Zeichenfolge zugewiesen, aus der mit space(temp1, 0) alle Leerstellen, die ja das zu entfernende Zeichen repräsentieren, entfernt werden. text2 entsteht aus temp2 durch Übersetzung des Zeichens "e", das ja ursprüngliche Leerstellen darstellt, in Leerstellen. Damit sind aus der ursprünglichen Zeichenfolge alle Vorkommen des Zeichens "e" entfernt.

14. Bestimmte Zeichen aus einer Zeichenfolge entfernen

Aufgabe: Aus einer Zeichenfolge sollen alle Vorkommen einer bestimmten Zeichenmenge (hier: charset = "aeiou", also alle kleinen Vokale) entfernt werden.

```
text1 = "Manche mögen's heiß"
charset = "aeiou"
char = left (charset, 1)
leerset = copies ("␣", length(charset))

/* Langform: */
temp1 = translate (text1, leerset || char, charset || "␣")
temp2 = space (temp1, 0)
text2 = translate(temp2, "␣", char)

/* Kurzform: */
text2 = translate(space(translate(text1, leerset || char, charset || "␣"), 0), "␣", char)
```

➔ temp1: "M nch amög n'sah ß", temp2: "Mnchamögn'sahß"
text2: "Mnch mögn's hß"

Mit translate (text, leerset || char, charset || "␣") wird die Variable temp1 erzeugt, in der alle Leerstellen in text1 durch das erste zu entfernende Zeichen char (= left (charset, 1) = "a") ersetzt sind und alle Vorkommen der zu entfernenden Zeichen in charset durch eine Leerstelle. temp2 wird dann eine Zeichenfolge zugewiesen, aus der mit space (temp1, 0) alle Leerstellen, die ja zu entfernende Zeichen repräsentieren, entfernt werden. text2 entsteht aus temp2 durch Übersetzung des Zeichens char, das ja ursprüngliche Leerstellen darstellt, in Leerstellen. Damit sind aus der ursprünglichen Zeichenfolge alle Vorkommen der in charset enthaltenen Zeichen entfernt.

trunc

```
>>-TRUNC(zahl-+----------+-)-><
              +-, anzahl-+
```

Die eingebaute SAA-Funktion trunc (abschneiden) liefert den ganzzahligen Teil von zahl zurück und n (n = anzahl) Stellen nach dem Dezimalpunkt.

zahl ist eine beliebige Zahl. Sie wird zuerst nach den REXX-Standardregeln entsprechend der maximalen Anzahl Ziffernstellen, die mit numeric digits festgelegt werden, gerundet, so als würde die Operation zahl + 0 ausgeführt. Wir bezeichnen das Ergebnis der Rundung im folgenden mit <zahl>, um Mißverständnisse zu vermeiden.

Wenn anzahl fehlt, gilt anzahl = 0, andernfalls muß anzahl eine positive Ganzzahl sein. Wenn anzahl 0 ist, wird <zahl> ohne Dezimalpunkt und ohne Nachkommastellen zurückgeliefert.

Wenn anzahl größer 0 ist, unterscheiden wir folgende Fälle:

- Wenn die Anzahl der Nachkommastellen von <zahl> *größer* als anzahl ist, wird <zahl> nach der n-ten (n = anzahl) Nachkommastelle abgeschnitten. Dabei erfolgt keine Rundung.
- Wenn die Anzahl der Nachkommastellen von <zahl> *gleich* anzahl ist, wird <zahl> ohne weitere Änderung an den Aufrufer zurückgegeben.
- Wenn die Anzahl der Nachkommastellen von <zahl> *kleiner* als anzahl ist, wird <zahl> bis auf n (n = anzahl) Nachkommastellen mit Nullen aufgefüllt.

Das Ergebnis von trunc wird *nie* in exponentieller Schreibweise dargestellt.

Hinweis: In manchen Fällen kann statt trunc auch die Funktion format oder der Operator % verwendet werden. Beachten Sie aber die teilweise unterschiedliche Wirkung.

- Die Funktion format liefert mit dem Aufruf format(*zahl,, anzahl,* 0) analoge Ergebnisse. Allerdings wird <zahl> ggf. gerundet.
- Statt trunc(*zahl / divisor*) kann in vielen Fällen auch zahl % divisor (ganzzahlige Division) verwendet werden. trunc funktioniert allerdings auch dann fehlerfrei, wenn der Wert für numeric digits zu klein gewählt wurde, während der %-Operator dann zu REXX-Fehler 26 führt.

anzahl	Nichtnegative Ganzzahl. Anzahl der Nachkommastellen, die zurückgeliefert werden sollen. **Standard:** 0.
zahl	Beliebige Zahl.

Beispiele

REXX-Anweisungen	Erläuterung
z1 = trunc(123.12) z2 = trunc(-123.50) z3 = trunc(123.54) z4 = format(123.12,, 0) z5 = format(-123.50,, 0)	<u>Anzahl fehlt oder 0:</u> Die Ergebnisse für z1-z3 sind: 123, -123 und 123. Beachten Sie, daß z2 und z3 nicht aufgerundet wurden.

REXX-Anweisungen	Erläuterung
z6 = format(123.54,, 0)	Zum Vergleich: Die Ergebnisse für z4-z6 sind: 123, -124 und 124. z5 und z6 wurden also aufgerundet.
z1 = trunc(123.1249, 2) z2 = trunc(-123.1250, 2) z3 = trunc(123.1254, 2) z4 = format(123.1249,, 2) z5 = format(-123.1250,, 2) z6 = format(123.1254,, 2)	Anzahl > 0 und < Nachkommastellen: Die Ergebnisse für z1-z3 sind: 123.12, -123.12 und 123.12. Beachten Sie, daß z2 und z3 nicht aufgerundet wurden. Zum Vergleich: Die Ergebnisse für z4-z6 sind: 123.12, -123.13 und 123.13. z5 und z6 wurden also aufgerundet.
z1 = trunc(123.12, 4)	Anzahl > 0 und > Nachkommastellen: z1 wird um 2 Nachkommastellen mit dem Wert 0 ergänzt: 123.1200.
z1 = trunc(123456 / 10) z2 = 123456 % 10	trunc und der %-Operator: z1 und z2 liefern beide den gleichen Wert: 12345.
numeric digits 4 z1 = trunc(123456) z2 = trunc(123456 / 10) z3 = 123456 % 10	trunc und numeric digits: z1 wird nach numeric digits 4 gerundet und ergibt 1.235e+5. Da trunc eine Zahl nicht in exponentieller Schreibweise zurückgibt, werden zwei Nullen ergänzt: z1 = 123500. Das Ergebnis von 123456 / 10 wird nach numeric digits 4 gerundet und ergibt 1.235e+4. trunc macht daraus: z2 = 12350. z3 wird erst gar nicht berechnet, sondern führt zu REXX-Fehler 26, da 123456 bei numeric digits 4 zu groß ist.

Anwendung

Variablenstamm binär durchsuchen

Aufgabe: Ein vorsortierter Variablenstamm soll nach dem binären (oder logarithmischen) Suchverfahren nach einer Stammvariablen durchsucht werden.

```
  satz.1 = "Barbara"; satz.2 = "Christa"; satz.3 = "Eva"; satz.4 = "Gisela"
  satz.5 = "Iris"; satz.6 = "Sabine"; satz.0 = 6
  nr1 = stemseek("Eva")
  nr2 = stemseek("Doris")
  exit
stemseek: procedure expose satz.
  parse arg suchstring
  i = 1; j = satz.0
  do until i > j
    index = trunc((i + j) / 2)
    if suchstring = satz.index then return index
    if suchstring > satz.index then i = index + 1; else j = index - 1
  end
  return 0
```

➔ nr1: 3, nr2: 0.

Das binäre Suchverfahren wird in der internen Funktion stemseek realisiert. Die Variablen der Funktion werden mit procedure gegen die Variablen des Aufrufers geschützt. Durch expose satz. wird der Variablenstamm satz. jedoch der Funktion zugänglich gemacht. Mit parse arg übernehmen wir die zu suchende Zeichenfolge suchstring vom Aufrufer. suchstring muß vollständig mit einer Stammvariablen des Variablenstamms satz. übereinstimmen, damit Gleichheit festgestellt werden kann.

Das binäre Suchverfahren beruht darauf, daß zuerst etwa in der Mitte des sortierten Stamms gesucht wird. Wenn Gleichheit festgestellt wird, ist der Suchvorgang beendet. Ist suchstring kleiner als die verglichene Stammvariable, wird die mittlere Variable der unteren Hälfte des Stamms verglichen, andernfalls die mittlere Variable in der oberen Hälfte. Dies geht solange weiter, bis suchstring gefunden wird oder bis keine weitere Halbierung mehr möglich ist.

Am Anfang setzen wir i, den unteren Index des Stamms, auf 1, den oberen Index j auf satz.0, den höchsten Index. Die folgende do-until-Schleife ignoriert die Schleifenbedingung im ersten Durchgang. Daher wird sofort der Index index der mittleren Variablen berechnet. Diese Berechnung erfolgt mit trunc((i + j) / 2), da uns nur ein ganzzahliges Ergebnis interessiert (die Indizes des Stamms sind ganzzahlig). Das gleiche Ergebnis würde auch die ganzzahlige Division (i + j) % 2 liefern. Wenn suchstring gleich der Stammvariablen mit dem berechneten Index ist, verlassen wir die Funktion mit return und geben den gefundenen Index an den Aufrufer zurück. Wenn suchstring größer ist, wird i auf index + 1 gesetzt, so daß i jetzt der untere Index der oberen Hälfte des Stamms ist. Andernfalls wird j auf index - 1 gesetzt, so daß j jetzt der obere Index der unteren Hälfte des Stamms ist.

In der Schleifenkopfbedingung wird abgefragt, ob i größer als j ist. Wenn das der Fall ist, verbleibt kein Teil des Stamms mehr zum Untersuchen und die Schleife wird verlassen: suchstring wurde nicht gefunden. Daher beenden wir die Funktion, indem wir den Index 0 mit return an den Aufrufer zurückgeben.

ts

```
►►— TS —►◄
```

Siehe auch: executil; te; trace (Anweisung); trace (Funktion).
Geltung: Alle MVS-Adreßumgebungen.

Der TSO/E REXX-Befehl ts (trace start = Trace einschalten) schaltet den globalen interaktiven Trace für alle Teile eines Programms, also auch für interne und externe Unterprogramme ein, so als würde die Anweisung trace ?results am Anfang eines jeden Programmteils ausgeführt. ts ist ein Sofortbefehl (immediate command), weil die Funktion sofort, d. h. sobald als möglich, ausgeführt wird.

Vordergrund. Im TSO-Vordergrund muß man zur Eingabe des ts-Befehls zuerst die Unterbrechungstaste PA1 drücken. Dann wird die Eingabeaufforderung

ENTER HI TO END, A NULL LINE TO CONTINUE, OR AN IMMEDIATE COMMAND

angezeigt und man kann den Sofortbefehl "ts" eingeben. Die Trace-Ausgabe wird in diesem Fall auf dem Bildschirm ausgegeben. ts als Sofortbefehl hat in der Praxis eher eine geringere Bedeutung, da sich die Stelle, an der das Programm unterbrochen wird, nicht genau festlegen läßt.

Hintergrund. Wenn ein Programm im TSO-Hintergrund ausgeführt wird, muß der ts-Befehl im Programm enthalten sein, um wirksam zu werden. Die Trace-Ausgabe wird in diesem Fall in die Datei mit dem DD-Namen SYSTSPRT ausgegeben. Das gleiche trifft zu, wenn ein Programm in einer anderen Adreßumgebung als TSO abläuft.

Beenden. Der globale Trace kann mit den TSO/E REXX-Befehlen te oder executil te wieder ausgeschaltet werden. Beim Verlassen des Hauptprogramms wird der globale Trace automatisch ausgeschaltet.

Hinweise:

- Die TSO/E REXX-Befehle executil te und executil ts sind funktionsgleich mit te bzw. ts, können aber nur in der TSO-Adreßumgebung ausgeführt werden.
- Im Unterschied zur trace-Anweisung und zur trace-Funktion haben executil ts/te und ts/te globale Wirkung. *Siehe:* trace (Anweisung), Geltungsbereich.

Unterbrechung

Siehe: executil hi; Fehlerbedingung; hi; pmrexx.

Externe Unterbrechungen eines REXX-Programms sind plattformabhängig und werden daher im folgenden für jede Plattform gesondert dargestellt.

DOS. Ein REXX-Programm wird durch die Tasten Strg+Untbr oder Strg+C unterbrochen. Wenn das Programm nicht gerade einen Befehl ausführt, wird die Halt-Bedingung ausgelöst, andernfalls wird lediglich der laufende Befehl abgebrochen und das Programm mit der nächsten Anweisung fortgesetzt.

OS/2. Wenn ein REXX-Programm von einem OS/2-Gesamtbildschirm oder von derOS/2-Befehlszeile aus gestartet wird, wird es durch die Tastenkombinationen Strg+Untbr oder Strg+C unterbrochen. Wenn das Programm nicht gerade einen Befehl ausführt oder eine externe Funktion, die keine REXX-Funktion ist, wird die Halt-Bedingung ausgelöst, andernfalls werden der laufende Befehl *und* das Programm abgebrochen.

Unter pmrexx kann die Halt-Bedingung auch durch Aufruf des Menüpunkts *Prozedur beenden* im Menü *Funktionen* ausgelöst werden. Die Halt-Bedingung wirkt sich jedoch nur auf das REXX-Programm aus und nicht auf evtl. aufgerufene Nicht-REXX-Programme.

TSO/E. In der TSO/E-Adreßumgebung wird die Halt-Bedingung durch den Sofortbefehl hi bzw. den TSO/E REXX-Befehl executil hi ausgelöst.

Unterprogramm

Siehe auch: Parameter; Positionsparameter; Schlüsselwortparameter; Unterprogramm, externes; Unterprogramm, internes.

Wenn ein Programmteil oder ein Programm mit der Anweisung call aufgerufen wird, sprechen wir von einem Unterprogramm. Wir unterscheiden zwei Arten von Unterprogrammen:

- Interne Unterprogramme. *Siehe:* Unterprogramm, internes.
- Externe Unterprogramme *Siehe:* Unterprogramm, externes.

Zweck. Es gibt einige gute Gründe, Unterprogramme einzusetzen:

- In einem linear programmierten Programm werden alle Anweisungen, so wie sie anfallen, nacheinander angeordnet. Dies führt zu unübersichtlichen Programmen, da die Kontrollstruktur und mithin das Wesentliche eines Programms nicht mehr erkannt werden kann. Gute Programme sind blockweise strukturiert, so daß eine zusammenhängende Anweisungsfolge auf eine Bildschirmseite paßt. Um dieses Ziel zu erreichen, kann man zusammenhängende Codestücke als Unterprogramme auslagern, die selbst wiederum - je nach Umfang - den gleichen Grundsätzen unterliegen.

- Wenn sich die gleichen Anweisungsfolgen in einem Programm wiederholen, ist es sinnvoll, diese nur einmal als Unterprogramm hinzuschreiben.
- Wenn in einem Programm ähnliche Anweisungsfolgen mehrfach vorkommen, ist es sinnvoll, diese als Unterprogramm umzuformulieren und die Unterschiede über Eingangsparameter zu steuern.
- Gleichartige Aufgabenstellungen, die in verschiedenen Programmen vorkommen, löst man am besten in externen Unterprogrammen, die von jedem beliebigen Programm aus aufgerufen und zentral geplegt werden können. Unterschiede in der Aufgabenstellung können auch hier durch Eingangsparameter gesteuert werden.

Unterprogramm, externes

Siehe auch: Argumentfolge; call; exit; Funktion; Kontextsicherung; procedure; return; Suchfolge; Unterprogramm, internes.

Externe Unterprogramme sind unter DOS und OS/2 als Dateien auf der Platte gespeichert, wobei der Dateiname mit dem angegebenen Unterprogrammnamen im call-Aufruf übereinstimmen muß. Unter TSO sind externe Unterprogramme in PDS-Dateien gespeichert und der Membername muß mit dem angegebenen Unterprogrammnamen im call-Aufruf übereinstimmen. Die Reihenfolge, in der die in Frage kommenden Dateien nach einem externen Unterprogramm durchsucht werden, ist durch die Suchfolge festgelegt. *Siehe:* Suchfolge.

Jedes Programm, das die call-Konventionen von REXX beachtet, kann als externes Unterprogramm aufgerufen werden. Dies gilt insbesondere für alle REXX-Programme, für die die untenstehenden Regeln gelten.

Hinweis: In der Regel muß ein externes Unterprogramm in einer anderen Datei bzw. einem anderen Member gespeichert sein als das aufrufende Programm. In Sonderfällen kann aber ein Programm sich selbst wieder als externes Unterprogramm aufrufen.

- Wenn ein Programm sich selbst rekursiv aufruft, muß es sich als externes Unterprogramm aufrufen, weil sonst bei jeder Rekursion die Variablen des Vorgängers verändert würden.
- In allen anderen Fällen muß man durch Parameter oder globale Variablen dafür sorgen, daß das Programm die jeweils gewünschte Funktion ausführt.
  Beispiel: Unter TSO kann ein Programm den ISPF-Service edit aufrufen und an diesen den Namen eines Editmakros übergeben, das beim Eintritt in den Editor ausgeführt werden soll. Damit zusammenbleibt, was zusammengehört, kann man Programm und Editmakro in einem Member speichern. Am Anfang des Programms muß man dann abfragen, ob das Programm als Makro aufgerufen wurde oder nicht und im Programm entsprechend verzweigen.

Aufruf. Die call-Anweisung hat den gleichen Aufbau wie beim Aufruf eines internen Unterprogramms:

```
call name [ausdruck,...]
```

name ist der Name der Datei bzw. des Members, die das externe Unterprogramm enthalten. name kann ein Symbol oder eine literale Zeichenfolge sein:

- Wenn name ein Symbol ist, kann dieses in Groß- und/oder Kleinschreibung angegeben werden.
- Wenn name eine literale Zeichenfolge ist, kann sie unter DOS und OS/2 in Groß-/Kleinschreibung angegeben werden, unter TSO muß sie in Großbuchstaben angegeben werden. Diese Vorschrift beruht auf der Schreibung bzw. Umsetzung von Datei- und Membernamen unter den jeweiligen Betriebssystemen. Interne Unterprogramme werden in der Suchfolge übergangen, und es wird zuerst nach einer eingebauten Funktion, dann nach einem externen Unterprogramm gesucht.

Hinweis: Wenn ein internes Unterprogramm mit dem gleichen Namen wie ein externes Unterprogramm vorhanden ist, *muß* name als literale Zeichenfolge angegeben werden, damit das interne Unterprogramm in der Suchfolge übergangen wird. Eine externe Funktion mit dem gleichen Namen wie eine eingebaute Funktion kann *nie* aufgerufen werden, da eingebaute Funktionen in der Suchfolge vor externen Unterprogrammen Priorität haben.

Kontextsicherung. Nach einem call-Aufruf wird der aktuelle Programmkontext (Programmzustand) gesichert. In dem Unterprogramm gilt der Programmkontext, der beim Aufruf eines Programms standardmäßig hergestellt wird. Veränderungen des Kontexts im Unterprogramm wirken sich nicht auf den Aufrufer aus, da der ursprüngliche Kontext nach dem Verlassen des Unterprogramms wiederhergestellt wird. *Siehe:* Kontextsicherung.

Verzweigung. Nach der Kontextsicherung wird die Steuerung an die erste Anweisung in dem externen Unterprogramm name übergeben. Ein externes Unterprogramm muß nicht mit einer Marke beginnen, da sein Name durch den Namen der Datei bzw. des Members festgelegt ist, in dem das Unterprogramm gespeichert ist.

Ein externes Unterprogramm kann selbst interne oder externe Unterprogramme oder sich selbst rekursiv aufrufen.

Parameterübergabe. Beim Aufruf eines Unterprogramms kann eine Folge von bis zu 20 Ausdrücken übergeben werden, die durch Kommas voneinander getrennt sein müssen. Die Ausdrücke werden von links nach rechts ausgewertet. Die dabei entstehenden Zeichenfolgen werden als Argumentfolgen bezeichnet und in dieser Reihenfolge als Parameter an das Unterprogramm übergeben. Das Unterprogramm kann die Argumentfolgen mit den Anweisungen parse arg bzw. arg oder mit der eingebauten Funktion arg einlesen. Einzelne Argumentfolgen können ausgelassen werden, nicht aber die trennenden Kommas, es sei denn, es folgen keine weiteren Argumentfolgen.

Die Parameterübergabe ermöglicht es, Daten an ein Unterprogramm zu übergeben, ohne daß dieses Zugriff auf die Variablen des Aufrufers haben muß.

Variablenschutz. Ein externes Unterprogramm hat keinen Zugriff auf die Variablen des Aufrufers. Die procedure-Anweisung ist am Anfang eines externen

Unterprogramms nicht erlaubt, weil externe Unterprogramme mit einer impliziten procedure-Anweisung beginnen. Die Variablen des Aufrufers sind daher vor dem Zugriff des Unterprogramms geschützt und können auch nicht exponiert werden, da die procedure-Anweisung und mithin auch die expose-Klausel der procedure-Anweisung verboten ist.

Hinweis: Die kontrollierte Veränderung von Variablen des aufrufenden Programms kann mit Hilfe der externen Variablenmodifikation erfolgen. *Siehe:* Variablenmodifikation, externe.

Unterprogrammende. Wenn das Unterprogramm mit exit beendet wird, stellt das Programm den ursprünglichen Programmkontext wieder her und verzweigt zu der ersten Anweisung des aufrufenden Programms, die dem call-Aufruf folgt. Die return-Anweisung erfüllt die gleiche Funktion wie die exit-Anweisung, sofern das externe Unterprogramm nicht gerade ein internes Unterprogramm abarbeitet. In diesem Fall wird das interne Unterprogramm beendet und die Steuerung an den Aufrufer innerhalb des externen Unterprogramms übergeben.

Ergebniszeichenfolge. Wenn das aufgerufene Programm mit return oder exit ein Ergebnis zurückgibt, wird die sich daraus ergebende Zeichenfolge nach der Rückkehr aus dem Unterprogramm der speziellen Variablen result zugewiesen, andernfalls ist result undefiniert. Das aufrufende Programm kann auf diese Variable zugreifen, weil der Variablenschutz nicht für die spezielle Variable result gilt.

Unterprogramm, internes

Siehe auch: Argumentfolge; call; exit; Funktion; Kontextsicherung; procedure; return; Suchfolge; Unterprogramm, externes.

Interne Unterprogramme sind Bestandteil des Programms, aus dem sie mit der call-Anweisung aufgerufen werden.

Aufruf. Die call-Anweisung hat den folgenden Aufbau:

```
call name [ausdruck,...]
```

name muß eine Marke innerhalb des Programms bezeichnen. Außerdem nuß name ein Symbol sein, da eine literale Zeichenfolge interne Unterprogramme in der Suchfolge übergeht. *Siehe auch:* Suchfolge.

name kann in Groß-/Kleinschreibung angegeben werden, da REXX name genauso wie Marken automatisch in Großbuchstaben umwandelt, so daß Unterschiede in der Groß-/Kleinschreibung keine Rolle spielen.

Kontextsicherung. Nach einem call-Aufruf wird der aktuelle Programmkontext (Programmzustand) gesichert. Das Unterprogramm erbt den aktuellen Kontext und dieser gilt solange in dem Unterprogramm weiter, bis er verändert wird. Veränderungen des Kontexts wirken sich allerdings nicht auf den Aufrufer aus, da der ursprüngliche Kontext nach dem Verlassen des Unterprogramms wiederhergestellt wird. *Siehe:* Kontextsicherung.

Verzweigung. Nach der Kontextsicherung wird die Steuerung an die erste Anweisung nach der Marke name: übergeben. Wenn in einem Programm mehrere gleichnamige Markennamen vorhanden sind, wird zu der ersten Marke ab Programmanfang verzweigt.

Ein internes Unterprogramm kann selbst interne oder externe Unterprogramme oder sich selbst rekursiv aufrufen.

Parameterübergabe. Beim Aufruf eines Unterprogramms kann eine Folge von bis zu 20 Ausdrücken übergeben werden, die durch Kommas voneinander getrennt sein müssen. Die Ausdrücke werden von links nach rechts ausgewertet. Die dabei entstehenden Zeichenfolgen werden als Argumentfolgen bezeichnet und in dieser Reihenfolge als Parameter an das Unterprogramm übergeben. Das Unterprogramm kann die Argumentfolgen mit den Anweisungen parse arg bzw. arg oder mit der eingebauten Funktion arg einlesen. Einzelne Argumentfolgen können ausgelassen werden, nicht aber die trennenden Kommas, es sei denn, es folgen keine weiteren Argumentfolgen.

Die Parameterübergabe ermöglicht es, Daten an ein Unterprogramm zu übergeben, ohne daß dieses Zugriff auf die Variablen des Aufrufers haben muß.

Variablenschutz. Ein internes Unterprogramm hat Zugriff auf alle Variablen des Aufrufers, außer wenn nach der einleitenden Marke eines internen Unterprogramms eine procedure-Anweisung folgt. In diesem Fall sind die Variablen des Aufrufers vor dem Zugriff des Unterprogramms geschützt. Mit der expose-Klausel der procedure-Anweisung können allerdings ausgewählte Variablen (auch Variablenstämme) exponiert, d. h. dem Zugriff des Unterprogramms unterworfen werden.

Unterprogrammende. Wenn das Unterprogramm mit return verlassen wird, stellt das Programm den vorherigen Programmkontext wieder her und verzweigt zu der ersten Anweisung, die dem call-Aufruf folgt.

Wenn das Unterprogramm mit exit beendet wird, wird das Programm absolut beendet, d. h. das Unterprogramm und alle Unterprogramme höherer Stufe sowie das Programm selbst werden beendet.

Ergebniszeichenfolge. Wenn das aufgerufene Programm mit return oder exit ein Ergebnis zurückgibt, wird die sich daraus ergebende Zeichenfolge nach der Rückkehr aus dem Unterprogramm der speziellen Variablen result zugewiesen, andernfalls ist result undefiniert. Das aufrufende Programm hat auf diese Variable auch dann Zugriff, wenn das Unterprogramm mit einer procedure-Anweisung eingeleitet wurde.

Beispiele

Variablenschutz

Die folgenden Beispiele zeigen drei Varianten des gleiche Unterprogramms. Sie unterscheiden sich durch den Grad des Variablenschutzes.

In *Beispiel 1* wird das interne Unterprogramm upro mit call upro aufgerufen. Das Programm wird mit der ersten Anweisung nach der Marke upro: fortgesetzt. Da das Unterprogramm nicht mit der procedure-Anweisung eingeleitet wird, kann das Unterprogramm auf alle Variablen des Aufrufers zugreifen. name1 wird daher "Luise" und name2 "Leo" zugewiesen.

Beispiel 1:

```
name = "Luise"
call upro
name3 = name
...
upro:
  name1 = name
  name = "Leo"
  name2 = name
  ...
  if rc > 0 then exit
  return
```

➔ name1: "Luise"
name2: "Leo"
name3: "Leo"
result: "RESULT"

Beispiel 2:

```
name = "Luise"
call upro
name3 = name
...
upro: procedure
  name1 = name
  name = "Leo"
  name2 = name
  ...
  return "Heidi"
```

➔ name1: "NAME"
name2: "Leo"
name3: "Luise"
result: "Heidi"

Beispiel 3:

```
name = "Luise"
  call upro
  name3 = name
  ...
upro: procedure
...expose name
  name1 = name
  name = "Leo"
  name2 = name
  ...
  return "Heidi"
```

➔ name1: "Luise"
name2: "Leo"
name3: "Leo"
result: "Heidi"

Wenn die if-Bedingung rc > 0 zutrifft, wird das Programm mit exit beendet. Andernfalls wird das interne Unterprogramm mit return verlassen. Das Programm wird mit name3 = name, der ersten Anweisung nach dem call-Aufruf call upro, fortgesetzt. name3 wird der durch das Unterprogramm geänderte Inhalt der Variablen name, nämlich "Leo" zugewiesen. Da die return-Anweisung in dem Unterprogramm keinen Wert zurückgibt, ist die spezielle Variable result undefiniert, d. h. sie liefert als Wert den abgeleiteten Namen "RESULT" (*siehe* Variablenname, abgeleiteter).

In *Beispiel 2* wird das Unterprogramm mit procedure eingeleitet. Daher kann das Unterprogramm nicht auf die Variablen des Aufrufers zugreifen. name1 wird daher der abgeleitete Name der im Unterprogramm noch undefinierten Variablen name zugewiesen, nämlich "NAME". name2 wird der Inhalt der nunmehr definierten Variablen name, nämlich "Leo" zugewiesen. Nach der Rückkehr in das aufrufende Programm erhält name3 den vorherigen Inhalt der Variablen name, nämlich "Luise". Da das Unterprogramm mit return "Heidi" beendet wurde, hat die spezielle Variable result nach der Rückkehr den Inhalt "Heidi".

In *Beispiel 3* wird das Unterprogramm mit procedure eingeleitet. Die expose-Klausel der procedure-Anweisung exponiert die Variable name. Daher kann das Unterprogramm auf diese Variable des Aufrufers zugreifen, so daß name1 der aktuelle Wert der Variablen name, nämlich "Luise" zugewiesen wird. name2 wird der geänderte Inhalt von name, nämlich "Leo" zugewiesen. Nach der Rückkehr in das aufrufende Programm behält name den im Unterprogramm geänderten Wert bei, so daß name3 der geänderte Inhalt der Variablen name, nämlich "Leo" zugewiesen wird. Die spezielle Variable result hat nach der Rückkehr aus dem Unterprogramm den gleichen Inhalt wie in *Beispiel 2*.

upper

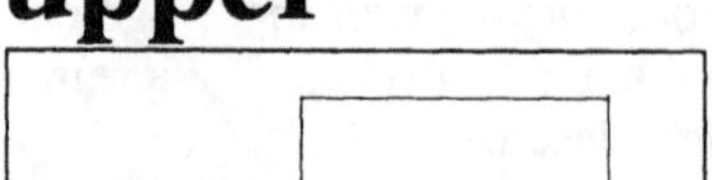

Siehe auch: translate. *Geltung:* Nur REXX TSO/E Level 1.

Die Anweisung upper (Großbuchstaben) wandelt den Inhalt von ein oder mehreren Variablen in Großbuchstaben um. Es werden jedoch nur die Kleinbuchstaben a-z in die Großbuchstaben A-Z umgewandelt, die deutschen Umlaute äöü sowie ß bleiben unverändert.

name muß ein Symbol sein, das eine einfache Variable oder eine Stammvariable bezeichnet, nicht jedoch einen Variablenstamm. Wenn der Name einer nicht initialisierten Variablen angegeben wird, hat die upper-Anweisung keine Wirkung. Wenn jedoch die Novalue-Bedingung eingeschaltet ist, wird diese Bedingung festgestellt.

Wenn mehrere Variablennamen angegeben werden, müssen sie durch Leerstellen voneinander getrennt werden. Die Variablen werden in der Reihenfolge umgewandelt, in der sie in der upper-Anweisung aufgeführt sind.

Hinweise:

- Wenn Sie plattformneutral programmieren wollen, sollten Sie auf die upper-Anweisung verzichten und stattdessen die translate-Funktion verwenden.
- Die parse-Anweisung verfügt über eine upper-Option, mit der die erzeugten Variablen automatisch in Großbuchstaben umgewandelt werden können. Die Anweisungen arg und pull wandeln die eingelesenen Variablen automatisch in Großbuchstaben um.
- Wenn auch die deutschen Umlaute umgewandelt werden sollen, muß die Umwandlung mit einem entsprechenden Aufruf der translate-Funktion erfolgen.

name — Name eines Symbols, das eine einfache Variable oder eine Stammvariable bezeichnet.

Beispiele

REXX-Anweisungen	Erläuterung
name1 = "Berenike" name2 = "Röschen" upper name1 upper name1□name2	Die erste upper-Anweisung wandelt den Inhalt der Variablen name1 in Großbuchstaben um: "BERENIKE". Die zweite upper-Anweisung wandelt den Inhalt der beiden Variablen name1 und name2 in Großbuchstaben um: "BERENIKE", "RöSCHEN". Das kleine "ö" in "Röschen" bleibt unverändert, da nur die Kleinbuchstaben a-z umgewandelt werden.

userid

```
▸▸—USERID()—▸◂
```

Siehe auch: sysvar, sysuid.

Die eingebaute TSO-Funktion userid (Benutzerkennung) liefert in der TSO-Adreßumgebung die TSO-Benutzerkennung, in einer Nicht-TSO-Adreßumgebung wird einer der folgenden Werte zurückgeliefert:

- Benutzerkennung
- Stepname
- Jobname

Von diesen Werten wird der erste zurückgeliefert, der ungleich der Nullzeichenfolge ist.

value

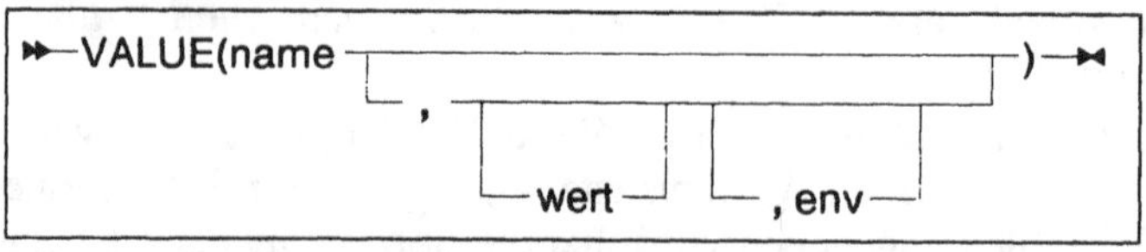

Die eingebaute SAA-Funktion value (Wert) liefert den Wert des Symbols, das name darstellt. Wenn wert angegeben ist, wird er dem Symbol als neuer Wert zugewiesen. value liefert jedoch immer den Wert zurück, den name vor der Neuzuweisung hat.

Wenn die Bezeichnung für die Variablenumgebung env (environment = Umgebung) fehlt, bezieht sich die value-Funktion auf die aktuelle Variablenumgebung von REXX. Wenn env angegeben wird, muß env die Bezeichnung einer gültigen Variablenumgebung in Großbuchstaben sein. Die derzeit möglichen Variablenumgebungen (außer der REXX-Variablenumgebung) sind:

- DOSENVIRONMENT unter DOS
- OS2ENVIRONMENT unter OS/2

REXX-Variablenumgebung. Wenn env fehlt, gilt die REXX-Variablenumgebung. name muß in diesem Fall ein gültiges REXX-Symbol sein. Dies kann z. B. mit der Funktion symbol überprüft werden. Aus name wird zuerst der abgeleitete Variablenname gebildet, d. h. er wird in Großbuchstaben umgewandelt und in Verbundsymbolen werden die erforderlichen Substitutionen vorgenommen (*siehe:* Variablenname, abgeleiteter). Der Wert der Variablen mit dem abgeleiteten Variablennamen wird zurückgeliefert. Wenn wert angegeben ist, wird der Variablen wert als neuer Wert zugewiesen.

Bei der Verwendung von value mit der REXX-Variablenumgebung sollten Sie folgendes beachten:

- In Aufrufen der value-Funktion führen Referenzen auf undefinierte Variablen nicht zum Setzen der Novalue-Bedingung. Als Wert der Variablen wird der abgeleitete Variablenname zurückgeliefert.
- Die value-Funktion ist dann sinnvoll,
  - wenn der Name einer Variablen in einer anderen Variablen enthalten ist, *Beispiel:* name = "Rilke"; var = "name"; alt = value(var) liefert für alt die Zeichenfolge "Rilke".
  - oder wenn sich ein Variablenname dynamisch durch die Auswertung eines Ausdrucks ergibt.
    Beispiel: liste.3 = "Rilke"; i = 3; alt = value("liste."i, "Goethe") liefert für alt "Rilke" und weist liste.3 die Zeichenfolge "Goethe" zu.
- Wenn name aus einer literalen Zeichenfolge besteht und wert angegeben wird, ersetzt value zwei Zuweisungen, Beispiel: alt = value("name", wert) ersetzt alt = name; name = wert.
- Wenn name aus einer literalen Zeichenfolge besteht und wert fehlt, ist neu = value("name") gleichwertig mit neu = name. Allerdings führt value nicht zum Setzen der Novalue-Bedingung, wenn name undefiniert ist.

- Wenn nur ein neuer Wert zugewiesen und der alte Wert ignoriert werden soll, kann value mit call aufgerufen werden: call value name, wert.
- Die folgenden Anweisungen haben eine eigene value-Klausel: address, numeric form, parse, signal und trace. Die call-Anweisung hat keine eigene value-Klausel, läßt aber auch die Verwendung der value-Funktion nicht zu.
- In bestimmten Fällen kann durch die Verwendung der value-Funktion die interpret-Anweisung vermieden werden.
  Beispiele: Die Zuweisung interpret "anzahl."i" = "anzahl kann durch call value "anzahl."i, anzahl ersetzt werden. Ebenso kann die Zuweisung interpret "anzahl = anzahl."i durch anzahl = value("anzahl."i) ersetzt werden.

Andere Variablenumgebungen. Wenn env angegeben wird, können in der angegebenen Variablenumgebung Variablen gespeichert, geändert und abgerufen werden. name muß in diesem Fall kein gültiges REXX-Symbol, sondern der gültige Name einer Umgebungsvariablen sein. Groß-/Kleinschreibung spielt dabei keine Rolle. Der Wert einer Umgebungsvariablen darf nicht "00"x enthalten, da Umgebungsvariable als hexnullbegrenzte Zeichenfolgen gespeichert werden. Wenn wert trotzdem "00"x enthält, wird nur der Teil von wert zugewiesen, der vor dem ersten Hexnullzeichen "00"x endet.

Bei der Verwendung von value mit anderen Variablenumgebungen sollten Sie folgendes beachten:

- Referenzen der value-Funktion auf undefinierte Umgebungsvariablen führen nicht zum Setzen der Novalue-Bedingung.
- Unter OS/2 können mit der OS/2-Funktion setlocal die aktuellen Werte der Umgebungsvariablen gesichert und mit der OS/2-Funktion endlocal wieder restauriert werden.

Geltungsbereich. Neu angelegte Umgebungsvariablen werden beim Ende einer Sitzung wieder gelöscht, geänderte Umgebungsvariablen erhalten ihren ursprünglichen Wert wieder und gelöschte Umgebungsvariablen werden mit ihrem usrprünglichen Wert wiederhergestellt. Unter dem Ende einer Sitzung ist das Ende einer DOS-Sitzung unter Windows oder OS/2 bzw. einer OS/2-Sitzung unter OS/2 zu verstehen oder der Systemabschluß unter DOS.

Hinweise. Die Bezeichnung der aktuellen Variablenumgebung kann mit der externen Funktion env ermittelt werden.

env	Name einer Variablenumgebung. Mögliche Werte: • DOSENVIRONMENT unter DOS • OS2ENVIRONMENT unter OS/2
name	Beliebige Zeichenfolge, die ein Symbol darstellt.
wert	Beliebiger Wert, der für das Symbol name gültig ist. **Hinweis:** Der Wert einer Umgebungsvariablen darf nicht "00"x enthalten, da Umgebungsvariable als hexnullbegrenzte Zeichenfolgen gespeichert werden. Wenn wert trotzdem "00"x enthält, wird nur der Teil von wert zugewiesen, der vor "00"x endet.

Häufige Fehler

name ergibt kein Symbol. Wenn wer = "Bettina" definiert ist, ergibt value(wer) die Zeichenfolge "BETTINA". Das kommt daher, weil die value-Funktion den Parameter name als Ausdruck auffaßt und diesen nach den üblichen Regeln auswertet. Dies ergibt die Zeichenfolge "Bettina". Sie wird wie bei Variablennamen üblich in Großbuchstaben umgewandelt. Da keine Variable BETTINA definiert ist, wird der Standardwert "BETTINA" der undefinierten Variablen, der Name in Großbuchstaben, zurückgeliefert. In dem Funktionsaufruf value("wer") ist der Variablenname als Literal definiert und ergibt daher den Inhalt der Variablen wer, nämlich die Zeichenfolge "Bettina".

Wenn nun zusätzlich bettina = "von Arnim" definiert ist, ergibt der Funktionsaufruf ohne Anführungszeichen (value(wer)) den Wert "von Arnim", aber der Funktionsaufruf mit Anführungszeichen (value("wer")) die Zeichenfolge "Bettina".

Beispiele

REXX-Anweisungen	Erläuterung
wer = "Bettina" liste3 = "Droste" liste.3 = "Hülshoff" droste = "Dichterin" i = 3 v1 = value(123.12) v2 = value("wer", "Achim") v3a = value(wer) v3b = value(wer, "Clemens") v4 = value("liste"i) v5 = value(liste3) v6 = value(liste3, "Autorin") v7 = value("liste."i) v8 = value("liste.i")	REXX-Variablenumgebung: v1 liefert 123.12, ist also gleichbedeutend mit der Zuweisung v1 = 123.12. v2 liefert den Wert der Variablen wer, nämlich "Bettina", dies ist gleichbedeutend mit der Zuweisung v2 = wer, und weist der Variablen wer den neuen Wert "Achim" zu. v3a liefert "ACHIM", da die Variable achim undefiniert ist. v3b liefert ebenfalls "ACHIM" und weist der Variablen ACHIM den Wert "Clemens" zu. Stattdessen hätte man auch call value wer, "Clemens" sagen können, da die Variable achim erstmals definiert werden soll. v4 liefert den Wert von liste3: "Droste". v5 liefert den Wert des Inhalts von liste3, also von droste: "Dichterin". v6 liefert das gleiche Ergebnis wie v5, weist aber zusätzlich der Variablen droste den Wert "Autorin" zu. v7 und v8 liefern beide den Wert von liste.3: "Hülshoff". Dies ist gleicbedeutend mit der Zuweisung liste.i = "Hülshoff".
env = "OS2ENVIRONMENT" pfad1 = value("path",, env) path = value(path,, env) pfad2 = value(path,, env) call value "path", pfad1 || ..."c:\util;", env pfad3 = value("path",, env)	Umgebungsvariablen: Mit env wird die Variablenumgebung von OS/2 ausgewählt. pfad1 liefert den aktuellen Wert der Umgebungsvariablen PATH, also den aktuellen Pfad: "C:\DOS7;C:\MOUSE;C:\WINDOWS;" path liefert ebenfalls den aktuellen Pfad. Dadurch läuft aber der nächste value-Aufruf für path2 schief: da path definiert ist, wird nicht der Variablenname in Großbuchstaben an value übergeben, sondern der Inhalt von path. Da es keine Umgebungsvariable mit diesem Namen gibt. wird die Nullzeichenfolge "" zurückgeliefert.

REXX-Anweisungen	Erläuterung
	Mit call value wird der Umgebungsvariablen PATH der neue Wert "C:\DOS7;C:\MOUSE;C:\WINDOWS;c:\util;" zugewiesen. pfad3 liefert den so geänderten Pfad zurück.
env = env() trans1 = value("trans",, env) call value "trans", 1, env trans2 = value("trans",, env) call value "trans", 0, env trans3 = value("trans",, env)	Neue Umgebungsvariablen: Der Funktionsaufruf env() liefert die aktuelle Variablenumgebung zurück. trans1 zeigt, daß die Umgebungsvariable trans undefiniert ist, es wird nämlich die Nullzeichenfolge zurückgeliefert. Mit call value wird trans der Wert 1 zugewiesen. trans2 zeigt, daß jetzt trans den Wert 1 hat. Mit call value wird der Wert von trans auf 0 geändert. trans3 erhält demgemäß den Wert 0 von der value-Funktion zurück.

Anwendung

1	Globale Variablen
2	Manipulation von Umgebungsvariablen
3	Variableninhalte anzeigen

1. Globale Variablen

Aufgabe: Erstellen Sie ein Unterprogramm, mit dem globale Variablen, d. h. Variablen, die sowohl im Haupt- als auch in allen Unterprogrammen eingelesen und verändert werden können, mit Hilfe der value-Funktion in der Variablenumgebung von OS/2 oder DOS gespeichert werden. Erstellen Sie dazu als Gegenpart ein Unterprogramm, mit dem globale Variablen eingelesen werden können.

Hinweis: Beachten Sie, daß diese "temporären" globalen Variablen nach Sitzungsende verlorengehen. Permanente globale Variablen können Sie unter OS/2 mit der Dienstprogrammfunktion sysini erzeugen und manipulieren, unter TSO mit den ISPF-Services vget und vput.

```
text = "A'BC"; zahl = 34; liste.1 = "Gerlinde"
satz.0 = 3; satz.1 = "Yvonne"; satz.2 = "Melanie"; satz.3 = "Kerstin"
call putglob "text zahl liste.1 satz."
drop text zahl liste.1 satz.
interpret getglob("text zahl liste.1 satz.")
exit
```

Das obige "Hauptprogramm" beginnt mit einigen Variablendefinitionen, u. a. wird der numerisch fortlaufend indizierte Variablenstamm satz. definiert. call putglob übergibt eine Wortliste der globalen Variablen, die als Umgebungsvariablen in der Variablenumgebung DOSENVIRONMENT bzw. OS2ENVIRONMENT gespeichert werden sollen. Dazu gehört der Name des Variablenstamms satz., was bedeutet, daß der gesamte Variablenstamm gesichert werden soll.

Anschließend wird die Definition der Variablen mit drop wieder aufgehoben, damit wir die Wirkung von call getglob besser kontrollieren können. Mit call getglob werden nämlich die globalen Variablen aus der Variablenumgebung wieder eingelesen.

```
putglob:
  parse arg parms
  do i = 1 to words(parms)
```

```
      var = word(parms, i)
      if right(var, 1) <> "." then do
        call value var, value(var), env(); iterate i
      end
      if symbol(var"0") = "VAR" then do
        max = value(var"0")
        if max <> "" & verify(max, "0123456789") = 0 then do
          do k = 1 to max while symbol(var""k) = "VAR"
            call value var""k, value(var""k), env()
          end k
          call value var"0", k - 1, env(); iterate i
        end
      end
      do k = 1 while symbol(var""k) = "VAR"
        call value var""k, value(var""k), env()
      end k
      call value var""k, "ff"x, env()
    end i
    return
```

Für putglob müssen wir die Form eines internen Unterprogramms wählen, weil wir nur so Zugriff auf die Variablen des Aufrufers erhalten. Wegen der in diesem Unterprogramm verwendeten Variablennamen können wir natürlich jederzeit in Schwierigkeiten geraten, wenn der Aufrufer gleichnamige Variablen verwendet. Man kann z. B. Abhilfe schaffen, indem man allen Variablennamen das Zeichen ? voransetzt. Wir haben dies um der besseren Lesbarkeit willen hier nicht getan.

Nachdem mit parse arg die Parameter, die Wortliste mit den Namen der zu sichernden globalen Variablen, eingelesen wurde, wird für jede globale Variable die do-Schleife mit der Kontrollvariablen i durchlaufen. Um die folgenden Anweisungen lesbarer zu machen, entnehmen wir den Namen der i-ten globalen Variablen mit word aus der Wortliste parms und weisen ihn der Variablen var zu. Wenn das letzte Zeichen in var kein Punkt ist, handelt es sich bei der aktuellen Variablen nicht um einen Variablenstamm. Wir weisen daher mit call value in der aktuellen Variablenumgebung der Variablen var, z. B. text, ihren Wert value(var) zu. Als Variablenumgebung geben wir den Funktionsaufruf env() an, der uns die aktuelle Variablenumgebung liefert. Anschließend veranlassen wir mit iterate i, daß sofort der nächste Schleifendurchgang erfolgt.

Andernfalls wird die Funktion mit der Verarbeitung des zu sichernden Variablenstamms fortgesetzt. Wenn die Stammvariable mit dem Index 0 existiert, wird max mit dem Wert value(var"0") dieser Variablen besetzt. Wir gehen davon aus, daß diese Variable, wie bei fortlaufend numerisch indizierten Variablenstämmen üblich, den höchsten Index des Variablenstamms enthält. Mit der nächsten if-Anweisung prüfen wir sicherheitshalber, ob max überhaupt einen Wert enthält, und wenn ja, ob dieser numerisch ist. Wenn ja, setzen wir die Verarbeitung mit dem then-Zweig fort.

In der do-Schleife verarbeiten wir die Stammvariablen ab dem Index k = 1, solange die aktuelle Stammvariable definiert ist. var""k verkettet den Stammnamen (einschließlich Punkt), die Nullzeichenfolge und den Index k (die Nullzeichenfolge hat die gleiche Wirkung wie der Verkettungsoperator). Der Umgebungsvariablen, deren Namen sich aus var""k ergibt, weisen wir mit call value den Inhalt value(var""k) der gleichnamigen REXX-Variablen zu. Nach dem

Abschluß der do-Schleife wird auf gleiche Weise noch die Stammvariable mit dem Index 0 (var"0") gesichert und wieder zum Kopf der do-Schleife mit der Kontrollvariablen i zurückverzweigt.

Wenn die Stammvariable mit dem Index 0 nicht numerisch ist, setzen wir mit der letzten do-Schleife fort, die der eben besprochenen analog ist, mit einer Ausnahme: statt eine Variable mit dem Index 0 zu speichern, sichern wir am Ende der do-Schleife eine Variable mit dem Inhalt "ff"x. Dieser spezielle Variableninhalt dient uns beim Wiedereinlesen der Variablen als Kennzeichen dafür, daß der Stamm hiermit zu Ende ist. Diese Vereinbarung setzt natürlich voraus, daß es keine Stammvariable gibt, die nur aus dem einen Zeichen "ff"x besteht. Wir müssen uns dieser Finte bedienen, weil value die Nullzeichenfolge auch dann zurückliefert, wenn die zugrundeliegende Variable nicht existiert, somit könnte man nicht entscheiden, ob eine Variable die Nullzeichenfolge als Wert hat oder undefiniert ist.

```
getglob:
  parse arg parms
  retstr = ""
  do i = 1 to words(parms)
    var = word(parms, i)
    if right(var, 1) <> "." then do
      retstr = retstr";"var"='"dblchar("'", value(var,, env()))"'"; iterate i
    end
    max = value(var"0",, env())
    if max <> "" & verify(max, "0123456789") = 0 then do
      retstr = retstr";"var"0="max
      do k = 1 to max
        retstr = retstr";"var""k"='"dblchar("'", value(var""k,, env()))"'"
      end k
      iterate i
    end
    do k = 1
      var = value(var""k,, env())
      if var = "ff"x then leave k
      retstr = retstr";"var""k"='"dblchar("'", var)"'"
    end k
  end i
  return retstr
```

getglob können wir als externe Funktion definieren, da wir über externe Variablenmodifikation die Werte der globalen Variablen an den Aufrufer zurückreichen können. Externe Variablenmodifikation bedeutet, daß wir am Ende der Funktion mit return eine Zeichenfolge zurückgeben, die aus interpretierbaren Zuweisungen besteht. Dies setzt natürlich voraus, daß die Funktion getglob mit interpret aufgerufen wird. Natürlich ist auch eine Lösung mit einem internen Unterprogramm möglich. Dieses hat aber zwei entscheidende Nachteile: die Variablen von Aufrufer und Unterprogramm können nicht geschützt werden und die Funktion muß in jedes Programm, das sie benutzen will, eingebunden werden.

Da getglob ansonsten analog zu putglob operiert, gehen wir nur auf den wesentlichen Unterschied ein. Zu Beginn wird retstr mit der Nullzeichenfolge initialisiert. retstr soll die interpretierbaren Zuweisungen aufnehmen, die an den Aufrufer zurückgegeben werden sollen. Die Anweisung

```
retstr = retstr";"var"='"dblchar("'", value(var,, env()))"'"
```

fügt der Anweisungsfolge retstr eine Zuweisung für eine einfache Variable hinzu. Zwei ähnliche Anweisungen werden bei der Zuweisung von Stammvariablen bzw. der Stammvariablen mit dem Index 0 verwendet. Wir setzen zuerst ein Semikolon, um die neue Zuweisung von den evtl. vorhergehenden syntaktisch abzusetzen. dblchar("_'_", ...) verdoppelt in dem Wert value(var,, env()) der Stammvariablen die vorkommenden Hochkommas. Das ist notwendig, weil wir die zuzuweisende Zeichenfolge bereits durch Hochkommas begrenzen, denn zwei Hochkommas werden in diesem Fall als literales Hochkomma und nicht als Begrenzungszeichen interpretiert. Wir erhalten so z. B. für die Zuweisung der Variablen text folgende Zeichenfolge: ;text='A'_'BC'.

2. Manipulation von Umgebungsvariablen

Aufgabe: Die Umgebungsvariable PATH soll (unter DOS oder OS/2) eingelesen, verändert und schließlich wieder restauriert werden.

```
pfad1 = value("path",, env())
path = value(path,, env())
pfad2 = value(path,, env())
call value "path", pfad1 || "c:\util;", env()
call value "path", pfad1, env()
```

pfad1 wird mit value der aktuelle Inhalt der Umgebungsvariablen PATH zugewiesen. Der erste Parameter gibt den Namen der Umgebungsvariablen an, der zweite wurde ausgelassen, weil wir keine neue Zuweisung vornehmen wollen, und der dritte Parameter bezeichnet die Variablenumgebung, aus der der Wert von PATH entnommen werden soll. env ist eine externe Funktion und liefert die aktuelle Variablenumgebung. pfad1 liefert z. B.

```
C:\DOS7;C:\MOUSE;C:\WINDOWS;
```

als aktuellen Pfad. Die nächste Anweisung liefert den gleichen Wert, weist ihn aber der REXX-Variablen path zu. Die dritte Anweisung ist fehlerhaft. Der Name der Umgebungsvariablen PATH ist nicht als Literal angegeben. Daher wird path als Ausdruck angesehen und ergibt nach der Auswertung den Inhalt der Variablen path, nämlich "C:\DOS7;C:\MOUSE;C:\WINDOWS;". Dies ist aber kein Name einer Umgebungsvariablen, daher liefert value an pfad2 die Nullzeichenfolge zurück. Mit call value erhält die Umgebungsvariablen PATH den neuen Wert pfad1 || "c:\util;", also

```
C:\DOS7;C:\MOUSE;C:\WINDOWS;c:\util;
```

Wir verwenden in diesem Fall call statt eines Funktionsaufrufs, weil uns das Funktionsergebnis, der alte Wert von PATH, nicht interessiert. Mit dem nächsten call value restaurieren wir wieder den ursprünglichen Inhalt von PATH.

3. Variableninhalte anzeigen

Aufgabe: Beim Programmtest kommt es vor, daß man schnappschußartig bestimmte Variablen einsehen möchte. Die trace-Anweisung ist nur ein unzulänglicher Ersatz, weil man dann größere Strecken des Programms mit trace verfolgen muß, um den Inhalt der gewünschten Variablen zu sehen. Erstellen Sie ein internes Unterprogramm, das die Variablen anzeigt, die in einer Wortliste übergeben werden. Wenn der Name eines Variablenstamms angegeben wird, soll angenommen werden, daß es sich um einen numerisch fortlaufend indizierten Variablenstamm handelt, der in der Variablen mit dem Index 0 den höchsten Index des Stamms enthält.

```
   text = "Gerlinde"; zahl = 4711; liste.1 = "Angelique"
   satz.0 = 2; satz.1 = "Feuchtwanger"; satz.2 = "Frank"
   call show "text zahl liste.1 satz."
   exit
show:
  parse arg ?liste
  do while ?liste <> " "
    parse var ?liste ?var ?liste
    if right(?var, 1) <> "." then say ?var" = |"value(?var)"|"
    else do
      do ?i = 0 to value(?var"0")
        say ?var || ?i" = |"value(?var || ?i)"|"
      end ?i
    end
  end
  return
```

Das interne Unterprogramm show darf natürlich nicht mit procedure eingeleitet werden, weil sonst die Variablen des Aufrufers, die ja gerade angezeigt werden sollen, nicht zugänglich wären. Um Kollisionen mit Namen des Aufrufers zu vermeiden, setzen wir allen Variablennamen ein ? voran. Mit parse arg wird die Liste ?liste der anzuzeigenden Variablen eingelesen. Die do-Schleife wird solange durchlaufen, bis ?liste keine Variablennamen mehr enthält.

Am Anfang der do-Schleife wird ?liste mit parse var zerlegt, und zwar in das erste Wort ?var und den Rest der Liste, der wieder ?liste zugewiesen wird. Wenn das letzte Zeichen von ?var kein Punkt ist, haben wir keinen Variablenstamm vor uns. In diesem Fall geben wir den Variablennamen ?var aus, ein Gleichheitszeichen und den Inhalt value(?var) von ?var. Den Inhalt schließen wir in senkrechte Striche (|) ein, damit auch Leerstellen und Nullzeichenfolgen erkennbar sind.

Wenn ?var einen Variablenstamm bezeichnet, geben wir in einer do-Schleife den Wert aller Stammvariablen vom Index 0 bis zum höchsten Index value(?var"0") aus. Die Anzeige sieht in unserem Beispiel folgendermaßen aus:

```
text = |Gerlinde|
zahl = |4711|
liste.1 = |Angelique|
satz.0 = |2|
satz.1 = |Feuchtwanger|
satz.2 = |Frank|
```

Variable

Siehe auch: Variablenname, abgeleiteter; Variablenstamm; Zuweisung.

Eine Variable ist ein REXX-Objekt, das einen *Namen* und einen *Wert* hat.

Variablenname. Der Name einer Variablen muß ein Symbol sein, das *nicht* mit einem Punkt oder einer der Ziffern 0-9 beginnt. Diese Einschränkung ist erforderlich, damit ein Variablenname nicht mit einer Zahl verwechselt werden kann.

Der Name einer *einfachen Variablen* besteht aus einem Symbol, das keine Punkte enthält. Diese Einschränkung unterscheidet die Namen einfacher Variablen von den Namen von *Verbundvariablen* (Variablenstämme und Stammvariablen), die aus einem Symbol bestehen, das außer am Anfang ein oder mehrere Punkte enthält.

Beispiele	Erläuterung
Name, name2, ?wer, gdg_name, !13	Einfache Variablennamen
name., adr.Müller.	Variablenstämme
name.i, name.0adr, adr.Heidi, adr.Müller.Josef	Stammvariablen
55, 3.14, .9876, 10e3, 12AB	Keine Variablennamen

Variablenwert. Im Gegensatz zu Konstanten (Literalen) ist der Wert einer Variablen veränderlich. Einer Variablen wird ein Wert durch eine Zuweisung in der Form name=wert zugewiesen. Darüberhinaus kann eine Wertzuweisung auch durch die folgenden Mechanismen erfolgen:

- durch die Anweisungen arg, parse und pull
- durch die eingebaute Funktion value
- durch externe Funktionen, z. B. sysfiletree, sysini (beide OS/2), listdsi, outtrap (beide TSO)
- durch Befehle, z. B. Befehle an die Adreßumgebungen cpicomm (OS/2 und TSO), ispexec, isredit (beide ISPF).

Durch jede neue Zuweisung wird der alte Inhalt einer Variablen überschrieben. Eine Variable, der noch kein Wert zugewiesen wurde, wird als nicht initialisiert bezeichnet. Nicht initialisierte Variablen haben den abgeleiteten Variablennamen als Wert. Die Definition von Variablen kann mit der Anweisung drop wieder aufgehoben werden. Die Variablen haben dann wieder den gleichen Wert, den sie im nicht initialisierten Zustand haben.

Variable, globale

Siehe auch: procedure; sysini; value; Variable, lokale.

Unter dem Geltungsbereich von Variablen verstehen wir die Programmebenen, in denen eine Variable gesetzt, gelesen oder aufgehoben werden kann. Wenn eine Variable nicht in allen Programmebenen manipuliert werden kann, sprechen wir von einer *lokalen Variablen.* Wenn auf eine Variable in allen Programmebenen zugegriffen werden kann, handelt es sich um eine *globale Variable.*

Wir unterscheiden zwischen internen und externen globalen Variablen.

Interne globale Variablen

Interne globale Variablen gelten innerhalb eines Programmes im Hauptprogramm und in allen internen Unterprogrammen. Demzufolge sind alle internen Variablen grundsätzlich global. Allerdings kann man in einem internen Unterprogramm mit der procedure-Anweisung die internen globalen Variablen vor dem Zugriff des Unterprogramms schützen. Umgekehrt sind dann auch die Variablen des Unterprogramms vor dem Aufrufer geschützt. Mit der expose-Klausel der procedure-Anweisung kann man wiederum einzelne Variablen oder ganze Variablenstämme exponieren, d. h. ihnen ihre globale Geltung wieder verschaffen.

In größeren Programmen ist es in der Regel sinnvoll, alle Unterprogramme durch die procedure-Anweisung einzuleiten. In diesem Fall müssen alle globalen Variablen als Parameter an die Unterprogramme übergeben werden. Als Alternative dazu bietet sich die expose-Klausel der procedure-Anweisung an. Um das Programm nicht aufzublähen und Konsistenzfehler zu vermeiden, sollte man allerdings eine Wortliste mit den Namen der globalen Variablen definieren. In der expose-Klausel gibt man dann den eingeklammerten Namen der Wortliste statt der Einzelnamen an:

```
  logdatei = "appc0001.log"
  zeilenlaenge = 72
  procname = "appctran"
  global = "logdatei zeilenlaenge procname"
  exit
upro: procedure expose (global)
  return
```

Die Klausel expose (global) gibt zuerst die Variable global frei und dann alle Variablen, deren Namen in der Wortliste global enthalten sind. Aus Gründen der Übersicht kann es aber auch sinnvoll sein, einen Variablenstamm zu begründen, der alle globalen Variablen enthält, so daß globale Variablen bereits an ihrem Namen erkannt werden können:

```
  g.logdatei = "appc0001.log"
  g.zeilenlaenge = 72
  g.procname = "appctran"
  exit
upro: procedure expose g.
  return
```

Der Vorteil dieser Lösung besteht darin, daß keine expose-Liste gepflegt werden muß. Andererseits ist Vorsicht bei der Namensvergabe der Stammindizes geboten. Wenn in dem Beispiel etwa eine Variable mit dem Namen logdatei und dem Wert 1 existiert, wird der Stammindex durch die Zahl 1 substituiert und der Logdateiname wird der Stammvariablen g.1 zugewiesen. Ein einfacher Trick verhindert aber die Substitution. Wenn der Stammindex kein Symbol ist, wird auch keine Substitution vorgenommen. Das ist z. B. dann der Fall, wenn ein Stammindex mit der Ziffer 0 beginnt. Wir formulieren daher die obige Lösung neu, so daß sie niet- und nagelfest ist:

```
  g.0logdatei = "appc0001.log"
  g.0zeilenlaenge = 72
  g.0procname = "appctran"
  exit
upro: procedure expose g.
  return
```

Externe globale Variablen

Externe globale Variablen gelten grundsätzlich in allen internen und externen Unterprogrammen. Unter REXX gibt es allerdings kein Sprachmittel, das externe globale Variablen unterstützt. Es gibt aber eine Reihe von Möglichkeiten, externe globale Variablen zu emulieren:

- Funktionskonstanten
- Umgebungsvariablen (DOS und OS/2)
- Profilvariablen (OS/2)
- ISPF-Variablen (TSO)

Funktionskonstanten. Referenzen auf globale Variablen, deren Wert konstant ist, können durch einen externen Funktionsaufruf ersetzt werden. Die linke Spalte im folgenden Beispiel zeigt die herkömmlichen Definitionen und Referenzen, die rechte Spalte die Lösung mit Funktionskonstanten, die in den externen Funktionen logdatei und system erzeugt werden:

```
logdatei = "appc0001.log"        dateiname = logdatei()
parse source system .            if system() = "OS/2" then ...

dateiname = logdatei             logdatei: return "appc0001.log"
if system = "OS/2" then...       system: procedure
                                   parse source system .
                                   return system
```

Herkömmlich werden die benötigten Variablen initialisiert und im späteren Programmablauf dann referenziert. Funktionskonstanten werden im Zeitpunkt der Referenzierung durch eine Funktion initialisiert. Der initialisierte Wert wird dann statt des Funktionsaufrufs im aufrufenden Programm eingesetzt. Diese Lösung birgt aber zwei Handikaps in sich:

- Die begrenzten Dateinamenlänge unter DOS, TSO bzw. unter dem Dateisystem FAT unter OS/2 zwingt zu kurzen Variablennamen. Dies ist nicht zu akzeptieren, da die Lesbarkeit des Programms darunter leidet. Wenn man nicht plattformunabhängig programmieren muß oder wenn das Programm unter OS/2 und dem Dateisystem HPFS laufen soll, entfällt allerdings dieser Einwand.
- Die Durchsatzleistung des Programms kann beeinträchtigt werden (muß aber nicht).

Umgebungsvariablen. Umgebungsvariablen gibt es unter DOS und OS/2. Sie stehen nur während einer Sitzung zur Verfügung. Daher eignet sich dieses Instrument im Gegensatz zu Profilvariablen nicht für globale Variablen, die permanent benötigt werden. Im folgenden Beispiel stellen wir die herkömmliche Art der Variablenmanipulation (linke Spalte) der Manipulation von Umgebungsvariablen (rechte Spalte) gegenüber:

```
logdatei = "appc0001.log"        env = "OS2ENVIRONMENT"
parse source system .            call value "logdatei", "appc0001.log", env
                                 parse source system .
                                 call value "system", system, env

dateiname = logdatei             dateiname = value("logdatei",, env)
if system = "OS/2" then...       if value("system",, env) = "OS/2" then ...
```

Mit der call-Version der Funktion value wird den Umgebungsvariablen logdatei und system ein Wert zugewiesen. Die Funktionsaufrufe value(...), in denen der zweite Parameter ausgelassen wurde, liefern den Wert der jeweiligen Umgebungsvariablen, ohne die Variable zu ändern.

Profilvariablen. Profilvariablen gibt es nur unter OS/2. Sie werden in Profildateien (INI-Dateien) gespeichert. Die Manipulation von Profilvariablen erfolgt mit der Dienstprogrammfunktion sysini und hat permanente Gültigkeit, so daß der Wert von Profilvariablen auch nach Beendigung einer Sitzung erhalten bleibt. Im folgenden Beispiel stellen wir die herkömmliche Art der Variablenmanipulation (linke Spalte) der Manipulation von Profilvariablen (rechte Spalte) gegenüber:

```
logdatei = "appc0001.log"         call sysini "user", "global", "logdatei", "appc0001.log"
parse source system .             parse source system .
                                  call sysini "system", "global", "system", system

dateiname = logdatei              dateiname = sysini("user", "global", "logdatei")
if system = "OS/2" then...        if sysini("user", "global", "system") = "OS/2" then ...
```

Der sysini-Parameter "user" bezeichnet die Profildatei "c:\os2\os2.ini", stattdessen kann auch der Name einer beliebigen selbstbegründeten Profildatei angegeben werden. Der Parameter "global" bezeichnet die von uns so benannte "Anwendung", die im zweiten sysini-Parameter gefordert wird. Der dritte Parameter gibt den Namen der Variablen an und der vierte Parameter wird, falls vorhanden, der Profilvariablen als Wert zugewiesen. Wenn Sie die umständlichen Funktionsaufrufe stören, können Sie eine Funktion definieren, die den Aufruf vereinfacht:

```
  call global "logdatei", "appc0001.log"
  parse source system .
  call global "system", system
  ...
  dateiname = global("logdatei")
  if global("system") = "OS/2" then ...
  ...
global: procedure
  parse arg name, wert
  if wert = ""
    then return sysini("user", "global", name)
    else return sysini("user", "global", name, wert)
```

Hinweis: Unter DOS kann man Profilvariablen leicht in einer selbstverwalteten Datei nachbilden. Wir gehen davon aus, daß die Variablenzuweisungen in einem einzigen Satz hintereinander in der Form

```
name=wert"00"x
```

abgebildet werden. Ein Zeichen, das eine binäre Null darstellt, kennzeichnet das Ende einer Zuweisung und darf daher nicht in wert vorkommen. Das folgende interne Unterprogramm global erfüllt die gleiche Funktion wie das gleichnamige Unterprogramm zum verkürzten Aufruf von sysini (siehe oben):

```
global: procedure expose global
  parse arg name, wert; satz = linein(global); pos0 = pos(name"=", satz)
  if pos0 = 0
    then alterwert = translate(name)
    else do
      pos1 = pos0+ length(name) + 1; pos2 = pos("00"x, satz, pos1)
      alterwert = substr(satz, pos1, pos2 - pos1)
      satz = delstr(satz, pos0, pos2 - pos0)
    end
  if wert <> "" then call lineout global, name"="wert"00"x || satz
  return alterwert
```

ISPF-Variablen. ISPF-Variablen gibt es nur unter TSO. Sie können mit den ISPF-Services vget und vput gelesen bzw. geschrieben werden. Ihre Geltung ist je nach Art des Variablenpools auf eine Funktion (Function Pool) oder eine Anwendung (Shared Pool) beschränkt oder hat globale und permanente Geltung (Profile Pool).

```
logdatei = "appc0001.log"        logdatei = "appc0001.log"
parse source system .            parse source system .
                                 address ispexec "vput (logdatei system)"

dateiname = logdatei             address ispexec "vget (logdatei)"
if system = "OS/2" then...       dateiname = logdatei
                                 address ispexec "vget (system)"
                                 if system = "OS/2" then ...
```

Variablennamen sind auf maximal acht Zeichen beschränkt. Da es unter TSO keine andere Möglichkeit gibt, globale Variablen nachzubilden, muß man sich mit dieser Einschränkung abfinden oder eine eigene Lösung erfinden, z. B. eine selbstverwaltete Profildatei (*siehe* oben). Bevor eine ISPF-Variable zugewiesen werden kann, muß sie zuerst als REXX-Variable existieren. Dann kann diese mit vput gespeichert werden. Wenn der Shared Pool oder der Profile Pool angesprochen werden soll, muß im vput- bzw. vget-Befehl zusätzlich die Option shared bzw. profile angegeben werden. Bevor eine ISPF-Variable referenziert werden kann, muß sie mit dem vget-Befehl in eine REXX-Variable eingelesen werden.

Variable, lokale

Siehe auch: procedure; Variable, globale.

Lokale Variablen haben nur lokale Geltung, d. h. innerhalb eines bestimmten Programmteils. Globale Variablen hingegen gelten im Hauptprogramm und in allen Unterprogrammen gleichzeitig.

Interne Unterprogramme. Die Variablen interner Unterprogramme gelten grundsätzlich auch in der aufrufenden Programmebene. Umgekehrt gelten auch die Variablen der aufrufenden Programmebene in internen Unterprogrammen. Wenn ein internes Unterprogramm aber mit der procedure-Anweisung eingeleitet wird, haben die Variablen des Unterprogramms nur lokale Geltung, und auf die Variablen des Aufrufers besteht kein Zugriff. Die Variablen des Unterprogramms gelten für das interne Unterprogramm und alle aufgerufenen internen Unterprogramme, sofern diese nicht mit procedure beginnen.

Diese Regel wird durchbrochen, wenn ein internes Unterprogramm zwar mit der procedure-Anweisung eingeleitet wird, ausgewählte Variablen und Variablenstämme aber mit der expose-Klausel für den Zugriff des internem Unterprogramms freigegeben werden. Diese Variablen werden so behandelt, als würde das Unterprogramm *nicht* mit der procedure-Anweisung beginnen.

Externe Unterprogramme. Externe Unterprogramme werden so behandelt, als ob sie mit einer procedure-Anweisung beginnen würden, d. h. die Variablen eines externen Unterprogramms haben nur lokale Geltung. Da in externen Unterprogrammen die procedure-Anweisung verboten ist, entfällt auch die

Möglichkeit, bestimmte Variablen mit der expose-Klausel vom Variablenschutz auszunehmen.

Variable, spezielle

Siehe: rc; result; sigl.

Es gibt drei spezielle Variablen in REXX:

- rc: enthält den Rückkehrcode eines Befehls oder die Nummer des Fehlercodes bei einer Syntax-Fehlerbedingung
- result: enthält die Ergebniszeichenfolge, die ein Unterprogramm mit return oder exit zurückgibt
- sigl: enthält die Nummer der Programmzeile mit der zuletzt ausgeführten signal- oder call-Anweisung.

Der REXX-Interpreter kann den speziellen Variablen unter bestimmten Bedingungen einen Wert zuweisen oder die Definition der Variablen aufheben, so als würde die drop-Anweisung mit dem Namen der speziellen Variablen als Operand ausgeführt.

Die speziellen Variablen werden nicht durch den REXX-Interpreter initialisiert, d. h. sie haben am Anfang eines Programms den standardmäßigen Wert einer nicht initialisierten Variablen, nämlich den abgeleiteten Variablennamen. Ihnen kann wie jeder anderen Variablen jederzeit ein Wert zugewiesen werden, oder die Definition der Variablen kann mit drop aufgehoben werden. Da die speziellen Variablen aber laufend durch den REXX-Interpreter verändert werden können, ist es gute Programmierpraxis, diese Variablen nach Möglichkeit nicht selbst zu verändern (oder wenn, dann nur dort, wo es überschaubar ist).

Geltungsbereich. Externe Unterprogramme haben keinen Einfluß auf die Variablen rc und sigl, aber auf die Variable result (entsprechend ihrer Funktion). Interne Unterprogramme können auf die Werte der speziellen Variablen zugreifen und diese verändern, wenn keine procedure-Anweisung benutzt wird. Andernfalls arbeitet das Unterprogramm mit eigenen Werten der Variablen, es sei denn sie werden mit der expose-Klausel der procedure-Anweisung für das Unterprogramm freigegeben. Eventuelle Veränderungen der speziellen Variablen result in einem Unterprogramm wirken sich auf den Aufrufer insofern nicht aus, da in jedem Fall die return- bzw. exit-Anweisung darüber entscheidet, welchen Wert von result der Aufrufer sieht.

Variablenmodifikation, externe

Externe Unterprogramme können die Variablen des Aufrufers nicht ändern, da ihre Variablen nur lokale Geltung haben.

Externe Modifikation *einer* Variablen. Wenn nur *eine* Variable des Aufrufers von einem externen Unterprogramm aus geändert werden soll, gibt man den Wert der zu ändernden Variablen mit return zurück:

```
fak: parse arg max; fak = 1; do i = 1 to max; fak = fak * i; end i; return fak
```

Der Aufrufer kann dann das Funktionsergebnis der Variablen zuweisen:

```
fakultaet = fak(3)
```

In der externen Funktion fak wird die Fakultät einer Zahl berechnet, z. B. 3! = 1 * 2 * 3 = 6. Das Ergebnis der Berechnung wird mit return fak an den Aufrufer zurückgeliefert. Da der Funktionsaufruf fak(3) im aufrufenden Programm auf der rechten Seite der Zuweisung fakultaet = fak(3) steht, wird das Funktionsergebnis der Variablen fakultaet zugewiesen. Das Ergebnis ist also das gleiche, als ob die externe Funktion eine Zuweisung an die Variable fakultaet vorgenommen hätte.

Externe Modifikation *mehrerer* Variablen. Wenn *mehrere* Variablen des Aufrufers geändert werden sollen, verwendet man die externe Variablenmodifikation. Dabei gibt eine Funktion als Ergebnis eine Zeichenfolge an den Aufrufer zurück, die aus Zuweisungen besteht. Der Aufrufer führt dann mit interpret diese Anweisungen aus:

```
  name.0 = 2; name.1 = "Rinaldo"; name.2 = "Armida"
  interpret addstem("name", "Verena")
  exit

addstem:
  parse arg stamm, neu
  return stamm".0 = "stamm".0 + 1; next = "stamm".0; "stamm".next = '"neu"'"
```

Wir nehmen an, daß der Variablenstamm name. numerisch fortlaufend organisiert ist und daß name.0 den höchsten Stammindex enthält. Im Funktionsaufruf addstem("name", "Verena") werden an die externe Funktion addstem der Name des Variablenstamms "name" übergeben und die Zeichenfolge "Verena", die als Stammvariable an den Variablenstamm angehängt werden soll. In der Funktion addstem werden die übergebenen Parameter mit parse arg eingelesen. In der return-Anweisung wird die Variable stamm durch ihren Wert, den Namen des Variablenstamms name ersetzt, so daß die folgende Zeichenfolge an den Aufrufer zurückgegeben wird:

```
"name.0 = name.0 + 1; next = name.0; name.next = 'Verena'"
```

Beachten Sie, daß die Variable neu, die den Inhalt der einzufügenden Stammvariablen enthält, in Hochkommas eingeschlossen werden muß. Die Zuweisung name.next = VERENA würde nämlich bewirken, daß name.next der Inhalt von VERENA zugewiesen wird, wenn eine Variable mit diesem Namen definiert ist. Andernfalls würde name.next der abgeleitete Variablenname zugewiesen, also "VERENA".

Der Aufrufer interpretiert das Funktionsergebnis mit Hilfe der interpret-Anweisung als Zuweisungsfolge, so daß der Variablenstamm hinterher folgenden Inhalt hat:

```
name.0 = 3; name.1 = "Rinaldo"; name.2 = "Armida"; name.3 = "Verena"
```

Anwendung

Eine Variable in einen Variablenstamm einfügen

Aufgabe: Ein externes Unterprogramm soll eine Variable nach einem bestimmten Stammindex in einen Variablenstamm des Aufrufers einfügen.

Wir lösen das Problem zuerst in einem internen Unterprogramm, weil der Aufbau einer interpretierbaren Anweisungsfolge dann leichter zu überschauen ist.

```
stamm.0 = 3; stamm.1 = "Joanna"; stamm.2 = "Gabi"; stamm.3 = "Heidi"
call insstem1 "Julia", 2
exit
```

```
insstem1:
  parse arg string, index
  do i = stamm.0 to index + 1 by -1
    next = i + 1; stamm.next = stamm.i
  end i
  index = index + 1; stamm.index = string; stamm.0 = stamm.0 + 1
  return
```

➔ stamm.0: 4; stamm.1-4: "Joanna", stamm.2 = "Gabi", "Julia", "Heidi"

In den Variablenstamm stamm. soll nach der Stammvariablen mit dem Index 2 die Zeichenfolge "Julia" eingefügt werden. Die übergebenen Parameter werden in dem internen Unterprogramm insstem1 mit parse arg eingelesen. In der do-Schleife werden alle Stammvariablen nach dem Index 2 um 1 nach oben verschoben, und zwar beginnend bei der Stammvariablen mit dem höchsten Index. Dann wird der Index für die einzufügende Variable mit index + 1 berechnet, der Stammvariablen stamm.index wird der Inhalt von string zugewiesen und der höchste Index stamm.0 wird um 1 erhöht.

Wenn der gleiche Effekt mit einem externen Unterprogramm erzielt werden soll, muß dieses als Funktion definiert werden, die mit Hilfe der externen Variablenmodifikation die Einfügung in dem Variablenstamm vornimmt. Die Aufgabe besteht also darin, das Unterprogramm so umzuformulieren, daß ein beliebiger Variablenstamm manipuliert werden kann, und daß eine Zuweisungsfolge an den Aufrufer zurückgegeben wird, die die Einfügung der neuen Stammvariablen ausführt.

```
  satz.0 = 3; satz.1 = "Joanna"; satz.2 = "Gabi"; satz.3 = "Heidi"
  interpret insstem2("Julia", "satz", 2)
  exit

insstem2:
  parse arg string, stamm, index
  retstr = "do _i = "stamm".0 to "index" + 1 by -1;" ||,
    "_next = _i + 1;" ||,
    stamm"."_next" = "stamm"."_i";" ||,
    "end _i;"
  index = index + 1
  retstr = retstr || stamm"."index" = '"dblchar("'", string)"';" ||,
    stamm".0 = "stamm".0 + 1"
  return retstr
```

➔ satz.0: 4; satz.1-4: "Joanna", satz.2 = "Gabi", "Julia", "Heidi"

Die externe Funktion insstem2 sieht auf den ersten Blick furchterregend aus: Es wimmelt nur so von Anführungszeichen, und die Hilfsvariablennamen _i und _next, die mit einem Unterstreichstrich beginnen, erhöhen auch nicht gerade die Übersicht. Dieser Nachteil der externen Funktion wird aber dadurch ausgeglichen, daß sie für den Anwender eine Blackbox darstellt und die selbstdokumentierenden Eigenschaften des Programms daher nicht so wichtig sind. Und außerdem: dies ist die einzige Methode, mit der wir das Ziel erreichen können, eine Variable mit einem externen Unterprogramm in einen Variablenstamm einzufügen.

Mit parse arg werden die übergebenen Parameter eingelesen: die einzufügende Zeichenfolge string, der Name satz des Variablenstamms, in den string eingefügt werden soll, und die Nummer index der Stammvariablen, nach der string eingefügt werden soll. Der Variablen retstr ("return string") wird die Zuweisungsfolge zugewiesen, die vom Aufrufer interpetiert werden soll und ein Abklatsch des zuvor entwickelten Unterprogramms insstem1 darstellt. Bei der Umwandlung dieses Unterprogramms in eine interpret-Zeichenfolge sind allerdings folgende Punkte zu beachten:

- Da die Zuweisungsfolge im aufrufenden Programm abläuft, müssen die beiden benötigten Hilfsvariablen Namen erhalten, die nicht mit Variablennamen des Aufrufers kollidieren. Wir benutzen daher Variablennamen, die mit einem Unterstreichstrich beginnen (_i und _next). Selbstverständlich muß der Aufrufer sich an diese Konvention halten, d. h. er sollte keine Variablen verwenden, die mit einem Unterstreichstrich anfangen.
- Alle konstanten Bestandteile der Zuweisungsfolge müssen in Anführungszeichen gesetzt werden.
- Variablen wie stamm und index müssen außerhalb der Anführungszeichen stehen.
- Die einzelnen Anweisungen müssen durch ein Semikolon voneinander getrennt werden, da die Zuweisungsfolge als *eine* Programmzeile interpretiert wird.
- Wenn der Inhalt einer Variablen wie string, die eine Zeichenfolge enthält, zugewiesen werden soll, muß er in Hochkommas gesetzt werden. Da die Zeichenfolge selbst auch Hochkommas enthalten kann, müssen evtl. vorhandene Hochkommas in string mit der externen Funktion dblchar verdoppelt werden: dblchar(" ' ", string). Doppelte Hochkommas werden bekanntlich als Literale angesehen und nicht als Begrenzungszeichen einer Zeichenfolge. Man erhält dann die Zuweisung

  ```
  stamm"."index" = '"dblchar("'", string)"';"
  ```

  Am Schluß wird die Zeichenfolge retstr mit return an den Aufrufer zurückgegegeben, der die Zeichenfolge dann mit der interpret-Anweisung ausführt.

Variablenname, abgeleiteter

Bevor der REXX-Interpreter eine Variable verarbeitet, wird zuerst der Variablenname normiert oder abgeleitet:

- Die Namen aller Variablen werden in Großbuchstaben umgewandelt.
  Beispiel: Der Variablenname Name wird durch Ableitung in NAME umgewandelt.
- Bei Stammvariablen (Verbundvariablen) werden die variablen Stammindizes durch ihren Wert substituiert.
  Beispiel: Wenn i = 3 ist, wird die Stammvariable name.i in NAME.3 umgewandelt.
- Der Wert eines Stammindex wird jedoch nicht in Großbuchstaben umgewandelt.
  Beispiel: Wenn name = "Meyer" ist, wird die Stammvariable tel.name in TEL.Meyer umgewandelt.

Variablenstamm

Ein Variablenstamm (stem) ist eine Gruppe von Variablen, die durch einen gemeinsamen Namen, den *Stammnamen* gekennzeichnet sind. Die Mitglieder eines Variablenstamms werden als *Stammvariablen* (stem variables) oder *Verbundvariablen* (compound variables) bezeichnet. Der Name einer Stammvariablen ist - im Gegensatz zu einem einfachen Symbol - ein *zusammengesetztes Symbol* und setzt sich aus dem *Stamm* und einer *Endung* (tail) zusammen. Der Stamm besteht aus einem einfachen Symbol, dem Stammnamen, und einem abschließenden Punkt. Eine Endung setzt sich aus ein oder mehreren *Stammindizes* (kurz: *Indizes*) zusammen, die jeweils durch ein oder mehrere Punkte voneinander getrennt sind. Indizes sind ebenfalls einfache Symbole.

Beispiel: Zu dem Variablenstamm satz. gehören z. B. die Stammvariablen, satz.1, satz.max, satz.1.name und satz.max..last. Der Stammname ist satz, der Stamm heißt satz. und die Werte 1, max, 1.name und max..last sind Endungen. Die Endungen 1 und max bestehen aus einem Index. Die Endung 1.name besteht aus den beiden Indizes 1 und name, und max..last besteht aus den beiden Indizes max und last (die durch zwei Punkte voneinander getrennt sind).

Ableitung. Wenn eine Stammvariable referenziert wird, wird zuerst der Name der Stammvariablen abgeleitet. Dazu werden der Stammname und die Indizes in Großbuchstaben umgewandelt. Die abgeleiteten Indizes werden wie einfache Symbole behandelt. Wenn ein Index den Namen einer zugewiesenen Variablen darstellt, wird der Wert der Variablen substituiert, andernfalls wird der abgeleitete Indexname eingesetzt.

Der Wert eines substituierten Index ist beliebig. Er kann leer, also gleich der Nullzeichenfolge sein, oder beliebige Zeichen enthalten, also Groß- und Kleinbuchstaben, beliebige Sonderzeichen, Leerstellen und Punkte. Der substituierte Wert bleibt unverändert, insbesondere werden Kleinbuchstaben nicht in Großbuchstaben umgewandelt, Leerstellen werden nicht entfernt und Punkte haben nicht die Funktion von Indextrennzeichen. Die Substitution erfolgt einmalig, d. h. auch wenn der substituierte Wert den Namen einer zugewiesenen Variablen ergibt, wird der Wert nicht noch einmal substituiert.

Beispiel: Wenn die Variable autor die Zeichenfolge "Goethe, Johann W. von" enthält, lautet der abgeleitete Name der Stammvariablen titel.autor.1: TITEL.Goethe,□Johann□W.□von.1.

Anwendung. Variablenstämme haben die folgenden Anwendungsgebiete:

- **Numerisch indizierte Variablenstämme** (*siehe* unten) dienen zur Implementierung numerierter Listen oder eindimensionaler Tabellen. Die Elemente eindimensionaler Tabellen werden in anderen Sprachen meist durch einen Index in eckigen Klammern nach dem Tabellennamen dargestellt, z. B. satz[5] statt satz.5 (fünftes Element der Tabelle).
- **Mehrfach numerisch indizierte Variablenstämme** dienen zur Darstellung mehrdimensionaler Tabellen. Die Indexierung oder Subskribierung entspricht der Klammerdarstellung in anderen Sprachen, z. B. satz[5, 3] statt satz.5.3 (etwa: fünfte Zeile, dritte Spalte einer zweidimensionalen Tabelle).

- **Assoziative Tabellen.** Da der Wert von Indizes, die durch Variablen dargestellt werden, beliebig ist, können Tabellenelemente durch Namen bezeichnet werden, die auf den Inhalt des Elements Bezug nehmen.

Numerisch indizierte Variablenstämme. (Eine häufige Form der Variablenstämme sind die numerisch fortlaufend indizierten Variablenstämme. Die Stammendung besteht bei numerisch indizierten Variablenstämmen aus einem numerischen Index, der bei 1 beginnt und fortlaufend hochgezählt wird. Die Stammvariable mit dem Index 0 enthält in der Regel die Anzahl der Variablen des Stamms, d. h. den höchsten vergebenen Index.

Numerisch indizierte Variablenstämme werden z. B. von den OS/2-Dienstprogrammfunktionen sysfilesearch, sysfiletree, sysini und sysqueryclasslist sowie von der externen TSO/E-Funktion outtrap und dem TSO/E REXX-Befehl execio verwendet.

Mehrfach numerisch indizierte Variablenstämme. Bei mehrfach numerisch indizierten Variablenstämmen bezeichnet der erste Index die erste Dimension, der zweite Index die zweite Dimension usw.

Beispiel: Die zweidimensionale Tabelle tab. mit 5 Zeilen und 3 Spalten besteht aus den folgenden Elementen:

```
tab.1.1   tab.1.2   tab.1.3
tab.2.1   tab.2.2   tab.2.3
tab.3.1   tab.3.2   tab.3.3
```

Der erste Index bezeichnet die Zeilennummer innerhalb der Tabelle und der zweite die Spaltennummer.

Assoziative Tabellen. Die Indizes einer assoziativen Tabelle sind Variablennamen. Sie enthalten Zeichenfolgen, die den Inhalt der Stammvariablen kennzeichnen.

Beispiel: Die Adreßtabelle adr. enthält die Adressen der Mitarbeiter einer Firma. Ein Adreßelement wird referenziert, indem einer Variablen der Name des Mitarbeiters zugeordnet und diese Variable als Stammindex verwendet wird:

```
name = "Grätzer, Helene"; adr.name = "Rosenbergstr. 19, 70197 Stuttgart"
```

Die Adresse der Mitarbeiterin "Grätzer, Helene" ist nun in der Stammvariablen ADR.Gretzer, Helene gespeichert. Wenn die Adresse aus der Stammvariablen entnommen werden soll, geht man genauso vor. Man weist einer Variablen den Namen des Mitarbeiters zu, dessen Adresse gesucht wird, und verwendet diese Variable als Stammindex:

```
mitarbeiter = "Grätzer, Helene"; say adr.name
```

Beachten Sie, daß der Mitarbeitername nicht direkt als Stammindex angegeben werden kann, weil der Name kein einfaches Symbol ist.

Stammsensitve Anweisungen. Einige Anweisungen können einen Variablenstamm in seiner Gesamtheit bearbeiten. Die folgende Tabelle zeigt diese Anweisungen anhand von Beispielen.

Anweisung	Wirkung
drop satz.	Die Definition aller Variablen des Stamms satz., die einen Wert haben, wird aufgehoben.
procedure expose satz.	Alle Variablen des Stamms satz. werden in dem internen Unterprogramm, das mit dieser Anweisung beginnt, exponiert, d. h. sie können von dem Unterprogramm manipuliert werden. Dies trifft sowohl für bereits definierte Stammvariablen zu als auch für solche, die neu definiert werden.
satz. = "_" x = value("satz.", "_")	Allen Variablen des Stamms satz. wird der gleiche Wert, nämlich die Nullzeichenfolge zugewiesen.
parse arg satz. wort arg satz. wort	Allen Variablen des Stamms satz. wird der gleiche Wert, nämlich das erste Wort der Argumentfolge zugewiesen, der Rest der Argumentfolge wird der Variablen wort zugeordnet.
parse pull satz. pull satz.	Allen Variablen des Stamms satz. wird der gleiche Wert, nämlich der nächste Satz aus der externen Warteschlange zugewiesen bzw. wenn diese leer ist, der nächste Satz aus dem Standardeingabestrom.

Leider gibt es keine Möglichkeit, einen Variablenstamm in seiner Gesamtheit an ein Unterprogramm zu übergeben. Desgleichen ist es nicht möglich, einen Variablenstamm aus einem Unterprogramm komplett an den Aufrufer zurückzugeben. Im letzten Fall kann man sich aber mit der externen Variablenmodifikation behelfen. *Siehe:* Variablenmodifikation, externe.

Externe Funktionen. Zur Bearbeitung numerisch indizierter Variablenstämme stehen die folgenden externen Funktioen zur Verfügung. Legende: *siehe* Funktionen - Übersicht.

*	Aufruf	Wirkung
e	INTERPRET DELSTEM(stamm, index, [anzahl], max)	Stammvariablen aus einem Variablenstamm löschen
e	INTERPRET INSSTEM(stammfolge, stem, [index], max)	Stammvariablen in einen Variablenstamm einfügen

Vergleichsoperator

Vergleichsoperatoren vergleichen zwei Terme miteinander und liefern als Ergebnis den logischen Wert 1 (wahr) oder 0 (falsch). Der Vergleich kann *exakt* oder *nicht exakt* erfolgen.

Exakter Vergleich. Die Operatoren für den exakten Vergleich unterscheiden sich von den Operatoren für den nicht exakten Vergleich dadurch, daß eines der Operatorzeichen verdoppelt wird, z. B. >>. Beim exakten Vergleich gelten die folgenden Regeln:

- Beide Terme werden als Zeichenfolgen interpretiert, auch dann, wenn beide Terme Zahlen sind. Der Vergleich 1422 << 143 ergibt daher den logischen Wert 1 (wahr), da das dritte Zeichen (2) in der Zeichenfolge "1422" kleiner als das dritte Zeichen (3) in der Zeichenfolge "143" ist.
- Leerzeichen am Anfang und Ende der Zeichenfolgen werden wie alle anderen Zeichen behandelt. Daher ergeben z. B. die Vergleiche "_" == "□", "Heidi□" == "Heidi" und "□Heidi□" == "Heidi" den logischen Wert 0 (falsch).
- Die Zeichen beider Zeichenfolgen werden eines nach dem anderen miteinander verglichen.
- Wenn eine Zeichenfolge die andere als führende Teilfolge enthält, gilt die kürzere als kleiner. Daher ergibt z. B. der Vergleich der beiden Zeichenfolgen "HeidiRilke" und "Heidi" für den exakten Vergleichsoperator >> den logischen Wert 1 (wahr) und für << den logischen Wert 0 (falsch).

Nicht exakter Vergleich. Beim nicht exakten Vergleich gelten die folgenden Regeln:

- Wenn beide Terme Zahlen ergeben, wird arithmetisch verglichen. Der zweiteTerm wird von dem ersten Term subtrahiert und das Ergebnis arithmetisch mit 0 verglichen. *Siehe unten:* arithmetischer Vergleich.
- Leerzeichen am Anfang und Ende der Zeichenfolgen ignoriert. Daher ergeben z. B. die Vergleiche "_" == "□", "Heidi□" == "Heidi" und "□Heidi□" == "Heidi" den logischen Wert 1 (wahr).
- Wenn eine Zeichenfolge kürzer als die andere ist, wird sie hinten mit Leerstellen aufgefüllt, so daß sie genauso lang wie die andere Zeichenfolge ist.
- Die so normierten Zeichenfolgen werden zeichenweise miteinander verglichen, falls nicht ein arithmetischer Vergleich erfolgte.

Zeichencodes. Beim Vergleich zweier Zeichenfolgen wird der Wert der Zeichen in dem Zeichencode der aktuellen Plattform (ASCII unter DOS und OS/2, EBCDIC unter TSO) zum Vergleich herangezogen. Daher ist z. B. "1234" auf einem ASCII-System kleiner als "ABCD", da "1" = "31"x kleiner als "A" = "41"x ist. Umgekehrt ist "1234" auf einem EBCDIC-System größer als "ABCD", da "1" = "f1"x größer als "A" = "c1"x ist.

Groß-/Kleinschreibung. Beim Vergleich zweier Zeichenfolgen wird (beim exakten und beim nicht exakten Vergleich) zwischen Groß- und Kleinbuchstaben unterschieden. Wenn die Groß-/Kleinschreibung ignoriert werden soll, müssen die zu vergleichenden Zeichenfolgen beide mit der translate-Funktion in Groß- oder in Kleinbuchstaben umgewandelt werden.

Beachten Sie, daß bei deutschen Texten auch die Umlaute umgewandelt werden müssen. Daher reicht der Funktionsaufruf translate(name) nicht aus, weil er nur die englischen Kleinbuchstaben a-z umwandelt. Stattdessen muß zur Umwandlung *aller* Kleinbuchstaben der Funktionsaufruf translate(name, "A...ZÄÖÜ", "a...zäöü") verwendet werden.

Vergleichsoperatoren. Wir unterscheiden die folgenden Vergleichsoperatoren:

- **Positive Vergleichsoperatoren.** Sie enthalten *nicht* das Negationszeichen \. Die folgenden Tabelle zeigt in der linken Spalte die nichtexakten und rechts die exakten Vergleichsoperatoren:

=	gleich	==	exakt gleich
<	kleiner	<<	exakt kleiner
<=	kleiner oder gleich	<<=	exakt kleiner oder gleich
>	größer	>>	exakt größer
>=	größer oder gleich	>>=	exakt größer oder gleich

- **Negative Vergleichsoperatoren.** Sie *enthalten* das Negationszeichen ¬ oder \. Die folgenden Tabelle zeigt in der linken Spalte die nichtexakten und rechts die exakten Vergleichsoperatoren:

\=	ungleich (auch <> oder ><)	\==	exakt ungleich
\<	nicht kleiner	\<<	nicht exakt kleiner
\<=	nicht kleiner oder gleich	\<<=	nicht exakt kleiner oder gleich
\>	nicht größer	\>>	nicht exakt größer
\>=	nicht größer oder gleich	\>>=	nicht exakt größer oder gleich

Arithmetischer Vergleich. Zum arithmetischen (oder numerischen) Vergleich wird der zweite Vergleichsterm von dem ersten subtrahiert und das Ergebnis wird mit 0 verglichen. Die Subtraktion erfolgt nach den Regeln, die für die Subtraktion mit dem Minusoperator (-) gelten (*siehe:* Operator, arithmetischer).

```
a = 25; b = 12; c = -12; d = -25
vgl1 = (a > b)
vgl2 = (c < d)
→ vgl1: 1, vgl2: 0
```

Der Vergleich a > b im ersten Beispiel führt zu der Subtraktion a - b = 25 - 12 = 13. Der endgültige Vergleich 13 > 0 ergibt daher für vgl1 den logischen Wert 1 (wahr). Der Vergleich c < d im zweiten Beispiel führt zu der Subtraktion c - d = (-12) - (-25) = (-12) + 25 = 13. Der endgültige Vergleich 13 < 0 ergibt daher für vgl2 den logischen Wert 0 (falsch).

Hinweis: Arithmetische Vergleiche werden durch die numerische Unschärfe beeinflußt, die mit der Anweisung numeric fuzz gesetzt wird. *Siehe:* numeric fuzz.

Beispiele

REXX-Anweisungen	**Erläuterung**
a = ""; b = "□□□□"; c = "□□□" v1 = (a = b) v2 = (b = c) v3 = (a == b) v4 = (b == c)	Der nicht exakte Vergleich a = b ergibt 1, d. h. eine Zeichenfolge aus Leerstellen wird mit der Nullzeichenfolge gleichgesetzt. Desgleichen ergibt der Vergleich b = c Gleichheit, obwohl c eine Leerstelle mehr als d enthält. Die exakten Vergleich a == b und b == c hingegen ergeben 0, weil die verglichenen Zeichenfolgen nicht exakt übereinstimmen.
a = "Heidi"; b = "□□Heidi□" v1 = (a = b) v2 = (a == b)	Der nicht exakte Vergleich a = b ergibt 1, d. h. die Leerstellen am Anfang und Ende von b werden ignoriert. Der exakte Vergleich a == b hingegen ergibt 0, da hier auch Leerstellen am Anfang und Ende einer Zeichenfolge zum Vergleich mit herangezogen werden.

verify

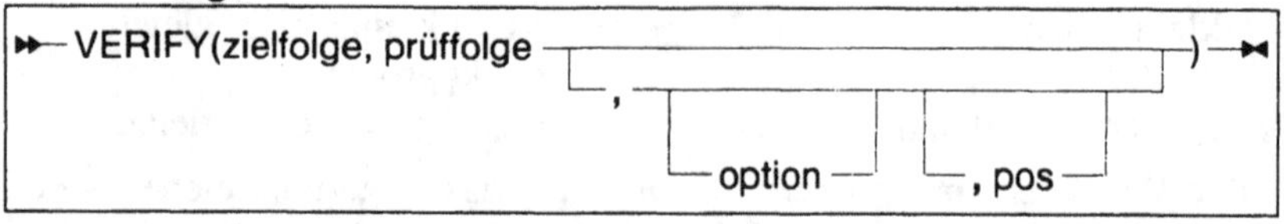

Die eingebaute SAA-Funktion verify (prüfen) prüft die Zeichenfolge zielfolge gegen die Zeichenfolge prüffolge. Das Ergebnis hängt von der verwendeten Option option ab.

option ist ein beliebiger Ausdruck, der eine der beiden möglichen Optionen ergeben muß. Von der angegebenen Option wird nur das erste Zeichen ausgewertet, Groß- und Kleinbuchstaben sind dabei gleichwertig.

- N (no match = keine Übereinstimmung) - **Standard**
  Es wird die Position des ersten Zeichens ab der Position pos in zielfolge zurückgeliefert, das *nicht* mit einem der Zeichen in prüffolge übereinstimmt (no match = keine Übereinstimmung). Wenn alle Zeichen in zielfolge in prüffolge enthalten sind, wird 0 zurückgeliefert. Dies gilt auch, wenn zielfolge die Nullzeichenfolge oder wenn pos > length(zielfolge) ist. Wenn prüffolge die Nullzeichenfolge ist, wird als Ergebnis 1 zurückgeliefert.
- M (match = Übereinstimmung):
  Es wird die Position des ersten Zeichens ab der Position pos in zielfolge zurückgeliefert, das mit einem der Zeichen in prüffolge *übereinstimmt* (match = Übereinstimmung). Wenn alle Zeichen in zielfolge *nicht* in prüffolge enthalten sind, wird 0 zurückgeliefert. Dies gilt auch, wenn zielfolge die Nullzeichenfolge oder wenn pos > length(zielfolge) ist. Wenn prüffolge die Nullzeichenfolge ist, wird als Ergebnis 0 zurückgeliefert.

Wenn pos fehlt, wird zielfolge ab Position 1 geprüft. Wenn pos angegeben wird, muß es eine positive Ganzzahl sein. In diesem Fall wird zielfolge ab der Position pos geprüft. Wenn pos größer als die Länge von zielfolge ist, wird 0 zurückgeliefert.

option — Nur das erste Zeichen wird ausgewertet, Groß- und Kleinbuchstaben sind gleichwertig.
Mögliche Optionen: *siehe* oben.

pos — Positive Ganzzahl. Position, ab der zielfolge geprüft werden soll.
Standard: 1.

prüffolge — Beliebige Zeichenfolge mit den Zeichen, gegen die zielfolge geprüft werden soll.

zielfolge — Beliebige Zeichenfolge, die geprüft werden soll.

Beispiele

REXX-Anweisungen	Erläuterung
text1 = "MAYER" text2 = "MAYER-GULDE" abc = "ABC...XYZ" pos1a = verify(text1, abc)	volle Übereinstimmung: pos1a und pos1b finden in text1 kein Zeichen, das nicht in abc enthalten ist, daher erhält pos1 den Wert

REXX-Anweisungen	Erläuterung
pos1b = verify(text1, abc, "N") pos2 = verify(text2, abc,, 7)	0. pos2 liefert 0, da in text2 ab Position 7 nur Zeichen aus abc vorkommen.
text1 = "MAYER-GULDE" abc = "ABC...XYZ" pos1 = verify(text1, abc, ..."no match")	Nicht-Übereinstimmung suchen: Das Zeichen "-" ist das erste (und einzige) in text1, das nicht in abc enthalten ist. pos1 erhält daher den Wert 6, da "-" in Position 6 von text1 steht.
text1 = "MAYER" text2 = "die 12 Apostel" ziffern = "0123456789" pos1 = verify(text1, ziffern, ..."Match") pos2 = verify(text2, ziffern, "m", 8)	keine Übereinstimmung: text1 enthält nur Buchstaben und keine Ziffern, daher wird keine Übereinstimmung gefunden und pos1 erhält den Wert 0. text2 enthält ab Position 8 keine Ziffern mehr, daher erhält pos2 den Wert 0.
text1 = "die 12 Apostel" ziffern = "0123456789" pos1 = verify(text1, ziffern, "m") pos2 = verify(text1, ziffern, "m", 4)	Übereinstimmung suchen: Das fünfte Zeichen in text1 ist eine Ziffer aus ziffern. pos1 erhält daher den Wert 5. text1 enthält ab Position 4 eine Ziffer in Position 5, daher erhält pos2 den Wert 5.
text = "" ziffern = "0123456789" pos1 = verify(text, ziffern) pos2 = verify(text, ziffern, "m")	Zielfolge = Nullzeichenfolge: pos1 und pos2 erhalten den Wert 0.
text = "MAYER" ziffern = "0123456789" pos1 = verify(text, ziffern,, 10) pos2 = verify(text, ziffern, "m", 10)	pos > length(zielfolge): pos1 und pos2 erhalten den Wert 0.
text = "MAYER" pos1 = verify(text, "") pos2 = verify(text, "", "m")	Prüffolge = Nullzeichenfolge: pos1: 1, pos2: 0.

Anwendung

1	Tabellenprüfung mit einer Zeichenliste
2	Prüfung auf alphabetische Datentypen einschließlich Umlauten
3	Generische Dateinamen prüfen
4	Erstes Vorkommen eines Zeichens in einer Zeichenfolge suchen

1. Tabellenprüfung mit einer Zeichenliste

Aufgabe: Es soll geprüft werden, ob ein eingegebenes Befehlskürzel einer der Buchstaben b, c, e oder m ist, d. h. das eingegebene Befehlskürzel soll gegen die Tabelle der zulässigen Befehlskürzel geprüft werden.

```
cmdtab = "bcem"
cmd1 = "x"
cmd2 = "c"
pos1a = verify(cmd1, cmdtab)
pos1b = verify(cmd1, cmdtab, "match")
pos2a = verify(cmd2, cmdtab)
pos2b = verify(cmd2, cmdtab, "match")
```

➔ pos1a: 1, pos1b: 0, pos2a: 0, pos2b: 1

Die zulässigen Befehlsbuchstaben werden der Zeichenliste cmdtab zugewiesen. pos1a/b enthalten als ersten Parameter den zu prüfenden Befehlsbuchstaben cmd1 und als zweiten Parameter den Namen der Zeichenliste cmdtab. pos1a wird die Position 1 zugewiesen, weil standardmäßig die Option "no match" gilt und weil "x" das erste (und einzige) Zeichen in cmd1 ist, das in cmdtab nicht enthalten ist. Umgekehrt wird pos1b 0 zugewiesen, weil "x" mit keinem Zeichen aus cmdtab übereinstimmt.

pos2a erhält den Wert 0, weil standardmäßig die Option "no match" gilt und weil das einzige Zeichen in cmd2, das "e", in cmdtab gefunden wurde. pos2b hingegen wird 1 zugewiesen, weil "e" in cmdtab vorkommt und in Position 1 von cmd2 steht.

Hinweis: Auch pos kann zur Prüfung verwendet werden. pos(cmd1, cmdtab) liefert einen Wert größer 0, wenn cmd1 in cmdtab enthalten ist, andernfalls 0.

Wenn das zu prüfende Befehlskürzel aus mehreren Zeichen bestehen kann, können Sie zur Prüfung die Funktionen wordpos oder abbrev verwenden.

2. Prüfung auf alphabetische Datentypen einschließlich Umlauten

Aufgabe: Die eingebaute SAA-Funktion datatype bietet u. a. die Möglichkeit, Daten daraufhin zu überprüfen, ob sie nur aus Großbuchstaben (Typ = uppercase), nur aus Kleinbuchstaben (Typ = lowercase) oder aus Klein- und/oder Großbuchstaben (Typ = mixed case) bestehen. Diese Prüfung reicht in Deutschland häufig nicht aus, da die Umlaute und das ß nicht berücksichtigt werden. Es soll eine externe Funktion erstellt werden, die diesem Mangel abhilft.

```
type:
  parse arg string, type
  type = left(translate(type), 1)
  lc = "abcdefghijklmnopqrstuvwxyzäöüß"
  uc = "ABCDEFGHIJKLMNOPQRSTUVWXYZÄÖÜ"
  select
    when type = "L" then return verify(string, lc) = 0
    when type = "M" then return verify(string, lc !! uc) = 0
    when type = "U" then return verify(string, uc) = 0
    otherwise return datatype(string, type)
  end
```

Da es in REXX leider nicht möglich ist, eine eingebaute Funktion durch eine externe zu ersetzen, wählen wir einen anderen Namen für die Funktion, nämlich type. Mit parse arg werden die Parameter eingelesen: die zu prüfende Zeichenfolge string und der gewünschte Typ type, auf den geprüft werden soll. Den Typ normieren wir, indem wir ihn mit translate in Großbuchstaben umwandeln und mit Hilfe von left nur das erste Zeichen auswerten. Anschließend werden die Variablen lc (Kleinbuchstaben einschließlich Umlaute und ß) und uc (Großbuchstaben einschließlich Umlaute) definiert.

In der select-Auswahl behandeln wir die Typprüfungen mit den Kennbuchstaben L, M und U gesondert, alle anderen Typprüfungen geben wir in der otherwise-Klausel mit return datatype(string, type) an die eingebaute Funktion datatype weiter. In der ersten when-Klausel wird mit type = "L" abgefragt, ob auf Kleinbuchstaben geprüft werden soll. verify(string, lc) liefert die Position des ersten Zeichens in string, das nicht in lc vorkommt, also kein Kleinbuchstabe ist. Wenn das Ergebnis aber 0 ist, sind alle Zeichen aus string in lc enthalten, d. h. string besteht nur aus Kleinbuchstaben. Wir liefern daher den logischen Wert des Vergleichsausdrucks verify(string, lc) = 0 an den Aufrufer zurück.

Dieser ist 0 (falsch), wenn string nicht vom Typ Kleinbuchstaben ist, andernfalls 1 (wahr). Die übrigen when-Klauseln werden analog abgewickelt.

Hinweis: Wenn die Funktion als interne Funktion definiert wird, kann sie den gleiche Namen führen wie die eingebaute Funktion datatype. Beim Aufruf der eingebauten Funktion datatype ist dann aber zu beachten, daß der Funktionsname in Großbuchstaben und in Anführungszeichen gesetzt werden muß:

```
datatype:
  select
    /* ... */
    otherwise return "DATATYPE"(string, type)
  end
```

3. Generische Dateinamen prüfen

Aufgabe: Es soll geprüft werden, ob ein Dateiname generisch ist, d. h. ob er mindestens ein Platzhalterzeichen enthält.

```
dateiname = "c:\appc\appc????.*"
generic = (verify(dateiname, "*?", "match") > 0)
```

➔ generic: 1

Der Dateiname enthält die Platzhalterzeichen ? und * (unter TSO wird statt des Fragezeichens % verwendet). verify prüft, welches dieser Zeichen als erstes in dateiname vorkommt und liefert die Position dieses Zeichens in dateiname. Wenn also das Funktionsergebnis größer 0 ist, ist der Dateiname generisch. Das Ergebnis dieser logischen Abfrage wird der Variablen generic zugewiesen. Sie enthält also 1 (wahr), wenn dateiname generisch ist, andernfalls 0 (falsch).

4. Erstes Vorkommen eines Zeichens in einer Zeichenfolge suchen

Aufgabe: Eine Zeichenfolge soll darauf untersucht werden, welches Zeichen aus einer gegebenen Zeichenmenge als erstes vorkommt. Im folgenden Beispiel wird die Zeichenfolge text nach dem frühesten Vorkommen eines Vokals durchsucht.

```
text = "Hänsel und Gretel"
pos1 = verify(text, "aeiou", "match")
pos2 = verify(text, "aeiou", "match", pos1 + 1)
```

➔ pos1: 5, pos2: 8

Mit der Option "match" liefert verify das erste Vorkommen eines Vokals aus der Prüffolge "aeiou" in text. pos1 liefert das erste Vorkommen ab der Position 1 (Standard) und pos2 das erste Vorkommen nach der Fundposition pos1 des ersten Vokals.

Verkettungsoperator

Verkettungsoperatoren (Konkatenierungsoperatoren) verketten (konkatenieren) zwei Zeichenfolgen zu einer Zeichenfolge, d. h. zwei Zeichenfolgen werden nach einer bestimmten Vorschrift aneinandergehängt. Nach welcher Regel die Verkettung erfolgt, bestimmt der Verkettungsoperator:

- **Leerstellenoperator.** Die beiden Zeichenfolgen werden durch eine Leerstelle miteinander verkettet, z. B. "Heidi"□"Rilke" → "Heidi□Rilke". Wenn sich zwischen den beiden Zeichenfolgen mehrere Leerstellen befinden, werden alle Leerstellen bis auf eine ignoriert. Die verbleibende Leerstelle wird dann als Leerstellenoperator interpretiert. *Beispiel*: "Heidi"□□□"Rilke" → "Heidi□Rilke".

- **Verkettungsoperator** ||. Dies ist der Verkettungsoperator im engeren Sinne. Die beiden Zeichenfolgen werden ohne dazwischentretende Leerstellen miteinander verkettet, z. B. "Heidi"||"Rilke" → "HeidiRilke". *Siehe auch:* Operator, Plattformabhängige Zeichen.
- **Grenzoperator.** Der Grenzoperator (abuttal operator) ist ein gedachter Operator. Er hat die gleiche Wirkung wie der Operator || und wird dann angenommen, wenn zwei Terme nicht durch andere Operatoren miteinander verbunden sind. Dies trifft in folgenden Fällen zu:
  - Die beiden Terme sind syntaktisch als zwei verschiedene Terme erkennbar. Das ist z. B. der Fall, wenn einer literalen Zeichenfolge unmittelbar ein Variablenname folgt, z. B. "Heidi "name, oder wenn zwei geklammerte Ausdrücke einander unmittelbar folgen, z. B. (vorname)(name).
  - Die beiden Terme sind durch einen Kommentar voneinander getrennt, z. B. vorname/*Kommentar*/name.

Beispiele

REXX-Anweisungen	Erläuterung
name = "Rilke" vorname = "Heidi" name1 = vorname□name name2 = "Heidi"□"Rilke" name3 = vorname□□□name name4 = "Heidi"□□□"Rilke"	Leerstellenoperator: name1-4 liefern alle das gleiche Ergebnis: "Heidi□Rilke".
name = "Rilke" vorname = "Heidi" name1 = vorname||name name2 = "Heidi"||"Rilke" name3 = vorname□||□name name4 = "Heidi"□||□"Rilke"	Verkettungsoperator ||: name1-4 liefern alle das gleiche Ergebnis: "HeidiRilke".
name = "Rilke" vorname = "Heidi" name1 = vorname"Rilke" name2 = "Heidi"name name3 = (vorname)name name4 = vorname(name) name5 = "49"x"rene"	Grenzoperator: name1-3 liefern alle das gleiche Ergebnis: "HeidiRilke". name4 hingegen wird als Funktionsaufruf interpretiert. name5 wird aus der Hexfolge "49"x (= "I" in ASCII) und der Zeichenfolge "rene" zusammengesetzt und ergibt, da die Variable IRENE undefiniert ist. den abgeleiteten Variablennamen "IRENE".

Warteschlange

Siehe auch: Warteschlange, DOS; Warteschlange; OS/2; Warteschlange, TSO.

Eine externe REXX-Warteschlange ist eine Liste von Zeichenfolgen (Elementen), die zeilenweise manipuliert werden können. Die Zeichenfolgen in einer Warteschlange können aus beliebigen Zeichen bestehen. Alle Zeichen stehen für sich selbst. Kein Zeichen hat eine besondere Bedeutung oder Funktion. REXX-Warteschlangen werden als extern bezeichnet, weil sie nicht einem bestimmten Programm gehören, sondern zur Kommunikation von Programmen untereinander benutzt werden können.

Warteschlange, DOS

Siehe auch: parse pull; pull; push; queue; queued().

Unter DOS gibt es nur eine Warteschlange, die allen Programmen zur Verfügung steht.

Warteschlangenbearbeitung. Die aktuelle Warteschlange kann mit den folgenden Anweisungen und Funktionen bearbeitet werden:

- **Element hinzufügen.** Es gibt zwei Anweisungen, um ein Element der aktuellen Warteschlange hinzuzufügen:
  - **Am Anfang der Warteschlange.** Die Anweisung push fügt am Anfang der Warteschlange ein neues Element hinzu. Da ein Element nur vom Anfang der Warteschlange abgerufen werden kann, wird das Element nach dem LIFO-Verfahren behandelt (last in first out = zuletzt rein, zuerst raus).
  - **Am Ende der Warteschlange.** Die Anweisung queue fügt am Ende der Warteschlange ein neues Element hinzu. Da ein Element nur vom Anfang der Warteschlange abgerufen werden kann, wird das Element nach dem FIFO-Verfahren behandelt (first in first out = zuerst rein, zuerst raus).
- **Element abrufen.** Mit den Anweisungen parse pull oder pull kann ein Element vom Anfang der aktuellen Warteschlange eingelesen werden. Das eingelesene Element wird aus der Warteschlange gelöscht. Wenn die aktuelle Warteschlange leer ist, lesen parse pull bzw. pull vom Standardeingabestrom ein.
- **Elemente zählen.** Die Funktion queued liefert die Anzahl der Elemente in der aktuellen Warteschlange zurück.

Warteschlange, OS/2

Siehe auch: linein; lineout; lines; parse pull; pull; push; queue; queued(); rxqueue (Filter); rxqueue (Funktion).

Eine externe REXX-Warteschlange unter OS/2 unterscheidet sich von IPC-Warteschlangen (Inter Process Communication = Interprozeßkommunikation) des OS/2-Betriebssystems dadurch, daß REXX-Warteschlangen nicht einem bestimmten Programm gehören, sondern sitzungsweit bzw. systemweit zur Verfügung stehen.

Wir unterscheiden zwei Arten von Warteschlangen:

- Sitzungswarteschlangen mit sitzungsweiter Geltung
- benannte oder private Warteschlangen mit systemweiter Geltung

Sitzungswarteschlangen. Zu jeder OS/2-Sitzung gehört eine Sitzungswarteschlange, die den Namen "SESSION" trägt. Sie wird erstellt, sobald ein REXX-Programm innerhalb einer Sitzung zum ersten Mal ein Element in die Warteschlange stellt. Die Sitzungswarteschlange gehört allen Programmen einer Sitzung gemeinsam und kann daher von allen Programmen einer Sitzung manipuliert und zum Austausch untereinander und zur Synchronisierung verwendet werden.

Benannte oder private Warteschlangen. Diese Warteschlangen werden von einem REXX-Programm erzeugt und gelöscht. Eine benannte Warteschlange trägt einen Namen, der ihr ausdrücklich zugewiesen oder von REXX festgelegt wurde. Benannte Warteschlangen dienen zum Datenaustausch und zur Synchronisierung von Programmen in unterschiedlichen Sitzungen. Zum Erzeugen, Löschen und Aktivieren benannter Warteschlangen und zum Ermitteln der aktuellen Warteschlange stehen die folgenden Aufrufe der eingebauten OS/2-Funktion rxqueue zur Verfügung:

- **Warteschlange erzeugen.** Eine Warteschlange wird mit rxqueue("create", [*name*]) erzeugt und mit einem Namen versehen.
- **Warteschlange löschen.** Eine Warteschlange wird mit rxqueue("delete", *name*) gelöscht. Sie kann von jedem Programm, das Zugriff auf die Warteschlange hat, und nicht etwa nur vom Erzeuger der Warteschlange gelöscht werden.
  Der Inhalt einer Sitzungswarteschlange wird automatisch gelöscht, wenn die Sitzung beendet wird. Benannte Warteschlangen bleiben solange erhalten, bis sie ausdrücklich oder beim nächsten Systemstart automatisch gelöscht werden.
- **Warteschlange aktivieren.** Mit rxqueue("set", *name*) wird eine Warteschlange aktiviert, d. h. zur aktuellen Warteschlange bestimmt.
- **Aktuelle Warteschlange ermitteln.** rxqueue("get") liefert den Namen der aktuellen Warteschlange zurück.

Warteschlangenbearbeitung. Die aktuelle Warteschlange kann mit den folgenden Anweisungen und Funktionen bearbeitet werden:

- **Element hinzufügen.** Es gibt zwei Anweisungen, um ein Element der aktuellen Warteschlange hinzuzufügen:
  - **Am Anfang der Warteschlange.** Die Anweisung push fügt am Anfang der Warteschlange ein neues Element hinzu. Da ein Element nur vom Anfang der Warteschlange abgerufen werden kann, wird das Element nach dem LIFO-Verfahren behandelt (last in first out = zuletzt rein, zuerst raus).
  - **Am Ende der Warteschlange.** Die Anweisung queue oder der Funktionsaufruf lineout("queue:", *zeichenfolge*) fügt am Ende der Warteschlange ein neues Element hinzu. Da ein Element nur vom Anfang der Warteschlange abgerufen werden kann, wird das Element nach dem FIFO-Verfahren behandelt (first in first out = zuerst rein, zuerst raus).
- **Element abrufen.** Mit den Anweisungen parse pull bzw. pull oder der Funktion linein("queue:") kann ein Element vom Anfang der aktuellen Warteschlange eingelesen werden. Das eingelesene Element wird aus der Warteschlange gelöscht. Wenn die aktuelle Warteschlange leer ist, lesen parse pull bzw. pull vom Standardeingabestrom ein.
- **Elemente zählen.** Die Funktionen queued und lines("queue:") liefern die Anzahl der Elemente in der aktuellen Warteschlange zurück.

Außerdem kann das Filterprogramm rxqueue (nicht zu verwechseln mit der Funktion rxqueue!) eine Warteschlange vom Anfang oder Ende her mit der

Ausgabe eines anderen Programms oder eines OS/2-Befehls füllen oder ihren Inhalt löschen.

Programmkommunikation. Eine Warteschlange gehört nicht einem bestimmten Programm. Daher kann eine Warteschlange in jedem beliebigen Zeitpunkt von allen Programmen einer Sitzung (Sitzungswarteschlange) bzw. im System (benannte Warteschlange) manipuliert werden. Warteschlangenoperationen werden automatisch serialisiert, d. h. nacheinander ausgeführt, so daß keine Zugriffskonflikte entstehen können. Wenn allerdings zwei Programme gleichzeitig aus einer Warteschlange lesen, müssen die Programme selbst dafür sorgen, daß das Lesen in der richtigen Reihenfolge erfolgt.

Ein externes Programm und ein REXX-Programm, die der *gleichen* Sitzung angehören, können über die gemeinsame Sitzungswarteschlange "SESSION" kommunizieren.

Ein externes Programm und ein REXX-Programm, die *unterschiedlichen* Sitzungen angehören, können über eine benannte Warteschlange miteinander kommunizieren. Dazu muß der Name der benannten Warteschlange durch ein Verfahren der Interprozeßkommunikation an das Partnerprogramm weitergegeben werden. Zu diesen Verfahren gehören: vorherige Namensfestlegung, Parameterübergabe, IPC-Verfahren des OS/2-Betriebssystems (Pipes, Shared Memory, IPC-Warteschlangen).

Hintergrundprozesse. REXX-Programme, die als Hintergrundprozeß (detached process) laufen, besitzen eine eigene Hintergrund-Sitzungswarteschlange (detached session queue), die dem Hintergrundprozeß allein gehört und nicht mit der Sitzungswarteschlange identisch ist, die den Hintergrundprozeß startet.

Warteschlange, TSO

Siehe auch: delstack; dropbuf; execio; makebuf; newstack; parse pull; pull; push; qbuf; qelem; qstack; queue; queued();

Warteschlangen. Unter MVS/TSO steht einem Programm standardmäßig eine externe Warteschlange zur Verfügung, die *Standardwarteschlange*, die von allen Programmen der gleichen Sprachprozessorumgebung manipuliert und zum Austausch untereinander und zur Synchronisierung verwendet werden kann. Darüberhinaus kann ein Programm mit dem TSO/E REXX-Befehl newstack zusätzliche Warteschlangen erzeugen. Die zuletzt erzeugte Warteschlange wird zur aktuellen Warteschlange. Alle Warteschlangenmanipulationen beziehen sich auf die aktuelle Warteschlange. Wenn die vorhergehende Warteschlange manipuliert werden soll, muß zuerst die aktuelle Warteschlange mit delstack gelöscht werden. Der TSO/E REXX-Befehl qstack gibt Auskunft über die Anzahl der vorhandenen Warteschlangen.

Warteschlangenpuffer. Jede Warteschlange verfügt anfangs über *einen* Warteschlangenpuffer, den *Standardpuffer* oder Puffer 0. Darüberhinaus kann ein Programm mit dem TSO/E REXX-Befehl makebuf zusätzliche Warteschlangenpuffer mit den Nummern 1, 2 usw. erzeugen. Der zuletzt erzeugte Warteschlangenpuffer wird zum aktuellen Puffer. Warteschlangenpuffer können mit dropbuf wieder gelöscht werden. Der TSO/E REXX-Befehl qbuf gibt Auskunft über die Anzahl der mit makebuf angelegten Puffer.

Unterschied zwischen Warteschlange und Warteschlangenpuffer. Alle Warteschlangenmanipulationen beziehen sich auf den aktuellen Puffer, mit einer Ausnahme: Wenn der aktuelle Warteschlangenpuffer (jedoch nicht der Standardpuffer) leer ist und ein Element mit parse pull oder pull eingelesen werden soll, wird der aktuelle Puffer gelöscht und aus dem vorhergehenden Puffer eingelesen. Dieses Verhalten zeigt den grundsätzlichen Unterschied eines Puffers zu einer Warteschlange: Wenn die aktuelle Warteschlange leer ist und ein Element mit parse pull oder pull eingelesen werden soll, wird von der Standardeingabe (Terminal oder SYSTSIN) eingelesen. Die aktuelle Warteschlange ist dann leer, wenn der Standardpuffer (Puffer 0) aktuell und leer ist.

Warteschlangenbearbeitung. Der aktuelle Warteschlangenpuffer kann mit den folgenden Anweisungen und Funktionen bearbeitet werden:

- **Element hinzufügen.** Es gibt zwei Anweisungen, um ein Element der aktuellen Warteschlange hinzuzufügen:
  - **Am Anfang der Warteschlange.** Die Anweisung push fügt am Anfang der Warteschlange ein neues Element hinzu. Da ein Element nur vom Anfang der Warteschlange abgerufen werden kann, wird das Element nach dem LIFO-Verfahren behandelt (last in first out = zuletzt rein, zuerst raus).
  - **Am Ende der Warteschlange.** Die Anweisung queue fügt am Ende der Warteschlange ein neues Element hinzu. Da ein Element nur vom Anfang der Warteschlange abgerufen werden kann, wird das Element nach dem FIFO-Verfahren behandelt (first in first out = zuerst rein, zuerst raus).

  Der TSO/E REXX-Befehl execio liest Dateien wahlweise fifo oder lifo in eine Warteschlange oder in einen Variablenstamm ein.
- **Element abrufen.** Mit den Anweisungen parse pull oder pull kann ein Element vom Anfang der aktuellen Warteschlange eingelesen werden. Das eingelesene Element wird aus der Warteschlange gelöscht. Wenn die aktuelle Warteschlange leer ist, lesen parse pull bzw. pull vom Standardeingabestrom ein (Terminal bzw. SYSTSIN).

  Der TSO/E REXX-Befehl execio gibt Dateien wahlweise aus einer Warteschlange oder einem Variablenstamm aus.
- **Elemente zählen.** Die Funktion queued liefert die Anzahl der Elemente in der aktuellen Warteschlange zurück. Der TSO/E REXX-Befehl qelem liefert die Anzahl der Elemente im aktuellen Warteschlangenpuffer.

Programmkommunikation. Eine Warteschlange gehört nicht einem bestimmten Programm. Daher kann eine Warteschlange in jedem beliebigen Zeitpunkt von allen Programmen einer Sprachprozessorumgebung (z. B. TSO, ISPF-Bildschirm) manipuliert werden. Warteschlangenoperationen werden automatisch serialisiert, d. h. nacheinander ausgeführt, so daß keine Zugriffskonflikte entstehen können. Wenn allerdings zwei Programme gleichzeitig aus einer Warteschlange lesen, müssen die Programme selbst dafür sorgen, daß das Lesen in der richtigen Reihenfolge erfolgt.

wminpos

```
▸▸─ WMINPOS(suchliste, zielliste ─┬──────────────┬─ ) ─▸◂
                                  └─ , wortnummer ┘
```

Die externe Funktion wminpos (a word's minimal position = erste Position eines Wortes) sucht das erste Vorkommen eines der Wörter aus der Wortliste suchliste in der Wortliste zielliste. Die Suche beginnt ab dem n-ten Wort in zielliste (n = wortnummer), wenn wortnummer angegeben wird, sonst mit dem ersten Wort.

Als Funktionsergebnis wird die Nummer des gefundenen Wortes in zielliste zurückgegeben. Wenn keines der Wörter aus suchliste in zielliste gefunden wird oder wenn suchliste aus der Nullzeichenfolge besteht, liefert die Funktion den Wert 0 zurück.

suchliste — Beliebige Wortliste mit keinem, einem oder mehreren Wörtern, nach denen in zielliste gesucht werden soll.

zielliste — Beliebige Wortliste, in der nach den Wörtern aus suchliste gesucht werden soll.

wortnummer — Positive Ganzzahl. Nummer des Wortes in zielliste, ab dem die Suche beginnen soll.
Standard: 1.

Anwendung

1	Erstes Vorkommen von Wörtern in einer Wortliste suchen
2	Zwei Wörter in einer Zeichenfolge global gegeneinander austauschen

1. Erstes Vorkommen von Wörtern in einer Wortliste suchen

Aufgabe: Es sollen die Nummern des ersten und zweiten Worts in der Zeichenfolge str gefunden werden, die mit einem der Wörter ASCII bzw. EBCDIC übereinstimmen.

```
tab = "ASCII EBCDIC"
str = "immer ASCII in EBCDIC übersetzen"
wortnummer1 = wminpos(tab, str, 1)
wortnummer2 = wminpos(tab, str, wortnummer1 + 1)
```

➔ wortnummer1: 2, wortnummer2: 4

tab enthält die beiden Suchwörter ASCII und EBCDIC, str die Zeichenfolge, die durchsucht werden soll. Mit wminpos(tab, str, 1) wird ab Wort 1 in str nach dem ersten Vorkommen von einem der Wörter ASCII bzw. EBCDIC gesucht. Als erster Parameter wird die Variable tab übergeben, die die Suchwörter in einer Wortliste enthält. Der zweite Parameter str bezeichnet die Variable, die durchsucht werden soll. Da str ab dem ersten Wort durchsucht werden soll, wird als Anfangsposition im dritten Parameter 1 übergeben. wortnummer1 hat nach Abarbeitung der Funktion den Wert 2, da von den beiden Suchwörtern ASCII und EBCDIC das Suchwort ASCII als erstes mit einem der Wörter in str, nämlich dem zweiten, übereinstimmt.

Mit wminpos(tab, str, wortnummer1 + 1) wird nach dem zweiten Vorkommen von einem der Wörter ASCII bzw. EBCDIC gesucht. Die beiden ersten Parameter bleiben unverändert. Der dritte Parameter wird nun auf die Nummer des Wortes hinter dem gefunden Suchwort gesetzt, weil sonst das gleiche Suchwort wieder gefunden würde. wortnummer2 hat nach Abarbeitung der Funktion den Wert 4, da von den beiden Suchwörtern ASCII und EBCDIC das Suchwort EBCDIC als erstes ab dem Wort mit der Nummer wortnummer1 + 1 (= 3) auftritt.

2. Zwei Wörter in einer Zeichenfolge global gegeneinander austauschen
Aufgabe: In einem Text sollen die zwei Wörter ASCII und EBCDIC überall gegeneinander ausgetauscht werden.

```
tab = "ASCII EBCDIC"
str = "immer ASCII in EBCDIC übersetzen"
pos = 1
do i = 1
  pos = wminpos(tab, str, pos)
  if pos = 0 then leave i
  tabnr = wordpos(word(str, pos), tab)
  if tabnr = 1 then tabnr = 2; else tabnr = 1
  str = subword(str, 1, pos - 1) word(tab, tabnr),
    subword(str, pos + 1, words(str) - pos)
  pos = pos + 1
end i
```

➔ str: "immer EBCDIC in ASCII übersetzen"

Innerhalb der do-Schleife do i = 1 ... end i wird die Zeichenfolge str solange nach den Suchwörtern durchsucht, die in der Wortliste tab enthalten sind, bis keine Fundstelle mehr gefunden wird. Zuerst wird mit pos = wminpos(tab, str, pos) eine Fundstelle gesucht. tab enthält die Wortliste mit den Suchwörtern ASCII und EBCDIC, str ist die zu durchsuchende Zeichenfolge, und pos ist am Anfang 1, da str zu Beginn ab der ersten Position durchsucht werden soll.

Wenn das Funktionsergebnis, das der Variablen pos zugewiesen wird, gleich Null ist, wurde keine Fundstelle mehr gefunden. In diesem Fall wird die do-Schleife mit leave i beendet, und str enthält die geänderte Zeichenfolge oder, wenn keine Fundstellen gefunden wurden, die ursprüngliche Zeichenfolge.

Wenn eines der beiden Suchwörter gefunden wird, wird mit tabnr = wordpos(word(str, pos), tab) die Nummer des gefundenen Wortes in tab ermittelt. Da das entgegengesetzte Wort in str eingesetzt werden soll, erhält tabnr die Wortnummer dieses Wortes. Die geänderte Zeichenfolge wird aus drei Teilfolgen zusammen gesetzt, den Wörtern aus str vor dem Fundwort, dem Tauschwort und den Wörtern aus str nach dem Fundwort. Die Wortnummer pos, ab der weitergesucht werden soll, wird durch die Nummer des nächsten Wortes nach dem Fundwort (pos + 1) festgelegt. Dadurch wird verhindert, daß beim nächsten Durchgang wieder das eingefügte Wort gefunden wird, was zu einer Endlosschleife führen würde.

Siehe auch: wordxchg.

word

```
▸▸—WORD(wortliste, wortnummer)—▸◂
```

Die eingebaute SAA-Funktion word (Wort) liefert das n-te Wort aus der Wortliste wortliste zurück (n = wortnummer). Wenn wortliste weniger als wortnummer Wörter enthält, liefert word die Nullzeichenfolge zurück. Dies trifft auch dann zu, wenn wortliste selbst aus der Nullzeichenfolge oder nur aus Leerstellen besteht (leere Wortliste).

Hinweis: word(*wortliste, wortnummer*) ist eine bequeme Kurzform (Synonym) für den Sonderfall subword(*wortliste, wortnummer,* 1) der subword-Funktion.

wortliste	Beliebige Wortliste.
wortnummer	Positive Ganzzahl. Nummer eines Wortes in wortliste.

Beispiele

REXX-Anweisungen	Erläuterung
text = "Rainer Maria Rilke" word(text, 1) word(text, 3)	Wort aus einer Wortliste bereitstellen: Liefert das erste bzw. dritte Wort in text: "Rainer" bzw. "Rilke".
text = "Rainer Maria Rilke" word(text, 4)	Wortnummer > Anzahl Wörter: Liefert "", da text nur 3 Wörter enthält.
text = "Rainer Maria Rilke" word(text, 0)	Wortnummer 0 ist falsch: REXX meldet Fehler 40, da die Wortnummer 0 nicht erlaubt ist.
text = "" word(text, 1)	Wortliste = Nullzeichenfolge: Liefert für jede Wortnummer "", da text aus der Nullzeichenfolge besteht.
text = "Rainer Maria Rilke" word(text, 3) subword(text, 3, 1)	word = Kurzform für subword: word und subword liefern beide das dritte Wort: "Rilke".
text = "Rainer Maria Rilke" word(text, words(text))	letztes Wort einer Wortliste bereitstellen: Liefert das letzte Wort: "Rilke". words(text) bezeichnet die Anzahl der Wörter in text.
text = "Rainer Maria Rilke" word(substr(text, 8), 2)	Wortliste = Teilfolge: Liefert das zweite Wort in der Teilfolge substr(text, 8) (= "Maria Rilke"): "Rilke".

Anwendung

Siehe: words; wordpos; Wortliste.

word2stm

```
▸▸—INTERPRET WORD2STM(wortliste, stamm)—▸◂
```

Die externe Funktion word2stm (word t[w]o stem) teilt die Wörter der Wortliste wortliste von links nach rechts auf die Variablen stamm.1, stamm.2 usw. des Variablenstamms stamm auf. Der Stammvariablen stamm.0 wird die Anzahl der Wörter in wortliste zugewiesen. Wörter mit einer Länge von mehr als 250 Zeichen werden abgeschnitten.

wortliste	Beliebige Wortliste, deren Wörter auf den Variablenstamm stamm aufgeteilt werden sollen. Wörter mit einer Länge von mehr als 250 Zeichen werden abgeschnitten.
stamm	Name eines Variablenstamms. Wenn der Punkt hinter dem Stammnamen weggelassen wird, erfolgt die Zuweisung der Wörter an die Variablen stamm1, stamm2 usw., die Anzahl der zugewiesenen Wörter steht dann in stamm0.

Beispiele

REXX-Anweisungen	Erläuterung
vornamen = "Anne Britta Cilly ...Dorothee Emmi Franzi" interpret word2stm(vornamen, ..."liste.")	Wortliste auf einen Variablenstamm aufteilen: liste.0 = 6, liste.1 = "Anne", liste.2 = "Britta", liste.3 = "Cilly", liste.4 = "Dorothee", liste.5 = "Emmi", liste.6 = "Franzi"

wordindex

```
►►— WORDINDEX(wortliste, wortnummer) —►◄
```

Die eingebaute SAA-Funktion wordindex (Wortindex) liefert die Position (Nummer) des *ersten* Zeichens des n-ten Wortes in der Wortliste wortliste zurück (n = wortnummer). Wenn wortliste weniger als wortnummer Wörter enthält, liefert wordindex 0 als Position zurück. Dies trifft auch dann zu, wenn wortliste selbst aus der Nullzeichenfolge oder nur aus Leerstellen besteht (leere Wortliste).

Hinweis: wordindex(*wortliste, wortnummer*) ist eine bequeme Kurzform (Synonym) für pos(*word*(*wortliste, wortnummer*)).

wortliste	Beliebige Wortliste.
wortnummer	Positive Ganzzahl. Nummer eines Wortes in wortliste.

Beispiele

REXX-Anweisungen	Erläuterung
text = "Rainer Maria Rilke" pos = wordindex(text, 3)	Nummer des 1. Zeichens eines Wortes in einer Wortliste bereitstellen: pos wird 14 als Position (Nummer) des ersten Zeichens des dritten Wortes ("Rilke") in text zugewiesen.
text = "Rainer Maria Rilke" pos = wordindex(text, 4)	kein Wort mit der Wortnummer vorhanden: pos wird 0 zugewiesen, da text nur 3 Wörter enthält.
text1 = "" text2 = "□□□" pos1 = wordindex(text1, 1) pos2 = wordindex(text2, 1)	Wortliste = Nullzeichenfolge: pos1 und pos2 liefern beide 0, da text1 und text2 leere Wortlisten sind.
text = "Rainer Maria Rilke" pos = wordindex(text, 0)	Wortnummer 0 ist falsch: REXX meldet Fehler 40, da die Wortnummer 0 nicht erlaubt ist.

Anwendung

Wörter in eine Wortliste einfügen

Aufgabe: In eine Namenliste sollen nach dem ersten Wort weitere Wörter eingefügt werden.

```
neue_namen = "Corinna Gisela"
namen = "Beate Inge Kerstin Volker"
namen = insert(neue_namen"□", namen, wordindex(namen, 2) - 1)
```

➔ namen: "Beate Corinna Gisela Inge Kerstin Volker"

In die Wortliste namen sollen die in neue_namen enthaltenen beiden Vornamen Corinna und Gisela nach dem ersten Wort eingefügt werden. Wir verwenden dazu die Funktion insert. Der erste Parameter neue_namen"□" enthält die Zeichenfolge "Corinna Gisela", der eine Leerstelle angehängt wird. Die Leerstelle ist erforderlich, damit die Zeichenfolge nach dem Einfügen durch eine Leerstelle vom bisher zweiten Wort getrennt ist.

Der zweite Parameter namen bezeichnet die Wortliste, in die neue_namen"□" eingefügt werden soll. Der dritte Parameter gibt die Nummer des Zeichens in namen an, hinter dem die Einfügung erfolgen soll. In unserem Fall ist das die Nummer der Leerstelle nach dem ersten Wort "Beate" in namen. Das entspricht der um 1 verminderten Position des zweiten Wortes wordindex(namen, 2) in namen.

Siehe auch: insword.

wordlength

```
►►—WORDLENGTH(wortliste, wortnummer)—►◄
```

Die eingebaute SAA-Funktion wordlength (Wortlänge) liefert die Länge des n-ten Wortes in der Wortliste wortliste zurück (n = wortnummer). Wenn wortliste weniger als wortnummer Wörter enthält, liefert wordlength 0 als Länge zurück. Dies trifft auch dann zu, wenn wortliste selbst aus der Nullzeichenfolge oder nur aus Leerstellen besteht (leere Wortliste).

Hinweis: wordlength(*wortliste, wortnummer*) ist eine bequeme Kurzform (Synonym) für length(*word*(*wortliste, wortnummer*)).

wortliste	Beliebige Wortliste.
wortnummer	Positive Ganzzahl. Nummer eines Wortes in wortliste.

Beispiele

REXX-Anweisungen	Erläuterung
text = "Rainer Maria Rilke" lg1 = wordlength(text, 3) lg2 = length(word(text, 3))	<u>Länge eines Wortes in einer Wortliste bereitstellen:</u> lg1 wird 5 als Länge des dritten Wortes ("Rilke") in text zugewiesen. lg2 ist synonym und liefert das gleiche Ergebnis.
text = "Rainer Maria Rilke" lg = wordlength(text, 4)	<u>kein Wort mit der Wortnummer vorhanden:</u> lg wird 0 zugewiesen, da text nur 3 Wörter enthält.

REXX-Anweisungen	Erläuterung
text1 = " " text2 = "□□□" lg1 = wordlength(text1, 1) lg2 = wordlength(text2, 1)	Wortliste = Nullzeichenfolge: lg1 und lg2 liefern beide 0, da text1 und text2 leere Wortlisten sind.
text = "Rainer Maria Rilke" lg = wordlength(text, 0)	Wortnummer 0 ist falsch: REXX meldet Fehler 40, da die Wortnummer 0 nicht erlaubt ist.

wordpos

```
▸▸─WORDPOS(suchliste, zielliste─┬──────────────────┬─)─▸◂
                                 └─, wortnummer ────┘
```

Die eingebaute SAA-Funktion wordpos (Wortposition) liefert die Wortnummer des Wortes in der Wortliste zielliste zurück, ab dem die suchliste in zielliste beginnt. Die Wortnummer 0 wird zurückgeliefert,

- wenn suchliste nicht in zielliste gefunden wird,
- oder wenn suchliste und/oder zielliste aus der Nullzeichenfolge oder nur aus Leerstellen bestehen (leere Wortliste).

Beim Vergleich der beiden Wortlisten werden mehrere Leerstellen zwischen zwei Wörtern zu einer Leerstelle zusammengefaßt. Im übrigen müssen die Wörter aber exakt übereinstimmen.

Standardmäßig beginnt die Suche bei dem ersten Wort in zielliste. Wenn wortnummer angegeben ist, beginnt die Suche in zielliste bei dem Wort mit der Wortnummer.

wortnummer	Positive Ganzzahl. Nummer eines Wortes in zielliste, ab dem die Suche nach suchliste begonnen werden soll. **Standard:** 1.
suchliste	Beliebige Wortliste, nach der in zielliste gesucht werden soll.
zielliste	Beliebige Wortliste, in der suchliste gesucht werden soll.

Beispiele

REXX-Anweisungen	Erläuterung
text = "Rainer Maria Rilke" pos1 = wordpos("Maria", text) pos2 wordpos("Peter", text)	Wort in einer Wortliste suchen: pos1 wird 2 zugewiesen, da "Maria" das zweite Wort in text ist. pos2 erhält den Wert 0, da "Peter" nicht in text gefunden wird.
text = "Rainer Maria Rilke" pos = wordpos("Maria□Rilke", text)	Wortliste in einer anderen Wortliste suchen: pos wird 2 zugewiesen, da die Wortliste "Maria□Rilke" ab dem zweiten Wort in text beginnt.
text = "Rainer Maria Rilke" pos = wordpos("Maria□□□Rilke", text)	Anzahl trennender Leerstellen unerheblich: "Maria□□□Rilke" wird gefunden, obwohl in text zwischen "Maria" und "Rilke" nur *eine* Leerstelle steht.

REXX-Anweisungen	Erläuterung
text = "Rainer Maria Rilke" pos = wordpos("MARIA", text)	exakte Gleichheit der Wörter erforderlich: pos wird 0 zugewiesen, da "MARIA" *nicht* in text vorhanden ist ("Maria" ist nicht gleich "MARIA").
text = "Rainer Maria Rilke" pos = wordpos("Rilke Rainer", text)	Wortliste muß komplett gefunden werden: pos wird 0 zugewiesen, da "Rilke" zwar als drittes Wort in text gefunden wird, aber das Wort "Rainer" in text nicht auf das Wort "Rilke" folgt.
text = "der Vater der Braut" pos1 = wordpos("der", text, 2) pos2 = wordpos("Vater", text, 3)	Ab einem bestimmten Wort suchen: pos1 wird 3 zugewiesen, da das Wort "der" ab dem zweiten Wort in text als drittes Wort gefunden wird. pos2 wird 0 zugewiesen. "Vater" wird zwar als zweites Wort in text gefunden, da aber die Suche erst ab dem dritten Wort beginnt, ist die Suche erfolglos.
text = "der Vater der Braut" pos = wordpos("␣", text)	Zu suchende Wortliste ist leer: pos wird 0 zugewiesen, da die zu suchende Wortliste keine Wörter enthält.
text = "␣" pos = wordpos("Vater", text)	Zu durchsuchende Wortliste ist leer: pos wird 0 zugewiesen, da die zu durchsuchende Wortliste keine Wörter enthält.
text = "Rainer Maria Rilke" pos = wordpos("Maria", text, 0)	Wortnummer 0 ist falsch: REXX meldet Fehler 40, da die Wortnummer 0 nicht erlaubt ist.

Anwendung

1	Tabellenprüfung mit einer Wortliste
2	Gruppenprüfung mit einer Wortliste
3	Wort in einer Zeichenfolge suchen
4	Tabellenprüfung und Tabellenabgriff mit synchronen Wortlisten

1. Tabellenprüfung mit einer Wortliste

Aufgabe: Es soll geprüft werden, ob ein eingegebenes Befehlskürzel einen der Werte br, cp, ed oder mv hat, d. h. das eingegebene Befehlskürzel soll gegen die Tabelle der zulässigen Befehlskürzel geprüft werden.

```
cmdtab = "br cp ed mv"
cmd1 = "copy"
cmd2 = "ed"
pos1 = wordpos(cmd1, cmdtab)
pos2 = wordpos(cmd2, cmdtab)
```

➔ pos1: 0, pos2: 3

Die zulässigen Befehlskürzel werden der Wortliste cmdtab zugewiesen. wordpos enthält als ersten Parameter das zu prüfende Befehlskürzel cmd1 bzw. cmd2 und als zweiten Parameter den Namen der Wortliste cmdtab. pos1 ist 0, weil "copy" nicht in cmdtab gefunden wurde. pos2 erhält den Wert 3, weil "ed" das dritte Wort in cmdtab ist.

Hinweis: Wenn das zu prüfende Befehlskürzel aus nur einem Zeichen besteht, können Sie zur Prüfung die Funktionen pos oder verify verwenden.

2. Gruppenprüfung mit einer Wortliste

Aufgabe: In einem plattformneutralen Programm soll geprüft werden, ob das Programm auf einem System mit dem Zeichencode ASCII oder EBCDIC läuft, also ob das System der Gruppe der ASCII-Systeme oder der Gruppe der EBCDIC-Systeme angehört.

```
parse source system dummy
if wordpos(system, "DOS OS/2") > 0
  then code = "ASCII"; else code = "EBCDIC"
```

➔ code: "ASCII" bzw. "EBCDIC

parse source liefert in der ersten angegebenen Variablen system den Namen des Betriebssystems, unter dem das Programm abläuft. Die Betriebssysteme DOS und OS/2 arbeiten mit dem ASCII-Code. wordpos(system, "DOS OS/2") liefert die Nummer des Wortes in der Wortliste "DOS OS/2" zurück, mit dem system übereinstimmt.

Wenn die zurückgelieferte Wortnummer größer als 0 ist, wurde eine Übereinstimmung gefunden (then-Fall), und code erhält den Wert "ASCII". Wird keine Übereinstimmung gefunden, dann heißt das zugrundeliegende Betriebssystem OS/400 oder TSO. Da diese Systeme mit dem EBCDIC-Code arbeiten, erhält die Variable code den Wert "EBCDIC" (else-Fall).

3. Wort in einer Zeichenfolge suchen

Aufgabe: Unter MVS bestehen Dateinamen aus einzelnen Qualifiern, die durch je einen Punkt voneinander getrennt sind, z. B. bst.prod.pli oder bst.test.pli. Ein solcher Dateiname soll darauf geprüft werden, ob er an einer beliebigen Stelle den Qualifier "prod" enthält. Wenn ja, soll ein Browse-Befehl, andernfalls ein Edit-Befehl ausgeführt werden.

```
dsn = "bst.prod.pli"
if wordpos("prod", translate(dsn, "□", ".")) > 0
  then cmd = "edit"; else cmd = "browse"
```

➔ cmd: "edit".

Mit translate(dsn, "□", ".") werden zuerst die Punkte in dsn in Leerstellen umgewandelt, so daß der Dateiname den Anforderungen an eine Wortliste genügt: "bst□prod□pli". Mit wordpos wird das Wort "prod" dann in dieser Wortliste gesucht. Da die zurückgegebene Wortnummer größer als 0 ist, enthält dsn den Qualifier "prod". Es wird daher der then-Zweig ausgeführt und der Variablen cmd der Wert "edit" zugewiesen.

4. Tabellenprüfung und Tabellenabgriff mit synchronen Wortlisten

Aufgabe: Anhand eines eingegebenen Befehlskürzels soll der ausführliche Befehlsname ermittelt werden.

Tabelle der Befehlskürzel: br, cp, ed, mv.

Tabelle der Befehlsnamen: browse, copy, edit, move.

```
cmdtab = "br cp ed mv"
nametab = "browse copy edit move"
cmd = "cp"
pos = wordpos(cmd, cmdtab)
if pos > 0 then name = word(nametab, pos); else say "Falscher Befehl"
```

➔ name: "copy"

Die Befehlskürzel werden in der Wortliste cmdtab definiert, die Befehlsnamen in nametab. Die beiden Listen sind synchron, weil einem Wort in einer Liste das Wort mit der gleichen Wortnummer in der anderen Liste entspricht.

Die Wortnummer des eingegebenen Befehlskürzels cmd wird zuerst der Variablen pos zugewiesen. Dies ist nötig, damit wir die Zuweisung name = word(nametab, pos) davon abhängig machen können, ob pos > 0 ist. Wäre pos gleich 0, würde word(nametab, pos) mit dem REXX-Fehler 40 enden, da die Wortnummer 0 nicht erlaubt ist.

Die kompakte Schreibweise name = word(nametab, wordpos(cmd, cmdtab)) kann daher nicht angewendet werden, da sie zu zu einem Fehler führt, wenn cmd nicht in cmdtab gefunden wird. name wird also der Befehlsname aus der zu cmdtab synchronen Wortliste nametab zugewiesen, da cmd ("cp") in cmdtab vorhanden ist. Andernfalls würde ein Fehler gemeldet.

words

```
▸▸—WORDS(wortliste)—▸◂
```

Die eingebaute SAA-Funktion words (Wörter) liefert die Anzahl der in der Wortliste wortliste enthaltenen Wörter. Wenn wortliste aus der Nullzeichenfolge besteht oder nur Leerstellen enthält, ist die Wortliste leer und words gibt als Anzahl der Wörter in wortliste 0 zurück.

wortliste   Beliebige Wortliste.

Beispiele

REXX-Anweisungen	Erläuterung
text = "Rainer Maria Rilke" anzahl = words(text)	<u>Anzahl Wörter in einer Wortliste:</u> anzahl liefert als Anzahl der Wörter in text die Zahl 3 zurück.
text1 = <u>" "</u> text2 = "□□□" anzahl1 = words(text1) anzahl2 = words(text2)	<u>Anzahl Wörter in leeren Wortlisten:</u> anzahl1 und anzahl2 liefern 0 zurück, da die Wortlisten text1 und text2 leer sind.

Anwendung

1	Schleifenverarbeitung mit einer Wortliste
2	Zählen mit einer Wortliste

1. Schleifenverarbeitung mit einer Wortliste

Aufgabe: Es soll geprüft werden, ob die Elemente einer Wortliste Ganzzahlen sind.

```
tab = "25 4711 abc 333 753"
ok = 1
do k = 1 to words(tab)
  if verify(word(tab, k), "0123456789", "nomatch") > 0,
    then do
      say word(tab, k) "ist keine ganze Zahl"
      ok = 0
      leave k
```

```
    end
end k
```

➔ ok: 0 [abc ist keine Ganzzahl]

tab enthält die Elemente, die geprüft werden sollen. Vor der Abarbeitung der do-Schleife wird die Variable ok auf 1 (wahr) gesetzt. Wenn die do-Schleife nicht vorzeitig durch leave k verlassen wird, wurden alle Elemente überprüft und für richtig befunden.

Die Kontrollvariable k der do-Schleife wird zu Beginn auf 1 gesetzt und in jedem Durchlauf um 1 erhöht, solange bis k größer als die Anzahl words(tab) der Wörter in tab ist. Dann wird die Schleife beendet.

Mit verify(word(tab, k)) wird das k-te Wort von tab geprüft. verify liefert die Nummer des Zeichens im k-ten Wort, das keine Ziffer ist, also nicht mit einem der Zeichen in der Zeichenfolge "01234567890" übereinstimmt. Wenn kein solches Zeichen gefunden wird, liefert verify den Wert 0, und die geprüfte Zahl ist eine Ganzzahl.

Andernfalls greift der then-Zweig. Es wird ein Fehler gemeldet, die Variable ok wird auf 0 (falsch) gesetzt und die Schleife wird mit leave k abgebrochen. Bei der weiteren Verarbeitung kann anhand der Variablen ok auf das Prüfungsergebnis zurückgegriffen werden.

2. Zählen mit einer Wortliste

Aufgabe: Es soll festgestellt werden, wieviele verschiedene Elemente einer bestimmten Art in einem Datenbestand vorkommen. Um den Fall zu vereinfachen, gehen wir davon aus, daß die zu prüfenden Elemente Zahlen sind und bereits in der Wortliste eintab vorliegen.

```
eintab = "11 7 95 24 11 33 11 7 109 26 45 44 95 33"
austab = ""
do k = 1 to words(eintab)
  zahl = word(eintab, k)
  if wordpos(zahl, austab) = 0 then austab = austab□zahl
end k
anzahl = words(austab)
```

➔ anzahl: 9

eintab enthält die Zahlen, die gezählt werden sollen. Da jede Zahl nur einmal gezählt werden soll, ist words(eintab) keine Lösung des Problems. Wir bilden daher eine zweite Wortliste austab, der wir zu Anfang die Nullzeichenfolge zuweisen.

Die Kontrollvariable k der do-Schleife wird zu Beginn auf 1 gesetzt und in jedem Durchlauf um 1 erhöht, solange bis k größer als die Anzahl words(eintab) der Wörter in eintab ist. Dann sind alle Zahlen der Wortliste eintab verarbeitet.

Bei jedem Schleifendurchgang wird zuerst die aktuelle Zahl aus eintab der Variablen zahl zugewiesen. Anschließend wird mit wordpos geprüft, ob diese Zahl bereits in austab vorhanden ist. Nur wenn dies zutrifft, wird die Zahl an austab angehängt. Da in der Zuweisung austab = austab□zahl eine Leerstelle zwischen austab und zahl steht, wird an austab zuerst eine Leerstelle und dann die Zahl angehängt, so daß zahl als *Wort* mit austab verkettet wird.

Nach dem Verlassen der do-Schleife enthält austab alle Zahlen, die in eintab vorkommen je einmal, so daß wir die Anzahl der Wörter in austab mit words(austab) der Variablen anzahl zuweisen können.

wordsort

```
»— WORDSORT(wortliste—┬————————————————————————┬—)—»◄
                      │                        │
                      └—, —┬——————————┬—, sortiertyp—┘
                           │          │
                           └—sortierfolge—┘
```

Die externe Funktion wordsort (Wörter sortieren) liefert eine Kopie der Wortliste wortliste alphabetisch oder numerisch, auf- oder absteigend sortiert zurück. Die Sortierreihenfolge hängt bei alphabetischer Sortierung vom Systemcode (ASCII oder EBCDIC) ab, bei numerischer Sortierung vom Zahlenwert der Wörter.

Alphabetische Sortierung. Wenn wortliste nicht nur aus Zahlen (im Sinne von REXX) besteht, wird alphabetisch sortiert, d. h. je zwei Wörter werden von links nach rechts zeichenweise verglichen. Unabhängig vom Inhalt der Wortliste wird alphabetisch sortiert, wenn für sortiertyp "a" angegeben wird. Wenn beim alphabetischen Sortieren ein Wort kürzer als das andere ist und das andere Wort mit dem kürzeren Wort beginnt, gilt das kürzere als das kleinere Wort.

Numerische Sortierung. Wenn wortliste nur aus Zahlen besteht, und wenn für sortiertyp "n" oder nichts angegeben wird, wird numerisch sortiert, d. h. die Zahlen werden nach ihrem arithmetischen Wert miteinander verglichen. Die Zahlen können in konventioneller und/oder exponentieller Schreibweise vorliegen.

Gemischte Sortierung. Wenn wortliste aus Zeichenfolgen *und* aus Zahlen besteht und für sortiertyp *nicht* "a" angegeben wird, werden die Zahlen untereinander numerisch sortiert, die Zeichenfolgen werden je nach Zeichencode (ASCII oder EBCDIC) alphabetisch vor, zwischen und/oder nach den Zahlen einsortiert.

wortliste — Beliebige Liste von Wörtern, das sind hier Zeichenfolgen oder Zahlen (im Sinne von REXX), die durch Leerstellen voneinander getrennt sind und selbst keine Leerstellen enthalten. Hingegen sind Leerstellen am Anfang und am Ende der Liste erlaubt. Die Länge der Wörter in wortliste darf 250 Zeichen nicht überschreiten.

sortierfolge — Auf- oder absteigende Sortierfolge.
Standard: "a".

"a" (ascending): Aufsteigend sortieren.

"d" (descending): Absteigend sortieren.

sortiertyp — Alphabetischer oder numerischer Sortiertyp.
Standard: Wenn wortliste nur aus Zahlen besteht: "n", andernfalls: "a".

"a" (alphabetisch): Alphabetisch sortieren, d. h. je zwei Wörter zeichenweise von links nach rechts vergleichen.

"n" (numerisch): Numerisch sortieren, d. h. je zwei Wörter nach ihrem arithmetischen Wert vergleichen.

Anwendung

1	Wortliste alphabetisch aufsteigend sortieren.
2	Wortliste alphabetisch absteigend sortieren.
3	Zahlen numerisch aufsteigend sortieren.
4	Zahlen numerisch absteigend sortieren.
5	Zahlen und Zeichenfolgen aufsteigend sortieren.
6	Zahlen alphabetisch aufsteigend sortieren.

1. Wortliste alphabetisch aufsteigend sortieren

Mit wordsort(liste) wird die Vornamenliste liste1 standardmäßig alphabetisch sortiert, weil sie nicht nur aus Zahlen besteht. Da die Vornamen Gisel und Gisela in den ersten fünf Zeichen übereinstimmen, Gisel aber kürzer als Gisela ist, wird Gisel *vor* Gisela einsortiert.

```
liste1 = "Regina Sabine Gisela Renate Gisel Dorothee"
liste2 = wordsort(liste1)
```

➔ liste2: "Dorothee Gisel Gisela Renate Regina Sabine"

2. Wortliste alphabetisch absteigend sortieren

Mit wordsort(liste, "descending") wird die Vornamenliste liste1 standardmäßig alphabetisch sortiert, und zwar absteigend, entsprechend dem Sortierfolge-Parameter "descending".

```
liste1 = "Regina Sabine Gisela Renate Gisel Dorothee"
liste2 = wordsort(liste1, "descending")
```

➔ liste2: "Sabine Renate Regina Gisela Gisel Dorothee"

3. Zahlen numerisch aufsteigend sortieren

Mit wordsort(liste) wird die Zahlenliste liste1 standardmäßig numerisch aufsteigend sortiert, weil sie nur aus Zahlen besteht.

```
liste1 = "4711 -582 4.711197e3 13 594678 0.0 -582.946 23345 4711.33 9"
liste2 = wordsort(liste1)
```

➔ liste2: "-582.946 -582 0.0 9 13 4711 4.711197e3 4711.33 23345 594678"

4. Zahlen numerisch absteigend sortieren

Mit wordsort(liste, "descending") wird die Zahlenliste liste1 standardmäßig numerisch sortiert, und zwar absteigend, entsprechend dem Sortierfolge-Parameter "descending".

```
liste1 = "4711 -582 4.711197e3 13 594678 0.0 -582.946 23345 4711.33 9"
liste2 = wordsort(liste1, "descending")
```

➔ liste2: "594678 23345 4711.33 4.711197e3 4711 13 9 0.0 -582 -582.946"

5. Zahlen und Zeichenfolgen aufsteigend sortieren

Mit wordsort(liste) wird die Liste liste1 standardmäßig aufsteigend alphabetisch/numerisch sortiert. Die Zahlen werden untereinander numerisch sortiert, die Zeichenfolgen, die keine Zahlen darstellen, nämlich &xyz (54367) (a415)

01A und abc, werden alphabetisch vor, zwischen und nach den Zahlen einsortiert.

```
liste1 = "4711 -582 (a415) 4.711197e3 (54367) abc 13 594678 0.0 01A
...-582.946 &xyz 23345 4711.33 9"
liste2 = wordsort(liste1)
```

➔ liste2:

ASCII: "&xyz (54367) (a415) -582.946 -582 0.0 01A 9 13
...4711 4.711197e3 4711.33 23345 594678 abc"

EBCDIC: "(a415) (54367) &xyz -582.946 -582 abc 0.0 01A 9
...13 4711 4.711197e3 4711.33 23345 594678"

6. Zahlen alphabetisch aufsteigend sortieren

Mit wordsort(liste1,, "alphabetisch") wird die Zahlenliste liste1 alphabetisch sortiert, obwohl sie nur aus Zahlen besteht. Da die Zahlen -582 und -582.946 in den ersten vier Zeichen übereinstimmen, -582 aber kürzer als -582.946 ist, wird -582 vor -582.946 einsortiert.

```
liste1 = "4711 -582 4.711197e3 13 594678 0.0 -582.946 23345 4711.33 9"
liste2 = wordsort(liste1,, "alphabetisch")
```

➔ liste2:
ASCII: "-582 -582.946 0.0 13 23345 4.711197e3 4711 4711.33 594678 9"
EBCDIC: "-582 -582.946 0.0 13 23345 4.711197e3 4711 4711.33 594678 9"

wordswap

```
▸▸─WORDSWAP(wortliste, wortnummer1, wortnummer2)─▸◂
```

Die externe Funktion wordswap (Worttausch) liefert eine Kopie der Wortliste wortliste, in der die beiden Wörter mit den Wortnummern wortnummer1 und wortnummer2 gegeneinander ausgetauscht sind. Wenn eine der Wortnummern ungültig ist oder wenn beide gleich sind, findet keine Vertauschung statt.

wortliste	Beliebige Wortliste mit mindestens zwei Wörtern, die gegeneinander ausgetauscht werden sollen. Die Länge der Wörter in wortliste darf 250 Zeichen nicht überschreiten.
wortnummer1	Positive Ganzzahl. Nummer eines Wortes in wortliste.
wortnummer2	Positive Ganzzahl. Nummer eines anderen Wortes in wortliste.

Anwendung

Zwei Wörter einer Wortliste vertauschen

Aufgabe: In einer Namenliste sollen die Wörter 1 und 6 gegeneinander ausgetauscht werden.

```
liste1 = "Regina Sabine Gisela Renate Gisel Dorothee"
liste2 = wordswap(liste1, 1, 6)
```

➔ liste2: "Dorothee Sabine Gisela Renate Gisel Regina"

Der erste Parameter liste1 enthält eine Wortliste mit Vornamen. Der zweite und der dritte Parameter 1 bzw. 6 bezeichnen die Nummern der beiden Wörter, die ausgetauscht werden sollen. Nach Abarbeitung der Funktion wordswap(liste1, 1, 6) sind in liste2 das erste und das letzte Wort gegeneinander vertauscht.

wordxchg

```
►►─WORDXCHG(wortliste, zeichenfolge)─►◄
```

Die externe Funktion wordxchg (word exchange = Worttausch) liefert eine Kopie der Zeichenfolge zeichenfolge, in der global jedes der beiden Suchwörter aus der Wortliste wortliste gegen das andere Suchwort ausgetauscht ist. Wenn wortliste weniger als zwei Wörter enthält, wird eine Kopie der unveränderten ursprünglichen Zeichenfolge zurückgegeben. Wenn wortliste mehr als zwei Wörter enthält, werden nur die beiden ersten Wörter berücksichtigt.

wortliste	Beliebige Wortliste mit zwei Wörtern, die in zeichenfolge gesucht und gegeneinander ausgetauscht werden sollen.
zeichenfolge	Beliebige Zeichenfolge, die durchsucht werden soll.

Anwendung

Zwei Wörter in einer Zeichenfolge global gegeneinander austauschen

Aufgabe: In einem Text sollen die zwei Wörter "ASCII" und "EBCDIC" überall gegeneinander ausgetauscht werden.

```
tab = "ASCII EBCDIC"
text1 = "immer ASCII in EBCDIC übersetzen"
text2 = wordxchg(tab, text1)
```

➔ text2: "immer EBCDIC in ASCII übersetzen"

Die globale Austausch der Wörter "ASCII" gegen "EBCDIC" und umgekehrt erfolgt mit wordxchg(tab, text1). Der erste Parameter tab enthält eine Wortliste mit den beiden auszutauschenden Wörtern "ASCII" und "EBCDIC". Der zweite Parameter text1 bezeichnet die Zeichenfolge, in der die beiden Wörter ausgetauscht werden sollen. Nach Abarbeitung der Funktion wordxchg(tab, text1) enthält text2 an allen Stellen, an denen vorher das Wort "ASCII" stand, jetzt das Wort "EBCDIC" und umgekehrt.

Wort

Siehe auch: Wortfunktionen; Wortliste.

Ein Wort (word) ist eine *leerstellenbegrenzte* Zeichenfolge. Wörter werden hauptsächlich in Wortlisten verwendet. Die Datentypen *Wort* und *Wortliste* gehören zu den großartigsten Sprachmitteln in REXX, weil sie durch einen reichhaltigen Fundus von eingebauten Funktionen unterstützt werden und viele Programmierprobleme drastisch vereinfachen.

Zur Bearbeitung von Wörtern und Wortlisten bestehen die folgenden Möglichkeiten:

- Die Anweisungen arg und parse erlauben die wortweise Zerlegung von Argumentfolgen bzw. beliebigen Zeichenfolgen.
- Wörter und Wortlisten werden standardmäßig durch die folgenden *SAA-Wortfunktionen* unterstützt: delword, subword, word, wordindex, wordlength, wordpos und words.

- Die folgenden externen Funktionen bieten Ihnen zusätzliche Möglichkeiten, Wortlisten zu bearbeiten: insword, wminpos, word2stm, wordsort, wordswap und wordxchg.

Eine Wortliste ist nach den folgenden Regeln aufgebaut:

Nr.	Regel
1	Ein Wort ist eine Zeichenfolge, die durch ein oder mehrere *Leerstellen am Anfang und am Ende* der Zeichenfolge begrenzt ist.
2	Das *erste Wort* in einer Wortliste muß nicht mit einer Leerstelle beginnen.
3	Das *letzte Wort* in einer Wortliste muß nicht mit einer Leerstelle abschließen.

Achtung: Beachten Sie, daß der Wortbegriff in REXX nicht mit unserem geläufigen Wortbegriff übereinstimmt. Satzzeichen wie Komma, Punkt und Ausrufezeichen werden normalerweise ohne Leerstelle hinter ein (grammatikalisches) Wort gesetzt. Da in REXX Wörter durch Leerstellen begrenzt werden, ist ein solches Satzzeichen Bestandteil des REXX-Wortes.

Beispiele

In der folgenden Tabelle finden Sie einige Beispiele für Wörter. Die Beschreibung der Regeln finden Sie in der obenstehenden Regel-Tabelle.

Beispiele	Erläuterung	Regeln
text = "Sein□Blick□ist"	Das Wort Blick wird links und rechts von je einer Leerstelle begrenzt.	1
text = "Sein□□Blick□□□ist"	Das Wort Blick wird links von 2 und rechts von 3 Leerstellen begrenzt.	1
text = "Sein□□Blick□□□ist"	Das Wort Sein wird links durch den Anfang der Wortliste und rechts von 2 Leerstellen begrenzt.	2
text = "Sein□□Blick□□□ist"	Das Wort ist wird links von 2 Leerstellen und rechts durch das Ende der Wortliste begrenzt.	3
text = "□□Sein□Blick□ist"	Das Wort Sein wird links von 2 Leerstellen und rechts durch 1 Leerstelle begrenzt.	1
text = "Sein□Blick□ist□□□"	Das Wort ist wird links von 1 Leerstelle und rechts durch 3 Leerstellen begrenzt.	1
text = "Sein□Blickist"	text besteht aus den Wörtern Sein und Blickist.	1-3
text = "□SeinBlickist□□"	text besteht nur aus dem einen Wort SeinBlickist.	1
text = "SeinBlickist"	text besteht nur aus dem einen Wort SeinBlickist.	2-3
text = "He, komm' mal rüber."	text besteht aus den Wörtern "He,", "komm'_", "mal" und "rüber.". Dies widerspricht zwar dem geläufigen Wortbegriff, aber es entspricht der Definition eines Wortes in REXX.	1-3
text = "Bianca -233.40 (+ß@"	text besteht aus den Wörtern "Bianca", "-233.40" und "(+ß@". Die Zahl -233.40 und die Folge der Sonderzeichen (+ß@ entsprechen ebenfalls nicht	1-3

Beispiele	Erläuterung	Regeln
	dem üblichen Wortbegriff, sind aber Wörter im Sinne von REXX.	

Wortfunktionen

Wortfunktionen dienen zur Bearbeitung von Wörtern und Wortlisten. Die folgenden Wortfunktionen stehen zur Verfügung:

- Wörter und Wortlisten werden durch die folgenden *SAA-Wortfunktionen* unterstützt: delword, subword, word, wordindex, wordlength, wordpos und words.
- Die folgenden *externen Funktionen* bieten Ihnen zusätzliche Möglichkeiten, Wortlisten zu bearbeiten: insword, wminpos, word2stm, wordsort, wordswap und wordxchg.

Übersicht

Syntax und Anwendungsmöglichkeiten der Wortfunktionen können Sie der folgenden Tabelle entnehmen. Die Parameter werden in alphabetischer Reihenfolge in der anschließenden Übersicht beschrieben. Legende: *siehe* Funktionen - Übersicht.

*	Aufruf	Wirkung
s	DELWORD(wortliste, wortnummer, [anzahl])	Wörter aus einer Wortliste löschen
te	FIND(zielliste, suchliste)	liefert die Wortnummer, ab der eine Teilliste in einer Wortliste beginnt
e	INSWORD(quelle, ziel, [wortnummer])	Wörter in eine Wortliste einfügen
e	STM2WORD(stammfolge)	Stammvariablen aus stammfolge in eine Wortliste umwandeln
s	SUBWORD(wortliste, wortnummer, [anzahl])	liefert eine Teilliste aus einer Wortliste
e	WMINPOS(suchliste, zielliste, [wortnummer])	sucht nach den Wörtern aus suchliste in zielliste und liefert die Nummer des ersten in zielliste gefundenen Wortes
s	WORD(wortliste, wortnummer)	liefert ein Wort aus einer Wortliste
e	INTERPRET WORD2STM(wortliste, stamm)	Wortliste in Variablenstamm umwandeln
s	WORDINDEX(wortliste, wortnummer)	liefert die Position eines Wortes in einer Wortliste
s	WORDLENGTH(wortliste, wortnummer)	liefert die Länge eines Wortes aus einer Wortliste
s	WORDPOS(suchliste, zielliste, [wortnummer])	liefert die Wortnummer, ab der eine Teilliste in einer Wortliste beginnt
s	WORDS(wortliste)	liefert die Anzahl der Wörter in einer Wortliste
e	WORDSORT(wortliste, [sortierfolge], [sortiertyp])	Wortliste sortieren

*	Aufruf	Wirkung
e	WORDSWAP(wortliste, wortnummer1, wortnummer2)	tauscht zwei Wörter in einer Wortliste gegeneinander aus
e	WORDXCHG(wortliste, zeichenfolge)	zwei Wörter in einer Wortliste global austauschen

anzahl	Anzahl der Wörter, die bearbeitet werden sollen.
pos	Nummer des ersten Zeichens, ab dem in zielliste gesucht werden soll.
sortierfolge	"a" = aufsteigend, "d" = absteigend
sortiertyp	"a" = alphanumerisch, "n" = numerisch
stamm	Beliebiger Variablenstamm.
wortnummer	Nummer des ersten Wortes, mit dem die Suche beginnen soll.
wort	Wort, nach dem gesucht werden soll.
wortliste suchliste zielliste quelle ziel	Beliebige Wortlisten.
wortnummer	Nummer des Wortes, das bearbeitet werden soll, oder die Nummer des Wortes, ab dem eine Teilliste bearbeitet werden soll.
wortnummer1 wortnummer2	Die Nummern zweier Wörter, die vertauscht werden sollen.
zeichenfolge	Beliebige Zeichenfolge.

Beschreibung

Die SAA-Wortfunktionen und die externen Wortfunktionen werden im folgenden in alphabetischer Reihenfolge beschrieben.

delword: **Teilliste ab dem n-ten Wort aus einer Wortliste löschen**

delword(*wortliste, wortnummer*[, *anzahl*]) liefert eine Kopie von wortliste zurück, in der anzahl Wörter ab dem n-ten Wort gelöscht sind (n = wortnummer).

```
liste1 = "Melanie Yvonne Maja Jannina"
liste2 = delword(liste, 3, 2)
```

delword weist liste2 die Wortliste "Melanie Yvonne" zu. Es wird also eine Kopie von liste1 zurückgeliefert, aus der zwei Wörter gelöscht wurden, nämlich das dritte und vierte Wort (Maja und Jannina).

Achtung: Wenn Sie bei der Funktion delword den Parameter anzahl weglassen, werden alle Wörter ab dem n-ten Wort aus der Kopie der Wortliste liste gelöscht.

```
liste1 = "Melanie Yvonne Maja Jannina"
liste2 = delword(liste, 2)
```

delword weist liste2 die Wortliste "Melanie" zu. Es wird also eine Kopie von liste1 zurückgeliefert, aus der alle restlichen Wörter ab dem zweiten Wort gelöscht sind.

Hinweis: subword wird mit den gleichen Parametern aufgerufen wie delword. Es wird ebenfalls eine Teilliste von anzahl Wörtern ab dem n-ten Wort in wortliste lokalisiert. Während subword aber eine Kopie der Teilliste zurückgibt, liefert delword eine Kopie von wortliste *ohne* die Teilliste zurück.

insword : **Wortliste in eine andere Wortliste einfügen**

insword(*quelle, ziel*[, *wortnummer*]) fügt quelle nach dem n-ten Wort in ziel ein (n = wortnummer).

```
liste1 = "Maja Melanie"
liste2 = "Jannina Yvonne"
liste3 = insword(liste1, liste2, 1)
```

insword weist liste3 die Wortliste "Jannina Maja Melanie Yvonne" zu. Es wird also eine Kopie von liste2 zurückgeliefert, in der nach dem ersten Wort (Jannina) die beiden Wörter aus liste1 eingefügt wurden..

subword: **Teilliste ab dem n-ten Wort einer Wortliste bereitstellen**

subword(*wortliste, wortnummer*[, *anzahl*]) liefert eine *Teilliste* mit anzahl Wörtern, die ab dem n-ten Wort aus wortliste kopiert werden (n = wortnummer). Wenn man den Parameter anzahl wegläßt, werden alle restlichen Wörter ab dem n-ten Wort als Teilliste zurückgegeben.

```
liste = "Melanie Yvonne Jannik Martin Maja Jannina"
teilliste1 = subword(liste, 3, 2)
wort3 = word(liste, 3)
teilliste2 = subword(liste, 3, 1)
teilliste3 = subword(liste, 3)
```

teilliste1 liefert die Teilliste "Jannik Martin", also zwei Wörter ab dem dritten Wort in der Wortliste liste.

Mit subword(*wortliste, wortnummer,* 1) erreicht man offensichtlich das gleiche Ziel wie mit word(*wortliste, wortnummer*). Daher liefern wort3 und teilliste2 das gleiche Ergebnis, nämlich das dritte Wort (Jannik) aus der Wortliste liste.

In subword(liste, 3) fehlt der dritte Parameter, der die Anzahl der Wörter bezeichnet, die aus liste kopiert werden sollen. teilliste3 liefert daher die Teilliste "Jannik Martin Maja Jannina ", also alle restlichen Wörter ab dem dritten Wort in der Wortliste liste.

Hinweis: delword wird mit den gleichen Parametern aufgerufen wie subword. Es wird ebenfalls eine Teilliste von anzahl Wörtern ab dem n-ten Wort in wortliste lokalisiert. Während subword aber eine Kopie der Teilliste zurückgibt, liefert delword eine Kopie von wortliste *ohne* die Teilliste zurück.

wminpos: **erstes Vorkommen von Wörtern in einer Wortliste suchen**

wminpos(*suchliste, zielliste*[, *wortnummer*]) liefert die Position des ersten Vorkommens eines der Wörter aus suchliste in zielliste. Wenn wortnummer angegeben ist, wird ab dem n-ten Wort in zielliste gesucht (n = wortnummer). wminpos entspricht der SAA-Funktion wordpos mit dem Unterschied, daß nach allen Wörtern einer Wortliste gesucht und unter den gefundenen Wörtern dasjenige mit der kleinsten Wortnummer ausgewählt wird.

```
tabelle = "Yvonne Melanie Jannik"
liste = "Martin Maja Jannina Melanie Yvonne Jannik"
nr = wminpos(tabelle, liste)
```

nr liefert den Wert 4, denn das vierte Wort in liste (Melanie) ist das erste Wort aus tabelle, das mit einem Wort in liste übereinstimmt.

word: **n-tes Wort einer Wortliste bereitstellen**
word(*wortliste, wortnummer*) liefert das n-te Wort aus wortliste (n = wortnummer).

```
liste = "Melanie Yvonne Jannik Martin Maja Jannina"
wort3 = word(liste, 3)
```

wort3 liefert das dritte Wort (Jannik) aus der Wortliste liste.

wordindex: **Position des n-ten Wortanfangs in einer Wortliste ermitteln**
wordindex(*wortliste, wortnummer*) liefert die Position des ersten Zeichens des n-ten Worts in wortliste (n = wortnummer).

```
liste = "Melanie Yvonne Jannik Martin Maja Jannina"
pos = wordindex(liste, 3)
```

pos liefert den Wert 16, denn das dritte Wort (Jannik) in liste beginnt an der 16. Stelle der Wortliste.

wordlength: **Länge des n-ten Wortes in einer Wortliste ermitteln**
wordlength(*wortliste, wortnummer*) liefert die Länge des n-ten Worts in wortliste (n = wortnummer), also die Anzahl der Zeichen, aus denen das n-te Wort in der Wortliste besteht.

```
liste = "Melanie Yvonne Jannik Martin Maja Jannina"
laenge = wordlength(liste, 3)
```

laenge liefert den Wert 6, denn das dritte Wort (Jannik) in der Wortliste liste besteht aus 6 Zeichen.

wordpos: **Wort in einer Wortliste suchen**
Die Nummer eines Wortes in einer Wortliste wird als *Wortnummer* bezeichnet. Die fortlaufende Numerierung der Wörter in einer Wortliste beginnt bei 1. Die Funktion wordpos(*suchwort, wortliste*[, *wortnummer*]) liefert die Wortnummer des Suchwortes suchwort in wortliste. Die Wortnummer 0 bezeichnet dabei das Nichtvorhandensein des Suchwortes.

```
liste1 = ""
liste2 = "□□Petra□"
liste3 = "Angelique Bianca Ramona Kerstin Ulrike"
```

wordpos("Petra", liste1) liefert den Wert 0, denn das Wort Petra ist in der leeren Wortliste liste1 selbstverständlich nicht enthalten.

wordpos("Petra", liste2) liefert die Wortnummer 1 für das Wort Petra, denn dieses ist das einzige Wort in der Wortliste liste2. Hingegen liefert wordpos("Annika", liste2) die Wortnummer 0, denn der Name Annika ist in der Wortliste liste2 nicht enthalten.

wordpos("Ramona", liste3) liefert die Wortnummer 3 für das Wort Ramona, denn dieses ist das dritte Wort in der Wortliste liste3.

wordpos: **Teilliste in einer Wortliste suchen**

Mit der Funktion wordpos(*teilliste, wortliste*[, *wortnummer*]) kann auch nach ***Teillisten*** in einer Wortliste gesucht werden. Eine Teilliste ist eine Liste von Wörtern, die in einer Wortliste in der gleichen Reihenfolge enthalten sind.

```
liste ="Angelique□Bianca□□Ramona□□□Kerstin□□Ulrike"
```

wordpos("Ramona□Kerstin", liste) liefert die Wortnummer 3 für das Wort Ramona, das erste Wort in der Suchwortliste "Ramona Kerstin", denn die Suchwortliste findet sich in der Wortliste liste ab dem dritten Wort in der gleichen Reihenfolge.

Die Anzahl der Leerstellen zwischen zwei Wörtern in der Suchwortfolge muß nicht mit der Anzahl der Leerstellen in der zu durchsuchenden Wortliste übereinstimmen. Daher ist die Teilliste "Ramona□□□Kerstin" äquivalent zu der Suchwortliste "Ramona□Kerstin", obwohl im einen Fall die beiden Wörter durch drei Leerstellen und im anderen Fall durch nur eine Leerstelle getrennt werden.

wordpos("Ramona□Kerstin", liste, 4) liefert hingegen die Wortnummer 0, denn die Suche beginnt erst mit der Startwortnummer, die gesuchte Teilliste beginnt aber mit dem dritten Wort.

wordpos("Ramona Ulrike", liste) liefert die Wortnummer 0. Das erste Wort in der Suchwortliste "Ramona Ulrike" wird zwar als drittes Wort in der Wortliste liste gefunden, aber das zweite Wort der Suchwortliste (Ulrike) folgt diesem in der Wortliste liste nicht unmittelbar hinterher. Daher ist die Suchwortliste nicht in liste enthalten. Das Nichtvorhandensein der Suchwortliste wird durch die Wortnummer 0 signalisiert.

words: **Anzahl Wörter in einer Wortliste ermitteln**

Die Funktion words(*wortliste*) liefert die Anzahl der Wörter in wortliste zurück.

```
liste1 = ""; liste2 = "□□□"
liste3 = "Petra"; liste4 = "□Annika□"
liste5 = "Angelique Bianca Ramona Kerstin Ulrike"
```

words(liste1) und words(liste2) liefern den Wert 0, d. h. beide Wortlisten bestehen aus 0 Wörtern, denn liste1 enthält die Nullzeichenfolge und liste2 besteht aus drei Leerstellen.

words(liste3) und words(liste4) liefern den Wert 1, denn liste3 enthält ein Wort (Petra), das sich mit der Zeichenfolge liste3 deckt, und liste4 enthält ein Wort (Annika), das von Leerstellen begrenzt wird.

words(liste5) liefert den Wert 5, denn liste5 enthält 5 Wörter.

word2stm: **Wortliste in einen Variablenstamm umwandeln**

word2stm(*wortliste, stamm*) teilt die Wörter aus wortliste auf den numerisch indizierten Variablenstamm stamm in der Reihenfolge der Wörter auf. Die Anzahl der Wörter wird in der Stammvariablen mit dem Index 0 abgelegt. word2stm muß mit interpret aufgerufen werden.

```
liste = "Melanie Yvonne Jannik Martin Maja Jannina"
interpret word2stm(liste, "name.")
```

word2stm liefert den folgenden Variablenstamm zurück:

```
name.0 = 6
name.1 = "Melanie"
name.2 = "Yvonne"
name.3 = "Jannik"
name.4 = "Martin"
name.5 = "Maja"
name.6 = "Jannina"
```

wordsort: **Wortliste sortieren**
wordsort(*wortliste*[, [*sortierfolge*], *sortiertyp*]]) liefert eine Wortliste zurück, in der die Wörter aus wortliste sortiert sind. Wenn der Parameter sortierfolge ("a" = aufsteigend, "d" = absteigend) weggelassen wird, wird aufsteigend sortiert. Wenn der Parameter sortiertyp ("a" = alphanumerisch, "n" = numerisch) fehlt, werden alphanumerische Wörter alphanumerisch und Zahlen numerisch sortiert.

```
liste1 = "Melanie Yvonne Jannik Martin Maja Jannina"
liste2 = wordsort(liste1)
```

wordsort liefert die sortierte Wortliste "Jannik Jannina Maja Martin Melanie Yvonne" zurück.

wordswap: **zwei Wörter in einer Wortliste miteinander vertauschen**
wordswap(*wortliste, wortnummer1, wortnummer2*) liefert eine Wortliste zurück, in der die beiden Wörter mit den Wortnummern wortnummer1 und wortnummer2 gegeneinander vertauscht sind.

```
liste1 = "Angelique Bianca Ramona Kerstin Ulrike"
liste2 = wordswap(liste1, 1, 5)
```

wordswap liefert die Wortliste "Ulrike Bianca Ramona Kerstin Angelique" zurück, in der das erste Wort (Angelique) gegen das fünfte Wort (Ulrike) vertauscht wurde.

wordxchg: **zwei Wörter in einer Zeichenfolge global gegeneinander austauschen**
wordxchg(*wortliste, zeichenfolge*) liefert eine Zeichenfolge zurück, in der alle Vorkommen der beiden Wörter in wortliste gegeneinander ausgetauscht sind.

```
liste = "ASCII EBCDIC"
text1 = "Diese Funktion kann dazu verwendet werden, um
......Text im ASCII-Code in den EBCDIC-Code zu übersetzen,
......wenn dieser an einen EBCDIC-Rechner gesendet werden soll."
text2 = wordxchg(liste, text1)
```

wordxchg liefert die Zeichenfolge "Diese Funktion kann dazu verwendet werden, um Text im EBCDIC-Code in den ASCII-Code zu übersetzen, wenn dieser an einen ASCII-Rechner gesendet werden soll." zurück, in der das Wort ASCII gegen das Wort EBCDIC und das Wort EBCDIC gegen das Wort ASCII ausgetauscht wurde.

Wortliste

Siehe auch: Wort; Wortfunktionen.

Eine Wortliste ist eine Tabelle, deren Elemente Wörter sind. Die Datentypen *Wort* und *Wortliste* gehören zu den großartigsten Sprachmitteln in REXX, weil sie durch einen reichhaltigen Fundus von eingebauten Funktionen unterstützt werden und viele Programmierprobleme drastisch vereinfachen.

Zur Manipulation von Wörtern und Wortlisten bestehen die folgenden Möglichkeiten:

- Die Anweisungen arg und parse erlauben die wortweise Zerlegung von Argumentfolgen bzw. beliebigen Zeichenfolgen.
- Wörter und Wortlisten werden standardmäßig durch die folgenden *SAA-Wortfunktionen* unterstützt: delword, subword, word, wordindex, wordlength, wordpos und words.
- Die folgenden externen Wortfunktionen bieten Ihnen zusätzliche Möglichkeiten, Wortlisten zu bearbeiten: insword, wminpos, word2stm, wordseek, wordsort, wordswap und wordxchg.

Die *Anzahl* der Wörter in einer Wortliste ist beliebig. Eine Wortliste kann eine *leere Wortliste* sein, d. h. sie besteht aus der *Nullzeichenfolge* oder enthält nur Leerstellen. In der Regel besteht eine Wortliste aber aus einem Wort oder aus mehreren Wörtern.

Die Nummer eines Wortes in einer Wortliste wird als *Wortnummer* bezeichnet. Bisweilen werden statt des Begriffs Wortnummer auch die Begriffe *Wortindex* und *Wortposition* verwendet. Die fortlaufende Numerierung der Wörter in einer Wortliste beginnt bei 1. In den SAA-Funktionen führt die Wortnummer 0 zu dem REXX-Fehler 40. In der externen Funktion insword wird die Wortnummer 0 dazu verwendet, um eine Wortliste am Anfang einer anderen Wortliste einzufügen.

Anwendung

1	Tabellenprüfung mit einer Wortliste
2	Tabellenprüfung und Tabellenabgriff mit zwei synchronen Wortlisten
3	Tabellenprüfung und Tabellenabgriff mit einer doppelten Wortliste
4	Wartungsfreundliche Wortlisten
5	Große Wortlisten (> 250 Zeichen)
6	Tabellen mit anderen Trennzeichen in Wortlisten überführen
7	Tabellen mit mehrteiligen Elementen als Wortlisten simulieren

1. Tabellenprüfung mit einer Wortliste

Aufgabe: Es soll überprüft werden, ob die Variable haarfarbe einen der folgenden Werte enthält: braun, rot, blond, schwarz, grau.

Wie in diesem Fall muß man oft sicherstellen, daß eine Zeichenfolge einem bestimmten Wertebereich angehört, weil sonst die weitere Verarbeitung fehlgeht oder sinnlos ist. Die einfachste Lösung ist eine if-Anweisung mit Oder-Ausdrücken wie in dem folgenden Beispiel:

```
haarfarbe_gross = translate(haarfarbe)
if haarfarbe_gross <> "BLOND",
& haarfarbe_gross <> "BRAUN",
& haarfarbe_gross <> "GRAU",
& haarfarbe_gross <> "ROT",
& haarfarbe_gross <> "SCHWARZ" then say "Falsche Haarfarbe"
```

haarfarbe wird zuerst mit translate(haarfarbe) in Großbuchstaben übersetzt, so daß abweichende Schreibweisen der Haarfarbe (BLOND, blond, Blond,

bLoNd) keine Rolle spielen. Mit einzelnen, durch | (logisches Oder) verbundenen Abfragen wird geprüft, ob haarfarbe_gross *keinen* der angegebenen Werte hat. Falls ja, wird ein Fehler gemeldet.

Diese Prüfung läßt sich mit Hilfe einer Wortliste einfacher und übersichtlicher gestalten:

```
haarfarbe_tab = "BLOND BRAUN GRAU ROT SCHWARZ"
if wordpos(translate(haarfarbe), haarfarbe_tab) = 0
  then say "Falsche Haarfarbe"
```

Die zulässigen Haarfarben werden in der Wortliste haarfarbe_tab definiert. Die Zusammenfassung der möglichen Werte an einer Stelle erhöht die Übersicht und kann sich darüberhinaus als kluger Schachzug erweisen, wenn auch an anderen Stellen des Programms der Rückgriff auf den erlaubten Wertebereich der Variablen haarfarbe erforderlich ist.

Für die temporäre Umwandlung der Variablen haarfarbe in Großbuchstaben verschwenden wir diesmal keine Variable wie im ersten Beispiel. Dort war dies sinnvoll, weil wir sonst in jeder der fünf Abfragen einen translate hätten durchführen müssen, und das hätte die Lesbarkeit der if-Anweisung beeinträchtigt. In den Aufruf der wordpos-Funktion setzen wir als ersten Parameter daher translate(haarfarbe) ein, so daß nach der vorliegenden Haarfarbe in Großbuchstaben gesucht wird. Die Suche erfolgt in der Variablen haarfarbe, die als zweiter Parameter angegeben ist. Wenn haarfarbe nicht in der Wortliste haarfarbe_tab enthalten ist, wird als Wortnummer 0 zurückgegeben. In diesem Fall wird ein Fehler gemeldet.

Hinweis: Wenn nur ein einzelnes Zeichen auf Zulässigkeit geprüft werden soll, können Sie die Prüfung mit den Funktionen verify oder pos durchführen.

2. Tabellenprüfung und Tabellenabgriff mit zwei synchronen Wortlisten

Aufgabe: Es soll überprüft werden, ob die Variable haarfarbe einen der folgenden Werte enthält: braun, rot, blond, schwarz, grau. Wenn haarfarbe einen zulässigen Wert enthält, soll der Variablen shampoo der Name des passenden Shampoos zugewiesen werden: BLONDIE, BROWNIE, SENIOR, REDFOX, BLACKCAT.

Natürlich kann auch diese Aufgabe mit if-Anweisungen gelöst werden wie in *Beispiel 1.* Die select-Anweisung bietet sich aber als elegantere und übersichtlichere Alternative an, wenn nicht nur die Haarfarbe geprüft werden soll, sondern für jede einzelne Haarfarbe auch eine andere Aktion durchzuführen ist:

```
haarfarbe_gross = translate(haarfarbe)
shampoo = "_"
select
  when haarfarbe_gross = "BLOND" then shampoo = "BLONDIE"
  when haarfarbe_gross = "BRAUN" then shampoo = "BROWNIE"
  when haarfarbe_gross = "GRAU" then shampoo = "SENIOR"
  when haarfarbe_gross = "ROT" then shampoo = "REDFOX"
  when haarfarbe_gross = "SCHWARZ" then shampoo = "BLACKCAT"
  otherwise say "Falsche Haarfarbe"
end
```

Wenn haarfarbe einen richtigen Wert enthält, wird der Variablen shampoo der Name des entsprechenden Shampoos zugewiesen. Andernfalls wird die otherwise-Klausel der select-Anweisung ausgeführt und ein Fehler gemeldet. Da shampoo am Anfang die Nullzeichenfolge zugewiesen wurde, ist die Variable also nach Abarbeitung des Programmausschnitts leer.

Auch in desem Fall läßt sich die Aufgabe mit Wortlisten wesentlich einfacher und übersichtlicher gestalten:

```
haarfarbe_tab = "BLOND BRAUN GRAU ROT SCHWARZ"
shampoo_tab = "Blondie Brownie Senior Redfox Blackcat"
shampoo = ""
pos = wordpos(translate(haarfarbe), haarfarbe_tab)
if pos = 0
  then say "Falsche Haarfarbe"
  else shampoo = word(shampoo_tab, pos)
```

Zuerst werden zwei Tabellen aufgebaut: die Wortliste haarfarbe_tab mit den zulässigen Haarfarben und die Wortliste shampoo_tab mit den passenden Shampoos. Die Reihenfolge der Shampoos in shampoo_tab entspricht dabei der Reihenfolge der Haarfarben in haarfarbe_tab.

shampoo wird im Hinblick auf den Fehlerfall wieder mit der Nullzeichenfolge initialisiert. Die Wortnummer der in Großbuchstaben umgesetzten Haarfarbe translate(haarfarbe) wird mit wordpos gesucht und der Variablen pos zugewiesen. Wenn pos 0 ist, ist die Haarfarbe nicht zulässig und es wird ein Fehler gemeldet.

Andernfalls wird anhand der Wortnummer der Haarfarbe in der Wortliste haarfarbe_tab aus der Wortliste shampoo_tab das passende Shampoo ausgewählt. Dies erfolgt mit word(shampoo_tab, pos), es wird also das Wort mit der Nummer pos aus shampoo_tab der Variablen shampoo zugewiesen.

3. Tabellenprüfung und Tabellenabgriff mit einer doppelten Wortliste

In *Beispiel 2* ist es wichtig, daß die beiden Wortlisten haarfarbe_tab und shampoo_tab synchron gehalten werden, d. h. eine Haarfarbe und das zugehörige Shampoo müssen die gleiche Wortnummer in beiden Tabellen haben. Wenn wir beide Tabellen zu einer vereinigen, können wir leichter sicherstellen, daß diese Reihenfolge nicht verletzt wird:

```
haarfarbe_tab = "BLOND BLONDIE",
  "BROWN BROWNIE",
  "GRAU SENIOR",
  "ROT REDFOX",
  "SCHWARZ BLACKCAT"
shampoo = ""
pos = wordpos(translate(haarfarbe), haarfarbe_tab)
if pos = 0 | pos // 2 = 0
  then say "Falsche Haarfarbe"
  else shampoo = word(haarfarbe_tab, pos + 1)
```

Die Wahrscheinlichkeit, daß einer Haarfarbe in haarfarbe_tab ein falsches Shampoo zugeordnet wird, ist nun auf alle Fälle geringer als bei zwei synchronen Tabellen.

Dafür ist die Abfrage für den Fehlerfall etwas komplizierter geworden. Es genügt nicht mehr, nur danach zu fragen, ob pos 0 ist. Wenn haarfarbe zufällig mit einem Shampoonamen übereinstimmt, wäre pos ungleich 0 und der Fehler würde nicht erkannt. Wir erweitern daher die Abfrage um die Oder-Bedingung | pos // 2 = 0. Wenn der Rest aus der Division von pos durch 2 gleich 0 ist, stimmt die Haarfarbe mit einem Shampoo überein, da die Shampoos alle gerade Wortnummern haben. Also ist die Haarfarbe auch in diesem Fall falsch.

Auch die Zuweisung des passenden Shampoos an die Variable shampoo mußte leicht geändert werden. Das Shampoo hat jetzt nicht mehr die gleiche Wortnummer wie die Haarfarbe. Sie muß um 1 erhöht werden, da der Shampooname der Haarfarbe unmittelbarfolgt. Daher wird das nächste Wort mit word(shampoo_tab, pos + 1) als Shampoo zugewiesen.

4. Wartungsfreundliche Wortlisten

Bei kleineren Wortlisten haben wir kein Wartungsproblem. Eine Wortliste wie die folgende aus *Beispiel 1* paßt auf eine Zeile, und solange sie auf eine Zeile paßt, ist die Welt in Ordnung:

```
haarfarbe_tab = "BLOND BRAUN GRAU ROT SCHWARZ"
```

Ein Problem tritt auf, wenn eine mehrzeilige Wortliste geändert werden soll, und wenn die Reihenfolge der Wörter auf Grund der inneren Logik der Wortliste nicht egal ist. Betrachten Sie die folgende Wortliste:

```
vornamen = "Anne Britta Cilly Dorothee Emmi Franzi Gisela",
  "Hedwig Ines Johanna Klara"
```

Die Wortliste vornamen ist alphabetisch aufsteigend sortiert, und zwar aus Gründen der Übersicht und um doppelte Einträge leichter erkennen zu können. Wenn nachträglich die beiden Vornamen Birgit und Doris eingefügt werden sollen, muß der Zeilenumbruch neu gestaltet werden:

```
vornamen = "Anne Birgit Britta Cilly Doris Dorothee Emmi",
  "Franzi Gisela Hedwig Ines Johanna Klara"
```

Ein nicht gerade platzsparendes, aber übersichtliches und wartungsfreundliches Verfahren besteht nun darin, jedes Wort in eine extra Zeile zu schreiben. Die entsprechend geänderte erste Wortliste zeigen wir in der folgenden Abbildung in der linken Spalte:

```
vornamen =,                          vornamen =,
  "Anne",                              "Anne",
                                       "Birgit",
  "Britta",                            "Britta",
  "Cilly",                             "Cilly",
                                       "Doris",
  "Dorothee",                          "Dorothee",
  "Emmi",                              "Emmi",
  "Franzi",                            "Franzi",
  "Gisela",                            "Gisela",
  "Hedwig"                             "Hedwig"
  "Ines",                              "Ines",
  "Johanna",                           "Johanna",
  "Klara",                             "Klara",
  " "                                  " "
  —                                    —
```

Jede Zeile enthält einen Namen, der in Anführungszeichen gesetzt ist und durch ein Komma abgeschlossen wird. Das Komma kennzeichnet die Fortsetzung der Zeile in der nächsten Zeile und bewirkt wie üblich, daß hinter dem Wort eine Leerstelle eingesetzt wird.

Die Wortliste beginnt mit vornamen =, , so daß auch das erste Wort der Liste allein in einer Zeile stehen kann. Aus dem gleichen Grund wird die Liste mit dem *Tabellenstopper* " " abgeschlossen, damit das letzte Element der Wortliste ebenfalls allein in einer Zeile stehen kann.

Es gibt aber noch einen weiteren guten Grund, einen Tabellenstopper einzusetzen. In diesem Fall kann man nämlich alle Wörter mit einem Komma abschließen, und muß nicht bei dem jeweils letzten Element an das Komma denken, zumal das letzte Element sich ja von Mal zu Mal ändern kann.

Das Einfügen der beiden zusätzlichen Einträge Birgit und Doris in die Wortliste ist ganz einfach: man schiebt je eine Zeile mit dem einzufügenden Vornamen an der entsprechenden Stelle ein (*siehe* rechte Spalte in der obigen Abbildung).

Hinweis: Bei Editoren, mit denen man zeilenweise sortieren kann, muß man beim Einfügen nicht einmal die Sortierfolge beachten, sondern kann anschließend den Bereich zwischen Tabellenanfang vornamen =, und Tabellenstopper " " sortieren.

Bei *doppelten Wortlisten* wie in *Beispiel 3* ist die zeilenweise Aufteilung der Wortliste geradezu ein Muß, um Fehler bei der Zuordnung der paarweise zusammengehörigen Elemente zu vermeiden:

```
haarfarbe_tab = "BLOND BLONDIE",
  "BROWN BROWNIE",
  "GRAU SENIOR",
  "ROT REDFOX",
  "SCHWARZ BLACKCAT"
```

Wir ändern die Wortliste haarfarbe_tab aber noch nach dem gleichen Muster ab, wie wir oben die Tabelle vornamen gestaltet haben, um Tabellenanfang und -ende zu isolieren:

```
haarfarbe_tab =,
  "BLOND BLONDIE",
  "BROWN BROWNIE",
  "GRAU SENIOR",
  "ROT REDFOX",
  "SCHWARZ BLACKCAT",
  " "
```

Das hier Gesagte gilt natürlich in gleicher Weise für *mehrfache Tabellen*, die aus mehr als zwei zusammengehörigen Elementen pro Eintrag bestehen.

5. Große Wortlisten (> 250 Zeichen)

Bei Wortlisten, deren Länge 250 Zeichen überschreitet, stoßen wir auf das Problem, daß eine literale Zeichenfolge, also eine Zeichenfolge in Anführungszeichen, höchstens aus 250 Zeichen bestehen darf. Da es für Variablen eine solche Beschränkung nicht gibt, können wir uns sehr einfach behelfen.

Wir teilen die Definition der Wortliste in zwei oder mehr Teile. Wir zeigen das in der folgenden Abbildung anhand einer verkürzten Wortliste, um das Beispiel überschaubar zu machen:

```
vornamen =,
  "Anne",
  "Britta",
  " "
vornamen = vornamen,
  "Yvonne",
  "Zäzilie",
  " "
```

Die Literale in beiden Definitionen werden durch vornamen = vornamen, verkettet, wobei jedes der beiden Literale für sich genommen aus bis zu 250 Zeichen bestehen darf.

Mit diesem Verfahren muß man bei Einfügungen allerdings in Kauf nehmen, daß zwei (oder ggf. auch mehr) Wortlisten reorganisiert werden müssen. Eine wenn auch immer noch etwas holprige Lösung des Problems könnte folgendermaßen aussehen. Zum Ändern der Wortliste löscht man vorübergehend den ersten Tabellenstopper " " und die zweite Definitionsanweisung vornamen2 =,:

```
vornamen =,
  "Anne",
  "Britta",
  " "
vornamen = vornamen,
  "Yvonne",
  "Zäzilie",
  " "
```

Wir haben jetzt eine ungültige Wortliste, weil das Literal "Anne...Zäzilie" aus mehr als 250 Zeichen besteht. Das schadet aber nichts, da das Programm ja *so* nicht ausgeführt werden soll. Nun fügen wir die neuen Einträge in die Wortliste ein:

```
vornamen =,
  "Anne",
  "Birgit",
  "Britta",
  "Doris",
  "Yvonne",
  "Zäzilie",
  " "
```

Falls erforderlich, sortieren wir anschließend die Einträge. Schließlich trennen wir die Wortliste wieder in zwei Teile, die nicht größer als 250 Zeichen sind.

```
vornamen =,
  "Anne",
  "Birgit",
  "Britta",
  " "
vornamen = vornamen,
  "Doris",
  "Yvonne",
  "Zäzilie",
  " "
```

6. Tabellen mit anderen Trennzeichen in Wortlisten überführen

Aufgabe: Es soll der erste und der letzte Qualifier eines MVS-Dateinamens herausgefunden werden. Unter MVS bestehen Dateinamen aus sogenannten Qualifiern, die durch Punkte voneinander getrennt sind. Ein typischer Dateiname könnte zum Beispiel folgendermaßen aussehen: sysprog.prod.test.pli.

Wenn die Qualifier wie in einer Wortliste durch Leerstellen getrennt wären, hätten wir sofort die Lösung parat. Der erste Qualifier wäre das erste Wort des Dateinamens und der letzte Qualifier das letzte Wort des Dateinamens.

Was liegt näher, als die störenden Punkte vorübergehend durch Leerstellen zu ersetzen?

```
dateiname = "sysprog.prod.test.pli"
dateiname2 = translate(dateiname, "□", ".")
firstqual = word(dateiname2, 1)
lastqual = word(dateiname2, words(dateiname2))
```

Wir übersetzen zuerst die Punkte in dem Originaldateinamen in Leerstellen und weisen das Ergebnis der Hilfsvariablen dateiname2 zu. Der erste Qualifier firstqual ergibt sich dann als erstes Wort von dateiname2 mit word(dateiname2, 1). Dem letzten Qualifier lastqual wird das letzte Wort von dateiname2 zugewiesen. Das letzte Wort hat die Wortnummer, die durch words(dateiname2), nämlich die Anzahl der Elemente in dateiname2, bezeichnet wird. Daher weisen wir der Variablen lastqual mit word(dateiname2, words(dateiname2)) das letzte Wort von dateiname2 zu.

7. Tabellen mit mehrteiligen Elementen als Wortlisten simulieren

Aufgabe: Eine Tabelle mit den Namen der Mitarbeiter einer Firma soll gebildet und sortiert werden. Ein Tabellenelement besteht aus dem Familiennamen und dem Vornamen eines Mitarbeiters.

Die Wortfunktionen bieten sehr effiziente Mittel zur Bearbeitung von Tabellen. Deswegen wünscht man sich bisweilen, man könnte die Wortfunktionen anwenden, wenn nur die Tabellenelemente Wörter wären...

In der obigen Aufgabe besteht ein Tabellenelement aber aus zwei Wörtern, dem Familiennamen und dem Vornamen. Wir behelfen uns bei der Definition der Tabelle durch einen einfachen Trick: Die Leerstelle zwischen Familien- und Vorname ersetzen wir durch ein Zeichen, das in den Namen nicht vorkommen kann, z. B. durch einen Unterstreichstrich:

```
namentab =,
  "Marlowe_Philip",
  "Poirot_Hercule",
  "Chandler_Raymond",
  "Christie_Agatha",
  ""
```

Die Wortliste namentab wird mit wordsort(namentab) sortiert und dann elementweise ausgegeben. Die do-Schleife wird anhand des Index wortnummer so oft durchlaufen, wie words(namentab) angibt, also entsprechend der Anzahl der Tabellenelemente in namentab. Ein Tabellenelement wird durch word(namentab, wortnummer) bezeichnet. Bevor ein Tabellenelement ausgegeben werden kann, muß noch mit translate(word(namentab, wortnummer)) der jetzt unerwünschte Unterstreichstrich durch eine Leerstelle ersetzt werden:

```
namentab = wordsort(namentab)
do wortnummer = 1 to words(namentab)
  say translate(word(namentab, wortnummer), "□", "_")
end
```

Dieses Verfahren kann aber nicht immer angewendet werden. Wenn kein Zeichen gefunden wird, dessen Vorkommen in den Tabellenelementen auszuschließen ist, wandeln wir die Elemente in eine Zeichenfolge von Hexadezimalziffern um.

```
namentab =,
  c2x("Marlowe Philip"),
  c2x("Poirot Hercule"),
  c2x("Chandler Raymond"),
  c2x("Christie Agatha"),
  ""
```

Da auch die Leerstellen innerhalb der Tabellenelemente in Hexadezimalziffern umgewandelt werden, schließen wir unerwünschte Leerstellen in der Wortliste aus. Natürlich muß man die Tabellenelemente vor der Verarbeitung mit x2c wieder zurückumwandeln.

x2b

```
▸▸ X2B(hexfolge) ▸◂
```

Siehe auch: Konvertierfunktionen.

Die eingebaute SAA-Funktion x2b (hexadecimal t[w]o binary = hexadezimales in binäres Format umwandeln) wandelt die Hexfolge hexfolge in eine Binärfolge um und liefert diese als Funktionsergebnis zurück. Die Ausgabezeichenfolge besteht aus viermal so vielen Binärziffern, wie hexfolge Hexadezimalziffern umfaßt.

Die Binärfolge wird *ohne* die Kennung B/b zurückgeliefert. Sie enthält keine Leerstellen.

Wenn hexfolge aus der Nullzeichenfolge besteht, wird eine Nullzeichenfolge zurückgeliefert.

Hinweis: Die fehlenden Konvertierfunktionen c2b und d2b können Sie durch Kombination von c2x bzw. d2x mit x2b simulieren.

hexfolge — Hexfolge von beliebiger Länge *ohne* die Kennung X/x. *Siehe:* Hexfolge.

Beispiele

REXX-Anweisungen	Erläuterung
bin1 = x2b("0") bin2 = x2b("3") bin3 = x2b("8e")	Hexadezimalzahl umwandeln: bin1: "0000" bin2: "0011", bin3: "10001110"
bin = x2b("")	Nullzeichenfolge umwandeln: bin: ""

Häufige Fehler

Keine Hexfolge. Die folgenden Funktionsaufrufe werden mit REXX-Fehler 40 quittiert:

```
x2b("0111 0001"b)
x2b("71"x)
x2b("123ax")
x2b(15ax)
```

Die obigen Aufrufe liefern als Eingabeparameter (im ASCII-Code) die Zeichenfolgen "q", "q", "123ax" und "15AX" (da 15ax nicht in Anführungszeichen steht, wird es als Symbol betrachtet, und Symbole werden automatisch in

Großbuchstaben umgesetzt). Diese Zeichenfolgen bestehen nicht oder nicht nur aus den Hexadezimalziffern 0-9 und A-F bzw. a-f und sind daher keine gültigen Hexfolgen. Die folgenden Aufrufe führen hingegen zum Erfolg:

```
x2b("0100 0001"b)
x2b("41 30"x)
x2b(1500)
x2b(15ab)
```

Sie liefern nämlich (im ASCII-Code) die gültigen Zeichenfolgen "41"x = "A", "A0", "1500" und "15AB" (da 15ab nicht in Anführungszeichen steht, wird es als Symbol betrachtet, und Symbole werden automatisch in Großbuchstaben umgesetzt). Es ist aber zu vermuten, daß hier ein Versehen vorliegt und etwas ganz anderes gewollt wurde.

x2c

```
▸▸—X2C(hexfolge)—▸◂
```

Siehe auch: Konvertierfunktionen.

Die eingebaute SAA-Funktion x2c (hexadecimal t[w]o character = hexadezimales in Zeichenformat umwandeln) wandelt die Hexfolge hexfolge in eine Textzeichenfolge um und liefert diese als Funktionsergebnis zurück.

hexfolge wird ggf. um eine führende Null ergänzt, so daß sich eine gerade Zahl von Hexadezimalziffern ergibt. Die Ausgabezeichenfolge besteht aus halb so vielen Bytes als hexfolge Hexadezimalziffern umfaßt.

Wenn hexfolge aus der Nullzeichenfolge besteht, wird eine Nullzeichenfolge zurückgeliefert.

hexfolge — Hexfolge von beliebiger Länge *ohne* die Kennung X/x. *Siehe:* Hexfolge.

Beispiele

REXX-Anweisungen	Erläuterung
text1 = x2c("0") text2 = x2c("3") text3 = x2c("8e") text4 = x2c(66726f68)	Hexadezimalzahl umwandeln: text1: "00"x (undruckbar) text2: "03"x (undruckbar) text3: "Ä" (ASCII) text4: "froh" (ASCII)
text = x2c("_")	Nullzeichenfolge umwandeln: text: "_"

Häufige Fehler

Keine Hexfolge. Die folgenden Funktionsaufrufe werden mit REXX-Fehler 40 quittiert:

```
x2c("0111 0001"b)
x2c("71"x)
x2c("123ax")
x2c(15ax)
```

Die obigen Aufrufe liefern als Eingabeparameter (im ASCII-Code) die Zeichenfolgen "q", "q", "123ax" und "15AX" (da 15ax nicht in Anführungszeichen steht, wird es als Symbol betrachtet, und Symbole werden automatisch in Großbuchstaben umgesetzt). Diese Zeichenfolgen bestehen nicht oder nicht nur aus den Hexadezimalziffern 0-9 und A-F bzw. a-f und sind daher keine gültigen Hexfolgen. Die folgenden Aufrufe führen hingegen zum Erfolg:

```
x2c("0100 0001"b)
x2c("41 30"x)
x2c(1500)
x2c(15ab)
```

Sie liefern nämlich (im ASCII-Code) die gültigen Zeichenfolgen "41"x = "A", "A0", "1500" und "15AB" (da 15ab nicht in Anführungszeichen steht, wird es als Symbol betrachtet, und Symbole werden automatisch in Großbuchstaben umgesetzt). Es ist aber zu vermuten, daß hier ein Versehen vorliegt und etwas ganz anderes gewollt wurde.

x2d

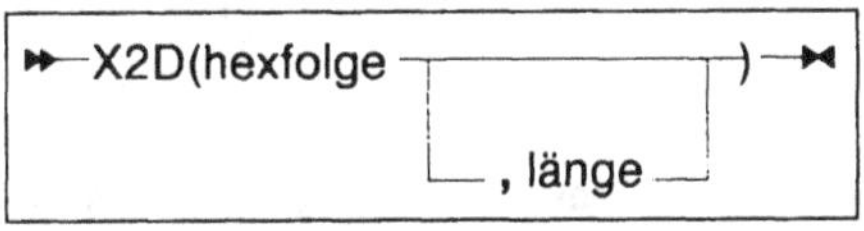

Siehe auch: Konvertierfunktionen.

Die eingebaute SAA-Funktion x2d (hexadecimal t[w]o decimal = hexadezimales in dezimales Format umwandeln) wandelt die Hexfolge hexfolge in eine Ganzzahl um und liefert diese als Funktionsergebnis zurück.

Wenn die Ausgabezahl mehr Stellen als die *maximale Anzahl Ziffernstellen* hat, wird Fehler 40 gemeldet. Die maximale Anzahl Ziffernstellen wird mit der Anweisung numeric digits definiert und hat standardmäßig den Wert 9.

länge bezeichnet die Anzahl der Hexadezimalziffern von hexfolge:

- Wenn länge fehlt, wird hexfolge als vorzeichenlose Binärzahl interpretiert.
- Wenn länge ungleich Null ist, wird hexfolge als Binärzahl mit Vorzeichen und mit länge Hexadezimalziffern angesehen. Je nach dem Wert von länge wird hexfolge ggf. mit führenden Nullen aufgefüllt (das Vorzeichenbit wird *nicht* expandiert!) oder links abgeschnitten.
  Wenn das linkeste Bit 0 ist, wird eine positive Ganzzahl zurückgegeben. Andernfalls wird hexfolge als Binärzahl im Zweierkomplement betrachtet, und es wird eine negative Ganzzahl zurückgeliefert.
- Wenn länge 0 ist, wird als Funktionsergebnis 0 zurückgegeben.

Wenn hexfolge aus der Nullzeichenfolge besteht, wird als Funktionsergebnis 0 zurückgeliefert.

hexfolge — Hexfolge von beliebiger Länge *ohne* die Kennung X/x. *Siehe:* Hexfolge.

länge — Nichtnegative Ganzzahl. Anzahl der Hexadezimalziffern von hexfolge, die berücksichtigt werden sollen. hexfolge wird ggf. durch Auffüllen mit führenden Nullen oder durch Abschneiden führender Stellen angepaßt. Das linkeste Bit von hexfolge wird als Vorzeichen angesehen (0 = positiv, 1 = negativ).

Standard: hexfolge wird als vorzeichenlose Binärzahl interpretiert.

Beispiele

REXX-Anweisungen	Erläuterung
zahl1 = x2d("c") zahl2 = x2d("0c") zahl3 = x2d("80")	vorzeichenlose Binärzahl: Da länge fehlt, werden die Argumente als vorzeichenlose Binärzahlen interpretiert: zahl1, zahl2: 12, zahl3: 128
zahl1 = x2d("c", 1) zahl2 = x2d("0c", 2) zahl3 = x2d("80", 2)	Binärzahl mit Vorzeichen, Länge = Argumentlänge: zahl1: "c"x = "1100"b. Linkestes Bit = 1, daher negativ. Zweierkomplement: "10"x - "c"x = 16 - 12 = 4. Ergebnis: -4. zahl2: "0c"x = "0000 1100"b. Linkestes Bit = 0, daher positiv. Ergebnis: 12. zahl3: "80"x = "1000 0000"b. Linkestes Bit = 1, daher negativ. Zweierkomplement: "100"x - "80"x = 256 - 128 = 128. Ergebnis: -128.
zahl1 = x2d("c", 2) zahl2 = x2d("0c", 3) zahl3 = x2d("80", 3)	Binärzahl mit Vorzeichen, Länge > Argumentlänge: zahl1: "0c"x = "0000 1100"b. Linkestes Bit = 0, daher positiv. Ergebnis: 12. zahl2: "00c"x = "0000 0000 1100"b. Linkestes Bit = 0, daher positiv. Ergebnis: 12. zahl3: "080"x = "0000 1000 0000"b. Linkestes Bit = 0, daher positiv. Ergebnis: 128.
zahl1 = x2d("c", 0) zahl2 = x2d("0c", 1) zahl3 = x2d("80", 1)	Binärzahl mit Vorzeichen, Länge < Argumentlänge: zahl1: "_"x = "_"b. Ergebnis: 0. zahl2: "c"x = "1100"b. Linkestes Bit = 1, daher negativ. Zweierkomplement: "10"x - "c"x = 16 - 12 = 4. Ergebnis: -4. zahl3: "0"x = "0000"b. Linkestes Bit = 0, daher positiv. Ergebnis: 0.
zahl = x2d("_")	Nullzeichenfolge umwandeln: zahl: 0
zahl = x2d("f80", 0)	Länge = 0: zahl: 0
numeric digits 2 zahl = x2d("80")	Ausgabelänge > maximale Anzahl Ziffernstellen: Die Stellenzahl von zahl (= 128) überschreitet die maximale Anzahl Ziffernstellen, die mit numeric digits auf 2 festgelegt wurde. REXX meldet Fehler 40.

Häufige Fehler

Keine Hexfolge. Die folgenden Funktionsaufrufe werden mit REXX-Fehler 40 quittiert:

```
x2d("0111 0001"b)
x2d("71"x)
x2d("123ax")
x2d(15ax)
```

Die obigen Aufrufe liefern als Eingabeparameter (im ASCII-Code) die Zeichenfolgen "q", "q", "123ax" und "15AX" (da 15ax nicht in Anführungszeichen steht, wird es als Symbol betrachtet, und Symbole werden automatisch in

Großbuchstaben umgesetzt). Diese Zeichenfolgen bestehen nicht oder nicht nur aus den Hexadezimalziffern 0-9 und A-F bzw. a-f und sind daher keine gültigen Hexfolgen. Die folgenden Aufrufe führen hingegen zum Erfolg:

```
x2d("0100 0001"b)
x2d("41 30"x)
x2d(1500)
x2d(15ab)
```

Sie liefern nämlich (im ASCII-Code) die gültigen Zeichenfolgen "41"x = "A", "A0", "1500" und "15AB" (da 15ab nicht in Anführungszeichen steht, wird es als Symbol betrachtet, und Symbole werden automatisch in Großbuchstaben umgesetzt). Es ist aber zu vermuten, daß hier ein Versehen vorliegt und etwas ganz anderes gewollt wurde.

Anwendung

Siehe: storage, Anwendung.

xrange

```
>>--XRANGE(-+-----------+-+------------+-)--><
            |           | |            |
            +-startwert-+ +-, endwert--+
```

Die eingebaute SAA-Funktion xrange (hexadecimal range = Hexadezimalbereich) liefert eine Zeichenfolge aus ein Byte langen Codes ab startwert bis zu endwert zurück. Wenn startwert fehlt, beginnt die zurückgelieferte Zeichenfolge mit "00"x, wenn endwert fehlt, endet die zurückgelieferte Zeichenfolge mit "ff"x. Wenn startwert größer als endwert ist, werden alle Codes von startwert bis "ff"x sowie von "00"x bis endwert geliefert.

Zeichencodeabhängigkeit: Wenn startwert bzw. endwert als Textzeichen (und nicht als Binär- oder Hexfolge) angegeben werden, z. B. "A", hängt der Wert des Zeichens davon ab, mit welchem Zeichencode das System arbeitet, auf dem ein Programm ausgeführt wird. Im ASCII-Code z. B. wird "A" als "41"x interpretiert, im EBCDIC-Code als "c1"x.

Wenn Sie plattformneutral programmieren möchten, sollten Sie daher Textzeichen als startwert bzw. endwert vermeiden.

endwert
: Beliebiges Zeichen (in beliebiger Darstellung). Die Nullzeichenfolge oder eine Zeichenfolge, die aus mehr als einem Zeichen besteht, führt zu REXX-Fehler 40.
Standard: "ff"x.

startwert
: Beliebiges Zeichen (in beliebiger Darstellung). Die Nullzeichenfolge oder eine Zeichenfolge, die aus mehr als einem Zeichen besteht, führt zu REXX-Fehler 40.
Standard: "00"x.

Beispiele

REXX-Anweisungen	Erläuterung
z1 = xrange()	z1: "00"x..."ff"x
z2 = xrange(, "05"x)	z2: "00"x..."05"x

REXX-Anweisungen	Erläuterung
z3 = xrange("f1"x)	z3: "f1"x..."ff"x
z4 = xrange("f4"x, ..."05"x)	z4: "f4"x..."ff"x || "00"x..."05"x
z5 = xrange("A", "F")	ASCII: z5: "41"x..."45"x EBCDIC: z5: "c1"..."c5"x In beiden Fällen werden fünf Zeichencodes geliefert.
z6 = xrange("0", "9")	ASCII: z6: "30"x..."39"x EBCDIC: z6: "f0"..."f9"x In beiden Fällen werden fünf Zeichencodes geliefert.
z7 = xrange("a", "z")	ASCII: z7: "61"x..."7a"x EBCDIC: z7: "81"..."a9"x Im ASCII-Code werden die 26 Zeichencodes der Kleinbuchstaben a-z geliefert ("7a"x - "61"x + 1 = 26), im EBCDIC hingegen 40 Zeichencodes ("a9"x - "81"x + 1 = 40), es werden also, vielleicht entgegen der Erwartung, *nicht* nur die Zeichencodes der Kleinbuchstaben a-z geliefert.

Zahl

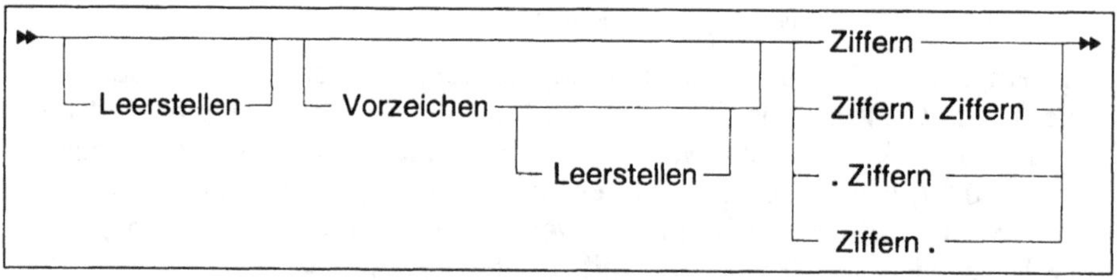

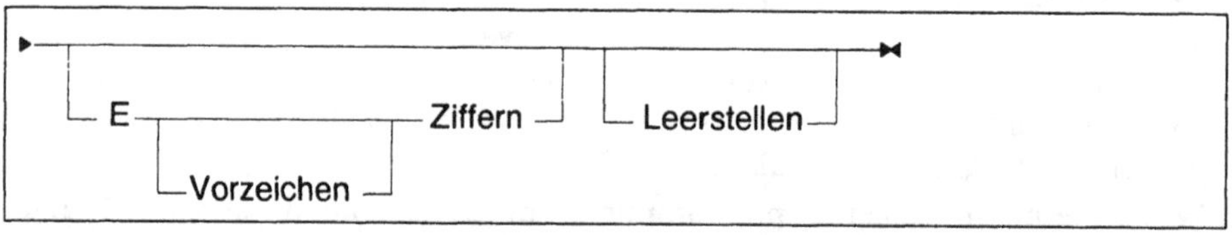

Eine Zahl (*number*) ist eine Zeichenfolge, die nach den folgenden Regeln aufgebaut ist.

Nr.	Regel
1	Eine Zahl besteht aus den *Ziffern 0-9*.
2	Eine Zahl *kann* mit dem *Vorzeichen + oder -* beginnen.
3	*Leerstellen* sind am Anfang und Ende einer Zahl erlaubt, ebenso vor und nach dem Vorzeichen.
4	Vor der ersten Ziffer, zwischen zwei Ziffern oder nach der letzten Ziffer kann ein *Dezimalpunkt* stehen. In einer Zahl ist nur *ein* Dezimalpunkt erlaubt.
5	Wenn die Anzahl der Ziffern vor und nach dem Dezimalpunkt zusammen die *maximale Anzahl Ziffernstellen* überschreitet, wird die Zahl bei arithmetischen Operationen ggf. entsprechend gerundet. Die maximale Anzahl Ziffernstellen wird mit der Anweisung numeric digits festgelegt. Falls keine ausdrückliche Festlegung erfolgt, gilt der Vorgabewert 9.

Nr.	Regel
6	Bei *exponentieller Schreibweise* kann den Ziffern der Zahl ein Exponentialteil folgen. Dieser besteht aus dem Buchstaben *e* oder *E*, ggf. dem *Vorzeichen + oder -* und einem *Exponenten* aus den Ziffern 0-9. Der Exponent kann höchstens so groß sein wie die größte Zahl, die in Standardpräzision (numeric digits 9) dargestellt werden kann, also maximal 999999999 (10^9 - 1). *Siehe auch:* Schreibweise, exponentielle.

Mit der eingebauten Funktion datatype können Sie überprüfen, ob eine Zeichenfolge eine Zahl ist. Der Funktionsaufruf datatype("-4711.33", "number") liefert z. B. das Ergebnis 1 (wahr), d. h. -4711 ist eine Zahl. Der Aufruf datatype("-4711AA", "number") hingegen liefert den Wert 0 (falsch), da die Zeichen "AA" keine Ziffern sind.

Zeichenfolge

Siehe auch: Zeichenfunktionen.

Eine Zeichenfolge ist eine zusammenhängende Folge von Bytes mit beliebigem Inhalt. Konstante Zeichenfolgen bestehen nur aus druckbaren Zeichen (Textzeichenfolgen) und werden in Anführungszeichen oder Hochkommas eingeschlossen. Eine Zeichenfolge, die aus keinem Zeichen besteht, also die Länge 0 hat, ist eine *Nullzeichenfolge.*

Eine konstante Zeichenfolge wird nach den folgenden Regeln gebildet.

Nr.	Regel
1	Eine konstante Zeichenfolge besteht aus 0, ein oder mehreren *druckbaren Zeichen* und darf kein Zeilenendezeichen enthalten.
2	Eine konstante Zeichenfolge muß von *Anführungszeichen* (") oder *Hochkommas*(') eingeschlossen werden.
3	Wenn das Begrenzungszeichen innerhalb einer konstanten Zeichenfolge vorkommt, muß es doppelt gesetzt werden.
4	Die Zeichen b bzw. B oder x bzw. X haben eine besondere Bedeutung, wenn sie einer konstanten Zeichenfolge unmittelbar folgen. Sie kennzeichnen in diesem Fall einen Funktionsaufruf, eine Binärfolge bzw. eine Hexfolge.
5	Die Begrenzungszeichen einer konstanten Zeichenfolge müssen sich in *einer* Zeile befinden.
6	Die Länge einer konstanten Zeichenfolge ist auf *250 Zeichen* begrenzt.

Die Kodierung der Bytes, die durch eine konstante Zeichenfolge erzeugt werden, unterscheidet sich in nichts von der Kodierung, die durch eine gleichwertige *Binärfolge* oder eine *Hexfolge* erzeugt wird:

```
"AB" = "0100 0001 0100 0010"b = "4142"x
```

Alle drei Schreibweisen, die Textzeichenfolge, die Binärfolge und die Hexfolge erzeugen die gleiche Kodierung, d. h. die gleiche Bitabfolge im Speicher.

Beispiele

REXX-Anweisungen	Erläuterung
s1 = "Irene" s2 = 'Irene' s3 = "␣"; s4 = '␣'	Die Zeichenfolgen s1 und s2 liefern den gleichen Wert. s3 und s4 liefern beide die Nullzeichenfolge.

REXX-Anweisungen	Erläuterung
s4 = "Nimm's leicht!" s5 = 'Nimm''s leicht!' s6 = "Bitte ""Enter"" drücken" s7 = 'Bitte "Enter" drücken'	Die Zeichenfolgen s4 und s5 bzw. s6 und s7 sind gleichwertig. In s5 wird ein einzelnes Hochomma durch zwei Hochkommas und in s6 ein einzelnes Anführungszeichen durch zwei Anführungszeichen dargestellt.
s8 = "Irene□Sibylle", "Leonie□Roberta"	Die Zeichenfolge s8 wird durch das Fortsetzungszeichen (Komma) am Ende der Zeile in der nächsten Zeile fortgesetzt. Da das Fortsetzungszeichen eine Leerstelle einfügt, ergibt sich die folgende Zeichenfolge: "Irene□Sibylle□Leonie□Roberta".
s9 = "Irene□Sibylle" ||, "Leonie□Roberta"	Die Zeichenfolge s9 wird durch das Fortsetzungszeichen (Komma) am Ende der Zeile in der nächsten Zeile fortgesetzt. Da beide Zeichenfolgen durch den Verkettungsoperator || miteinander verbunden sind, wird keine zusätzliche Leerstelle eingefügt und es ergibt sich die folgende Zeichenfolge: "Irene□SibylleLeonie□Roberta".
s10 = "DATE"("e") s11 = "1001 1111"b s12 = "3b 4a 50"x	Dies sind keine Zeichenfolgen. s10 enthält einen Funktionsaufruf (da der Funktionsname in Anführungszeichen gesetzt ist, werden interne Funktionen in der Suchfolge übergangen). s11 und s12 enthalten je eine Binär- bzw. Hexfolge.

Zeichenfunktionen

Übersicht

Zeichenfunktionen sind Funktionen zur Bearbeitung von Zeichenfolgen. Syntax und Anwendungsmöglichkeiten der Zeichenfunktionen können Sie der folgenden Tabelle entnehmen. Legende: *siehe* Funktionen - Übersicht.

*	Aufruf	Wirkung
s	ABBREV(prüffolge, zeichenfolge, [länge])	prüft, ob eine Zeichenfolge eine linksbündige Teilfolge einer anderen Zeichenfolge ist
s	CENTER/CENTRE(zeichenfolge, länge, [füll])	Zeichenfolge einmitten
e	CMINPOS(suchfolge, zielfolge, [pos])	sucht nach den Zeichen aus suchfolge in zielfolge und liefert die Position des ersten in zielfolge gefundenen Zeichens
s	COMPARE(zeichenfolge1, zeichenfolge2, [füll])	Position des ersten ungleichen Zeichens von zwei Zeichenfolgen suchen
s	COPIES(zeichenfolge, anzahl)	Zeichenfolge kopieren
s	DB...	DBCS-Funktionen; werden hier nicht dargestellt, da sie nur in fernöstlichen Ländern von Bedeutung sind
s	DELSTR(zeichenfolge, pos, [anzahl])	Zeichen aus einer Zeichenfolge löschen
te	INDEX(zielfolge, suchfolge, [pos])	liefert die Position des ersten Vorkommens einer Zeichenfolge in einer anderen Zeichenfolge

*	Aufruf	Wirkung
s	INSERT(quelle, ziel, [pos], [länge], [füll])	Zeichenfolge in eine Zeichenfolge einfügen
te	JUSTIFY(zeichenfolge, länge, [füll])	gleicht die Wortabstände aus (Blocksatz)
s	LASTPOS(suchfolge, zielfolge, [pos])	liefert die Position des letzen Vorkommens einer Zeichenfolge in einer anderen Zeichenfolge
s	LEFT(zeichenfolge, länge, [füll])	liefert eine linksbündige Teilfolge einer Zeichenfolge
s	LENGTH(zeichenfolge)	liefert die Länge einer Zeichenfolge
s	OVERLAY(quelle, ziel, [pos], [länge], [füll])	Teilfolge in einer Zeichenfolge überlagern
s	POS(suchfolge, zielfolge, [pos])	liefert die Position des ersten Vorkommens einer Zeichenfolge in einer anderen Zeichenfolge
e	REPLACE(text, suchbegriff, ersatz, [anzahl])	Suchbegriff in einer Zeichenfolge ersetzen
s	REVERSE(zeichenfolge)	Zeichenfolge umkehren
s	RIGHT(zeichenfolge, länge, [füll])	liefert eine rechtsbündige Teilfolge einer Zeichenfolge
e	SMINPOS(stammfolge, zielfolge, [pos])	sucht nach den Zeichenfolgen aus stammfolge in zielfolge und liefert die Position der ersten in zielfolge gefundenen Zeichenfolge
s	SPACE(zeichenfolge, [anzahl], [füll])	Wortabstand normieren
s	STRIP(zeichenfolge, [option], [zeichen])	Zeichen am Anfang/Ende einer Zeichenfolge abstreifen
e	STRXCHG(stammfolge, zielfolge, [pos])	die zwei Zeichenfolgen aus stammfolge in einer Zeichenfolge global austauschen
s	SUBSTR(zeichenfolge, pos, [länge], [füll])	liefert eine Teilfolge aus einer Zeichenfolge
s	TRANSLATE(zeichenfolge, [austab], [eintab], [füll])	Zeichenfolge übersetzen oder umstellen
s	VERIFY(zielfolge, prüffolge, [option], [pos])	Zeichen einer Zeichenfolge gegen Zeichen aus einer anderen Zeichenfolge prüfen
s	XRANGE([zeichen1], [zeichen2])	liefert eine fortlaufende Folge von ein Byte langen Codes

Zuweisung

```
▸▸—name — = — ausdruck—▸◂
```

Siehe auch: Variable.

Eine Zuweisung weist der Variablen name den Wert des Ausdrucks ausdruck zu. Wenn name mit einem Punkt endet, stellt name den Namen eines Variablenstamms dar und der Wert von ausdruck wird allen Stammvariablen des Variablenstamms zugewiesen.

Hinweise

- Mehrfachzuweisungen sind nicht zulässig. Die Zuweisung name1 = name2 = ausdruck z. B. wird als Zuweisung des logischen Ausdrucks name2 = ausdruck an name1 interpretiert, so daß name1 der logische Wert 0 oder 1 zugewiesen wird und name2 seinen bisherigen Wert beibehält. Mehrfachzuweisungen können jedoch mit der parse-Anweisung nachempfunden werden:
```
parse value "_" with logdatei fkt empf
parse value 0 with 1 anzahl 1 laenge 1 pos
```
Die erste parse-Anweisung initialisiert die angegebenen Variablen mit der Nullzeichenfolge, die zweite weist den angegebenen Variablen den Wert 0 zu (oder den Wert eines beliebigen anderen Ausdrucks, der nach der value-Klausel angegeben wird).
- Zuweisungen, bei denen links vom Gleichheitszeichen ein Funktionsaufruf steht, z. B. substr(name, 3, 2) = "er", sind nicht zulässig.

=	Gleichheitszeichen.
ausdruck	Beliebiger Ausdruck.
name	• Name einer einfachen Variablen. • Name eines Variablenstamms, der mit einem Punkt endet.

Beispiele

REXX-Anweisungen	Erläuterung
v1 = "_"; v2 = "Irene" v3 = -123.45; v4 = "4145"x v5 = "Datum: "date("e")	Den Variablen v1 bis v4 werden die Zeichenfolgen "_" (Nullzeichenfolge), "Irene", "-123.45", "AE" (ASCII-Code) und "Datum: 13/02/96" (Beispiel) zugewiesen.
anzahl. = 0	Alle Variablen des Variablenstamms anzahl. werden mit 0 initialisiert. Bei einer Referenzierung ergeben daher z. B. die Stammvariablen anzahl.0, anzahl.1234 und anzahl.w.s alle den Wert 0.

Zweierkomplement

Das Zweierkomplement oder 2^n-Komplement dient zur Darstellung negativer Binärzahlen. Dieses Verfahren wird von den Konvertierfunktionen c2d, d2c, d2x und x2d verwendet. Dabei kommen nur Komplemente in Frage, die Vielfache von 2^8 sind, d. h. die Komplemente werden nur auf volle Bytes angewendet.

Das Komplement einer n Bytes langen Binärzahl ermitteln Sie am einfachsten, indem Sie von $n * 2^8$ den absoluten Wert der Binärzahl subtrahieren.

Beispiel: Es soll das Zweierkomplement für die Zahl -127 ermittelt werden. Die nächsthöhere Zweierpotenz mit einem durch 8 ohne Rest teilbaren Exponenten ist $2^8 = 256$. Die Subtraktion ergibt: 256 - 127 = 129, also "81"x.

Index

www.ingramcontent.com/pod-product-compliance
Lightning Source LLC
LaVergne TN
LVHW010655300926
849161LV00005B/1130